Interbrand-Kartellverbot und Intrabrand-Vereinbarung

AF881937

Saarbrücker Studien
zum Privat- und Wirtschaftsrecht

Herausgegeben von Johann Paul Bauer,
Michael Martinek (geschäftsführender Herausgeber)
und Helmut Rüßmann

Band 37

PETER LANG
Frankfurt am Main · Berlin · Bern · Bruxelles · New York · Oxford · Wien

Marc Pfeffer

Interbrand-Kartellverbot und Intrabrand-Vereinbarungen

Die Ablösung horizontaler und vertikaler Eingriffsmerkmale im GWB zu Gunsten einer Betrachtung produktexterner und -interner Wettbewerbsfaktoren

PETER LANG
Europäischer Verlag der Wissenschaften

Bibliografische Information Der Deutschen Bibliothek
Die Deutsche Bibliothek verzeichnet diese Publikation in der Deutschen Nationalbibliografie; detaillierte bibliografische Daten sind im Internet über <http://dnb.ddb.de> abrufbar.

Zugl.: Saarbrücken, Univ., Diss., 2002

D 291
ISSN 1433-8866
ISBN 3-631-50304-0

© Peter Lang GmbH
Europäischer Verlag der Wissenschaften
Frankfurt am Main 2003
Alle Rechte vorbehalten.

Das Werk einschließlich aller seiner Teile ist urheberrechtlich geschützt. Jede Verwertung außerhalb der engen Grenzen des Urheberrechtsgesetzes ist ohne Zustimmung des Verlages unzulässig und strafbar. Das gilt insbesondere für Vervielfältigungen, Übersetzungen, Mikroverfilmungen und die Einspeicherung und Verarbeitung in elektronischen Systemen.

www.peterlang.de

Saarbrücker Studien zum Privat- und Wirtschaftsrecht

herausgegeben von
Prof. Dr. Johann Paul Bauer
Prof. Dr. Dr. Dr. h.c. Michael Martinek
Prof. Dr. Helmut Rüßmann

Die Schriftenreihe "Saarbrücker Studien zum Privat- und Wirtschaftsrecht" bildet in erster Linie ein Forum für rechtswissenschaftliche Doktorarbeiten der Universität des Saarlandes auf zwei juristischen Schwerpunktgebieten. Zum einen sollen Dissertationen im klassischen Privatrecht, vor allem im bürgerlichen Vermögensrecht der ersten drei Bücher des BGB und ihrer Nebengesetze vorgestellt werden. Zum anderen findet das Wirtschaftsrecht im Sinne des Wirtschaftsprivatrechts besondere Berücksichtigung, womit namentlich die Gebiete des Handelsrechts einschließlich des Bilanzrechts, des Personen- und Kapitalgesellschaftsrechts einschließlich des Konzernrechts, des Gewerblichen Rechtsschutzes sowie des Wettbewerbs- und Kartellrechts bezeichnet sind. Es versteht sich, daß nicht nur rechtsdogmatische Studien, sondern auch rechtstatsächlich, rechtspolitisch oder interdisziplinär angelegte Arbeiten in die Schriftenreihe Aufnahme finden. Denn die Rechts- und Wirtschaftswissenschaftliche Fakultät der Universität des Saarlandes vereinigt unter *einem* Dach die Fachbereiche Rechtswissenschaft und Wirtschaftswissenschaft und regt damit Studenten und Hochschullehrer in besonderer Weise zu fachübergreifender Lehre und Forschung an. Die Schriftenreihe steht aber nicht nur sehr guten und ausgezeichneten Dissertationen, sondern auch anderen "Studien" zu privat- und wirtschaftsrechtlichen Themen offen, bis hin zu Materialien und Skripten des akademischen Unterrichts. Die drei Herausgeber, die zugleich stellvertretend für ihre anderen Saarbrücker Fakultätskollegen des Privat- und Wirtschaftsrechts handeln, verbinden mit den "Saarbrücker Studien zum Privat- und Wirtschaftsrecht" den Wunsch, daß die hier veröffentlichten Arbeiten die verdiente Resonanz in der breiteren juristischen Fachöffentlichkeit finden.

Vorwort

Die vorliegende Arbeit wurde von der Rechts- und Wirtschaftswissenschaftlichen Fakultät der Universität des Saarlandes im Sommersemester 2002 als Dissertation angenommen.

Meinem Doktorvater, Herrn Professor Dr. Dr. Dr. h.c. Michael Martinek, danke ich ganz herzlich für die Anregung des Themas, die ausgezeichnete Betreuung und Unterstützung während der Promotion sowie die Aufnahme in diese Schriftenreihe. Er stand mir stets mit hervorragendem Rat und ermunternd zur Seite. Ihm und Herrn Professor Dr. Günther Hönn gilt mein besonderer Dank für die sehr zügige Begutachtung.

Darüber hinaus bin ich der Deutschen Vereinigung für Gewerblichen Rechtsschutz und Urheberrecht e.V. für den großzügigen Druckkostenzuschuss verbunden.

Die Arbeit wurde von der Dr. Friedrich-Feldbausch-Stiftung mit dem Preis für die besten wirtschaftsrechtlichen Dissertationen des akademischen Jahrgangs 2001/2002 der Rechts- und Wirtschaftswissenschaftlichen Fakultät der Universität des Saarlandes ausgezeichnet.

Schließlich gebührt Herrn Dr. Michael Loschelder und vor allem meinem Freund Jörg, meiner Familie und natürlich Natja mein persönlicher Dank.

Berlin, im Dezember 2002 Marc Christian Pfeffer

Vertical and horizontal categories must be defined in economic rather than formal terms. The best solution would be to recognize it is no longer necessary or useful to make those distinctions at all.

Weslev Liebeler.

Meinen Eltern

Inhaltsverzeichnis

Abkürzungsverzeichnis

a.A.	andere Auffassung
a.a.O	am angegebenen Ort
ABl.	Amtsblatt der Europäischen Gemeinschaften
Abs.	Absatz
AcP	Archiv für die civilistische Praxis
a.E.	am Ende
a.F.	alte Fassung
a.M.	andere Meinung
Anm.	Anmerkung
Antitrust L.J.	Antitrust Law Journal
Art(t).	Artikel
Aufl.	Auflage
BAnz.	Bundesanzeiger
BB	Der Betriebsberater
Bd.	Band
Begr.	Begründung
BGB	Bürgerliches Gesetzbuch
BGH	Bundesgerichtshof
BGHZ	Entscheidungen des Bundesgerichtshofs in Zivilsachen
BKartA	Bundeskartellamt
BMI	Broadcast Music Incorporation
BMWi	Bundesministerium für Wirtschaft
BR-Drucks.	Bundesrats-Drucksache
bspw.	beispielsweise
BT-Drucks.	Bundestags-Drucksache
bzw.	beziehungsweise
Cir.	Circuit
Corp.	Corporation
DAJV-NL	DAJV-Newsletter, Zeitschrift der Deutsch Amerikanischen Juristen-Vereinigung
DB	Der Betrieb
DC	District of Columbia
ders.	derselbe
d.h.	das heißt
dies.	dieselbe(n)
Diss.	Dissertation
DOJ	Department of Justice

d.V.	des Vertrags
ed.	edition
EG	Europäische Gemeinschaft *oder* EG-Vertrag, soweit im Zusammenhang mit Artikeln angeführt
EGKS	Europäische Gemeinschaft für Kohle und Stahl
EGV	EG-Vertrag (alte Fassung)
ET	Energiewirtschaftliche Tagesfragen
etc.	et cetera
EU	Europäische Union
EuGH	Europäischer Gerichtshof
EuZW	Zeitschrift für Europäisches Wirtschaftsrecht
EWG	Europäische Wirtschaftsgemeinschaft
EWiR	Entscheidungen zum Wirtschaftsrecht
EWS	Europäisches Wirtschafts- und Steuerrecht
f.	folgende
ff.	fortfolgende
FIW	Forschungsinstitut für Wirtschaftsverfassung und Wettbewerb e.V.
FK	Frankfurter Kommentar zum GWB
Fn.	Fußnote
Fordh. L. Rev.	Fordham Law Review
FTC	Federal Trade Commission
GATT	General Agreement on Trade and Traffics
GD	Generaldirektion
GFVO	Gruppenfreistellungsverordnung
GG	Grundgesetz
ggf.	gegebenenfalls
GK	Gemeinschaftskommentar zum GWB
GRUR	Gewerblicher Rechtsschutz und Urheberrecht
GRUR Int.	Gewerblicher Rechtsschutz und Urheberrecht, Internationaler Teil
GWB	Gesetz gegen Wettbewerbsbeschränkungen
Harv. L. Rev.	Harvard Law Review
hM	herrschende Meinung
Hrsg.	Herausgeber
hrsg.	herausgegeben
i.d.R	in der Regel
I/M	Immenga/Mestmäcker
Inc.	incorporated
i.S.	im Sinne
J.L. & Econ.	Journal of Law and Economics
JuS	Juristische Schulung

JZ	Juristen Zeitung
KG	Kammergericht Berlin
L.	Law
LG	Landgericht
Lit.	Literatur
m.a.W.	mit anderen Worten
Mich. L. Rev.	Michigan Law Review
MüKo	Münchner Kommentar zum BGB
N.D.	Northern District
n.F.	neue Fassung
n.	note
Nr.	Nummer
N.Y.U. L. Rev.	New York University Law Review
NZG	Neue Zeitschrift für Personen- und Kapitalgesellschaften
OECD	Organization for Economic Cooperation and Development
OLG	Oberlandesgericht
o. Verf.	ohne Verfasser
PVÜ	Pariser Verbandsübereinkunft
RBÜ	Brüssler Revision des PVÜ
RIW	Recht der Internationalen Wirtschaft
Rn.	Randnummer
Rnrn.	Randnummern
Rz.	Randziffer
S.	Seite
S.Ct.	Supreme Court Reporter
Sec.	Section
S.D.	Southern District
Slg.	Sammlung
sog.	so genannte(r)
Stat.	Statutes at Large
std. Rspr.	ständige Rechtsprechung
Tz.	Textziffer
u.	und
u.a.	und andere
U. Chi. L. Rev.	University of Chicago Law Review
UCLA L. Rev.	University of California at Los Angeles Law Review
U.S.	United States
USA	United States of America
u.U.	unter Umständen

UWG	Gesetz gegen unlauteren Wettbewerb
v.	von (im Zusammenhang mit Namen)
vs.	versus
vgl.	vergleiche
VO	Verordnung
Vol.	Volume
WiSt	Wirtschaftswissenschaftliches Studium
WRV	Weinmarer Reichsverfassung
WRP	Wirtschaft in Recht und Praxis
WTO	World Trade Organization
WuW	Wirtschaft und Wettbewerb
WuW/E	WuW-Entscheidungssammlung zum Kartellrecht
Yale L. J.	Yale Law Journal
z.B.	zum Beispiel
ZfgG	Zeitschrift für das gesamte Genossenschafts-wesen
ZgS	Zeitschrift für die gesamte Staatswissenschaft
ZHR	Zeitschrift für das gesamte Handels- und Wirtschaftsrecht
ZIP	Zeitschrift für Wirtschaftsrecht
z.T.	zum Teil
ZVglRWiss	Zeitschrift für Vergleichende Rechtswissenschaft

Einleitung

Kartellrecht stellt insofern ein Spezifikum dar, als es sich mit Sachverhalten des wirtschaftlichen Lebens befasst, die sich ständig wandeln, so dass in seinem Regelungsbereich jede rechtliche Fixierung von Wertungen und Erfahrungssätzen durch immer wieder neue Erkenntnisse und ubiquitäre, sich stetig evolutionierende Wettbewerbsfaktoren herausgefordert wird. Durch seine Entscheidung für eine intensive Kartellrechtsanwendung durch Behörden und Gerichte und die vielfältigen Novellierungen des Gesetzes gegen Wettbewerbsbeschränkungen (GWB[1]) hatte der Gesetzgeber zumindest bis zur 6. Novelle einen mit den Anforderungen eines allgemeinen Gesetzes nur schwer noch zu vereinbarenden, wettbewerbspolitisch gesteuerten permanenten Wandel des Kartellrechts erreicht. Zu diesem Prozess der von seinem Regelungsgegenstand induzierten ständigen Evolution des Kartellrechts möchte diese Arbeit für den von ihr behandelten Bereich der Abgrenzung der §§ 1 ff. GWB von §§ 14 ff. GWB einen Beitrag leisten.

Allein für diese Materie der Vielfalt wirtschaftlicher Sachverhalte in einem politisch motivierten rechtlichen Normensystem gerecht werden zu wollen, erfordert zunächst als Basis eine möglichst konsistente wirtschaftspolitische Konzeption, die jene der Politik zu Grunde liegenden Ziele sowie einen Katalog von Instrumenten zur Realisierung dieser Ziele enthält. Wettbewerbspolitik gilt als wesentliches Kernstück einer Wirtschaftspolitik, die das Funktionieren von Marktwirtschaft garantieren soll[2]. Die Formulierung eines entsprechenden Instrumentenkatalogs wird also nicht ohne ökonomische Theorien auskommen, die wettbewerbliche Ursache-Wirkungs-Zusammenhänge ergründen und damit gewisse Marktbeziehungen aufzeigen können[3]. Aufgabe des ersten Teils der vorliegenden Arbeit soll es insoweit sein zu prüfen, ob und wie in dem wettbewerbspolitisch dem GWB vorgegebenen Gefüge horizontale und vertikale Wettbewerbsbeschränkungen ein gesetzestechnisch sinnvolles Eingriffskriterium darstellen und ob wirtschaftswissenschaftliche sowie wettbewerbstheoretische Erkenntnisse die gegebene Unterscheidung zu stützen vermögen. Es soll insoweit zudem aufgezeigt werden, dass bisherige theoretische Ansätze nur bedingt oder jeweils ausschnittsweise geeignet sind, kartellrechtliche Sachzusammenhänge zu erklären. Sie selbst können nur helfen, Teilaussagen über

---

[1] GWB-§§ ohne weitere nachfolgende Angabe sind solche in der seit 1.1.1999 geltenden Fassung der 6. Novelle, BGBl. I, S. 2546, zuletzt geändert durch Art. VII. des 9. Euro-Umstellungsgesetzes.

[2] *Mario Monti*, Rede vom 17.3.2002 an der Universität Freiburg; vgl. FAZ v. 18.3.2002, Nr. 65, S. 15; *Rittner*, AcP 188 (1988), 101, 110 ff., 150.

[3] Vgl. *Herdzina*, Bemerkungen zur wettbewerbspolitischen Konzeption des GWB, S. 3.

Auswirkungen von Wettbewerbsbeschränkungen zu treffen, die bestimmte Märkte erfassen können oder etwa Nichtmärkte vernachlässigen[4].

Das GWB ist Teil der Ordnung des Wettbewerbs und hat das Ziel, ihn dort, wo er Garant für Leistungsfähigkeit und allgemeine Wohlfahrt ist, vor Beschränkungen zu bewahren und strukturell zu sichern. Das Gesetz korreliert mit einer als wünschenswert erachteten Verfassung von Märkten und kann daher als Marktordnungsrecht verstanden werden[5]. Unter primär wirtschaftlichen Gesichtspunkten führt die im GWB in diesem Sinne formal vollzogene Trennung und unterschiedliche Behandlung horizontaler und vertikaler Wettbewerbsbeschränkungen nicht immer zu gerechten Lösungen. Dabei spielen die Eigengesetzlichkeiten von Rechtsanwendung ihre Rolle: Rechtsanwendung erfordert immer die Selektion einzelner als erheblich erachteter Umstände aus der unendlichen Wirklichkeit interdependenten ökonomischen Geschehens. In Rechtsnormen können mithin nur solche Elemente isoliert werden, die einer abstrakt-generellen Bewertung und zugleich einer Feststellung des Einzelfalles zugänglich bleiben. Mit dem Verbot aller horizontalen, nicht freistellbaren Wettbewerbsbeschränkungen in § 1 GWB und dem Zweisäulensystem nach §§ 14 ff. GWB verbotener respektive weitgehend unter Vorbehalt der Missbrauchsaufsicht erlaubter vertikaler Wettbewerbsbeschränkungen, hat der Gesetzgeber einen generellen Bewertungsmaßstab vorgegeben. Die Gruppe der Vertikalvereinbarungen im zweiten Teil des GWB ist wettbewerbspolitisch von dem Willen geprägt, vertikale Preis- und Konditionenbindungen möglichst lückenlos zu verbieten (§ 14 GWB) sowie Unternehmen andererseits durch eine Erlaubnis beschränkter Gestaltung von Bezugs- und Absatzwegen unter Vorbehalt der Missbrauchsaufsicht nach §§ 16 ff. GWB wettbewerblichen Spielraum zu lassen[6]. Weil jedoch das Verhältnis von Wettbewerbern zueinander je nach Marktlage oder -struktur nicht immer eindeutig als horizontal oder vertikal eingeordnet werden kann, bestehen im Einzelfall erhebliche Schwierigkeiten justiziable Lösungen herbeizuführen. Hinzu kommt, dass weder Gesetzesmaterialien[7], Rechtsprechung noch Schrifttum eindeutig klargestellt hätten, wie sich die Unterscheidungsmerkmale horizontal und vertikal zum ehemaligen Abgrenzungskriterium gemeinsamer Zweck[8] oder nunmehr des Miteinander-in-Wettbewerb-Stehens von Unternehmen verhalten.

---

[4] Vgl. *Kirchner*, in: FS Ingo Schmidt, S. 33, 40.
[5] *Kirchner*, in: FS Ingo Schmidt, S. 33.
[6] Vgl. *Belke*, ZHR 138 (1974), 227, 241.
[7] Vgl. Begr. zum RegE., BT-Drucks. II/1158, S. 35; Ausschuss f. Wirtschaftspolitik, BT-Drucks. II/3644, S. 14; dazu näher unten, 1. Teil, D.
[8] Dazu ausführlich *Schwarz*, Kartellvertrag, S. 55 ff.

Wie in der Begründung zum Entwurf der Bundesregierung vom 29. Januar 1998 ausgeführt[9], hat der Gesetzgeber bei der 6. Novelle des GWB gerade an der historisch gewachsenen Unterscheidung zwischen horizontalen und vertikalen Wettbewerbsbeschränkungen im deutschen Recht festgehalten. Horizontale Vereinbarungen sind – vorbehaltlich der Möglichkeit einer Freistellung – verboten, während vertikale Wettbewerbsbeschränkungen – abgesehen von einem Preis- und Konditionenbindungsverbot nach § 14 GWB – nur einer mit hohen Eingriffsschwellen verbundenen Missbrauchsaufsicht unterliegen. Eine Angleichung an das europäische Wettbewerbsrecht hielt der Gesetzgeber insoweit nicht für geboten[10]. Die Gleichbehandlung von horizontalen und vertikalen Wettbewerbsbeschränkungen in Artt. 81 bis 86 EG[11] sollte nämlich insbesondere das Unterlaufen eines der wesentlichen Ziele des EG-Vertrages, der Abbau von Zollschranken, durch entgegenstehende privatrechtliche Beschränkungen (etwa grenzbezogener Gebietsschutz) verhindert werden. Eine solche aus dem Binnenmarktprinzip der EG resultierende Zielsetzung liegt dem GWB aber nicht zu Grunde[12].

Zur Abgrenzung von vertikalen Vereinbarungen wurde in § 1 GWB also das bisherige Merkmal „zu einem gemeinsamen Zweck" durch die nach Auffassung der Bundesregierung sprachlich zutreffendere[13] Formulierung zwischen „miteinander im Wettbewerb stehenden Unternehmen" ersetzt. Eine inhaltliche Abkehr von diesem Kriterium dürfte damit allerdings nicht bezweckt worden sein[14]. Der Gesetzgeber ist also dem gängigen kartellorganisationsrechtlichen Denkmuster verhaftet geblieben[15]. Nach wie vor geht er bei der Differenzierung zwischen §§ 1 ff. GWB und §§ 14 ff. GWB regelmäßig von bestimmten Vertragstypen aus, was aber gerade der Wortlaut des neuen Kartellverbots nicht

---

[9] Begr. zum RegE., BT-Drucks. 13/9720, S. 30 ff.

[10] Laut *Bechtold*, BB 1997, 1853, 1853 war die Vereinheitlichung auch nicht vorrangiges Ziel der Novelle. *Kretschmer*, WuW 1998, 651, 654 meint, dass die nur parzielle Übernahme des EG-Rechts darauf beruhe, dass es bei der Novelle v.a. Prüfungsmaßstab gewesen sei, wo das deutsche Recht Vorteile aufweise.

[11] Die ehemalige Maastricher-Vertrags-Fassung EGV wird hier nur noch bei den Vorgängernormen Art. 85 ff. EGV a.F. verwandt. Entsprechend der Amsterdamer Fassung seit 1.1.1999 und der Bekanntmachung des EuGH zur Zitierweise des EG-Vertrags (vgl. www.curia.eu.int/de/jurisp/remnot.html) erfolgt im Übrigen die offizielle Zitierweise Art. 81 ff. EG.

[12] Begr. zum RegE. zu §§ 1-96 GWB, abgedruckt in: WuW-Sonderheft 1998, S. 63 ff.;

[13] A.A. *Schmitz*, WuW 2002, 5, 13; *Baums*, ZIP 1998, 233, 236.

[14] Vgl. BGH WuW/E BGH DE-R 289, 294 – „Lottospielgemeinschaft"; Begr. zum RegE., BT-Drucks 13/9720, Grundzüge des Entwurfs unter 3. a), abgedruckt bei *Baron*, Das neue Kartellgesetz, S. 121 f.

[15] So schon für das GWB von 1957: *Möschel,* Recht der Wettbewerbsbeschränkungen, S. 214, Rz. 375.

mehr nahe legt[16]. Dieses zwar marktfunktionale, indes formal-kategorische Vorgehen, ist in der Literatur zu Recht vielfach kritisiert worden[17]. Der beispielsweise in diesem Zusammenhang ehemals diskutierte Vorrang von § 1 GWB a.F. gegenüber §§ 15 ff. GWB a.F. ist heute aus dem Gesetz kaum mehr begründbar[18]. Mit einem ersten Blick auf die neuen Regelungen dürfte es eher im Einzelfall darauf ankommen, ob die Vereinbarung tatsächlich im Verhältnis zwischen miteinander im Wettbewerb stehenden Unternehmen getroffen wurde (dann womöglich nur § 1 GWB), oder dieses Verhältnis de facto, etwa wegen einer gänzlich ausgeschlossenen potenziellen Wettbewerbsstellung nicht betrifft (Beurteilung ausschließlich nach § 16 GWB). Damit könnte zutreffend ein Teil der gängigen, keineswegs jedoch sämtlicher kartellrechtsrelevanten Fälle erfasst sein. Man muss wohl unterstellen, dass das Gesetz mittlerweile ausschließlich nach dem Vorliegen horizontaler und vertikaler Wettbewerbsbeschränkungen differenziert, ohne aus sich heraus wirtschaftliche Wettbewerbsfaktoren zu berücksichtigen. Für ein derartiges Verständnis dürfte schon die Überschrift „Vertikalvereinbarungen“ im zweiten Abschnitt des GWB sprechen. Allerdings ist die Überschrift insoweit zumindest missverständlich formuliert[19], als die Anwendbarkeit der dortigen Vorschriften nur davon abhängen kann, ob die jeweiligen gesetzlichen Tatbestände erfüllt sind, nicht aber davon, ob die Beteiligten in einem Vertikalverhältnis zueinander stehen[20]. In den einzelnen Tatbestandsmerkmalen können also durchaus wirtschaftliche Hintergründe hinsichtlich produktspezifischer Wettbewerbsfaktoren eine Rolle spielen, etwa wenn es um die Gestaltung von Preisen, das bindende Diktat von Geschäftsbedingungen (§ 14 GWB) oder in Ausschließlichkeitsbindungen um Verwendung, Bezug, Annahme und Abgabe von Waren und Dienstleistungen (§ 16 GWB) geht.

Im Bereich der ebenfalls im Mittelpunkt dieser Arbeit stehenden Austausch- und Individualverträge wurde das Preisbindungsverbot nach § 15 GWB a.F. in § 14 GWB beibehalten, da sich bezüglich der Rechtsanwendungspraxis keine nennenswerten Unterschiede zum europäischen Recht fanden[21]. In seinem Wesen § 18 GWB a.F. ähnlich, regelt nunmehr § 16 GWB die Missbrauchsaufsicht über Ausschließlichkeitsbindungen. Die Regelung enthält jedoch nur noch einen einzigen Eingriffstatbestand, der dem des früheren § 18 Abs. 1 lit. c

---

[16] Hierauf weist *K. Schmidt*, in: FS Sandrock, 833, 847, zu Recht hin, weil nur noch auf die Wettbewerberstellung abgestellt werde und einer in den Zweck hineininterpretierten vertragstypenabhängigen Betrachtung der Boden entzogen sei.
[17] Insb. *K. Schmidt*, Kartellverbot, S. 50 ff.
[18] Zu § 15 GWB a.F. schon: KG WuW/E OLG 5121, 5130 – „Treibstoffzuschlag“.
[19] Vgl. *Emmerich*, Kartellrecht, S. 29.
[20] So zu Recht *Huber*, in: FK Kurzdarstellung zu § 1 n.F. Rn. 86.
[21] Zur Vereinbarkeit mit dem Neuansatz siehe unten, 2. Teil, B. III.

GWB a.F. nachgebildet ist. Hierunter fallen Wettbewerbsverbote in Liefer- oder Absatzmittlungsverträgen, durch die dem gebundenen Unternehmen untersagt wird, nicht für Waren oder Leistungen konkurrierender Hersteller tätig zu werden. Ausschließlichkeits- und Vertriebsbindungen sind nach § 16 Nr. 2 und 3 GWB erfasst. Damit hat der Gesetzgeber klargestellt, dass er solche absatzbezogene Bindungen weiterhin alleine nach den von der Rechtsprechung entwickelten Kriterien über die Zulässigkeit vertikaler Wettbewerbsvereinbarungen beurteilt wissen will. Welche Bedeutung davon für eine etwaige Neubewertung ausgeht, wird in Teil 2 der Arbeit angesprochen[22].

Unter Einbeziehung des US-Antitrust Law und EG-Rechts soll geklärt werden, ob nicht auf die klassische Unterscheidung zwischen horizontalen und vertikalen Wettbewerbsbeschränkungen (soweit im ersten Teil) zu Gunsten wirtschaftsnaher Wettbewerbsfaktoren (dann im zweiten Teil) verzichtet werden kann. Um zu den Thesen dieser Arbeit zu führen, ist es somit unausweichlich, zunächst einen Blick auf wettbewerbstheoretische und ökonomische Ansätze zu werfen, um später, ausgehend von diesen Grundlagen, hin zu einem aus Marktteilnehmer- aber auch volkswirtschaftlicher Sicht rationalen Unterscheidungskriterium zu gelangen. So wird das Kartellrecht aus seinem ordnungsrechtlichen Schatten zu einer zeitgemäßen ökonomischen und produktorientierten Auslegung treten können, die gleichwohl ein akzeptables Marktordnungsrecht wiedergibt. Ziel der Arbeit ist es, die Grenzen der etablierten horizontal-vertikalen Abgrenzung im deutschen Kartellrecht aufzuzeigen, die trotz vieler gegenteiliger, insbesondere Rechtssicherheit betonender Auffassungen in Literatur und Rechtsprechung einer Neuorientierung bedarf.

Es soll versucht werden, v.a. die fließende Abgrenzung der Anwendungsbereiche der §§ 1 ff. und 16 ff. GWB systematisch anhand einer ökonomischen Analyse neu zu bewerten. Diesbezügliche Tendenzen sind verstärkt schon der jüngeren Rechtsprechung zu entnehmen[23]; es wird sich indes zeigen, dass auch das Merkmal der solche Tendenzen widerspiegelnden anzuerkennenden Interessen, die der BGH zwischenzeitlich zur Überwindung der nicht unerheblichen Abgrenzungsproblematik entwickelt hat, nicht hinreichend geeignet ist, den tatsächlichen Marktbedingungen gerecht zu werden. Ansatzpunkt für eine Ersetzung der Abgrenzungskriterien horizontaler und vertikaler Wettbewerbsbeschränkungen soll dabei die Analyse produktexterner und produktinterner Wettbewerbsfaktoren sein. Bei Ersterer handelt es sich um die synonym auch als interbrand-Wettbewerb bekannte Betrachtung marktlicher Güterbeziehungen und

[22] Siehe unten, 2. Teil, B. V.

[23] Vgl. BGH WuW/E BGH 3115 – "Druckgussteile"; WuW/E BGH 3121 – „Bedside-Testkarten"; WuW/E BGH 3137 – „Solelieferung"; WuW/E DE-R 131 – „Subunternehmervertrag".

Auswirkungen im Wettbewerb gleichartiger Produkte verschiedener Hersteller; produktinterne oder intrabrand-Analyse erfasst entsprechend die Beziehungen und Auswirkungen im Wettbewerb um Produkte nur eines Herstellers[24]. Diese weitgehend ökonomisch geprägte Beurteilung nach interbrand- und intrabrand-Kriterien muss auf ihre Verträglichkeit mit der ordnungsrechtlichen Struktur des GWB geprüft werden. Hier gilt es ordnungstheoretische Entscheidungs-, Motivations-, Kontroll- und Verteilungsfunktionen zu erfüllen[25].

Eine Antwort auf die Frage, was zukünftig im deutschen Recht als Beschränkung des Konkurrenzkampfes von Wettbewerbern (interbrand) zu verstehen sein könnte, dürfte nicht unwesentlich von Entwicklungen in den USA und insbesondere in Europa in den vergangenen zwei Jahren beeinflusst sein. Namentlich das Weißbuch der Kommission[26], die neue Gruppenfreistellungsverordnung (Schirm-GVO)[27] und die neuen Leitlinien[28], ebenso wie die neuen Beurteilungsmaßstäbe der amerikanischen Wettbewerbsbehörden[29], deuten auf eine liberalere Bewertung von Kartellen zwischen Wettbewerbern hin. Auf den ersten Blick steht das bewährte deutsche Rechtssystem einer Bewältigung der sich damit stellenden Aufgaben nur bedingt offen, weil nach § 1 GWB horizontale Wettbewerbsbeschränkungen zunächst grundsätzlich per se verboten sind. Insoweit wird auf die systematischen, wettbewerbsrechtlichen wie auch wettbewerbspolitischen Unterschiede einzugehen sein. Mit ihren Vorschlägen zur materiellen Neubewertung horizontaler Kooperationsvereinbarungen und nicht minder mit jenen zur Reform des Kartellverfahrensrechts hat die Kommission sich scheinbar wesentlich von ihrem traditionellen Unterscheidungssystem gelöst. Bedenkliche Kooperationen zwischen Wettbewerbern werden nicht mehr a priori als wettbewerbsschädlich angesehen. Es wird versucht, mittels eines „*more economic approach*“ horizontale Vereinbarungen zukünftig stärker im Rahmen ihres wirtschaftlichen Kontextes zu betrachten. In

---

24 Vgl. *Kirchhoff*, in: Wiedemann, Handbuch des Kartellrechts § 9 I, S. 278; dazu insgesamt die begriffliche Präzisierung im 2. Teil ab S. 180.

25 *Feldmann*, Institutionenökonomik, S. 11.

26 Weißbuch der Kommission über die Modernisierung der Vorschriften zur Anwendung der Art. 85 und 86 EGV vom 12.5.1999, ABl. EG C 321; dazu: *Schaub/Dohms*, WuW 1999, 1055 ff.

27 Verordnung EG/2790/99 der Kommission vom 22.12.1999 über die Anwendung von Art. 81 Abs. 3 EG auf Gruppen von vertikalen Vereinbarungen und aufeinander abgestimmten Verhaltensweisen, ABl. EG L 336, abgedruckt in WuW 2000, 151 ff.; das System einer Gruppenfreistellung forderten schon 1994 *Martinek/Habermeier*, ZHR 158 (1994) 107, 135; vgl. auch *Bechtold*, EWS 2001, 49, 51.

28 Leitlinien zur Anwendbarkeit von Art. 81 EG auf Vereinbarungen über horizontale Zusammenarbeit vom 6.1.2001, ABl. EG 2001 C 3.

29 "Antitrust Guidelines for Collaborations among Competitors" der FTC und des DOJ v. 28.4.2000, vgl. www.ftc.gov/bc/guidelin.htm (im Folgenden: Collaborations Guidelines).

ähnlicher Weise geben auch die Guidelines der US-Behörden Aufschluss über eine Neubewertung horizontaler Kooperationen. Um in globalen Märkten auch fortan bestehen zu können, sollen Wettbewerber horizontale Vereinbarungen treffen können, ohne dass wettbewerbsfördernde Maßnahmen durch eine allzu skeptische Betrachtung der horizontalen Kooperation im Keim erstickt würden[30]. Die ökonomischen Rahmenbedingungen halten die US-Behörden für derart gravierend, dass sie teilweise eine Einschränkung des per se Verbots über die Anwendung des Immanenzgedankens nunmehr befürworten. Diese Einschätzung geht auf die Entscheidung des US-Supreme Court im Fall *Arizona vs. Maricopa County Medical Society*[31] zurück, wonach ausnahmsweise eine *rule of reason*-Analyse zugelassen werden soll, wenn die Parteien in einer auf ökonomische Effizienz orientierten Integration wirtschaftlicher Aktivität Vereinbarungen eingehen, die sich als vernünftig hinsichtlich der Integration erweisen und vernünftigerweise notwendig sind, um ihre prokompetitiven Vorteile zu erzielen[32]. Es wird sich zeigen, inwieweit diese Ansichten mit dem deutschen Gesetz in Einklang zu bringen sind, und ob eine Kompatibilität gegebenenfalls im Hinblick auf zukünftige interbrand- und intrabrand-Merkmale zu vertretbaren Ergebnissen führen kann.

Eine mögliche Neubewertung von Wettbewerbsbeschränkungen zwischen Wettbewerbern wird nicht ohne Einfluss auf die Abgrenzungsfrage zur Behandlung von solchen Beschränkungen sein, die im Rahmen des Absatzes von produktinternen Waren eines Herstellers (intrabrand) getroffen werden. Diese sind regelmäßig Mittel der Hersteller, um sich im produktexternen Konkurrenzkampf wettbewerbliche Vorteile zu verschaffen. Insoweit dürfte zukünftig die Annahme, dass intrabrand-Beschränkungen des Wettbewerbs eine Intensivierung des interbrand-Wettbewerbs mit sich bringen können, möglicherweise eine neue Dimension erhalten. Sie wird in die Beurteilung der Vielzahl an Interdependenzen des Marktgeschehens, welches von diversen intrabrand- wie interbrand-Beschränkungen bestimmt ist, einfließen. Für diese Beurteilung kann die ökonomische Analyse des Rechts, die rechtliche Normen mit Hilfe des mikroökonomischen Ansatzes analysiert[33], positive Beiträge leisten. Da sie sich bei normativen Untersuchungen jedoch nahezu ausschließlich an Effizienzkriterien orientiert[34], wird in diesem Punkt eine gewisse Zurück-

---

[30] Vgl. Collaboration Guidelines, S. 6.

[31] U.S. 331 (1982).

[32] Im Original lautet die Textstelle: „*If participants in an efficiency-enhancing integration of economic activity enter into an agreement that is reasonably related to the integration and reasonably necessary to achieve its procompetitive benefits*", Collaboration Guidelines, S. 8; die ökonomische Theorie kaum an Effizienzielen ausrichtbar hält *Kirchner*, Ökonomische Theorie des Rechts, S. 25.

[33] *Feldmann*, Institutionenökonomik, S. 193 ff.; *Kirchner*, ZHR 144 (1980), 563, 564 ff.

[34] *Feldmann*, Institutionenökonomik, S. 195.

haltung geboten sein, um objektiv bewerten zu können, welche intrabrand- oder interbrand-Beschränkungen wettbewerblich vernünftig und verträglich erscheinen. Die dafür notwendigen Maßstäbe kann die Neue Institutionenökonomik beitragen, die es sich zu eigen gemacht hat, institutionell-gesetzliche Vorgaben, Marktgeschehnisse und Interessenlagen modelltheoretisch zu koordinieren[35].

Zur Neubewertung wird eine auf den Normzweck abstellende, funktionale Interpretation schließlich eine wirtschaftliche Betrachtungsweise erfordern[36]. Zur Konkretisierung der ökonomischen Betrachtung müssen wirtschaftswissenschaftliche Denkansätze in dieser Rechtsauslegung Berücksichtigung finden, die eine entsprechende Auslegung der Tatbestandsmerkmale des GWB unterstützen können[37]. Allerdings sind wirtschaftswissenschaftliche Begriffe im Normenzusammenhang stets auf ihren Zweck hin zu prüfen, wenn sie durch Einführung in ein Gesetz zu Rechtsbegriffen erhoben werden sollen[38]. Diese Zusammenhänge und ihre Eignung zur Integration von interbrand- und intrabrand-Merkmalen wird im zweiten Teil[39] der Arbeit untersucht.

Einen weiteren Schwerpunkt wird danach die Behandlung problematischer Fälle in der Rechtsprechung der jüngeren Vergangenheit anhand des neuen, zu positionierenden interbrand/intrabrand-Systems bilden. Es wird sich zeigen, dass eine solche Behandlung kartellrechtsrelevanter unternehmerischer Verhaltenskonzertierung gerade in jenen Problembereichen eine zufriedenstellende Lösung ermöglichen kann, die die bisherige Trennung nach horizontalen und vertikalen Wettbewerbsbeschränkung im deutschen Recht hervorgebracht hat. Wegen der unermesslichen Vielzahl wettbewerblicher Vorgänge und deren Beeinflussungen durch das Verhalten von Marktteilnehmern scheinen dafür nur Einzel(fall)-umstände zu Maßstäben erhoben werden zu können, deren Erreichung im Rahmen der gegebenen gesetzlichen Strukturen als wettbewerbspolitisch erstrebenswert vordefiniert werden sollten. Es wird sich weiter zeigen, dass dazu verbraucher-, hersteller-, aber auch händlerschutzorientierte Maßnahmen zu zählen sind, womit die Frage der Wirtschaftlichkeit respektive einer „wirtschaftlichen“ oder „wirtschaftlicheren“ Betrachtungsweise im Zuge der

---

35 Dazu unten, 1. Teil, C. V.

36 So schon *Ulmer*, WuW 1971, 878, 880; gegen die eigenständige Bedeutung eines wirtschaftlichen Auslegungstopos zu Unrecht: *Rittner*, Wirtschaftsrecht, S. 235 und monographisch *ders.*, Wirtschaftliche Betrachtungsweise, 1968.

37 So *Immenga/Mestmäcker*, in: I/M, 2. Aufl., Einl. Rn. 29.

38 *Günther*, in: FS Hartmann, S. 123, 126 ff.; *Lukes*, in: FS Böhm, 199, 213; *Maasch*, ZHR 150 (1986), 353, 357.

39 Siehe unten, S. 180 ff.

Ersetzung der Horizontal-/Vertikalanalyse nicht sinnentleert argumentativ im Raum stehen wird.

1. Teil: Die Horizontal-/Vertikalanalyse

A. Rechtliche Entwicklung der Verbotsgesetzgebung und Missbrauchsaufsicht

Zunächst sollen die unterschiedlichen Ansätze und ihre Rechtsfolgen betrachtet werden, die das Gesetz für unterschiedliche kartellrechtlich relevante Vorgehensweisen von Unternehmungen bereithält, und überlegt werden, ob diese auch in einem produktfaktorspezifischen System herangezogen werden sollten. Nach geltendem Recht sind zwei grundlegende Prinzipien geläufig. Zum einen das Verbotsprinzip, bei dem der Wettbewerb nach hM am besten als Institution geschützt wird[40], weil Wettbewerbsbeschränkungen per se als unwirksam angesehen werden und zum anderen das Missbrauchsprinzip, das ein Einschreiten gegen Wettbewerbsverstöße erst dann zulässt, wenn eine wettbewerbswidrige Verhaltensweise nicht bloß ihrer selbst wegen, sondern zuvor gesetzlich als missbräuchlich formuliertes, nicht gewünschtes Ergebnis vermieden werden soll. Das Missbrauchsprinzip toleriert zunächst einmal wettbewerbsbeschränkende Strukturen, auch Kartellverträge, und sanktioniert im Wege der Verhaltensaufsicht lediglich eine missbräuchliche Ausnutzung[41]. Der Verbotsgesetzgebung liegt regelmäßig ein klar formulierter Eingriffstatbestand zu Grunde, der einer Missbrauchsaufsicht systembedingt nicht eigen ist. Die Missbrauchsaufsicht scheint dagegen als administratives Verfahrensprinzip angezeigt, wenn der Wettbewerbsbeschränkung rechtspolitisch keine unmittelbar negative Wirkung oder etwa ein Unrechtsgehalt beigemessen werden kann. Zur Aufrechterhaltung des Marktmechanismus' schützt mithin insbesondere das Verbotsprinzip die ökonomischen Funktionen des Wettbewerbs, soweit als unmittelbare Folge eine Marktverkrustung und als Unwerturteil eine gesetzlich vordefinierte Beschränkung wirtschaftlicher Handlungsfreiheit zu erwarten steht. Der Schutz ökonomischer Funktionen des Wettbewerbs kann dagegen beim Missbrauchsprinzip nur mittelbare Folge einer Bekämpfung von Marktergebnissen sein. Das Missbrauchsprinzip schützt die ökonomischen Funktionen des Wettbewerbs nur indirekt und ex post. Ein Kartellgesetz kommt daher, will es die ökonomischen Funktionen des Wettbewerbs direkt und ex ante schützen, nicht ohne einen Verbotstatbestand aus. Als Kehrseite der Medaille darf ein solcher Tatbestand allerdings auch die Dynamik des Marktgeschehens nicht missachten. Dementsprechend müssen mögliche Ausnahmen bedacht werden, durch die Marktteilnehmern wirtschaftliche Handlungsfreiheit belassen wird, die

---

[40] Vgl. nur *Zimmer*, in: I/M, 3. Aufl., § 1 Rn. 7 ff. m.w.N.

[41] Vgl. *Aberle*, Wettbewerbstheorie und Wettbewerbspolitik, S. 83.

Marktmechanismen im Wege von Freistellungen oder infolge wettbewerblich immanenzbezogener Interessenabwägung sichern. Beide Prinzipien haben Einzug in das deutsche Kartellrecht gefunden. Insoweit bilden die in erster Linie betroffenen Regelungen des GWB, § 1 als Verbotsnorm mit Ausnahmevorschriften in den §§ 2 ff. sowie andererseits § 14 und die §§ 16 ff. mit der dort normierten Missbrauchsaufsicht die Ausgangsnormen, anhand derer sich die im deutschen Recht vorherrschende Trennung nach horizontalem Kartellverbotstatbestand und vertikalen Wettbewerbsbeschränkungen vollzieht.

In ähnlicher Weise verfährt das Europäische Recht oder wird es wohl zumindest vom Ansatz her zukünftig tun. Art. 85 EGV und auch der inhaltsgleiche Art. 81 EG waren bisher als reine Verbotsnormen mit Freistellungstatbestand (Art. 81 Abs. 3 EG/Art. 85 Abs. 3 EGV) ausgestattet. An dieser gesetzlichen Grundregel wird sich hinsichtlich Gesetzeswortlaut und Tatbestand selbst auch künftig kaum etwas ändern. Allerdings dürften Weißbuch und Leitlinien der Kommission das rechtspolitisch in Art. 81 EG verankerte Verbotsprinzip tatsächlich in einer nur schwer aus dem Gesetz zu lesenden Weise ins Gegenteil verkehren: Wie *Fikentscher* treffend bemerkt, scheint Art. 81 EG zu einem „mit Meldepflicht ausgestatteten und wirksam angewandten Missbrauchsprinzip geworden“[42] zu sein, weil an die Stelle eines administrativen Freistellungsverfahrens in Art. 81 Abs. 3 EG ein durch Auslegung des Art. 81 Abs. 1 EG festzustellendes Verbot mit Legalausnahme treten soll, das ein Eingreifen des Verbots selbst verhindert, solange nicht gleichzeitig das Nichtvorliegen der Freistellungsvoraussetzungen des Absatzes 3 nachgewiesen wird[43]. Der bisherige Administrativvorbehalt der Verbotsnorm mit materiellrechtlich enthaltener Unrechtsvermutung könnte so zu einem Verbotsgesetz mit stumpfer, weil nur im Nachhinein gerichtlich überprüfbarer Klinge werden, die rechtspolitisch und normativ konstruiert in die Nähe einer nachgelagerten Missbrauchsaufsicht rückt.

Im Folgenden soll nun im Überblick dargestellt werden, wie es zur Entwicklung von Verbotsprinzip und Missbrauchsaufsicht im GWB kam, die bis heute ihre Spuren auch im Rahmen sämtlicher Novellen hinterlassen und keine wesentlichen Änderungen erfahren haben.

---

42 *Fikentscher*, WuW 2001, 446, 452.

43 Kritisch zum Neuansatz im europäischen Wettbewerbsrecht auch: *Schwintowski*, in: FS Sandrock, S. 901 ff.

I. Aus der Entstehungsgeschichte des Gesetzes

Nach der berühmten reichsgerichtlichen Entscheidung „Sächsischer Zellstoff-Fabrikantenverband“[44] herrschte im deutschen Kaiserreich die Auffassung vor, dass auch für die Einschränkung der Wettbewerbsfreiheit der Grundsatz der Vertragsfreiheit gelte. Beschränkungen der Wettbewerbsfreiheit waren danach unabhängig vom Marktstatus möglich. Dies änderte sich erst im Jahre 1923, als das erste materielle Kartellgesetz[45] erlassen wurde. Genannt waren dort „Syndikate, Kartelle, Konventionen und ähnliche Abmachungen“. Wortlaut und Auslegung waren weitgehend von der Kartellformenlehre bestimmt, die sich an das Organisationsrecht anlehnte und bei grundsätzlicher Zulässigkeit von Kartellen die Bedingung ihrer Rechtsbeständigkeit umschrieb[46]. Beabsichtigt war damit nur die Bekämpfung „schädlicher Auswüchse“ des Kartellwesens, dies ausschließlich im Wege der Missbrauchsaufsicht. Das Reichsgericht sah aufgrund der Regelungen der Kartellverordnung, aus denen es die Missbrauchsaufsicht ableitete, Kartelle grundsätzlich als wirksam an[47]. Der Kartellverordnung war also eine Missbrauchsaufsicht nicht unbekannt[48]. Das Gesetz enthielt „kann“-Vorschriften, ohne jedoch festzulegen, wann eine Gefahr für die Gesamtwirtschaft vorgelegen hätte, die zu einer Untersagung durch den Reichswirtschaftsminister hätte führen können. Solch fehlende Eingriffstatbestände dürften daher zur relativen Wirkungslosigkeit der Missbrauchskontrolle nach der Kartellverordnung beigetragen haben. Hier spielte also die gesetzestechnische Andersartigkeit der Missbrauchsaufsicht gegenüber Verbotstatbeständen keine Rolle.

Die Kartellverordnung hatte jedoch Einfluss auf das spätere Kartellverbot unter dem GWB bis zur 6. Novelle: zum einen durch die Übernahme der Formbedürftigkeit[49] von Kartellen und entscheidender noch zum anderen, weil der Begriff des Kartells so ausgelegt wurde, dass es sich seiner Natur nach um einen Gesellschaftsvertrag mit einem allen Parteien gemeinsamen Zweck handeln

---

[44] RGZ 38, 155, 158 – „Sächsischer Zellstoff-Fabrikantenverband“.

[45] Verordnung gegen Missbrauch wirtschaftlicher Machtstellungen (*Kartellverordnung*), RGBl. I, S. 1067.

[46] *K. Schmidt*, Kartellverfahrensrecht, S. 21 ff.

[47] Vgl. RGZ 122, 260, 263 – „Verkaufsstelle der Drahtglasfabriken“; ausführlich dazu: *Fikentscher*, Wettbewerb und gewerblicher Rechtsschutz, S. 163 ff.; *Möschel*, in: FS Pfeiffer, S. 707, 709.

[48] §§ 4-7, KartVO, näher dazu die Kommentierung bei *Callmann*, Das deutsche Kartellrecht, S. 349 ff.

[49] Durch ersatzlose Streichung des § 34 GWB a.F. kommt es auf die Formbedürftigkeit heute allerdings nicht mehr an.

musste[50]. Daran sollten sich im späteren GWB noch die Geister scheiden[51]. Der gemeinsame Zweck als Tatbestandsmerkmal im GWB löste sich indes von jenem der Kartellverordnung vollständig, durchlief eine eigenständige Entwicklung[52] und etablierte sich letztlich bis zur 6. Novelle 1998 als entscheidendes Abgrenzungsmerkmal für eine Anwendung des § 1 GWB a.F. auf Wettbewerbsbeschränkungen in Austauschverträgen und Absatzbindungen.

Zur Beurteilung kartellrechtsrelevanter Maßnahmen war der Kartellverordnung eine Gesamtvertragsbetrachtung mit zivilrechtlichem Hintergrund nicht unbekannt. Sowohl das Kartellgericht als auch eine Mindermeinung in der Literatur unterschieden bereits zwischen kartellrechtlichen Abreden eines Vertrags als solchen und den jeweiligen zivilrechtlichen Vereinbarungen, weshalb Bindungen, die unter § 1 KartVO fielen, vom gesamten Vertrag zu trennen gewesen seien[53]. Die Bindungen seien ihrerseits nur relevant gewesen, wenn sie den Inhalt des Kartellvertrages bestimmten. Prägungen einer Unterscheidung nach Kartellverträgen i.S. des § 1 GWB a.F. und (vertikalen Austausch-) Verträgen nach §§ 14 ff. GWB a.F. sind hierin freilich noch nicht zu sehen. Denn die überwiegende Auffassung zur Kartellverordnung vollzog diese Trennung nicht. Mit Rücksicht auf den wirtschaftlichen Zusammenhang wurde eine einheitliche Vertragsbeurteilung als notwendig erachtet[54].

Das Zwangskartellgesetz der Nationalsozialisten von 1933 und die Marktaufsichtsverordnung aus dem Jahre 1942 brachten diesbezüglich keine Neuerungen. Nach dem Krieg sollte es den ersten Kartellrechtsentwurf geben, der vom Enthusiasmus demokratischer Vorsätze, einer Begeisterung für das Antitrustrecht, dem neoliberalen Konzept einer freiheitlichen Wirtschaftsordnung[55] und den Vorstellungen der Besatzungsmächte von einer dauerhaft dezentralisierten, kartell-, trust- und monopolfreien deutschen Wirtschaft geprägt war[56]. Im Zuge des GATT-Abkommens von 1947 und der Havanna-Charta von 1948 war nach

---

[50] *Bechtold*, Kartellgesetz, Einführung Rn. 3.
[51] Siehe dazu unten 1. Teil, E.
[52] Zusammenfassend: *Niederleithinger*, in: FS Benisch, S. 277 ff., *Seifert*, in FS: Lieberknecht S. 583, 584 ff., *Steindorff*, BB 1977, 569 ff., *K. Schmidt*, AG 1998, 551, 553, *ders.*, Kartellverbot, 51 ff., *Schwarz*, in: GK §§ 15-21, Rn. 2; *Müller*, Wirtschaftskommentar, § 1 GWB, Rn. 68a und passim.
[53] KartG, Urt. v. 20.8.27, K28/27, in: Kartellrundschau 1927, 561, 563 am Ende; vgl. auch *K. Schmidt*, Kartellverbot, S. 7; *ders.*, Kartellverfahrensrecht, S. 23; *Schwarz*, Kartellverbot, S. 128.
[54] Vgl. nur *Callmann*, Das deutsche Kartellrecht, §§ 1-3 KartVO Anm. 1, 9.
[55] Zum Rang der Wirtschaftsordnung vgl. *Böhm*, Die Bedeutung der Wirtschaftsordnung in der politischen Verfassung, S. 65 ff.
[56] *Kartte/Holtschneider*, Wettbewerbspolitik in der Bundesrepublik Deutschland, in: *Cox/Jens/Markert*, S. 200 ff.

amerikanischer Ansicht die Anerkennung eines wirksamen Wettbewerbs als allgemeine Regel vonnöten, welche die Verhinderung von Beschränkungen hinsichtlich einer Ausdehnung des Handels und des Zutritts zu Märkten erreicht. Folge war 1947 das erste Kartellverbot in Deutschland durch die Dekartellierungsgesetze, die ein Verbot jeglicher wettbewerbsbeschränkender Absprachen mit Entflechtungsmöglichkeit und Befreiungsvorbehalt vorsahen[57]. Da die Entkartellierung auf deutsche Stellen delegiert werden sollte, entstand 1949 der erste Entwurf der Arbeitsgruppe deutscher Sachverständiger für ein Kartell- und Monopolgesetz. Die sog. *Josten*-Entwürfe[58] sahen ein allgemeines Kartellverbot – Ausnahmen durch das Monopolamt waren möglich – und Vorschriften zur Beseitigung wirtschaftlicher Machtpositionen vor. Sie scheiterten jedoch, weil sie eine zu starke Machtposition des Monopolamtes forderten.

Auch die Dekartellierungsgesetze erkannten, dass es durchaus zivilrechtlich geprägte vertragliche Vereinbarungen geben kann, denen eine Wettbewerbsbeschränkung lediglich als Nebenabrede zu eigen ist. Im Gegensatz zur Kartellverordnung wurden solche Fälle bereits nach einer *rule of reason* für *ancillary clauses* behandelt[59]. Ohne entscheidenden Einfluss für die Wahl der Eingriffsnorm wurden Austausch-, aber auch Gesellschaftsverträge mit wettbewerbsbeschränkenden Nebenabreden zugelassen, soweit diese die Durchführung des Vertrages sicherstellen sollten, wenn der Vertrag im Übrigen mit der Rechtsordnung in Einklang stand[60]. Insoweit war die Beurteilung solcher Absprachen, die heute Schwierigkeiten einer Subsumtion unter § 1 GWB oder §§ 14 ff. GWB bereiten, in den Bereich einer ausschließlichen Verbotsnorm mit Freistellung im Fall des Eingreifens der *rule of reason* gerückt. Diese deutlich amerikanische Prägung konnte letztlich keinen Einzug in das GWB finden[61], ließ jedoch erstmals in einem deutschen Kartellrecht eine ansatzweise ökonomische geprägte Analyse aufkeimen.

II. Grundsatz der Verbotsgesetzgebung im GWB

Die endgültige Fassung des ersten Entwurfs[62] zum GWB vom 13.6.1952 enthielt eine Verbotsgesetzgebung, da man gewillt war, Ordnungsprinzipien durch-

---

[57] Vgl. *Immenga,* in: I/M, 2. Aufl., § 1 Rn. 1.
[58] BT-Drucks. II/1158, S. 21; benannt nach dem Leiter des Karellreferats im Reichswirtschaftsministerium Dr. Paul Josten. Vgl. dazu *Günther*, in: FS Böhm, S. 183, 184 ff.
[59] Vgl. *Mestmäcker*, in: Hoppmann/Mestmäcker, Normzwecke, S. 21 und 23.
[60] Vgl. *Benisch*, WuW 1953, 219, 222.
[61] *Müller-Henneberg*, in: GK, 4. Aufl., § 1 Rz. 110.
[62] Begr. zum RegE., BT-Drucks. I/3462.

zusetzen. Der weitere Regierungsentwurf von 1955 sah dennoch eine Lockerung des Verbotsprinzips für Kartellverträge und die vertikale Preisbindung vor[63]. Geprägt von ordoliberalen Vorstellungen wurde das GWB im Juli 1957 in dieser Fassung verabschiedet und trat am 1.1.1958 in Kraft. Formal enthalten, wenn auch noch nicht so bezeichnet, war bereits ein Verbot horizontaler Kartelle in § 1 GWB a.F. sowie eine differenzierte Regelung für vertikale Wettbewerbsbeschränkungen in den §§ 15 ff. GWB a.F. (Verbotsnorm mit Erlaubnisvorbehalt bzw. Missbrauchsaufsicht). Wie schon im Kartellrecht der Alliierten bildete ein grundsätzliches Kartellverbot mit Meldepflicht fortan den Kern des Gesetzes gegen Wettbewerbsbeschränkungen.

Die Behandlung von gesellschafts- und austauschvertraglichen Vereinbarungen gelangte damit in eine neue Ära. Problematische Grenzfälle, v.a. im Bereich vertraglicher Nebenabreden, erfuhren fortan eine differenzierte (Ungleich-)Behandlung. So waren beschränkende Abreden in Austauschverträgen nun zulässig und nur einer Missbrauchsaufsicht unterstellt, während – dem gesellschaftsvertraglichen Zweckverständnis nach § 705 BGB verhaftet – selbige in (tatsächlichen) Gesellschaftsverträgen untersagt waren.

Ähnlich dem neuen deutschen Kartellverbotstatbestand enthielt auch der EGKS-Vertrag (sog. Montanunion-Vertrag)[64] von 1951 in den Artt. 65, 66 ein Kartellverbot mit Anmeldepflicht, auf dem das Verbotsprinzip des EG-Vertrags in Art. 85 EGV später beruhen sollte[65]. Hintergrund dieser rechtspolitischen Ausrichtung waren sowohl für das deutsche Recht die Erfahrungen mit monopolistischen Strukturen von Großkonzernen vor der Zeit der Dekartellierungsgesetze wie auch auf europäischer Ebene die Erkenntnis, dass wirtschaftliche Macht, hervorgerufen durch wettbewerbsbeschränkende Absprachen, Verflechtungen und schiere Unternehmensgröße Einhalt geboten werden musste. Strategische, wettbewerblich und marktbedingte Ausnahmen konnten gleichwohl prinzipiell behördlich gebilligt werden, wenn die Beteiligten dies geltend machten.

III. Zwischenergebnis

Die langjährige Entwicklung des Nebeneinander von Verbots- und Missbrauchsprinzip im GWB verdeutlicht die marktwirtschaftlichen Bedürfnisse, die ein solch synchrones System mit Hilfe rechtlicher Tatbestände zu befriedigen

---

63 Es gab zwei Gegenentwürfe: 1. *Höcherl* (sah Missbrauchsprinzip vor); 2. *Böhm* (schärferes Verbotsprinzip).

64 EGKS-Vertrag vom 18.4.1951, BGBl. II/1952, S. 447.

65 Vgl. *Fikentscher*, WuW 2001, 446, 454.

sucht. Jene Lücken, die das Missbrauchsprinzip durch den ex post-Wettbewerbsschutz teilweise hinterlassen kann, komplementiert das Verbotsprinzip durch seine unmittelbare ex ante-Eingriffsoption. Das Zusammenspiel der gesetzlichen Prinzipien scheint insoweit zunächst geeignet, auf die vielfältigen Marktsituationen angemessen reagieren zu können. Die Unflexibilität einer auf starren Eingriffstatbeständen beruhenden Verbotsgesetzgebung wird indes dann aufzubrechen sein, wenn der Unrechtsgehalt einer wettbewerblichen Absprache aus den Marktgegebenenheiten heraus oder wegen vertraglicher Hintergründe als vernachlässigenswert qualifizierbar ist. Wenn hier also an einem parallelen System von Verbots- und Missbrauchsprinzip festgehalten werden soll, mag sich schon jetzt eine Tendenz in Richtung einer stärkeren Missbrauchsaufsicht abzeichnen. Dies gilt insbesondere für das im wesentlichen auf horizontale Absprachen ausgerichtete deutsche Kartellverbot, soweit es sich als nicht hinreichend elastisch erweisen sollte, auch Fälle mit gleichzeitig vertikalen Komponenten im Sinne einer umfassenden Interessenabwägung zu behandeln. Dieses Ergebnis wird seinerseits nicht zuletzt von der Werthaltigkeit der originären Differenzierung nach horizontalen und vertikalen Wettbewerbsbeschränkungen abhängen sein.

B. Wirtschaftliche Grundfaktoren der wettbewerblichen Analyse horizontaler und vertikaler Wettbewerbsbeschränkungen

Um die Werthaltigkeit des deutschen Differenzierungssystems beurteilen zu können, soll nachfolgend geklärt werden, wie die Merkmale horizontal und vertikal auf der Grundlage volkswirtschaftlicher und betriebswirtschaftlicher Erkenntnisse zu deuten sind. Insbesondere Marktbedingungen und -strukturen bieten Anreize wettbewerblicher Verhaltenskoordination, weil sich dort Handlungen und Maßnahmen der Wirtschaftsteilnehmer abspielen. Deshalb könnte eine rein wettbewerbliche Bestimmung von Beschränkungen im Verhältnis der ökonomischen Beziehungen, wie Kauf-, Verkaufs-, oder Tauschrelation zwischen Anbietern und Nachfragern in Betracht kommen. Diese ökonomischen Beziehungen von Wirtschaftsteilnehmern sind modelltheoretisch nach Anbietern auf einer Marktseite und Nachfragern dieser Marktseite unterscheidbar, also horizontal, sowie zwischen Anbietern und Nachfragern auf sich gegenüberliegenden Marktseiten, mithin vertikal. Ob wettbewerbstheoretisch so unterscheidbare Parallel- und Austauschprozesse indes eine gesetzlich differenzierte Behandlung rechtfertigen oder dies eher zu überwiegend unbefriedigenden Ergebnissen führt, kann erst nach Erörterung wirtschaftlicher Basisdaten entschieden werden.

I. Ökonomik als Bewertungsbasis wirtschaftlicher Interdependenzen

Die unterschiedlichen Gefährdungspotenziale, denen zufolge das deutsche Kartellrecht horizontale und vertikale Wettbewerbsbeschränkung differenziert behandelt, sind letztlich Ausfluss empirischer Erfahrungen mit wirtschaftlicher und wettbewerblicher Verhaltenskoordination. Vor der formaljuristischen Trennung stehen daher die Ursachen, die sich als zu beurteilende Sachverhalte darbieten. Die aus ihnen resultierenden Wirkungen versucht das Kartellgesetz zu erfassen. Wirtschaftliche Prozesse, die diesen Wirkungen vorausgehen, aber auch die Wirkungen selbst, werden neben der juristischen Betrachtung in erster Linie seitens der Wirtschaftswissenschaften greifbar zu machen versucht. Hier sollen nur diejenigen Grundfaktoren angesprochen werden, die die juristische Analyse zu beeinflussen in der Lage waren bzw. noch immer sind. Sie beschreiben zugleich das Feld, in dessen Rahmen sich produktexterne wie -interne Wettbewerbsfaktoren wieder finden.

1. Makroökonomische Zusammenhänge und Einflüsse

Soll Ökonomik wirtschaftliche Bewertungsansätze liefern, die eine Werthaltigkeit horizontaler und vertikaler Differenzierung wettbewerblicher Verhaltenskoordination einschließt, sind zunächst globale Marktdaten zu veranschaulichen. Als Betrachtung der Rahmenbedingungen allen ökonomischen Handelns wird weithin die Makroökonomik verstanden, jene Lehre von den zusammengefassten, aggregierten ökonomischen Größen wie Sozialprodukt, Beschäftigung, Preisniveau und Kapazität einer Volkswirtschaft, die auch als Globalgrößen bezeichnet werden[66]. Diese Größen bedeuten für den Wettbewerb im entsprechenden Wirtschaftsraum das Fundament und entpuppen sich insoweit als exogene Wettbewerbsfaktoren. Makroökonomik dient in erster Linie der Wirtschaftspolitik zur Steuerung von Globalgrößen; zu ihr sind etwa das Magische Viereck, Ex-post-Analyse, volkswirtschaftliches Rechnungswesen und Gleichgewichtsanalyse zu zählen[67].

Die normative Ökonomie als wertende Wissenschaft[68] wartet mit einem Arsenal wirtschaftlicher Wunschvorstellungen auf. Solche Antinomien der Globalgrößen sind kaum in einem Gesetz zu vereinbaren. Bereits auf makroökonomischer Ebene besteht ein prinzipielles Problem darin, dass gesamtwirtschaftliche

---

[66] *Peto*, Grundlagen der Makroökonomik, S. 17 f.

[67] Vgl. *Binder*, Wirtschaftstheorie, S. 24, *Peto*, Grundlagen der Makroökonomik, S. 40 ff., 49, 84, 236; *Möschel*, in: FS Pfeiffer, S. 707, 723.

[68] Im Gegensatz zur positiven Ökonomik in der Wirtschaftswissenschaft, vgl. *Cox/Hübener* in: *Cox/Jens/Markert*, Handbuch des Wettbewerbsrechts, S. 21 ff.

Prozesse stets aus unzählbar vielen Aktionen und Reaktionen einzelner Wirtschaftsunternehmen resultieren, umso mehr, je höher entwickelt die Volkswirtschaft ist[69]. Insoweit folgt die gesamtwirtschaftliche Entwicklung spiegelbildlich den agierenden Wirtschaftssubjekten. Um die sektorspezifischen Aktionen und Verhaltensweisen sämtlicher Wirtschaftssubjekte greifbar machen zu können, müssen die Prozesse auf aggregierte Größen zusammengefasste Modelle verkürzt werden. Zwischen ihnen bestehen Interdependenzen. Dies lässt sich am Beispiel der Gütergröße Einkommen, die eigentlicher und grundlegender Gegenstand aller makroökonomischen Analysen ist[70], demonstrieren. Im System der Gesamtwirtschaft, das für die Beurteilung von Wettbewerbsbeschränkungen von Bedeutung ist, treten Funktionsstörungen auf, wenn der Funktionskreislauf des Einkommens von seiner Entstehung über die Verteilung bis hin zur Verwendung an einer Stelle unterbrochen wird. Entsteht weniger Einkommen als zunächst erwartet, kann entsprechend weniger verteilt werden. Es geht die Verwendung des Einkommens zurück und es fallen die Anreize zur Schaffung neuen Einkommens in der nächsten Analyseperiode noch niedriger aus. Diese Erkenntnisse lassen sich auch bei der Analyse von Wettbewerbsbeschränkungen feststellen. Kartelle, durch die die Beschränkung von Märkten hervorgerufen wird, können dazu führen, dass Konsumenten wegen höherer Unkosten nachfolgend weniger Kapital zur Verfügung steht. Beispielhaft sei erwähnt, dass als erstrebenswerte Aufgabe des Wettbewerbs die Frage der leistungsgerechten Einkommensverteilung im Modell des funktionsfähigen Wettbewerbs und der Bestimmung des weiten Oligopols als ideale Marktform eine Rolle spielt[71]. Auf den Märkten der Produktionsfaktoren steuert der Wettbewerb die funktionelle Einkommensverteilung nach der Marktleistung, wodurch eine Ausbeutung aufgrund von Marktmacht verhindert wird[72]. Die Makroökonomik steht daher zunächst als Erkenntniswissenschaft im Dienste der Rechtswissenschaft.

Dieses Verständnis zu Grunde legend, hatten und haben die Daten makroökonomischer Theorie nicht bloß den Charakter der Umschreibung exogener Wettbewerbsfaktoren, sondern sind für kartellrechtliche Normenfindung von Bedeutung. Makroökonomische Faktoren bilden ein Korrelat zum wettbewerbstheoretischen Grundverständnis, welches in unserer Rechtsordnung das GWB prägt[73]. Diese Annahme findet Bestätigung im „Gesetz zur Förderung der Stabilität und des Wachstums der Wirtschaft" von 1967[74], durch das dem

---

[69] *Rettig/Böckmann/Voggenreiter*, Makroökonomische Theorie, S. 2.
[70] *Rettig/Böckmann/Voggenreiter*, Makroökonomische Theorie, S. 4.
[71] *Kantzenbach*, Die Funktionsfähigkeit des Wettbewerbs, S. 16-19.
[72] *I. Schmidt*, Wettbewerbspolitik und Kartellrecht, S. 11 unter Bezugnahme auf *Kantzenbach*, ebenda.
[73] *Kartte*, Ein neues Leitbild für die Wettbewerbspolitik, S. 37.
[74] StWG vom 2.6.1967, BGBl. I /586.

GWB ein Gegenstück für den Bereich der Makroökonomie zur Seite trat. Ob insoweit stabilitätspolitische Erwägungen des Gesetzgebers lediglich politische Motive für das GWB und seine Novellen bedeutet haben, oder sie gar zur Auslegung einzelner Bestimmungen herangezogen werden können, ist umstritten. Einem Teil der Literatur zufolge haben gesamtwirtschaftliche Vorstellungen keinen Eingang in den Gesetzeszweck gefunden und können daher Auslegung und Anwendung von Einzelbestimmungen des GWB nicht bestimmen[75]. Der Gegenmeinung nach kann die Wettbewerbsordnung bisweilen als sachgebundenes Ordnungsrecht verstanden werden, bis hin zu einem maßstabslosen Interventionsrecht, ausgeübt durch Behörden und Gerichte[76]. Letztere Auffassung kann nicht überzeugen. Die auf einen funktionsfähigen, v.a. aber freien Wettbewerb ausgerichtete Zielsetzung des GWB widerspricht einer interventionistischen Behandlung seiner selbst durch Behörden und Gerichte und damit einer Auslegung, durch die Entscheidungen in erster Linie volks- bzw. gesamtwirtschaftlich orientiert getroffen würden. Zum einen könnte die Praktikabilität einer Entscheidungsfindung darunter leiden, dass stets konjunktur- wie gesellschaftspolitische Ziele in den Vordergrund rückten. Zum anderen kann es nicht Anliegen eines Gesetzes sein, private oder behördlich eingeleitete kartellrechtliche Streitigkeiten zu nutzen, um über das Wettbewerbsrecht gesellschaftspolitisch wünschenswerte Ziele umzusetzen, was allein Aufgabe des Gesetzgebers ist. Das GWB ist schließlich kein Ausführungsrecht zum Stabilitätsgesetz, sondern ein eigenständiges Gesetz, dessen Anliegen zuvorderst ein wettbewerbspolitisches ist, nämlich die Erhaltung funktionsfähigen Wettbewerbs. Gleichwohl kann funktionsfähiger Wettbewerb letztlich nur im Zusammenspiel mit einem vernünftigen makroökonomischen Umfeld zu sinnvollen Ergebnissen führen. Eine volkswirtschaftlich geprägte Ordnungspolitik bildet damit eine der Grundlagen einer praktikablen Wettbewerbspolitik[77]. Dabei gilt es zu beachten, dass das GWB zuallererst Handlungsfreiheiten Einzelner bewertet[78] und privatautonomem Handeln Rahmenbedingungen vorgeben soll. Aus Sicht des Stabilitätsgesetzes kann infolgedessen angenommen werden, dass das GWB zum Rahmen der marktwirtschaftlichen Ordnung gehört und sich von daher in Distanz zu einer staatlichen Instrumentalisierung auf gesamtwirtschaftliche Zwecke hin befindet[79]. Die

---

[75] *Belke*, ZHR 138 (1974), 227, 229/230; *Gleiss/Bechtold*, BB 1973, 1142, 1143.

[76] Vgl. die Ausführungen von *Frey*, ZgesStW 126 (1970), 3 ff.

[77] *Cox/Hübener*, Einführung in die Wettbewerbstheorie und -politik, in: *Cox/Jens/Markert*, Handbuch des Wettbewerbsrechts, S. 21.

[78] *Zimmer*, in: I/M, 3. Aufl., § 1 GWB Rn. 195, sieht daher keinen Raum, eine Abwägung von Wettbewerbsbeschränkungen gegenüber konkurrierenden Interessen unter dem Gesichtspunkt volkswirtschaftlicher Nützlichkeit zu treffen (ebenso: KG WuW/E OLG 3737, 3746 – „Selex-Tania“ m.w.N.). Dies trifft allerdings unstreitig nur für die Frage der Tatbestandsmäßigkeit des § 1 GWB, nicht hingegen für dessen Restriktion zu.

[79] *Möschel*, Recht der Wettbewerbsbeschränkungen, S. 9, Rz. 9.

Wettbewerbsordnung dient auch der Erfüllung gesamtwirtschaftlicher Ziele, verbietet sich aber als Instrument zu deren Umsetzung. Insoweit war bisher unumstritten, dass eine Abwägung von Wettbewerbsbeschränkungen gegenüber konkurrierenden Interessen unter dem Gesichtspunkt volkswirtschaftlicher Nützlichkeit nicht tatbestandsmäßig im Rahmen des Kartellverbots nach § 1 GWB a.F. durchgeführt werden durfte[80]. Sie hat bisweilen jedoch Anklang bei der Diskussion um eine entsprechend motivierte Tatbestandrestriktion gefunden[81].

Man wird, soweit ersichtlich, bei Zugrundelegung jenes Zusammenspiels überwiegend nur indirekte Hinweise über konkrete Einwirkung makroökonomischer Daten auf die im GWB vorhandene Differenzierung horizontaler und vertikaler Wettbewerbsbeschränkungen finden können. Die gewonnenen Erkenntnisse über die Wirkung der jeweiligen Wettbewerbsbeschränkungen auf das gesamte Marktgeschehen sind nach den vorausgegangenen Feststellungen jedenfalls auch von entsprechenden Globalgrößen motiviert. Unternehmen werden mit Wettbewerbsbeschränkungen in aller Regel keine Allgemeininteressen dienenden Aufgaben verfolgen. Die Frage aber, wann eine Wettbewerbsbeschränkung hingenommen werden sollte oder nicht, kann unabhängig von der getroffenen Rechtsformenlehre zumindest von außen anhand volkswirtschaftlich erstrebenswerter Ziele betrachtet werden. Dabei darf allerdings nicht der Blick für das Wesentliche verloren gehen. Geht es dem deutschen Kartellrecht im Ergebnis bisher um die Abgrenzung verschiedener Typen abgestimmten wettbewerbsbeschränkenden Verhaltens auf gleicher oder unterschiedlicher Wirtschaftsstufe, so sind diese Kriterien in erster Linie ausschlaggebend und nur sekundär spielen makroökonomische Einflüsse eine Rolle. Sie legen allerdings den Versuch nahe, mittels kartellrechtlicher Vorschriften makroökonomische Vorgänge beeinflussen zu wollen. Insoweit kann die Wettbewerbsordnung an sich die Erfüllung entsprechender gesamtwirtschaftlicher Ziele verfolgen, indem Wettbewerb als wettbewerbspolitisches Instrument eingesetzt wird, um im entsprechenden Verhaltens- und Ordnungsrahmen freie Investitions-, Produktions- oder Kaufentscheidungen ermöglichen zu können[82]. Sieht der Gesetzgeber dies in einem System unterschiedlich behandelter horizontaler und vertikaler Wettbewerbsbeschränkungen zumindest teilweise verwirklicht, so sind makroökonomische Größen letztlich von mittelbarem Einfluss.

In diesem Sinne findet eine Instrumentalisierung des Wettbewerbs im Wege der Einsetzung überindividueller, makroökonomischer Ziele statt. *Möschel* verweist

---

[80] *Zimmer*, in: I/M, 3. Aufl., § 1 Rn. 195 m.w.N.
[81] Dazu *Zimmer*, in: I/M, 3. Aufl., § 1 Rn. 305 ff.
[82] So zutreffend *Belke*, ZHR 138 (1974), 227, 233.

insoweit u.a. auf Konjunkturpolitik (Konjunkturkrisenkartelle), das außenwirtschaftliche Gleichgewicht[83] (Exportkartelle), Strukturpolitik (Strukturkrisenkartelle) und Vollbeschäftigung (Zulassung wettbewerbswidriger Fusionen unter Hinweis auf die Sicherung von Arbeitsplätzen)[84]. Dieserart motivierte übergeordnete Betrachtung wettbewerblich relevanten Handelns verschließt sich durchaus nicht einer Beschreibung von Wettbewerbsprozessen zwischen Wirtschaftspartnern anhand verschiedener oder gleicher Wirtschaftsstufen, die untereinander oder für sich genommen den Wettbewerb beschränken. Für Marktprozesse dürfen diese Ziele freie Koordinationsprozesse des Wettbewerbs zwar nicht antasten, stellen aber äußere Rahmenbedingungen für Unternehmen dar[85], quasi die Grundlage eines darauf basierenden Wettbewerbs. Demnach haben politisch motivierte Ergebnisvorgaben und Wunschvorstellungen konkret Einfluss auf die Beurteilung von koordinierten Verhaltensweisen konkurrierender Unternehmungen. Ihnen kann eine wettbewerbsrechtliche Bedeutung nicht abgesprochen werden. Darüber hinaus ist in der Ökonomik bereits versucht worden, bestimmte wettbewerbliche Elemente wie Transaktionskosten oder Marktmacht in makroökonomischen Modellen zu etablieren[86], die wegen empirischer Belege notwendigerweise an Individuen ausgerichtet werden müssen. Makroökonomik kann mithin nur auf der Basis fundierter mikroökonomischer Überlegungen entstehen[87], die nachfolgend dargestellt werden sollen. Es dürfte damit gleichsam einer Wettbewerbstheorie der Vorzug zu geben sein, deren Erkenntnisse in gesteigertem Maße auf mikroökonomisch verifizierbaren Daten gründen. Die Relevanz dieser Aussage unterstellt, könnte durchaus auch trotz des notwendigen ordnungsrechtlichen Moments solchen kartellgesetzlichen Eingriffskriterien der Vorzug zu geben sein, die ökonomische Prozesse, evaluierbar nach produktexternen und -internen Wettbewerbsfaktoren, besonders zu berücksichtigen vermögen.

2. Mikroökonomische Präzisierung der Zusammenhänge

Konnten aus der Makroökonomik überwiegend nur Rahmendaten des Verhältnisses horizontaler und vertikaler Wettbewerbsbeschränkungen gewonnen und Anhaltspunkte für eine produktdifferenzierte Analyse benannt werden, ist nun der Erkenntniswert einer engeren Betrachtung einzelwirtschaftlicher Wettbewerbshandlungen von Marktindividuen zu ergründen. Die Mikroökonomik kann im Gegensatz zur Makrotheorie als Lehre vom Verhalten einzelner

---

[83] Dazu: *Peto*, Grundlagen der Makroökonomik, S. 25 f.
[84] *Möschel,* Recht der Wettbewerbsbeschränkungen, S. 52, Rz. 77.
[85] Vgl. eingehend *Böhm*, ORDO Bd. 24 (1973), S. 11 ff., *Günther*, WuW 1973, 442 ff.
[86] Vgl. die Darstellung bei *Voßkamp*, in: *Lorenz/Meyer*, Evolutorische Ökonomik, S. 97, 105.
[87] *Voßkamp*, in: *Lorenz/Meyer*, Evolutorische Ökonomik, S. 97, 102.

Wirtschaftseinheiten wie Haushalten und Unternehmen bezeichnet werden[88]. Sie ist damit geeignet, das Verhalten von Wirtschaftseinheiten und ihre entscheidenden Einflussnahmen auf Märkte herauszustellen, in denen sie operieren. Im Warenabsatz stehen Unternehmen zur Realisierung einer effizienten Produktplatzierung beispielhaft zwei Optionen zur Wahl[89]: Zum einen können sie den Absatz über externe Händler abwickeln, setzen sich dann aber über mögliche vertragliche Bindungen der Wiederverkäufer einer kartellrechtlichen Erfassung durch die §§ 14, 16 ff. GWB aus. Zum anderen kann die Aufgabe der Distribution unternehmensintern über eigene Vertriebskanäle zu erfüllen gesucht werden. Letzteres wird, ebenso wie auch beim Einsatz selbstständiger Absatzmittler, gerne bei beratungsintensiven Produkten getan, um im Interesse der Reputation des Unternehmens einen schlechten Service von Einzel- und Großhandel wegen fehlender Kompetenz auszuschließen, bringt aber hohe faktor- und transaktionskostenspezifische Investitionen mit sich[90]. Die interne Organisation bietet zudem den Vorteil einer kartellrechtlich, mit Ausnahme der hier nicht näher zu behandelnden §§ 19 ff. GWB, nicht erfassten Vertriebsgestaltung. Es ist also bereits anhand einer solch allgemeinen Vertriebsorganisationsentscheidung nachvollziehbar, dass Aktionen einzelner Marktakteure gesetzliche Folgen bedingen können, so auch kartellrechtliche. Dies gilt umso mehr, wenn mehrere (mindestens zwei) Unternehmen ihr Verhalten koordinieren.

Die mikroökonomische Analyse hilft also, individuelle Verhaltensweisen von Marktteilnehmern nachzuvollziehen. Individuen sind bestrebt, Ressourcen möglichst rational einzusetzen, um eigennützig eine Steigerung ihrer Rente erzielen zu können. Neben dynamische Marktdaten treten feste Größen, wie etwa kartellgesetzliche Vorgaben zur Bekämpfung nicht wettbewerbskonformer Verhaltensweisen, die ein institutionelles Umfeld darstellen, nach dem die Marktteilnehmer ihr Verhalten ausrichten müssen. In diese Richtung weist der Ansatz der Neuen Institutionenökonomik[91], dessen Anreiz- und Sanktionssystem *Kirchner* eindrucksvoll zur Bewältigung kartellrechtlicher Fragenstellungen angeregt hat[92]. Bestimmte Handlungen werden durch institutionelle Vorgaben

---

[88] *Herdzina*, Einführung in die Mikroökonomik, S. 18; *Arndt*, Mikroökonomische Theorie, S. 64; *Fehl*, ORDO Bd. 39 (1988), 163, 164; *Peto*, Grundlagen der Makroökonomie, S. 16.

[89] Vgl. zur sog. „vertikalen Integration" innerhalb der institutionenökonomischen Analyse der Unternehmensordnung als wichtigstem Anwendungsbereich der Transaktionskostenökonomik: *Feldmann*, Institutionenökonomik, S. 162 ff.

[90] Vgl. *Krüsselberg*, Theorie der Institutionenökonomik, S. 52.

[91] Vgl. *Richter/Furubotn*, Neue Institutionenökonomik, 1999; *Kirchner*, in: FS Ingo Schmidt, S. 33 ff.; *Schwintowski*, JZ 1998, 581, 583 ff.; *Grossekettler*, Theorie der Institutionen, 1997; *Schoppe*, Die Moderne Theorie der Unternehmung, S. 300 ff.; *Glasow*, Vertikale Preisbindung, S. 122 ff.; dazu unten, D. V.

[92] *Kirchner*, in: FS Ingo Schmidt, S. 33 ff.

ermöglicht, und sind als wettbewerbsfördernd auch Anreiz für die Akteure (etwa die Wirksamkeit von Absatzbindungen nach § 16 GWB). Auf der anderen Seite werden Sanktionen auferlegt, wie beispielsweise durch das Verbot wettbewerbsbeschränkender Vereinbarungen zwischen Wettbewerbern, die ebenso individuelle Entscheidungen beeinflussen. Die Folgen der auf solchen konstanten Institutionen basierenden Handlungen sind scheinbar einer ordentlichen Analyse zugänglich. Die einzig veränderbare Variable zwischen den Institutionen stellt die einzelne Aktion dar. Indem die Aktivitäten und das Verhalten von Wirtschaftsindividuen entscheidend herangezogen werden, wird ein mikroökonomischer Ansatz verfolgt[93]. Seine ordnungsrechtlichen und für den Güteraustausch lehrreichen Erkenntnisse über mikroökonomische Prozesse sollen daher angesprochen werden.

a) Ordnungspolitische und -rechtliche Basis

Auch mikroökonomische Verhaltensweisen können nur hinreichend bewertet werden, wenn ein Bezug zur Marktordnung herstellbar ist. In kartellrechtlicher Hinsicht bedeutet dies, dass einerseits marktordnungspolitische Vorgaben das Umfeld zeichnen müssen, in dem der Austausch von Gütern stattfinden und so wissenschaftlich beschrieben werden kann, und dass andererseits ein diesem angemessenes rechtliches Korsett bestehen muss, an dem sich die Marktteilnehmer orientieren können.

Ordnungspolitisches Ziel der Wettbewerbspolitik ist auch der Schutz und die Förderung des Wettbewerbs[94], mithin der Spielregeln und Prinzipien für mikroökonomische Prozesse unserer marktwirtschaftlichen Ordnung[95]. Zur Bedürfnisbefriedigung der Konsumenten in unserem Wirtschaftssystem bedarf es der Produktion von Gütern, die den Einsatz von Produktionsfaktoren (Produktionsgüter, Arbeitskraft, natürliche Ressourcen) erfordert[96]. Um die natürliche Knappheit an Gütern zu mindern, muss der Produktionsprozess möglichst ergiebig gestaltet werden, d.h. es wird stetig versucht, die Effizienz des Produktionsprozesses zu steigern. Der Produktionsprozess selbst ist jedoch geteilt, da die Ressourcen aus verschiedenen Quellen stammen. Daher geht es letztlich um Koordinationsprozesse, deren Analyse der zentrale Gegenstand der Wirtschaftwissenschaften ist. Auf eine entsprechend mikroökonomische

---

[93] *Kirchner*, in: FS Ingo Schmidt, S. 33, 34, 37.
[94] *Bartling*, in: FS Ingo Schmidt, S. 17, 18 ff.
[95] *Cox/Hübener*, Einführung in die Wettbewerbstheorie und Politik, in: *Cox/Jens/Markert*, Handbuch des Wettbewerbsrechts, S. 21.
[96] Ausführlich dazu *Fehl/Oberender*, Grundlagen der Mikroökonomie, S. 163 ff.

Perspektive[97] beziehen sich sowohl die *Chicago School*[98] und die *Theorie des freien Wettbewerbs*[99], die beide auf eine Definition überindividueller Vorgaben verzichten, als auch die schon angeführte *Neue Institutionenökonomik*[100]. Letztere scheint geeignet, durch ein Hervorheben institutioneller Anreizstrukturen Wissen über die Funktionsweise gesellschaftlicher Institutionen und marktlicher Prozesse zu liefern; sie dient dazu, individuelle Aktivitäten innerhalb (auch kartellrechtlich) vorgegebener Handlungsordnungen mittels empirischer Relevanz wissenschaftstheoretisch zu analysieren und so ökonomische Modelle, reale Institutionen und Marktprozesse zusammenzuführen[101]. Mit anderen Worten: Die Neue Institutionenökonomik versucht, rational-effizientes Handeln von Individuen (Unternehmen) auf der Suche nach institutionellen Arrangements als Ausdruck Transaktionskosten sparender Vertragsabschlüsse zu interpretieren, wie sie insbesondere in Kartellverträgen zum Ausdruck kommen. Unter der Prämisse institutioneller Eingebundenheit von Wirtschaftsprozessen versucht die Neue Institutionenökonomik den dynamischen Elementen des Wettbewerbs ein stärkeres Gewicht zu verleihen; die kaum definierbare Institution Wettbewerb[102] wird als unabhängiges Koordinationsverfahren erfasst, das Kenntnisse und Informationen vermittelt, auf deren Grundlage individuelle Handlungsentscheidungen der Konkurrenten getroffen werden[103].

Wettbewerblich koordinierter Produktaustausch vollzieht sich regelmäßig auf der Basis abgrenzbarer Märkte. Deshalb stellen Gütermärkte auch den Oberbegriff aller interbrand- und intrabrand-Austauschprozesse dar. Die Gesamtheit der auf Märkten vollzogenen Handlungen kann mit dem geläufigen Wesen der Marktwirtschaft beschrieben werden[104]. Wesentlich für die Interaktion der Wirtschaftssubjekte sind hier das Rechtssystem einerseits (insbesondere das Wettbewerbsrecht) und das Marktverhalten andererseits, aus denen die Spielregeln für Austauschprozesse resultieren[105]. Auch die Neue Institutionenökonomik anerkennt diese Interdependenz[106]. Sie sucht die materiellen und

[97] Vgl. *Möschel*, WiSt 1986, 341, 342.
[98] Unten, 1. Teil, C. IV.
[99] Unten, 1. Teil, C. III.
[100] Unten, 1. Teil, C. V.
[101] Vgl. *Krüsselberg*, Theorie der Institutionenökonomik, S. 55 ff., insb. 56.
[102] *I. Schmidt*, Wettbewerbspolitik und Kartellrecht, S. 1; *Borchardt/Fikentscher*, Wettbewerb, Wettbewerbsbeschränkung, Marktbeherrschung, S. 30.
[103] Dies hebt *Krüsselberg* als fundamentales Element einer an realen Problemen orientierten Theorie der Unternehmung hervor, Theorie der Institutionenökonomik, S. 59.
[104] *Fikentscher*, GRUR Int. 1966, 181, 181.
[105] Diese Rahmenbedingungen sind Grundlage deutscher Ordnungstheorie und bestimmen marktliche Abstimmungsprozesse, vgl. *Eucken*, Grundlagen der Nationalökonomie, S. 49 ff.
[106] *Krüsselberg*, Theorie der Institutionenökonomik, S. 70.

institutionellen Voraussetzungen zu erfassen, die der Umsetzung gesellschaftlicher und rechtlicher Voraussetzungen förderlich sind.

b) Einfluss von Produktionsfunktion auf Tauschrelation bzw. Güterpreise

Neben den voran beschriebenen Ordnungsaspekten ist der wirtschaftliche Hintergrund wettbewerblichen Handelns aufzuzeigen, der durch Güteraustausch und damit bezweckter Wertschöpfung Gestalt annimmt. Tausch- und Preisrelation sind keine statischen Größen. Sie sind wegen Veränderungen von technischen Produktionsprozessen, organisatorischer Vorgaben sowie Schwankungen der Nachfragepräferenzen sehr variabel. Um Schwankungen der Märkte nicht hilflos ausgesetzt zu sein, trachten Unternehmen danach, in guten Zeiten Überschüsse zu erwirtschaften, also die Preise maximal an die Erlaubnisgrenze, festgelegt durch den Tauschpartner, heranzuführen (Gewinnmaximierungshypothese)[107]. Mit dem Streben nach Gewinnmaximierung geht die Gefahr der Beschränkung gewählter Absatzwege zur Effizienzsteigerung[108] (vertikal) oder der Kooperation zunächst auf gleicher (horizontal), aber auch nachgelagerter (vertikal) Wirtschaftsebene einher. Insoweit stellen sich die Daten der Mikroökonomie hier auch als wirtschaftswissenschaftliche Umschreibung jener Umstände dar, die zu einer Kartellierung führen können.

Der unternehmerischen Gewinnmaximierungshypothese steht auf der Verbraucherseite der Versuch der Einkommensmaximierung gegenüber. Man wird diesbezüglich konstatieren können, dass sich – eine dezentrale Ordnung vorausgesetzt – die Verbraucher auf der Grundlage ihrer jeweiligen Präferenz- und Produktionsfunktion an den Marktpreisen orientieren. Daneben treten Erfahrungsprozesse, d.h. der Umstand, dass die Wirtschaftssubjekte ihre Mitanbieter und Mitnachfrager ständig beobachten, was wiederum Einfluss auf den Koordinationsprozess insgesamt hat. Auf Märkten, reduziert auf diese singuläre Betrachtung, besteht mithin sowohl auf Nachfrager- als auch Anbieterseite die grundsätzliche Gefahr horizontaler und gleichzeitig oder alternativ vertikaler Beschränkung zur jeweiligen Effizienzsteigerung des Marktteilnehmers.

Die Mikroökonomik macht Maßnahmen einzelner Wirtschaftsteilnehmer, die über jeweils im Markt vorhandene Erzeugnisse getroffen werden, individualisierbar. So wird etwa die Preisbildung für ein bestimmtes Gut im Parallel- oder Absatzverhalten durch die Beziehung des Wirtschaftsteilnehmers zum Gut nachvollziehbar, die ihrerseits von den vorhandenen Marktverhältnissen beeinflusst ist. Mikroökonomischen Verhaltensweisen, die die Mikroökonomik

[107] *Fehl/Oberender*, Grundlagen der Mikroökonomie, S. 28 und 52.
[108] *Fezer*, GRUR 1990, 551, 552.

mit ihrer Analyse und Beobachtung dynamischer Vorgänge darstellt und so statische Aspekte relativiert, ist im Ergebnis also ein Einfluss auf die im GWB vorgenommene Trennung zu unterstellen. Die Merkmale horizontal und vertikal können formal die Stellung von Unternehmen auf dem Markt der betroffenen Güter kennzeichnen. Deshalb beziehen sie sich auch auf das jeweilige Wirtschaftsgut und somit auf den Markt[109]. Mikroökonomische Analysen kennzeichnen diesen Markt, der sich zumindest theoretisch horizontal in Parallelprozesse verschiedener Konkurrenten einer Marktseite und vertikal in Austauschprozesse sich gegenüberstehender Marktteilnehmer unterschiedlicher Marktseiten gliedern lässt. Allein in diesem Punkt ist also ein Zusammenhang des horizontal-vertikalen Wirtschaftsstufenmodells mit der Mikroökonomik feststellbar, weil so die Stellung der Unternehmen auf dem Markt für ein bestimmtes Wirtschaftsgut zuweisbar sein kann.

Insbesondere wohlfahrtsökonomische Ansätze[110] bedienen sich mikroökonomischer Modellvorstellungen, um etwa Zusammenhänge zwischen Marktstruktur, Marktverhalten und Marktergebnis nachzuweisen und zu erklären, dass Erstere die beiden Letzteren bestimmt oder zumindest maßgeblich beeinflusst[111]. So können Rückschlüsse auf die Wirkung von Wettbewerbsbeschränkungen gewonnen werden. Wie die multiplen Reaktionen der Marktteilnehmer theoretisch in Zusammenhang gebracht werden können, weiß das bereits erwähnte Konzept der *Neuen Institutionenökonomik* zu analysieren. Sie stellt die Zusammenhänge mikroökonomischer Betrachtung und betriebswirtschaftlicher Analyse heraus. Für die ökonomische Analyse des Kartellrechts ist beispielsweise die innerhalb der *Neuen Institutionenökonomik* entwickelte *Transaktionskostentheorie* von Bedeutung[112]. Sie beschäftigt sich mit dem Einfluss wettbewerblicher Parameter auf Unternehmenskosten sowie mit der Veränderung von Preisen auf Wettbewerber- und Nachfrageverhalten. Die Analyse kann etwa bei der Entscheidung eines Unternehmens helfen, um festzustellen, ob es sich für dieses lohnt, in einen bestimmten Markt einzutreten (sog. *sunk costs*-Analyse[113]). Derlei Kostenbetrachtung bietet Anhaltspunkte, unter welchen Umständen preisabhängige Verhaltenskoordination zwischen Wettbewerbern kartellrechtlich relevant sein kann. Dabei ist insbesondere die Loslösung vom statischen Modell der Preistheorie begrüßenswert, die eintritt, weil externe Effekte – also Wirkungen der Aktivität eines Wirtschaftssubjekts auf wenigstens ein anderes, für die das andere, wenn sie vorteilhaft sind, nichts

---

[109] Vgl. *Schwarz*, Kartellvertrag, S. 61.
[110] Dazu nachfolgend insbesondere unten 1. Teil, C. IV.
[111] Insbesondere *Herdzina*, in: FS Benisch, S. 4.
[112] Entwickelt v.a. von *Coase*, The Nature of the Firm, 1937, S. 368 ff.; *ders.*, J.L. & Econ. 3, 1960, S. 1 ff.
[113] Vgl. dazu *Williamson*, The Economic Institution, S. 30.

bezahlen muss oder, wenn sie nachteilig sind, nicht entschädigt wird[114] – berücksichtigt werden. Als Beispiel externer Effekte sei das *free riding* angeführt. Dass gewisse Produkte eine kostenintensive Beratung erfordern, die zu einem höheren Abgabepreis beratender Absatzmittler führt (Transaktionskosten) und so Distributoren ohne Service zu günstigeren Angeboten inspiriert, kann Ausschließlichkeitsbindungen nach § 16 GWB ggf. rechtfertigen. Mikroökonomische Faktoren können also aus Wettbewerbsgründen das Absehen vom Verbot vertikaler Wettbewerbsbeschränkung begründen, so dass ein Zusammenhang mit der Differenzierung im deutschen Kartellrecht herstellbar ist. Zur Neuen Institutionenökonomik gehört auch die *Agency-Theorie*, die indes auf einen sehr speziellen mikroökonomischen Problemtypus zugeschnitten[115] und unter ordnungstheoretischen Aspekten zu eng begrenzt ist, um konkrete Anhaltspunkte für eine wettbewerbsrechtliche Begutachtung der Interessen von Herstellern und Händlern oder Händlern und Verbrauchern als Tauschpartner zu liefern.

3. Feststellung makro- und mikroökonomischer Sachverhalte in Kartellverfahren

Können makro-, v.a. aber mikroökonomische Besonderheiten für die Bewertung von Kartellverstößen (mit)entscheidend sein, müssen sie in geeigneter Weise in die Prüfung von Wettbewerbsbeschränkungen einfließen. Makroökonomische Größen können dabei zunächst in den Hintergrund treten, da sie, wie voran festgestellt, vor allem politisch motiviert sind. Die mikroökonomischen Begleitumstände wettbewerblicher Absprachen können dagegen bspw. durch die Abwägung und Begutachtung von Transaktionskosten geschehen, die beim Warenabsatz Informationen über Herstellerinteressen liefern. Unternehmen sind regelmäßig bestrebt, alle Transaktionskosten aufgrund des Rationalisierungsdrucks auf der Ausgabeseite wieder zu erwirtschaften[116]. Sehen sie sich veranlasst, dies im Wege spürbarer Wettbewerbsbeeinträchtigung zu versuchen, muss der Parametereinsatz mit den möglichen Interessen der Wettbewerber auf der Marktgegenseite abgewogen werden, für die sich ein Markteintritt oder die Produktion substituierbarer Produkte nur lohnt, wenn auch sie den Einsatz von Transaktionskosten innerhalb eines gewissen Zeitrahmens wieder erwirtschaften können. Die Wirtschaftlichkeit wettbewerblichen Handelns kann so als Verhältnisgröße in den Abwägungsprozess einbezogen werden, dessen Ziel es sein

---

[114] *I. Schmidt*, Wettbewerbspolitik und Kartellrecht, S. 37.
[115] Behandelt werden insbesondere Prinzipal-Agent-Beziehungen im Bereich interner Unternehmensordnung. Auf sie kann im Rahmen dieser Arbeit nicht näher eingegangen werden; vgl. dazu *Richter/Furubotn*, Neue Institutionenökonomik, S. 163, 197 ff.; *Feldmann*, Institutionenökonomik, S. 132 ff. und passim; *Oechsler*, in: Martinek/Semler, § 5 1.
[116] Dazu *Picot*, BB 1986, Sonderbeilage 13, S. 4.

soll, möglichst freien Wettbewerb zu erhalten. Daneben kommen Verbraucher- und Nachfragerinteressen in Betracht. Für diese Zielgruppe jeglicher Absatzbestrebungen ist der Einsatz von Transaktionskosten mikroökonomisch zumeist nur sinnvoll, solange ihnen möglichst kostengünstig und ohne großen Aufwand alle notwendigen produktspezifischen Informationen über das gewünschte Gut zur Verfügung stehen, da sie – vielleicht mit Ausnahme gängiger Artikel des täglichen Bedarfs – sonst möglicherweise auf den Erwerb eines zumindest beratungsintensiven Gutes verzichten könnten. Auch die Zahl der Anbieter und ihre Erreichbarkeit spielen für die Auswahl der Ware eine Rolle, um eine möglichst große Konsumentenrente, sprich einen günstigen Preis zu erzielen. Letztlich laufen mikroökonomische Prüfungsmuster damit auf eine gesamtwirtschaftliche Abwägung im Einzelfall hinaus, die diverse Interessen der Beteiligten und Dritter beleuchtet. Das starre Konzept unterschiedlicher Behandlung horizontaler und vertikaler Wettbewerbsbeschränkungen ist dazu nur unzureichend in der Lage. Hersteller können bei der Veranlassung notwendiger Wettbewerbsbeschränkungen, die in den Grenzbereich der Regelungen des ersten und zweiten Abschnitts des GWB fallen, dem Verbotstatbestand nach § 1 GWB mit ihren mikroökonomischen Vorstellungen bisher nur entgehen, wenn diese im Sinne der Rechtsprechung anerkennenswert sind[117] oder wegen der makroökonomischen Prärogative einen der Ausnahmetatbestände der §§ 2 ff. GWB erfüllen. Schon aus diesen Gesichtspunkten scheint ein Anlass zur Neubewertung vertretbar.

II. Marktmodelle und Marktformen in der Analyse

Wegen der vielfachen Interdependenzen wirtschaftlicher Vorgänge sind Verhaltensweisen der Marktteilnehmer kaum generalisierbar. Daraus eine ordnungsrechtliche Empfehlung herleiten zu wollen ist schwierig. Erst wenn Ziele definiert werden, lassen sich Schussfolgerungen ableiten, bedeuten aber zugleich Werturteile[118]. Es kann daher nicht Aufgabe der Erfahrungswissenschaft selbst sein, bindende Normen oder Ideale zu ermitteln[119]. Wissenschaftliche Analyse kann aber helfen, Beziehungen zwischen Marktzuständen und zu verwirklichenden Zielen aufzuweisen. Daher soll geklärt werden, ob empirische Erfahrungen aus der Marktmodell- und Marktformenlehre eine Einzelfallanalyse nahe legen, um Wettbewerbsbeschränkungen kartellrechtlich habhaft zu werden

---

[117] Zur Prüfung anzuerkennender Interessen, siehe unten 1. Teil, E. II. 4.

[118] Vgl. *Feldmann*, Institutionenökonomik, S. 45; zur Werturteilhaftigkeit der Bestimmung von Wettbewerbsbeschränkungen vgl. *Schmidtchen*, Property Rights, Freiheit und Wettbewerbspolitik, S. 22.

[119] *Weber*, Die Objektivität sozialwissenschaftlicher und sozialpolitischer Erkenntnis, S. 146, 149.

und welchen Beitrag die horizontal-vertikale Differenzierung in einem solchen System leisten kann.

Zur Bestimmung von Märkten wird vielfach Bezug auf Preisbildungsvorgänge genommen[120]. Bei den zuvor angedeuteten Preisbildungsvorgängen sind zahlreiche Faktoren von Belang. Unter anderem spielt die Zahl der Anbieter und Nachfrager eine wichtige Rolle. Es kommt insoweit auf die verschiedenen Marktformen an, und damit auf die Prüfung, bei welcher der Befriedigung des jeweiligen Wirtschaftssubjekts am nächsten gekommen wird (hierin liegt die wertende Zielvorgabe). Daran schließt sich die Frage, ob die rechtliche Einordnung diesem Streben folgen sollte oder im Ergebnis zumindest eine Abkehr vom statischen Preismodell notwendig scheint[121]. In Abkehr vom Preismodell soll gleichwohl nicht versucht werden, einen allgemein gültigen Marktzustand im Sinne eines bestimmten wettbewerbspolitischen Zielsystems als optimal herauszustellen, als vielmehr die Funktionsfähigkeit von Marktprozessen in Relation zum Differenzierungsmodell des GWB zu setzen. Die Legitimation von Marktprozessen für funktionsfähigen Wettbewerb hat *Grossekettler* im Rahmen seines Koordinationsmängelkonzepts präzise formuliert[122]: Es müssten Preisvariationen existieren, damit bis auf Restungleichgewichte eine weitgehende Markträumung erfolge; über Kapazitätsvariationen solle eine Renditennormalisierung eintreten, um Überkapazitäten und Engpässe ausbalancieren zu können; Strukturvariationen sollten Markteintritte neuer Unternehmen ermöglichen, um einen Ausgleich für die Macht von Anbietern und Nachfragern zu gewährleisten (sog. Übermachterosion); Innovations-, Selektions- und Imitationsprozesse sollten für Produktions- und Verfahrensfortschritte sorgen. Wird ein Bedürfnis all jener Variablen für funktionsfähigen Wettbewerb unterstellt, offenbart sich die Notwendigkeit zur Reflektion dynamischer Wettbewerbsprozesse in einer Vielzahl von Marktstrukturen, die jede für sich Einzelaspekte besser oder schlechter berücksichtigen kann. Dies lässt bereits vermuten, dass eine pauschal-formalistische Bewertung verbotener Horizontal- und vorbehaltlich erlaubter Vertikalvereinbarungen kaum in der Lage sein wird, einen Hersteller-, Dritt- und Verbraucherinteressen genügenden Bewertungsmaßstab zu liefern, der eine überwiegende Zahl von Marktprozessen allgemein gültig und zufriedenstellend gesetzlich erfassen kann. Die Starre der horizontal-vertikalen Trennung wird schon deshalb nicht von dem zentralen Preisbildungsfaktor, der Marktstruktur, nahe gelegt. Im Gegenteil wandelt sich die Bedeutung der jeweiligen Wettbewerbsbeschränkungsart mit

---

[120] Siehe oben B. I.

[121] Die Institutionenökonomik lehnt das Preismodell zutreffend als zu statisch ab, vgl. *Kirchner*, in: FS I. Schmidt, S. 33, 37; *Richter/Furubotn*, Neue Institutionenökonomik, S. 311, 344; dagegen: *Posner*, in: Assmann/ Kirchner/Schanze, S. 79, 82 ff.

[122] *Grossekettler*, in: Borchardt/Grossekettler, Preis- und Wettbewerbstheorie, S. 174 ff.

der Marktstruktur[123]. Von Funktionsfähigkeit des Wettbewerbs wird man in einer bestimmten Marktstruktur daher nur sprechen können, wenn zumindest Teilprozesse störungsfrei funktionieren – welche Strukturen in diesem Sinne optimal sind, vermag dagegen niemand eindeutig zu sagen[124].

1. Polypol

Das Zusammentreffen von jeweils vielen Anbietern und Nachfragern konstituiert ein Polypol. Können als theoretische Idealisierung auf beiden Marktseiten unendlich viele Akteure festgestellt werden, wird eine nahezu atomistische Struktur beschrieben. In der wettbewerbstheoretischen Literatur wird diese Konstellation daher auch als atomistische[125], vollständige[126], bzw. polypolistische[127] Konkurrenz beschrieben. Sie stellt scheinbar eine ideale Marktform dar, weil damit zu jeder Zeit ein Ausweichen von Konsumenten auf mehrere Anbieter möglich ist, mit der Folge geringer Kostenstruktur. Daraus resultiert eine hohe Konsumentenrente, deren Grundlage die Bereitschaft zur Zahlung eines höheren Preises ist. Ebenso führt die unterstellte Marktform zur Erhöhung der Produzentenrente, da Anbieter in der Lage wären, zu einem niedrigeren Preis zu verkaufen. Der jeweilige Konkurrent ist nur von der Gesamtheit der Anbieter abhängig, nicht hingegen vom Verhalten eines Einzelnen. In einem solchen Markt besteht mithin kaum Regelungsbedarf im Hinblick auf Kooperation von Unternehmen der gleichen Wirtschaftsstufe. Das Polypol ist wenig anfällig für Kartellierungen. Daher dürfte diese konkrete Marktform für die unterschiedliche Behandlung horizontaler und vertikaler Wettbewerbsbeschränkungen von geringer Bedeutung sein. Allerdings darf nicht unbeachtet bleiben, dass die Gleichschaltung von Interessen einer überwiegenden Zahl von Unternehmen selbst in einem polypolistisch geprägten Markt Auswirkungen haben kann, die ein wirtschaftspolitisches Eingreifen erforderlich machen. Die Interessenkoordination kann nämlich zu einer Beeinträchtigung des Marktverhaltens der betroffenen Teilnehmer im Horizontalverhältnis führen und so im Ergebnis den Wettbewerb der Nachfrager auf dem Nachfragemarkt empfindlich beeinflussen[128]. Damit rückt der in erster Linie betroffene Primärmarkt, auf dem das Kartell vollzogen werden soll, ins Auge des Betrachters. Das Horizontalver-

---

[123] Vgl. dazu *Neumann*, Historische Entwicklung und heutiger Stand der Wettbewerbstheorie, S. 67, 71 ff.

[124] So zu Recht *Ahlert*, WRP 1987, 215, 220.

[125] *Gutenberg*, Grundlagen der Betriebswirtschaftslehre, S. 155.

[126] *Eucken*, Grundlagen der Nationalökonomie, S. 111; von vollkommener Konkurrenz sprechen: *Fehl/Oberender*, Grundlagen der Mikroökonomik, S. 13.

[127] *Sandrock*, Grundbegriffe des GWB, S. 90; *ders.*, WuW 1969, 205, 211.

[128] Vgl. *Köhler*, Nachfragewettbewerb und Marktbeherrschung, S. 40 ff.; auch *Sandrock*, Grundbegriffe des GWB, S. 402.

hältnis kann folglich bei der Beobachtung des Marktverhaltens der Unternehmen im Polypol durchaus von Bedeutung sein. Die Funktion des Kartellverbots mag dennoch in polypolistischer Konkurrenz kaum in der Erhaltung wirtschaftlicher Handlungsfreiheit von Unternehmen gesehen werden, denn Unternehmen, die in ihrer Gesamtheit nur die Stärke eines Polypolisten besitzen, können sich im Prinzip nicht durch die Koordination individueller oder kollektiv-wirtschaftlicher Interessen behindern[129]. Erst wenn es zu einer spürbaren Beeinflussung der Marktverhältnisse kommt, also das Einwirken der Parteien für die Wirtschafts- und Wettbewerbsverhältnisse nicht belanglos ist, wird die Anwendung des § 1 GWB auch aus marktstruktureller Sicht sinnvoll. Eine spürbare Beeinflussung ist im Polypol aber praktisch nicht feststellbar.

Es stellt sich überhaupt die Frage, wann eine polypolistische Marktstruktur tatsächlich vorgefunden werden kann. Das Modell sieht sich zu Recht in einem wesentlichen Punkt gewisser Kritik ausgesetzt: Es funktioniert nur bei Vorliegen konkreter Strukturmerkmale wie Produkthomogenität, vollkommener Markttransparenz und unendlicher Reaktionsgeschwindigkeit[130]. Der gesellschaftspolitische Wille, Polypolmärkte zu präferieren, kann auch wettbewerbstheoretisch folglich nur bedingt erstrebenswert sein. Eine Erkenntnis, die die Bedeutung für das GWB in gewisser Weise minimiert, obwohl die Vertreter der vollkommenen Konkurrenz als Väter des GWB vormals das Polypol zur idealen Marktform erklärten[131].

2. Monopol

a) Ein Anbieter, viele Nachfrager

Bei Existenz nur eines Anbieters am Markt oder nur eines Gutes als Ausgangsprodukt sind die Marktteilnehmer einem Monopol ausgesetzt. Der Monopolist muss im Gegensatz zum Polypolisten lediglich die Marktnachfragefunktion ermitteln. Er wird als Produzent bei unterstellter Gewinnmaximierungsabsicht den Preis anhand der geschätzten Beziehung zwischen dem Preis und der absetzbaren Menge festlegen[132]. Der Grenzumsatz ist dabei nicht konstant, sondern abhängig von der umgesetzten Menge. Diese Marktform ist zunächst solange zu begrüßen, als ein dynamischer Unternehmer durch seinen schöpferischen Beitrag ein prozessuales Leistungsmonopol begründet, mit dem

---

[129] Vgl. *Sandrock*, Grundbegriffe des GWB, S. 275 f.
[130] *Kantzenbach*, JbNSt Bd. 181 (1967), 193, 213; *Aberle*, Wettbewerbstheorie, S. 28.
[131] Siehe unten, 1. Teil, D. I.
[132] *Tirole*, Industrieökonomik, S. 144.

er eine Sonderrente beziehen können soll[133]. Wegen seiner Bedeutung für Innovationen erkannten daher bereits die Nationalökonomen als Ausnahme das zeitlich begrenzte Monopol des Erfinders an[134]. Bei Anlehnung der Preise an den Grenzumsatz kann hier eine ideale Produzentenrente erzielt werden. Dies darf freilich nicht über den freiheits- und wettbewerbsgefährdenden Charakter der Marktform hinwegtäuschen. Das evidente Gefahrenpotenzial für den Empfänger der Leistung eines Monopolisten besteht in der fehlenden Möglichkeit des Ausweichens auf einen Anbieter vergleich- oder austauschbarer Produkte. Die Beschränkung der Marktgegenseite bedeutet, dass kaum oder keine Konsumentenrente erzielbar ist. Daneben ist als Folge der Monopolmarktform – wegen der regelmäßig damit einhergehenden Marktmacht – ggf. eine beschleunigte Marktverkrustung zu beklagen. Sie ist in einem dynamischen Markt damit missbräuchlich, wenn kein freier Marktzutritt gewährleistet ist[135]. Obwohl das GWB diesen Umständen in erster Linie in § 19 Abs. 1, 2 Nr. 1 bei der Frage der Marktbeherrschung Rechnung trägt, kann es für die im Rahmen dieser Arbeit vorgestellte Verknüpfung nicht außen vor bleiben. Ein peripherer Einfluss muss dahingehend konstatiert werden, dass die Gefahr suboptimaler Marktergebnisse bei Vorliegen einer Monopol- oder Monopsonsituation zumindest Rückschlüsse auf das Ergebnis horizontaler Wettbewerbsbeschränkungen zulässt. Dies gilt im Monopol für die Marktgegenseite, für die es nahe liegt, dem Bedingungsdiktat des Herstellers die geballte Macht eines untereinander koordinierten Nachfrageverhaltens entgegenzusetzen. Das Gleiche gilt im Verhältnis mehrerer Hersteller gegenüber einer monopsonistisch geprägten Marktgegenseite. Je mehr ein Kartell dazu führt, für ein bestimmtes Produkt die Angleichung an die Marktsituation im Monopol feststellen zu können, desto eher scheint eine Verbotsnorm für Vereinbarungen auf horizontaler Ebene gerechtfertigt.

Daneben kann das Monopol auch für Vertikalverhältnisse von unmittelbar entscheidender Bedeutung sein. Die Marktmacht des Monopolisten schließt ein Interesse zur Herstellung vertikaler Vertriebsstrukturen ja nicht aus. Auch ein Monopolist ist bestrebt, sein Produkt am Markt über bestimmte Bindungen des Handels gut zu platzieren und seinen Erwartungen entsprechend die Vorteile, z.B. von Gebietsaufteilungen, auszunutzen. Hierfür können etwa vorausgegangene hohe Forschungs- und Entwicklungskosten sprechen, die erst die Monopolsituation herbeigeführt haben[136] und zusätzlich über Absatzbindungen amortisiert werden sollen. Die besondere Gefahr besteht darin, dass Nachfragern

---

[133] *Arndt*, Schöpferischer Wettbewerb und klassenlose Gesellschaft, S. 37.
[134] *Poeche*, Workable Competition als wettbewerbspolitisches Leitbild, S. 9, 11.
[135] *Cox/Hübener*, Einführung in die Wettbewerbstheorie, in: *Cox/Jens/Markert*, Handbuch des Wettbewerbsrechts, S. 7.
[136] Vgl. etwa *Ahlert*, WRP 1987, 215, 224.

keine Ausweichmöglichkeiten offen stehen[137]. Ein entsprechender Bedarf an vertikaler Bindung könnte andererseits deshalb weniger zu erwarten sein, weil es gerade am Wettbewerbsdruck durch Konkurrenzprodukte beim Produktabsatz fehlt. Das zuletzt Gesagte verzerrt jedoch schnell den Blick für das Wesentliche. Eine vertikale Wettbewerbsbeschränkung ist in erster Linie produkt- und nicht marktformabhängig. Die oftmals zur Rechtfertigung vertikaler Wettbewerbsbeschränkungen angeführten Vorteile[138] auch für den interbrand-Handel, dass etwa Konkurrenten animiert würden, gleichartige Produkte anderer Hersteller zu vertreiben, schlagen hier fehl. Bei Vorliegen von Monopolmärkten resultieren aus vertikalen Beschränkungen gerade keinerlei Anreize für den Wettbewerb zwischen verschiedenen Produkten, die es mangels Konkurrenzsituation gerade nicht gibt. Dies spräche bei Vorliegen von Monopolmärkten auch hinsichtlich vertikaler Wettbewerbsbeschränkung dafür, eine Verbotsnorm statt der im GWB vorherrschenden Missbrauchsaufsicht zu befürworten. Allerdings nimmt die Monopolform in dynamischen Märkten eine Sonderstellung ein, so dass Anhaltspunkte, die für ein Verbotsergebnis sprechen könnten, nicht einfach auf andere marktprozessuale Situationen übertragen werden dürfen. Damit sind keine hinreichenden Gründe ersichtlich, die für ein allgemeines Verbot von Vertikalvereinbarungen sprechen würden. Gleichwohl liefert eine Monopolsituation keinen Anlass, vertikale und horizontale Wettbewerbsbeschränkungen differenziert zu behandeln.

b) Teilmonopol – ein Hauptanbieter, kleine Nebenanbieter

Sind neben dem Monopolisten mehrere Nebenanbieter präsent, so muss dieser außer der Marktgegenseite auch die kleinen Anbieter in seine Kalkulation einbeziehen. Ihm ist es als Teilmonopolist nach wie vor möglich, den Preis zu fixieren. Den Nebenanbietern bleibt die Möglichkeit, sich über den Aktionsparameter Menge anzupassen. Den Monopolisten wird die Mengenangleichung dabei so lange nur unwesentlich stören, als kleine Anbieter ihren Marktanteil dadurch nicht drastisch erhöhen können und so für ihn wirtschaftlich kaum ins Gewicht fallen.

Aus Konsumentensicht besteht bei dieser Marktlage nach wie vor nur eine geringe Auswahloption hinsichtlich der Produktwahl. Der Monopolist kann noch immer eine gute Produzentenrente erzielen, da er in seiner Preisbestimmung weitgehend frei bleibt. Dagegen ist kaum eine Konsumentenrente erzielbar, wenn der Preis nur geringfügig von der Zahl kleiner Anbieter abhängt. Kritisch

---

[137] So zu Recht schon *Biedenkopf*, Vertragliche Wettbewerbsbeschränkung und Wirtschaftsverfassung, S. 33.

[138] Vgl. etwa *Liebeler*, UCLA L. Rev. 1, 13 (1982).

bleibt – wie auch beim reinen Monopol – die Marktmacht des Monopolisten, durch die ein großes Einflusspotenzial auf die Wettbewerbssituation besteht. Unabhängig von einer daher zum Schutze kleiner Anbieter zu befürwortenden Missbrauchsaufsicht im Sinne des § 20 GWB, ist die Situation hinsichtlich der Behandlung von Kartellabsprachen mit der des reinen Monopols vergleichbar. Im Ergebnis könnte nach Sinn und Zweck des GWB für eine Offenhaltung der Märkte zu Gunsten kleiner Anbieter neben dem Monopolisten im Bereich vertikaler Absprachen ein strenger Kontrollmaßstab gerechtfertigt sein. Hierfür spräche die Tatsache, dass kleine Anbieter in erster Linie über die Menge operieren. Wegen ihrer geringfügigen Marktpräsenz können auch die sonst möglichen Vorteile für produktexterne Anbieter, die sich aus einer Vertriebsbindung für den Wettbewerb bezüglich des Konkurrenzprodukts ergeben könnten, kaum Anlass sein, eine grundsätzliche Erlaubnis hinzunehmen, und wenn überhaupt, dann nur unter dem strikten Vorbehalt einer strengen Missbrauchsaufsicht. Bleibt die Grundbedingung der Offenhaltung des Marktes indes erfüllt, so ist auch ein (Teil-)Monopol unbedenklich, wenn die durch Angebotsverknappung herbeigeführte Gewinnexpansion neue Konkurrenten anlockt[139]. Ein Anzeichen hierfür ist gerade die Existenz von – wenn auch kleinen – Nebenanbietern im Teilmonopol. Im Übrigen gilt das zuvor für Monopolmärkte Gesagte.

3. Oligopol

Eine Marktsituation, die sich durch eine überschaubare Zahl von Anbietern auszeichnet, beschreibt regelmäßig oligopolistische Marktstrukturen. Bei ihnen kann zwischen engen (a) und weiten (b) Oligopolen unterschieden werden, deren Verhältnis zur Horizontal-/Vertikalabgrenzung bzw. einer produktabhängigen Bewertung anzusprechen ist.

a) Enges Oligopol

In einem engen Oligopol gibt es nur wenige Anbieter, im Extremfall derer lediglich zwei (Duopol). Im Gegensatz zur Monopolsituation steht der einzelne Produzent damit nicht alleine der gesamten Nachfrage gegenüber. Es fragt sich, wie der Markt zwischen den Oligopolisten aufgeteilt wird. Wie im Falle des Monopols muss der Preis, und damit die Absatzmenge, auf dem Markt durch die Aktivitäten der beiden Anbieter selbst bestimmt werden[140]. Jeder einzelne

---

[139] *Cox/Hübener*, in: *Cox/Jens/Markert*, Einführung in die Wettbewerbstheorie und Politik, S. 10.

[140] *Fehl/Oberender*, Grundlagen der Mikroökonomie, S. 67.

Anbieter setzt folglich entweder den Preis oder eine bestimmte Menge als unternehmerischen Aktionsparameter ein. Dies erlaubt der Marktgegenseite zunächst, mit ihrem Nachfrageverhalten auf Veränderungen im Wege des Ausweichens zu reagieren. Man muss jedoch – v.a. beim Duopol – davon ausgehen, dass die beiden Produzenten latent gewillt sein werden, entweder den Preis zu fixieren oder die Absatzmenge festzulegen, was sich letztlich in einem bestimmten Marktpreis niederschlägt[141]. Damit wird im engen Oligopol die Gefahr von Kooperation schlechthin heraufbeschworen. Um horizontales Preisfixing oder bspw. Konditionenabsprachen zu verhindern, also die Marktgegenseite vor Ausbeutung zu schützen, ist daher, wie das Gesetz es nennt, „bei Fehlen wesentlichen Wettbewerbs“ grundsätzlich eine Eingriffsmöglichkeit erforderlich. *Sandrock* vertritt dazu die Auffassung, dass fehlender Preiswettbewerb im Oligopol ein Normalzustand sei, der eine spezifische Missbrauchsaufsicht erst dann rechtfertigen könne, wenn auch Qualitäts-, Nebenleistungs- und Werbekonkurrenz ausgeschaltet würden, so dass es keinen nennenswerten Bereich eigeninitiierter Marktstrategien mehr gebe[142]. Das Verbot von Verhaltenskoordination zwischen Oligopolisten der gleichen Wirtschaftsstufe scheint darüber hinaus nach wohlfahrtsökonomischen Gesichtspunkten gerechtfertigt, solange nicht lediglich gleichförmiges Verhalten im Sinne von Anpassung oder Nachahmung festgestellt werden kann, das für sich genommen nicht kartellrechtsrelevant ist, weil es an einer bewussten Abstimmung im Innenverhältnis fehlt[143]. Gerade im engen Oligopol treten also verstärkt Phänomene zu Tage, die Anlass geben könnten, v.a. horizontale Wettbewerbsbeschränkung gesetzlich zu sanktionieren. Wenn die Marktteilnehmer daneben auch noch ihre Absatzwege untereinander (horizontal) aufteilen, indem sie ihren Absatzmittlern (vertikal) Bindungen auferlegen, führt dies zu einer weiteren Erstarrung des Markts. Auf diesem Wege verhindern die oligopolistischen Hersteller nicht nur den Primärwettbewerb, sondern mittels vertikaler Einflussnahme zudem den produktexternen Wettbewerb ihrer Absatzmittler untereinander. Die vertikalen Bindungen bewirken im Händlerwettbewerb ein Kartell, das diese selbst nicht hätten besser organisieren können. Das aktuelle Kartellrecht sanktioniert den Fall der händlereigenen Absprache freilich mit einem Verbot, wohingegen die Vertikalabsprache über den Umweg der Hersteller nur der Missbrauchsaufsicht unterworfen ist. Gerade im engen Oligopol besteht aber überhaupt kein Anlass vertikale Wettbewerbsbeschränkungen liberaler zu handhaben als etwa horizontale.

---

[141] *Fehl/Oberender*, ebenda.

[142] *Sandrock*, Grundbegriffe des GWB, S. 384/385.

[143] Vgl. aber BGH WuW/E BGH 907, 913 – „Fensterglas VI“, wonach wesentlicher Wettbewerb im Innenverhältnis auch fehlen kann, wenn kein Gruppenbewusstsein feststellbar ist, allein aufgrund „hochgradiger Erstarrung der Antriebskräfte des Wettbewerbs“.

Wegen der hohen Konzentrations- und Marktbeschränkungsgefahr erfasst insbesondere die Marktbeherrschungsdefinition nach § 19 Abs. 2 Satz 2 GWB das im volkswirtschaftlichen Sinne enge Oligopol. Liegen die Voraussetzungen vor, sind zwei oder mehr Anbieter Marktbeherrscher in diesem Sinne[144]. Der horizontalen Ausrichtung in § 22 Abs. 1 Nr. 1 GWB a.F. (§ 19 Abs. 2 Satz 1 Nr. 2 GWB), die das Merkmal „im Verhältnis zu seinen Wettbewerbern“ nahe legt, sind im Zuge der 5. GWB-Novelle 1989 „vertikale“ Elemente (§ 22 Abs. 1 Nr. 2 GWB a.F.) beigefügt worden, um das Problem nachfragemächtiger Unternehmen über die Missbrauchsaufsicht besser handhaben zu können[145]. Hinreichende Umstellungsflexibilität sowie Ausweichmöglichkeiten für die Marktgegenseite[146] werden bei der Betrachtung von Vertikalbeziehungen entsprechend dem Bedarfsmarktprinzip genutzt, um die Schwelle der Schutzbedürftigkeit zu eruieren. Danach ist auch hinsichtlich dieser vertikalen Aspekte im Rahmen der Marktbeherrschung ein horizontaler Vergleich mit den Wettbewerbern erforderlich. Der Gesetzgeber hat mithin bei der Missbrauchsaufsicht über marktbeherrschende Unternehmen die Differenzierung horizontaler und vertikaler Elemente über die Kernvorschriften §§ 1, 14 ff. GWB hinaus auch auf die Marktbeherrschungsdefinition ausgedehnt. Insoweit wird der Fall des engen Oligopols nach § 19 Abs. 2 Satz 2 GWB (§ 22 Abs. 2 GWB a.F.) auch als Ergänzungstatbestand zum grundsätzlichen Konzertierungsverbot des § 1 GWB angesehen[147]. Eine hohe Konzentrationswahrscheinlichkeit ist für das enge Oligopol unbestreitbar. Allein dass eine Ergänzung vertikaler Aspekte erfolgen musste, um die Marktbeherrschungssituationen in Oligopolmärkten in den Griff zu bekommen, zeigt die Schwächen der systematisch differenzierten Behandlung.

In der Wettbewerbstheorie sehen vor allem Vertreter der *Chicago School*[148] sich mit ihrer Idee von produktoptimierter maximaler Effizienz am ehesten in einem engen Oligopol verwirklicht, dessen Wettbewerber durch hohe Marktzutrittsschranken vor allzu starken Einflüssen potenzieller Konkurrenten bewahrt würden. Ob ihnen insoweit Recht gegeben werden kann, soll an dieser Stelle nicht weiter verfolgt werden. Das GWB verfolgt mit seiner Zielfunktion einer Offenhaltung von Märkten für potenzielle Wettbewerber jedenfalls einen diametralen Ansatz.

---

[144] Gesetzliche Vermutung in Reaktion auf die Marktform soweit zugleich § 19 Abs. 2 Satz 1 GWB erfüllt ist; vgl. *Bechtold*, Kartellgesetz, § 19 Rn. 41.

[145] *Emmerich*, Kartellrecht, S. 117; zum Oligopolproblem nachfragemächtiger Unternehmen: *Köhler*, ZHR Beiheft 49 (1979), S. 46 ff.

[146] *Bechtold*, Kartellgesetz, § 19 Rn. 27.

[147] *Möschel*, in: I/M, 2. Aufl., § 19 Rn. 203.

[148] Näher dazu unten, 1. Teil, C. IV.

b) Weites Oligopol

Auch im so genannten weiten Oligopol herrscht lediglich eine geringe Anzahl von Anbietern vor. Diese sind in ihrer Marktstrategie nicht nur vom Verhalten der Kunden abhängig, sondern zudem von dem der Rivalen des Oligopols, und zwar letztlich von jedem Einzelnen[149]. Ökonomische Indizien für diese Marktform sind, wie bereits festgestellt, z.B. Gleichförmigkeit des Verhaltens über längere Zeit hinweg und langfristige Reaktionsverbundenheit, insbesondere im Hinblick auf das Preisverhalten[150]. Als „mittlere" Marktform wurde sie, bei gleichzeitigem Vorliegen nur mäßiger Produktdifferenzierung, bisweilen zur optimalen Marktstruktur gekürt, weil erst bei sinkender Anbieterzahl die oligopolistische Interdependenz steige und gleichzeitig eine potenzielle Wettbewerbsintensität nachlasse[151]. In diesem Sinne äußerten sich bereits die Leitbildautoren der Bundesregierung anlässlich der 2. GWB-Novelle dahingehend, dass die bisherigen Erkenntnisse und Erfahrungen mit dem GWB den Schluss erlaubten, das weite Oligopol mit beschränkter Marktmacht und beschränkter Produkthomogenität fördere Fortschritt und Wachstum[152].

Gegenüber dem Polypol finden technischer Fortschritt und Produktionsmethoden für neue Güter in diesem Umfeld tatsächlich verstärkt Nährboden[153]. Die Marktteilnehmer müssen sich wegen ständig ändernder Nachfragestruktur nämlich mit größerer Gewichtung ihrem Produkt, der Qualität u.ä. widmen, um sich über diese Aktionsparameter von den Konkurrenten absetzen zu können[154]. Als positiver Effekt ergibt sich ein Interesse an Innovation als Folge des höheren Wettbewerbsdrucks. Dass ein Oligopolist ggf. seinen Preis senken muss, um eine größere Menge von Produkten absetzen zu können, kommt zudem der Konsumentenwohlfahrt zugute. Beobachtungsbedürftig ist aber auch das weite Oligopol, da sich die Wirtschaftsteilnehmer den Rivalen zumeist im Preis mehr oder weniger anpassen und diese Marktform tendenziell monopolistische Strukturen erkennen lässt. Wegen potenzieller Erhöhung der Konsumentenwohlfahrt, v.a. hinsichtlich eines volkswirtschaftlich erstrebenswerten Lebensstandards durch bessere Verwirklichung des Entwicklungs- und Nachahmungsprinzips, scheint daher zumindest eine Missbrauchsaufsicht angebracht.

---

149 *Sandrock*, Grundbegriffe des GWB, S. 92.

150 Vgl. die Darstellung „Koordination im Oligopol" bei *Fehl/Oberender*, Grundlagen der Mikroökonomie, S. 69 ff.

151 Vgl. *Herdzina*, Wettbewerbspolitik, S. 77.

152 Arbeitsgruppe des BMWi, Leitbild-Papier vom 29.1.1968 (IB5-220270), S. 10; abgedruckt bei *Kartte*, Ein neues Leitbild für die Wettbewerbspolitik, S. 93 ff.

153 Vgl. zum Produktionsfortschrittsprozess als Grundlage funktionsfähigen Wettbewerbs, *Ahlert*, WRP 1987, 215, 220.

154 *I. Schmidt*, Wettbewerbspolitik und Kartellrecht, S. 11; *Tirole*, Industrieökonomik, S. 219.

Hinsichtlich der Auswirkungen auf die Unterscheidung horizontaler und vertikaler Wettbewerbsbeschränkungen sind zunächst die Ergebnisse der vorangegangenen Untersuchung des engen Oligopols übertragbar. Die an der Entwicklung des GWB Ende der sechziger Jahre beteiligten Wettbewerbsrechtler hatten das weite Oligopol zwar als erstrebenswerte Marktform postuliert[155]. Den oligopolistisch geprägten Marktformen wohnt indes von Natur aus die Tendenz inne, Absprachen zwischen den Oligopolisten hervorzurufen oder stabile und nur wenig voneinander abweichende Preise zu schaffen[156]. Solange nur die Preise nahezu identisch sind, kann als Folge größerer Wettbewerb um das Produkt selbst angenommen werden[157]. Absprachen zwischen Oligopolisten liegen aber aufgrund der wenigen Marktbeteiligten nahe und stellen ein Indiz dafür dar, dass insbesondere horizontale Absprachen eine Behandlung durch das Kartellrecht bedingen können. Die ambivalenten Wirkungen manch vertikaler Beschränkung vermögen im weiten Oligopol vielleicht schon eine liberalere Behandlung zu rechtfertigen. Dies aber nicht, weil sie v.a. im Vertikalverhältnis zwischen Herstellern und Absatzmittlern zu Stande kommen (können), sondern nur dann, wenn sie zum produktinternen Vertrieb oder als Nebenabsprache eines kartellrechtsneutralen Austauschverhältnisses notwendig erscheinen. Die Marktform legt daher nicht die gesetzliche Differenzierung nahe, sondern nur eine möglicherweise unterschiedliche Behandlung wettbewerblicher Wirkungen, je nach dem, ob gleichartige Produkte anderer Hersteller unverhältnismäßig von der produktinternen Absatzbindung betroffen sind oder nicht.

III. Zusammenfassung und Zwischenergebnis

Wettbewerbsbeschränkende Abreden können nach § 1 GWB daraufhin untersucht werden, ob sie zwischen miteinander in Wettbewerb stehenden Unternehmen geschlossen wurden. Ob und wie Marktteilnehmer zueinander in Wettbewerb stehen, hängt nicht zuletzt von der gegebenen Marktform ab, die sich reduziert auf ihre Anzahl – letztlich nur in Verbindung mit diese Märkte bestimmenden Gütern – in polypolistische Konkurrenz, Oligopol und Monopol differenzieren lässt[158]. Stellt man insbesondere auf die Wettbewerbsbeschränkung selbst ab und entscheidet danach, ob die Beteiligten auf gleicher oder unterschiedlicher Wirtschaftsstufe Wettbewerb beschränken[159], ist die

---

[155] Vgl. *Kantzenbach/Kallfass*, in: Cox/Jens/Markert, Handbuch des Wettbewerbs, S. 103 ff.

[156] *Sandrock*, Grundbegriffe des GWB, S. 339; *Bracht*, Förderung und Hemmung des Wettbewerbs durch Kooperation, S. 122, 124, 136 f.

[157] *Sandrock*, Grundbegriffe des GWB, S. 351.

[158] So auch *Feldmann*, Institutionenökonomik, S. 18.

[159] Etwa *K. Schmidt*, Kartellverbot, S. 56, der sich damit vom Vertragszweckdenken seiner Zeit löste.

jeweilige Marktform wegen der sich nach dieser richtenden Bedeutung der Wettbewerbsbeschränkung für die Freiheit des Wettbewerbs von Interesse. Die hier dargestellten Marktformen – auf der Basis wirtschaftswissenschaftlich analysierter Märkte (insb. Preistheorie) – spiegeln aber nur statische Gleichgewichtszustände wider[160]. Die klassische Mikroökonomie und v.a. die Preistheorie beschränken sich insoweit auf die Analyse einstufiger Märkte[161]. Die Unterscheidung zwischen horizontalen und vertikalen Wettbewerbsbeschränkungen selbst ist Ausfluss wettbewerbstheoretischen Gedankenguts[162]. Sie vermag wettbewerbsbeschränkende Wirkungen auf unterschiedlichen Wirtschaftsstufen im empirischen Regelfall in Abhängigkeit kartelllastiger Marktstrukturen darzustellen, wenngleich ebenfalls statisch, weil marktformalistisch. Sowohl oligopolistische als auch polypolistische und ggf. monopolistische Marktverhältnisse können dem Rechtsanwender freilich nur tendenzielle Anhaltspunkte liefern, die die Gefahr von Kartellierung zwischen Wirtschaftsteilnehmern als Erfahrungswerte mehr oder weniger wahrscheinlich machen. Zugleich stellen Oligopole und Polypole primäre Formen von Wettbewerb dar, in denen Unternehmen miteinander konkurrieren[163]. Bei der Prüfung tatsächlicher Folgen von Wettbewerbsbeschränkungen können daher aus Marktverhältnissen wichtige Prognosen gewonnen werden[164]. Schwieriger ist dies in Monopolmärkten, in denen kein horizontaler Wettbewerb herrscht und folglich die Gefahr von Wettbewerbsbeschränkungen erst im Absatzverhalten hinsichtlich des Monopolprodukts, also intrabrand, entstehen kann. Wird mit der gesetzlichen Vorgabe in § 1 GWB davon ausgegangen, dass horizontale Wettbewerbsbeschränkungen nur zwischen Unternehmen stattfinden können, die miteinander im Wettbewerb stehen[165], so vermag nur das reine Monopol die gesetzliche Differenzierung tatsächlich einseitig stringent nachzuvollziehen, weil es horizontale Wettbewerbsbeschränkungen in Ermangelung aktueller gar nicht und hinsichtlich potenzieller Konkurrenten nur ganz entfernt kennt. Das Monopol beschreibt formale Wettbewerbsbeschränkungen nur auf der Basis eines Zustands[166]. Vertikale Ausschließlichkeitsbindungen sind nach *Biedenkopf* wohl zutreffend auf Konkurrenzmärkten von geringer, auf dem Monopolmarkt dagegen von gravierender Wirkung auf den Wettbewerb[167], weil dem Nachfrager

---

[160] *Fezer*, JZ 1990, 657, 657.

[161] Vgl. dazu *Kirchhoff*, Vertikale Vertriebsverträge, S. 338.

[162] Vgl. *Baumbach/Hefermehl*, Wettbewerbsrecht, Einl., Allg. Grundl. Rn. 8 ff.; so auch *Martinek*, Franchising, S. 530.

[163] So auch *Sandrock*, Grundbegriffe des GWB, S. 79.

[164] Vgl. insoweit für das Merkmal des Bewirkens von Wettbewerbsbeschränkungen *Huber*, in: FK Kurzdarstellung zu § 1 n.F. Rnrn. 59, 62.

[165] *Zimmer*, in: I/M, 3. Aufl., § 1 Rnrn. 163, 173 ff.

[166] *Borchardt/Fikentscher*, Wettbewerb, Wettbewerbsbeschränkung, Marktbeherrschung, S. 30.

[167] *Biedenkopf*, Vertragliche Wettbewerbsbeschränkung und Wirtschaftsverfassung, S. 33.

gerade die Ausweichmöglichkeit zu Erzeugnissen Dritter fehlt. Gleichwohl sind sie als Vertikalvereinbarung natürlich auch in Monopolmärkten lediglich der Missbrauchsaufsicht des § 16 GWB unterstellt. Das Differenzierungsmodell ist für den Fall von Bindungen auf Monopolmärkten obsolet, weil dort frühestens auf der ersten Vertriebsstufe horizontale Beschränkungen auftreten können, etwa wenn dem Monopolisten Nachfrager in oligopsonistischen oder polypsonistischen Märkten gegenüberstehen.

Zwischen ökonomischen Gesetzmäßigkeiten und juristischen Normen dürfen keine Widersprüche entstehen[168]. Das GWB nimmt über seine wettbewerbspolitischen Vorgaben Rücksicht auf die Gesetzmäßigkeiten des Marktgeschehens. Reine Formen des Monopols, Polypols oder Oligopols sind realiter tatsächlich aber nur selten verwirklicht. Sie treten zumeist in Mischformen auf. Wettbewerbsrechtlich muss daher versucht werden, wettbewerbliche Verhaltenskoordination in dynamischen Märkten möglichst allgemein gültig zu erfassen. Deshalb ist es umso schwieriger, dogmatische Zusammenhänge von Marktformen oder marktordnungsrechtlichen Abgrenzungsmerkmalen aus zu begründen. Es war anzudeuten, dass schon je nach Marktstruktur Probleme der Differenzierung horizontaler und vertikaler Wettbewerbsbeschränkungen im GWB auftreten können. Die Dynamik von Märkten und ihre Einflussnahme auf wettbewerbliche Entscheidungen von Unternehmen verbieten es im Grunde, temporäre Positionierungen der Beteiligten am Markt – also die Wettbewerberstellung an sich – zu Eingriffsmerkmalen für ein gesetzliches Verbot oder einen Erlaubnisvorbehalt zu erheben, ohne sie marktkonform ins Verhältnis zu setzen oder marktkomplementär auf ihre Wirkungen zu untersuchen.

Daher ist insgesamt festzuhalten, dass sich aus makro- wie mikroökonomischen Faktoren und besonders aus verschiedenen Marktformen nur Anhaltspunkte für die Bewertung von Kooperationen gewinnen lassen, nicht aber für ein allgemein gültiges Beurteilungssystem, dies umso weniger, wenn es streng nach horizontalen und vertikalen Wettbewerbsbeschränkungen unterscheidet.

C. Wettbewerbstheoretische Ansätze und horizontal-vertikales Verständnis

Wettbewerbliche Koordination unter Herstellern oder zwischen Herstellern und Händlern wirft vielschichtige Ordnungsprobleme auf. Sie birgt unterschiedliche Auswirkungen auf das Marktgeschehen. Die Werthaltigkeit und Bedeutung wettbewerbsbeschränkender Vereinbarungen im jeweiligen Verhältnis der

---

[168] *Sandrock*, Grundbegriffe des GWB, S. 31, 66 ff.

Marktpartner zueinander relativiert sich je nach ordnungstheoretischer Auffassung. Die Bewertung des Nutzens oder der Schädlichkeit wettbewerbsbeschränkender Verhaltensweisen kann durch die ordnungstheoretische Auffassung des Betrachters divergieren. Diese Auffassungen prägen die Eingriffstiefe von Kartellgesetzen im Hinblick auf die jeweiligen Verhaltensweisen und haben so Einfluss auf den Schutzzweck der Normen. Welche gesetzliche Sanktionierung von Wettbewerbsbeschränkungen dabei etwa in Abhängigkeit betroffener Produkte in Betracht kommt, könnte bspw. von deren Spürbarkeit auf den jeweiligen Märkten abhängig gemacht werden[169]. Insoweit scheint es durchaus vertretbar, solchen Beschränkungen weniger Beachtung zu schenken, die die vertragliche und wirtschaftliche Handlungsfähigkeit betroffener Unternehmungen am Markt nur unwesentlich beeinträchtigen; sei es, weil sie wegen der Vielzahl anwesender oder potenzieller Konkurrenten kaum ins Gewicht fallen, oder weil sie neue Optionen eröffnen, die ohne die Beschränkung nicht in Erwägung gezogen würden (etwa alternative Absatzwege). Würden sie folglich dazu beitragen, das Wettbewerbsinteresse Dritter erst zu wecken, zu intensivieren oder gar die Wettbewerbsfähigkeit anderer Marktteilnehmer im interbrand-Verhältnis zu stärken, bestünde trotz formalgesetzlicher Subsumierbarkeit auch über eine Spürbarkeitsgrenze hinaus kaum Anlass, eine entsprechende Sanktion durchzusetzen. Vielleicht wäre es in solchen Fällen dann sogar vernünftig, von vornherein auf eine tatbestandliche Erfassung zu verzichten.

Des Weiteren könnte in Betracht gezogen werden, gänzlich unabhängig vom Wettbewerbsverhältnis der Beteiligten – also der Frage, ob sie sich im Wettbewerb horizontal, diagonal[170] oder vertikal begegnen – Profite oder Effizienzvorteile in die Waagschale zu legen und prognostizierbaren Nachteilen gegenüberzustellen. Vorstellbar wäre es, einen gesetzlichen Abwägungsprozess in Gang zu setzen, mit dem Ziel, auf einem Konsens aller betroffenen Markteilnehmer[171], bei Beachtung negativer Effekte für Dritte, eine ökonomisch

---

[169] Zur Spürbarkeitsprüfung in § 1 GWB vgl. *Bahr*, WuW 2000, 954, 963 f.; *Huber*, in: FK Kurzdarstellung zu § 1 n.F. Rn. 69; *Baur*, ZHR 134 (1970) 97, 127; zu Art. 81 EG vgl. *Schröter*, in: v.d.Groeben/Thiesing/Ehlermann, Kommentar, Art. 85 Rn. 178 ff.; *Emmerich*, Kartellrecht, S. 417 f.

[170] Das GWB kennt keine diagonalen Wettbewerbsverhältnisse. Mit diagonal soll die Situation angesprochen sein, in der Hersteller zugleich als Direktvertriebler neben ihren Händlern auftreten oder Händler neben dem Absatz des Herstellerprodukts auch Eigenprodukte vertreiben, also jeweils ein vertikales Verhältnis Hersteller/Händler durch eine diagonalisierende Handlung zugleich ein Wettbewerbsverhältnis begründet. Bei dieser Marktsituation wird auch von Dualdistribution gesprochen; vgl. *Lohse*, Kartellverbot und Schirm-GVO, S. 99 ff.; *Kirchhoff*, Vertikale Vertriebsverträge, S. 9.

[171] Vgl. *Mack*, Ökonomische Realität, S. 84 f., die den Ansatz Buchanans zum konsensualen Selbstregulierungsprozess auf freien Märkten für die Ökonomie greifbar zu machen sucht.

vertretbare Lösung herbeizuführen[172]. Dies könnte zum einen geschehen, indem Vor- und Nachteile bspw. für die Konsumentenwohlfahrt nebst unternehmensorientierten Interessen der sich koordinierenden Parteien mit gesamtwirtschaftlichen Überlegungen abgeglichen würden[173]. Gesamt- wie einzelwirtschaftlich sinnvolle Motivationen wären so der Bewertung inhärent. Denkbar wäre zum anderen die Marktpräsenz der beteiligten Produkte und parallel dazu die Vergleichbarkeit derselben, also ihre Substituierbarkeit für Verbraucher in Relation zum übrigen Wettbewerb zu setzen, um danach zu entscheiden, wie und unter welchen Umständen Wettbewerbsbeschränkungen jeweils unabhängig von der eigentlichen Wettbewerberstellung als wenig Verlust bringende Verhaltenskoordination akzeptiert, als gravierend wettbewerbsschädlich intolerabel, oder vielleicht als rational Absatz fördernd hinnehmbar angesehen werden sollten. Ob dies im Rahmen der aktuellen Ungleichbehandlung horizontaler und vertikaler Wettbewerbsbeschränkungen möglich scheint und die gängigen wettbewerbstheoretischen Ansätze die Differenzierung stützen, soll nunmehr geprüft werden.

Im Zuge seiner Entwicklung haben viele Wettbewerbstheorien das GWB geprägt oder zumindest beeinflusst. Sie alle haben mit ihrem z.T. nur in Nuancen und manches Mal doch stark divergierenden Wettbewerbsverständnis Konsequenzen auch für die schematische Unterscheidung horizontaler und vertikaler Wettbewerbsbeschränkungen gehabt. Die Unterscheidung selbst wurde trotz faktischer Anwesenheit von Anbeginn des Wettbewerbsrechts erst in den siebziger Jahren zum eigentlichen Eingriffskriterium aufgewertet, nachhaltig geprägt durch die Werke von *Otto Sandrock*[174] und insbesondere *Karsten Schmidt*[175]. Die wettbewerbstheoretischen Ansätze sind wesentlich, um die Konzeption des GWB nachzuvollziehen und zu prüfen, ob danach die horizontal-vertikale Trennung ihre Rechtfertigung findet. Für eine Normenauslegung der §§ 1 ff. GWB wie auch §§ 14 ff. GWB, und dort insbesondere § 16 GWB, ist das Wettbewerbsverständnis von besonderer Bedeutung, weil ohne dieses eine Auslegung der Tatbestandsmerkmale, die sich durch eine Vielzahl normativ zu füllender unbestimmter Rechtsbegriffe auszeichnen, kaum möglich erscheint. Im Vordergrund steht dabei insbesondere ein Merkmal wie das „Miteinander-in-Wettbewerb-Stehen“ nach § 1 GWB, von dem zumindest nach den Vor-

---

172 *Kirchner*, Ökonomische Theorie des Rechts, S. 27 f. sieht in der Konsenstheorie die Brücke zur Effiezenz geschlagen. Dem ist beizupflichten. Individuelle Akteure einigen sich durchaus auf institutionelle Änderungen, falls daraus ein Kooperationsvorteil erwächst. Erfolgt Kompensation, kann mit Zustimmung gerechnet werden, die zur Wohlfahrtssteigerung beiträgt.

173 Die hM hat dies bisher wegen fehlender Kompatibilität von Freiheitsschutz und ökonomischer Zweckmäßigkeit abgelehnt, vgl. nur *Immenga/Mestmäcker*, in: I/M, 2. Aufl., Einl. Rn. 29.

174 *Sandrock*, Grundbegriffe des GWB, S. 207 ff., 395 ff.

175 *K. Schmidt*, Kartellverbot, S. 55 ff.

stellungen des Gesetzgebers eine Einordnung unter den Tatbestand des Kartellverbots oder der Missbrauchsaufsicht nach den Regeln des zweiten Abschnitts abhängig ist[176]. Was insoweit letztlich als Wettbewerbsbeschränkung verifiziert werden kann oder zumindest werden sollte, hängt ganz entscheidend von den Zielen ab, die mit einem Recht gegen Wettbewerbsbeschränkungen angestrebt werden. Um dem gerecht zu werden, sollen hier die wichtigsten wissenschaftstheoretischen Ansätze und Einflüsse dargestellt und hinsichtlich der genannten Abgrenzungsproblematik bewertet werden.

I. Vollständige Konkurrenz im Sinne der Preistheorie/Neoklassik und horizontal-vertikale Abgrenzung

Im Vordergrund dieser Theorie steht die Annahme, dass viele Anbieter und Nachfrager mit jeweils kleinem Marktanteil als Marktteilnehmer bei vollkommener Markttransparenz immer ihre Wettbewerber und alle Preise, die auf dem Markt gefordert oder geboten werden, durch vollkommene Preisinformation kennen und insoweit kaum durch Produktions- und Preisentscheidungen beeinflussen können[177]. Ihre Vertreter unterstellen Güterhomogenität[178], so dass Nachfrager ihre Produktwahl nur nach dem Preis ausrichten und sämtlich bei den Anbietern kaufen wollen, die den geringsten Preis verlangen. Da jedem Marktteilnehmer diese Situation bekannt sei, verhalte er sich im Eigeninteresse als Mengenanpasser. Das derart charakterisierte Pareto-Optimum stellt einen Zustand maximaler wirtschaftlicher Effizienz im Sinne der Allokation dar und ist der Grund, warum diese Theorie lange Zeit als Leitbild der Wettbewerbspolitik angesehen wurde[179].

Begrüßenswert ist hier die vordergründig ökonomische Analyse, die allerdings nur beiläufig Handlungsfreiheiten in Augenschein nimmt. Insbesondere wegen des unterstellten hypothetischen Gleichgewichtszustands lässt sie die Wirkungen von Wettbewerbsbeschränkungen außen vor. Für ein Wettbewerbsrecht, das vorrangig positive wie negative Wirkungen von Beschränkungen in seine Leitvorstellungen integrieren soll, ist die Neoklassik also kaum geeignet. Ausgehend von einer Vorteilsanschauung für Verbraucher muss nach der

---

[176] Vgl. dazu unten, 1. Teil, E. II. 6. und 2. Teil, B. II. 3. a).

[177] *Herberg*, Preistheorie, S. 219; *Fezer*, JZ 1990, 551, 557; *Peto*, Grundlagen der Makroökonomik, S. 32; *Neumann*, Historische Entwicklung und heutiger Stand der Wettbewerbstheorie, S. 67 ff.

[178] Der Ansatz geht davon aus, dass keine sachlichen, persönlichen, räumlichen oder zeitlichen Präferenzen der Anbieter und Nachfrager bestehen; vgl. die Übersicht bei *I. Schmidt*, Wettbewerbspolitik und Kartellrecht, S. 5.

[179] *I. Schmidt*, Wettbewerbspolitik und Kartellrecht, S. 6.

Theorie der vollständigen Konkurrenz, des vollständigen Wettbewerbs, schon eine möglichst große Anzahl von Unternehmungen realisiert sein. Diese Annahme ist in erster Linie auf horizontale Wettbewerbsverhältnisse bezogen. Auf jeder Marktstufe vom Hersteller über den Groß- und Zwischenhandel bis hin zum Einzelhandel soll jeweils reger Wettbewerb herrschen. Damit wird zugleich angenommen, dass auch im Vertikalverhältnis zwischen vor- und nachgelagerter Stufe rege Austauschtätigkeit gewährleistet ist. In dem damit stark formalisierten Netz freien Individualwettbewerbs auf der jeweiligen Stufe und vehementem Leistungsaustausch zwischen den Stufen sind keine Mischsituationen berücksichtigt, welche die Interdependenz wirtschaftlichen Handelns zumeist zur Folge hat[180].

Entscheidende Elemente des dynamischen Wettbewerbs und seiner unvorhersehbaren Ergebnisse sind in den Modellvorstellungen der Neoklassik nicht vorgesehen. Abweichungen vom statischen Zustand der vollkommenen Konkurrenz, die auch positive Effekte mit sich bringen können, werden nicht berücksichtigt. Jedes Aufbrechen des rein auf vertraglicher Basis stattfindenden Individualwettbewerbs widerspricht dem Konzept. Damit verschließt es sich sogleich modernen Absatzkooperationen, die allein bereits mit statischen Marktstrukturen in Widerspruch stehen können und zwischen Unternehmen getroffen werden.

1. Analyse von Wettbewerbsbeschränkungen durch Verhaltenskoordination

Eine Wettbewerbsbeschränkung ist in diesem Modell immer dann gegeben, wenn der Druck eines Wettbewerbsparameters vermindert oder beseitigt wird und damit der Verlust des preistheoretischen Gleichgewichts einhergeht bzw. bewusst herbeigeführt wird[181]. Ein Verbot wettbewerbsbeschränkender Verhaltensabstimmung ist danach möglichst weit zu interpretieren, da jegliche auf einen Wettbewerbsparameter bezogene Verhaltensabstimmung oder Vereinbarung die atomistische Marktstruktur der vollständigen Konkurrenz beeinträchtigen könnte und deshalb zu unterbinden wäre. Wettbewerbsbeschränkungen führen in diesem Konzept unmittelbar dazu, individuelle Bedürfnisse nicht hinreichend befriedigen zu können, womit eine Fehlallokation von Ressourcen im Raum stünde.

Im Prinzip ist damit eine jede ex ante-Koordination für Neoklassiker inakzeptabel, die nicht allein marktwirtschaftlichen Ursprungs ist, sondern auf

---

[180] *Sandrock*, Grundbegriffe des GWB, S. 93 f.

[181] Vgl. *Aberle*, Wettbewerbstheorie und Wettbewerbspolitik, S. 27 f.

freier Entscheidung von Unternehmen beruht[182]. Vielmehr sollen im Grunde ex post, durch die hypothetisch angenommene vollkommene Information sowie suggerierte unendliche Anpassungsgeschwindigkeit von Unternehmen, auf horizontaler Ebene Entscheidungen aufeinander abgestimmt werden können. Auch bei absatzbezogener Verhaltenskoordination im Vertikalverhältnis soll jegliche über den vertraglichen Austauschzweck hinausgehende, also auch nebenvertragliche Absprache verboten sein, weil sie nicht aus einem marktwirtschaftlich vollkommenen Austauschprozess hervorgeht, sondern das Ergebnis eines im Bewusstsein und auf der Grundlage von Marktergebnisvoraussagen getroffenen Entschlusses darstellt[183]. Als Wettbewerbsbeschränkung kann sich mithin jede Koordination erweisen, die nicht rein wettbewerblichen Ursprungs ist, sondern auf der Erfüllung einzelvertraglicher Verpflichtungen beruht.

2. Kritik

Es bestehen nach heutigem wirtschaftswissenschaftlichen Kenntnisstand durchgreifende Bedenken gegen ein reines Modell der vollständigen Konkurrenz[184]. Es werde nur ein Musterausschnitt aus der statischen Gleichgewichtsanalyse dargestellt, insbesondere in der Weiterentwicklung der Preistheorie als „stationärem Gleichgewichtsmodell vollständiger Konkurrenz"[185] der Neoklassiker, denen die Idee des Wettbewerbs als dynamischem Prozess verloren gegangen sei[186]. Darüber hinaus vernachlässigt sie allgegenwärtige Marktunvollkommenheiten[187] und durch Wettbewerbsschutz nicht zu beseitigende Phänomene. Ein solches totales Gleichgewicht entsteht nur unter der Voraussetzung, dass Mengen und Qualitäten von Produktionsfaktoren, der technische Horizont und die Bedürfnisse der Nachfrager konstant und exogen gegeben sind, und dass sämtliche Marktbeteiligten vollständiges Wissen über die für sie relevanten Umstände haben[188]. Damit wird ein Zustand beschrieben, nicht aber der Weg, wie man zu der Marktform gelangen kann. Daher wird zu Recht angenommen, dass vollständige Konkurrenz kein Instrument ist, das für irgendwelche Wettbewerbsfunktionen ursächlich ist; es sagt nur, dass das Gleichgewicht bzw.

---

[182] Vgl. *Bracht*, Förderung und Hemmung des Wettbewerbs durch Kooperation, S. 84 ff.
[183] *Kirchhoff*, Vertikale Vertriebsverträge, S. 338.
[184] *Möschel*, Recht der Wettbewerbsbeschränkungen, S. 43 f., Rz. 64 m.w.N.; gleichwohl ist es wegen der Ablehnung monopolistischer Strukturen als wettbewerbspolitisches Leitbild verstanden worden, vgl. Begr. zum RegE., BT-Drucks. II/1158, S. 22.
[185] *I. Schmidt*, Wettbewerbspolitik und Kartellrecht, S. 5.
[186] *Cox/Hübener*, Einführung in die Wettbewerbstheorie und -politik, in: Cox/Jens/Markert, Handbuch des Wettbewerbsrechts, S. 12.
[187] Dazu *Kantzenbach*, JbNSt Bd. 181 (1967), 193, 220.
[188] *Hoppmann*, Wirtschaftsordnung und Wettbewerb, S. 286.

das Wohlfahrtsoptimum jeweils vorhanden ist[189]. Ökonomische Machtpositionen, die einer Wettbewerbsordnung regelmäßig wegen unterschiedlichen Stärken der Marktpartner immanent sind, lassen die Herstellung eines funktionsfähigen Preissystems vollständiger Konkurrenz kaum durchführbar erscheinen. Allerdings wird man den Vertretern des Ansatzes zugute halten müssen, dass sie sich bei der Rekurrierung nur selten auf das rein statische Modell, als vielmehr auf die Ergebnisse einer auf diesem beruhenden Marktanalyse bezogen[190]. Es erschließt sich insoweit dennoch, dass Märkte nicht lediglich als ein Zusammentreffen von Angebot und Nachfrage auf einem Punktmarkt bei vollkommener Information verstanden werden können[191]. Um solcher Kritik entgegenzuwirken, müsste bereits vom Zustand vollkommener Konkurrenz Abstand genommen werden, um auch geringe Abweichungen zuzulassen, womit dann allerdings lediglich noch das als *second-best* Lösung bekannte Ergebnis gegeben wäre[192].

3. *Wettbewerbstheoretischer Einfluss auf das GWB*

Das Modell vollständiger Konkurrenz war neben anderen Ziel der Wettbewerbspolitik Anfang der fünfziger Jahre, um möglichst viel Wettbewerb auf möglichst vielen Märkten herzustellen oder zu erhalten. In diesem Zusammenhang wurde ein günstiges Preisniveau in der Hoffnung erwartet, die Modellbedingungen der atomistischen Konkurrenz trügen dafür Sorge, dass keiner der Marktbeteiligten erheblichen Einfluss auf die Preisbildung habe und der Preis sich somit frei auf der Höhe der Grenzkosten einpendeln könne[193]. Zur wettbewerbspolitischen Rechtfertigung wurde, wie bereits erwähnt, darauf abgestellt, dass nicht das Konzept selbst, sondern die zu erwartenden Ergebnisse erzielbar und erstrebenswert seien[194]. Es war deshalb für das GWB wie nachfolgend beschrieben von Bedeutung.

---

[189] *Hoppmann*, ebenda; vgl. *v. Hayek*, Der Sinn des Wettbewerbs, S. 128, der folgert, dass vollkommener Wettbewerb tatsächlich das Fehlen aller wettbewerblichen Tätigkeit bedeute.
[190] Vgl. *Griesbach*, BB 1962, 1011, 1015.
[191] Ebenso *Kirchner*, in: FS Ingo Schmidt, S. 33.
[192] Vgl. *I. Schmidt*, Wettbewerbspolitik und Kartellrecht, S. 9.
[193] *Kartte*, Ein neues Leitbild für die Wettbewerbspolitik, S. 38 f.
[194] *Griesbach*, BB 1962, 1011, 1016 f.

a) Ordoliberalismus als Plattform des GWB

Die hiernach verwirklichte soziale Marktwirtschaft[195] bezog ihr wettbewerbliches Konzept v.a. von der von *Walter Eucken* begründeten ordoliberalen Freiburger Schule[196]. *Eucken* analysierte bereits die Institutionen der Wirtschaftsordnung, jedoch unvollständig insoweit, als er im Gegensatz zur Neuen Institutionenökonomik nur ihre Wirkungen auf Wirtschaftsabläufe untersuchte[197]. Das Ziel der Freiburger Schule war die Vermeidung von laissez-faire durch Nutzung von Institutionen der staatlichen Ordnung bei im Übrigen selbststeuernder Wirtschaft durch Wettbewerbs- und Preismechanismen[198]. Die Ordoliberalen sahen die ideale Markform nur in polypolistischer Konkurrenz verwirklicht, weil im Polypol die Preise auf die Grenzkosten des Grenzanbieters gedrückt würden und zogen aus dieser Einsicht die wettbewerbspolitische Folgerung, dass die Versorgung am besten im Polypol und am schlechtesten im Monopol gewährleistet sei[199]. Zentrale Merkmale des Ordoliberalismus sind eine atomistische Marktstruktur, in der die Anteile von Unternehmen so klein sind, dass sie durch ihr jeweiliges Verhalten keinen spürbaren Einfluss auf Preis und Güter nehmen können, und die völlige Homogenität der am Markt vertriebenen Güter[200]. Die Preistheoretiker müssen daher in der Monopolsituation die größte Wettbewerbsgefahr sehen. Hersteller können einen beliebigen Preis festsetzen, anders als im erstrebten Modellmarkt vollkommener Konkurrenz. Nachfrager sind darauf beschränkt, den hohen Preis des Monopolisten zu zahlen und haben, soweit sie dazu nicht in der Lage sind, keine Möglichkeit auf Dritte auszuweichen, so dass ihnen nur die Möglichkeit bleibt, ihre Kaufkraft anderweitig zu nutzen. Demzufolge suchte das GWB zunächst alle schädlichen Situationen konzentrierter Marktmacht zu verhindern, was sich aber wegen omnipräsenter Marktunvollkommenheiten[201] als kaum durchsetzbar erwies. Im Bewusstsein, dass das Modell vollständiger Konkurrenz mit der wirtschaftlichen Realität kaum kompatibel war, versuchten selbst Neoliberale mit Hilfe des Wettbewerbsrechts die Modellsituation lediglich auf möglichst vielen Einzelmärkten weitgehend zu erhalten oder bestenfalls herzustellen[202].

---

195 *Günther*, WuW 1960, 747, 748.

196 *Eucken*, Grundlagen der Nationalökonomie, 1959; zum Denkansatz Euckens vgl. *Böhm*, ORDO Bd. 3 (1950), Prolog, S. XV.

197 *Feldmann*, Institutionenökonomik, S. 3.

198 *Günther*, WuW 1960, 747, 749.

199 Die polypolistische Konkurrenz war zugleich Ausgangspunkt für die aus ihr später gewonnene positive Bewertung des weiten Oligopols. Vgl. in diesem Sinne *Emmerich*, Kartellrecht, S. 5 f.

200 *Ackermann*, Art. 85 Abs. 1 EGV, S. 67.

201 Wie etwa langsame Reaktion und fehlende Information von Marktteilnehmern oder Marktzutrittsschranken, vgl. auch *Kantzenbach*, JbNSt Bd. 181 (1967), 193, 220 f.

202 *Kartte*, Ein neues Leitbild für die Wettbewerbspolitik, S. 39.

b) Verbotsnorm und Missbrauchsaufsicht im GWB nach neoklassischem Verständnis

Der wissenschaftliche Beirat für Wirtschaft sprach sich in seinem Wettbewerbsgutachten[203] noch für eine reine Missbrauchsaufsicht aus. Ein Hinweis darauf, dass neoliberales Gedankengut nicht zwangsläufig zu Kartellverbotsgesetzgebung führen muss. Um jedoch die wünschenswerten, möglichst niedrigen Preise zu erzielen, musste auf dem Markt für möglichst viele Wettbewerber gesorgt werden, womit ein strenges horizontales Kartellverbot, eine präventive Zusammenschlusskontrolle sowie die Ablehnung jeglicher Zusammenarbeit zwischen Unternehmen der gleichen Wirtschaftstufe tatsächlich Folge dieser Wettbewerbspolitik waren[204]. Die Anerkennung des Kooperationsgedankens war dann später die erste wettbewerbspolitische Maßnahme[205], die hiernach hervorgerufenen Unausgewogenheiten des GWB durch eine möglichst einschränkende Interpretation des Kartellverbots bei unbedeutenden, unschädlichen oder nützlichen Absprachen zu mildern. Resultat jener Wettbewerbspolitik war mithin das konkrete Verbot aller horizontalen Wettbewerbsbeschränkungen in § 1 GWB a.F. – wenn auch tatbestandlich noch nicht manifestiert – sowie, in Anlehnung an das Wettbewerbsgutachten des wissenschaftlichen Beirates, eine wirtschaftlichen Bedürfnissen angenäherte Missbrauchsaufsicht über Wettbewerbsbeschränkungen in sonstigen (Vertikal-)Verträgen nach §§ 15 ff. GWB a.F. Damit hatte die noch heute vorherrschende Differenzierung bereits in die Erstfassung des GWB Einzug gehalten, obwohl im Gesetz selbst noch an keiner Stelle die Bezeichnungen „horizontal“ und „vertikal“ zu finden waren.

II. Funktionsfähiger Wettbewerb, workability-Konzepte, Harvard School und horizontal-vertikale Abgrenzung

Eine erste wettbewerbstheoretische Loslösung von der Idee eines optimalen Gleichgewichtszustandes und die Hinwendung zu dynamischen Elementen des Wettbewerbs wurden mit den Arbeiten von *Schumpeter*[206] und *Clark*[207] eingeleitet. Im Vordergrund ihrer wettbewerbspolitischen Betrachtung stehen

[203] Gutachten des Wissenschaftlichen Beirats beim BMWi vom 23.6.1962, BT-Drucks. IV/617, Anhang, S. 88 ff.
[204] Vgl. *Kartte*, Ein neues Leitbild für die Wettbewerbspolitik, S. 39 f.
[205] Kooperationsfibel des BMWi von 1963; abgedruckt in der Fassung 1973 bei *Bechtold*, Kartellgesetz, Anhang C 4.
[206] *Schumpeter*, The Theorie of Economic Developement, 1934; in Deutschland verlegt: Theorie der wirtschaftlichen Entwicklung, 1964.
[207] *J.M. Clark*, Toward a Concept of Workable Competition, 30 AER, 1940, S. 241 ff.; vgl. auch *Möschel*, Recht der Wettbewerbsbeschränkungen, S. 44, Rz. 66 ff.

ökonomische Vorteilhaftigkeit und funktionsfähiger freier Wettbewerb, die anhand vordefinierter Leitbilder beurteilt werden. Zielsetzung ist hierbei die gesamtwirtschaftliche Wohlfahrtsoptimierung durch Wettbewerb bei gleichzeitiger Berücksichtigung von Marktrealitäten[208]. Diese Idee des funktionsfähigen Wettbewerbs entwickelte sich in den USA der vierziger Jahre aus den Erfahrungen der *Industrial Organisation*, die mittlerweile mit dem *workability*-Ansatz nahezu übereinstimmt. *Clark* mühte sich, eine Marktrealitäten berücksichtigende Wettbewerbstheorie zu definieren, deren Hauptanliegen die durch den Einsatz wettbewerbspolitischer Instrumente zu erzielende gesamtwirtschaftliche Wohlfahrtsoptimierung ist[209]. Zunächst galt bei der von ihm entwickelten „*first-best-solution*" noch der vollkommene Wettbewerb als erstrebenswert. Empirische Erfahrungswerte über Unvollkommenheiten von Märkten führten ihn jedoch zur „*second-best-solution*", die bestimmte reale Wettbewerbsparameter zulasse, welche den Wettbewerb funktionsfähig machen sollten und neben der eigentlich angestrebten vollkommenen Konkurrenz die zweitbesten Ergebnisse lieferten[210]. Durch Integration weiterer Unvollkommenheitselemente im Wettbewerb zu den Bedingungen der *workable competition* (sog. Gegengiftthese)[211] sollten die danach vorhandenen negativen Wirkungen egalisiert werden[212]. Im Ergebnis zutreffend geht *Clark* davon aus, dass ein dynamischer, rivalisierender Markt Unvollkommenheiten aufweisen muss, damit wirtschaftlicher Fortschritt zu realisieren ist und es nicht zur Stagnation kommt. Eine formale oder kategorisierbare definitorische Unterscheidung erwünschter und unerwünschter Unvollkommenheiten gelingt aber auch nach diesem Ansatz nicht.

Mit Marktstruktur-, Marktverhaltens- und Marktergebnisparadigmen bilden die auf dem Ansatz von *Clark* aufbauenden *workability*-Konzepte ein Normensystem zur Beurteilung realen Marktgeschehens, dessen Erfüllung auf wirksamen Wettbewerb schließen lässt[213]. Zur Feststellung, ob funktionsfähiger Wettbewerb vorliegt, werden Markttests durchgeführt und eine Übereinstimmung mit den vorgegebenen Normen überprüft. Die *Harvard School* in den USA nutzte in diesem Sinne empirische Untersuchungen zur Weiterentwicklung der Preis- und Wettbewerbstheorie, um ihre Zielvorgaben zu bestimmen und

---

[208] Vgl. *Aberle*, Wettbewerbstheorie und Wettbewerbspolitik, S. 29, 30 f.
[209] So *I. Schmidt*, Wettbewerbspolitik und Kartellrecht, S. 10.
[210] *Aberle*, Wettbewerbstheorie und Wettbewerbspolitik, S. 30.
[211] Vgl. dazu und zur Effizienz unvollkommener Bedingungen im Sinne der *workable competition*, *Tolksdorf*, WuW 1980, 785, 790 ff.
[212] Z.B.: Senkung der Homogenität der Produkte im unvollkommenen, weil beschränkten Oligopolmarkt.
[213] *Kantzenbach/Kallfass*, Das Konzept des funktionsfähigen Wettbewerbs – *workable competition*, in: Cox/Jens/Markert, Handbuch des Wettbewerbsrechts, S. 103 ff.

anhand von Wahrscheinlichkeitsprognosen[214] ökonomische Vorstellungen eines funktionsfähigen Wettbewerbs umzusetzen. Wettbewerbspolitisch wünschenswerte ökonomische Ziele sollten durch starke staatliche Kontrolle normativ im Wege der Anwendung von *per se*-Verboten und auch der im US-Antitrust Law entwickelten *rule of reason* verwirklicht werden. Von den *workability*-Konzepten behielt die *rule of reason* bis heute einen zweistufigen Markttest bei, nach dessen Vorgaben im Einzelfall die Frage der Funktionsfähigkeit des Wettbewerbs zu beurteilen ist, soweit unvollkommene Marktsituationen vorliegen, die das Antitrustrecht per se unter ein Verbot stellt, bei deren Vorliegen aber dennoch funktionsfähiger Wettbewerb gegeben sein kann[215].

Auch die Unterscheidung potenziellen und effektiven Wettbewerbs ist diesem Ansatz des funktionsfähigen Wettbewerbs nicht unbekannt. Gefährlich ist jedoch die teilweise starke Marktergebnisfokussierung. Danach kann ein tatsächlich beschränkter Markt als funktionsfähig bezeichnet werden, nur weil ein erwünschtes Marktergebnis erzielt wird. In jüngerer Zeit stehen aber auch hier Fragen der Industrieökonomie sowie des strategischen Verhaltens von Unternehmen im Vordergrund, bei gleichzeitiger Analyse konkreter Wettbewerbsbeschränkungen. Begrüßenswert scheint dies insoweit, als darin zumindest ansatzweise eine Abkehr von Normenkategorien nachvollzogen werden kann. Nach *Kantzenbach*[216] ist die entsprechende Referenzsituation wettbewerbspolitisch bei Vorliegen einer Marktstruktur im weiten Oligopol gegeben, da dieses die geforderte optimale Wettbewerbsintensität sichere und eine dynamische Wettbewerbsfunktion gewähre; homogene oder heterogene Polypole hingegen brächten regelmäßig eine zu geringe, enge Oligopole eine zu hohe potenzielle Wettbewerbsintensität mit sich. Als negative Folge bleibt insoweit die nur geringfügige Ausrichtung am Maßstab aktueller Handlungsfreiheit anzumerken, und die Tatsache, dass eine optimale Bedürfnisbefriedigung auch in anderen Markformen als dem weiten Oligopol möglich sein kann.

1. Analyse von Wettbewerbsbeschränkungen durch Verhaltenskoordination

Die Beschreibung von Wettbewerbsbeschränkungen nach *workable competition*-Ansätzen erfolgt überwiegend durch per se-Verbote zum Erhalt der

[214] *Baur* wendet sich gegen Wahrscheinlichkeitsprognosen für das deutsche Recht, weil kein Arbeiten auf empirischer Basis möglich sei, die den Grad wettbewerblicher Beeinflussung feststellbar machte, in: ZHR 134 (1970), 97, 133 f.

[215] Zum Verfahren der *rule of reason* vgl. *Sangmeister*, rule of reason, S. 10 f. und passim; *Ackermann*, Art. 85 Abs. 1 EGV, S. 17 ff.

[216] *Kantzenbach*, Die Funktionsfähigkeit des Wettbewerbs, S. 16 ff.; siehe auch oben, B. II. 3.

Funktionsfähigkeit von Märkten[217]. Dieser Formalismus, dem möglicherweise auch wünschenswerte Vereinbarungen zum Opfer fallen können, wird billigend in Kauf genommen[218]. Andererseits ist das Bemühen unverkennbar, analytische Feststellungen idealer Bedingungen des realen Wettbewerbs in Richtung der Grenzen vertretbaren wettbewerblichen Vorsprungs zu rücken und erst dann regulierend einzugreifen, wenn dieser Vorsprung zu einer schwerwiegenden Marktstörung ausufert. Zur Beantwortung der Frage, ob Wettbewerb auf einem Markt noch hinreichend funktionsfähig ist, werden alle denkbaren Elemente von Marktstruktur, -verhalten und -ergebnis (*structure*, *conduct* und *performance*) erfasst und zum Normensystem für eine Beurteilung des Marktgeschehens erhoben[219]. Damit sollen Wettbewerbsintensität, Wettbewerbseffektivität und bewusst koordinierte, nicht wettbewerbliche Verhaltensweisen festgestellt und von solchen unterschieden werden können, die Folge kompetitiver Marktprozesse sind. Dynamische Veränderungen der Märkte sind folglich einbezogen. Durch die Marktstrukturanalyse wird zunächst festgestellt, welche Produkte betroffen sind, ob Diversifikation stattfindet, welcher Grad an Homogenität erreicht wird, welche Wettbewerber damit dem relevanten Markt angehören und wie transparent dieser sich gestaltet. Dabei handelt es sich typischerweise um horizontal geprägte Merkmale. Soweit gegeben, finden desgleichen vertikale Integrationen Beachtung[220], womit allerdings nicht vertikale Wettbewerbsbeschränkungen im Sinne des Kartellrechts gemeint sind, sondern unternehmensinterne Strukturen. Im zweiten Schritt folgt das Abstecken des Marktverhaltens, die Bewertung konkreter Aktionsparameter der jeweiligen Unternehmungen. Hierzu sind beispielhaft Verfahren zu Preisfindung, unternehmensstrategische Maßnahmen, Forschung und Entwicklung oder mögliche Investitionen zu rechnen. Der Einsatz wirtschaftlicher Aktionsparameter dürfte aber nur spekulativ einer generellen Beurteilung zugeführt werden können. Lediglich isolierbare Handlungen mögen im realen Marktkontext prognostizierbare Ergebnisse zulassen. Ob entsprechend eine allgemein gültige Klassifizierung umsetzbar ist, obwohl zumeist viele unkalkulierbare Marktfaktoren eine Rolle spielen können, soll hier nicht entschieden werden. Jedenfalls aber lassen sich aus koordinativem Marktverhalten ggf. mögliche Zielsetzungen der Marktakteure ablesen, die sowohl horizontale wie vertikale Verhaltenmuster beinhalten können. Zuletzt kommen Marktergebniskriterien ins

---

[217] *Tolksdorf*, WuW 1980, 785, 790.

[218] Siehe dazu *I. Schmidt*, WiSt 1981, 282 ff.; vgl. auch *Ackermann*, der den Markttests der *workability*- Konzepte durchaus *rule of reason*-Ansätze abgewinnen kann, aber gut differenzierend darauf hinweist, dass per se-Verbote bei empirisch abgesicherten Mustervorhersagen befürwortet werden; *Ackermann*, Art. 85 Abs. 1 EGV, S. 69 f.

[219] *Aberle*, Wettbewerbstheorie und Wettbewerbspolitik, S. 29.

[220] Zu deren Relevant für den Wettbewerb *Kruse*, in: FS I. Schmidt, S. 247, 248 ff.; *Aberle*, Wettbewerbstheorie und Wettbewerbspolitik, S. 32.

Spiel, die sich auf ökonomische Resultate des Wettbewerbs an sich beziehen. Insgesamt sind die Grenzen fließend. Es geht um instrumentalisierte Verfahrensweisen, denen Mustervorhersagen abgerungen werden und nach denen eine Klassifikation über die hinreichende Funktionsfähigkeit des Wettbewerbsprozesses stattfindet[221].

2. Kritik

Die *workability*-Konzepte sehen sich insbesondere unter dem Stichwort „Anmaßung von Wissen" vehementer Kritik ausgesetzt[222]. Darüber hinaus wird die sog. Dilemmathese ins Feld geführt: Das Konzept missachte den Zielkonflikt, dass zwischen den Betriebsgrößenvorteilen marktmächtiger Unternehmen und der Vielzahl von Anbietern kaum Skaleneffekte realisierbar bzw. Innovationen durchführbar seien[223]. Lediglich Mustervoraussagen im Sinne von Typizität oder Tendenz auf hypothetischen Vergleichsmärkten seien erzielbar, ohne Aussagen über Individualverhalten zu beinhalten[224]. Zu kritisieren ist auch die mangelnde Prognostizierbarkeit einzelner Wettbewerbsprozesse und ihrer Marktergebnisse. Dies kommt u.a. dadurch zum Ausdruck, dass „die Verflechtungen der zahlreichen heterogenen Interessen und die unendliche Interdependenz der wirtschaftlichen Entwicklung im Markt [...] (unmöglich) hinreichend durchzurationalisieren"[225] sind. Durch die Dynamik wettbewerblicher Austauschprozesse sind sie weder im Einzelnen empirisch nachweisbar noch theoretisch begründbar. Die Offenheit der Marktprozesse, in denen sich Wettbewerbsfreiheit und ökonomische Vorteilhaftigkeit manifestierten, kann nur schwerlich positiv in ihren Zusammenhängen und Ergebnissen praktikabel beschrieben werden[226].

Ähnlich der Theorie der vollkommenen Konkurrenz werden sich die Theorie des funktionsfähigen Wettbewerbs wie auch die *workability*-Konzepte die Statik ihres Gleichgewichtsmodells vorhalten lassen müssen. Neben tatsächlich realistischen Einschätzungen theoretisch isolierter Einzelmärkte, die man dem Ansatz wohl zugute halten muss, wird es kaum möglich sein, zuverlässige und dauerhafte Aussagen über Wettbewerbsprozesse zu treffen. Dies dürfte neben der

---

[221] Vgl. *Grossekettler*, ZfgG Bd. 28 (1978), S. 325 ff. und insbesondere 338.

[222] *v. Hayek*, Die Theorie komplexer Phänomene, S. 25 ff.; vgl. auch *Emmerich*, Kartellrecht, S. 9.

[223] *Herdzina*, Wettbewerbspolitik, S. 37 und 39.

[224] *Aberle*, Wettbewerbstheorie und Wettbewerbspolitik, S. 33.

[225] *Martinek*, Franchising, S. 477.

[226] *Hoppmann*, Wettbewerb als Norm und als analytisches Modell, in: Wirtschaftsordnung und Wettbewerb, S. 256.

mehrfach angesprochenen Dynamik v.a. in dem Umstand zu sehen sein, dass die Ansätze weitgehend auf Vergleichsmärkte mit und ohne Wettbewerbsbeschränkung abstellen. Damit sind nur schwerlich real gemeingültige Ergebnisse erzielbar. Die *workability*-Systeme machen es dem Rechtswissenschaftler nicht einfach, ein wirkungsvolles Regelwerk zu produzieren, dem eine dauerhafte Geltung zugesprochen werden könnte. Es sind nämlich kaum Anhaltspunkte greifbar, die eine präzise Gegenüberstellung von ökonomischen Effizienzvorteilen oder verbrauchervorteilhafter Wohlstandsmaximierung und nachteiliger Reduzierung von Wettbewerbs- und Marktfreiheit zuließen.

3. Wettbewerbstheoretischer Einfluss auf das GWB

Der Ansatz der *workability*-Konzepte hat wettbewerbspolitisch gleichwohl zur Abkehr vom neoliberalen Konzept geführt. Anlass war die Erkenntnis, dass bis zum jeweiligen Wettbewerbsoptimum erwünschte „Unvollkommenheiten“ der Märkte ermöglicht, über dieses feststellbare Optimum hinaus aber mit gleicher Konsequenz bekämpfen werden könnten[227], um den Wettbewerb an sich, technischen Fortschritt und die Entwicklung neuer Produkte forcieren zu helfen. Nur das weite Oligopol wurde insoweit als optimal wettbewerbsintensiv und somit erstrebenswert definiert[228], da die Ausweitung der Unvollkommenheiten des Marktes im engen Oligopol bzw. Monopol zu befürchten sei[229]. Die Wettbewerbstheorie der späten sechziger Jahre erkannte daher, dass neben Preiswettbewerb auch die der unvollkommenen Konkurrenz eigentümlichen Wettbewerbsformen geeignet sind, den Fortschritt und die Erhöhung des Lebensstandards voranzutreiben. Hierzu war das Erreichen eines hohen Qualitätswettbewerbs, die Verbesserung neuer Produkte respektive Produktionsmethoden erwünscht[230]. Ziel der Wettbewerbspolitik waren nunmehr Förderung und Schutz des Wettbewerbs, womit sich der Übergang der Wettbewerbspolitik zur *workable competition* vollzog[231].

---

[227] Vgl. die Aufzeichnung der Arbeitsgruppe des BMWi vom 29.1.1968, Az. IB5-22027, Rz. 3, abgedruckt bei *Kartte*, Ein neues Leitbild für die Wettbewerbspolitik, S 95.

[228] Insb. *Kantzenbach*, Die Funktionsfähigkeit des Wettbewerbs, 1967.

[229] Kritisch dazu, weil diese Annahme für zu spekulativ haltend: *Möschel*, Recht der Wettbewerbsbeschränkungen S. 45, Rz. 66; ablehnend auch *Hoppmann*, in: Wirtschaftsordnung und Wettbewerb, S. 289: Man könne „jede Marktstruktur staatlich als wettbewerbsoptimal bezeichnen, ohne dass eine Überprüfung möglich....[und] die sog. optimale Marktstruktur deshalb auch nicht justiziabel ist...“.

[230] *Arndt*, Schöpferischer Wettbewerb und klassenlose Gesellschaft, 1952; *Kartte*, Ein neues Leitbild für die Wettbewerbspolitik, S. 42.

[231] *Schmidtchen*, Wettbewerbspolitik als Aufgabe, S. 84.

Dementsprechend wurde an einem Verbot horizontaler Wettbewerbsbeschränkung festgehalten. Hinsichtlich der Differenzierung horizontaler und vertikaler Wettbewerbsbeschränkungen wurde unter dem Einfluss des Leitbildes des funktionsfähigen Wettbewerbs diskutiert, ob von der damals noch vertretenen Gegenstandstheorie zur Folge- oder Zwecktheorie übergegangen werden sollte, ob also „unter § 1 GWB [a.F.] auch solche Vereinbarungen zu erfassen [seien], die eine Beschränkung des Wettbewerbs zwar nicht zum Inhalt (Gegenstand) haben, sie aber bezwecken oder bewirken“[232]. Aus dem theoretischen Ansatz erwuchs zudem der unmittelbare Versuch, nur noch wesentliche Beeinträchtigungen zu verfolgen, unwesentliche, wie etwa Bagatellkartelle[233], hingegen freizustellen. Als Folge der *workability*- Konzepte wurden darüber hinaus eine praktikablere Definition der Missbrauchsaufsicht (§ 22 Abs. 1 Satz 2 GWB a.F.) sowie mehr Wettbewerbsregeln erwogen[234].

Da sich der Ansatz bereits im Hinblick auf solche Wettbewerbsbeschränkungen, die sich vorwiegend im Horizontal- oder Vertikalverhältnis auswirken, als nicht immer praktikabel erwiesen hat, scheint es umso schwieriger, dem funktionsfähigen Wettbewerbsansatz wesentlich weiterführende Erkenntnisse für diagonale Verhältnisse abzugewinnen. Diese zeichnen sich durch die Zweigleisigkeit des Vertriebs (direkt und über Absatzmittler) oder die Doppelfunktion als Hersteller und/oder Händler aus, betreffen also Wettbewerbsverhältnisse, bei denen sich eine klare Zuordnung zum Horizontal- oder Vertikalverhältnis funktional verbietet. In diesem Sinne dürfte die Tatsache positiv zu bewerten sein, dass nicht jede formale Beschränkung, unabhängig von der Marktlage des Teilnehmers, unter Berücksichtigung von Effizienzgewinnen oder Handlungsfreiheit im Vergleichsmodell als von vornherein notwendigerweise schädlich angesehen wird[235]. Dass Beschränkungen mit gleichzeitig horizontalem und vertikalem Einschlag durchaus ein Gewinn für das gemeine Wettbewerbswesen sein können, wie etwa im Rahmen von Absatzkooperationen für den beteiligten Mittelstand, wird daher nicht verkannt. Indes kann dem ordnungstheoretischen Programm der betreffenden Ansätze kaum eine Methodik abgewonnen werden, die eine Vor- oder Nachteilhaftigkeit diagonaler Wettbewerbsbeschränkungen ex ante prognostisch identifizieren könnte. Selbst wenn also durch solcherlei Beschränkung möglicherweise neue Wettbewerber in den

---

[232] Aufzeichnung der Arbeitsgruppe des BMWi vom 29.1.1968, Az. IB5-22027, Rz. 6; so mittlerweile in die aktuelle Text-Fassung des Kartellverbots seit 1.1.1999 übernommen, vgl. dazu unten 2. Teil, B. II. 3. b).

[233] Kritisch dazu: *Sandrock*, WuW 1969, 211, 211 f., der meint, „§ 1 [GWB a.F.] setze selbst bereits ein Minimum an Quantität voraus, weshalb es ... [einer] Freistellung von Bagatellkartellen nicht bedürfe“.

[234] Vorschläge der BReg. vom 28.10.1968, abgedruckt bei *Kartte*, Ein neues Leitbild für die Wettbewerbspolitik, S. 47.

[235] Vgl. *I. Schmidt*, Wettbewerbspolitik und Kartellrecht, S. 13.

Markt stoßen könnten, was im Grunde den Zielen des GWB entspräche, ist nicht auszuschließen, dass die Markttests ein solch positives Ergebnis ergeben könnten. Nachhaltige Gewissheit ist freilich, wie stets im dynamischem Marktgeschehen, höchst selten erzielbar.

Das Problem nur schwer vorhersehbarer Vor- und Nachteile ist insbesondere für Ausschließlichkeitsbindungen zwischen Herstellern und Händlern, also in reinen Vertikalverhältnissen, auffällig[236]. Produktinterne Absatzbeschränkungen dieser Art können schnell eine Abschottung anderer Händler als potenzielle Abnehmer zur Folge haben. Dies umso mehr, je weniger Teilnehmer sich auf dem spezifischen Produktmarkt bewegen. Hier aber kann bereits vorweggenommen werden[237], dass solche intrabrand-Beschränkung durchaus auch Vorteile für den produktexternen Wettbewerb bringen können. Sie mögen etwa dazu führen, dass ein neues Vertriebssystem mit substituierbaren Fremdprodukten auf- oder ausgebaut wird. Damit stehen mögliche Konsumentenrenten zu erwarten, denn für den Verbraucher kann eine (ggf. preiswerte) neue Alternative der Produktwahl entsprechend seiner Präferenzen entstehen. Es ist auch möglich, dass intrabrand-Beschränkungen zur Intensivierung des Services rund um ein absatzgebundenes Produkt beitragen[238]. Auch insofern sind positive Effekte von Vertikalbeschränkungen nicht ausgeschlossen – im Gegenteil. Als besonderes Problem kann sich aber eine mögliche Vormachtstellung des Herstellers erweisen, die er durch eine Absatzbindung auf den angeschlossenen Handel ausweiten kann. Dies wiederum könnte die Position neuer oder potenzieller Fremdhändler schwächen, die gegenüber marktmächtigen gebundenen Händlern nur schwerlich ins Geschäft kommen oder Marktanteile für sich verbuchen können. Ob und wo ein Ausgleich für den reduzierten Vertikalwettbewerb möglich wäre, der in der Summe vielleicht einen positiven Beitrag zur wünschenswerten Dynamik des Marktprozesses leistete, weiß das angestrebte Marktmodell nicht zu sagen. Dass ein weites Oligopol hier das Maß der Dinge bedeutet, muss aus heutiger Sicht bezweifelt werden[239]. Dynamische Effekte sind sowohl in weiter gehenden Marktformen, wie dem Polypol, als auch auf monopolistisch geprägten Märkten oder deren Vorstufe, dem engen Oligopol, nicht unbekannt. Eine Schädlichkeitsprognose ist daher nur sehr schwer empirisch zu belegen; dies umso mehr, wenn keinerlei Marktmachtposition bei

---

[236] Vgl. dazu ausführlich *Kirchhoff*, Vertikale Vertriebsverträge, S. 4 ff., 33 ff., 39 und passim.
[237] Siehe unten, 2. Teil, A. IV.
[238] Vgl. dazu *Liebeler*, UCLA L. Rev. 1, 13 ff. (1982); *ders.*, UCLA L. Rev. 889, 906 ff. (1989).
[239] Schon *Biedenkopf*, Wettbewerbsbeschränkung und Wirtschaftsverfassung, S. 33, zur Wettbewerbsschädlichkeit von Ausschließlichkeitsbindungen je näher der betroffene Markt einer Monopolsituation rückt.

der Analyse festgestellt werden kann, die einen möglichen Anhaltspunkt liefern mag.

III. Theorie der Wettbewerbsfreiheit, Systemtheoretischer Ansatz, Neuklassik und horizontal-vertikale Abgrenzung

Die zentrale Basis dieser Wettbewerbstheorie bildet die Wettbewerbsfreiheit. Unter dem Begriff „Dynamischer Wettbewerb" ist sie in Deutschland von großem Einfluss gewesen. Die Theorie der Wettbewerbsfreiheit geht davon aus, dass die Beurteilung marktmäßiger Transaktion den einzelnen Wirtschaftssubjekten überlassen bleiben soll und nicht gesamtwirtschaftlich vorweg definiert werden darf, sondern als Ordnungs- und Koordinierungsprinzip gewünscht ist[240]. Im Sinne einer Mustervoraussage wird allgemein unterstellt, dass freier Wettbewerb die Beteiligten zur Leistungssteigerung zwinge, woraus individuelle Vorteile für die Marktgegenseite resultierten[241] (sog. Non-Dilemma-These). Soweit Wettbewerb also möglich ist, soll Wettbewerbsfreiheit mit individuell verstandener wirtschaftlicher Vorteilhaftigkeit kompatibel sein. Mit Wettbewerbsfreiheit[242] ist insoweit die Freiheit als Abwesenheit von Zwang durch Dritte (Entschließungsfreiheit) und die Freiheit als Abwesenheit von Beschränkungen des Tauschverkehrs durch Marktteilnehmer gemeint[243]. Im Sinne ökonomischer Ergebnisse des Marktprozesses soll der Wettbewerb allein Leistung steigern, Kosten senken, die Produktion in Richtung auf die Wünsche der Nachfrager lenken, technische Fortschritte bewirken, unverdiente Gewinne verhindern, bessere Leistung belohnen und umgekehrt[244]. Auch gesellschaftspolitische Wertvorstellungen sind danach integrierbar, ein Rückgriff auf die Erkenntnisse der Markttheorie daneben nicht ausgeschlossen, um typischerweise zu erwartende Marktergebnisse vorherzusagen.

Das Wettbewerbsgeschehen wird aus dem Blickwinkel der am Markt tätigen Individuen beobachtet. Insoweit stehen analytisch auch hier zunächst das Studium von Marktverhalten und von bestimmten Marktstrukturen an, um Erkenntnisse über die Freiheit des Wettbewerbs gewinnen zu können. Da in erster Linie eine marktwirtschaftliche Freiheitserwartung erfüllt werden soll, sind

---

[240] *Hoppmann,* Wirtschaftsordnung und Wettbewerb, S. 242 f.

[241] *Herdzina*, in: FS Benisch, S. 6; *Möschel*, in: FS Pfeiffer, S. 707, 713.

[242] *Böge* spricht vom Wettbewerb nicht als Selbstzweck, sondern Mittel zur Wahrung und Verteidigung der Freiheit in der Wirtschaft, in: Das deutsche Kartellrecht in der europäischen Wettbewerbsordnung, S. 15, 17.

[243] *I. Schmidt*, Wettbewerbspolitik und Kartellrecht, S. 14; *Hoppmann*, Wirtschaftsordnung und Wettbewerb, Fn. 15 auf S. 243, der den Nutzen des Tauschprozesses preist und darüber hinaus auf die Vorteile für den Wettbewerb auf der Marktgegenseite hinweist.

[244] *Hoppmann*, Wirtschaftsordnung und Wettbewerb, S. 245.

Marktergebnisbetrachtungen nur sekundär von Bedeutung, womit wohlfahrtsökonomische Effizienzkriterien zu Statisten einer Theorie der Wettbewerbsfreiheit degradiert sind. Der wettbewerbliche Informations- und Leistungsaustausch als Lernprozess und Motor des Systems erhält dadurch ein herausragendes Prädikat. Ökonomische Produktivität oder Nützlichkeit sind damit keine vordefinierten, fließenden Prozesse möglicherweise störender exogener Faktoren. Positive Effekte für Verbraucher, die sich z.B. in günstigen Preisstrukturen äußern können, werden ebenso wie Steigerung von Forschung und Entwicklung oder auch Wohlstandssteigerung durchaus begrüßt[245]. Weil ihre positive Beschreibung in Ermangelung empirischer Nachweise ähnlich den *workablility*-Konzepten kaum möglich scheint, wird die Offenheit des Marktgeschehens durch Weglassen von Zielvorgaben zu schützen gesucht. Deshalb bezeichnet *v. Hayek* als Wesen wettbewerblicher Prozesse, dass ihre Ergebnisse von niemandem vorhergesagt werden können[246]. Die Zielvorgaben ergeben sich allein aus dem Ergebnis von Austauschprozessen frei agierender Marktteilnehmer. Wie bereits angemerkt, wird von diesem Ansatz kein Konflikt (Non-Dilemma) zwischen freiem Wettbewerb und wirtschaftlichem Fortschritt gesehen, womit zugleich auch kein Widerspruch zwischen rechtlichem Schutz des Wettbewerbs einerseits und wirtschaftlicher Betätigungsfreiheit auf der anderen Seite im Raum steht.

In der Ökonomik ist die Wettbewerbsfreiheit aus der Klassik bekannt, die insbesondere auf den systemtheoretischen Ansatz des Protagonisten *Adam Smith*[247] zurückgeht. *Hoppmann*[248] prägte, erweiterte und gestaltete die Theorie der Wettbewerbsfreiheit im Sinne des Rechts gegen Beschränkungen des Wettbewerbs, die über den Ansatz der Nationalökonomie hinausgeht[249]. Er nimmt in erster Linie Bezug auf den Gesamtzusammenhang von wirtschaftlicher und politischer Ordnung. Dabei tritt die ökonomische Vorteilhaftigkeit von Wettbewerbsfreiheit gegenüber den damit verbundenen politischen Zielen in den Hintergrund. Wettbewerb sei nicht wirtschaftspolitisches Mittel zur Errichtung wirtschaftlicher Ziele; Wettbewerb, definiert als Wettbewerbsfreiheit selbst, sei Ziel an sich[250]. Es gilt insoweit zu klären, ob in einem System, welches in erster

---

[245] *Hoppmann*, ebenda.

[246] *v. Hayek*, Theorie komplexper Phänomene, S. 25 ff.

[247] *A. Smith*, Der Wohlstand der Nationen, 1974.

[248] *Hoppmann*, Wettbewerb als Norm der Wettbewerbspolitik, ORDO Bd. 18 (1967), 77, 85 ff.; *ders.*, Definition des Wettbewerbs, in: Schneider, Grundlagen der Wettbewerbspolitik, Schriften des Vereins für Socialpolitik, 1968; *ders.*, Zum Schutzobjekt des Gesetzes gegen Wettbewerbsbeschränkungen, in: Mestmäcker, Wettbewerb als Aufgabe, 1968, *ders.*, Wirtschaftsordnung und Wettbewerb, 1988.

[249] Ausführlich: *Heine*, Der Ansatz Hoppmanns, S. 49 ff.

[250] Vgl. *Hoppmann*, Wettbewerb als Norm der Wettbewerbspolitik, ORDO Bd. 18 (1967), 77, 83.

Linie durch die Freiheitsmaxime wirtschaftlichen und wettbewerblichen Handelns geprägt ist, gewisse, auch rechtlich, fest umschriebene Aktionsspielräume vorhanden sein sollten. Zunächst einmal müssen sich in einem normativ geprägten Rechtssystem die Betroffenen regelmäßig innerhalb des durch dieses gesteckten Spielraums bewegen können. Insoweit geben Normen zumindest ein abstraktes Rahmengerüst vor. Innerhalb solcher Rahmenvorgaben kann dann die Freiheit der Marktteilnehmer in doppelter Weise in Erscheinung treten: Zum einen durch einen inneren Entschließungsakt, dessen Befolgung dem jeweiligen Marktteilnehmer möglich sein muss. Zum anderen durch die äußere Handlungsfreiheit, d.h. die Möglichkeit einer Umsetzung solcher Beschlüsse in die Tat[251]. Die Rahmenbedingungen von Wettbewerbsfreiheit sind gegeben, wenn die Wettbewerbspolitik Vorkehrungen zum Schutze von Aktionsspielräumen schafft. Sie lässt sich dann negativ formulieren als das Fehlen künstlicher Beschränkungen der äußeren und inneren Handlungsfreiheit[252]. Es ist folglich nicht allein die Existenz von Aktionsspielräumen für die Beteiligten am Markt eine wichtige Voraussetzung, sondern es bedarf darüber hinaus auch des Schutzes eben dieser Aktionsspielräume. Dies zu sichern bedeutet die ökonomische wie soziale Herausforderung einer wettbewerbsorientierten Gesellschaft[253]. Es müssen also liberale Systemvoraussetzungen gegeben sein, ohne die sich eine freie wirtschaftliche Ordnung nicht einstellen kann. Demnach bedarf die Wettbewerbsfreiheit hoheitlichen Schutzes, auch soweit sie durch Handlungen von Privaten gefährdet ist[254]. Daneben findet der angemessene Aktionsspielraum eines Wettbewerbers seine Grenze stets in den Aktionsspielräumen der anderen Wettbewerber. Nach neuklassischem Ansatz dürfen Beschränkungen der Aktionsspielräume nicht „willkürlich" sein; entsprechend stünden Wettbewerbsbeschränkungen zu erwarten, wenn die Regeln, unter denen sich der wirtschaftliche Tauschverkehr vollzieht, zu weit gefasst würden[255]. Danach ergibt sich für die Ausgestaltung rechtlicher Rahmenbedingungen nur ein geringer Spielraum, sofern nicht ein ökonomisch „gerechtfertigtes", weil effizientes, formal oder materiell wettbewerbswidriges Verhalten eines Marktbeteiligten in Rede steht.

Es scheint indes kaum möglich, positive Verhaltensregeln zu erstellen[256]. Marktprozesse sind zumeist offen und ein Ergebnis ist im Voraus kaum bekannt.

---

[251] Vgl. *Hoppmann*, Definition des Wettbewerbs, in: Schneider, Grundlagen der Wettbewerbspolitik, 1968, S. 33.
[252] *Hoppmann*, ebenda, S. 10.
[253] Vgl. *Hoppmann.*, Workable Competition, in ders., Wirtschaftsordnung und Wettbewerb, S. 210.
[254] *Gotthold*, WRP 1974, 602, 602.
[255] *Gotthold*, WRP 1974, 602, 605.
[256] *Hoppmann.*, ORDO Bd. 18 (1967), 77, 84 f.

Somit könnten Verhaltensregeln dem Nutzer nur dann eine wirkliche Hilfestellung bieten, wenn aus ihnen ein künftiges, prinzipiell unbekanntes Ergebnis abgeleitet werden könnte. Ein solches Informationsparadoxon dürfte allerdings irreal sein, weshalb sich konstatieren lässt, dass Freiheit Ungewissheit zur Voraussetzung hat. Im Umkehrschluss lenkt diese Feststellung das Verständnis zur entgegengesetzten Betrachtung, somit zu der Frage, ob negative Verhaltensregeln diesem Dilemma Abhilfe leisten können. Kann man schon nicht positiv definieren, was erlaubt sein soll, so könnte vielleicht bei Zugrundelegung der Wettbewerbsfreiheitsmaxime eine negative Abgrenzung hergeleitet werden. Es wären bei solcherlei Vorgehensweise alle Handlungen erlaubt, außer jenen, die im Wege von Verbotsregelungen untersagt wären. Insoweit kämen nach dem GWB nur Kartelle als nicht erlaubte Handlungen in Betracht. Verfolgt man den Gedanken konsequent weiter, müsste nunmehr über eine adäquate Abgrenzung der Freiheitsbereiche der Marktteilnehmer im dynamischen Wettbewerbsprozess nachgedacht werden. Freiheit kann also immer nur eine relative sein. Relativität bedeutet dogmatisch aber, dass ein unbestimmter Rechtsbegriff in Rede steht. Hier hilft sich der neuklassische Ansatz durch das Aufstellen zweier Postulate[257]: Erstens die Situation, dass Machterlangung eines Marktteilnehmers ohne entsprechende Leistung verhindert werden müsse, weil sie die unmittelbare Freiheitseinschränkung der anderen zur Folge habe. Zweitens sei eine Marktverkrustung zu unterbinden, die durch immobile Unternehmer entstünde. Das tatsächliche Marktgeschehen spielt sich allerdings naturgemäß zumeist in einem Feld innerhalb der genannten gegensätzlichen Extreme ab. Daher wird zu Recht gefordert, dass wettbewerbliche Verhaltensregeln generaliter und abstrakt zu formulieren seien und im Einzelfall eine Überprüfung ermöglicht werden sollte, die den Schluss zulässt, ob gegen sie verstoßen wird[258].

In diesem Sinne könnte zur Ermittlung eines Verstoßes gegen wettbewerbliche Freiheit zunächst die Marktmacht untersucht und darauf folgend geprüft werden, ob diese für den jeweiligen Marktprozess ausschlaggebend ist. Hauptproblem des ersten Schrittes stellt die Abgrenzung des relevanten Marktes dar, auf welchem das Unternehmen marktmächtig sein könnte. Hierzu wird vorgeschlagen, den Marktprozess in einen (vertikalen) Austauschprozess, der alle Beziehungen zwischen zwei Marktseiten umfasst, und einen (horizontalen) Parallelprozess, der auf den Verhältnissen der Marktgegenseite beruht, zu unterteilen[259]. Die Betrachtung des Austauschprozesses scheint sinnvoll. Dort kann auf Seiten des Nachfragers überprüft werden, welche Produkte für ihn im jeweiligen Fall substituierbar sind. Je größer hier die Auswahl der zur Verfügung

---

[257] Vgl. *Hoppmann.*, ORDO Bd. 18 (1967), 77, 85.
[258] *Hoppmann.*, ORDO Bd. 18 (1967), 77, S. 86.
[259] Vgl. *Hoppmann*, Definition des Wettbewerbs, S. 38 ff.

stehenden Produkte ist, desto umfassender stellt sich die Wahlmöglichkeit dar und ist nach neuklassischem Verständnis die Wettbewerbsfreiheit einzuschätzen. Daneben ist auf Seiten des Herstellers feststellbar, inwieweit er sich in seiner Produktion flexibel zeigt und diese, respektive seine Produkte, insgesamt anpassen oder umstellen kann. Neben der damit erfassbaren Angebots- und Nachfrageseite, schweift der Blick des neuklassischen Theoretikers auch hinüber zum potenziellen Wettbewerber. Für eine entsprechende Analyse seien Informationen über Größe, Anzahl und Verteilung der Produkte von Relevanz, aber auch eine Feststellung vorhandener Marktzutrittsschranken[260]. Eine derartige strukturelle Analyse lässt den Schluss zu, dass die Vorgehensweise dem systemtheoretischen Ansatz zuzuordnen ist. Gerade in diesem Zusammenhang ist jedoch Kritik laut geworden, die sich dagegen wendet, dass der Konzeption der Mangel einseitiger Verhaltensorientierung zu Grunde liege, die jedoch durch eine zusätzliche Berücksichtigung von Marktstrukturen abgestellt werden könne[261]. Dem kann insoweit zugestimmt werden, als eine Marktstrukturanalyse objektive Ergebnisse im wohlfahrtsökonomischen Sinne erzielen können wird. Zu Recht stellt aber *Gotthold* fest, dass mit der neuklassischen Wettbewerbsfreiheitsdefinition als Abwesenheit von Wettbewerbsbeschränkungen wohl eine Ablehnung von Marktstruktur-, Marktverhaltens- und Marktergebnisdefinition einhergehe[262]. Dies ist begrüßenswert, weil sich theoretisch nur schwerlich überzeugende Kriterien zur Marktabgrenzung feststellen lassen. Nichtsdestominder zieht die Neuklassik Marktstrukturtests zumindest ergänzend zur Feststellung relevanter Märkte heran[263]. Beachtet man zudem, dass die neuklassische Parallelprozessanalyse daneben bereits wettbewerbliche Aktionsparameter wie Preis, Qualität oder Produktmarketing berücksichtigt, scheint die Kritik vernachlässigenswert. Darüber hinaus wird gerade verlangt, dass zur Feststellung des Maßes an Wettbewerbsfreiheit Austausch- und Parallelprozess nicht isoliert voneinander gesehen werden dürften, sondern der konkrete Marktprozess einen Test sämtlicher Dimensionen beider notwendig mache[264]. Damit lehnt *Hoppmann* also eine getrennte Horizontal-/Vertikalanalyse, wie sie das GWB vorsieht, ab. In diesem Zusammenhang ist mancherorts die fehlende Erklärung des Testvorgangs und der Beziehung der einzelnen Tests zueinander bemängelt worden[265]. Die relative Weitsichtigkeit der Theorie tritt hingegen dadurch in den Vordergrund, dass sie

---

260 *Hoppmann*, Definition des Wettbewerbs, S. 38, 39.
261 *Herdzina*, Wettbewerbspolitik, S. 123.
262 *Gotthold*, WRP 1974, 602, 603; *Walz*, Systemfragen, S. 54 zur Unzulänglichkeit der Anhaltspunkte.
263 *Tolksdorf*, JbNSt, Bd. 183 (1969/70), S. 63.
264 *Hoppmann*, ORDO Bd. 18 (1967), 77, 91.
265 *Bartling*, Leitbilder der Wettbewerbspolitik, S. 50; *Heine*, Die Entwicklung des Neuklassischen Wettbewerbskonzepts, S. 54.

die Dynamik der Märkte berücksichtigt und in diesem Zusammenhang Vorstoß- und Verfolgungsphasen nicht nur anerkennt, sondern auch als notwenig voraussetzt. Der Wettbewerb sei demnach nur wirklich frei, wenn keine Behinderung zur Entwicklung oder zur Nachahmung bestehe[266]. So würde beispielhaft die Vorstoßmöglichkeit eines Unternehmens behindert, wenn es bereits vor Umsetzung einer Preissenkungsabsicht diese offenbaren müsste. Konkurrenten können sich dem Verhalten umgehend anpassen, ihm vielleicht sogar zuvorkommen oder den Preis unterbieten. Auf den ersten Blick könnte damit dem Verbraucher ein Gefallen getan werden, da ihm ein geringerer Preis des nachgefragten Produkts entgegenkäme (*consumer welfare*-Argument). Der Marktvorsprung, den sich das Unternehmen durch eine straffere Preiskalkulation erhofft hatte, wäre dagegen nicht mehr realisierbar. Noch unvorteilhafter wäre es, wenn eine Preiserhöhung von vornherein bekannt wäre. Entweder beließen es die Konkurrenten bei dem alten Preis, um ihr Produkt günstiger im Markt platziert zu sehen. Oder Profiterwägungen würden im Zweifel (wohl eher) zu einer allgemeinen Preiserhöhung des jeweiligen Segments führen bzw. gar zu kollusiven Verhaltensweisen. Ein Vertrag über Preismitteilungen unter Wettbewerbern wäre mithin in der Lage, die Freiheit zum Wettbewerbsvorstoß zu beschränken.

Hinsichtlich einer generellen wirtschaftspolitischen Notwendigkeit der Einschränkung wettbewerblicher Freiheit ist festzuhalten, dass diese ohne staatliche Festlegung von Grenzen kaum zu verwirklichen ist. Insoweit bietet der Ansatz jedoch kein gut handhabbares Kriterium. Zur Ausstaffierung eines abstrakten Regelwerkes, welches der Abgrenzung der Freiheitsbereiche dienlich sein soll, wird ein klassisches Ordnungsprinzip vorgeschlagen[267]. Es basiert rechtstechnisch auf einer per se-Regel, deren Anliegen es ist, das Ausnutzen gegebener Freiheit zur Schaffung von Monopolen zu unterbinden. Soweit Monopole jedoch unausweichlich seien, müssten sie als natürliche Ausnahmebereiche der staatlichen Kontrolle unterworfen werden[268]. Als Vorteil einer per se-Regel für den Markt dürfte wohl die relative Rechtssicherheit zu nennen sein. Die Marktbeteiligten werden sonach von vornherein in die Lage versetzt, abschätzen zu können, welche Handlungen ihnen wegen wettbewerbswidrigen Verhaltens von Gesetzes wegen unmittelbar untersagt sind. Ebenso sind die Rechtsfolgen prognostizierbar. Die Neuklassik sieht darin die größte Chance, das Ziel wettbewerblicher Freiheit verwirklichen zu können. Eine solchermaßen qua legem garantierte Wettbewerbsfreiheit lasse nach Auffassung der Vertreter des Ansatzes beste ökonomische Effizienz erwarten. Die Grenze sei

---

[266] *Hoppmann.*, Definition des Wettbewerbs, S. 44.
[267] *Hoppmann,* Workable Competition, in: ders., Wirtschaftsordung und Wettbewerb, S. 210.
[268] *Hoppmann*, Zum Schutzobjekt des GWB, in: Mestmäcker, Wettbewerb als Aufgabe, S. 83.

allerdings erreicht, wenn die Gefahr des Verlassens des marktwirtschaftlichen Systems bestehe[269].

Anlass zur Bestimmung von Ausnahmebereichen einer so verstandenen Wettbewerbsordnung gibt die aus der klassischen Theorie bekannte Existenz von Märkten, in denen Wettbewerb de facto nicht möglich ist. Ein natürlicher Ausnahmebereich ist bei produktbedingten Monopolen gegeben, da ihnen ein technisch bedingtes Wettbewerbshindernis innewohnt[270]. Daneben existieren politische Ausnahmebereiche, wie etwa der gesetzliche Verzicht auf Entflechtung zur Wiederherstellung von Wettbewerbsfreiheit. Die Neuklassik sieht in natürlich gewachsenen Monopolen kein Problem. Ihnen wird ein gutes ökonomisches Ergebnis nicht abgesprochen. Weil Wettbewerb auf solchen Märkten aus der Natur der Sache nicht möglich sei, bedürfe es keines gesetzlichen Eingriffs. Hierdurch wird deutlich, dass auch die Neuklassik den Konflikt zwischen Wettbewerbsfreiheit und ökonomischer Vorteilhaftigkeit nicht aufzuheben vermag[271]. Die hier als natürliche Monopole bezeichneten Wettbewerbsbeschränkungen implizieren nämlich letztlich doch einen Ergebnistest. Freilich sieht die Neuklassik in den natürlichen Ausnahmebereichen kein Dilemma zwischen Wettbewerbsfreiheit und guten ökonomischen Ergebnissen, weil in den so umschriebenen Bereichen von vornherein per definitionem kein Wettbewerb herrscht. Diese Annahme ist bereits aus dem Ordoliberalimus bekannt, der gleichfalls natürliche Ausnahmebereiche kennt und ebenso ökonomische Bereiche ausklammert, in denen Wettbewerb nicht möglich ist.

1. Analyse von Wettbewerbsbeschränkungen durch Verhaltenskoordination

Die zuvor beschriebene Wettbewerbsfreiheit umfasst die Gesamtheit der Aktionsspielräume aller Marktteilnehmer. Wettbewerbsfreiheit ist aus neuklassischer Sicht gegeben, wenn keine ungebührliche oder unangemessene Marktmacht vorhanden ist[272]. Der alleinige Hinweis aber, dass Handlungen, die die Wettbewerbsfreiheit beschränken, zu bekämpfen seien, ist für sich genommen nur wenig aussagekräftig. So verstandener Wettbewerb muss vielmehr durch ein normatives Regelsystem geschützt und geprägt sein, welches den Betroffenen gestattet, sich innerhalb des gesteckten Spielraums zu bewegen.

---

[269] *Hoppmann*, Workable Competition, in: ders., Wirtschaftsordnung und Wettbewerb, S. 226 ff.

[270] Vgl. *Borchardt/Fikentscher*, Wettbewerb, Wettbewerbsbeschränkung, Marktbeherrschung, S. 36

[271] Überzeugend: *Tolksdorf*, JbNSt, Bd. 183 (1969/70), S. 63 ff.

[272] *Hoppmann*, Wirtschaftsordnung und Wettbewerb, S. 257.

Eine der wichtigsten Zielvorgaben ist dabei, dass nicht etwa die Determination erwünschter oder unerwünschter Ergebnisse im Sinne ökonomischer Nützlichkeit vorgegeben wird[273], sondern im Rahmen von Marktprozessen relative evolutorische Freiheit herrschen soll. Die Freiheit findet ihren Ausdruck im Erhalt von Auswahloptionen und wettbewerblichen Handlungsalternativen, ihre Grenzen dagegen bei zu großen Eingriffen anderer Marktteilnehmer, also durch Sanktion gewisser Formen von Wettbewerbsbeschränkungen.

Künstliche Wettbewerbsbeschränkungen durch Marktteilnehmer oder den Staat werden daher entsprechend durch adäquate per se-Verbote zu verhindern gesucht[274]. Welche per se-Regeln für unternehmerische Verhaltenskoordination außer im Falle eindeutiger Kartellierung (*naked restraints*) gelten sollen, bleibt jedoch offen. Ob z.B. vertikale Bindungen, wie etwa Ausschließlichkeitsbindungen[275] per se verboten sein sollen, lässt sich nicht eindeutig beurteilen. So wird zutreffend die Ansicht vertreten, Kopplungsverträge, Ausschließlichkeitsbindungen, Franchising oder gar die Preisbindung der zweiten Hand könnten nicht per se als wettbewerbsschädlich bezeichnet werden[276]. Durch Verzicht auf überindividuelle Ziele wird jedenfalls der dynamischen Funktion des Wettbewerbs[277] Rechnung getragen, ebenso durch die Bestimmung natürlicher Ausnahmebereiche. Unter diesen Umständen kann freilich nur eine abstrakte Gefährdungstatbestände nennende gesetzliche Normierung von Wettbewerbsbeschränkungen erfolgen, die im Anwendungsfall durch Ausfüllung von Generalklauseln eine Bewertung koordinierten Verhaltens zulassen. Letztlich läuft die Analyse so auf ein Wertungsurteil hinaus, in dessen Umfang zu entscheiden ist, ob eine wettbewerbsbeschränkende Verhaltensweise im Einzelfall die Handlungsfreiheiten anderer Marktteilnehmer unangemessen beeinträchtigt oder hinreichende Ausweichmöglichkeiten bestehen.

2. Kritik

Zunächst wird dem Modell vorgeworfen, es fehle an einer Konkretisierung des Beurteilungsmaßstabs für wettbewerbsbeschränkendes Verhalten. Der Referenzbegriff „Wettbewerbsfreiheit" sei zu unscharf[278]. Vor allem aber beseitige die Verneinung der Dilemmathese durch Einführung natürlicher Wettbewerbs-

---

[273] *Martinek*, Franchising, S. 500.
[274] Vgl. *I. Schmidt*, Wettbewerbspolitik und Kartellrecht, S. 17.
[275] Für Ausschließlichkeitsbindungen wird z.B. von „quasi per se Regeln" gesprochen, *I. Schmidt*, ebenda.
[276] *Schmidtchen*, ORDO Bd. 39 (1988), 111, 130.
[277] *Neumann*, Historische Entwicklung und heutiger Stand der Wettbewerbstheorie, S. 157.
[278] *Möschel*, Recht der Wettbewerbsbeschränkungen, S. 47, Rz. 68.

beschränkungen das Problem durch Wegdefinieren oder klammere die Konfliktlagen aus[279]. Das ausschließliche Vertrauen auf per se-Regeln wird, soweit strikt angewandt, der wettbewerblichen Realität wegen der sehr weitgehenden Fallgruppen von Marktverhalten nicht gerecht. Der systemtheoretische Ansatz ist als offenes Konzept zwar der Marktwirtschaft angemessen, in welcher nicht darauf hingewirkt werden sollte, dass spezifische Marktprozesse mit vorher festgelegten Abläufen und determinierten Ergebnissen entstehen[280]. Er leiste wirtschaftswissenschaftlich jedoch keinen Beitrag zur Weiterentwicklung der starren Preistheorie zu einer empirisch gehaltvollen Theorie[281]. Dies liegt im Verzicht auf jede inhaltliche Vorgabe und Zielbestimmung des Wettbewerbs begründet. Die Theorie der Wettbewerbsfreiheit beschränkt sich eben auf die Gewährleistung der Erhaltung von Bedingungen, innerhalb derer die materielle Wettbewerbsfreiheit einzelner Marktteilnehmer als Voraussetzung und Ergebnis von Marktprozessen begründet und daneben vor Eingriffen Dritter geschützt werden, ohne zu normieren, welcher Wettbewerb oder welche Unternehmen geschützt oder gefördert werden sollten[282].

3. Wettbewerbstheoretischer Einfluss auf das GWB

Neben dem Ordoliberalismus hat dieser Ansatz durch die Formulierung: [die] „Freiheit des Wettbewerbs sicherstellen und wirtschaftliche Macht da beseitigen, wo die Wirksamkeit des Wettbewerbs und die ihm innewohnenden Tendenzen zur Leistungssteigerung beeinträchtigt werden" (Harmoniethese) Einzug in den Gesetzesentwurf[283] des ersten GWB gefunden. Dies geschah in der Erwartung, dass der durch freien Wettbewerb ausgeübte, von den Beteiligten unkontrollierbare Druck auf Preise und Kosten durch das Gewinn- und Erfolgsstreben der Wirtschaftssubjekte ausgelöst werde. Dieser Wettbewerbsdruck zwinge nämlich zu ökonomisch rationalem Verhalten, welches auf die Verwirklichung der kostengünstigen Kombination der Produktionsfaktoren (optimale Faktorallokation), auf die flexible Anpassung von Produkten und Produktionskapazität an außerwirtschaftliche Daten (Anpassungsflexibilität) sowie auf die Entwicklung neuer Produkte und Produktions- und Absatzmethoden (technischer Fortschritt) ziele[284]. Zu Beginn der siebziger Jahre

---

[279] *Aberle*, Wettbewerbstheorie und Wettbewerbspolitik, S. 39.
[280] *Herdzina*, Wettbewerbspolitik, S. 123.
[281] So zu Recht *I. Schmidt*, Wettbewerbspolitik und Kartellrecht, S. 19.
[282] Vgl. *Immenga/Mestmäcker*, in: I/M, 2. Aufl., Einl. Rnrn. 1-4.
[283] Vgl. Begr. zum RegE, BT-Drucks. II/1158, Anlage 1, S. 1.
[284] *I. Schmidt*, Wettbewerbspolitik und Kartellrecht, S. 60; *Neumann*, Historische Entwicklung und heutiger Stand der Wettbewerbstheorie, S. 156.

wandelte sich die Wettbewerbspolitik in Deutschland. Der Schutz des Wettbewerbs an sich sollte die von ihm erwarteten gesellschafts- und wirtschaftspolitischen Leistungen optimal erbringen[285].

Nicht nur im Bereich von Marktmachtdefinitionen und Konzentrationsprozessen hatte der neuklassische Ansatz Einfluss auf das GWB. Ebenso gehen zahlreiche per se-Normen auf den Ansatz zurück: Das Kartellverbot (§ 1 GWB a.F.), das Verbot abgestimmten Verhaltens (§ 25 Abs. 1 GWB a.F.) sowie die Empfehlungsverbote (§ 38 Abs. 1 Nrn. 10-12, Abs. 2 GWB a.F.)[286]. Das Verbot horizontaler Wettbewerbsbeschränkungen findet mithin hier seinen Ursprung. Dennoch wurde Raum für eine Einzelfallprüfung belassen, was für sich genommen eine Abweichung vom systemtheoretischen Ansatz bedeutet[287]. Einer Einzelfallprüfung bedarf es hingegen, da § 1 GWB selbst nichts darüber aussagt, was eine Wettbewerbsbeschränkung ist[288]. Allerdings soll dabei nicht verkannt werden, dass es gerade die Theorie der Wettbewerbsfreiheit ist, die dem Gesetz mit ihrer Konzentration der Wettbewerbspolitik auf Wettbewerbsbeschränkungen „ein ordentliches Maß an Operationalität an die Hand gegeben hat“[289]. Ohne diese Fokussierung wäre es für den Rechtsanwender nur unter Zuhilfenahme besonderer Kenntnisse möglich, zu allgemein gültigen und gerechten Ergebnissen zu gelangen, weil jeder wettbewerblich relevante Vorgang ökonomische Eigengesetzlichkeiten mitbringt. Die generalklauselartigen Tatbestände können lediglich eine Beurteilungsgrundlage für abstrakt den Wettbewerb gefährdende Verhaltenskoordination bieten. Das beschränkende Verhalten selbst kann die gesetzliche Normierung im Einzelfall nicht konkretisieren, liefert aber eine subjektive Bewertungsmöglichkeit.

Beim neuklassischen Ansatz *Hoppmanns* ist die Unterscheidung, die das GWB zwischen §§ 1 ff. und §§ 14 ff. macht, nachvollziehbar. Nach seiner Interpretation umfasst Wettbewerbsfreiheit den Parallelprozess, also rechtlich – auch auf horizontaler Ebene – die Freiheit zu Wettbewerbshandlungen im

---

[285] Arbeitsgruppe Wettbewerbspolitik 1968, Ergebnisbericht I B 5; abgedruckt bei *Kartte*, Ein neues Leitbild für die Wettbewerbspolitik, S.93 ff.

[286] Vgl. unten 1. Teil, D. III. 1.

[287] Die Neuklassik wird dem systemtheoretischen Ansatz zugerechnet. *Hoppmann* hält eine strukturelle Analyse zur Ermittlung der Angebots- und Nachfrageseite auch potenzieller Wettbewerber durch Informationen über Größe, Anzahl und Verteilung der Produkte, aber auch die Feststellung von Marktzutrittsschranken für relevant. *Hoppmann*, Definition des Wettbewerbs, S. 38 ff.; ähnlich *Binder*, Wirtschaftstheorie, S. 57 ff.

[288] *Herdzina*, Wettbewerbspolitik, S. 151, geht gar von einem wettbewerbspolitischen Zirkelschluss aus, weil § 1 GWB a.F. nicht sage, was ein wettbewerbsbeschränkender Vertrag sei, sondern lediglich, dass diese unwirksam seien (wettbewerbsbeschränkendes Verhalten – horizontale Absprache = Kartell; Kartell = wettbewerbsbeschränkender Vertrag).

[289] *Martinek*, Franchising, S. 502.

Wettbewerb mit aktuellen und potenziellen Konkurrenten, die Freiheit der Konkurrenten zu Vorstoß und Imitation als auch – im Vertikalverhältnis – zu Austauschprozessen, womit Alternativen sowie Auswahlfreiheit für Anbieter und Nachfrager auf der Marktgegenseite gemeint sind[290]. Im Rahmen der Theorie des freien Wettbewerbs sollte die besondere Bedeutung der Koordination zwischen Unternehmen aufgegriffen werden. Ausgehend von der Maxime, dass jedem Individuum am Markt wettbewerbliche Freiheit gewahrt bleiben soll, stellt sich eine jede Gleichschaltung wirtschaftlicher Ressourcen bereits als Beschränkung der Beteiligten dar, die der Ansatz gerade zu verhindern sucht. Dieser Umstand birgt ein Folgeproblem. Wenn jedes Kooperationsverhalten von Individuen, weil freiheitsmindernd, formal eine Wettbewerbsbeschränkung darstellt, ist nur schwer begründbar, wie positive Effekte zu rechtfertigen sein sollen. Kann mit anderen Worten das Entstehen neuer Wettbewerbsfreiheit etwa durch den Marktauftritt neuer Konkurrenten mit substituierbaren Produkten oder wegen Ausweichmöglichkeiten anderer Konkurrenten eine diesen Prozessen vorausgegangene Beschränkung egalisieren? Mit Blick auf die Zielsetzung des GWB, nur Handlungen zulassen zu wollen, die die Freiheit des Wettbewerbs schützen, müsste dies wohl verneint werden. Die Minderung von Wettbewerb zwischen den Verhaltenskoordinierern beschränkt deren Freiheit in jedem Fall. Bleibt also nur die Folgenanalyse für die individuelle Freiheit des Dritten. Sowohl horizontale Absprachen wie auch vertikale Absatzbindungen beeinträchtigen den Wettbewerb durch die Beschränkung von Handlungsfreiheit. Dies muss sich aber für den Individualwettbewerb nicht zwangsläufig schädlich auswirken. Umgrenzt man den relevanten Markt in all seinen Facetten, also räumlich, sachlich und zeitlich, so kann die Verhaltenskoordination sich als derart gering erweisen, dass eine vernachlässigende Betrachtung opportun ist. Für die individuelle Freiheit kommt es damit entscheidend auf die Wesentlichkeit einer Beeinträchtigung an. Pauschal dürfte hier kein Ergebnis mit allgemeiner Gültigkeit konstatierbar sein. Zu viele Einzel-faktoren spielen eine Rolle. Insoweit wird auf das Verhältnis von nachteiligen produktinternen Beschränkungen zu daraus resultierenden möglichen Vorteilen für produktexternen Wettbewerb von Alternativsystemen einzugehen sein[291]. Die dort betroffenen Freiheiten lassen ebenfalls eine pauschale Lösung kaum zu, etwa derart, dass positive Effekte für den interbrand-Wettbewerb eine Beschränkung intrabrand stets auszugleichen vermögen.

Die Theorie der Wettbewerbsfreiheit lässt sich im GWB nicht durchgehend wieder finden. Hiergegen spricht bereits die Instrumentalisierung des Wettbewerbs durch Ausnahmebereiche (§§ 2 ff. GWB), welche die gesetzgeberische

---

290 Vgl. *Hoppmann*, Wirtschaftsordnung und Wettbewerb, S. 265 f.; *I. Schmidt*, Wettbewerbspolitik und Kartellrecht, S. 14.
291 Vgl. unten 2. Teil, A. IV.

Wahrnehmung überindividueller Ziele[292] wie konjunktur-, mittelstands- und strukturpolitische Interessen verkörpern. Politisch wünschenswerte Vorgaben und danach ausgerichtete Ordnungsprinzipien begrenzen somit von vornherein eine stringente Verfolgung von allgemeiner Wettbewerbsfreiheit. Die individuelle Handlungsfreiheit wird qua gesetzlicher Erlaubnis eingeschränkt. Daneben spiegeln die Normen des zweiten Abschnitts des GWB die wettbewerbspolitisch gewünschten Handlungsoptionen beim Produktvertrieb und allen anderen vertikal geprägten Bindungen wider. Namentlich die „kann"-Vorschrift des § 16 GWB geht nur dann von einer Verbotsmöglichkeit der Kartellbehörden im Wege der Verhaltensaufsicht aus, wenn die jeweilige Ausschließlichkeitsbindung den relevanten Markt wesentlich beeinträchtigt. Das Gesetz anerkennt mithin die Notwendigkeit solch Stufen übergreifender Bindungen, obwohl auch sie individuelle Handlungsfreiheiten beeinträchtigen. Wettbewerbspolitische Zielvorgaben finden so hinsichtlich Spezialisierung, Konditionen oder Normen und Typen auch im freiheitlich geprägten Rechtssystem systematisch Berücksichtigung.

IV. Chicago School, Gruppenwettbewerb und horizontal-vertikale Abgrenzung

Ein ganz anderes Anliegen verfolgt die seit Mitte der siebziger Jahre das US-Antitrustrecht prägende *Chicago School*. Ihre Vertreter[293] wenden sich bewusst vom Modell des funktionsfähigen Wettbewerbs und dem von der *Harvard School* vertretenen Struktur-Verhaltens-Ergebnis-Schema ab. Hauptanliegen ist eine rein an ökonomischen Kriterien ausgerichtete Interpretation, die Konsumentenwohlfahrt (*consumer welfare*) als alleiniges Ziel der Antitrust-Politik; hierzu werden nicht bloß Konsumenten, sondern alle Marktteilnehmer, sogar Kartelle, gerechnet, und zwar nicht gesamtwirtschaftlich, sondern strikt individuell[294]. Der staatliche Eingriff in Marktprozesse soll daneben so gering wie möglich gehalten werden, weil weitgehend auf die Selbstheilungskräfte des Wettbewerbs vertraut werden könne[295]. Die Wohlfahrtssteigerung soll ökonomisch durch idealen Ressourceneinsatz verwirklicht werden. Eine *best efficiency*-Politik muss also schon unter dem Wirkungseinfluss der Hersteller als Marktteilnehmer beginnen, indem sie möglichst effizient produzieren und

---

[292] Die Begrifflichkeit stammt von *Möschel*, Recht der Wettbewerbsbeschränkungen, S. 52, Rz. 77.

[293] Insb. *Bork*, The Antitrust Paradox: A Policy at War with Itself, 1978; *Posner*, The Chicago School of Antitrust Analysis, U. Penn. L. Rev. 127 (1979), 925 ff.; vgl. auch I. *Schmidt*, Die Chicago School of Antitrust Analysis, 1986; *Kirchner*, ZHR 144 (1980), 563, 572 ff.

[294] *Bork*, The Antitrust Paradox, S. 51.

[295] *Schmidt/Rittaler*, Die Chicago School of Antitrust Analysis, S. 17, 21; *Emmerich*, Kartellrecht, S. 10.

wirtschaften. Über wiederum möglichst effizienten Absatz soll die bestehende Produktnachfrage optimal befriedigt werden.

Aus Sicht der *Chicago School* müssen unbeeinflusste Marktprozesse so Voraussetzung einer erstrebenswerten optimalen Konsumentenwohlfahrtspolitik sein. Eine effiziente Marktstruktur könne nur ohne weit reichende staatliche Eingriffe existieren, die im Wesentlichen durch die Selbstheilungskräfte des Markts obsolet würden[296]. Effiziente Unternehmen könnten nur so eine optimale Betriebstruktur realisieren und im Wettbewerb überleben (*survival of the fittest*). In diesem Lichte müssen selbst Unternehmenszusammenschlüsse für relativ unproblematisch gehalten werden, da auch diese regelmäßig einer erhöhten Effizienz und damit letztlich der Konsumentenwohlfahrt dienlich sein können. Der damit einhergehende Widerspruch zwischen Konzentration und Marktzutrittsschranken wird mit dem Druck potenzieller Konkurrenten gerechtfertigt, der verantwortlich dafür sein soll, dass Effizienzvorteile an den Konsumenten weitergegeben würden. Als Kriterien der Konsumentenwohlfahrt betrachten die Anhänger der *Chicago School* allokative und produktive Effizienz[297] und untersuchen danach die verschiedenen Formen von Wettbewerbsbeschränkungen[298]. Optimale allokative Effizienz wird etwa bejaht, wenn langfristige Grenzkosten und Preis eines Gutes übereinstimmen. Produktive Effizienz wird erzielt durch Kostensenkung, die mittels Skaleneffekten, Transaktions- oder Organisationskostenvorteilen, Erfahrungen in Produktion und Management realisiert werden kann. Als Vorteil dieses Ansatzes kann somit seine Nähe zu wirtschaftlichen Zusammenhängen festgehalten werden. Zu Recht stellt *Ackermann* fest, dass ein Markt oligopolistisch strukturiert sein müsse, um im Muster „rationaler Profitmaximierer (...) eine einigermaßen sichere Aussicht auf beständigen Erfolg" zu haben[299]. Nur wenn zwischen Unternehmen eine einigermaßen vergleichbare Kostenstruktur besteht und sie sämtlich ihr wettbewerbliches Verhalten in einem durch natürlich hohe Marktzutrittsschranken gesicherten Umfeld koordinieren, können sie Ressourcen bei hohem Profit optimal nutzen. Zwar mögen potenzielle Konkurrenten in diesem System real eine kaum spürbare Gefahr bedeuten. Sie sind aber modelltheoretisch stets präsent und wären aus Sicht dieses Ansatzes als mögliche Preisbrecher idealerweise Garant für den Erhalt von Wettbewerbsfreiheit. Sie

---

[296] Vgl. *Aberle*, Wettbewerbstheorie und Wettbewerbspolitik, S. 40 f.; *Schmidt/Rittaler*, Die Chicago School of Antitrust Analysis, S. 29.

[297] Unter allokativer Effizienz wird eine volkswirtschaftlich optimale Allokation von Ressourcen, unter produktiver Effizienz dagegen die effektive Ressourcenverwendung in den Unternehmen verstanden; vgl. *Bork*, The Antitrust Paradox, S. 91; *Schmidt/Rittaler*, Die Chicago School of Antitrust Analysis, S. 44, 47 ff.

[298] Vgl. *I. Schmidt*, Wettbewerbspolitik und Kartellrecht, S. 20 f.

[299] *Ackermann*, Art. 85 Abs. 1 EGV, S. 214 f.

dürften auf Oligopolmärkten indes kaum dazu in der Lage sein, die Profitmaximierer wirtschaftlich in Bedrängnis zu bringen.

Auf ähnliche Weise[300] wie die *Chicago School* definiert die aus der Ökonomik bekannte Theorie des Gruppenwettbewerbs, die insbesondere auf die Protagonisten *Sölter*[301], *Tietz*[302] wie auch *Benisch*[303] zurückgeht, ihre modellhaften Ziele. Sie soll hier, wegen ihrer Inkompatibilität mit dem GWB[304] nur am Rande erwähnt werden. Unter Verzicht auf Marktstruktur-, Marktverhaltens- und Marktergebnistests ist das zentrale Anliegen des Ansatzes die Effizienz wettbewerblicher Handlungen, mit deren Hilfe weitestgehend gute Produktivität, ausgereifte Allokation von Wirtschaftsgütern oder entsprechender Dienstleistungen ermöglicht werden sollen. Um solch maximale Effizienzziele zu verwirklichen, werden Wettbewerbsbeschränkungen hingenommen, ohne Rücksicht auf die damit einhergehenden Freiheitsbeschränkungen. Handlungsfreiheiten von Marktteilnehmern werden als derart störend empfunden, dass die Abkehr vom funktionsfähigen Wettbewerb zu Gunsten eines strukturgesteuerten Gruppenwettbewerbs verlangt wird[305]. Individueller Wettbewerb von Einzelunternehmungen sei schädlich[306]. Daher werden Kooperationen von Wettbewerbern nicht nur toleriert oder gewünscht, sondern gleich zum bestimmenden Ordnungsprinzip erhoben. Aus Sicht der Gruppenwettbewerbstheoretiker wird eine spezifische Wettbewerbspolitik für notwendig erachtet, die es ermöglicht, insbesondere gruppeninterne Anliegen zu beachten, bei gleichzeitiger Einbeziehung anderer Gruppen und Wettbewerbssysteme sowie nicht zuletzt übrig gebliebener Individualunternehmer[307]. Von gewissem Interesse und gleichzeitigem Wert für diese Arbeit ist die Behandlung von gruppenwettbewerblichen Absatzsystemen, bei denen eine horizontale oder vertikale Ausrichtung wegen der Missachtung individueller Marktinteressen eine andere Gewichtung bekommt, als nach geltendem Recht. Dazu im folgenden Abschnitt.

---

300 *Martinek* bezeichnet die Gruppenwettbewerbstheorie als eine deutsche Fraktion der amerikanischen Chicago School, weil sie sich an Effizienzkriterien ausrichtet, Franchising, S. 489.

301 *Sölter*, Kooperative Absatzwirtschaft, 1971.

302 *Tietz*, Der Gruppenwettbewerb, 1981.

303 *Benisch*, Kooperationsfibel des Wirtschaftsministeriums, 1964.

304 Vgl. *Köhler*, ZHR 146 (1984), 580, 584, der zu Recht darauf hinweist, dass der Zweck des GWB, Individualwettbewerb zu schützen, es nicht zulasse auf Gruppenwettbewerb als idealeffiziente Marktform abzustellenden.

305 *Tietz*, Der Gruppenwettbewerb, S. 94, der sogar den Wert des Wettbewerbs an sich bestreitet.

306 Vgl. *Sölter*, Kooperative Absatzwirtschaft, S. 34; *Tietz*, Der Gruppenwettbewerb, S. 12.

307 Siehe dazu *Tietz*, Der Gruppenwettbewerb, S. 92 f.; *Solter*, Bezugsbindungen in vertikalen Kooperationssystemen, S. 29.

1. Analyse von Wettbewerbsbeschränkungen durch Verhaltenskoordination

Kollusives Verhalten von Marktteilnehmern kann aus Sicht der *Chicago School* nur dann ein wettbewerbspolitisch wünschenswertes Eingreifen bedingen, wenn dadurch nicht der Konsumentenwohlfahrt gedient wird[308]. Die Grundidee wartet insoweit mit einem beachtenswert ökonomisch geprägten Ansatz auf, hält aber im Wesentlichen an den Kriterien horizontaler und vertikaler Unterscheidung fest. Vereinbarungen und abgestimmte Verhaltensweisen werden nur dann als wettbewerbsbeschränkend angesehen, wenn sie sich effizienzmindernd auswirken, was unter Zuhilfenahme von Effizienzkriterien[309] bewertet wird. Um festzustellen, ob diese erfüllt werden oder nicht, wird die neoklassische Preistheorie herangezogen, wobei vollständige Konkurrenz und Monopol als Referenzsituation dienen, aber Marktstruktur- und Marktanalysetests im Sinne des funktionsfähigen Wettbewerbs der *Harvard School* abgelehnt werden[310]. Obwohl das amerikanische Antitrustrecht in Sec. 1 Sherman Act horizontale und vertikale Wettbewerbsbeschränkungen formal nicht unterschiedlich behandelt, unterscheidet die *Chicago School* streng zwischen horizontalen und vertikalen Absprachen. Sie hält wegen der wohlfahrtsmindernden Wirkung von Marktaufteilungs- und Preisabsprachen ein Verbot horizontaler Absprachen für angemessen[311], jedenfalls soweit gesetzliche Eingriffe zu Gunsten des Wettbewerbsschutzes befürwortet werden[312]. Solche Absprachen werden wegen der im Ergebnis zu konstatierenden Wohlfahrtsminderung eindeutig als effizienzmindernde Verhaltensweisen identifiziert[313]. Gleichwohl wird ein tatsächliches Verbot etwa von Preiskartellen nur dann als durchsetzbar angesehen, wenn den beteiligten Unternehmen die Absicht nachzuweisen ist, dass sie durch ihre Marktanteile insgesamt eine monopolähnliche Produktionsbeschränkung herbeizuführen wünschen[314]. Effizienzsteigernde horizontale Beschränkungen im Dienste von Unternehmenskooperationen sollen im Übrigen einer *rule of reason* unterfallen[315].

Die *Chicago School* spricht sich für ein Verbot horizontaler Kartelle und Preisabsprachen aus, weil diese zu einer Beschränkung des aus Konsumentensicht wünschenswerten *outputs* führen können, ohne eine höhere

---

308 Unter *consumer welfare* verstehen die *Chicagonians* die Wohlfahrt aller Marktteilnehmer, nicht nur jene von Konsumenten; vgl. *Lande*, Antitrust L. J. 58 (1989), 631, 638; *Ackermann*, Art. 85 Abs. 1 EGV, S. 71.

309 Vgl. dazu *Bork*, The Antitrust Paradox, S. 91; *Kirchner*, ZHR 144 (1980), 563, 572.

310 Vgl. *I. Schmidt*, Wettbewerbspolitik und Kartellrecht, S. 20.

311 Dazu *Aberle*, Wettbewerbstheorie und Wettbewerbspolitik, S. 148.

312 Vgl. *Ackermann*, Art. 85 Abs. 1 EGV, S. 73.

313 *Herdzina*, Wettbewerbspolitik, S. 121.

314 Vgl. *Bork*, The Antitrust Paradox, S. 279.

315 Vgl. dazu *Sangmeister*, rule of reason, S. 10 ff.

Effizienz nach sich zu ziehen. Vertikale Absprachen werden regelmäßig als unbedenklich angesehen, da aus ihnen keine direkten Marktanteilszuwächse resultierten, die den Beteiligten die Möglichkeit gäben, nur noch die Monopolmenge anzubieten und den Preis über das Wettbewerbsniveau anzuheben[316]. Im Bereich vertikaler Vereinbarungen werden die damit einhergehenden Gefahren für den Wettbewerb gleichwohl nicht verkannt, sollen aber hinnehmbar sein, soweit sie von einem Konsumentennutzen begleitet werden. Aus diesem Grunde wird nicht nur die Anwendung der *rule of reason* befürwortet, sondern wettbewerbspolitisch sogar die *per se*-Legalität vertikaler Beschränkungen empfohlen[317]. Unterstützend werden zu Gunsten von Unternehmen das Argument des Trittbrettfahrens (*free riding*) sowie des Sparens von Transaktionskosten herangezogen[318]. Die Reichweite des Trittbrettfahrens ist in Bezug auf tatsächliche Dienstleistungen von Händlern fraglich. Es ist schließlich von den realen Kenntnissen des jeweiligen Händlers abhängig, ob und inwieweit Produktinformationen dem Kunden zu einer besseren Entscheidung verhelfen. Beides kann natürlich zu einer Kaufentscheidung erheblich beitragen. Ohne Zweifel sind Beratung wie auch werbliche Anpreisung von Produkten kostenintensiv. Ob dies durch einen höheren Marktpreis ausgeglichen werden kann, darf zumindest bezweifelt werden, nicht zuletzt wegen des erhöhten Personalaufwands. Hinzu kommen hier als Sortimentskosten bezeichnete Unkosten, die Trittbrettfahrer ausnutzen können. Nehmen renommierte Händler mit gewissem finanziellem Aufwand Produkte bestimmter Hersteller in ihr Sortiment, wie z.B. bestimmte Marktenartikel der gehobenen Bekleidungsbranche, können Dritte dies bereits zum Anlass nehmen, die gleiche Produktpalette zu offerieren, ohne weitere Leistung um den Produktvertrieb erbringen zu müssen, um so mit geringer Kostenstruktur Kunden zu gewinnen. Das *free rider*-Problem ist folglich nicht aus der Luft gegriffen. Daneben stellt die *Chicago School* aber vor allem darauf ab, dass vertikal beschränkende Maßnahmen in der Regel geeignet seien, die Effizienz der einzelnen Unternehmungen und damit den allgemeinen Wohlstand zu fördern[319]. Ausgehend von der Prämisse, Hersteller organisierten ihren Produktvertrieb modelltheoretisch stets so, dass maximaler Profit und *output* zu erwarten stehen, verwundert es kaum, dass vertikale (Vertriebs-)Bindungen als weitestgehend wettbewerblich vorteilhaft verstanden werden. Wegen der ambivalenten Wirkung produktinterner Wettbewerbsbeschränkungen auf den produktexternen Wettbewerb wird dies so pauschal indes kaum zu bestätigen sein.

---

316 Vgl. *I. Schmidt*, Wettbewerbspolitik und Kartellrecht, S. 23.
317 Vgl. *Ackermann*, Art. 85 Abs. 1 EGV, S. 73.
318 *Posner*, U. Penn. L. Rev. 925, 925 (1979); *Schmidt/Rittaler*, Die Chicago School of Antitrust Analysis, S. 49.
319 *Emmerich*, Kartellrecht, S. 10.

Die Theorie des Gruppenwettbewerbs schließt sich dem zum Teil an. Alle Testmechanismen funktionsfähigen Wettbewerbs, wie sie die *Harvard School* vorsieht, werden abgelehnt. Allerdings müssen die Gruppenwettbewerbstheoretiker Absatzsysteme anders handhaben, weil das Konglomerat der Marktteilnehmer wegen der einheitlichen Behandlung als Ganzes von größerem Gewicht ist. Es kann dem Ansatz überhaupt nicht auf horizontale oder vertikale Bindungen der ehemaligen Einzelunternehmen ankommen, sondern nur noch auf das Gruppenverhalten als solches. Die interne Struktur ist bestimmt durch einen faktischen oder vertraglichen Zusammenhalt der Gruppe. Ihr Verhalten gilt als so sehr harmonisiert, dass Einzelhandlungen nur noch wie Teilleistungen der am Markt tätigen Gruppe verstanden werden können[320]. Es kommt zum bewussten Reduzieren, bisweilen sogar zum Erliegen sämtlichen produktinternen Gruppenwettbewerbs, weil die Leistungen der Gruppe konzertiert sind. Auf diesem Wege soll die bestmögliche Effizienzsteigerung im produktexternen Wettbewerb herbeigeführt werden[321]. Der Vorsprung im interbrand-Wettbewerb als Maxime synchronisierter Gruppenleistung steht sozusagen als non plus ultra im Vordergrund. Zugleich sei die vertikale Gruppenkonzentration zwischen Herstellern und Händlern besonders schutzwürdig, weil sie verhindere, dass es beim Produktabsatz zu mächtigen horizontalen Vertriebsstufen komme[322]. Im Vorteilsdenken liegt das Verständnis begründet, dass in einer Gruppe bessere Synergieeffekte erzielbar sind, die die Fehlnutzung wichtiger Ressourcen ausschließen und so eine idealtypische Allokation derselben realisieren. Die Konzentration von Know-how soll besonders kompetente Leistungen sicherstellen, die individuelle Marktteilnehmer wahrscheinlich nur mit weniger Effizienz oder erheblich höherem und kostenintensiven Einsatz bringen können. Dass geballte Leistung und eine Anhäufung von Wissen zumeist mit der Steigerung an Marktmacht einhergeht, und so den Marktzutritt potenzieller Wettbewerber erschwert, wird im Sinne der Zielsetzung hingenommen. Mehr noch entsprächen Kooperationssysteme heutigen Wettbewerbsstrukturen viel eher, weil nicht mehr das einzelvertragliche Austauschgeschäft den Markt ausmache, sondern eine Vielzahl an Transaktionen und Folgeleistungen über Marktstufen hinweg unter den Marktteilnehmern die Regel sei[323]. Dem kann auf den ersten Blick zugestimmt werden. Bei genauerer Betrachtung ist aber auch eine Vielzahl wirtschaftlicher Transaktion zwischen mehreren Vertragspartnern lediglich eine Aneinanderreihung vieler Einzelverträge, die durch Konglomerate nur weniger transparent werden.

---

[320] *Sölter*, Kooperative Absatzwirtschaft, S. 39; *Benisch*, Kooperationsfibel, S. 96; *Tietz*, Der Gruppenwettbewerb, S. 12.
[321] Vgl. *Tietz*, Der Gruppenwettbewerb, S. 24.
[322] *Sölter*, Kooperative Absatzwirtschaft, S. 34.
[323] *Tietz*, Der Gruppenwettbewerb, S. 100 ff.

2. Kritik

Kritische Stimmen wenden sich hauptsächlich gegen Zielsetzung, Methode und Prämissen der konkreten wettbewerbspolitischen Handlungsempfehlungen der *Chicago School.* Die Effizienzkriterien seien nicht eindeutig definiert und bei genauerer Betrachtung falle ein Zirkelschluss auf, da der Effizienzgewinn eines Beteiligten immer zugleich den Verlust bei einem anderen bedeute[324]. Zudem stünden den einzelwirtschaftlichen Vorteilen erhebliche gesamtwirtschaftliche Nachteile gegenüber[325]. Es wird bspw. bei einem marktstarken Monopolisten darauf vertraut, dass über den Markt von potenziellen Wettbewerbern hinreichender Wettbewerbsdruck ausgeübt werde oder dieser zumindest entstehe, so dass im Ergebnis die Vorteile des Monopolisten auch zu gesamtwirtschaftlichen Vorteilen führten[326].

Im Hinblick auf vertikale Wettbewerbsbeschränkungen ist keineswegs sicher, ob ein *consumer welfare*, wie ihn der Ansatz als Folge von Vertriebsbindungen heraufbeschwört, tatsächlich eintritt. Selbst wenn Hersteller durch bessere Qualitätsstandards höhere Preise erwirtschaften können und den systeminternen intrabrand-Preiswettbewerb reduzieren, kann damit durchaus ein Nachteil für die Konsumentenwohlfahrt auftreten. Schließlich hätten Nachfrager unter anderen Marktbedingungen eine für sie günstigere Preisstruktur vorfinden können, und es ist nicht garantiert, dass per saldo die Steigerung des Qualitätswettbewerbs diesen Nachteil aufzuwiegen vermag. Darüber hinaus hängt es entscheidend von den Verbraucherpräferenzen ab, ob Nachfrager bereit sind, für verbesserte Leistung beim Produktvertrieb ein höheres Entgelt zu zahlen. Eine Steigerung des *output* ist möglich, wenn Kunden für gute Beratung, Garantieleistung oder Ähnliches mehr zu investieren gewillt sind. Kommt es ihnen dagegen nur auf einen möglichst günstigen Bezug der Ware an, verzichten sie gewiss lieber zu Gunsten einer für sie besseren Konsumentenrente auf teuren Beratungsaufwand. Eine kritische Betrachtung des rein effizienzorientierten Ansatzes ist daher im Ergebnis durchaus angebracht. Es zeigt sich einmal mehr, dass wettbewerbliches Absatzverhalten zumeist auf mehrere Weisen im Markt wirken kann. Eine reine Wohlfahrtsorientierung kann Mehrfachergebnisse nicht immer ausschließen. So ist sie, ohne das Augenmerk auf weitere wettbewerbliche Kriterien wie namentlich die Wettbewerbsfreiheit zu richten, eher mit einer gewissen Vorsicht zu genießen. Sie weist aber zugleich greifbare ökonomische Kriterien zur

---

[324] *Möschel*, ZgS 1984, 156, 158 ff., insb. 161; *ders.*, WiSt 1986, 341, 342 f.; *Schmidt/Rittaler*, Die Chicago School of Antitrust Analysis, S. 53 ff.

[325] *I. Schmidt*, Wettbewerbspolitik und Kartellrecht, S. 24.

[326] Spätestens bei Marktmacht und den daraus resultierenden Beschränkung des Marktzutritts bestehen Probleme der Wohlfahrsbemessung, *Kirchner*, ZHR 144 (1980), 563, 585.

Bewertung wettbewerblicher Vorgänge aus, die kumulativ den Rahmen der kartellrechtlichen Verhaltensanalyse aufwerten können.

Ebenso wie der *Chicago School* wird der Theorie des Gruppenwettbewerbs ihre einseitige Effizienzorientierung vorgeworfen[327], die eine hinreichende Berücksichtigung individueller Handlungsfreiheiten von Wettbewerbern vermissen lasse, einem der Leitmotive des GWB. Darüber hinaus stünde eine zunehmende Vermachtung gruppenorientierter Märkte zu erwarten, die auch die viel gepriesene Dynamik des Wettbewerbs nicht unterbinden könne[328]. Dem Vorteil einer Vermachtung durch gruppeninterne Vertikalkoordination stehen konsequenterweise die Nachteile einer zunehmenden vertikalen Machtanhäufung gegenüber, die es zudem für Newcomer nahezu ausschließen, sich noch auf den durchorganisierten Märkten zu etablieren, geschweige denn ein ernst zu nehmendes Konkurrenzsystem aufzubauen. Für die innovative Idee des neu in den Markt eintretenden Unternehmens stünden schlicht keine Vertragspartner mehr zu Verfügung, da alle potenziellen Vertriebspartner weitestgehend von den Gruppenriesen gebunden wurden. Insoweit würde es nicht viel Sinn machen, eine vertikale Gruppenbildung wettbewerbspolitisch zu forcieren. Weder kann einer der Gruppenwettbewerbstheorie verhassten Machtbildung horizontaler Marktstufen etwas abgewonnen werden, noch ist dies einer Häufung von Vertikalbindungen zuzugestehen. Jede Verkrustung der Märkte, egal ob in horizontal oder vertikal starken Gruppen, birgt Risiken, von denen keines geringer einzuschätzen wäre als das andere. Ureigenste Ziele eines Gesetzes gegen Wettbewerbsbeschränkungen würden bei einer Umsetzung der Theorie des Gruppenwettbewerbs aufzugeben sein. Wie bei anderen Ansätzen auch, sind dem Gruppenwettbewerb durchaus zutreffende Einzelwertungen eigen. Ihn als alleiniges Ordnungsprinzip zu propagieren dürfte einer Marktwirtschaft aus den vorgenannten Gründen indes eher schaden denn nützen.

3. Wettbewerbstheoretischer Einfluss auf das GWB

Der wohlfahrtsökonomische Ansatz findet sich trotz der eher systemtheoretischen Prägung des GWB doch in einigen Regelungen wieder: Zum einen bei Einzelfallbeurteilungen, wie der Ministererlaubnis (§ 8 GWB), der Freistellungsoption des neuen § 7 GWB oder im Rahmen der Zusammenschlusskontrolle (§§ 35 ff. GWB/§§ 23 ff. GWB a.F.), respektive den ehemaligen wettbewerbspolitischen Ausnahmebereichen (§§ 98 ff. GWB a.F.)[329].

---

[327] *Martinek*, Franchising, S. 489.

[328] *Martinek*, Franchising, S. 491.

[329] *Herdzina*, Wettbewerbspolitik, S. 136; von fehlender Übertragbarkeit ins deutsche Recht spricht *Kirchner*, ZHR 144 (1980) 563, 587..

Die Theorie differenziert strukturell wie die im GWB bekannte horizontale und vertikale Beurteilung, hat diesbezüglich aber – soweit ersichtlich – keinen konkreten Einfluss auf das deutsche Gesetz gehabt. Gewisse Überschneidungen und Parallelen prägen die Ausnahmebereiche nach §§ 2 ff. GWB sowie ansatzweise die Immanenztheorie. Im Gegensatz zum deutschen Recht befürwortet die *Chicago School*, wie bereits angesprochen, neben einem prinzipiellen per se-Verbot in ihrer herrschenden Strömung eine *rule of reason*-Prüfung bei bestimmten Formen horizontaler Beschränkung, wohingegen das GWB ein grundsätzliches Verbot vorsieht. Vertikale Beschränkungen sollen dagegen per se zulässig sein, wovon das GWB mit Ausnahme des § 14 unter Anwendung der Missbrauchsaufsicht wegen den ambivalenten Wirkungen von Absatzbindungen ebenfalls ausgeht.

Die Theorie des Gruppenwettbewerbs hat sich offenbar kaum in spürbarer Weise auf das GWB ausgewirkt. Allerdings war sie, wie *Martinek*[330] feststellt, im Rahmen der Entwicklung des Franchising als „eigenständige wettbewerbstheoretische und wettbewerbspolitische Konzeption" von gewissem Einfluss. Die diversen Formen von Franchisingsystemen bieten einen ordentlichen Nährboden, um die Eigenheiten des Ansatzes fruchtbar zu machen. Dennoch eröffnen auch sie für das Franchising im Ergebnis keine tragfähige Bewertungsgrundlage[331], weil die Theorie des Gruppenwettbewerbs Wettbewerbsfreiheit als Zielfunktion völlig ablehnt, Probleme von Marktmacht und konzentrativer Prozesse vernachlässigt und grundlegende marktwirtschaftliche Strukturen verlassen möchte.

V. Neue Institutionenökonomik und horizontal-vertikale Abgrenzung

Die in der Wirtschaftswissenschaft verbreitete[332] Institutionenökonomik hat bisher, soweit ersichtlich, in Wettbewerbstheorie und Kartellrechtswissenschaft nur wenig Beachtung gefunden. Sie verdient aber ausdrücklich in ihrem Entwicklungsstadium der Neuen Institutionenökonomik wegen umfassender Berücksichtigung nicht nur marktlicher Vorgänge, sondern auch einer Vielzahl institutioneller Rahmenbedingungen besonders angeführt zu werden. Es wird sich zeigen, dass sie im Zusammenhang mit der Frage einer Neuorientierung des GWB ohne formale Unterscheidung „horizontal" und „vertikal" durchaus wertvolle Hinweise zu liefern vermag.

---

[330] *Martinek*, Franchising, S. 484 ff.
[331] *Martinek*, Franchising, S. 489 ff., 498.
[332] Vgl. etwa *Feldmann*, Institutionenökonomik, 1999, m.w.N.

Wettbewerbliche Transaktion auf Märkten kann sich sinnvollerweise nur in einem konkreten rechtlichen und institutionellen Rahmen abspielen. In jüngster Zeit scheint mit Blick hierauf die Neue Institutionenökonomik im Vordringen befindlich, die eine Analyse des Kartellrechts anhand dessen Wirkungsweise als Teil des rechtlich-institutionellen Rahmens durchführt[333]. Anders als noch die neoklassische Theorie bringt die Neue Institutionenökonomik weitere Variablen ins Spiel[334]. Sie untersucht die Funktionsfähigkeit von Institutionen, ihre Entstehung und Änderungen durch wirtschaftliche Prozesse sowie deren Auswirkungen auf das individuelle Verhalten von Wirtschaftssubjekten; ordnungstheoretisch werden unter dem weiten Institutionenbegriff Einrichtungen verstanden, die gleichartige, sich wiederholende Handlungen von Individuen einer Gesellschaft formen[335]. Institutionen meint insoweit ein formales und informelles Regelsystem, das sowohl formgebundene als auch formungebundene Regeln enthält, bis hin zu deren Durchsetzung[336]. Umfasst sind damit abstrakt-rechtliche Gefüge wie Verträge oder gesetzliche Ansprüche, aber auch organisatorische Rahmenbedingungen, die durch Märkte und auf diesen operierende Unternehmen geprägt oder (kartell-)behördliche Maßnahmen vorgegeben sind. Der Ansatz verfolgt keine direkten Effizienzziele, wie etwa die *Chicago School* dies tut. Vielmehr werden Institutionen als unabhängige Größen behandelt, die durch bestimmte Aktivitäten der Individuen geprägt werden, gleichzeitig aber deren Bewegungsspielräume umgrenzen und ökonomisch feststellbare Veränderungen sanktionieren[337]; Effizienz wird also nur im Rahmen des objektiv rational Möglichen einbezogen. Mit anderen Worten: Institutionen können als Maßeinheit für die Beteiligten dienen, bieten wettbewerblichen Ansporn und definieren sanktionsbewährte Grenzen.

So kann die vertragliche Einschränkung unternehmerischer Kooperation als Sanktion infolge einer zwischen den Parteien zu Stande gekommenen Wettbewerbsbeschränkung auf ihre Wirkungen untersucht werden, wenn die sonstigen Interessen und Präferenzen der Akteure gleich bleiben. Dies

---

333 *Furubotn/Richter*, ZfSt Bd. 147, S. 1, 4; grundlegend: *Richter/Furubotn*, Neue Institutionenökonomik, S. 47 ff., 142 ff., zur Marktorganisation als Ergebnis von Koordination durch Wirtschaftsteilnehmer S. 314 ff.

334 Die Neue Institutionenökonomik steht heute in der Wirtschaftswissenschaft für mehrere Ansätze wie namentlich den Property-Rights-Ansatz, die Ökonomische Analyse des Rechts, die Agency-Theorie, die Transaktionskostenökonomik und die Verfassungsökonomik. Vgl. *Feldmann*, Institutionenökonomik, Einführung S. 3, Fn. 4; wegen dieser verschiedenen heterogenen Ansätze wird der Begriff nicht einheitlich gebraucht, ebenda, S. 4. Er soll daher hier als zusammenfassender theoretischer Oberbegriff verwandt werden.

335 *Schwintowski*, JZ 1998, 581, 583; *Feldmann*, Institutionenökonomik, Einführung S. 3, 9; allg. auch *Kaufer*, Industrieökonomik, 1980.

336 *Furubotn/Richter*, ZfSt Bd. 147, S. 1, 7; *Kirchner*, in: FS Ingo Schmidt, S. 33, 34.

337 Vgl. *Kirchner*, in: FS Ingo Schmidt, S. 33, 34.

unterstellend haben hieraus resultierende Verhaltensänderungen ihre Ursache in den Veränderungen der Institutionen selbst. Als Anhaltspunkt dienen individuelle Marktaktionen und -reaktionen der Beteiligten. Im Vordergrund stehen dabei realer Eigennutzen bei Unterstellung rationalen Verhaltens[338], ähnlich der Neoklassik, wobei man allerdings auf die tatsächlich kaum mögliche, weil kostenintensive Annahme vollkommenen Informationsaustauschs bewusst verzichtet[339]. Dies erscheint sinnvoll, weil der Wettbewerbsprozess selbst permanent technisches Wissen in und zwischen Unternehmungen verändert, wodurch Wissensvorsprünge respektive -defizite hervorgerufen und neue Koordinations- wie Wettbewerbsbeziehungen geschaffen werden[340]. Die Institutionenanalyse entsagt damit notgedrungen der Vollständigkeit, d.h. Institutionen sind ihrerseits unvollständig, was Informationsinhalte angeht. Dieses Ergebnis verdient Zustimmung, wenn man sich einmal die Diversifikation verschiedener Wettbewerbsbranchen vor Augen hält, die jeweils unterschiedlichen Wettbewerbsbedingungen ausgesetzt sind. Die Unternehmen haben immer auch unterschiedliche Probleme der Wissensbeschaffung und Koordination[341]. Es ist folglich gut vertretbar, statt auf die hypothetische Annahme vollkommenen Informationsaustauschs abzustellen, passender eigennützige, weil realitätsnähere, rationale Verhaltensstrukturen in den Vordergrund der Analyse zu stellen. Der Ansatz orientiert sich an solchen Entscheidungen der Beteiligten. Dies verringert allerdings die Wahrscheinlichkeit eines hohen Grades an Allgemeingültigkeit. Voraussetzung hierfür ist nämlich neben dem Rationalismus von Entscheidungen, dass diese frei getroffen werden können. Abgesehen vom institutionell-gesetzlichen Rahmen kann ein solches System auf Dauer also nur funktionieren, wenn die Individuen zu einem Konsens gelangen, der zur Basis ihres wettbewerblichen Handelns erhoben wird. Dieses konsenstheoretische Paradigma[342] muss seinerseits wiederum auf einem Nachweis ökonomisch vorteilhaften Handelns beruhen, weil ansonsten die Konsensfähigkeit in aller Regel nicht herstellbar sein dürfte[343].

Solch rationales Verhalten konsenswilliger Wettbewerber kann sodann durch die jeweils gegebene Marktlage, das jeweilige Konkurrenzumfeld beschränkt

---

[338] *Richter/Furubotn*, Neue Institutionenökonomik, S. 3 ff., 352, 454.
[339] *Richter/Furubotn*, Neue Institutionenökonomik, S. 4.
[340] *Schreiter*, in: *Lorenz/Meyer*, Evolutorische Ökonomik, S. 287, 305.
[341] Vgl. *Schreiter*, in: *Lorenz/Meyer*, Evolutorische Ökonomik, S. 287, 312 f.
[342] Vgl. dazu *Mack*, Ökonomische Rationalität, S. 84 (unter Bezugnahme auf James Buchanan, Politische Ökonomie als Verfassungstheorie, 1990, S. 23 ff.).
[343] *Schwintowski* spricht davon, dass bei Verträgen keine übereinstimmenden Willenserklärungen vorlägen, sondern im Grunde konträre, die aber vom Willen geleitet seien, die gegenläufigen Interessen konsensual zu verbinden, in: JZ 1998, 581, 587.

werden[344]. Es ist folglich nicht möglich, kartellrechtliche Fragen einfach anhand eines Schemas abzulesen. Die theoretische Analyse berücksichtigt aber dynamische Prozesse im Wettbewerb und kann so unter der Voraussetzung fundierter ökonomischer Aussagen zu ausdifferenzierten Ergebnissen gelangen. Dies tut sie im Wege der Einbeziehung normativer Vorgaben und deren Auswertung in Abhängigkeit wettbewerblicher Zusammenhänge. Als konsensfähig werden damit nur solche Maßnahmen angesehen, die die Hypothese eines jeweils einhergehenden Kooperationsvorteils zulassen und so die Einschränkung der Vertragsfreiheit Beteiligter möglicherweise rechtfertigen.

1. Analyse von Wettbewerbsbeschränkungen durch Verhaltenskoordination

Die Neue Institutionenökonomik prüft als normativer Ansatz für das Kartellrecht nach Maßgabe eines Werturteils, ob eine nicht akzeptable Einschränkung der Handlungsfreiheit von Marktbeteiligten im Sinne einer Wettbewerbsbeschränkung zu verstehen ist[345]. Ob etwa bei Hardcore-Kartellen ein Kooperationsvorteil gegeben sein kann, eine Wettbewerbsbeschränkung also hinnehmbar ist, wird danach beurteilt, ob die wirtschaftlichen Vorteile der Kartellmitglieder keine allzu großen Nachteile für Dritte begründen oder verstärken. Verhaltenskoordination zwischen Wirtschaftssubjekten wird hier stets als pareto-optimale Verbesserung angenommen, wenn sie unter fairen Bedingungen zu Stande kommt und sich nicht nachteilig auf Dritte auswirkt[346]. Die Neue Institutionenökonomik nimmt dazu an, dass ein erwarteter Kooperationsvorteil nur dann eintritt, wenn ein Offenhalten der Märkte gewahrt bleibt. Eine klassische Kartellabsprache ist danach nur zulässig, wenn die Ausgestaltung der Vertragsfreiheit im Sinne aller Beteiligten möglichst vorteilhaft erscheint[347]. Entscheidend ist stets die Beachtung negativer Einflüsse auf Marktzutrittsschranken Dritter oder die Marktgegenseite. Nach § 1 GWB sind horizontale Vereinbarungen über Preis- oder Mengenabsprachen verboten. Das Konsensmodell der Neuen Institutionenökonomik lässt solch klassische Kartelle gleichwohl zu, wenn die einzelwirtschaftlichen Vorteile der Koordinationsparteien nicht größeren Nachteilen für nicht beteiligte Dritte gegenüberstehen[348]. Auswirkungen eines Kartells auf Dritte stellen sich aus institutionenökonomischer Sicht als negative externe Effekte dar, ähnlich wie dies auch nach

[344] Das Konsensmodell stellt auf Präferenzen der Marktteilnehmer ab. Es zwingt nach Zustimmungsfähigkeit zu suchen, *Kirchner*, Ökonomische Theorie des Rechts, S. 28.
[345] *Kirchner*, in: FS Ingo Schmidt, S. 33, 43.
[346] *Feldmann*, Institutionenökonomik, S. 195.
[347] *Kirchner*, in: FS Ingo Schmidt, S. 33, 46.
[348] So das Beispiel bei *Kirchner*, in. FS Ingo Schmidt, S. 33, 45.

wettbewerbstheoretischem Verständnis im GWB der Fall ist[349]. Hinzu kommt jedoch, dass sich die betreffende Einschränkung der Vertragsfreiheit als Substitut für eine vertragliche Einigung zwischen den Kartellmitgliedern und den negativ betroffenen Dritten darstellt, die bereits wegen extrem hoher Transaktionskosten auf Vertragsebene nicht zu Stande gekommen wäre[350]. *Kirchner* zieht daraus den Schluss, dass keine Einschränkung der Vertragsfreiheit erforderlich sei, um Wettbewerbsfreiheit zu gewährleisten, sondern entsprechend modifiziert eine aus Sicht aller Akteure vorteilhaft erscheinende, konsensuale Ausgestaltung[351] der Vertragsfreiheit in Rede stehe, wonach die Tatsache, dass bestimmte Verträge innerhalb einer Gruppe von Akteuren von der Vertragsfreiheit ausgeschlossen seien, die Vertragsfreiheit Dritter erweitere oder erhalte[352]. Diese Annahme stellt das dogmatische System im Ergebnis auf den Kopf. Zur Handlungsfreiheit, die das GWB schützt, zählt die Vertragsfreiheit der Marktteilnehmer. Handlungsfreiheit und Vertragsfreiheit können aber auseinander fallen, wenn das GWB zu Gunsten der Handlungsfreiheit Dritter die Vertragsfreiheit koordinationswilliger Parteien wegen Erfüllung des Kartelltatbestands durch sein gesetzliches Verbot einschränkt. Wenn *Kirchner* hier von Erweiterung oder Erhaltung der Vertragsfreiheit spricht, stellt er die Interessen Dritter heraus und gewährt diesen nur in einem Abwägungsprozess mit den Interessen der bindenden Parteien Geltung. Der positive Effekt ist im Konsensergebnis zu bestätigen. Ohne in die Nähe von Kontrahierungszwängen zu rücken, kann eine Konsensfähigkeit Dritter dann unterstellt werden, wenn die negativen externen Effekte der Wettbewerbsbeschränkung durch den Koordinationsprozess nicht schwerer wiegen als der Vorteil, den sich die an der Beschränkung Beteiligten versprechen. Deshalb kann es nicht genügen, schon wegen der Effizienzvorteile für bindungswillige Marktteilnehmer einen wettbewerbsbeschränkenden Vertrag zu gestatten[353]. Nur wenn die per se für Dritte nachteiligen Wirkungen von Bindungen, die nicht schon durch die Prognose von Effizienzvorteilen für die Koordinationsparteien obsolet werden, die Konsensfähigkeit aller Akteure nicht ausschließen, scheint die Brücke von wohlfahrtsökonomischer zu normativer Analyse geschlagen. Effizienzziele fließen in die Bewertung ein. Es geht letztendlich also um die

---

[349] *Emmerich*, Kartellrecht, S. 41 f.

[350] Vgl. *Kirchner*, WuW 1992, 584 ff.; *Richter/Furubotn*, Neue Institutionenökonomik, S. 56.

[351] Da betroffene Dritte kaum zum Konsens breit sein werden, kann es nur auf die Konsensfähigkeit als Kriterium der Legitimation ankommen; so zutreffend *Kirchner*, in: FS Ingo Schmidt, S. 33, 42; *Mack*, Ökonomische Realität, S. 84, die vom konsenstheoretischen Paradigma James Buchanan's spricht, der konstituierende gesellschaftliche Rahmenbedingungen fordert, auf denen basierend ein konsensualer Selbstregulierungsprozess stattfinden kann (S. 85).

[352] *Kirchner*, in: FS Ingo Schmidt, S. 33, 46.

[353] *Kirchner* spricht vom Grunddilemma, dass Verträge, die allein durch den Konsens der Vertragsparteien legitimiert zu sein scheinen, zugleich negative Effekte für andere Akteure mit sich bringen, in: WuW 1992, 584, 596.

Interessenabwägung wettbewerblicher Vorteil- und Nachteilhaftigkeit von Maßnahmen. Konsensfähigkeit soll herstellbar sein, wenn Dritte ihre interbrand-Ware trotz Existenz des Kartells der Verhaltenskoordinierer noch hinreichend gut absetzen können. Ob ein hinreichendes Maß erreicht werden kann, ist gerade Frage der Abwägung der gegensätzlichen Interessen im betroffenen Markt. Auch hier kommt es einmal mehr nicht darauf an, ob die Marktteilnehmer in horizontalem oder vertikalem Wettbewerb zueinander stehen, denn die Zulässigkeit über den institutionenökonomischen Konsens ist lediglich von den betroffenen substituierbaren Produkten abhängig und der Möglichkeit oder dem Erhalt ihres Absatzes für Dritte.

Als weiteres Beispiel führt *Kirchner* Kooperationsverträge an, die für beide Parteien langfristig Vorteile versprechen[354]. Auch hier gehe es im konsenstheoretischen Modell der Neuen Institutionenökonomik sowohl in horizontalen wie in vertikalen Vertragsbeziehungen um erwartete Effizienzvorteile für die beteiligten Marktteilnehmer, wobei neben diesen die Auswirkungen auf die Höhe von Marktzutrittsschranken entscheidend seien. Das Offenhalten von Märkten war seit jeher Anliegen des Gesetzes gegen Wettbewerbsbeschränkungen. Von daher liegt der Konsensansatz auf der Linie des gesetzlichen Freiheitsschutzes des GWB. Es macht also Sinn, (auch langfristige) kooperationsvertragliche Bindungen – unabhängig vom horizontalen oder vertikalen Ausgangspunkt – am Kriterium des maßgeblichen Marktzutritts auszurichten und einen Konsenswillen der Marktteilnehmer zu attestieren, solange die Wettbewerbsbeschränkung den Zutritt nicht unverträglich einschränkt.

Für die kartellrechtliche Gesamtbewertung muss aus Sicht der Neuen Institutionenökonomik zusammenfassend also jeweils geprüft werden, welche Kollektiventscheidung der Marktteilnehmer bezüglich der Einschränkung von Vertragsfreiheit aus (überwiegender) Sicht aller Akteure geeignet ist, den Effizienzgesamtvorteil für den relevanten Markt zu erhöhen, damit ein Konsens prognostizierbar wird und als Rechtfertigung einer letztlich marktunschädlichen Wettbewerbsbeschränkung dienen kann.

2. Kritik

Als problematisch dürfte zu konstatieren sein, dass ein im institutionellen Konsens als unschädlich festgelegtes wettbewerbsbeschränkendes Verhalten dennoch stets negative Effekte für andere Marktteilnehmer mit sich bringen kann[355]. Individueller Konsens kann nur die Interessen bestimmter, pro-

---

[354] *Kirchner*, in: FS Ingo Schmidt, S. 33, 47; *Günther*, WuW 1972, 427, 428.
[355] *Kirchner*, in: FS Ingo Schmidt, S. 33, 43; *ders.*, WuW 1992, 584, 593, 596.

duktspezifisch umgrenzter Gruppen von Wettbewerbern berücksichtigen. Dabei ist fraglich, ob überhaupt eine Konsensfähigkeit im Kollektiv der Individuen hergestellt werden kann, das zudem sozial verträglich ist. Konsensfähig kann regelmäßig nur derjenige Beschluss sein, durch den sich für alle Beteiligten ein Kooperationsvorteil erschließt. Des Weiteren stellt sich die Frage, wie negative externe Effekte für Dritte behandelt werden sollen, die nicht an dem vertraglichen Konsens beteiligt sind. Ihre Einbeziehung scheint nur möglich, wenn sich dem Konsens eine allgemein verträgliche Zustimmungsfähigkeit entnehmen lässt, der sich der Dritte dadurch zu unterwerfen haben könnte, dass sie durch eine ihm übergeordneten Gruppe von Akteuren innerhalb der gesetzlichen Rahmenbedingungen rechtmäßig zu Stande gekommen wäre. Ein verträgliches Mittel wäre somit in der Schnittmenge von allgemeiner (auch gesetzlicher) Kollektiventscheidung und einzelner Verhaltenskoordination zu suchen. Das Gesetz muss die möglichst allgemein verträgliche und zugleich wettbewerbsverträgliche Kollektivgrundlage liefern, auf deren Ebene auch hoheitliche Entscheidungen getroffen werden können. Damit steht ebenfalls fest, dass auch hier abgewogen werden sollte – und nach Gerechtigkeitsgesichtspunkten auch nur abgewogen werden kann –, ob ein privatautonomer Konsens nebst seiner negativen Effekte für Dritte sozialverträglich ist oder nicht. Wie *Kirchner* zutreffend feststellt, lässt sich dieses Problem umgekehrt „aus rechtswissenschaftlicher Perspektive [...] als Beschränkung der Vertragsfreiheit zur Gewährleistung der Wettbewerbsfreiheit erfassen“[356]. Die institutionellen Gegebenheiten sollten folglich stets dazu führen, die Ansprüche und Interessen verschiedener Personen(gruppen) auszubalancieren.

Trotz aller Vorzüge der Institutionenökonomik kann ihr aus wirtschaftswissenschaftlicher Sicht wohl noch nicht das Prädikat einer fehlerfreien Ordnungstheorie verliehen werden. Problematisch scheint die Vielzahl der heterogenen Ansätze, die sich in der Institutionenökonomik vereinigen. Namentlich der ökonomischen Analyse des Rechts wird noch immer vorgeworfen, dass sie neben der Allokationseffizienz Fragen von Rechtssicherheit nicht einbeziehe oder Allgemeinheit sowie Abstraktheit rechtlicher Normen missachte; auch die Transaktionskostenökonomik müsse technologischen und kulturellen Aspekten fortan mehr Beachtung schenken[357]. Andererseits ist es gerade die Neue Institutionenökonomik, die wegen ihrer Offenheit für dynamische Prozesse bei gleichzeitiger Beachtung rechtlicher Ordnungsvorgaben gute Möglichkeiten offeriert, reale Marktvorgänge zu berücksichtigen. Die Konsensbasis und -fähigkeit des theoretischen Ansatzes bei gleichzeitiger Rücksichtnahme auf negative Effekte für Dritte prädestiniert ihn für eine Anwendung auf kartellrechtliche Sachverhalte. In diesem Sinne lässt auch

---

[356] *Kirchner*, in: FS Ingo Schmidt, S. 33, 44.
[357] *Feldmann*, Institutionenökonomik, S. 298.

Feldmann trotz seiner durchaus kritischen Anmerkungen erkennen, dass die (neue) Institutionenökonomik wichtige Grundfragen der Ordnungstheorie erfolgreich zu analysieren hilft und für die Zukunft versucht werden sollte, aus ihr eine geschlossene Ordnungstheorie zu formen[358].

VI. Zwischenergebnis

Angesichts der divergierenden Auffassungen wettbewerbstheoretisch wünschenswerten Verhaltens können einschlägige juristische Beurteilungen vielfach einseitig sein und sich häufig nur auf Annäherungsurteile und Wahrscheinlichkeiten stützen[359]. Darüber hinaus kann jede Änderung der Wettbewerbspolitik auf der Grundlage wettbewerbstheoretischer Modelle solange nicht zu einer methodischen und theoretischen Ansatzänderung im GWB führen, als preistheoretische Modelle zu Grunde gelegt werden. Diese gelten immer nur unter bestimmten Modellannahmen und setzen eine Anzahl von Konstanten voraus. Jedes Modell erfasst damit nur einen oder mehrere Aspekte des realen Marktgeschehens, weshalb sich keines der preistheoretischen Modelle, auch wenn es Unvollkommenheiten des Marktes berücksichtigen sollte, als Vorlage für die Wettbewerbspolitik eignet[360].

Offen, weil aus den verschiedenen Ansätzen nicht eindeutig befürwortbar, bleibt damit für die Zukunft des GWB die gesetzestechnisch und nicht wettbewerbspolitisch determinierte Antwort auf die Frage, ob die erforderliche wettbewerbliche Würdigung im Rahmen einer einheitlich anzuwendenden Verbotsnorm, einer umfassenden Missbrauchsaufsicht oder eines nachgeschalteten Freistellungstatbestandes vorgenommen werden sollte. Die im Ergebnis erfolgreiche Praxis von Kartellbehörden und -gerichten spricht indes dafür, an der geläufigen unterschiedlichen Handhabung durch Verbotstatbestände und Missbrauchsaufsicht festzuhalten, auch wenn Letzterer teils eine gewisse Wirkungslosigkeit unterstellt wird. Die Neue Institutionenökonomik ist dazu in der Lage, für beide gesetzlichen Optionen wissenschaftlich fundierte und ökonomisch annehmbare Resultate herbeizuführen, indem sie auf ihr System der Konsensfähigkeit abstellt und so ohne normativen Formalismus die Möglichkeit eröffnet, über den wohlfahrtsökonomischen oder preistheoretischen Tellerrand hinauszublicken, gleichwohl aber verträgliche Effizienzziele und Distributionselemente zu integrieren.

---

358 *Feldmann*, Institutionenökonomik, S. 297 bzw. 299.
359 So auch *Möschel*, Recht der Wettbewerbsbeschränkungen, S. 50, Rz. 70.
360 Schon *Hoppmann*, Wirtschaftsordnung und Wettbewerbspolitik, S. 288.

Wurde oben festgestellt[361], dass makro- und mikroökonomische Ansätze nebst Marktformen nur Anhaltspunkte zur Bewertung von Kooperationen, nicht aber eines einheitlichen Beurteilungssystems zulassen, so ist nach Überprüfung wettbewerbstheoretischer Ansätze hieran anzuknüpfen. Auch die diversen Wettbewerbstheorien können mit ihren ökonomischen Prognosen und Feststellungen kein durchgängiges Beurteilungssystem offerieren. Sie verdeutlichen aber zweierlei:

- Das formale Raster des GWB, das horizontale Wettbewerbsbeschränkungen als per se schädlich und vertikale Wettbewerbsbeschränkung wegen prokompetitiver Wirkungen zunächst nur einer Missbrauchsaufsicht unterstellt, hat sich wirtschaftstheoretisch überlebt. In vielen Fällen verhindert oder erschwert es zumindest wettbewerbliche Effizienzen, die die wirtschaftlichen Gesamtnachteile überwogen hätten.

- Im Hinblick auf die Vielschichtigkeit der denkbaren Einzelfälle sollte die Praxis der Rechtsanwendung das Schema des GWB de lege lata effizienzschonender anwenden. Hierfür bietet die Neue Institutionenökonomik die einzelfallbezogene interbrand-Abwägung an, so dass sie am ehesten als zeitgemäßes Leitbild zur Bewertung von Kooperationen in Betracht kommt.

D. Horizontale und vertikale Wettbewerbsbeschränkungen im GWB

Bereits in den fünfziger Jahren, dem Entwicklungsstadium des GWB, glaubte man Kartellverträge von sonstigen Verträgen durch eine Unterscheidung in horizontale und vertikale voneinander abgrenzen zu können. Darüber verhielt sich bereits die Begründung des Regierungsentwurfs der Bundesregierung, wenn auch nur an einer Stelle[362]: „Im Gegensatz zur horizontalen Wettbewerbsbeschränkung des Kartellvertrags haben die in § 10 behandelten Verträge[363] eine vertikale Bindung zum Gegenstand“. Erste Probleme ergaben sich jedoch schon hinsichtlich einer homogenen Terminologie der Begrifflichkeiten. So sprach der Ausschuss für Wirtschaftspolitik von horizontalen oder vertikalen Wettbewerbsbeschränkungen[364], andere von horizontalen und vertikalen Verträgen oder Bindungen[365]. Weder der Regierungsentwurf, noch etwa hierzu folgende

---

[361] Siehe oben 1. Teil, B.
[362] Begr. zum RegE., BT-Drucks. II/1158, S. 35, dort Nr. 2.
[363] § 10 des RegE entsprach dem Grunde nach dem heutigen § 14 GWB n.F. bzw. § 15 GWB a.F.
[364] Ausschuss für Wirtschaftspolitik, BT-Drucks. II/3644, S. 14.
[365] *Koenigs*, GRUR 1958, 589, 589; vgl. auch die Nachweise bei *Schwarz*, Kartellvertrag, S. 55 Rn 372.

Literatur erwähnten die Handhabung der Merkmale. In einer Definition des Wettbewerbsrechts seiner Zeit ist die Auffassung[366] zu lesen, dass „funktionsfähiger Wettbewerb eine möglichst große Zahl von Marktteilnehmern[367] und deren volle wirtschaftliche Bewegungsfreiheit voraus[setze], damit sie ihre Entscheidungen ohne Rücksicht auf eigene horizontale oder vertikale Bindungen und ohne Behinderung durch wettbewerbsbeschränkende Absprachen ihrer Vertragspartner treffen können". An dieser Umschreibung der Aufgabe des GWB[368], nämlich den Schutz des Wettbewerbs als Institution zu bewirken, ist auffällig, dass in der Literatur bereits im ersten Jahr nach Verabschiedung des Kartellgesetzes ein möglicher Einfluss horizontaler und vertikaler Beschränkungen bewusst war. *Koenigs* postuliert die Freiheit des Wettbewerbs und stellt dabei klarstellt, dass ein Schutz nicht von horizontalen oder vertikalen Faktoren abhängig gemacht werden muss – aus seiner Sicht freilich nur dann, wenn eine Marktlage möglichst nahe der vollständigen Konkurrenz feststellbar ist. Im Zusammenhang mit der nach damaligem Recht noch zulässigen Preisbindung von Händlern durch Hersteller, hat sich auch *Loos* bereits frühzeitig mit dem Begriffspaar auseinandergesetzt[369].

Dementsprechend gab es von vornherein Überlegungen, unter welchen Voraussetzungen die Merkmale horizontal und vertikal erfüllt sein sollten. Der Regierungsentwurf offerierte hierzu zwei ähnliche Möglichkeiten: Einerseits eine von der Marktstellung der Vertragsbeteiligten unter Berücksichtigung des konkreten Vertragsgegenstands abhängige Eigenschaftswertung über vertikale Verhältnisse[370]; andererseits ein Abstellen auf die Präsenz der Vertragspartner[371] hinsichtlich bestimmter Wirtschaftsstufen, bei denen eine horizontale Absprache vorliegen sollte, wenn die Unternehmen der jeweils gleichen Wirtschaftsstufe angehörten. Das Wirtschaftsstufenmodell hat im GWB Anklang gefunden[372]. Wann kartellrechtlich von einer Wirtschaftsstufe ausgegangen werden konnte, war dabei streitig. Die Rechtsprechung forderte das Bestehen einer Wettbewerbsbeziehung der Beteiligten[373]. Die wohl hM bewertete dagegen den unternehmerischen Hintergrund, also ob die Beteiligten dem Hersteller- oder Groß-/Einzelhändlerlager zuzuordnen waren[374]. Für die Abgrenzung horizontaler

---

366 *Koenigs*, GRUR 1958, 589, 589.
367 Insoweit entpuppt sich *Koenigs* als Vertreter der polypolistischen Konkurrenz.
368 *Koenigs* verglich in diesem Aufsatz die ordnungspolitischen Aufgaben von GWB und UWG.
369 *Loos*, BB 1958, 1217, 1217.
370 Begr. zum RegE., BT-Drucks. II/1158, S. 35, Nr. 2 zu § 10.
371 Vgl. Begr. zum RegE, BT-Drucks. II/1158, S. 36, Nr. 1a zu § 11.
372 Z.B. § 3 GWB a.F.
373 BGH WuW/E BGH 279, 281 – „Schokoladenfabrik".
374 Vgl. nur *Immenga*, in: I/M, 2. Aufl., § 3 Rn 69, mit Hinweisen auf die dazu teils engeren Ansichten in der Literatur.

Kartelle nach § 1 GWB von Vertikalverträgen nach §§ 14 ff. GWB hat das – wie früher nach § 1 GWB a.F. und §§ 15 ff. GWB a.F.[375] – dazu geführt, eine wettbewerbsbeschränkende Vereinbarung von der Zuordnung von Unternehmen zu einer bestimmten Wirtschaftsstufe abhängig zu machen. Wegen der Wirkungen auf verschiedene Wirtschaftsstufen seien Wettbewerbsbeschränkungen in horizontale, vertikale und diagonale einteilbar, nach dem verwandten Mittel in Konzertierungs-, Behinderungs- und Zusammenschlusspraktiken[376]. Obwohl de facto also bereits frühzeitig dogmatisch vollzogen, hat die gesetzestechnische Bezugnahme auch auf die wörtliche Trennung erst mit dem Werken *Otto Sandrocks* grundlegend[377] und *Karsten Schmidts*[378] in den späten siebziger Jahren konkret dazu geführt, dass nach dem GWB eine unterschiedliche Behandlung horizontaler und vertikaler Wettbewerbsbeschränkungen auch zum ordnungsrechtlichen Unterscheidungskriterium aufgewertet wurde, obwohl dies bis zur 6. Novelle nie unmittelbar aus dem Gesetz zu lesen war.

Nach diesen Grundsätzen wurden und werden unter horizontaler Verhaltenskoordination Bindungen zwischen Marktteilnehmern der gleichen Produktionsstufe oder Wettbewerbsebene[379] verstanden, wie etwa Preis- und Konditionenabsprachen oder Lizenzvereinbarungen (Letztere können indes auch zwischen Produzent und integriertem Handel getroffen werden). Vertikale Bindungen sind dagegen solche zwischen Unternehmen aufeinander folgender Marktstufen[380]. In diesen Bereich fallen beispielsweise Preisbindungen zwischen Hersteller und Händler. Im Folgenden sollen die Regelungen genannt werden, bei denen die Horizont-Vertikal-Differenzierung von Bedeutung ist. Es wird sich herausstellen, dass sie als Ursache von Wertungswidersprüchen im GWB zu identifizieren sind.

I. Vereinbarungen auf der gleichen Wirtschaftsstufe

1. Kartelle (§ 1 GWB a.F.)

Kartelle, als vertragliche oder auf Beschluss beruhende Vereinbarungen einschließlich *gentlemen's agreements* sind Wettbewerbsbeschränkungen, die in einer Verhaltenskonzertierung wirtschaftlich selbstständig bleibender Unternehmen bestehen, wobei der Kartellbegriff in der deutschen Tradition auf

---

[375] Vgl. *Schwarz*, Kartellvertrag, S. 56.
[376] *Möschel,* Recht der Wettbewerbsbeschränkungen, S. 93, Rz. 143.
[377] *Sandrock*, Grundbegriffe des GWB, 1968.
[378] *K. Schmidt*, Kartellverbot und „sonstige Wettbewerbsbeschränkungen", 1978.
[379] *Sandrock*, Grundbegriffe des GWB, S. 223 ff.; *Walz*, Systemfragen, S. 31.
[380] *Sandrock*, Grundbegriffe des GWB, S. 393 ff.; *Walz*, Systemfragen, S. 31.

horizontale Wettbewerbsbeschränkungen begrenzt ist[381]. Dies wird seit der 6. Novelle 1998 durch das neu eingefügte Merkmal „Vereinbarungen zwischen miteinander im Wettbewerb stehenden Unternehmen“ besonders hervorgehoben, das nunmehr als Abgrenzungskriterium zu vertikalen Wettbewerbsbeschränkungen fungiert. Erstaunlich ist daran, dass es nahezu zwanzig Jahre dauerte, bis der Gesetzgeber insoweit auch wortwörtlich auf das Wettbewerbsverhältnis Bezug genommen hat. Sicherlich wird man ihm die Schwierigkeit zugute halten können, ein Unterscheidungsmerkmal kreieren zu müssen, das an die Stelle des vormals gesellschaftsrechtlich orientierten „gemeinsamen Zwecks“ treten konnte. *K. Schmidt* wandte bereits Ende der siebziger Jahre ein, dass der Kartellbegriff vom Gesellschafts- und Kartellorganisationsrecht gelöst werden müsse und das spezifisch konspirative Element in den den Wettbewerb störenden, am Wettbewerbsverhältnis Beteiligten selbst zu sehen sei[382]. Legt man diese Erkenntnis zu Grunde, so dürfte eine Wettbewerbsbeschränkung nur zu bejahen sein, wenn tatsächlich oder zumindest potenziell ein Wettbewerbsverhältnis zwischen den beteiligten Unternehmen besteht. Als Beispiele solcher Wettbewerbsbeschränkungen sind Marktkoordination durch Preisabsprachen, Quotenfestlegung, Auftragssteuerung, Meldesysteme oder Sanktion entsprechender Absprachen, die als klassische Kartelle bezeichnet werden, zu nennen[383]. Es können aber ebenso gegenseitige Absprachen über Ausschließlichkeitsbindungen den Kartellverbotstatbestand erfüllen[384], obwohl es sich bei diesen regelmäßig um Vertikalvereinbarungen handelt, deren Beurteilung normalerweise nach den speziellen Vorschriften des zweiten Abschnitts des GWB, hier insbesondere § 16 GWB, zu erfolgen hat. Wegen horizontaler Vereinbarungen, durch die Warenaustauschpartner auch den (potenziellen) Wettbewerb zwischen sich oder zu Dritten ausschließen, entstehen Friktionen der gesetzlichen Erlaubnis von Vertikalvereinbarungen und dem Kartellverbot, das die zunächst erlaubte Bindung in die gefährliche Nähe eines per se Verbots bringt, wenn nicht die Rechtfertigungsgründe einen tatbestandlichen Ausschluss oder zumindest eine immanente Restriktion des § 1 GWB bedingen.

---

[381] *Möschel,* Recht der Wettbewerbsbeschränkungen, S. 97, Rz. 150. *Henssler* nennt als drei Fälle horizontaler Einflussnahme Kartelle, abgestimmte Verhaltensweisen und Empfehlungen, in: ZHR 154 (1990) 545, 549.

[382] *K. Schmidt*, Kartellverbot, S. 59; *ders.*, BB 1979, 1173, 1174.

[383] Vgl. *Emmerich*, Kartellrecht, S. 49.

[384] Etwa KG WuW/E OLG 1863, 1865 – „Gema“; BGH WuW/E BGH 3115, 3117 – „Druckgussteile“; WuW/E BGH 3121, 3124 – „Bedside-Testkarten“; WuW/E BGH 3137, 3137 – „Solelieferung“.

2. Abgestimmte Verhaltensweisen (§ 25 Abs. 1 GWB a.F.)

Fraglich ist, ob das Merkmal des Abstellens auf die gleiche Wirtschaftsstufe im Sinne horizontaler Wettbewerbsbeschränkungen auch auf Beschlüsse und aufeinander abgestimmte Verhaltensweisen uneingeschränkt anwendbar ist. Dagegen könnte sprechen, dass § 25 Abs. 1 GWB a.F. begriffsnotwendig kein Horizontalverhältnis voraussetzte. In der Regelung von 1973 war vielmehr das Verbot der Kartellierung (§ 1 GWB a.F.) und der sonstigen unerlaubten Verhaltensweisen (§§ 15 ff. GWB a.F.) quasi zusammengefasst; § 1 GWB a.F. und § 25 GWB a.F. wurden als nebeneinander stehend angesehen[385]. Insoweit kam es darauf an, ob die Vereinbarung dem Vertrag zuzuordnen war oder als vertragsbegleitend einer eigenständigen Behandlung nach § 25 Abs. 1 GWB a.F. unterfallen sollte[386]. Da auch ein Kartellvertrag auf einer abgestimmten Verhaltensweise beruht, wurde § 25 GWB a.F. vereinzelt als Grundtatbestand des Kartellverbots angesehen[387]. Bezweckt war mit der Regelung allerdings nur, auch jene Absprachen einer gesetzlichen Bewertung zuführen zu können, die gerade wegen des Fehlens der ehemals nach § 34 GWB a.F. vorausgesetzten Schriftform nicht unter das Kartellverbot subsumiert werden konnten. § 25 GWB a.F. diente insoweit als Auffangtatbestand[388]. Dies könnte für die Annahme der Voraussetzung einer Erfassung nur horizontaler Verhaltensabstimmung sprechen. Indes war § 25 GWB a.F. dem Art. 85 EGV nachempfunden, der auch damals schon horizontal und vertikal abgestimmte Verhaltensweisen erfasste. Das deutsche Verbot abgestimmter Verhaltensweisen war deshalb wettbewerbspolitisch bedeutsam, denn es führte zu einer erweiterten Erfassung horizontaler *und* vertikaler Wettbewerbsbeschränkungen[389]. § 25 Abs. 1 GWB a.F. durchbrach mithin das stringente Differenzierungsmodell, weil so auch vertikal abgestimmte Verhaltensweisen verboten waren, die nach § 15 GWB a.F. in Vertragsform nur einer Missbrauchsaufsicht unterstellt waren. Vertikale Bindungen werden indes kaum im Wege einfacher Absprachen vereinbart, weil sie regelmäßig im Zusammenhang mit einem vertraglichen Produktaustausch zu Stande kommen. Der Wertungswiderspruch § 25 GWB a.F. zu § 15 GWB a.F. trat deshalb im Verhältnis zur Debatte der Behandlung von *gentlemen's agreements* und der Abgrenzung gegenüber kartellrechtlich neutralem Parallelverhalten, etwa in Oligopolmärkten, in den Hintergrund[390].

---

[385] *Belke*, ZHR 139 (1975), 51, 85; differenzierend: *Immenga*, in: I/M, 2. Aufl., § 25 Rn. 8; offengelassen von BGH WuW/E BGH 1367, 1369 – „ZVN I".

[386] *Beuthien*, in: FS Hartmann, S. 51, 66.

[387] *K. Schmidt*, Kartellverbot, S. 9 ff.; *ders.*, Kartellverfahrensrecht, S. 32 ff.

[388] Vgl. *Beuthien*, in: FS Hartmann, 51, 74.

[389] So zutreffend *Belke*, ZHR 139 (1975), 51, 87 ff.; *Immenga*, in: I/M, 2. Aufl., § 25 Rn. 3.

[390] Vgl. *Immenga*, in: I/M, 2. Aufl., § 25 Rnrn. 5 und 9.

3. Verhaltenskonzertierung durch Kartelle und abgestimmte Verhaltensweisen (§ 1 GWB)

Im Zuge der letzten Novelle von 1999 hat der Gesetzgeber abgestimmte Verhaltensweisen in den Tatbestand des § 1 GWB integriert. Daher dürfte kraft Sachzusammenhangs davon auszugehen sein, dass nunmehr auch insoweit ein Wettbewerbsverhältnis zwischen Unternehmen Voraussetzung ist[391]. Dies gilt zugleich für Beschlüsse von Unternehmensvereinigungen, da diese, sofern sie nur von den Mitgliedern befolgt werden, zu derselben Verhaltensabstimmung zwischen ihnen führen wie Vereinbarungen oder abgestimmte Verhaltensweisen[392]. Damit erschließt sich zugleich die neue Bezeichnung des ersten Abschnitts des GWB, der seit dieser Novelle mit „Kartellvereinbarungen, Kartellbeschlüssen und abgestimmtes Verhalten" überschrieben ist. Abgestimmte Verhaltensweisen könnten daher entsprechend der Rechtsfolge des Kartellverbotstatbestands nur noch dann verboten sein, wenn sie zwischen Wettbewerbern im Horizontalverhältnis getroffen werden. Aus der Integration in § 1 GWB folgt, dass sie erfasst werden, wenn bei vertraglichem Bindungswillen die Voraussetzungen des Merkmals „zwischen miteinander in Wettbewerb stehenden Unternehmen" erfüllt sind[393]. Darüber hinaus sind auch Empfehlungen ohne konkrete Verhaltensabstimmung zwischen Unternehmen oder gegenüber ihren Abnehmern hinsichtlich Preisen nach § 22 Abs. 1 Sätze 1 und 2 GWB als Umgehungstatbestand verboten[394]. Empfehlungen und Wettbewerbsregeln von Verbänden (§§ 24-27 GWB) verpflichten zwar zunächst niemanden, diese auch einzuhalten. Eine Pflicht zur Einhaltung kann aber im Einzelfall durch Vereinbarung zwischen Unternehmen oder ggf. durch entsprechenden Verbandsbeschluss begründet werden[395]. Auch sie unterliegen spätestens dann grundsätzlich dem Verbot nach § 1 GWB. Es gilt daher zu klären, wann insgesamt überhaupt von einer verbotsbegründenden horizontalen Verhaltenskoordination gesprochen werden kann.

a) Kollektives Marktverhalten

Unter kollektivem Marktverhalten werden alle Formen von Marktverhalten zusammengefasst, die auf Kooperation (Zusammenarbeit) bzw. Kollusion (unerlaubte Verabredung) rechtlich selbstständig bleibender Marktteilnehmer der gleichen Wirtschaftsstufe beruhen und das Ergebnis einer bewussten horizon-

---

[391] Ebenso: *Bechtold*, Kartellgesetz, § 1 Rn. 18.
[392] *Emmerich*, Kartellrecht, S. 39.
[393] *Bechtold*, Kartellgesetz, § 1 Rn. 17.
[394] Ausnahme: Die Unverbindliche Preisempfehlung für Markenartikel nach § 23 GWB.
[395] Vgl. dazu *Baur*, ZHR 141 (1977), 293, 297.

talen ex ante-Verhaltenskoordination sind[396]. Jedes derartige Verhalten hat die Reduzierung der Handlungsspielräume der Beteiligten selbst sowie der potenziellen Konkurrenten der gleichen Wirtschaftsstufe und der Teilnehmer der Marktgegenseite zur Folge. Dabei wird unterschieden nach dem Gegenstand der Verhaltenskoordination in Bezug auf den jeweiligen Aktionsparameter wie Preis, Preisbestandteile, Preisermittlung, Geschäfts-, Lieferungs-, Zahlungsbedingungen, nachgefragte Mengen, Marktaufteilung, Produktarten und Produktionsverfahren[397]. Solche Aktionsparameter sind jeweils durch die beteiligten Konkurrenten beeinflussbar. Die danach von entsprechendem Marktverhalten ausgehenden Wettbewerbsbeschränkungen können eine besondere Gefahr für die Wettbewerbsfreiheit darstellen und rechtfertigen damit zunächst das Verbot in § 1 GWB, unabhängig davon, ob sie auf einem Vertrag, einer moralischen Verpflichtung (*gentlemen's agreement*), der Aussprechung von Empfehlungen oder der Formulierung von Wettbewerbsregeln beruhen. Diese von *Herdzina*[398] beschriebene ex ante-Verhaltenskoordination scheint geeignet, das relevante Verhalten aufzuzeigen, das ein Eingreifen des GWB zum Schutze des freien Wettbewerbs rechtfertigt. Damit wird zutreffend ausführt, wie die Beeinträchtigung des Wettbewerbs zu Stande kommt, d.h. welches Verhalten konkret den Wettbewerb unter den Beteiligten beschränken kann. Horizontale Vereinheitlichung oder Koordinierung der Aktionsparameter und völliges bzw. partielles Ausscheiden eines aktuellen oder potenziellen Konkurrenten durch Abstimmung mit ihm stellen mithin Kartellierungssachverhalte dar[399]. Woran die notwendige kartellrechtliche Korrektur festgemacht werden kann, hat die Debatte um die oben gemachten wettbewerbstheoretischen Ansätze gezeigt: Einzig am Produkt, dem von diesem bestimmten dynamischen Markt und den Interessen der Marktteilnehmer. Dies lässt Rückschlüsse auf den Anwendungsbereich des Kartellverbots in § 1 GWB unter Zugrundelegung des Begriffs Wettbewerb zwischen miteinander in Wettbewerb stehenden Unternehmen zu: Es kann im Allgemeinen auf das Wettbewerbsverhältnis der Beteiligten in bestimmten Produktmärkten ankommen, aber zugleich auch auf den vertraglichen Hintergrund, der die wettbewerblich maßgebliche Ursache der Verhaltenskoordination darstellt. Deshalb muss das Kartellverbot bei Vorliegen horizontaler Merkmale möglicherweise Einschränkungen erfahren.

Abzugrenzen sind horizontale Wettbewerbsbeschränkungen, insbesondere in ihrer Form als abgestimmte Verhaltensweisen weiter von bewusstem, nicht

---

[396] *Herdzina*, Wettbewerbspolitik, S. 145, dessen Begriffsbestimmung hier zu Grunde gelegt wurde. Danach bedeutet Kooperation jene Form von Zusammenarbeit, die dem Ziel dient, die Leistungs- und Wettbewerbsfähigkeit von Unternehmen zu steigern (S. 159).

[397] *Herdzina*, Wettbewerbspolitik, S. 147; siehe auch oben, 1. Teil, D. I. 1.

[398] *Herdzina*, Wettbewerbspolitik, S. 149.

[399] *K. Schmidt*, Kartellverbot, S. 57; heute ganz hM.

koordiniertem Parallelverhalten[400]. Märkte mit ähnlichen Marktbedingungen und homogenen Gütern sind vielfach durch einen natürlichen parallelen Parametereinsatz aus eigener Einschätzung der Marktteilnehmer geprägt, insbesondere im engen Oligopol, dem nur wenige Wettbewerber angehören. Ebenso fallen Vereinbarungen zwischen Marktteilnehmern, die ihre rechtliche Selbstständigkeit – zumindest teilweise – aufgeben, nicht unter § 1 GWB. Zwischen den Beteiligten wird zwar zunächst regelmäßig ein Wettbewerbsverhältnis bestanden haben, bevor sie ihre Selbstständigkeit aufgaben. Die überwiegende Annahme von Effizienzvorteilen einer Fusion und der Schutz von Unternehmen nach Art. 14 GG haben jedoch zu einer entsprechenden Privilegierung gegenüber § 1 GWB geführt[401]. Als wettbewerbspolitisch wünschenswert sind die nach der Kooperationsfibel des Bundesministeriums der Wirtschaft in der letzten Fassung von März 1976 nach wie vor geltenden kartellfreien Kooperationen eingestuft, deren Formen ebenfalls nicht gegen § 1 GWB verstoßen[402].

Ob der Eingriff des Kartellverbots aber davon abhängig gemacht werden sollte, dass Wettbewerb zwischen Unternehmen der „gleiche Wirtschaftstufe“ beschränkt wird, ist nach diesem Überblick über die zentrale Norm freilich nicht ersichtlich und kann hier auch noch nicht entschieden werden. Die spezifischen Gefahren eines Kartells zwischen Wettbewerbern wirken jedenfalls primär auf die Marktgegenseite, die von der Beschränkung direkt und unmittelbar betroffen ist und die das GWB deshalb mit dem per se-Verbot des § 1 schützen will. Daher scheint es nachvollziehbar und wirtschaftspolitisch[403] gerechtfertigt, die Wirtschaftsstufe in den Vordergrund zu stellen, auf der die beteiligten Unternehmen agieren. Bei Vorliegen einer horizontalen Wettbewerbsbeschränkung ist in der Regel aber nicht nur derjenige Markt von der Beschränkung tangiert, auf dem die betreffenden Unternehmen anbieten oder nachfragen, sondern es gehen mannigfache Wirkungen auch auf vor- und nachgelagerte Märkte aus[404]. Schon aus diesem Grunde mag der Fokus auf ein horizontales Wettbewerbsverhältnis zumindest bedenklich erscheinen.

---

400 Vgl. *Immenga,* in: I/M, 2. Aufl., § 1 Rn. 106; *Axter*, WuW 1973, 605, 612 mit Darstellung der unterschiedlichen Behandlung durch BGH und EuGH.

401 Sog. „Konzentrationsprivileg“. Vgl. BGH WuW/E BGH 359, 365 – „Glasglühkörper“; WuW/E DE-R 115, 119 ff. – „Car-Partner“; zur Behandlung von Gemeinschaftsunternehmen und der Abgrenzung zum Kartellverbot vgl. *Emmerich*, Kartellrecht, S. 297 f.

402 Vgl. im Einzelnen die Übersicht bei *Bechtold,* Kartellgesetz, § 1 Rn. 56 ff.

403 *Sandrock*, Grundbegriffe des GWB, S. 402.

404 *Sandrock*, ebenda.

b) Ausnahmen vom Verbot kollektiven Marktverhaltens (§§ 2 ff. GWB)

Das deutsche Kartellrecht weist einen umfassenden und gleichermaßen abschließenden Katalog von Einzelfreistellungen in den Ausnahmevorschriften des ersten Abschnitts auf. Dieser wurde im Rahmen der 6. Novelle unter Streichung für Rabatt-, Export- und Einfuhrkartelle beibehalten. Nach § 9 Abs. 3 GWB und § 10 Abs. 1 GWB werden Widerspruchskartelle, die mit Anmeldung bei den Kartellbehörden wirksam sind und Erlaubniskartelle unterschieden, die erst durch einen Verwaltungsakt der zuständigen Behörde vom Verbot freigestellt werden können. Grundlegend für mögliche Ausnahmen vom Kartellverbot ist u.a. die wettbewerbstheoretische Erkenntnis, dass völlig unbeschränkter Wettbewerb nicht automatisch zur höchsten Effizienz des Wettbewerbs führt (Stichwort: *efficiency*)[405]. Es ist durchaus möglich, dass ein bestimmtes Marktverhalten zwar einerseits die Einengung von Handlungsspielräumen bewirkt, die für sich betrachtet unangemessen erscheinen, das andererseits aber auch erst neue Handlungsspielräume eröffnet, womit per saldo keine unangemessene Einschränkung vorliegt. Bestimmte Handlungen können durchaus Freiheitsbeschränkungen implizieren und dennoch zugleich Verbesserungen der ökonomischen Marktergebnisse mit sich bringen (Dilemmathese). Dies gilt natürlich ebenso für die zuvor angesprochenen Sekundärmärkte, auf denen die Wettbewerbsbeschränkung spürbar werden kann. Auch bei den Ausnahmeregelungen geht es aber in erster Konsequenz um die positiven Wirkung auf die jeweils primär betroffenen Märkte.

aa) Erzielung von Effizienzvorteilen

Zunächst können nach dem Gesetz Normen- und Typen-, Konditionen- (§ 2 GWB) sowie Spezialisierungsmaßnahmen (§ 3 GWB) als Widerspruchskartelle und Rationalisierungskartelle (§ 5 GWB) vom Kartellverbot freigestellt werden. Bei ihnen handelt es sich um Einzelfreistellungen[406], die durch die generalklauselartige Norm des § 7 Abs. 1 GWB ergänzt[407] werden. Ausnahmen bilden die Erlaubniskartelle des § 5 GWB bzw. sonstige Kartelle nach § 7 GWB, die nach § 10 Abs. 1 GWB nur im Wege einer behördlichen Verfügung freigestellt werden können. Gemeinsam ist ihnen der Grund ihrer Freistellungsmöglichkeit. Absprachen über die Bindung nur einiger Parameter und die Beschränkung auf andere, wesentliche Parameter, insbesondere den Preis,

---

[405] Vgl. *Hossenfelder/Müller/Parlasca*, ZHR 160 (1996), 1, 8; siehe auch oben, 1. Teil, D. IV.

[406] Im Gegensatz zu sog. Bereichsausnahmen (§§ 99- 103 GWB a.F.); ausführlich: *Rittner*, Wettbewerbs- und Kartellrecht, S. 204 ff.

[407] Sog. Kombinationsmodell, vgl. Begr. zum RegE der 6. Novelle, BT-Drucks. 13/9720, S. 31 ff.

können Effizienzvorteile bewirken. Dabei gilt es zu beachten, dass Klauseln, die durch die Fixierung des Preises oder seiner Bestandteile den Preiswettbewerb zwischen den Beteiligten beschränken können, verboten sind[408] (vgl. auch § 2 Abs. 2 GWB). Diverse Konzertierungen durch Rationalisierungsmaßnahmen können dagegen die Produktivität der Unternehmen und die Versorgung der Nachfrager verbessern[409]. Daher erkennt die Rechtsprechung Rationalisierungsvereinbarungen zum Zwecke der Leistungssteigerung an[410]. Das System des per se-Verbots wird mithin aus Gründen marktspezifischer Interessenwahrung zu Gunsten der Herstellung marktfähiger Produkte und guter Nachfragedeckung durchbrochen. Der abschließende Katalog lässt indes nur wettbewerbspolitisch wünschenswerte Effizienzvorteile zu und verschließt sich so im Sinne überwiegender Rechtssicherheit einer Generalklausel oder etwa einer *rule of reason*-Betrachtung.

bb) Nachteilsausgleich für kleine und mittlere Unternehmen

Aus der Erkenntnis, dass durch freien Wettbewerb möglicherweise große Unternehmen allein aufgrund ihrer natürlich gewachsenen Marktmacht in der Lage sind, einen zu großen Druck auf kleinere und mittlere Unternehmen auszuüben, lässt das Gesetz im Bereich horizontaler Absprachen Mittelstandskartelle (§ 4 GWB/§§ 5b, 5c GWB a.F.) zu, soweit diese nicht ihrerseits den Wettbewerb wesentlich beeinträchtigen[411]. Mittelständler können insbesondere bei der Erzielung günstiger Einkaufsbedingungen benachteiligt sein. Wettbewerbspolitischer Hintergrund ist die aus makroökonomischer Sicht wirtschaftlich wünschenswerte Mittelstandsförderung an sich aber auch die Aufrechterhaltung einer möglichst dezentralen Entscheidungsstruktur[412] im Wettbewerb. Durch § 4 GWB erfolgt bei der Freistellungsentscheidung eine besondere wirtschaftliche und wettbewerbliche Abwägung. Ein wirtschaftlicher Nachteilsausgleich wird nur bei Fehlen wesentlicher Beschränkung[413] anerkannt, d.h. das Mittelstandskartell darf nicht seinerseits eine spürbare Wettbewerbsbeschränkung verursachen, die den Nachteilsausgleich in einen Vorteilsgewinn kehren würde. Nur die Verbesserung der eigenen Leistungsfähigkeit zur

---

[408] *Immenga*, in: I/M, 2. Aufl., § 2 Rn. 51 ff.

[409] *Hossenfelder/Müller/Parlasca*, ZHR 160 (1996), 1, 8 und 9; *Herdzina*, Wettbewerbspolitik, S. 155 u. 156.

[410] Vgl. etwa KG WuW/E OLG 4495, 4498 – „Doppelgenossen".

[411] Für Mittelstandskartelle gelten deutlich schärfere Anforderungen als z.B. für Spezialisierungskartelle. Erstere können bereits unzulässig sein, wenn die mit ihnen verbundene Wettbewerbsbeschränkung noch deutlich hinter der Marktbeherrschung des § 19 Abs. 2 GWB zurückbleibt (vgl. *Emmerich*, Kartellrecht, S. 78).

[412] *Herdzina*, Wettbewerbspolitik, S. 158.

[413] Vgl. OLG Stuttgart WuW/E OLG 2807, 2808 ff. – „Gebrochener Muschelkalkstein".

Erhöhung der Wettbewerbsfähigkeit wird geschützt[414]. Die Verbesserung der Positionierung kleiner und mittlerer Unternehmen im Wettbewerb als Ziel des § 4 GWB spiegelt den Bezug zum horizontalen Ansatz der Freistellungsnorm wider.

cc) Notwendige Anpassung in einer dem Gemeinwohl zuträglichen Weise

Daneben sieht das deutsche Kartellrecht aus Gründen des Gemeinwohls auch die Möglichkeit der Freistellung von Strukturkrisen-[415] (§ 6 GWB /§ 4 GWB a.F.) und Sonderkartellen (§§ 7, 8 GWB) vor. Die Möglichkeit der Freistellung von Strukturkrisenkartellen ist vom Gesetzgeber geschaffen worden, um vorhandene Überkapazitäten an den voraussichtlichen künftigen Bedarf anzupassen, ohne dass dies auf wirtschaftswissenschaftlichen Erkenntnissen beruhte, da die Krisentheorie der Nationalökonomie eine entsprechende Differenzierung nicht herausgearbeitet hat[416]. Der neue § 7 Abs. 1 GWB zielt nach seinem Wortlaut darauf ab, Kartelle zuzulassen, wenn sie zu einer Verbesserung der Entwicklung, Erzeugung, Verteilung, Beschaffung, Rücknahme und Entsorgung von Waren oder Dienstleistungen beitragen, sofern sämtliche Abnehmer angemessen an dem durch die genannte Verbesserung erwirtschafteten Gewinn beteiligt werden[417]. Ohne dass es Ziel des deutschen Gesetzgebers gewesen wäre, entkräftet die Regelung so den der *Chicago School* anhaftenden wettbewerbstheoretischen Vorwurf rein einzelwirtschaftlicher Vorteilsbetrachtung[418] durch die Gegenüberstellung gesamtwirtschaftlicher Effizienz und dient zugleich der Konsumentenwohlfahrt im Sinne ökonomisch vorteilhafter Ziele. Der Begriff des Gewinns ist dabei nicht betriebswirtschaftlich, sondern als Verbesserung der Bedarfsbefriedigung zu verstehen[419]. Der Freistellungstatbestand für sonstige Kartelle greift somit Ansätze des Art. 81 Abs. 3 EG auf, dessen wettbewerbspolitische Zielsetzungen sich gewissermaßen wieder finden. § 7 GWB ist horizontal geprägt, weil er nur Vereinbarungen und Beschlüsse erfasst, die gegen das Kartellverbot verstoßen, nicht aber solche, die anderen Normen des GWB zuwiderlaufen[420].

---

[414] Vgl. *Bechtold*, Kartellgesetz, § 4 Rn. 4.
[415] Diese sind allerdings nach neuem Recht aus Gemeinwohlgründen nur noch über § 8 GWB freistellbar, vgl. zutreffend *Kahlenberg*, BB 1998, 1593, 1595.
[416] *Rittner*, Wettbewerbs- und Kartellrecht, S. 242 in Fußnote 75.
[417] *Emmerich*, Kartellrecht, S. 93.
[418] *I. Schmidt*, Wettbewerbspolitik und Kartellrecht, S. 24.
[419] Begr. zum RegE., BT-Drucks. 13/9720 v. 29.1.1998, S. 47.
[420] So auch *Bechtold*, Kartellgesetz, § 7 Rn. 4.

Als weitere Ausnahme kommt nur noch eine Ministererlaubnis nach § 8 GWB in Betracht, wenn trotz Fehlens der Voraussetzungen nach §§ 2-7 GWB die Wettbewerbsbeschränkung von gesamtwirtschaftlichen Vorteilen aufgewogen wird oder durch ein überragendes Interesse gerechtfertigt scheint[421]. Die Ministererlaubnis soll zu Recht nur als Auffangtatbestand dienen, der restriktiv und ausnahmsweise aus überwiegenden Gründen der Gesamtwirtschaft und des Gemeinwohls notwendige Beschränkungen legalisieren kann. Die gesamtwirtschaftliche Vorteilsanalyse, die das Gemeinwohl mit umfasst[422], stellt im Ausgangspunkt ebenfalls auf das Horizontalverhältnis der Wettbewerber ab, da über § 8 GWB nur Kartelle im Sinne des § 1 GWB legalisierbar sind.

Im Ergebnis bleibt hier also festzuhalten, dass die Normen des ersten Abschnitts jeweils konkret horizontale Bezüge aufweisen, beginnend mit dem Kartellverbot und endend bei der letzten Möglichkeit einer Freistellung im Wege der Ministererlaubnis. Gesamtwirtschaftliche Vorteile treten in diesem System zumindest bei den gesetzlichen Ausnahmemöglichkeiten in Erscheinung.

II. Vereinbarungen zwischen aufeinander folgenden Wirtschaftsstufen

Wie bereits dargelegt, dient die Unterscheidung horizontaler und vertikaler Wettbewerbsbeschränkungen im Wesentlichen der Einordnung und dem Versuch einer handhabbaren Unterscheidung gravierender und weniger gravierender Eingriffe in die Freiheit des Wettbewerbs, wobei auf die Wettbewerbsbeschränkung selbst abgestellt wird[423]. Ist ein – wenn auch nur potenzielles – Wettbewerbsverhältnis ausgeschlossen, unterfallen Wettbewerbsbeschränkungen den Regelungen des zweiten Abschnitts als „sonstige Verträge“ (so §§ 15 ff. GWB a.F.) bzw. nunmehr als „Vertikalvereinbarungen“ zwischen Unternehmen auf verschiedenen Wirtschaftsstufen den §§ 14 ff. GWB. Innerhalb von Vertikalvereinbarungen differenziert das Gesetz weiter danach, ob Beschränkungen der Inhaltsfreiheit in Rede stehen, die mit Ausnahme von Verlagserzeugnissen (§ 15 GWB) gemäß § 14 GWB verboten sind, oder ob Beschränkungen von Abschlussfreiheit oder Lizenzverträge betroffen sind. Letztere sind wirksam, unterliegen aber dem Vorbehalt kartellbehördlicher Untersagung.

---

[421] Vgl. *Emmerich*, Kartellrecht, S. 326.
[422] Vgl. *Benisch*, in: GK, § 8 Rn. 7 m.w.N., der das Gemeinwohl begrifflich als Unterfall gesamtwirtschaftlicher Vorteilhaftigkeit begreift; vgl. auch *Fezer*, JZ 1990, 657, 569.
[423] Als Pionier: *K. Schmidt*, Kartellverbot, S. 60.

1. Inhaltsbindungen für Zweitverträge (§§ 14, 15 GWB)

a) Verbot von Vereinbarungen über Preisgestaltung oder Geschäftsbedingungen (§ 14 GWB)

§ 14 GWB verbietet die Preisbindung bzw. Konditionenbindung der zweiten Hand. Dies lässt sich wegen der Auswirkungen von Preisbindungen wettbewerbspolitisch rechtfertigen. Bindet z.B. ein Unternehmen seine Vertragspartner auf der Handelsstufe an einheitliche Wiederverkaufspreise oder beinhaltet der Vertrag etwa mit einem Großhändler sogar den weiter gehenden Fall einer Vereinbarung, wonach in der Absatzkette auch den Einzelhändlern ein fester Wiederverkaufspreis auferlegt werden soll, so sind die der Herstellerstufe nachgeordneten Handelstufen gebunden. Im einfachen Fall ist der Angebotswettbewerb der Großhändler im Hinblick auf den Aktionsparameter Preis (horizontal! – aber nur intrabrand) unterbunden. Das Gleiche gilt im erweiterten Fall für den Markt der nachfolgenden Einzelhändler, auf dem Preiswettbewerb dann ebenfalls nicht möglich ist. Wegen der auch horizontalen Wirkung auf dem Folgemarkt muss die Erlaubnis einer Preisbindung nachfolgender Absatzstufen entsprechend dem Horizontal-/Vertikalansatz verboten sein.

Für Preisbindungen wird regelmäßig das Alibi einer einfachen Preiskalkulation für kleine Händler beim Verkauf ins Feld geführt. Zugleich könne eine autonome Preis-Mengen-Politik unter Ausschluss des Handels realisiert werden und dem Konsumenten eröffne sich eine große Markttransparenz inklusive scheinbarer Preiskonstanz[424]. Dem stehen jedoch überwiegende Argumente für die Freiheit des Wettbewerbs entgegen, da mit Preis- und Konditionenbindungen die Reduzierung der Entscheidungsspielräume des Handels, ökonomisch nachteilige, weil unflexibel vorgegebene, hoch oder niedrig angesetzte Preise und Mustervoraussagen über Marktergebnisse einhergehen. Die Verhinderung von Preisabsprachen kann folglich wettbewerbspolitisch wünschenswert sein, da sie sich unmittelbar für den Preiswettbewerb und damit für eine besonders schutzwürdige Form des Wettbewerbs einsetzt, die den Unternehmen Freiheit bei der Gestaltung ihrer Zweitverträge gewährleisten soll[425]. Denn wer wie der selbstständige Handel das Absatzrisiko trägt, muss auch den wichtigsten Wettbewerbsparameter Preis eigenhändig und frei bestimmen können[426].

---

[424] *Herdzina*, Wettbewerbspolitik, S. 165.

[425] Std. Rspr., vgl. BGH WuW/E BGH 2819, 2821 – „Zinssubvention"; zuletzt WuW/E DE-R 692, 697 – „Kabel-Hausverteilanlagen".

[426] Vgl. BGH WuW/E DE-R 692, 694 – „Kabel-Hausverteilanlagen"; WuW/E DE-R 264, 265 – „Preisbindung durch Franchisegeber".

Fraglich ist dennoch, ob man dem Gesetzgeber nicht einen kleinen Systemfehler vorwerfen kann. Er hat zwar zu Recht erkannt, dass die Preisbindung auf der Stufe der Händler wie ein Preiskartell wirkt, weshalb die Regelung konsequenterweise ein Verbot enthält, das über § 134 BGB zur Nichtigkeit führt[427]. Erstens können aber vertikale Bindungen der §§ 16 ff. GWB eine ähnlich horizontale Wirkung auf dem Folgemarkt bewirken[428], sind im Gegensatz dazu jedoch nur einer Missbrauchsaufsicht unterworfen. Zweitens können ökonomisch unbedenkliche Vertragssysteme ggf. am Verbot des § 14 GWB scheitern. Wegen der Vergleichbarkeit mit § 1 GWB ist daher zumindest die dort gängige – wenn auch vom BGH nie wirklich bestätigte – Anwendung der Immanenztheorie zu übertragen[429]. Umgangen werden kann das Verbot durch die teleologische Reduktion des § 14 GWB im Hinblick auf Handelsvertreter und Kommissionäre (§§ 86, 384, 385 HGB; §§ 675, 665 BGB), die die preisbindungswillige Wirtschaft durch Umstellung des Vertriebs auf die entsprechenden Rechtsformen nutzen kann[430]. Ausnahmen vom Verbot sehen § 23 GWB (§ 38 a GWB a.F.) bei unverbindlichen Preisempfehlungen für Markenwaren und § 15 GWB (§§ 16, 17 GWB a.F.) im Falle der Preisbindung für Verlagserzeugnisse vor.

Der Gesetzgeber hat im Übrigen die besondere Gefahr von Preis- und Konditionenbindungen erkannt und daher verboten, sonstige Vertriebsbindungen wegen ihrer bekanntermaßen ambivalenten Wirkungen aber bewusst nur einer Missbrauchsaufsicht unterstellt[431]. Zum Dritten ist anzumerken, dass „vertikal" abgestimmte Verhaltensweisen – anders als nach bisherigem Recht über § 25 Abs. 1 GWB a.F. – im Grunde nicht mehr gegen ein gesetzliches Verbot verstoßen können[432]. Soweit eine vertikale Preisabstimmung nicht das Merkmal einer „Vereinbarung" nach § 14 GWB erfüllt, dürfte sie zulässig sein, weil abgestimmte Verhaltensweisen nur noch in § 1 GWB angeführt sind, der gerade nicht greift, weil es für dessen Anwendung an dem hierzu notwendigen Wettbewerbsverhältnis zwischen den Unternehmen fehlt. Warum der Gesetzgeber aber die in ihrer Wirkung regelmäßig gleichen Preisabsprachen nur aufgrund ihrer Ursache, nämlich horizontal oder vertikal abgestimmten Verhaltens in letzterem Fall nicht verbietet, scheint nur aus ordnungsrechtlichen, nicht aber marktanalytischen Gesichtspunkten nachvollziehbar. Zwar ist der

---

[427] Im Gegensatz zum alten § 15 GWB, der nur eine Nichtigkeit vorsah. *Bechtold*, Kartellgesetz, § 14 Rnrn. 1, 13.

[428] *Tirole*, Industrieökonomik, S. 398.

[429] Vgl. zur teleologischen Reduktion des § 14 GWB, BGH WuW/E DE-R 692, 694 – „Kabel-Hausverteilanlagen"; *Kretzer*, Immanenztheorien im Kartellrecht, S. 111 bzw. 153.

[430] Vgl. dazu *Emmerich*, Kartellrecht, S. 115 f.

[431] Etwa *Schwintowski*, in: FS Sandrock, 2000, 901, 906 ff.

[432] So *Emmerich*, Kartellrecht, S. 107; *Bechtold*, Kartellgesetz, § 1 Rn. 17/§ 14 Rn. 4.

Hersteller nicht selbst beteiligt, wirkt aber auf die Verhaltensweise seines Absatzmittlers hin. In der Praxis dürfte es freilich schwierig sein, hier die Grenze zwischen Abstimmung und Empfehlung im Sinne des § 22 GWB zu ziehen.

b) Preisbindung bei Verlagserzeugnissen (§ 15 GWB)

Politischer Hintergrund der Ausnahmeregelung ist die Beibehaltung der Preisbindung unter bildungs- und kulturpolitischen Gesichtspunkten. Dies gilt allerdings nur für den Preis selbst, nicht hingegen für das nach § 14 GWB auch für Verlagserzeugnisse vorherrschende Verbot der Bindung von Geschäftbedingungen. In Bezug auf Preisabsprachen ist nur die Preisbindung im Vertikalverhältnis erlaubt. Dagegen ist die so genannte heteronome Preisbindung[433], also die gemeinsame Einführung der Preisbindung durch mehrere Verlage, wegen Verstoßes gegen § 1 GWB verboten und damit nichtig nach § 134 BGB. In § 15 GWB spiegelt sich mithin deutlich die Trennung zwischen horizontalen und vertikalen Wettbewerbsbeschränkungen wider. Die Regelung wird jedoch unter Hinweis auf die langjährigen Verhandlungen bei der EU-Kommission und wegen Verstoßes gegen Art. 81 Abs. 1 EG wettbewerbspolitisch teilweise nicht mehr für gerechtfertigt gehalten[434]. Zutreffend verweist die Kommission darauf, dass Konsumenten mit gleichem Geld mehr Bücher kaufen könnten, als dies aktuell bei der Buchpreisbindung der Fall ist[435]. *Van Miert*[436] greift damit auf das Argument einer besseren Konsumentenrente zurück.

Eine kleine Hintertür hat der Gesetzgeber jedoch zum Schutze des Wettbewerbs offen gelassen: Sollten Verlage die ihnen gegebene Handhabe missbräuchlich ausnutzen, kann die Kartellbehörde die Preisbindung nach § 15 Abs. 3 GWB (§ 17 GWB a.F.) allein aufgrund ökonomisch nachteiliger Tatsachenfeststellungen für unwirksam erklären. Diesem gesetzlichen Anliegen wirkt freilich das geplante „Gesetz zur Sicherung der nationalen Buchpreisbindung" diametral entgegen, weil es unter dem Deckmantel kultureller Notwendigkeit einseitig die Interessen der mächtigen Verlagsgesellschaften schützt.

---

433 *Emmerich*, in: I/M, 2. Aufl., § 16 Rnrn. 35, 42 ff.

434 In diesem Sinne insb. *van Miert*, Markt, Macht, Wettbewerb, S. 146; die Kommission hat entsprechend am 22.01.1998 ein Verfahren nach Art. 85 EGV eingeleitet; *Everling*, Buchpreisbindung im deutschen Sprachraum, S. 38; vgl. auch unten 2. Teil, B. IV.

435 Zum Einfluss der EU auf die Buchpreisbindung, siehe *Bechtold* NJW 1997, 1959, 1962.

436 *Van Miert*, Markt, Macht, Wettbewerb, S 146 ff.

2. Vertikalvereinbarungen im Übrigen

a) Ausschließlichkeitsbindungen (§ 16 Nr. 2 GWB)

Im Gegensatz zu Art. 81 Abs. 1 EG, der für Ausschließlichkeitsbindungen (noch[437]) ein grundsätzliches Verbot mit Freistellungsmöglichkeit im Einzelfall vorsieht, verfährt das GWB im Wege einer Missbrauchsaufsicht. Nach § 16 GWB sind Verwendungs-, Gebiets-, Bezugs-, Abnahme- und Vertriebsbindungen grundsätzlich erlaubt, mit der Möglichkeit einer Unwirksamkeitserklärung durch die Kartellbehörden. Wettbewerbspolitisch lassen sich gute Argumente für die Erlaubnis von Ausschließlichkeitsbindungen anführen. Durch sie sind die Aufrechterhaltung des Qualitätsstandards in globalisierten Märkten und die Verhinderung des Trittbrettfahrens (*free riding*) möglich, bei dem neu auf den Markt kommende Händler, die den vom Hersteller gewünschten Service um das Produkt nicht bieten und von den teuren Beratungsleistungen der den gewünschten Service leistenden Händler profitieren, das Produkt günstiger am Markt positionieren können. Vertriebsbindungen können also durchaus auch aus Kundensicht den Vorteil fachmännischer Beratung und guten Services durch den Händler mit sich bringen. Dementsprechend können sie solange toleriert werden, als den Gebundenen und ihren potenziellen Partnern noch ausreichend Handlungsalternativen verbleiben[438].

Gegen die Erlaubnis von Ausschließlichkeitsbindungen spricht ein sowohl horizontal als auch vertikal geprägtes Argument. Eine Gebietsbindung etwa hat für Newcomer, die sich auf dem Markt des gebundenen Händlers etablieren wollen, die gleiche Wirkung wie ein vertikaler Boykott, durch den der Marktzutritt erschwert wird. Anders als bei Existenz eines Monopolisten bleibt dem neuen Unternehmer nur, sich an einen Hersteller gleichartiger Waren oder Dienstleistungen zu wenden, weil er das gebundene Produkt nicht, geschweige denn günstiger beziehen und potenziellen Kunden anbieten kann. Der Abnehmer des gebundenen Händlers sieht sich wiederum einem horizontalen Gebietskartell ausgesetzt, weil er keine Ausweichmöglichkeit auf andere Anbieter hat. Da zudem die Kosten für eine Ausschließlichkeitsbindung amortisiert werden müssen, sehen sich die Verbraucher zugleich höheren Preisen ausgesetzt.

Ob insgesamt das wettbewerbspolitische Ziel der Offenhaltung von Märkten durch Bekämpfung künstlicher Marktzutrittsschranken bzw. über den Schutz

---

[437] Vgl. die Bestrebungen der EU, „Weißbuch über die Modernisierung der Vorschriften zur Anwendung der Art. 85 und 86 EG-Vertrag" (Arbeitsprogramm Nr. 99/027), wonach das Verbotssystem sich zukünftig auch im Bereich vertikaler Bindungen nur noch auf spürbar wettbewerbsbeschränkende Verhaltensweisen beschränken soll, S. 23.

[438] *Herdzina*, Wettbewerbspolitik, S. 169 f.

betroffener Personenkreise auch ein Schutz des Wettbewerb als Institution effektiver im Wege eines Verbotsprinzips mit Freistellungsmöglichkeit oder einer Missbrauchsaufsicht erreicht werden kann, ist sehr umstritten[439]. Auf diesen Streit soll hier zunächst nicht näher eingegangen werden, da die anvisierte Aufgabe der Unterscheidung horizontaler und vertikaler Wettbewerbsbeschränkung bereits weitreichende Folgen bedeuten wird. Selbst wenn Kartellbehörden mit der Vielzahl an Ausschließlichkeitsbindungen arbeitstechnisch stark in Anspruch genommen werden, in der weiteren Vergangenheit nur wenige Verfahren abgeschlossen werden konnten[440] sowie Anpassungsbestrebungen hinsichtlich der Handhabung in der EU erkennbar sind, rechtfertigt dies für sich noch keine Hinwendung zu einem allumfassenden Verbotstatbestand mit der Möglichkeit von Einzelfreistellungen für vertikale Vereinbarungen im klassischen Sinne. Schließlich wurden auch mit der 6. Novelle keine Abweichungen von der Missbrauchsaufsicht über Ausschließlichkeitsbindungen verfolgt, wofür es wegen des Festhaltens an der Unterscheidung horizontaler und vertikaler Wettbewerbsbeschränkungen freilich auch keinen Bedarf gab. Es wird sich zeigen, dass dies in einem Kartellrecht, welches auf das Differenzierungsmuster verzichtet, ebenfalls nicht zwingend ist.

b) Vertriebsbindungen (§ 16 Nr. 3 GWB)

Für Hersteller von Waren hat die Optimierung der Vertriebsstrukturen einen immer höheren Stellenwert in der Unternehmenspolitik gewonnen. Für den Verbraucher oft unerkannt, aber seinen Bedürfnissen an hervorragende Qualität, Service und Beratung entsprechend, bedienen sich die Unternehmen unterschiedlichster vertraglicher Vertriebssysteme[441]. Dabei orientieren sie sich am Streben nach optimaler Gewinnabschöpfung. Der Weg des Produktes vom Hersteller zum Verbraucher ist immer häufiger von Vertriebsbindungen gekennzeichnet, die zu einem partiellen Verlust der Wettbewerbsfreiheit auf Händlerebene führen. Ausschlaggebend für die Ausgestaltung des Vertriebssystems sind in der Regel die in den Unternehmen entwickelten Marketingkonzepte[442], die bestimmen, wie die Ware den Kunden erreichen soll. Beispielhaft zu nennen sind etwa im Vordringen befindliche Franchising- oder selektive Vertriebssysteme. Per definitionem versteht man unter Vertriebsbindung die Verpflichtung des Abnehmers einer Ware zur Einhaltung eines

---

[439] Für ein Verbotsprinzip sprechen sich namentlich *Emmerich*, Kartellrecht, S. 134; *Kapp*, Vertikale Vertriebsbindungen, S. 153 ff., *Martinek*, Franchising, S. 571 ff. aus.

[440] Vgl. die Nachweise bei *Emmerich*, in: I/M, 2. Aufl., § 18 Rn. 8a.

[441] Vgl. zur Zulässigkeit wegen notwendiger Qualitätssicherung *Emmerich*, JuS 2000, 194, 195; *Arndt*, WuW 1972, 84, 89.

[442] Dazu ausführlich *Kirchhoff*, Vertikale Vertriebsverträge, S. 33 ff.

bestimmten Absatzweges[443]. Allen Bindungssystemen ist insoweit gemein, dass die eingebetteten Händler in ihrer wirtschaftlichen Entscheidungsfreiheit eingeschränkt werden.

Im Bereich des selektiven Vertriebs sind verschiedene Spielarten mit unterschiedlicher Intensität der Einschränkung zu unterscheiden. Eine qualitative Selektion bewirkt der Hersteller im Regelfall durch eine Kundenbindung, durch die der Großhändler verpflichtet wird, an bestimmte Einzelhändler zu verkaufen. Insoweit werden grundsätzlich unbedenkliche offene Systeme, einfache Fachhandelsbindungen und qualifizierte Fachhandelsbindungen unterschieden, die das GWB als nahezu unbeschränkt zulässig behandelt. Solche Fachhandelsbindungen sind häufig bei Herstellern anzutreffen, die besonders erklärungs- und servicebedürftige Güter offerieren. Verbrauchermärkte als Absatzstätten für Endkunden, Versandhandel oder Gemischtwarenhäuser auf Händlerebene operieren dagegen zumeist frei, weil sie wegen der Vielzahl des heterogenen Güterangebots kaum dazu neigen, Investitionen für einzelne, serviceintensive Produkte zu tätigen. Im quantitativen selektiven Vertrieb dagegen wird der Absatz nur auf wenige autorisierte Händler beschränkt. Die aus diesem System regelmäßig resultierenden Nachteile für den Wettbewerb sind nach § 20 Abs. 1 GWB a.F. im Wege von Lizenzverträgen (heute § 17 GWB) zumeist als unbedenklich angesehen worden[444]. Eine Beschränkung der Händler auf bestimmte Absatzgebiete erzielen die Hersteller mittels Gebietsbindungen, durch die dem Händler untersagt wird, außerhalb des vertraglich vereinbarten Territoriums zu verkaufen.

aa) Zulässigkeit von Vertriebsbindungen

Zunächst ist der Hersteller in der Wahl seiner Vertriebswegsgestaltung frei. Die Vertriebsform ist nach deutscher Rechtspraxis immer dann unbedenklich, wenn die Zulassungsvoraussetzungen je nach Art des Produkts legitim sind, und jeder Händler, der diese Voraussetzung erfüllt, auch tatsächlich zugelassen wird[445]. Im Gegensatz zur generalklauselartigen Erfassung in Sherman Act, Sec. 1 und Clayton Act, Sec. 3 im US-Antitrustrecht und zum nach Art. 81 Abs. 1 EG (Art. 85 Abs. 1 EGV) grundsätzlichen Verbot der Ausschließlichkeitsbindungen und der Vertriebsbindungen mit Freistellungsmöglichkeit im Einzelfall im EG-Recht, geht das GWB nach § 16 Nrn. 2 und 3 also von der Wirksamkeit solcher

---

[443] Siehe nur *Emmerich*, Kartellrecht, S. 137.
[444] BGH WuW/E BGH 1829, 1837 – „Original VW Ersatzteile II“; BGH WuW/E 1995, 1999 – „Modellbauartikel III“.
[445] BGH WuW/E BGH 2351, 2355 – „Belieferungswürdige Verkaufsstätten II“; WuW/E BGH 2419, 2421 – „Saba-Primus“.

Bindungssysteme aus. Daneben findet § 20 Abs. 1 GWB (§ 26 Abs. 2 GWB a.F.) auf selektive Vertriebssysteme Anwendung, wonach eine unterschiedliche Behandlung gleichartiger Unternehmen durch marktstarke oder marktbeherrschende Unternehmen „ohne sachlich rechtfertigenden Grund“ verboten ist (§ 20 Abs. 1 Satz 2 GWB). Dadurch findet die auf die Freiheit des Wettbewerbs gerichtete Zielsetzung des GWB auch im Bereich von Vertriebsbindungen Beachtung, wonach eine Interessenabwägung durchzuführen ist[446] und also auch der selektive Vertrieb einer Rechtfertigung bedarf.

bb) Vor- und Nachteile für den Wettbewerb

Die wettbewerbspolitische Beurteilung von Vertikalbindungen ist sehr umstritten. Wegen der relativen Wirkungslosigkeit der Missbrauchsaufsicht wird teilweise eine Verbotsregelung für deutlich vorzugswürdig gehalten[447]. Dagegen ist anzuführen, dass Vertriebssysteme oftmals die einzig effektive Möglichkeit bieten, in globalen Märkten den Qualitätsstandard eines Produkts aufrecht zu halten und dem typischen *free-rider*-Problem entgegenzuwirken. Jenen Händlern, die den vom Hersteller für den Kunden gewünschten Service um das Produkt bieten, verbleibt dadurch unter Ausschluss von Billiganbietern eine gewisse Gewinnspanne. Ohne diese wären sie bald gezwungen, dergleichen Serviceleistungen zu unterlassen, um konkurrenzfähig zu bleiben. Dem stehen wiederum Bedenken aus Sicht des Verbrauchers – ihm ist in der Regel an einem günstigen Preis gelegen, falls er nicht gerade bereit ist, einen höheren Preis für außergewöhnlichen Kundendienst zu zahlen – und neu in den Markt strebender Händler gegenüber, die sich durch das Vertriebssystem besonderen Marktzutrittsschranken ausgesetzt sehen. Diese Ambivalenz der Vertikalabsprachen stellt mithin die Grundlage der gängigen Unterscheidungsformel dar. Das deutsche Recht hat sich dem mit seinem System der grundsätzlichen Erlaubnis unter Verbotsvorbehalt nicht verschlossen, hält aber dennoch an rechtlichen Formalien fest, anstatt unternehmensinterne Betriebsverhältnisse und die dahinter stehenden Produktfaktoren einer genaueren Betrachtung zu unterziehen. An deren Stelle steht die formal unterschiedliche Horizontal-/Vertikalbetrachtung. Es ist aber kaum zu rechtfertigen, dass eine Absprache zwischen Händlern und Herstellern nur der Missbrachsaufsicht unterliegt, obwohl von ihr im Ergebnis dieselben Wirkungen auf den Markt ausgehen können, wie bei gleichartigen Absprachen der Händler untereinander, dies aber dem Verbot nach § 1 GWB unterfiele. Wirkt etwa ein Hersteller auf seine Absatzmittler ein, indem er ihnen bestimmte Absatzgebiete zuweist und zusichert, muss der Kunde im jeweiligen Gebiet mit dem exklusiven Händler vorlieb nehmen. Die Vertriebsbindung ist nach § 16 Nr.

---

[446] Std. Rspr. seit BGH WuW/E BGH 502, 508 – „Treuhandbüro“.

[447] Insb. *Emmerich*, Kartellrecht, S. 134; *Martinek*, Franchising, S. 571 ff.

3 GWB zulässig. Schließen dagegen die betroffenen Händler ohne Einfluss des Herstellers den Absatzwettbewerb (intrabrand) untereinander aus, stellt dies einen nach § 1 GWB verbotswürdigen Kartelltatbestand dar. Wegen Reduzierung weiterer Auswahloptionen ist der gravierendere Fall jener, bei dem zwei mit ihren Produkten am Markt konkurrierende Hersteller jeweils ihre Absatzmittler gebietsweise binden und gegenüber dem Konkurrenzhändler abgrenzen. Die einzelne Bindung wäre zwar ebenfalls nach § 16 GWB grundsätzlich wirksam, aber das Verhalten der Hersteller selbst als abgestimmte Verhaltensweise ggf. verboten. Ebenso stünde dem entsprechenden Wettbewerbsausschluss der Händler ohne Herstellereinfluss das Kartellverbot im Wege. Ein Wertungswiderspruch steht im Raum, wenn die Hersteller dieses Kartell über die Absatzwege organisieren. So wird die eigentlich über das Kartellverbot geschützte Marktgegenseite mit gleicher Wirkung zunächst legalerweise über eine Vertriebsbindung beschränkt. Das System des GWB weiß sich hier zu helfen, indem die Verbotswirkung des § 1 GWB auch die Bindung erfasst. So kann in diesem Sonderfall der Wertungswiderspruch also möglicherweise obsolet werden, je nach dem, welcher Auffassung zum Verhältnisses von § 16 GWB zu § 1 GWB gefolgt wird[448]. Allein die Unterscheidung horizontaler und vertikaler Wettbewerbsbeschränkungen ruft aber Wertungsprobleme hervor, die der Verzicht auf diese Merkmale ausräumen würde.

c) Kundenschutzzusagen – potenzielles Wettbewerbsverhältnis

Oftmals werden auch zu Zwecken des Kundenschutzes Wettbewerbsverbote verabredet. Von der lediglich das Vertikalverhältnis der Parteien betreffenden Ausschließlichkeitsbindung eines Händlers nach § 16 Nr. 2 GWB unterscheidet sich die Kundenschutzzusage des Herstellers dadurch, dass sich die Parteien in Bezug auf den Handel auf dem selben Markt als potenzielle Wettbewerber gegenüberstehen. Die Beschränkung wirtschaftlicher Freiheit hat dann regelmäßig auch horizontale Wirkung. Diesen Problemkreis hat die Rechtsprechung[449] aufgegriffen, stellt indes auf die eine Verbotsfolge ausschließenden anzuerkennenden Interessen ab, wenn Kundenschutzklauseln eine beabsichtigte Kooperation erst wirtschaftlich sinnvoll machen können. Dieses wirtschaftlich sachgerechte Ergebnis wird erneut nur durch Hinzuziehung des Immanenzgedankens realisierbar, ohne dass Wirtschafts- und Wettbewerbsparameter im Vorfeld als Tatbestandsmerkmale fruchtbar gemacht werden könnten, die der Gesetzgeber nicht in das Kartellverbot integriert hat.

---

[448] Vgl. dazu ausführlich unten, 1. Teil, E. I.

[449] BGH WuW/E BGH 1353 f. – „Schnittblumentransport“; WuW/E DE-R 131 ff. – „Subunternehmervertrag“.

d) Sonderfall der Konditionenvereinbarungen

Dass eine unterschiedliche Behandlung gegenüber horizontalen Verboten zu widersprüchlichen Ergebnissen führen kann, verdeutlicht auch ein Beispiel, welches die EG-Kommission in ihrem Grünbuch aufgegriffen hat: Mittelständische Einzelhändler können ihr Überleben langfristig oft nur durch Kooperationen sichern, wenn ihnen nicht die gleichen Konditionen gewährt werden wie ihren Hauptwettbewerbern, etwa großen integrierten Einzelhandelsketten. Eine Einzelhandelskooperationen begünstigende Wettbewerbspolitik kann also von potenzieller Bedeutung für das Überleben kleiner Einzelhändler sein. Bei der diesbezüglichen Befürwortung treten jedoch widersprüchliche rechtliche Beurteilungen des gleichen Marktergebnisses zu Tage. Denn während bestimmte Konditionen in vertikalen Beziehungen als rechtmäßig angesehen werden, sind gleichartige, von Einkaufsgenossenschaften ihren Mitgliedern auferlegte Klauseln verboten, weil es sich um horizontale Beziehungen handelt[450]. Diese ex aequo innerhalb von vertikalen und horizontalen Rahmenbedingungen vereinbarten Wettbewerbsbeschränkungen dienen aber offensichtlich dem gleichen Zweck. Dies dürfte ihre gesetzliche Ungleichbehandlung zumindest in Frage stellen.

e) Lizenzverträge und solche über andere geschützte bzw. nicht geschützte Leistungen (§ 17 GWB)

Das GWB verbietet darüber hinaus in den §§ 17 und 18 (§§ 20, 21 GWB a.F.) Wettbewerbsbeschränkungen in Lizenz- und einigen ähnlichen Verträgen, hält aber einen entsprechenden Erlaubnisvorbehalt bereit. Im Hinblick auf die Besonderheit der Vermarktung gewerblicher Schutzrechte (namentlich Patent-, Gebrauchsmuster-, Topographie-, Sortenschutzrechte) in Austauschverträgen finden diese Ausnahmeregelungen eine Rechtfertigung[451]. Sie sind ökonomisch sinnvoll, da hierdurch dem Inhaber eine Rendite für geleistete Forschungsarbeit gewährleistet wird, solange der kartellrechtliche Schutz nicht für längere Zeit vereinbart ist, als die Schutzrechtsdauer selbst. Der zeitliche Abstand sollte so bemessen sein, dass dem Amortisations- und Belohnungsinteresse des Erstherstellers Genüge getan wird[452]. Andererseits bleibt stets die latente Gefahr missbräuchlicher Ausnutzung des „Schutzrecht-Monopols“ im Raume stehen.

---

[450] Grünbuch der EG-Kommission „Wettbewerbspolitik gegenüber vertikalen Wettbewerbsbeschränkungen“, S. 77, Tz. 255.

[451] Auch wenn wegen internationaler Globalisierung für Lizenzen heute vorwiegend EU-Recht zur Anwendung kommt (vgl. TB 1995/96, S. 42, der TB 1997/98 enthält dazu nichts Neues).

[452] *Erdmann,* in: FS Vieregge, S. 216, hinsichtlich der Fallgruppe Behinderung in § 1 UWG.

Der Gebundene ist schließlich im Geschäftsverkehr im Umfang der vertraglich getroffenen Regelung in seiner wirtschaftlichen Bewegungsfreiheit eingeschränkt.

Auch bei den §§ 17, 18 GWB handelt es sich um Normen über Vertikalvereinbarungen, die folglich nur greifen, wenn die an dem Vertrag beteiligten Unternehmen nicht Wettbewerber sind. Ein Schutzrechtsinhaber unterliegt daher im Ausgangspunkt den allgemeinen Regeln, §§ 1 ff. GWB für horizontale und §§ 14 ff. GWB für vertikale Wettbewerbsbeschränkungen[453]. Dies verdeutlicht § 17 Abs. 4 GWB, der die §§ 1 ff. GWB ausdrücklich für anwendbar erklärt.

III. Umgehungsverbote für horizontale und vertikale Wettbewerbsbeschränkungen

Zum Ende des Überblicks seien den Umgehungsverboten noch einige Worte gewidmet, die unabhängig von einer horizontalen oder vertikalen Ausrichtung versuchen, eine Umgehung der wettbewerbspolitisch wünschenswerten Ergebnisse der Regelungen des ersten und zweiten Abschnitts des GWB auszuschließen. § 22 GWB (§ 38 GWB a.F.) enthält insofern ein umfassendes Empfehlungsverbot, das eingreift, wenn eine Empfehlung gleichförmiges Verhalten „bezweckt oder bewirkt“. Ohne diese Regelung bestünde die Gefahr der Umgehung des Kartellverbots und der Missbrauchsaufsicht über vertikale Vereinbarungen. Interessant ist daran, dass die ordnungsrechtliche Unterscheidung §§ 1/16 GWB in § 22 GWB eine nur untergeordnete Rolle spielt. Bis auf wenige Ausnahmen sind Empfehlungen per se verboten, ohne Freistellungsmöglichkeit. Allerdings betrifft das Gesetz im Vertikalbereich nur die ausgesprochenen Verbote der Kartellbehörden, so dass die Trennung faktisch bestehen bleibt, weil Empfehlungen hinsichtlich vertikaler Wettbewerbsbeschränkungen – § 14 GWB außen vor – nur dann verboten sind, wenn auch die Wettbewerbsbeschränkung selbst schon untersagt wurde.

1. Ausnahmen vom Empfehlungsverbot (§ 22 Abs. 2 und 3 GWB)

Wettbewerbspolitisch sieht das Gesetz analog zu den Einzelfreistellungsregelungen des ersten Abschnitts Ausnahmen von den Empfehlungsverboten vor, die wirtschaftlichen Interessen vereinigter kleiner und mittlerer Unternehmen oder Rationalisierungsinteressen hinsichtlich reibungsloser Produktionsmaß- und Verfahrensabläufen entgegenkommen. Die Mittelstandsempfehlung nach § 22

---

[453] *Möschel*, Recht der Wettbewerbsbeschränkungen, S. 260, Rz. 444.

Abs. 2 GWB soll Kooperationen erleichtern, die einem strukturellen Nachteilsausgleich gegenüber Großunternehmen förderlich sein können[454]. Daneben sieht das Gesetz in § 22 Abs. 3 bei Normen und Typen (Nr. 1) sowie Wirtschafts- und Berufsvereinigungen (Nr. 2) Ausnahmen vor. Sinn und Zweck ist dabei die Vereinheitlichung, was durchaus dem Fortschritt dienlich sein kann, um Synergieeffekte zu erzielen. Ein begrenztes Kompatibilitätsinteresse ist insoweit verständlich, weil größtenteils erst mit einer Vereinheitlichung Wettbewerb entstehen kann. So werden *lock in*-Effekte für den Konsumenten vermieden bzw. diesem die einheitlichen Rahmenbedingungen garantiert, die ihm die Auswahl zwischen mehreren Angeboten anhand der für den Leistungswettbewerb wesentlichen Kernparameter erleichtern.

2. Unverbindliche Preisempfehlung (§ 23 GWB)

Als Sonderfall ist die unverbindliche Preisempfehlung für Markenartikel gestattet. Letztere kommt einer faktischen Verwirklichung der Preisbindung sehr nahe. Sie kann gerechtfertigt sein, um den Interessen der Markenartikelhersteller gerecht zu werden[455]. Dadurch, dass aber per definitionem zumindest theoretisch die Möglichkeit des Handels oder des Verkaufs besteht, den unverbindlichen Preisempfehlungen nicht Folge zu leisten, bleibt den Beteiligten ausreichender wettbewerblicher Handlungsspielraum erhalten.

E. Die Abgrenzung zwischen §§ 1 ff. und §§ 14 ff. GWB

Wie im vorangegangenen Kapitel festgestellt, ist das deutsche Kartellrecht der Unterscheidung horizontaler und vertikaler Wettbewerbsbeschränkungen auch nach der 6. GWB Novelle verhaftet geblieben, u.a. weil Letztere für den Wettbewerb häufig eher förderlich denn schädlich sein können. Daher stellt sich die Frage, wann Wettbewerbsbeschränkungen unter §§ 1 ff. GWB oder §§ 14 ff. GWB zu subsumieren sind. Kartellverträge, und neuerdings auch abgestimmte Verhaltensweisen, sind nach § 1 GWB als solche Verhaltenskoordinationen gekennzeichnet, die zwischen Wettbewerbern vereinbart werden. Sämtlichen Regelungen des zweiten Abschnittes, die nunmehr mit „Vertikalverträge" überschrieben sind, ist gemein, dass sie auf die Wettbewerbereigenschaft verzichten.

---

[454] Vgl. die Kooperationsfibel 1973, Abschnitt III, Ziff. 2.1., S. 51 sowie das „Merkblatt über Kooperationserleichterungen für kleine und mittlere Unternehmen nach dem Kartellgesetz" von 1998 (abgedruckt bei *Bechtold*, Kartellgesetz, Anhang C 4).

[455] A.A. *Emmerich*, Kartellrecht, S. 128, der die Regelung als alleinigen Sieg der starken Lobby von Markenartiklern sieht, weil eine Vorteilhaftigkeit niemals empirisch nachgewiesen worden sei.

Nach nahezu einhelliger Auffassung, auf die im Einzelnen noch einzugehen ist, wird dem neuen Merkmal des „Miteinander-in-Wettbewerb-Stehens“ von Unternehmen im Kartellverbotstatbestand herausragende Bedeutung bei der Abgrenzung zu den Vertikalvereinbarungen beigemessen. Das grundsätzliche Abgrenzungsproblem, bei dem es dogmatisch bisher vor allem um die Auslegung des Merkmals „zu einem gemeinsamen Zweck“ und nunmehr also „zwischen miteinander in Wettbewerb stehenden Unternehmen“ geht[456], gehört zu den umstrittensten Themen des Kartellrechts[457]. Das jetzige Tatbestandsmerkmal war bereits Ende der siebziger Jahre aufgegriffen worden. Namentlich *Steindorff*[458] nannte als eine der Voraussetzungen für die Abgrenzung über den gemeinsamen Zweck, dass „die Vertragsbeteiligten ... (mindestens potenzielle) Wettbewerber sein und für diesen Wettbewerb eine Beschränkung bewirken“ müssten. Im Gegensatz zum BGH, der seit der richtungweisenden Fertigbeton-Entscheidung[459] zur Differenzierung zwischen Kartellverträgen und vormals noch mit „Sonstige Wettbewerbsbeschränkungen“[460] überschriebenen Vertikalverhältnissen danach fragte, ob die Beteiligten gleichgerichtete Interessen verfolgten, wurde in der Kommentatur bereits vertreten, dass es maßgeblich auf eine ein- oder wechselseitige Beschränkung aktuellen oder potenziellen Wettbewerbs ankommen müsse. Dem folgte die Instanzrechtsprechung später[461].

Von Bedeutung bei der Differenzierung vertikaler Vereinbarungen vom Kartellverbot ist nach wie vor der dogmatische Ort des Geschehens. Seit langem bestehen hier unterschiedliche Meinungen, ob bereits auf Tatbestands- oder erst auf Konkurrenzebene eine Abgrenzung zu erfolgen habe. Der BGH hat in dieser Frage zuletzt wiederholt eindeutig der tatbestandlichen Lösung den Vorzug gegeben[462]. Ein gewichtiger Teil des Schrifttums[463] hält dagegen eine Gesetzeseinheit zwischen § 1 GWB und § 16 GWB für opportun. In diesem Sinne hatten sich in der Vergangenheit zum alten Recht auch vereinzelt

---

456 *K. Schmidt*, AG 1998, 551, 552, der meint, dass „was sich hinter dem unklaren Gestammel des bisherigen § 1 GWB verbarg, [entsprach] immer schon dem Kartellverbotstatbestand neuer Fassung“ entsprochen habe.

457 Vgl. *Martinek*, Franchising, S. 527 ff; *Möschel*, Recht der Wettbewerbsbeschränkungen, S. 108 ff., Rz. 169 ff.; *Emmerich*, Kartellrecht, S. 47 f.

458 *Steindorff*, BB 1977, 569, 570.

459 BGH WuW/E BGH 1458, 1461 – „Fertigbeton“.

460 So die Abschnittsüberschrift des zweiten Teils des GWB bis zur 6. Novelle 1999.

461 Vgl. die Nachweise bei *Immenga*, in: I/M, 2. Aufl., § 1 Rn. 152; grdl.: OLG Stuttgart WuW/E OLG 3485, 3487 –„Strohgäu-Wochenjournal I“.

462 BGH WuW/E BGH 3115, 3117 – „Druckgussteile“; WuW/E BGH 3121, 3124 – „Bedside-Testkarten“; WuW/E BGH 3137, 3137 – „Solelieferung“.

463 Allen voran *K. Schmidt*, Kartellverbot, S. 89 ff.; *ders.*, WuW 2001, 1199, 1201; *Fikentscher*, in: FS Hueck, 543, 549 ff; *Steindorff*, BB 1979, Beilage 3, S. 8.

Instanzgerichte geäußert[464]. Der wohl überwiegende Teil der Literatur vertritt die Auffassung, dass ein tatbestandliches Alternativitätsverhältnis gegeben sei[465]. Daneben werden verschiedene dogmatische Ansätze der Gesetzesspezialität, alternativer Subsidiarität oder Alternativität vertreten, auf die im Folgenden einzugehen sein wird. Ihre Bedeutung für das aktuelle Recht soll im Anschluss daran geprüft werden.

I. Ansätze in der Beurteilung des Verhältnisses von § 1 GWB zu § 16 GWB

Für eine Abgrenzung von Vertikalvereinbarungen zum Kartellverbot sind die §§ 14 und 16 GWB von Bedeutung. Probleme der Abgrenzung sind v.a. im Verhältnis zu § 16 GWB diskutiert worden. Dieses Verhältnis soll daher exponiert dargestellt werden. Das Verhältnis von § 14 GWB zum Kartellverbot kann dagegen im Rahmen der Überprüfung des neuen Ansatzes mitbehandelt werden[466]. Es ist ebenfalls umstritten[467], wegen der mit § 1 GWB übereinstimmenden Verbotsfolge für Inhaltsbindungen jedoch zunächst vernachlässigbar.

Das Kartellverbot verhält sich im Übrigen nicht eindeutig zu vertikalen Vereinbarungen. Um eine klare Gesetzesanwendung erreichen zu können, die es erlaubt, kartellrechtlich relevante Sachverhalte möglichst zweifelsfrei zu erfassen, bedarf es einer Präzisierung der Tatbestandsmerkmale der anzuwendenden Normen. Sowohl recht eindeutige Begriffe, wie der des Unternehmens[468], als auch einer weiteren Auslegung zugängliche Bestandteile, wie der „gemeinsame Zweck" oder das „Miteinander-in-Wettbewerb-Stehen", entbehren oftmals einer hinreichend scharfen Abgrenzung[469]. So ist etwa dem engen

---

[464] So KG WuW/E OLG 1863, 1865 – „Gema"; OLG Frankfurt WuW/E OLG 1877, 1878 f. – „Zementmixer".
[465] *Emmerich*, Kartellrecht, S. 33 f.; *ders.*, in: I/M, 2. Aufl., § 1 Rn. 144 ff. und § 18 Rn. 33; *Schwarz*, Kartellvertrag, S. 117; *Huber/Baums*, in: FK, § 1 Rn. 408; *Wolter*, in: FK, § 18 Rn. 18; *Bunte*, in: L/B, § 1 Rn. 2; *Ebel*, Kartellrecht, § 1 Rn. 4.
[466] Siehe unten, 2. Teil, B. III.
[467] Für einen Vorrang des Kartellverbots gegenüber § 15 GWB a.F. schon BGH WuW/E BGH 1121, 1122 – „Automaten-Aufstellverknügen III"; WuW/E BGH 1871, 1875 ff. – „Transportbeton-Vertrieb I" (kritisch dazu: *Ulmer*, NJW 1979, 1585, 1586); für ein Nebeneinander etwa KG WuW/E OLG 5121, 5130 – „Treibstoffzuschlag".
[468] Der Unternehmensbegriff des GWB ist relativ unstreitig. Er lässt sich zwar nicht im Einzelnen definieren, um nicht einen Ausschluss neuer Unternehmungen zu provozieren, die ansonsten der Norm entzogen würden. Die ganz hM legt jedoch den funktionalen Unternehmensbegriff zu Grunde, dessen Inhalt aus dem Gesetzeszusammenhang sowie Sinn und Zweck des Gesetzes zu bestimmen ist. Vgl. BGH WuW/E BGH 1474, 1477 – „Architektenkammer"; *Bechtold*, NJW 2001, 3159, 3160.
[469] Siehe dazu im Allgemeinen *Larenz*, Methodenlehre, S. 204 ff., 320 ff., 322.

funktionalen Zusammenhang mit dem Privatrecht Tribut zu zollen. Der privatrechtlich-normative Zusammenhang ist deshalb von Bedeutung, weil das Recht gegen Wettbewerbsbeschränkungen die Funktionsfähigkeit privatrechtlicher Institutionen zu schützen sucht[470], indem es die gewährleisteten Handlungsfreiheiten im Zusammenhang mit dem bestehenden Wettbewerbssystem begrenzt. Die zu beurteilenden Sachverhalte des Kartellrechts im Dunstkreis einer horizontal-vertikalen Abgrenzung dürfen daher eine privatrechtliche Grundlage ebenfalls nicht vermissen lassen[471]. Darüber hinaus ist das GWB anhand genereller, zur Gesetzesauslegung herangezogener Methoden zu interpretieren, weil es selbst keine besonderen Auslegungsmethoden enthält[472]. Folglich gilt es, die methodologisch nahe liegenden Interpretationsmöglichkeiten des Verhältnisses von § 1 GWB und § 16 GWB darzustellen und zu bewerten.

1. Normenspezialität

a) Spezialität der Missbrauchsaufsicht über Ausschließlichkeitsbindungen

Zwischen § 1 GWB und § 16 GWB ist ein Spezialitätsverhältnis denkbar. Das Kartellverbot könnte, da es die bei den Ausschließlichkeitsbindungen genannten Anwendungsbereiche nicht gesondert hervorhebt, hinter § 16 GWB zurücktreten haben. Sollte dem stets so sein, müssten alle, ansonsten nur einige der unter § 16 GWB subsumierbaren Wettbewerbsbeschränkungen zugleich einen Verstoß gegen das Kartellverbot darstellen. Absatzvereinbarungen müssten dann allerdings nahezu ausnahmslos zwischen miteinander im Wettbewerb stehenden Unternehmen geschlossen werden.

Die Abgrenzung des § 1 von § 16 GWB ist dort problematisch, wo Vereinbarungen sowohl horizontale als auch vertikale Komponenten aufweisen. Solche Konstellationen sind insbesondere im Bereich der Gebiets- und Kundenschutzzusagen in Vertriebsverträgen anzutreffen. Nach § 16 Nr. 2 GWB unterstehen Gebiets- oder Kundenschutzzusagen der Missbrauchsaufsicht, in deren Rahmen Hersteller gegenüber ihren Exklusivhändlern eine Eigenbeschränkung eingehen, die es ihnen untersagt, die Vertragsware selbst (Direktvertriebsverbot) oder über Dritte zu vertreiben. Nach den derzeit vorherrschenden Eingriffsvoraussetzungen des § 1 GWB würde eine solche

---

[470] Das Privatrecht impliziere z.T. die Beschränkung wettbewerblicher Handlungsfreiheit, *Ivens*, DB 1988, 215, 215.

[471] Vgl. dazu statt aller *Emmerich*, in: I/M, 2. Aufl., § 98 Rnrn. 5 ff. und 35 ff.; *Walz*, Systemfragen, S. 48.

[472] *Immenga/Mestmäcker*, in: I/M, 2. Aufl., Einl. Rn. 23.

Beschränkung (zugleich) unter das Kartellverbot fallen, wenn die Vertragsbeteiligten auf der Absatzstufe miteinander in Wettbewerb stünden und also den Wettbewerb entsprechend der Begriffsjurisprudenz des GWB zwischen sich horizontal beeinträchtigten. Diese Voraussetzung könnte bereits durch die potenzielle Möglichkeit des Herstellers, im Wege des unternehmensinternen Direktvertriebs tätig zu werden, erfüllt sein. Dagegen spricht nicht, dass die absatzvertragliche Vereinbarung möglicherweise genau dies auszuschließen versucht. Denn gerade hierin liegt ja die zu beanstandende Wettbewerbsbeeinträchtigung, die das Kartellverbot vermeiden möchte. Sind nämlich auf Seiten des Herstellers die finanziellen und logistischen Möglichkeiten zum Eigenvertrieb vorhanden[473], wird der Horizontalwettbewerb mit dem Händler unmittelbar in Bezug auf diese potenzielle Wettbewerberstellung beschränkt. Er kann die Nachfrager seiner Produkte nur über den Vertragshändler erreichen, weshalb auch sein Wettbewerbsverhältnis als potenzieller Direktvertriebler gegenüber dem Händler zum Verbraucher erfasst ist. Dient eine Absatzvereinbarung der Verhinderung des intrabrand-Wettbewerbs zwischen Hersteller und Händler – verpflichtet sich der Hersteller also entweder dem unternehmenseigenen Vertrieb völlig fern zu bleiben oder zumindest nur auf bestimmten Märkten zu agieren, die das Vertragsgebiet nicht umfassen –, wird aktueller oder potenzieller Wettbewerb bewusst beschränkt.

Darüber hinaus ist in diesen Grenzfällen auch das horizontale Wettbewerbsverhältnis der gebundenen Händler zu systemfremden Händlern betroffen[474]. Im Gegensatz zum durch die Kontrahierung weitgehend gebundenen Hersteller, können zumindest die Vertragshändler systemfremde interbrand-Händler beliefern und so zu intrabrand-Konkurrenten machen. Dies ist durchaus denkbar, etwa wenn der Vertragshändler dadurch eine erhöhte Absatzfrequenz erzielen und so bessere Lieferbedingungen durch ein deutliches Plus an bezogener Ware generieren kann. Die Alleinvertriebsvereinbarung schützt den beteiligten Händler im relevanten Vertragsgebiet dann insbesondere vor einer Umsetzung potenzieller unternehmensinterner Wettbewerbsoptionen durch den gebundenen Hersteller und nur sekundär gegenüber intrabrand-Handelswettbewerbern, deren Belieferung vom Willen des Vertragshändlers selbst abhängt[475]. Zumindest aber wird ein mittelbares Wettbewerbsverhältnis zum Hersteller ausgeschlossen sein, indem dieser darauf verzichtet, Händler im

---

[473] Dies wird im Allgemeinen als Voraussetzung eines potenziellen Wettbewerbsverhältnisses erwartet, jedoch lässt sich keine konkret gemeingültige Formel beschreiben, vgl. *Zimmer*, in: I/M, 3. Aufl., § 1 Rnrn. 141 ff., 142.

[474] Vgl. *Keul*, Kartellverbot und Lieferverträge, S. 229 f., insb. 230.

[475] Vgl. zu den Beschränkungen der Handlungsfreiheiten des Handels *Schwintowski*, Alleinvertriebssysteme, S. 33.

Fremdvertrieb zu beliefern[476]. Das Alleinvertriebsrecht verbietet dem Hersteller also eine Partizipation durch eigenen und/oder fremden Wettbewerb. Besonders deutlich wird dies in Fällen, bei denen Händler oder Hersteller zusätzlich auch systemfremde Erzeugnisse produzieren. Insoweit kann neben dem produktinternen zusätzlich der produktexterne Vertrieb durch eine Absatzbindung beschränkt sein. Hier kann es zu einer eklatanten Marktaufteilung zwischen beiden kommen, die unschwer auch den Tatbestand des § 1 GWB erfüllen würde.

Gegen eine Spezialität des § 16 GWB spricht indes sein eindeutiger Wortlaut und die derzeit den zweiten Abschnitt einleitende Überschrift Vertikalvereinbarungen. Vertikalverträge fallen als solche formalgesetzlich gerade nicht in den Kontext zwischen miteinander in Wettbewerb stehenden Vertragspartnern. Das eindeutige Merkmal fehlt bei nach § 16 GWB erfassten Vereinbarungen über Ausschließlichkeitsbindungen. De lege lata kann daher der Missbrauchsaufsicht über Ausschließlichkeitsbindungen kein Vorrang gegenüber dem Tatbestand des Kartellverbots eingeräumt werden, obwohl – wie gezeigt – durchaus die Möglichkeit besteht, dass Vertragabschlüsse im so genannten Vertikalbereich zugleich zwischen (potenziellen) Wettbewerbern getroffen werden können.

b) Spezialität des Kartellverbots

Es stellt sich mithin die Frage nach einer möglichen Umkehrung, ob nicht also vice versa das Kartellverbot lex specialis gegenüber § 16 GWB ist. Sollte nach den im vorangegangenen Abschnitt analysierten Marktsituationen zu konstatieren sein, dass § 1 GWB als Spezialregelung gegenüber § 16 GWB der Vorrang gebührt, so müsste jede unter das Kartellverbot fallende Wettbewerbsbeschränkung zugleich tatbestandlich als Ausschließlichkeitsbindung identifizierbar sein[477]. Hiergegen könnten systematisch die enumerativen Aufzählungen des § 16 GWB sprechen. Die Identifikation der danach unter die Missbrauchsaufsicht subsumierbaren Wettbewerbsbeschränkungen ist eng umgrenzt. Die Regelung betrifft Vereinbarungen zwischen Unternehmen über Waren oder gewerbliche Leistungen, die einen Beteiligten darin beschränken, andere Waren oder gewerbliche Leistungen zu beziehen oder an Dritte abzugeben. Im Wesentlichen geht es also um Ausschließlichkeitsbindungen (Nr. 2), zu denen im Grunde auch Vertriebsbindungen (Nr. 3) und Kopplungs-

---

[476] *Bunte*, in: L/B, § 1 Rn. 97 ff.

[477] *Büdenbender* hält dies für rechtswidrig, da die gesetzliche Bevorzugung vertikaler Bindungen nach § 16 GWB dadurch unterlaufen würde; in: ET 2000, 359, 369.

verträge (Nr. 4) als besondere Erscheinungsformen zu zählen sind[478]. Folglich würde die These, § 1 GWB müsse als spezielle Norm behandelt werden, bedeuten, dass das Kartellverbot in gleicher Weise auf die in § 16 GWB genannten Bindungen beschränkt oder reduziert sei. Zu Recht weist *Schwarz* aber darauf hin, dass es ureigenste Aufgabe des Kartellverbots als eines allumfassenden Tatbestandes sei, gerade jede Beschränkung der wettbewerblichen Handlungsfreiheit zu verhindern[479]. § 1 GWB kann damit auch, keinesfalls aber nur Vereinbarungen erfassen, die unter die Missbrauchsaufsicht nach § 16 GWB fallen, weshalb das Kartellverbot nicht lex specialis zu § 16 GWB sein kann[480].

2. Normensubsidiarität

a) § 16 GWB als Grundtatbestand

Eine gewichtige Meinung in der Literatur weist unter Bezug auf die Weite des Kartellverbotstatbestands darauf hin, dass unter der Voraussetzung potenzieller Wettbewerberstellung jede Ausschließlichkeitsbindung zugleich tatbestandlich einen Verstoß gegen § 1 GWB darstellt[481]. *K. Schmidt* möchte daher nachträglich korrigierend eingreifen und durch den Immanenzgedanken im Wege teleologischer Reduktion eine Freistellung vom Verbot zulassen, wenn und soweit die Wettbewerbsbeschränkung zur Erreichung eines kartellfreien Vertragshauptzwecks sachlich geboten ist[482]. Der Ansatz sieht das Grundproblem der herkömmlichen Praxis und Lehre zum gemeinsamen Zweck in der Unterscheidung zwischen Kartellverträgen und Austauschverträgen, obwohl die Aufgabe eines Rechts gegen Wettbewerbsbeschränkungen nur darin erblickt werden könne, verschiedene Verbotstatbestände gegeneinander abzugrenzen[483], die ihrerseits darüber entschieden, ob Verträge wirksam seien oder nicht. Mehr noch eröffne „der Gesetzeswortlaut der §§ 1 und 16 GWB n.F. [...] bei Ausschließlichkeitsbindungen, die auch den Wettbewerb der Vertragsparteien untereinander beschränken, die Möglichkeit einer Doppelkontrolle". Zudem sei „eine strenge Tatbestandsalternative zwischen Kartellvertrag und Ausschließlichkeitsbindung

---

[478] *Emmerich*, in: I/M, 3. Aufl., § 16 Rn. 42.

[479] *Schwarz*, Kartellvertrag, S. 104.

[480] Ob eine andere, weitere Auslegung unter dem Einfluss des neuen EG-Rechts gerechtfertigt scheint, soll an späterer Stelle diskutiert werden. Vgl. dazu unten 2. Teil, B. VIII.

[481] *K. Schmidt*, Kartellverbot, S. 51 ff., S. 59 f.; *ders.*, ZHR 149 (1985), 1, 6 ff.; *ders.*, AG 1998, 551, 558; *ders.*, in: FS Sandrock, 833, 836; *ders.*, WuW 2000, 1199, 1203.

[482] *K. Schmidt*, in: FS Sandrock, 833, 837 f.; vgl. auch *Kretzer*, Immanenztheorien im Kartellrecht, S. 8 ff.

[483] *K. Schmidt*, Kartellverbot, S. 9 ff.; ebenso *Möschel*, Recht der Wettbewerbsbeschränkungen, S. 102, Rz. 158 und S. 106, Rz. 163.

vom Gesetzgeber [...] nicht bestätigt worden"[484]. Könnten also beide Tatbestände bei ein und demselben Sachverhalt zusammentreffen, „weil Ausschließlichkeits- und Vertriebsbindungen geradezu typischerweise zugleich «Vereinbarungen zwischen miteinander im Wettbewerb stehenden Unternehmen»" seien[485], trete § 1 GWB dann als grundsätzlich subsidiär zurück, wenn es um kartellfreie Nebenpflichten von Schuldverhältnissen[486] gehe oder eine Wertung trotz Vorliegens der Wettbewerbereigenschaft nur die Anwendung der Regeln über Ausschließlichkeitsbindungen nahe lege.

Diese Loslösung vom Vertragstypendenken hat etwas für sich. Sie lenkt den Blick auf die konkrete Wettbewerbsbeschränkung und entscheidet danach, ob einer effektiven Marktbetrachtung willen und wegen augenscheinlich ambivalenter Wirkung der Verhaltenskoordination auf ein Verbot zu Gunsten einer Durchführbarkeit bei gleichzeitiger Kontrolle durch die Missbrauchsaufsicht verzichtet werden kann. Diese aufwändige dogmatische Konstruktion birgt freilich die Gefahr, dass die Parteien versuchen könnten, eine Beschränkung nur deshalb in ein Austauschverhältnis einzubetten, um den strengen Rechtsfolgen des Kartellverbots zu entgehen. Dem soll dadurch gegengesteuert werden, dass eine Subsidiarität für den Fall besonderer Wettbewerbsschädlichkeit ausnahmsweise ausgeschlossen sein soll[487]. Insgesamt ist durch die Einzelfallbewertung eine gewisse Nähe zur amerikanischen *rule of reason*-Politik erkennbar. Aus ökonomischer Sicht ist dies zu begrüßen, da die Entscheidung über die Zulässigkeit im Rahmen der kartellbehördlichen Aufsicht oder der unmittelbar gesetzlichen Verbotswirkung von den Auswirkungen auf den relevanten Markt abhängig gemacht wird.

Auf der anderen Seite führt nach neuem Recht die Loslösung des Kartellverbotstatbestands von seinem vertragszweckorientierten Ansatz zu einer Hervorhebung der Unterscheidung horizontaler und vertikaler Wettbewerbsbeschränkungen. Durch den Gesetzeswortlaut wird der Blick darauf verstellt, dass dieselbe wettbewerbsbeschränkende Vereinbarung zugleich horizontale wie vertikale Beschränkungen hervorrufen kann, jeweils abhängig von dem gebundenen Marktteilnehmer, der entweder in seinen Absatzhandlungen betroffen und/oder als potenzieller Konkurrent der bindenden Partei eingeschränkt sein kann[488]. Die Rechtsfolgenlösung einer Subsidiarität des

---

[484] *K. Schmidt*, WuW 2000, 1199, 1202 (These Nr. 4).

[485] *K. Schmidt*, WuW 2000, 1199, 1203.

[486] Auch hier ist nicht eine aus dem US-Antitrustrecht bekannte Nebensächlichkeit i.S. von *„ancillary restraints"* gemeint, sondern die Anwendung der Immanenztheorie, vgl. *K. Schmidt*, ZHR 149 (1985), 1, 7.

[487] Vgl. *K. Schmidt*, Kartellverbot, S. 104.

[488] Vgl. *K. Schmidt*, WuW 2000, 1199, 1201.

Kartellverbots bei besonders geringer Wettbewerbsschädlichkeit löst diese formale Tatbestandlichkeit des Gesetzeswortlauts zu Gunsten einer nachgelagerten, marktbasierten Einzelfallanalyse und verdient insoweit Anerkennung.

b) Subsidiarität des § 16 GWB

Müller/Giessler stellten bereits zur Abgrenzung des § 1 GWB a.F. von §§ 15 ff. GWB a.F. in den siebziger Jahren – später fortgeführt von *Müller/Giessler/ Scholz*[489] – fest, dass Vereinbarungen in sonstigen Verträgen im Sinne der Überschrift des 2. Abschnitts des alten GWB gleichwohl zu einem gemeinsamen Zweck getroffen seien konnten, soweit sie in der Lage gewesen seien, die Marktverhältnisse nach § 1 GWB a.F. zu beeinflussen; sodann habe § 1 GWB a.F. den Vorrang gehabt, weil dort eine größere Kontrolle gegeben gewesen sei[490]. Die daraus resultierende Subsidiarität wurde indes nur für Fälle angenommen, bei denen eine Marktbeeinflussung nachweisbar war und kein neutraler Vertragszweck im Raum stand, der zu einer ausschließlichen Behandlung nach § 15 GWB a.F. geführt hätte. Dagegen wurde eingewandt, dass sich nicht bestimmen lasse, wann ein auf Marktbeeinträchtigung gerichteter Zweck zugleich ein gemeinsamer Zweck i.S. des § 1 GWB a.F. sein sollte[491]. Darüber hinaus scheint fraglich, ob diese Lösung überhaupt (noch) mit Sinn und Zweck des GWB vereinbar ist. Dies wird wohl zu verneinen sein, weil aus dem neuen Kartellverbot der gemeinsame Zweck gestrichen wurde. Das dieses offenbar ersetzende Merkmal der Wettbewerberstellung ist kaum mit einem Marktbeeinträchtigungszweck in Einklang zu bringen. Kommt es nach neuem Recht entscheidend nur darauf an, ob die Beteiligten aktuelle oder potenzielle Wettbewerber sind, dürfte eine Marktbeeinflussung möglicherweise nicht mehr zu prüfen sein.

Es bleibt jedoch der wirtschaftliche Hintergrund von Interesse, der den Gedanken *Müller/Giessler/Scholz'* zu Grunde gelegen haben dürfte. Sie stellten nicht auf das Wettbewerbsverhältnis der Beteiligten ab, sondern auf die Wirkung der Wettbewerbsbeschränkung selbst, mithin auf die Folgen, die sie auf den relevanten Markt haben kann. Die damit verbundene Rechtsfolge einer Subsidiarität der §§ 14 ff. GWB ist gleichwohl abzulehnen. Sie lässt neben dem Marktbeeinflussungszweck keinen Spielraum zur Begutachtung weiterer Wirkungen entsprechender Vereinbarungen, die von beiden Regelungen erfasst sein können, sondern stellt ohne Berücksichtigung möglicher Vorteile für den

---

[489] *Müller/Giessler/Scholz*, Wirtschaftskommentar, 4. Aufl., § 1 Rn. 70 a.
[490] *Müller/Giessler*, Wirtschaftskommentar, 3. Aufl., § 1 Rn. 66; ähnlich: *Müller-Henneberg*, in: GK, § 1 Rn. 37; *ders.*, WuW 1963, 877, 880.
[491] *K. Schmidt*, Kartellverbot, S. 52; *Schwarz*, Kartellvertrag, S. 105.

produktexternen Wettbewerb auf die negativen Wirkungen ab, die das gesetzliche Kartellverbot zu verhindern sucht. Des Weiteren steht ein Wertungswiderspruch im Raum, wenn lediglich auf die Eignung zur Marktbeeinflussung abgestellt wird: Fehlt Letztere, könnte ein Vertrag, der möglicherweise nur nach §§ 2-8 GWB freistellbar wäre, nach § 16 GWB zulässig sein. Vertikalvereinbarungen wären nämlich dann auch solche wettbewerbsbeschränkenden Verträge, die z. B. wegen zu geringer wirtschaftlicher Bedeutung nicht geeignet sind, die Marktverhältnisse zu beeinflussen. Die wettbewerbsbeschränkende Vereinbarung in ihrer belangloseren Erscheinungsform (zur Marktbeeinflussung nicht geeignet) wäre dann gegebenenfalls nach § 14 GWB nichtig, während sie in ihrer bedeutsameren Form (zur Marktbeeinflussung geeignet) nur unter den Voraussetzungen der §§ 2-8 GWB zugelassen werden könnte[492]. Infolgedessen ist der Verzicht des Merkmals „Eignung zur Marktbeeinflussung" nach neuem Recht zu begrüßen[493]. Die Relevanz für den betroffenen Markt bleibt gesetzestechnisch im Übrigen erhalten, durch Konzentration auf die Prüfung der eigentlichen Wettbewerbsbeschränkung, die eine Begutachtung der Marktrelevanz einschließt.

Gegen jegliche Subsidiarität des § 16 GWB zu § 1 GWB lassen sich die jeweiligen Rechtsfolgen ins Feld führen. Der Gesetzgeber hat bewusst im zweiten Abschnitt darauf verzichtet, eine Verbotsfolge auszusprechen[494]. Zumindest bei Vereinbarungen, die wegen ihrer Wettbewerbsbeschränkungen unter beide Regelungen fallen können und deren Bestandteile untrennbar miteinander verbunden sind, würde die Nichtigkeit der gesamten Vereinbarung zu ungerechten Ergebnissen führen, wenn ohne diese lediglich eine Missbrauchsaufsicht angezeigt wäre.

3. Tatbestandlicher Ausschluss

Die hM im Schrifttum[495] und allen voran der BGH[496] sehen keinen Raum für eine Überschneidung beider Tatbestände und gehen von einem Alternativ-

---

[492] *v. Hahn*, GRUR 1968, 406, 406, der feststellt, dass schon von daher nicht alle Verträge, die den Voraussetzungen des § 1 nicht genügen, und damit keine Kartellverträge seien, nach § 15 GWB a.F. nichtig sein können; vgl. auch *Langen*, in: L/B, § 15 Rn 3.

[493] A.A. *Baums*, ZIP 1997, 234, der darin eine wesentliche Verschlechterung in der Feststellung des Tatbestands sieht.

[494] Ausnahme: Verbot der Preis- und Konditionenbindung nach § 14 GWB.

[495] *Rittner*, WuW 2000, 696, 698 ff.; *Emmerich*, in: I/M, 2. Aufl., § 18 Rn. 33; *Bunte*, in: L/B, § 1 Rn. 2; *Huber/Baums* und *Wolter*, in: FK, § 1 Rn. 408 und § 18 Rn. 18; *Schwarz*, Kartellvertrag, S. 117; *Pleßke*, Gemeinsamer Zweck, S. 92; *Fikentscher*, in: FS Hueck, S. 543, 549 u. 551; *Walz*, Systemfragen, S. 102.

verhältnis aus. Die Wettbewerbsschädlichkeit von Verhaltenskoordination wird danach bereits tatbestandlich nach den Normenmerkmalen geprüft, so dass es einer anschließenden Reduktion im Wege der Immanenzprüfung nicht mehr bedürfe. Dies hat freilich zur Folge, dass einzelwirtschaftliche Abgrenzungsfragen ebenfalls innerhalb des jeweiligen Tatbestandes einer Prüfung unterzogen werden müssen, was wegen ihrer Abhängigkeit von den formalen Eingriffskriterien eine nicht immer einfache dogmatische Konstruktion bedeutet. *Rittner* vertritt dazu die Auffassung[497], dass § 1 GWB auf einer wettbewerbsfunktionalen, die §§ 14 ff. GWB dagegen auf einer rein zivilrechtlichen Grundlage basieren, weshalb das Kartellverbot nicht auf Ausschließlichkeitsbindungen zwischen Wettbewerbern ausstrahle, es sei denn, sie funktionierten als Kartelle. Der tatbestandlichen Lösung könnte also zuzustimmen sein, wenn eine der betroffenen Regelungen mit einem Merkmal, namentlich dem „Miteinander-in-Wettbewerb-Stehen" von Unternehmen, aufwarten würde, das die Erfüllung des jeweils anderen Tatbestandes von vornherein ausschlösse. Das maßgebliche Abgrenzungskriterium wurde bis zur 6. Novelle des GWB im „gemeinsamen Zweck" gesehen, so dass alle Vereinbarungen zwischen Wettbewerbern, die zu einem gemeinsamen Zweck vereinbart wurden, rein nach § 1 GWB zu beurteilen gewesen seien[498]. Hierfür spricht, dass sowohl der gemeinsame Zweck im alten Recht, wie auch das „Miteinander-in-Wettbewerb-Stehen" des neuen § 1 GWB konstituierende Merkmale einer Kartellvereinbarung waren bzw. sind[499]. Im zweiten Abschnitt findet sich unter Vertikalvereinbarungen kein Prüfungs- oder Anknüpfungspunkt über das Wettbewerbsverhältnis der Parteien, wie es die Kartellverbotsregelungen des ersten Abschnitts voraussetzen. § 16 GWB führt neben den enumerativen Varianten keine weiteren Merkmale auf, die dem entsprächen. Andererseits schließt der Wortlaut des § 16 GWB aber auch nicht aus, dass Vereinbarungen zwischen aktuellen oder potenziellen Wettbewerbern nicht auch Ausschließlichkeitsbindungen darstellen können. Nach seinem vordergründigen Wortsinn würde der § 16 GWB mithin auch dann nicht überdehnt, wenn man Verhaltenskoordinationen zwischen aktuellen und potenziellen Wettbewerbern hierunter fassen wollte.

Teleologisch scheint das Ergebnis der Subsidiarität zunächst vertretbar. Hier könnte die Begründung zum Regierungsentwurf des GWB a.F. herangezogen

---

496 BGH WuW/E BGH 3115, 3117 – „Druckgussteile"; WuW/E BGH 3121, 3124 – „Bedside-Testkarten"; WuW/E BGH 3137, 3137 – „Solelieferung".

497 *Rittner*, Wettbewerbs- und Kartellrecht, § 7 Rn. 16.

498 BGH WuW/E BGH 3115, 3117 – „Druckgussteile"; WuW/E BGH 3121, 3124 – „Bedside-Testkarten"; WuW/E BGH 3137, 3137 – „Solelieferung".

499 Vgl. *K. Schmidt*, Kartellverbot, S. 28; *Möschel*, Recht der Wettbewerbsbeschränkungen, S. 102, Rz. 158.

werden, wonach den sonstigen Verträgen gerade der für Kartellverträge charakteristische Zusatz gefehlt habe, dass der Vertrag zu einem gemeinsamen Zweck geschlossen wurde[500]. Damit ist jedoch nicht unbedingt der tatsächliche Wille des damaligen Gesetzgebers geklärt[501]. Diesbezüglich ist auf die eigentlichen Zielvorstellungen des Gesetzgebers einzugehen. Der gemeinsame Zweck war zunächst ein Merkmal, das aus dem Gesellschaftsrecht kam und damit der Regelung in § 705 BGB ähnlich war. Wenn auch diese Auffassung von der Vertragsabhängigkeit des ehemaligen gemeinsamen Zwecks heute nicht mehr ernsthaft vertreten wird, so war der vertraglich geprägte Ansatz mit gesellschaftsrechtlichem Hintergrund von besonderem Einfluss für den Gesetzgeber der fünfziger Jahre[502]. Im Laufe seiner Entwicklung hat sich der Begriff von einem gesellschaftsrechtlichen Verständnis gelöst und war fortan unstreitig an den Zielvorstellungen eines auf die Freiheit des Wettbewerbs gerichteten Gesetzes auszulegen[503]. Darüber hinaus kann es auch dem historischen Gesetzgeber nicht wirklich darauf angekommen sein, den Anwendungsbereich des § 1 GWB a.F. auf Gesellschaftsverträge zu beschränken. Sonst hätte er dies durch eine eindeutige Wortwahl, wie etwa ein expressis verbis solchen Anforderungen entsprechendes Tatbestandsmerkmal zum Ausdruck bringen können. Nach heutigem Kenntnisstand ist der Regierungsentwurf insoweit mit Vorsicht zu genießen, eine gesellschaftsrechtliche Interpretation insoweit nicht opportun. Dagegen spricht auch, dass die nach § 705 BGB notwendige Zweckförderungsabsicht der Parteien[504] dem Wortlaut des § 1 GWB weder in seiner alten noch neuen Fassung zu entnehmen ist. Auch wird eine Pflicht zur Verfolgung des gemeinsamen Zwecks nicht verlangt[505]. Andererseits ist den gesetzeshistorischen Vorgaben auch einiges für die tatbestandliche Abgrenzung abzugewinnen. So hat der Gesetzgeber der Auffassung des Regierungsentwurfs, soweit ersichtlich, nicht widersprochen und keine eigenen Zielvorstellungen entgegengesetzt. Dem entspricht die Stellungnahme des zuständigen Wirtschaftsausschusses[506], die nur vereinzelte Abweichungen vom Regierungsentwurf vorsah, ohne Bezug auf das hier interessierende Tatbestandsmerkmal. Dies lässt zwar aus historischer Sicht Raum für eine tatbestandliche Abgrenzung zwischen § 1 GWB und § 16 GWB, führt indes nicht zwingend zu diesem Ergebnis.

---

500 Vgl. Begr. zum RegE., BT-Drucks. II/1158, S. 35, wo § 10, der Vorläufer des alten § 18 GWB und jetzigen § 16 GWB, entsprechend interpretiert wird.

501 Statt aller: *Säcker*, in: MüKo, Einl. Rn. 124 m.w.N.

502 *Möschel*, Recht der Wettbewerbsbeschränkungen, S. 108, Rz. 169.

503 *Immenga*, in: I/M, 2. Aufl., § 1 Rnrn. 147, 148 m.w.N.

504 Siehe hierzu: *Thomas*, in: Palandt, § 705 Rn. 20.

505 *Schwarz*, Kartellvertrag, S. 30; *Lukes*, Kartellvertrag, S. 110; *Pleßke*, Gemeinsamer Zweck, S. 39 ff., 114.

506 BT-Drucks. II/3644, insb. S. 7, wo es heißt, dass der „Regierungsentwurf ... als die Grundlage des angestrebten Gesetzes" akzeptiert wurde.

Anders könnte dies nach der formal horizontal-vertikalen Ausrichtung der Gesetzesabschnitte zu bewerten sein. Der Regierungsentwurf äußert sich nur an der bereits erwähnten Stelle zu dem Begriffspaar horizontal/vertikal[507], wonach § 10, die Vorvorgängernorm des heutigen § 16 GWB, Verträge behandle, die vertikale Bindungen zum Gegenstand hätten, im Gegensatz zur horizontalen Wettbewerbsbeschränkung des Kartellvertrages. Demnach spricht vieles für deren Abgrenzungsfunktion. Eine Aussage über den Inhalt der Begriffe ist jedoch nicht zu erkennen. Es geht eher um die Gesetzessystematik, nach der das GWB zwischen Kartellverträgen unter Wettbewerbern und Vertikalverträgen differenziert und bei Letzteren standardmäßig zunächst kein Wettbewerbsverhältnis voraussetzt. Ein Umstand, der für eine formenorientierte Differenzierung spricht, die zu einer Privilegierung von Vertikalverhältnissen führt, weil jene tatbestandlich nur eine Eingriffsermächtigung für Kartellbehörden nach sich ziehen. Gleichwohl hat der BGH frühzeitig entschieden, dass die formale Möglichkeit der Verabredung von Wettbewerbsbeschränkungen im Rahmen von Austauschverträgen nicht von vornherein einer Beurteilung nach § 1 GWB entgegensteht[508]. *Schwarz* folgert aus der Möglichkeit einer Gemeinsamkeit aller Merkmale von Horizontal- und Vertikalverträgen mit Ausnahme des gemeinsamen Zwecks, dass sich beide Vertragstypen gesetzessystematisch nicht voneinander trennen ließen, wenn auch die Verträge des zweiten Abschnitts zu einem gemeinsamen Zweck geschlossen werden könnten[509]. Wie aber bereits gezeigt, können Vertikalverträge nicht minder geeignet sein, den Wettbewerb zwischen aktuellen und potenziellen Wettbewerbern zu beeinträchtigen, insbesondere wenn die Beteiligten der Wettbewerbsbeschränkung nicht nur als Hersteller und Händler in einem Über- und Unterordnungsverhältnis stehen, sondern der austausch- oder vertriebsvertraglich gebundene Händler zugleich Hersteller von Substitutionsprodukten ist. Ebenso schließt der Wortlaut des § 16 GWB (entsprechend § 18 GWB a.F.) insoweit nicht aus, dass Verträge im Sinne des zweiten Abschnitts zu einem gemeinsamen Zweck bzw. zwischen miteinander in Wettbewerb stehenden Unternehmen geschlossen werden können. Anders als die Regelungen des zweiten Abschnitts setzt § 1 GWB als Verbotsvorschrift die sogenannte Eignung einer spürbaren Beschränkung auf dem relevanten Markt voraus, wobei hier offen bleiben kann, ob neben der objektiven Eignung zur Beeinflussung der Wille der Parteien hinzutreten muss oder welcher Wahrscheinlichkeitsgrad erforderlich ist[510]. Die ambivalenten Folgen von intrabrand-Beschränkungen in Ausschließlichkeitsbindungen machen eine solche Prüfung nach der jetzigen Gesetzeslage obsolet. Es scheint daher

---

[507] Begr. zum RegE., BT-Drucks. II/1158, Anlage 1, S. 35 l. Sp. oben.

[508] BGH WuW/E BGH 1353, 1355 – „Schnittblumen"; WuW/E BGH 1871, 1878 – „Transportbeton-Vertrieb I"; WuW/E BGH 1898, 1899 – „Holzpaneele".

[509] *Schwarz*, Kartellvertrag, S. 115.

[510] Vgl. dazu *Immenga*, in: I/M, 2. Aufl., § 1 Rn. 334 ff.

sinnvoll, eine Abgrenzung je nach Fallkonstellation auf der Rechtsfolgenseite zu suchen. Demgemäß ist auch unter Beachtung der Wertentscheidung bei historischer Auslegung zu konstatieren, dass die Eignungsklausel eher eine mögliche Vertragsfolge beschreibt, denn einen vertragswesentlichen Bestandteil, weshalb nicht zwangsläufig eine tatsächliche Abgrenzung durch das Merkmal des gemeinsamen Zwecks hätte stattfinden müssen[511]. Es ergibt sich damit aus Sicht der Gesetzessystematik keine zwingende Notwendigkeit, bereits auf Tatbestandsebene über den gemeinsamen Zweck eine dogmatische Abgrenzung zwischen Kartellvereinbarungen und Vertikalverträgen durchführen zu müssen.

Vor der Novellierung 1998 sprachen für einen tatbestandlichen Ausschluss oder aber eine vorrangige Gesetzeskonkurrenz des § 1 GWB a.F. weiterhin vereinzelte Ausnahmeregelungen zum Kartellverbot. Nach § 6 Abs. 2 Satz 2 GWB a.F. stand § 15 GWB a.F. einem freigestellten Ausfuhrkartell nicht entgegen. Ebenso grenzte § 20 Abs. 4 GWB a.F. sich klarstellend vom Kartellverbot ab, indem dort bestimmt war, dass die §§ 1 bis 14 GWB a.F. unberührt blieben. Freilich wurde die Formulierung in § 6 Abs. 2 Satz 2 GWB in der Literatur als Redaktionsversehen des Gesetzgebers angesehen[512]. Auch zur Abgrenzung § 20 Abs. 4 GWB a.F. zu § 1 GWB a.F. wurden und werden unterschiedliche Auffassungen vertreten. Sie tragen im Ergebnis nichts zur Abgrenzungsproblematik bei und können daher vernachlässigt werden.

4. Stellungnahme

Mit der im GWB getroffenen unterschiedlichen Behandlung von Horizontal- und Vertikalvereinbarungen lassen sich argumentativ alle drei vorangegangen beschriebenen Ansätze vereinbaren. Systematik, Wortauslegung, teleologische und historische Auslegung sprechen zunächst dafür, den Kartelltatbestand von Vertikalverträgen zu differenzieren. Wegen der der teleologischen Auslegung zukommenden Aufgabe Normenwidersprüche zu vermeiden[513], weil unverträgliche Rechtsfolgen nicht nebeneinander eintreten könnten und die Rechtsfolgen des § 1 GWB a.F. und der §§ 15 ff. GWB a.F. einander ausschlössen, schlägt *Schwarz*[514] vor, dass der gemeinsame Zweck sonstigen Verträgen nach altem Recht fehlen müsse, um ein solches Ergebnis von

---

[511] Vgl. *Schwarz*, Kartellvertrag, S. 115 der sich gegen die noch weiter reichende Auffassung *Lukes*' wendet, der auf den gemeinsamen Zweck ganz verzichten will, *Lukes*, Kartellvertrag, S. 113.

[512] Siehe nur *Schwarz*, Kartellverbot, S. 100 m.w.N.

[513] *Larenz*, Methodenlehre, S. 334 (am Ende); *Minas-von Savigny*, Negative Tatbestandsmerkmale, S. 55, 66 f.

[514] *Schwarz*, Kartellvertrag, S. 116 f.

vornherein auszuschließen. Bei Anwendung beider Vorschriften auf eine Verhaltenskoordination stünden ansonsten Normenfriktionen im Raum. Es scheint jedoch nicht konsequent, zunächst zutreffend darauf zu verweisen, dass „wettbewerbsbeschränkende Bindungen i.S. des §§ 15 ff. GWB [a.F.] zu einem gemeinsamen Zweck geschlossen werden" und auch dem Wortlaut nach durchaus die Tatbestände beider Normenkomplexe gleichzeitig erfüllt werden können[515], dann aber doch zur Vermeidung unterschiedlicher Rechtsfolgen diese Möglichkeit hinsichtlich des gemeinsamen Zwecks wieder abzulehnen. Zwar liegt *Schwarz* dem Ergebnis nach mit ansprechender Begründung auf der Linie des BGH[516], bleibt aber insoweit einer rein vertraglichen Sichtweise verbunden. Zutreffend weist er dem Grunde nach auch darauf hin, dass die „§§ 15, 18 GWB (a.F.) [...] einseitige horizontale und vertikale Bindungen"[517] erfassten, macht diese Konklusion indes von einem fehlenden austauschvertraglichen Verhältnis abhängig oder führt Austausch- oder Rahmenverträge mit vertikalen Bindungen an und stellt insgesamt entsprechend auf konkrete Wettbewerbsverhältnisse im Sinne kollektiver Bindungen der vertragsgebundenen Unternehmen ab. Es ist unstreitig, dass eine Kartellabsprache in austauschvertraglichen Verhältnissen möglich und deshalb eine Beurteilung nach § 1 GWB nicht von vornherein ausgeschlossen ist[518]. Entscheidend kommt es auf die jeweilige Wettbewerbsbeschränkung selbst und ihre Wirkung auf den relevanten Markt an[519]. Dabei dürfte kein kartellformenrechtlicher Ansatz über das ehemalige Merkmal des gemeinsamen Zwecks entscheidend sein, sondern welche Wirkungen über die betroffene Produktgruppe auf den Markt und die jeweilige Gegenseite ausgehen. Das Zweckmerkmal ist Ausfluss der horizontal-vertikalen Differenzierung. Aus heutiger Sicht kann die zweifelsohne auch hiervon abhängige Beurteilung, ob eine tatbestandliche, eine Konkurrenz- oder eine Subsidiaritätslösung zu bevorzugen ist, zunächst offen bleiben, um sich für einen möglichen Neuansatz nicht diverser Lösungsoptionen zu beschneiden. Im Sinne einer Loslösung vom formalen Ansatz hin zu einer produktbezogenen, Wettbewerbsfaktoren berück-

---

[515] *Schwarz*, Kartellvertrag, S. 116.

[516] BGH WuW/E BGH 3115, 3117 – „Druckgussteile"; WuW/E BGH 3121, 3124 – „Bedside-Testkarten"; WuW/E BGH 3137, 3137 – „Solelieferung".

[517] *Schwarz*, Kartellvertrag, S. 117.

[518] *Möschel*, Recht der Wettbewerbsbeschränkungen, S. 109, Rz. 170; vgl. dazu ausführlich *Walz*, Systemfragen, S. 102 ff.

[519] So für die Anwendung des § 1 GWB a.F. auch BGH in WuW/E BGH 2285, 2287 – „Spielkarten", allerdings mit dem ausdrücklichen Hinweis, dass die Vertragsbeteiligten den Markt untereinander (horizontal) beschränken müssen. Ein Horizontalverhältnis hat der BGH indes nicht seit jeher zur Annahme eines gemeinsamen Zwecks vorausgesetzt; vgl. BGH WuW/E BGH 1353, 1355 – „Schnittblumentransport"; WuW/E BGH 1361, 1364 – „Krankenhaus-Zusatzversicherung"; WuW/E BGH 1600, 1601 – „Frischbeton"; insb. WuW/E BGH 2247, 2249 f. – „Wegenutzungsrecht" – vgl. dazu die Anmerkung von *Knöpfle*, WuW/E BGH 2252 ff.

sichtigenden Analyse, bei gleichzeitiger Beibehaltung bestimmter notwendiger ordnungsrechtlicher Aspekte, könnte dies zum jetzigen Zeitpunkt kontraproduktiv sein.

II. Der gemeinsame Zweck als Abgrenzungskriterium in der Entwicklung des GWB

Die Diskussion um das Merkmal des gemeinsamen Zwecks ist wesentlich, um den Wandel in Rechtsprechung und Schrifttum durch die Entwicklungsphasen des GWB zu verstehen und wertvolle Hinweise zur Abgrenzung horizontaler und vertikaler Wettbewerbsbeschränkungen zu gewinnen. Es dürfte *Karsten Schmidt*[520] zuzustimmen sein, dass viele dogmatische Diskussionen um die Bedeutung des gemeinsamen Zwecks hätten umgangen werden können, wenn das Kartellrecht in seinen Kinderschuhen ein Verbot nach Art der 6. Novelle aufgewiesen hätte. Denn das neue Recht orientiert sich im Wesentlichen an der Wettbewerbsbeschränkung zwischen Unternehmen und nicht mehr an einer vertragsorientierten Kartellformenlehre[521], hat aber zugleich seinen kartellorganisationsrechtlichen Schwerpunkt auf ipso iure verbotene und unwirksame horizontale Kartelle sowie nur untersagbare vertikale Beschränkungen gesetzt. Das Abstellen auf horizontale und vertikale Wettbewerbsbeschränkungen ist im Zusammenhang mit dem gemeinsamen Zweck in der Literatur präzisiert worden[522] und hat sich als funktionaler Ansatz zur herrschenden Auffassung entwickelt[523]. An die Stelle der gesetzlichen Unterscheidung zwischen Kartell- und sonstigen Verträgen trat insoweit die Unterscheidung nach horizontalen und vertikalen Wettbewerbsbeschränkungen, d.h. das Merkmal des gemeinsamen Zwecks sollte ähnlich dem neuen Recht als erfüllt angesehen werden, soweit aktueller oder potenzieller Wettbewerb zwischen den Parteien beeinträchtigt war[524]. Dies bereitet überwiegend dann geringe Probleme, soweit es um einfach gelagerte Fälle geht, bei denen modelltheoretisch oder aufgrund struktureller Vorgaben ohne Weiteres differenziert werden kann. Komplizierter sind indes die für die Entwicklung des gemeinsamen Zwecks bedeutenderen Vereinbarungen,

---

520 *K. Schmidt*, AG 1998, 552, 552, l. Sp.

521 Freilich wurde auch bereits zum gemeinsamen Zweck vertreten, dass dieser auf die Beschränkung des Wettbewerbs gerichtet sein müsse; vgl. hierzu statt aller: *Pleßke*, Gemeinsamer Zweck, S. 119 ff.

522 *Sandrock*, Grundbegriffe des GWB, 1968; *Steindorff*, BB 1977, 569 ff., *K. Schmidt*, Kartellverfahrensrecht, 1977, *ders.*, Kartellverbot, 1978; *Wilhelm*, ZHR (150) 1986, 320, 326 ff.

523 Vgl. die Nachweise bei *Immenga*, in: I/M, 2. Aufl., § 1 Rn. 153 ff. bzw. die Darstellung bei *Schwarz*, Kartellvertrag, S. 54 ff.

524 *K. Schmidt*, Kartellverbot, S. 54 f.; *Ulmer*, NJW 1982, 1975, 1976; *Schwarz*, Kartellvertrag, S. 54 ff.

von denen multivalente Wirkungen ausgehen, etwa weil sie im Zuge von Austauschverträgen anfallen, die eine Beurteilung nach § 1 GWB bzw. § 16 GWB zulassen.

1. Die Beurteilung gemischter Verträge gemäß § 1 GWB nach gesellschafts- und wettbewerbsrechtlichem Verständnis

Nach In-Kraft-Treten des GWB war die Rechtsprechung – nicht minder wie die Lehre auch –zunächst einem gesellschaftsrechtlichen Verständnis des gemeinsamen Zwecks im Sinne des § 705 BGB erlegen. Die Entlehnung stellt sich zunächst als Fortsetzung der Verfahrensweise des Reichsgerichts dar, das unter der Kartellverordnung bereits entsprechend verfahren war[525]. So verwundert die diesbezügliche Verfahrensweise der Kartellgerichte wenig, hält man sich zusätzlich vor Augen, dass auch der Entwurf der Bundesregierung wörtlich auf das bürgerliche Recht abstellte und Kartellverträge als Gesellschaftsverträge im Sinne des § 705 BGB klassifizierte[526]. Zwingend war diese Wertung auch aus damaliger Sicht jedoch keineswegs. Nimmt man die historischen Gesetzesmaterialien zu Hilfe und unterstellt, dass sich die Gerichte an den Wertentscheidungen und Regelungsabsichten der Gesetzesgründer orientierten, hätte ihnen bei unbefangener Betrachtung bereits auffallen können, dass der weite Tatbestand des § 1 GWB a.F. nicht zwingend lediglich auf gesellschaftsvertragliche Zwecke hätte eingegrenzt werden müssen.

Reine Kartell- oder Austauschverträge ohne Überschneidungen kommen in der Praxis eher selten vor, obwohl das GWB dies mit seiner unterschiedlichen Behandlung suggeriert. In Vertragswerken können weitgehend unterschiedliche Inhalte vereinbart werden, die sich im Zuge von Geschäfts- oder Gesellschaftsvereinbarungen ergeben können. So kommen zivilrechtlich geprägte Austauschverträge vor, die als Nebenabrede auch Absprachen kartellrechtlichen Hintergrunds aufweisen. Der zivilrechtliche Ansatz verlangte bei Verträgen mit entsprechenden Überschneidungen für die Beurteilung nach § 1 GWB a.F. das Vorliegen von gesellschaftsähnlichen oder Gesellschaftsverträgen, wohingegen für §§ 15 ff. GWB a.F. ein Austauschverhältnis ausreichen sollte; zur substanziellen Feststellung bediente man sich einer wertenden zivilrechtlich geprägten Gesamtvertragsbetrachtung[527]. Insoweit forderte der BGH die Untersuchung, ob Verträge insgesamt einem gemeinsamen Zweck dienten, was durch „eine Gesamtwürdigung [...] unter Berücksichtigung der mit

---

[525] Siehe dazu die Nachweise oben, 1. Teil, A. I.

[526] Begr. zum RegE., BT-Drucks. II/1158, Anlage 1, S. 30.

[527] Vgl. *K. Schmidt*, Kartellverbot, S. 15 f.; zur zivilrechtlichen Gesamtvertragsbetrachtung ausführlich: *Schwarz*, Kartellvertrag, S. 127 ff.

dem Vertrag verfolgten wirtschaftlichen Ziele, der Umstände, die zum Vertragsschluss geführt haben und der Entwicklung der Beziehungen zwischen den Vertragspartnern" zu ermitteln war[528]. Sollte sich das Gesamtverhältnis der Parteien insoweit als zumindest gesellschaftsähnlich erweisen, so fiel es unter das Kartellverbot, ansonsten war es als Austauschvertragsverhältnis nur untersagbar[529]. Die Interpretation des gemeinsamen Zwecks war innerhalb des zivilrechtlichen Ansatzes uneinheitlich. So verlangte eine Mindermeinung entsprechend dem Anliegen der so genannten Gegenstandstheorie, dass sich der gemeinsame Zweck auf die Wettbewerbsbeschränkung habe beziehen müssen[530], wohingegen die überwiegende Auffassung später das Vorliegen eines beliebigen Zwecks für ausreichend hielt und auch keine Ausrichtung auf eine Marktbeeinflussung verlangte[531]. Beide Annahmen blieben zu Recht nicht ohne Kritik. Einen beliebigen Zweck ausreichen zu lassen, war weder mit der Wortauslegung des § 1 GWB a.F. vereinbar, die von den Teilnehmern der wettbewerbsbeschränkenden Abrede keine Verpflichtung zu einer konkreten Zweckverfolgung verlangte[532], was jedoch zu den konstituierenden Merkmalen einer BGB-Gesellschaft gehört, noch wäre eine derartige gesellschaftsrechtliche Einschränkung der Zielfunktion des Kartellverbots gerecht geworden. Nicht minder problematisch ist eine am Vertragsgegenstand orientierte Auslegung aus tatsächlichen Gründen. Unternehmen, die ihr Verhalten koordinieren, würden dann die Beschränkung lediglich als Geschäftsgrundlage anerkennen, keinesfalls aber eine entsprechende inhaltliche Übereinkunft in ein Vertragswerk integrieren und sich so dem drohenden Kartellverbot aussetzen[533]. Um dies zu vermeiden, hat der Gesetzgeber im Übrigen abgestimmte Verhaltensweisen verboten[534], die nunmehr in § 1 GWB integriert sind.

Mit Abkehr von der zivilrechtlichen Gesamtvertragsbetrachtung begannen Rechtsprechung und Kartellbehörden Vereinbarungen, denen gesellschaftsvertragliche wie austauschvertragliche Bindungen in einem Vertragswerk zu Eigen waren, global nach § 1 GWB zu prüfen; sowohl horizontale als auch vertikale Wirkungen wurden zusammenfassend am Kartellverbot ausgerichtet[535].

---

[528] BGH WuW/E BGH 359, 361 – „Glasglühkörper".
[529] Vgl. *Immenga*, in: I/M, 2. Aufl., § 1 Rn. 144.
[530] *Lieberknecht/Gnauk*, BB 1963, 1067, 1071.
[531] BGH WuW/E BGH 359 ff. – „Glasglühkörper".
[532] *Busche*, Preisbindungsverbot, S. 24; *Lukes*, Kartellvertrag, S. 110 und passim, *Schwarz*, Kartellvertrag, S. 30.
[533] Vgl. zu den dogmatischen Bedenken gegenüber der Gegenstands- und Zwecktheorie im Einzelnen *Immenga*, in: I/M, 2. Aufl., § 1 Rnrn. 284 ff., 310, 311.
[534] § 25 Abs. 1 GWB a.F.
[535] BGH WuW/E BGH 1353, 1355 – „Schnittblumentransport"; WuW/E BGH 1367, 1369 – „ZVN"; KG WuW/E OLG 1487, 1490 – „ZVN"; BKartA WuW/E BKartA – „ZVN II";

Damit ging die zivilrechtliche Betrachtung indes nicht völlig verloren. Weiterhin konnte der gemeinsame Zweck in tatsächlichen Gesellschaftsverträgen zivilrechtlich begründet werden. Dort bedurfte es ja keiner Trennung zwischen eigentlicher Wettbewerbsbeschränkung und Gesellschaftsvertrag selbst. Anders bei Austauschverträgen. Um sie einer Beurteilung nach § 1 GWB zu öffnen, wurde versucht, den wettbewerbsbeschränkenden Teil zu separieren und nur für diesen einen gemeinsamen Zweck zu unterstellen. Es war also nötig, gemeinsame Interessen im Zusammenhang mit der Wettbewerbsbeschränkung zu konkretisieren. Die über ein Austauschverhältnis hinausgehende Interessengleichschaltung war entsprechender Anknüpfungspunkt. Es sind aber Austauschverträge zwischen Wettbewerbern denkbar, die einseitige oder gegenseitige Wettbewerbsbeschränkungen enthalten, ohne dass eine Interessenkonformität im Sinne des gemeinsamen Zwecks feststellbar wäre[536], die sonach nur einer Beurteilung nach § 15 GWB a.F. offen gestanden hätten. Demgemäß schien eine Trennung der zivilrechtlichen und kartellrechtlichen Absprachen begründet.

Um andererseits den Anwendungsbereich des § 1 GWB a.F. hier nicht zu weit auszudehnen, hat die Rechtsprechung wettbewerbsbeschränkende Absprachen solange nicht als zu einem gemeinsamen Zweck vereinbart angesehen, wie sie wesentlicher Bestandteil eines Leistungsaustausches geworden sind[537]. Die Lösung der Frage aber, ob eine zivilrechtlich gebotene Handlung die Wettbewerbsbeschränkung rechtfertigt, sozusagen das Äquivalent zum Leistungsaustausch darstellt, ist nicht Aufgabe des Kartellverbotstatbestands und konnte nur schwerlich in den gemeinsamen Zweck hineininterpretiert werden[538]. Freilich ist es begrüßenswert, wenn das Kartellrecht auf die Bedürfnisse des Marktes eingeht und „erforderliche“ Wettbewerbsbeschränkungen hinnimmt, zunächst einmal unabhängig von der dogmatischen Platzierung. Die Wirkungen eines wettbewerbsbeschränkenden Vertrages auf den Markt sind Anknüpfungspunkt des Kartellverbots, das sowohl in seiner alten als auch in seiner neuen Ausgestaltung insbesondere den Schutz der Marktverhältnisse vor Beeinflussung bezweckt[539]. Es kann demgegenüber weder auf eine unternehmensinterne Organisationsstruktur im Sinne gesellschaftsrechtlicher Anforderungen ankommen, noch auf eine entsprechende vertragliche

---

BKartA WuW/E BKartA 1870, 1871 – „Handelsgesellschaft freier Groß- und Einzelhandelsbetriebe“.

[536] Vgl. BGH WuW/E BGH 1353, 1355 – „Schnittblumentransport“.

[537] BGH WuW/E BGH 1458, 1461 – „Fertigbeton“; WuW/E BGH 1898, 1899 – „Holzpaneele“.

[538] So zutreffend schon *Ulmer*, NJW 1982, 1975, 1976; *Beuthien*, DB 1977, Beilage Nr. 5, S. 3.

[539] *Busche*, Preisbindungsverbot, S. 22.

Ausgestaltung. Ansonsten könnten die Vertragsparteien durch willkürliche Gestaltungsmaßnahmen oder eine vertragstypenorientierte Verkleidung von Wettbewerbsbeschränkungen Einfluss auf die Anwendbarkeit des gesetzlichen Verbotstatbestands nehmen. Darüber hinaus war eine gesellschaftsrechtliche Auslegung zu eng, weil die dogmatische Konstruktion dann Schwierigkeiten aufwarf, wenn es um gesellschaftsähnliche Verhältnisse ging, die zum einen eine kartellrechtliche Beschränkung aufwiesen, die aber nach ihrem Inhalt kaum mehr als Gesellschaftsvertrag bewertet werden konnten. In solchen Fällen konnten sich parteiliches Innen- oder Vertragsverhältnis und Schädlichkeit der Beschränkung in rechtlich kaum beherrschbarer Weise begegnen. Insbesondere trafen in Austauschverträgen hier horizontale Merkmale der gesellschaftsrechtlichen Positionierung auf vertikale Elemente der Wettbewerbsbeschränkung und mussten zur angemessenen Behandlung etwa in ein gesellschaftsähnliches Korsett gezwängt werden. Gänzlich offen bleibt bei solcher Betrachtung die wettbewerbliche Intention des GWB, wonach ein Verbot nur bei nachweislich rein wettbewerbsschädlicher Wirkung angebracht ist und mit der flexiblen Regelung des § 16 GWB (§ 18 GWB a.F.) auf ambivalent wirkende Beschränkungen reagiert werden soll. Das gesellschaftsrechtliche Verständnis ist daher insgesamt abzulehnen.

2. Die Beurteilung gemischter Verträge anhand gleichgerichteter Interessen

Wegen der vorstehend beschriebenen Problematik bei der Behandlung von Wettbewerbsbeschränkungen in Austauschverträgen entfernten sich Rechtsprechung und Lehre langsam vom gesellschaftsrechtlichen Verständnis. Zwar blieb der BGH zunächst bei einer Gesamtwürdigung von Verträgen, legte aber vermehrt Wert auf eine Würdigung der wirtschaftlichen Ziele der Vertragsparteien, der jeweiligen Umstände einer Verhaltenskoordination und der dementsprechenden Entwicklung des wettbewerblichen Verhältnisses zwischen diesen[540]. Entscheidend für eine Beurteilung nach § 1 GWB a.F. und somit des gemeinsamen Zecks sollte ein gemeinsames Interesse an der Beschränkung des Wettbewerbs sein[541]. Das zentrale Kriterium war schwerpunktmäßig damit auf die Interessenkoordinierung der Parteien hinsichtlich der Beschränkung verlagert und nicht mehr auf einen gesellschaftsrechtlichen Zweck fokussiert. Von Bedeutung war aber vor allem, dass der BGH den Sicherungszweck eines Leistungsaustausches im Wege der Wettbewerbsbeschränkung nicht mehr als ausreichend ansah, um eine Anwendung des § 1 GWB auszuschließen[542]. Damit war klar, dass Vereinbarungen als Bestandteil eines Austauschvertrags unter das

---

[540] Vgl. BGH WuW/E BGH 1353, 1354 – „Schnittblumentransport“.
[541] BGH WuW/E BGH 1332, 1335 – „Bahnen aus Kunststoff“.
[542] BGH WuW/E BGH 1353, 1355 – „Schnittblumentransport“.

Kartellverbot fallen konnten. Entsprachen Leistung und Gegenleistung synallagmatisch einer damit einhergehenden Reduzierung des Wettbewerbs zwischen den Parteien, konnte dies für die Annahme eines gemeinsamen Interesses und damit für ein Eingreifen des § 1 GWB a.F. sprechen. Die Gleichschaltung wettbewerblicher Interessen rückte so in den Blickpunkt des Betrachters.

Das Merkmal des gemeinsamen Zwecks sollte also funktional an der auf die Freiheit des Wettbewerbs gerichteten Zielsetzung des GWB ausgerichtet werden[543]. Dies brachte die Notwendigkeit einer neuen Auslegungsmethodologie mit sich, die sich im Kriterium der *gleichgerichteten Interessen* wieder fand[544]. Fortan sollte also die Verfolgung gleichgerichteter Interessen entscheidend sein, wobei als hinreichend erachtet wurde, dass der bewirkte Erfolg einem wettbewerbsneutralen[545] gemeinsamen Interesse entsprach oder von den Parteien zumindest gemeinsam angestrebt wurde[546]. Deshalb war der Hinweis des BGH nicht überraschend, dass das Vorliegen von Austauschverträgen, die Wettbewerbsverbote oder -beschränkungen beinhalteten, deren Beurteilung nach § 1 GWB nicht entgegenstünde[547]. Gleichwohl scheint es zunächst problematisch, bei Verträgen, deren Ziel ein Austausch von Leistungen ist, auf gemeinsame Interessen abstellen zu wollen. Denn der Austauschcharakter spricht gerade gegen gleichgerichtete Interessen, einmal abgesehen vom Abschlusswillen der Beteiligten. Folglich bedurfte es zumindest konkreter Hinweise, die einen für die Anwendung des § 1 GWB a.F. entsprechenden Rahmen eröffneten.

543 So erstmals BGH WuW/E BGH 1458, 1461 – „Fertigbeton"; sodann Std. Rspr., vgl. BGH WuW/E BGH 1597, 1599 – „Erbauseinandersetzung"; WuW/E BGH 1600, 1601 – „Frischbeton"; WuW/E BGH 1898, 1899 – „Holzpaneele"; WuW/E BGH 2085, 2087 – „Strohgäu-Wochenjournal" (vgl. dazu die Anmerkungen von *Schwarz*, BB 1984, 1828 f); WuW/E BGH 2285, 2287 – „Spielkarten"; WuW/E BGH 3115, 3117 – Druckgussteile"; WuW/E BGH 3121, 3125 – „Bedside-Testkarten"; WuW/E BGH 3137, 3138 – „Solelieferung".

544 Dies war insbesondere für die Subsumtion von Marktaufteilungsbestrebungen, Submissionsabsprachen und Spezialisierungsvereinbarungen unter § 1 GWB von Bedeutung, vgl. *Ebel*, WuW 1979, 792, 794; *Schwarz*, Kartellverbot, S. 41; *Pleßke*, Gemeinsamer Zweck, S. 76.

545 So schon BGH WuW/E BGH 359, 363 – „Glasglühkörper" zur Neutralität des gemeinsamen Zwecks. Dass die Rechtsprechung ein beliebiges Interesse für ausreichend hielt und hält, machte eine Abgrenzung zum Gesellschaftsvertrag notwendig. Es war nicht mehr eindeutig, ob das Vorliegen eines Gesellschaftsvertrags für § 1 GWB a.F. ausreichend sein sollte, oder ob ein gleichgerichtetes Interesse hinzukommen mußte (vgl. BGH WuW/E BGH 2169, 2174 – „Mischwerke"; dazu *Huber/Baums*, in: FK, § 1 Rn. 438). Ein solches kann aber gerade der Zweck nach § 705 BGB darstellen, so dass wohl ein Alternativverhältnis zu befürworten sein dürfte.

546 Vgl. BGH WuW/E BGH 1458, 1461 – „Fertigbeton".

547 BGH WuW/E BGH 1458, 1462 – „Fertigbeton"; WuW/E BGH 1600, 1601 – „Frischbeton"; WuW/E BGH 1898, 1899 –„Holzpaneele".

Insoweit hat die Rechtsprechung zügig klargestellt, dass es Anhaltspunkte habe geben müssen, die eine Interessengleichrichtung der Beteiligten im Hinblick auf die Wettbewerbsbeeinflussung erkennen ließen, wobei es nicht darauf angekommen sei, welchen der Vertragspartner die Beschränkung betroffen habe, einseitig oder zweiseitig[548], bzw. in letzterem Falle, von welcher Intensität diese für den jeweils Betroffenen gewesen sei[549]. Auch die Vernachlässigung der Einseitigkeit oder Gegenseitigkeit von Wettbewerbsbeschränkungen ist verständlich, wenn man mit dem BGH annahm, dass Verträge aller Art unter das Kartellverbot fallen können sollten, solange die Parteien im Hinblick auf die Wettbewerbsbeschränkung gleichlaufende oder -gerichtete Interessen verfolgten.

Weite Teile des Schrifttums sind der Auslegung des gemeinsamen Zwecks mittels gleichgerichteter Interessen gefolgt[550]. Allerdings waren auch Gegenstimmen erkennbar, die der Auslegung eine zu geringe Rechtssicherheit und Schwächen attestierten[551], die sich nicht zuletzt auf die mögliche Gleichrichtung von Interessen in einfachen Austauschverträgen bezogen, weil die Partner eines Austauschvertrags regelmäßig gegensätzliche Interessen verfolgten. So sieht *Rittner*[552] heute die Heranziehung gleichgerichteter Interessen unter Hinweis auf deren typisch zivilrechtlichen Charakter als ungeeignetes Kriterium an, das bspw. Gesellschafts- gegenüber Austauschverträgen abgrenzen könne, aber nicht leicht zu handhaben sei, wenn es etwa, wie im Bedside-Testkartenfall[553], um Agenturverträge gehe, deren Partner als Interessenwahrer für den jeweils anderen Part fungierten, weshalb der BGH diesen Ansatz letztlich auch habe aufgeben müssen. Zudem ist nicht von der Hand zu weisen, dass die Motivation der Parteien, und damit ein von diesen beeinflussbares Verhalten, so die Anwendung konkreter Rechtsfolgen bedingen

---

548 *K. Schmidt*, Kartellverbot, S. 61; *Köhler*, ZHR 148 (1984), 487, 489/490; *Immenga*, in: I/M, 2. Aufl., § 1 Rn. 149; a.A. *Knöpfle*, DB 1986, Beil. Nr. 11, S. 2 f.; Schwarz, Kartellvertrag, S. 88 ff., 90.

549 BGH WuW/E BGH 1458, 1460 – „Fertigbeton".

550 *Ballerstedt*, JuS 1963, 253, 262; *Ulmer*, NJW 1977, 805, 805; *Steindorff*, BB 1977, 569, 570; *ders.*, in: FS Benisch, S. 255, 256; *Ebel*, WuW 1979, 792, 794; *Lukes*, Kartellvertrag, S. 118 und passim; *Köhler*, ZHR 148 (1984), 487, 488; *Bechtold*, NJW 1981, 2668, 2668; *ders.*, Kartellgesetz, § 1 Rn. 19 *Baums*, JuS 1990, 608, 609; *vgl. Zimmer*, in: I/M, 3. Aufl., § 1 Rn. 167 ff.

551 Zuerst: *Steindorff*, BB 1977, 569, 570; *ders.*, BB 1981, 377, 381 m.w.N.; *K. Schmidt*, Kartellverbot, S. 53 ff., *ders.*, ZHR 149 (1985), 1, 24; *Belke*, ZHR 143 (1979), 74, 80 f.; *Köhler*, ZHR 148 (1984), 487, 489; *Möschel*, Recht der Wettbewerbsbeschränkungen, S. 110, Rz. 171 ff.; *Zimmer*, in: I/M, 3. Aufl., § 1 Rn. 168; *Pleßke*, Gemeinsamer Zweck, S. 78; *Bunte*, WuW 1997, 587, 589; *Wellenhofer-Klein*, WuW 1999, 557, 560 f.; *Rittner*, WuW 2000, 696, 701.

552 *Rittner*, WuW 2000, 696, 702.

553 BGH WuW/E BGH 3121, 3122 – „Bedside-Testkarten".

konnte. Die Kritik von *Belke*[554] hebt hervor, dass gleichgerichtete Interessen nicht geeignet seien, horizontale und vertikale Verträge voneinander abzugrenzen. Ihm ist insoweit Recht zu geben, als keine gesetzliche Notwendigkeit bestand, Wettbewerbsbeschränkungen diesbezüglich § 1 GWB a.F. und §§ 15 ff. GWB a.F. zuzuordnen. Da in Kartellverträgen wie Austauschverträgen sowohl horizontale als auch vertikale Wettbewerbsbeschränkungen oder Merkmale vorkommen können, kann die Frage einer entsprechenden Abgrenzbarkeit auch für die Bewertung gleichgerichteter Interessen letztlich keine entscheidende Rolle spielen. Es scheint indes entsprechend der aktuellen Gesetzesabschnittsüberschriften schwierig, als Beleg den horizontale und vertikale Beschränkungen nicht unterscheidenden Art. 85 EGV ins Feld zu führen[555], weil sich der Gesetzgeber insoweit ausdrücklich gegen eine Übernahme des europäischen Modells entschieden hat[556]. Dagegen befürwortete das überwiegende Schrifttum die Möglichkeit, mittels Feststellung (weiter gehender) gleichgerichteter Interessen deren Erforderlichkeit[557] auf dem relevanten Markt bereits anhand oder innerhalb des Merkmals des gemeinsamen Zwecks berücksichtigen zu können. Dies bedeutet bereits den zweiten Schritt, denn in einem ersten suchte der BGH nicht lediglich die Eignung zur Beschränkung zu beleuchten, sondern im Sinne der Gegenstandstheorie[558] einen Bezug zum Vertragsinhalt herzustellen und gleichzeitig – wie die Zwecktheorie – die Motivation der Vertragsparteien in seine Bewertung einzubeziehen. Dies hebt *Schwarz*[559] zu Recht durch den Hinweis auf die „Fertigbeton"-Entscheidung hervor, wonach § 1 GWB a.F. eine Wettbewerbsbeschränkung durch ihre Außenwirkung auf den Markt nicht schon gegenständlich wegen der vertraglichen Beschränkung der Parteien untereinander verboten habe, sondern (zumindest) auch geeignet sein musste, durch diese Außenwirkung eine Beeinflussung von Produktion oder Marktverhältnissen herbeizuführen. Die Rechtsprechung prüfte also zunächst die kartellinternen Marktverhältnisse im Sinne einer Marktbeeinflussung und erst dann, ob eine Außenwirkung durch Verringerung der Auswahlmöglichkeiten der Marktgegenseite oder Dritter eintreten konnte[560]. Das Zweckverfolgungsmittel Beschränkung des Wettbewerbs an sich wird so in den Vordergrund gerückt, erweitert um einen außervertraglich determinierten gemeinsamen Zweck durch gleichgerichtete Interessen. Im Ansatz der gleichgerichteten Interessen ist damit, freilich ohne

[554] *Belke*, ZHR 143 (1979), 74, 81.
[555] Vgl. *Schwarz*, Kartellverbot, S. 41.
[556] Begr. zu RegE., BT-Drucks. 1307/20, vgl. WuW Sonderheft, S. 65.
[557] Dazu sogleich.
[558] Vgl. *Pleßke*, Gemeinsamer Zweck, S. 98 ff.
[559] *Schwarz*, Kartellvertrag, S. 50.
[560] BGH WuW/E BGH 451, 455 – „Export ohne WBS"; WuW/E BGH 486, 491 – „Spar"; WuW/E BGH 605, 611 – „Flussspat"; WuW/E BGH 726, 730 f. – „Klinker"; WuW/E BGH 1337, 1343 – „Aluminium-Halbzeug"; WuW/E BGH 1458, 1461 – „Fertigbeton".

Konkretisierung hinsichtlich der Beteiligten selbst, bereits ein wirtschaftlich orientiertes Denken insoweit erkennbar, als die Relevanz der Beschränkungen für den entsprechenden Markt in die Bewertung einbezogen wurde[561].

Im Hinblick auf diese qualitativen Auswirkungen von Wettbewerbsbeschränkungen kam im Zusammenhang mit der Aufteilung von Exklusivgebieten oder Kundenkreisen auch der Faktor potenziellen Wettbewerbs ins Spiel. Bei einseitigen Beschränkungen war zunächst Voraussetzung für die Anwendung des Kartellverbots, dass der in seiner wettbewerblichen Handlungsfreiheit Beschränkte fortwährend und nicht lediglich einmalig an den Marktergebnissen des Begünstigten teilhatte[562]. Insoweit bestand allgemein die Tendenz, einen gemeinsamen Zweck anzunehmen, wenn durch den Vertrag aktueller oder potenzieller Wettbewerb beeinträchtigt wurde[563]. Für potenzielle Wettbewerbsverhältnisse sollte später dann auch die Beschränkung des Wettbewerbs zwischen Dritten genügen[564]. Die tatsächlichen Ansätze der Rechtsprechung zur Begründung gleichgerichteter Interessen konnten je nach Umstand des Einzelfalls variieren. So wurde bspw. die Vereinbarung von Wettbewerbern zur gegenseitigen Beeinflussung des Wettbewerbs durch Herstellung einer größeren Markttransparenz als ausreichend angesehen[565].

Bei genauerer Betrachtung spielte die Differenzierung nach horizontalen und vertikalen Beschränkungen für die Annahme gleichgerichteter Interessen gerade keine Rolle. Kam es dem BGH im Ergebnis nämlich weder auf die Art des Vertrages an, in dem die Wettbewerbsbeschränkung vereinbart wurde, noch auf die Marktstufe der Beteiligten[566], war auch das Verhältnis zwischen den Marktstufen, das Horizontal-/Vertikalverhältnis, für eine Bewertung obsolet. Der tatbestandliche Anwendungsbereich des Kartellverbots erfuhr eine maßgebliche Erweiterung. Nahezu jede Wettbewerbsbeschränkung – auch jene die im Rahmen von Austauschverträgen vereinbart wurden – konnte fortan unter das Merkmal der gleichgerichteten Interessen fallen und hätte so Rechtsfolgen ausgelöst (Verbot), die § 18 GWB a.F. nicht vorsah und auch § 16 GWB noch heute nicht vorhält, weil dies rechtliche Risiken für wünschenswerte

---

[561] Vgl. BGH WuW/E BGH 1458, 1460 – „Fertigbeton“.
[562] Vgl. BGH WuW/E BGH 1600, 1601 – „Frischbeton“; WuW/E BGH 1898, 1899 – „Holzpaneele“; nur auf die Beeinträchtigung abstellend BGH WuW/E BGH 1709, 1710 – „Sortimentsabgrenzung“; WuW/E BGH 2247, 2249 – „Wegenutzungsrecht“, kritisch *Knöpfle*, WuW/E BGH 2253, 2254, da § 1 GWB nicht einschlägig sei, wenn einseitige Wettbewerbsbeschränkungen als notwendige Nebenbestimmungen zustande kämen.
[563] *Bechtold*, Kartellgesetz, § 1 Rn. 19.
[564] Vgl. KG WuW/E OLG 2961, 2963 – „Rewe“; BGH WuW/E BGH 1871, 1878 – „Transportbeton-Vertrieb I“.
[565] BGH WuW/E BGH 2313, 2314 – „Baumarkt-Statistik“.
[566] Ebenso *Wellenhofer-Klein*, WuW 1999, 557, 560.

Warenaustauschgeschäfte mit sich brächte und sich damit für die Wirtschaft als schädlich erwiese. Dies gilt umso mehr, als sich u.U. Wettbewerbsbeschränkungen bereits über § 242 BGB aus nicht ausdrücklich vereinbarten Nebenpflichten in Austauschverträgen ergeben können. Damit lag die Notwendigkeit eines Ausgleichs für möglicherweise unerwünschte Rechtsfolgen auf der Hand. Soweit die Verfolgung gleichgerichteter Interessen nicht von vornherein deshalb ausgeschlossen war, weil die Wettbewerbsbeschränkung Bestandteil eines Leistungsaustauschs war, ohne einem darüber hinausgehenden Zweck zu dienen[567], entwickelte die Rechtsprechung das Korrektiv der sachlichen Erforderlichkeit[568]. Danach sollten Wettbewerbsbeschränkungen in Austauschverträgen nur dann § 1 GWB a.F. unterfallen, wenn sie zur Durchführung des Austauschvertrags sachlich ungerechtfertigt nicht notwendig waren oder nicht der Aufrechterhaltung des Äquivalenzverhältnisses zwischen Leistung und Gegenleistung des Vertragspartner dienten[569]. Die insoweit erforderliche Einzelfallbetrachtung hatte neuerlich eine konkrete Marktanalyse zur Folge, deren Anliegen der Gegenstand sowie die räumlich-zeitliche Reichweite der Durchführung eines wettbewerbsbeschränkenden Vertrages waren; alle drei Faktoren sollten insoweit ergeben, dass der im Übrigen wettbewerbsneutrale Vertrag nur im Maße des Unerlässlichen beschränkt wurde[570]. Die dogmatische Einordnung des Kriteriums der sachlichen Erforderlichkeit ist nicht ganz einfach. Auch die Rechtsprechung dazu ist nicht völlig einheitlich. Zunächst hat der BGH die Frage der Erforderlichkeit offensichtlich im Tatbestandsmerkmal des gemeinsamen Zwecks geprüft[571], indem auf Tatbestandsebene erörtert wurde, ob ein über das Interesse am Leistungsaustausch hinausgehendes gleichgerichtetes Interesse bestünde. Dies wurde bspw. im Fall „Schnittblumentransport" verneint, weil die dort gegenständlichen Kundenschutzklauseln Bestandteil des Leistungsaustauschs geworden waren, und damit nach Auffassung des BGH keine gleichgerichteten Interessen im Sinne des gemeinsamen Zwecks vorlagen[572]. Nicht ganz eindeutig fiel dagegen das Urteil zum gemeinsamen Zweck in der Entscheidung „Spielkarten"[573] aus. Hier trennte der BGH zwischen gemeinsamem Zweck, den er zunächst als gegeben sah, und Beschränkung. Er prüfte erst in einem weiteren Schritt, ob die

---

[567] BGH WuW/E BGH 1597, 1599 – „Erbauseinandersetzung"; WuW/E BGH 1458, 1461 – „Fertigbeton"; WuW/E BGH 1353, 1355 – „Schnittblumentransport".

[568] WuW/E BGH 1898, 1899 – „Holzpaneele"; *K. Schmidt*, ZHR 149 (1985), 1, 15; *Bechtold*, Kartellgesetz, § 1 Rn. 33.

[569] Die Kausalität hervorhebend: *Schwintowski*, WuW 1997, 769, 772.

[570] BGH WuW/E BGH 1898, 1899 – „Holzpaneele".

[571] BGH WuW/E BGH 1898, 1899 – „Holzpaneele"; WuW/E BGH 1353, 1355 – „Schnittblumentransport"; WuW/E BGH 1600, 1601 – „Frischbeton".

[572] BGH WuW/E BGH 1353, 1355 – „Schnittblumentransport".

[573] BGH WuW/E BGH 2285, 2288 – „Spielkarten"; dazu *Hootz*, BB 1986, 2010 f.; näher unten 2. Teil, C, II., 1.

Wettbewerbsbeschränkung auch Bestandteil des Leistungsaustauschs geworden und damit die Möglichkeit zur Anwendung des Kartellverbots verwehrt worden sei. Trotz eines Verweises auf die Entscheidungen „Holzpaneele" und „Erbauseinandersetzung" scheint hier eher eine Tatbestandsrestriktion stattgefunden zu haben, die methodisch außerhalb des gemeinsamen Zwecks anzusiedeln sein dürfte[574]. Den Weg der Tatbestandsrestriktion beschritten auch jene Instanzgerichte, die sich der Prüfung der weiter gehenden gleichgerichteten Interessen angeschlossen hatten[575]. Später näherten sie sich allerdings wieder einer zentralen Prüfung innerhalb des gemeinsamen Zwecks an[576]. Zumindest jenen Prüfungsansätzen, die eine nachgelagerte Tatbestandsrestriktion wegen weiter gehender gleichgerichteter Interessen suchten, kann mangels einer ersichtlichen tatbestandlichen Verwurzelung eine Annäherung zur amerikanischen *rule of reason* abgewonnen werden.

Insgesamt geht die Feststellung gleichgerichteter Interessen tatsächlich nicht hinreichend über den zivilrechtlichen Ansatz des Kartelltatbestands hinaus. Vielmehr liegt auch gleichgerichteten Interessen im Ergebnis ein gesellschaftsrechtliches Verständnis zu Grunde[577], das eine zivilrechtliche Wertung beinhaltet. Aus diesem Grunde wurde dem Ansatz mangels Unterscheidbarkeit vom herkömmlichen gesellschaftsrechtlichen Ansatz kein Vorteil zugebilligt, weil reine Interessengleichschaltungen eben zumeist nur in typischen Gesellschaftsverträgen, gesellschaftsähnlichen Verträgen bzw. Interessengegensätze nur in Austauschverträgen vorzufinden seien[578]. Das aus heutiger Sicht abzulehnende Merkmal lag mit einem Blick auf seine historische Herleitung durchaus auf der Hand. Schon unter der Kartellverordnung wurden Austausch- wie Individualverträge von Gesellschaftsverträgen danach unterschieden, dass Erstere sich durch die Verfolgung einseitiger Interessen auszeichneten[579]. Im Umkehrschluss hat dies der Gesetzgeber aufgegriffen[580] und festgestellt, dass sodann alle Verträge, in denen die Vertragspartner mit einer Wettbewerbsbeschränkung gleichgerichtete Interessen verfolgten, keine Individual- oder Austauschverträge sein könnten, sondern eben Kartellverträge. Im Ergebnis

---

[574] Vgl. die Ausführungen zum notwendigen Bestandteil von Wettbewerbsbeschränkungen in Austauschverträgen *Immenga*, in: I/M 2. Aufl., § 1 Rn. 164; *ders.*, WuW 1985, 453, 459 f.

[575] OLG Düsseldorf WuW/E OLG 2032, 2035 – „Interessengebiet für Transportbeton-Produktion"; WuW/E OLG 2345, 2345 – „Immobilien-Anlagegesellschaft"; OLG München WuW/E OLG 3118, 3119 – „Stadler Kessel"; OLG Karlsruhe WuW/E OLG 3968, 3970 – „Apothekenpacht".

[576] Vgl. OLG München WuW/E OLG 5520, 5523 – „Druckgussteile"; OLG Karlsruhe WuW/E OLG 5478, 5483 – „Bedside-Testkarten".

[577] Ähnlich *Martinek*, Franchising, S. 533 ff., 535, 536.

[578] Vgl. *Axster*, in: GK, 3. Aufl., §§ 20, 21 Rn. 4.

[579] Ausführlich hierzu: *Schwarz*, Kartellverbot, S. 42 f.

[580] Begr. zum RegE., BT-Drucks. II/1158, S. 25 Nr. 2 sowie S. 30 Nr. 1.

bleibt zu konstatieren, dass der BGH sich mit dem Kriterium der gleichgerichteten Interessen nur bedingt von einem kartellorganisationsrechtlichen Denken gelöst hat. Es wurde seither zwar kein gesellschaftsrechtliches Verhältnis mehr vorausgesetzt, aber zumindest klargestellt, dass ein solches stets nach dem Kartellverbot zu beurteilen sei[581]. Aus den vorstehend genannten Gründen blieb der Ansatz gleichgerichteter Interessen im weitesten Sinne doch dem gesellschaftsrechtlichen Verständnis verhaftet, wenn auch die Hinwendung zu einer wettbewerbsrechtlichen Auslegung erkennbar ist. Die damals hM nahm dies zum Anlass, bei Vorliegen von Kartellverstößen in Gesellschaftsverträgen den gemeinsamen Zweck weiterhin zivilrechtlich zu begründen; bei der Beurteilung anderer Individual- oder Austauschverträge wurden insoweit dagegen gleichgerichtete Interessen geprüft[582].

3. Die Beurteilung gemischter Verträge nach horizontal-vertikal-funktionalem Verständnis

Den Schwierigkeiten im Zusammenhang mit der Frage nach gleichgerichteten Interessen wurde durch eine Weiterentwicklung des gemeinsamen Zwecks Rechnung zu tragen versucht. Im Wege der Einbeziehung außervertraglicher Interessen in den gemeinsamen Zweck erfolgte eine interpretative Ausdehnung des Anwendungsbereichs des § 1 GWB a.F. auf Austauschverhältnisse. Das evolutorische Moment bestand zunächst darin, für ein Eingreifen des Kartellverbots bereits jede Vereinbarung von Wettbewerbsbeschränkungen unter Wettbewerbern ausreichen zu lassen, auch wenn im Übrigen ein Austauschverhältnis in Rede stand[583]. Diese weitreichende Subsumtion vermeidet zugegebenermaßen Lücken bei der Erfassung, beschränkt das Kartellverbot andererseits aber auf Beschränkungen unter Wettbewerbern[584]. Damit wird das Augenmerk allein auf die Wettbewerberstellung gelenkt, respektive reduziert. Bei einem klassischen, reinen Austauschverhältnis wird diese Eigenschaft den Parteien fehlen, die als Partner des Leistungsaustausches dann „nur“ Anbieter oder Nachfrager sind. Der Kreis von Wettbewerbern reduziert sich damit auf (potenzielle) Konkurrenzverhältnisse unter Anbietern oder Nachfragern von Waren und Dienstleistungen. *K. Schmidt*[585] meint, dass es insoweit wegen § 25 Abs. 1 GWB a.F. nicht auf eine konkrete Vertragsform habe ankommen können – er verzichtet also auf eine Beurteilung von Vertragstypen oder vertraglichen Rechtsgestaltungen –, sondern nur darauf, ob eine Wettbewerbsbeschränkung

---

[581] Std. Rspr., vgl. nur BGH WuW/E BGH 1458, 1461 – „Fertigbeton“.
[582] Vgl. *Schwarz*, Kartellvertrag, S. 52 m.w.N.
[583] *Steindorff*, BB 1977, 569, 571 f. in einer Rezension des „Fertigbeton“-Urteils des BGH.
[584] *Brühl*, Preis- und Konditionenbindungsverbot, S. 27; *Pleßke*, Gemeinsamer Zweck, S. 84.
[585] *K. Schmidt*, Kartellverbot, S. 58 ff.

unter den Beteiligten eines konkreten Wettbewerbsverhältnisses horizontal stattgefunden habe. Lediglich für die Frage der Freistellung vom Kartellverbot habe es möglicherweise noch auf die Rechtsform ankommen können[586]. Ihm ist insoweit beizupflichten, als es für die Wirkung von Wettbewerbsbeschränkungen in bestimmten Märkten in der Tat nicht entscheidend auf eine Vertragsform ankommen kann, der ein konkreter typischer Einfluss, mit Ausnahme der im Übrigen produktspezifischen Charakteristika, fehlt. Es dürfte allerdings zu weit gehen, dafür § 25 Abs. 1 GWB a.F. heranzuziehen[587]. Der Gesetzgeber hatte diese Norm in erster Linie eingeführt, um Umgehungen des § 1 GWB a.F. durch außervertragliche Verhaltenskoordination zu vermeiden. Nach dem Ansatz von *K. Schmidt* verfolgten die Parteien einen gemeinsamen Zweck, wenn die Beschränkung einen oder mehrere Märkte betraf, auf denen sie als Konkurrenten agierten, womit das Tatbestandsmerkmal eine funktionale Dimension hinsichtlich eines horizontalen Wettbewerbsverhältnisses erhalten hatte[588]. Der funktionale Ansatz basiert hinsichtlich des gemeinsamen Zwecks mithin auf einer herausstellenden Bewertung horizontaler und vertikaler Wettbewerbsbeschränkungen: In Abkehr vom Innenverhältnis der Vertragspartner sollte aus Sicht der übrigen Marktbeteiligten[589] beurteilt werden, ob objektiv feststellbare Auswirkungen von der Vereinbarung auf den Markt ausgingen. Danach war die beschränkende Verhaltenskoordination auf einen etwaigen gemeinsamen Zweck hin zu untersuchen, nicht aber das Vertragswerk. Damit war jedoch noch nicht geklärt, ob sich „horizontal" hier auf das marktliche Ergebnis der Verhaltenskoordination, oder auf das Verhältnis der kooperierenden Parteien selbst beziehen sollte. Teilweise wurde argumentiert, der so verstandene gemeinsame Zweck könne sich nicht auf das Wettbewerbsverhältnis beziehen, weil ein solches bereits durch das Merkmal der „Beschränkung des Wettbewerbs" in § 1 GWB a.F. vorgegeben gewesen sei[590]. Dem dürfte nicht beizupflichten sein, denn die so genannte Eignungsklausel beschrieb die Marktbeeinflussung oder den Bezug zur Wettbewerbsbeschränkung als Folge von Verhaltenskoordination[591], was aber beides mit dem gemeinsamen Zweck höchstens mittelbar zu tun hatte. Die Parteien des Vertrages mussten sich darüber nicht einigen. Der gemeinsame Zweck selbst war zudem vom Wortlaut

---

586 *K. Schmidt*, Kartellverbot, S. 57 bzw. 97.

587 Vgl. zur Ablehnung der funktionalen Auslegung K. Schmidts: *Martinek*, Franchising, S. 529 f., 532 f., 539 bzw. zur Problematik der Begriffsauslegung abgestimmter Verhaltensweisen: *Axter*, WuW 1973, 605, 606, 615 ff., 618.

588 *K. Schmidt*, Kartellverbot, S. 58 ff.

589 Vgl. *Köhler*, ZHR 148 (1984), 487, 488; *Ulmer*, NJW 1982, 1975, 1976.

590 *Ebel*, WuW 1979, 792, 793.

591 So auch der durch die Fertigbeton-Entscheidung abgelöste Ansatz der *Folgetheorie*, näher dazu: *Immenga*, in: I/M, 2. Aufl., § 1 Rn. 303 ff.; die Eignung zur Marktbeeinflussung als Interpretationsgrundlage des gemeinsamen Zwecks sieht dagegen: *Hootz*, BB 1986, 2010, 2011.

her offen und induzierte keine entsprechende Konkretisierung, weshalb sich auch die Gegenstandstheorie nicht durchsetzen konnte[592]. *Pleßke*[593] meint etwas weit hergeholt, das Wettbewerbsverhältnis habe als Anknüpfungspunkt zur Beurteilung von Wettbewerbsbeschränkungen bereits deshalb ausscheiden müssen, weil auch Nichtwettbewerber mit völlig unterschiedlichen heterogenen Produkten modelltheoretisch einen Gebietsabgrenzungsvertrag schließen könnten, der allein deshalb nicht unter § 1 GWB a.F. fiele, weil dadurch kein Wettbewerb beschränkt würde. Einmal abgesehen davon, dass ein solcher Vertrag tatsächlich kaum vorkommen dürfte, würde sich die Frage einer Prüfung nach § 1 GWB a.F. oder § 15 ff. GWB a.F. ohnehin wegen Fehlens einer Beschränkung dann nicht gestellt haben. Jede bewusste oder gewollte, zumindest aber hingenommene Beschränkung ist stets das Ergebnis eines Verhaltens von Marktteilnehmern. Deren Wirkung kann, muss aber keineswegs nur inter partes stattfinden. Kam es dem funktionalen Ansatz also im Grunde darauf an, die der Beschränkung zu Grunde liegende Koordination und das Verhalten von Konkurrenten zu erfassen, sollte es für den gemeinsamen Zweck entscheidend sein, ob Wettbewerb unter den Beteiligten horizontal beschränkt wurde. Insoweit spricht innerhalb dieses Ansatzes einiges dafür, die Unterscheidung horizontal und vertikal nicht unmittelbar auf die Wettbewerbsbeschränkung zu beziehen, sondern zu bewerten, ob diese zwischen Angehörigen der selben Marktstufe getroffen wurde und ein konkretes Wettbewerbsverhältnis tangiert[594].

Gleichwohl kann dieser Streit hier im Ergebnis offen bleiben, denn die Unterscheidung zwischen horizontalen und vertikalen Wettbewerbsbeschränkungen bot und bietet für eine Differenzierung der §§ 1 ff. GWB (a.F.) von §§ 15 ff. GWB a.F./14 ff. GWB kein „brauchbares Kriterium"[595]. Das Hineininterpretieren eines horizontalen Charakters in den gemeinsamen Zweck stammt, wie bereits erwähnt, aus dem Schrifttum[596]. Ein gemeinsamer Zweck sollte nach dieser Ansicht vorliegen, wenn eine Beschränkung dazu bestimmt und geeignet sei, mittelbar oder unmittelbar aktuellen oder potenziellen Wettbewerb einseitig oder wechselseitig zwischen den Beteiligten zu regeln, womit die Wettbewerbsbeschränkung im Horizontalverhältnis stattgefunden hätte. Es wurde also versucht, das Begriffspaar horizontal und vertikal vom Vertragstypendenken zu lösen und darauf zu untersuchen, ob eine Beschränkung zwischen den beteiligten Parteien stattgefunden hatte, unabhängig vom einem sie beinhaltenden Vertrag, so dass es auf gleichgerichtete Interessen nicht mehr

---

[592] Vgl. *Martinek*, Franchising, S. 538.
[593] *Pleßke*, Gemeinsamer Zweck, S. 84 f.
[594] A.A. *K. Schmidt*, Kartellverbot, S. 55 f.
[595] So schon *Martinek*, Franchising, S. 530; *Fikentscher*, in: Wirtschaftsrecht Bd. II, S. 252.
[596] Insb. durch den Aufsatz *Steindorffs*, BB 1977, 569, 570 und die Monografie *K. Schmidt*, Kartellvertrag, 1978.

entscheidend ankommen sollte[597]. Gleichwohl muss die Frage erlaubt sein, ob mit der Etablierung des funktionalen Ansatzes tatsächlich eine völlige Loslösung vom Begriff der gleichgerichteten Interessen einherging. Denn in der Rechtsprechung der Instanzen und des BGH fand sich diese Formulierung auch nach der Fertigbeton-Entscheidung[598] wieder, die eine entsprechende Präzisierung der Interessengleichschaltung suchte, bzw. eine Einbeziehung motivations- oder geschäftsgrundlagengeprägter außervertraglicher Interessen der Parteien induzierte. Dabei handelte es sich aber jeweils um Vorgänge, bei denen zumindest gesellschaftsähnliche Verhältnisse in Rede standen. Es fielen also Horizontalverhältnis und Interessengleichschaltung verschiedenartig zusammen. Der Schwerpunkt der Beurteilung eines gemeinsamen Zwecks fiel aber fortan eindeutig zu Gunsten der aus der Volkswirtschaftslehre abgeleiteten wettbewerblichen Horizontal-/Vertikaldifferenzierung als Kennzeichen der Marktbeziehungen von Wirtschaftssubjekten aus. Die Marktbeziehungen sind ihrerseits nicht unabhängig vom betreffenden Wirtschaftsgut, das seinerseits den zu beachtenden relevanten Markt abgrenzt. Völlig zu Recht stellt daher *Schwarz*[599] darauf ab, dass die Vertreter des funktionalen Ansatzes zur Bestimmung der Merkmale horizontal und vertikal beim wirtschaftlichen Grundsachverhalt ansetzen mussten, um die ökonomischen Beziehungen zwischen Anbietern und Nachfragern zu konkretisieren.

In diesem Zusammenhang war also zu klären und mithin in der Literatur umstritten, ob das Kartellverbot nur Fälle von Wettbewerbsbeschränkungen zwischen den Beteiligten der Verhaltenskoordination umfassen sollte[600], oder ob auch die Beschränkung von Drittwettbewerb in den Schutzbereich fiele[601], oder wie Fälle zu behandeln wären, bei denen kein unmittelbares Wettbewerbsverhältnis zwischen den Beteiligten erkennbar war, eine Beschränkung aber dennoch zu Beschränkungen inter partes oder zwischen Konkurrenten, also Dritten führte. Sollte also stets ein aktuelles Wettbewerbsverhältnis vorliegen müssen oder wäre ein potenzielles hinreichend? Dies hätte sich sinnvoll nur klären lassen, wenn man den Bezugsgrößen horizontal und vertikal eine eindeutige Bestimmung in Richtung betroffener Güter mit auf den Weg gegeben hätte. Denn ausgehend von Wirtschaftsgütern und daraus resultierenden Produktmärkten lässt sich das Wettbewerbsverhältnis von Unternehmen

---

[597] A.A. *Martinek*, Franchising, S. 536, 540 ff., der eine Bestätigung des gesellschaftsrechtlichen Verständnisses im Kriterium der gleichgerichteten Interessenverfolgung auch nach dem Fertigbeton-Fall sieht.
[598] BGH WuW/E BGH 1458 ff. – „Fertigbeton".
[599] *Schwarz*, Kartellvertrag, S. 59 ff.
[600] *K. Schmidt*, Kartellverbot, S. 59; *Niederleithinger*, in: FS Benisch, S. 277, 288.
[601] *Steindorff*, BB 1981, 377, 379; *Möschel*, Recht der Wettbewerbsbeschränkungen, S. 113, Rz. 178.

identifizieren. Bei Gütern, die bereits aus Herstellerhand fertig an den Endverbraucher lieferbar sind, können Angehörige unterschiedlicher Wirtschaftsstufen in einem potenziellen Wettbewerbsverhältnis zueinander stehen, weil der Hersteller den Endabnehmer theoretisch ohne Händler versorgen kann. Das Wettbewerbsverhältnis würde spätestens dann zu einem aktuellen, wenn dieser Hersteller oder ein vergleichbarer Großhändler unter Ausnutzung seiner Ressourcen ebenfalls an Endverbraucher lieferte. Die Beschränkung von Wettbewerb, wie bspw. durch Konkurrenzbelieferungsverbote oder Absatzbindungen in solch stufenübergreifenden Modellen, lässt sich nur im Wege eines potenziellen Wettbewerbsverhältnisses als horizontal klassifizieren oder wenn bereits eine horizontale Wirkung für ausreichend gehalten würde. Infolge dessen gab es Bestrebungen, Beschränkungen zu respektive zwischen Dritten auch für eine Beurteilung anhand des § 1 GWB a.F. zu öffnen[602]. Diese Auffassung hatte freilich zur Folge, dass der Tatbestand des Kartellverbots zu einer sehr umfassenden Regelung erhoben wurde, die nahezu jegliche Abreden mit Relevanz für den Wettbewerb erfasste. *Steindorff* suchte dieses Phänomen mit seinem unter dem Stichwort „sowohl als auch"-Theorie bekannt gewordenen Ansatz einzudämmen[603]. Um nur einschlägige Beschränkungen für Dritte erfassen zu können, suchte er dem funktionalen Ansatz wieder einen gesellschaftsrechtlichen Paten zur Seite zu stellen, um danach den gemeinsamen Zweck sowohl bei Vorliegen von Gesellschafts- oder gesellschaftsähnlichen Verhältnissen als auch bei Vorliegen von Wettbewerbsbeschränkungen zwischen Vertragspartnern bejahen zu können[604]. Sei ein Wettbewerbsverhältnis inter partes nicht betroffen, so sei § 1 GWB a.F. anwendbar gewesen, soweit sich das Verhältnis organisatorisch als zumindest gesellschaftsähnliches habe erfassen lassen. Die Gründe, die gegen ein auch nur teilweise gesellschaftsrechtlich geprägtes Verständnis sprechen, wurden bereits angesprochen[605]. Im Zusammenhang mit der Weite eines Drittwettbewerb erfassenden § 1 GWB kam auch die *Steindorffsche* Theorie nicht ohne ein Korrektiv aus. Hierzu wurde die Immanenztheorie entwickelt, die als ungeschriebenes Tatbestandsmerkmal zu einer Restriktion der Anwendung des Kartellverbots beitragen sollte[606]. Es habe

---

[602] Vgl. *Emmerich*, Kartellrecht, S. 33 f.

[603] *Steindorff*, BB 1977, 569, 571; *ders.*, BB 1981, 377, 379 ff.

[604] *Steindorff*, BB 1981, 377, 379. *Steindorff* meinte, dass so auch die Kontinuität der Entwicklung des § 1 GWB gewahrt würde, der seine Wurzeln im Gesellschaftsrecht habe. Mit ähnlicher Begründung hält auch *Martinek* an einem – freilich evolutorisch auf die BGB-Innengesellschaft abstellenden – gesellschaftsrechtlichen Verständnis fest, in: Franchising, S. 536, 540 f.

[605] Siehe oben, 1. Teil, E. II. 1.

[606] Vgl. *Steindorff*, BB 1977, 569, 571 f.; *K. Schmidt*, Kartellverbot, S. 79 und passim; *ders.*, ZHR (149) 1985, 1, 11; *ders.*, AG 1998, 551, 553; *ders.*, in: FS Sandrock, 833, 836; *ders.*, WuW 2001, 1199, 1201; *Immenga*, in: I/M, 2. Aufl., § 1 Rnrn. 164 f., 353 ff.; *Ivens*, DB 1988, 215, 217, der auf die Funktionsnotwendigkeit einer Wettbewerbsbeschränkung abstellt.

eine angemessene gleichmäßige Bewertung für gesellschaftsrechtliche und reine Austauschverhältnisse herbeigeführt werden und die jeweils rechtspolitisch maßgebende Frage danach beantwortet werden müssen[607], ob und wieweit eine beschränkende vertragliche oder aus Gesetz sich ergebende Klausel für den Zweck des Vertragsgegenstandes objektiv notwendig sei. Nur bei Vorliegen eines wesentlichen, immanenten Grundes sei ein Austauschvertrag nicht nach der Regelung des Kartellverbots zu bewerten gewesen. Die Erforderlichkeit von Wettbewerbsbeschränkungen zur Ermöglichung eines reibungslosen Leistungsaustauschs sollte danach aus rein wettbewerblichen Gründen und trotz im Übrigen vorliegender Erfüllung des Kartelltatbestandes im Einzelfall nicht zu einem Verbot führen. Die Immanenztheorie sucht also weniger eine Prioritätenabgrenzung zwischen zivil- und kartellrechtlichen Ansprüchen, als vielmehr eine eigenständige wettbewerbliche Wertung[608].

Die gesetzliche Eingrenzung eines zu weiten Tatbestands des § 1 GWB a.F. sah *Wilhelm*[609] durch § 18 GWB a.F. verwirklicht; nach seinem Dafürhalten sei darin die Kodifizierung der aus dem amerikanischen Recht bekannten *rule of reason* zu lesen gewesen. Dies folge aus der in § 18 Abs. 2 GWB a.F. vorgesehenen Wertungsmöglichkeit, im Wege einer Wesentlichkeitsprüfung Wettbewerbsbeschränkungen in Austauschverträgen zu analysieren. Schließlich seien Wettbewerbsbeschränkungen, denen eine ambivalente Wirkung eigen ist, nach den Regelungen des zweiten Abschnitts des GWB zu beurteilen und könnten nicht unter den Kartelltatbestand mit seinem per se-Verbot fallen[610]. Das Abgrenzungsverhältnis zur Verbotsnorm erfolgt so in negativer Weise, denn dem § 1 GWB wären all jene Fälle entzogen, die die Immanenztheorie durch eine Tatbestandsrestriktion zu egalisieren sucht. Es scheint allerdings problematisch, den Regelungsbereich der Eingriffsnorm § 1 GWB a.F. auf Ausnahmefälle begrenzen zu wollen und stattdessen eine extensive Anwendung des § 18 GWB a.F. zu befürworten. Sicherlich entspricht es zunächst dem Duktus des Gesetzgebers, Eingriffe in die Handlungsfreiheit von Unternehmen nach § 1 GWB nur dann zuzulassen, wenn die Rechtsfolge durch ein vorangegangenes wettbewerbswidriges Verhalten gerechtfertigt erscheint. Dies kann aber kaum durch eine „Fall-Verlagerung" in den zweiten Abschnitt des GWB geschehen, sondern ist gesetzessystematisch an der Eingriffsnorm selbst auszurichten.

Zunächst bleibt insoweit festzuhalten, dass die Störung von Drittwettbewerb nach funktionalem Verständnis unter das Kartellverbot fallen kann und entweder auf Tatbestandsebene – so der BGH – oder im Nachhinein tatbestandsrestriktiv

---

607 *Steindorff*, BB 1977, 569, 571.
608 Vgl. *Immenga*, in: I/M, 2. Aufl., § 1 Rn. 165.
609 *Wilhelm*, ZHR 150 (1986), 320, 337 ff.
610 *Wilhelm*, ZHR 150 (1986), 320, 351.

eine angemessene Behandlung im Einzelfall erfahren muss, falls keine wettbewerbliche Eingriffsnotwendigkeit besteht.

In gemischten Verträgen, die also Wettbewerbsbeschränkungen und gleichzeitig Austauschverhältnisse regeln, kann es naturgemäß zu verschiedenen Formen horizontaler und vertikaler Beziehungen der Beteiligten kommen, sei es, weil die Beteiligten nach dem Vertragsgegenstand Käufer und Verkäufer der betroffenen Waren sind und so nach ihrer Marktstellung in einem Vertikalverhältnis zueinander stehen, oder sei es, weil sie einer gewissen Wirtschaftsstufe angehören, die sich – möglicherweise zugleich – vom Hersteller über Groß- und Einzelhändler erstrecken kann. Die Frage nach Horizontal- oder Vertikalverhältnissen kann nur im empirischen Regelfall helfen, eine Beurteilung nach § 1 GWB a.F. oder §§ 15 ff. GWB a.F. zu ermöglichen. Ob sich Unternehmen in einem Horizontal- oder Vertikalverhältnis begegnen, kann für einen gesamten Vertrag indes vielfach nicht einheitlich beurteilt werden. Es entstehen stets Schwierigkeiten, wenn ein oder beide Vertragspartner die Funktionen mehrerer Wettbewerbsstufen gleichzeitig ausüben, wie bei Herstellern mit hauseigenem Direktvertrieb oder Händlern, die ebenfalls Substitutionsprodukte herstellen. Als nicht minder problematisch dürfte die Betrachtung der Marktstellung in Abhängigkeit des Vertragsgegenstandes sein, wenn mehrere Güter in einem Vertrag betroffen sind. Vereinbaren bspw. Produzenten von Schrauben und Muttern die Abnahme von Schrauben zur Zusammenstellung eines Kombiprodukts, wobei der Mutternhersteller, der selbst Schrauben aus Eigenproduktion führt, sich verpflichtet, keine Kombinationsprodukte zu vertreiben, die auch der Schraubenhersteller absetzt, fallen vertikales Austauschverhältnis über Schrauben des liefernden Unternehmens und horizontales Wettbewerbsverhältnis hinsichtlich des Kombiprodukts zusammen. Für eine Bezugnahme auf den Vertragsgegenstand konnte indes der Wortlauf des § 15 GWB a.F. Anlass geben[611]. „Gelieferte Waren" beschrieb die typische Folge einer Erfüllungsleistung i.S. des § 362 Abs. 1 BGB und hätte nach diesem Verständnis vertikalen Charakter; schwieriger war eine Einordnung schon für die Merkmale „andere Leistungen" oder „gewerbliche Leistungen", die wohl eine offene vertikale wie horizontale Bewertung hinsichtlich des Vertragsgegenstandes zuließen[612]. Auf die Betrachtung des Vertragsgegenstands für eine Neuorientierung des GWB wird im kommenden Kapitel noch einzugehen sein[613]. Hier soll zunächst nur festgehalten werden, dass neben einer Wirtschafts-

611 So bereits *Fikentscher*, in: FS Hueck, 543, 546.

612 Die entsprechenden Erkenntnisse *Fikentschers* wertet auch *Schwarz* als Hinweis auf eine Herausstellung der betroffenen Wirtschaftsgüter, von denen es abhängig sei, ob die Parteien sich in einem Horizontal- oder Vertikalverhältnis begegneten (*Schwarz*, Kartellvertrag, S. 57).

613 Allerdings nicht im Sinne der zum gemeinsamen Zweck entwickelten *Gegenstandstheorie*, sondern produktfaktorenabhängig.

stufenabhängigkeit auch die Bezugnahme auf einen konkreten Vertragsgegenstand allein als taugliches Kriterium bewertet wurde, um horizontale und vertikale Merkmale zu konkretisieren. Um Missverständnissen vorzubeugen, scheint auch der Hinweis angebracht, dass sich der BGH mit der Fertigbeton-Entscheidung in Abkehr von der Folgetheorie der so genannten Zwecktheorie zuwandte[614], wonach ein Austauschvertrag auch ohne gemeinsamen Zweck unter § 1 GWB a.F. fallen konnte, wenn die Wettbewerbsbeschränkungen der Motivation der Parteien entsprach oder zur Geschäftsgrundlage erkoren wurde[615].

So sehr der funktionale Ansatz eine Differenzierung nach horizontalen und vertikalen Kriterien beschwor, um zu plastischen Ergebnissen zu gelangen, kristallisierte sich doch schon bald heraus, dass ihm ein Manko anhaftete: Er konnte nur idealtypische Fälle eindeutig dem Kartellverbot oder den Regeln der §§ 15 ff. GWB a.F. zuordnen. Sobald horizontale und vertikale Bindungen in Kartellverträgen oder sonstigen Verträgen zusammentrafen, war faktisch keine Abgrenzung mehr möglich. Schon aus diesem Grunde ist der funktionale Ansatz abzulehnen. Auch gesetzessystematisch ist der Widerspruch relevant. Wird anerkannt, dass beschränkende Vereinbarungen in Austauschverträgen auch dem Ausschluss von Wettbewerb unter den Vertragspartnern bedingen bzw. Kartellverträge nach § 1 GWB mit vertikalen Elementen aufwarten können, sind Regelüberschneidungen vorprogrammiert, deren Gesetzesfolgen sich nicht in Einklang bringen lassen. Daher konnte der gemeinsame Zweck nicht zugleich Abgrenzungskriterium zwischen §§ 1 und 15 ff. GWB a.F. sein und mit Wettbewerbs- bzw. Horizontalverhältnissen gleichgesetzt werden. Horizontale Beschränkungen in Austauschverträgen können nach den liberaleren Regeln des zweiten Abschnitts zu beurteilen sein und Wettbewerber das zwischen ihnen bestehende Konkurrenzverhältnis im Zusammenhang mit einem Austauschvertrag regeln. Wurde der gemeinsame Zweck auf das Wettbewerbsverhältnis reduziert, war die Gesetzessystematik durchbrochen und dem Kartellverbot ein unverhältnismäßig weiter Anwendungsbereich eröffnet. Der funktionale Ansatz beschwor mit Blick auf die divergierenden Rechtsfolgen des ersten und zweiten Abschnitts des GWB Normenwidersprüche herauf, die das Gesetz gerade vermeiden mochte. Der gemeinsame Zweck wurde mit seiner Singulärbetrachtung des Wettbewerbsverhältnisses so eingeschnürt, dass nach

---

[614] BGH WuW/E BGH 1458, 1461 – „Fertigbeton", wo ein konkreter Hinweis auf *Fikentscher* zu finden ist, der in der Festschrift für Harry Westermann, S. 87 ff., Ausführungen zur (gesellschaftsrechtlichen) Zwecktheorie macht.

[615] Noch weiter ging der Ansatz der *wettbewerbsbeschränkenden Zwecktheorie* von *Belke*, ZHR 143 (1979) S. 74 ff., wonach eine rechtsgeschäftliche Zweckvereinbarung zwischen den Beteiligten erst den gemeinsamen Zweck i.S. des § 1 GWB a.F. habe begründen können. Dies ging jedoch über den Wortlaut des alten Kartellverbots hinaus, das mit seiner Eignungsklausel keine entsprechende Konkretisierung des vertraglichen Zweckinhalts verlangte (so auch *Schwarz*, Kartellvertrag, S. 66 ff.).

Martinek[616] „die Grenze des noch möglichen Wortsinns als Grenze jeder Auslegung verlassen" wurde. In § 1 GWB a.F. sei über das Merkmal des gemeinsamen Zwecks hineininterpretiert worden, was im Übrigen nicht vorausgesetzt wurde, nämlich dass die Verhaltenskoordinierer Wettbewerber sein mussten[617].

Im Sinne der auf die Freiheit des Wettbewerbs gerichteten Zielsetzung des GWB hätte folglich der gemeinsame Zweck nach § 1 GWB a.F. immer dann angenommen werden können, wenn – wie es § 1 GWB jetzt vorsieht – die Vertragspartner den Wettbewerb untereinander auf der gleichen Wirtschaftsstufe beschränkten. Freilich wird zum neuem Recht in Fortführung des funktionalen Ansatzes die Auffassung vertreten, dass es für die Annahme einer Wettbewerbsbeschränkung nur auf die Wettbewerberstellung ankomme, nicht hingegen ein gemeinsamer Zweck festgestellt werden müsse[618]. *Steindorff* folgt im Ergebnis kartellorganisationsrechtlichem Gedankengut. In diesem Sinne fühlt sich auch *K. Schmidt* durch das neue Tatbestandsmerkmal bestätigt. Ob eine horizontale Verhaltensabstimmung kartellverbotsfrei sei, ergebe sich nicht aus der Rechtsnatur des Vertrages, sondern einzig und allein aus dem ungeschriebenen Freistellungstatbestand des sog. Immanenzvorbehalts[619]. Nimmt man diese Argumentation beim Wort, wären eigentlich die §§ 2 ff. GWB obsolet, weil jede als positiv zu bewertende Wettbewerbsbeschränkung aus Immanenzgründen freigestellt werden könnte. Ein Gesichtpunkt, der dennoch eine gewisse Praktikabilität nicht vermissen lässt und Strukturen des Art. 81 EG bzw. Sherman Act, Sec. 1 aufweist. Damit entfernt sich *Schmidt* allerdings von der gängigen Rechtsprechung[620] der vergangenen Jahre zu diesem Themenbereich.

4. Die Beurteilung gemischter Verträge nach anzuerkennenden Interessen

a) Wettbewerbliche Interessenabwägung

Die Rechtsprechung hat die dogmatische Einordnung des gemeinsamen Zwecks durch drei richtungweisende Entscheidungen aus dem Jahre 1997 bedeutend beeinflusst. In den überwiegend wortgleichen tragenden Passagen hat der BGH

---

[616] *Martinek*, Franchising, S. 530.

[617] Anders der heutige § 1 GWB, der explizit von „miteinander in Wettbewerb stehenden Unternehmen" spricht.

[618] *Huber*, in: FK Kurzdarstellung zu § 1 n.F. Rn. 12 am Ende.

[619] *K. Schmidt*, AG 1998, 551, 553.

[620] Das ist *K. Schmidt* bewusst, weshalb die Rechtsprechung nach seiner Auffassung einen neuen Sitz außerhalb des gemeinsamen Zwecks erhalten habe; *K. Schmidt*, ebenda.

ein eindeutiges Plädoyer für die Funktion des gemeinsamen Zwecks hinsichtlich der Zielfunktionen des GWB gehalten. Die Auslegung dieses Tatbestandsmerkmals habe jedenfalls „eigenständig unter Berücksichtigung der auf die Freiheit des Wettbewerbs gerichteten Zielsetzung des Gesetzes“ zu erfolgen[621]. Zwar hat das höchste deutsche Kartellgericht auch in der Vergangenheit bereits die Funktionseinheit mit der freiheitlichen Zielsetzung hervorgehoben[622]. Die Tendenz zur eigenständig wettbewerblichen Bewertung hat jedoch an Gewicht gewonnen. War bis zuletzt ein Bemühen um möglichst wortlautnahe Interpretation erkennbar, sollte fortan eine konkret funktionale Auslegung anhand jener Zielsetzung erfolgen, was dazu führte, dass die seit Jahren gepflegte Prüfung gleichgerichteter Interessen aufgegeben werden musste. In diesem Zusammenhang ist zu Recht die Objektivität der Wettbewerbsschädlichkeit in den Vordergrund gerückt und die subjektive Gewichtung anhand gleichgerichteter Interessen vernachlässigt worden. Für die Abgrenzung von Kartellverträgen im Gegensatz zu sonstigen Verträgen habe nämlich die Art und Weise, wie die Interessen der Parteien miteinander verbunden seien keine entscheidende Bedeutung, weil sie nicht notwendig in innerem Zusammenhang mit der objektiven Wettbewerbsschädlichkeit des gemeinsam angestrebten Verhaltens stehe[623]. Das Gericht distanzierte sich in seinem Bewertungsgrundsatz damit eindeutig vom Innenverhältnis der Beteiligten. Allein mit Blick auf die objektive Wettbewerbsschädlichkeit sollte es fortan nicht mehr entscheidend darauf ankommen, ob ein Gesellschaftszweck in Rede steht oder ein gesellschaftsähnliches Verhältnis zu Grunde liegt.

aa) Objektive Wettbewerbsschädlichkeit

Zur Bestimmung der objektiven Wettbewerbsschädlichkeit im Rahmen des gemeinsamen Zwecks sah sich der BGH veranlasst, eine wettbewerblich geprägte Abwägungslösung zu entwickeln, die jedoch nicht dazu führen sollte, dass eine Vielzahl wettbewerbsbeschränkender Vereinbarungen in Austauschverträgen tatbestandlich von § 1 GWB a.F. erfasst würde, um dann im Nachhinein zur Vermeidung wirtschaftlich verfehlter Ergebnisse mittels tatbestandlicher Restriktion dem Kartellverbot wieder entzogen werden zu müssen[624] – eine recht eindeutige Absage an die Immanenztheorie also. Die neue Inte-

---

[621] BGH WuW/E BGH 3115, 3117 – „Druckgussteile“; WuW/E BGH 3121, 3125 – „Bedside-Testkarten“, WuW/E BGH 3137, 3138 – „Solelieferung“.
[622] So bereits BGH WuW/E BGH 1460, 1462 – „Fertigbeton“.
[623] BGH WuW/E BGH 3115, 3117 – „Druckgussteile“; WuW/E BGH 3121, 3125 – „Bedside-Testkarten“, WuW/E BGH 3137, 3138 – „Solelieferung“.
[624] BGH WuW/E BGH 3115, 3118 – „Druckgussteile“; WuW/E BGH 3121, 3125 – „Bedside-Testkarten“, WuW/E BGH 3137, 3138 – „Solelieferung“.

ressen-Formel manifestierte einmal mehr die von der Rechtsprechung bevorzugte Tatbestandslösung[625]. Denn eine an der Zielsetzung des Gesetzes orientierte funktionale Auslegung mache es erforderlich, „schon im Rahmen des Tatbestandes auf die durch den Inhalt des Vertrages begründete Wettbewerbsbeschränkung und ihre Wirkung auf dem relevanten Markt abzustellen“[626]. Dies war für sich genommen allerdings keine Neuentwicklung, sondern entsprach dem bis dahin gängigen Muster des Kartellsenats. Entscheidend war vielmehr, dass die daraus zu ziehenden Schlüsse es aus Sicht des BGH bezüglich des gemeinsamen Zwecks erforderlich machten, Letzteren dann nicht anzunehmen, wenn die Beteiligten für die Wettbewerbsbeschränkung anzuerkennende Interessen nachweisen konnten[627]. Insoweit konnten Ausschließlichkeitsbindungen, durch die Parteien in Austauschverträgen die Beschränkung des Bezugs oder der Abgabe von Waren an Dritte oder von Dritten vereinbarten, als sonstige Verträge nach § 18 Abs. 1 Nr. 2 GWB a.F. zunächst wirksam sein, konnten aber ohne objektiv gerechtfertigte Interessen entgegen dieser Subsumtionsmöglichkeit nach § 1 GWB a.F. nichtig sein, weil sie auch zu einem gemeinsamen Zweck geschlossen worden waren. In diesen Fällen waren die Regelungen des zweiten Abschnitts tatbestandlich ausgeschlossen[628], weil das Kartellverbot sich auch auf die Bindungen auswirkte. Konnten anzuerkennende Interessen nicht festgestellt werden, was im Wege objektiver Wettbewerbsschädlichkeit zu prüfen war und auch nach der 6. Novelle noch immer so ist, scheitert(e) die Vereinbarung also an § 1 GWB.

bb) Irrelevanz eines Horizontalverhältnisses

Die Feststellung einer tatbestandlichen Wettbewerbsbeschränkung war dem gemeinsamen Zweck vorgelagert. Die Existenz einer Wettbewerbsbeschränkung rückte definitorisch als vorab festzustellende oder feststehende Tatsache in die Abgrenzungsformel. Über den gemeinsamen Zweck sollte also eine bereits existente Wettbewerbsbeschränkung „lediglich“ der gesetzlichen Rechtsfolge zugeordnet werden. So erklärt sich, dass wettbewerbsbeschränkende Abreden nur dann unter das Kartellverbot des § 1 GWB a.F. zu subsumieren sein sollten, „wenn für die Wettbewerbsbeschränkung“ – also bereits bestimmt – „bei werten-

---

625 Vgl. schon BGH WuW/E BGH 2285, 2288 – „Spielkarten”.

626 BGH jeweils wortgleich in: WuW/E BGH 3115, 3117 – „Druckgussteile“; WuW/E BGH 3121, 3125 – „Bedside-Testkarten“, WuW/E BGH 3137, 3138 – „Solelieferung“.

627 BGH WuW/E BGH 3115, 3117 – „Druckgussteile“; WuW/E BGH 3121, 3125 – „Bedside-Testkarten“, WuW/E BGH 3137, 3138 – „Solelieferung“. Dass dies die Abgrenzungsproblematik nicht erleichtert habe meint *Bechtold*, NJW 1997, 1959, 1961.

628 BGH WuW/E BGH 3115, 3117 – „Druckgussteile“; WuW/E BGH 3121, 3125 – „Bedside-Testkarten“, WuW/E BGH 3137, 3138 – „Solelieferung“.

der Betrachtungsweise im Hinblick auf die Freiheit des Wettbewerbs ein anzuerkennendes Interesse nicht" bestand[629]. Liest man diese Abgrenzungsformel aufmerksam, so dürfte zu konstatieren sein, dass im Prinzip auf eine horizontale Bezugnahme des gemeinsamen Zwecks verzichtet wurde. Ganz offensichtlich sollte stattdessen eine rein wettbewerblich orientierte Interessenabwägung stattfinden. Demnach sei mittels des gemeinsamen Zwecks abzugrenzen gewesen, ob Vereinbarungen wegen ihrer generellen Wettbewerbsschädlichkeit dem Kartellverbot zu unterliegen hatten und nicht nach den §§ 2 bis 7 GWB a.F. freistellbar, oder ob sie wegen ihrer ambivalenten Wirkung auf das Wettbewerbsgeschehen der flexibleren Regelung des § 18 GWB a.F. zu unterstellen waren[630]. Dies war im Grunde zwar schon immer Sinn des Merkmals gemeinsamer Zweck. Der BGH hat es aber im Wege der neuen Abgrenzungsformel anzuerkennender Interessen begrüßenswert von der horizontalen Ausrichtung des Kartellverbots gelöst.

Dass es für dessen Anwendung nicht auf ein Horizontalverhältnis der Beteiligten ankommen kann, verdeutlicht insbesondere die Entscheidung „Solelieferung"[631]. Auch hier hatte der BGH die Wirksamkeit einer Ausschließlichkeitsbindung zu prüfen. Eine niedersächsische Gemeinde hatte dem Vater und Rechtsvorgänger des Klägers im Zuge eines Grundstückstausches ein medizinisches Badehaus überlassen, das dieser gleich neben der gemeindlichen Schwefel- und Solequelle betrieb. Den Teil des Grundstücks, auf dem sich die Solequelle für den Betrieb der Badeanlage befand, behielt die Gemeinde. Die Belieferung des Badehauses war, ebenso wie ein Gebietsschutz, durch eine Vereinbarung abgesichert. Die beklagte Gemeinde verpflichtete sich darin, im Wege einer Konkurrenzschutzklausel keine Drittunternehmer mit Sole zu beliefern. Eine von ihr begründete GmbH errichtete indes später auf dem Quellgrundstück eine eigene Therme, in der die Sole ebenfalls angeboten wurde. Dagegen wandte sich der Kläger mit seiner Unterlassungsklage zur Verhinderung des Wettbewerbs. Landgericht und Berufungsinstanz hatten die Vereinbarung als nach § 1 GWB a.F. unwirksam angesehen. Der BGH stellte dagegen fest, dass die Verpflichtung, keine Wettbewerber des Klägers mit Sole zu beliefern, in erster Linie zu „dessen weiterer wirtschaftlicher Absicherung dienen und zur Milderung des erheblichen wirtschaftlichen Risikos" beitragen sollte; nur darin sei freilich die „Verpflichtung über die üblicherweise anlässlich Überlassung

[629] BGH WuW/E BGH 3115, 3117 – „Druckgussteile"; WuW/E BGH 3121, 3125 – „Bedside-Testkarten", WuW/E BGH 3137, 3138 – „Solelieferung".
[630] BGH WuW/E BGH 3115, 3117 – „Druckgussteile", unter Bezugnahme auf die Begr. zum RegE., BT-Drucks. II/1158, S. 25 f. bzw. *Emmerich*, in: I/M, 2. Aufl., § 18 Rn. 3 ff.; BGH WuW/E BGH 3121, 3124/25 – „Bedside-Testkarten"; WuW/E BGH 3137, 3137/38 – „Solelieferung"; vgl. *Walz*, Systemfragen, S. 89 ff.
[631] BGH WuW/E BGH 3137 ff. – „Solelieferung".

eines Geschäfts vereinbarten Wettbewerbsverbote hinaus" gegangen[632], weil sie geeignet und darauf ausgerichtet war, „andere Anbieter von Badeleistungen, wie sie der Kläger auf den Markt brachte, vom Bezug der Sole auszuschließen und so die Eröffnung" eines Wettbewerbs-„[u]nternehmens unmöglich zu machen. Eine derartige Wettbewerbsbeschränkung sei grundsätzlich schon wegen der Erschwerung des Marktzutritts für Dritte als potenzielle Wettbewerber im Hinblick auf die Zielsetzungen des Gesetzes gegen Wettbewerbsbeschränkungen nicht zu rechtfertigen"[633]. In seinen Ausführungen geht der BGH zu keiner Zeit auf ein etwaiges Horizontalverhältnis im Wettbewerb ein, sondern stellt nur noch auf die notwendige Begleiterscheinung der Konkurrenzschutzklausel zum Austauschverhältnis der Parteien ab.

cc) Periphere Bedeutung des Wettbewerbsverhältnisses

Die entscheidende Wettbewerbsbeschränkung sah das Gericht folglich in der Ausschließlichkeitsbindung bzw. dem Abgabeverbot gegenüber Dritten. Deren Wirkungen auf den relevanten Markt – respektive die wettbewerbliche Rechtfertigung – wurden dann jedoch untersucht, ohne dass zuvor erwähnt oder festgestellt worden wäre, in welchem Wettbewerbsverhältnis die Parteien selbst zueinander standen, ob also der Wettbewerb oder zumindest potenzieller Wettbewerb zwischen ihnen beschränkt worden war. Die ganze Urteilsbegründung verhält sich überwiegend zur Prüfung anzuerkennender Interessen, weist jedoch an keiner Stelle darauf hin, dass es für die Annahme des gemeinsamen Zwecks auf das Vorhandensein eines horizontalen Wettbewerbsverhältnisses der Beteiligten angekommen wäre. So darf es kaum verwundern, dass sich in der Literatur vereinzelt Stimmen finden, die die Entscheidung als unbefriedigend empfinden, weil sie in keinsterweise die wettbewerbstheoretische Unterscheidung von vertikalen und horizontalen Wettbewerbsbeschränkungen in die Abgrenzungsproblematik der §§ 1 und 18 GWB a.F. integriert hat[634]. Der Kläger und die beklagte Gemeinde standen in keinem konkreten Wettbewerbsverhältnis. Ein hinsichtlich des Verkaufs des Badehauses möglicherweise potenzielles Wettbewerbsverhältnis war durch die exklusive Solebelieferung ausgeschlossen. Die Gemeinde hatte offenkundig zunächst kein Interesse, selbst als Anbieterin von Schwefel und Soleleistungen an den Markt zu gehen. Nach Sinn und Zweck der Vereinbarung sollte die ausschließliche Bindung der Beklagten nur dazu dienen, keine Konkurrenzunternehmen des Klägers zu bedienen und ihn so vor einem Markteintritt Dritter zu schützen. Auch mit der

[632] BGH WuW/E BGH 3137, 3138 – „Solelieferung".
[633] BGH WuW/E BGH 3137, 3139 – „Solelieferung", unter Hinweis auf die Entscheidung des Senats WuW/E BGH 2088, 2090 – „Korkschrot".
[634] Ausdrücklich *Martinek*, BGH EWiR § 1 GWB 2/97, Kurzkommentar, S. 1141, 1142.

Einbringung eines später rückerworbenen Grundstücksteils seitens der Gemeinde in eine GmbH, die dann die streitgegenständlich belieferte eigene Therme errichtete, hat die Gemeinde fiskalische Interessen verfolgt, wurde jedoch selbst nicht zur Wettbewerberin, sondern partizipierte nur indirekt von den Einkünften der neu gegründeten GmbH. Die nebenvertraglich zur Solelieferung vereinbarte Beschränkung des Wettbewerbs zwischen dem Kläger und potenziellen Dritten, wie der nunmehr konkret neu in den Markt gestoßenen GmbH, nahm der BGH zum Anlass, ein Eingreifen des § 1 GWB a.F. anzunehmen, mit dem Hinweis, dass eine Rechtfertigung wegen unverhältnismäßiger sachlicher und zeitlicher Überschreitung des zulässigen Maßes hier nicht in Betracht kam[635].

dd) Verhältnis zum Drittwettbewerb

Wegen der von einer aktuellen oder potenziellen Wettbewerbereigenschaft der Vertragsparteien losgelösten Prüfung wird vertreten, dass keine rechtspolitische Notwendigkeit bestanden habe, von der konsolidierten Rechtslage bei der Abgrenzung abzuweichen und neue Abgrenzungsprobleme aufzuwerfen[636]. Insbesondere steht im Raum, ob nicht eine unzulässige vertragliche Beschränkung von Drittwettbewerb nach der Neufassung aus dem Anwendungsbereich des Kartellverbots ausgeklammert worden sei[637]. Dabei ist allerdings zwischen der Beeinflussung von Drittwettbewerb und der Beeinträchtigung von Wettbewerbsverhältnissen auf Drittmärkten, auf denen die Parteien nicht selbst tätig sind, zu unterscheiden. Die Frage der Erfassung wettbewerblicher Beeinflussung auf Drittmärkten war auch in der Vergangenheit schon bei der Auslegung des gemeinsamen Zwecks zweifelhaft[638]. Der BGH hat dieses Problem bisher insoweit gelöst, als er § 1 GWB a.F. nur dann anwandte, wenn die Vereinbarung gerade dazu dienen sollte, die Verhältnisse auf dem Drittmarkt zu beeinflussen[639]. Mit Ausnahme des Wortlautes des neuen § 1 GWB, der verlangt, dass die ihr Verhalten koordinierenden Parteien selbst im Wettbewerb zueinander stehen, gibt es aber keinen Grund, von dieser Rechtsprechung abzuweichen. Aus Gründen der Rechtssicherheit und unter Berücksichtigung der auf die Freiheit des Wettbewerb gerichteten Zielsetzung des GWB, sollte in diesem Punkt an der alten Rechtsprechung festgehalten und das Kartellverbot weiterhin angewandt werden, wenn die Beschränkung nicht nur mittelbare Folge

---

[635] BGH WuW/E BGH 3137, 3138 – „Solelieferung", III. 2. der Urteilsgründe.
[636] *Baums*, ZIP 1998, 233, 235.
[637] *Baums*, ZIP 1998, 233, 235; so bestätigt von *Bornkamm* anlässlich dessen Vortrages „Das Kartellverbot in der neueren Rechtsprechung des BGH", GRUR-Vortragsveranstaltung, Frankfurt a.M., 11.7.2000; *ders.*, in: FS Geiß, 539, 542.
[638] Vgl. *Kahlenberg*, BB 1998, 1593, 1594; *Baums*, ZIP 1998, 233, 235.
[639] BGH WuW/E DE-R 115, 120 – „Carpartner".

der Vereinbarung ist, sondern gerade dazu dienen soll, die Verhältnisse auf dem Drittmarkt unmittelbar zu Gunsten der Beteiligten zu beeinflussen[640]. Die Möglichkeit einer bewussten Beschränkung von Wettbewerbsverhältnissen in Drittmärkten kann nicht ernsthaft im Sinne der Väter der 6. Kartellnovelle gewesen sein, so dass insoweit eine wortlautextensive Auslegung angemessen scheint. In der „Solelieferung"-Entscheidung haben die Parteien nur den Drittwettbewerb gegenüber einem der Beteiligten ausgeschlossen, nämlich den Solebezug von der Gemeinde durch potenzielle Konkurrenten des Klägers. Es wäre auch hier nur konsequent, zumindest Beschränkungen mit Auswirkung auf Dritte ausreichen zu lassen, wenn das potenzielle Wettbewerbsverhältnis eines der Beteiligten zu diesem Dritten betroffen ist und die Parteien mit ihrer Vereinbarung dafür sorgen, dass kein Wettbewerb zwischen diesem einen Vertragspartner und vertragsfremden Dritten begründet wird. Hinzu kommt, dass die Voraussetzung einer Absprache zwischen (potenziellen) Wettbewerbern nicht heißen muss, dass in diesen Fällen die bezweckte Wettbewerbsbeschränkung auch den Markt zu betreffen hat, auf dem die Wettbewerber selbst tätig sind oder zumindest sein könnten.

ee) Horizontale Wirkung von Wettbewerbsbeschränkungen

Nachdem nun die Unabhängigkeit der Feststellung eines gemeinsamen Zwecks vom Vorliegen horizontaler Wettbewerbsbeschränkungen begründet wurde, bleibt gleichwohl abschließend zu klären, ob nicht gerade horizontale Wettbewerbsverhältnisse für die Annahme anzuerkennender Interessen von besonderer Bedeutung sein können. Denn es ist unverkennbar, dass der BGH schon zu Zeiten des § 1 GWB a.F. insbesondere in der Beschränkung aktuellen und potenziellen Wettbewerbs zwischen Verhaltenskoordinierern eine besondere Wettbewerbsschädlichkeit erkannte. Anders als in der zuvor erwähnten Entscheidung „Solelieferung" hat der BGH in den dieser vorausgegangenen Entscheidungen „Druckgussteile" und „Bedside-Testkarten" bei der Feststellung anzuerkennender Interessen auch horizontale Wirkungen der streitgegenständlichen Ausschließlichkeitsbindungen geprüft[641]. Die etwa in der Kundenschutzzusage enthaltene Absatzbindung des Herstellers von Druckgussteilen gegenüber seinem Händler hatte eine horizontale Dimension, weil sie im betroffenen Markt ein potenzielles Wettbewerbsverhältnis durch Herstellereigen- bzw. Direktvertrieb unterbinden sollte. Wörtlich stellte der BGH daher fest, dass „die Beschränkung der wirtschaftlichen Freiheit der Beklagten [...] – unbe-

---

[640] BGH WuW/E DE-R 115, 120 – „Carpartner".

[641] Vgl. BGH WuW/E BGH 3115, 3118 – „Druckgussteile" bzw. WuW/E BGH 3121, 3123 – „Bedside-Testkarten". Diese sind nach *Emmerich*, JuS 1998, 272, 272 unbedenklich, solange sie nicht Marktzutrittsgrenzen für Dritte darstellen.

schadet des Unterschiedes der Marktstufen – auch horizontale Wirkung"[642] habe. Mit dieser Aussage entkoppelte das Gericht zu Recht die nach klassischem Verständnis an sich vertikale Marktstufenposition zwischen Hersteller und Händler von den horizontalen Konsequenzen der Vereinbarung. Obwohl die Kundenschutzzusage diesen horizontalen Charakter aufwies, sei sie im Wesentlichen zur Sicherung des Leistungsaustauschs vereinbart worden[643]. Die Entscheidung wurde an das Berufungsgericht zurückverwiesen, um die Tatfrage der Gesamtwürdigung wirtschaftlicher Ziele und Umstände des Vertragsschlusses zu klären, v.a. die Spezifika eines Absatzmittlerverhältnisses den horizontalen Wirkungen gegenüberzustellen und diese ggf. wegen Feststellung einer „«überschießende»[n] Wettbewerbsbeschränkung"[644] als nach § 1 GWB a.F. zumindest möglicherweise kartellrechtlich teilunwirksam ansehen zu müssen.

Die horizontalen Wirkungen im „Bedside-Testkarten"-Fall bestanden in dem Verbot für den Hersteller, zu seinem Absatzmittler beim Vertrieb der Testkarten in Konkurrenz zu treten und Abnehmer unmittelbar ohne Zwischenschaltung des Händlers zu beliefern. Gleichwohl sei die entsprechende Klausel, die dem Hersteller untersagt habe, im Gebiet des eingesetzten Händlers weder direkt noch indirekt als Wettbewerber aufzutreten, nach § 18 Abs. 1 Nr. 2, 2. Alt. GWB a.F. hier grundsätzlich nicht zu beanstanden gewesen[645]. Die Ausschaltung des zumindest potenziellen Wettbewerbsverhältnisses zwischen Hersteller und Händler, das sich durch den späteren Direktvertrieb konkretisierte, wurde nicht zum Anlass genommen, eine Nichtigkeit nach § 1 GWB a.F. festzustellen. Vielmehr waren es wettbewerbliche Parameter wie Aufwendungen für verkaufs- und imagefördernde Maßnahmen und das seitens des Händlers übernommene wirtschaftliche Risiko, die den BGH bewogen, eine Wirksamkeit der Vereinbarung anzunehmen, zumal er keine Marktaufteilung, sondern lediglich eine Modifizierung des unbedenklichen Alleinvertriebsrechts gegenüber bereits vorhandenen exklusiven Kunden erkannte. Hier wurden den Beteiligten prokompetitiv anzuerkennende Interessen unterstellt. Mehr noch wurde Absatzmittlungsvereinbarungen eine grundsätzlich positive Wirkung auf den Wettbewerb unterstellt: Im Übrigen seien Wettbewerbsbeschränkungen als Nebenabreden in Alleinvertriebs- und Vertragshändlerverträgen über Waren und gewerbliche Leistungen „hinsichtlich der Verpflichtung des Händlers, Vertragswaren ausschließlich bei dem Produzenten zu beziehen und Konkurrenzwaren nicht zu führen [...] als Korrelat zur Verpflichtung des Herstellers zu ständiger Leistungsbereitschaft [...] und als solche zur Erreichung

---

[642] BGH WuW/E BGH 3115, 3118 – „Druckgussteile".
[643] BGH WuW/E BGH 3115, 3118 – „Druckgussteile".
[644] Hervorhebung im Original, BGH WuW/E BGH 3115, 3119 – „Druckgussteile".
[645] BGH WuW/E BGH 3121, 3126 – „Bedside-Testkarten".

des Vertragszwecks notwendig“ bzw., wie es in den Urteilsgründen an anderer Stelle heißt, „zur Erreichung des kartellrechtsneutralen Hauptzwecks des Vertrages sachlich geboten“[646]. Dies lässt schlussendlich die Vermutung zu, dass der BGH ein umgekehrtes Regel-Ausnahme-Verhältnis manifestiert hat, wonach anzuerkennende Interessen unter den genannten Voraussetzungen regelmäßig festzustellen sind und selbst Ausschließlichkeitsbindungen horizontaler Wirkung nicht nur ausnahmsweise als zulässig erachtet werden.

Im Fall „Subunternehmervertrag“ prüfte der Kartellsenat das Wettbewerbsverbot eines selbstständigen Gebäudereinigers (Beklagter) gegenüber einem Gebäudereinigungsunternehmen (Kläger), das als Subunternehmer beauftragt worden war. Zugleich sicherte eine einjährige Kundenschutzklausel zu Gunsten des Beklagten die Zeit nach Vertragsbeendigung. In diesem Urteil war weder von einem gemeinsamen Zweck noch von horizontalen Wirkungen die Rede. Expressis verbis fokussierte das Gericht seine Prüfung nur auf die Feststellung anzuerkennender Interessen und bejahte diese, weil durch Wettbewerbsverbot und Kundenschutzklausel die arbeitsteilige Durchführung der Gebäudereinigungsarbeiten einschließlich Aufgaben und Risikoaufteilung gelingen konnte, wonach der Beklagte Kunden akquirieren und der Kläger die Bereitstellung von Personal, Maschinen und Material organisieren sollte[647]. Den Ausschluss des zwischen den Parteien möglichen potenziellen Wettbewerbs um akquirierte Kunden durch entsprechende Schutzklausel, und damit die horizontale Wirkung, bewertete der Kartellsenat nicht als Verstoß gegen § 1 GWB a.F., weil sie auch hier als vertragliche Nebenabrede zur Erfüllung des Hauptzwecks eines an sich kartellrechtsneutralen Austauschverhältnisses notwendig gewesen sei[648]. Mit Blick auf die diese Entscheidung im Jahre 1998 begleitende 6. Novelle des GWB, in der der Gesetzgeber ausschließlich auf das Horizontalverhältnis als Anknüpfungspunkt des Kartellverbots gesetzt hat, ist die lediglich inzidente Prüfung der horizontalen Auswirkungen der Kundenschutzklausel auf den relevanten Markt zumindest erstaunlich. Vom Ergebnis her reiht sie sich indes ohne Bruch in die Reihe der Ergebnisse der Prüfung anzuerkennender Interessen der vergangenen Jahre, die auch hier im Rahmen des § 1 GWB a.F. aus wettbewerbsimmanenten Gründen zu einer Wirksamkeitsannahme führten. Die Prüfung anzuerkennender Interessen erfüllt seitdem als Abgrenzungsfunktion die Kartellfreiheit bestimmter Wettbewerbsverbote, die sich für die Zukunft wohl nicht bloß auf Austauschverträge beziehen, sondern auf alle

---

646 BGH WuW/E BGH 3121, 3125 – „Bedside-Testkarten“.

647 BGH ZIP 1998, 1159, 1161 – WuW/E DE-R 131, 135 – „Subunternehmervertrag“.

648 Unter Bezugnahme auf die Entscheidungen Druchgussteile, Bedside-Testkarten und Solelieferung, vgl. BGH ZIP 1998, 1159, 1161 – „Subunternehmervertrag“.

verhaltenskoordinierten Beschränkungen Anwendung finden wird, die einem erlaubten wirtschaftlichen Vertragszweck immanent sind[649].

b) Mängel der Analyse anzuerkennender Interessen

Trotz der erkennbar objektiven Tendenz einer wettbewerbliche Aspekte berücksichtigenden Auslegung des gemeinsamen Zwecks, gilt es anschließend zu klären, ob die Feststellung anzuerkennender Interessen geeignet ist, eine dogmatisch und materiell hinlängliche Abgrenzung der Vorschriften des ersten und zweiten Abschnitts des GWB zu gewährleisten.

Der Wortlaut des § 1 GWB a.F. ließ ausdrücklich offen, zu welchem gemeinsamen Zweck ein Vertrag geschlossen werden musste, um unter das Kartellverbot zu fallen[650]. Gleichwohl könnte diese letzte Auslegung des gemeinsamen Zwecks durch den BGH nicht mehr mit dem Wortlaut vereinbar sein. Bei der Prüfung anzuerkennender Interessen wurde das Tatbestandsmerkmal auf eine reine Rechtfertigungsanalyse reduziert, weil Austausch- oder Absatzbindungsverträge, die Wettbewerbsbeschränkungen mit horizontaler Wirkung enthielten, lediglich noch auf ihre wettbewerbliche Rechtfertigung hin zu untersuchen sein sollten. Die Interpretation des gemeinsamen Zwecks erschöpfte sich damit quasi in einer tatbestandsinternen Immanenzprüfung. Insoweit wurde zwar die Wortlautgrenze wohl noch nicht überschritten. Andererseits scheint die Grenze unzulässiger Rechtsfortbildung gleichwohl erreicht, wenn die „Gemeinsamkeit des Bezweckens" einer Wettbewerbsbeschränkung nur noch aus den Gründen ihrer marktwirtschaftlich wünschenswerten, wettbewerblichen Rechtfertigung gelesen werden sollte. Zwar ist Rechtfortbildung dogmatisch noch jenseits des Wortlauts möglich und nicht per se verboten[651]. Gleichwohl dürfte es nicht mit der Abgrenzungsfunktion des Merkmals vereinbar sein, wenn Selbiges inhaltlich reduziert auf ökonomische Interessen zur Rechtfertigung von Maßnahmen herangezogen wird, deren Tatbestandlichkeit gerade über das Merkmal erst begründet wurde und ansonsten dem § 16 GWB entzogen wäre. Deshalb verwundert es kaum, dass der BGH in der zuletzt erwähnten Subunternehmervertrag-Entscheidung dann auch die Abgrenzungsformel unabhängig vom Merkmal des gemeinsamen Zwecks geprüft hat, der an keiner Stelle Erwähnung fand.

---

649 Ebenso *Zimmer*, in: I/M, 3. Aufl., § 1 Rn. 172.

650 Vgl. *Beuthien*, in: FS Hartmann, S. 51, 57; *Klaue* BB 1964, 538, 539; *Martinek*, Franchising, S. 538; *Müller-Henneberg*, in: GK, § 1 Rz. 34; *Müller/Giessler/Scholz*, Wirtschaftskommentar, § 1 Rn. 68 b; *Immenga*, in: I/M, 2. Aufl., § 1 Rn. 161.

651 Vgl. *Larenz*, Methodenlehre, S. 322.

Legt man das systematisch-historische Ansinnen des Gesetzgebers zu Grunde, könnte die neue Formel durchaus zu einem Paradoxon führen. War für austauschvertragliche Regelungen eine grundsätzliche Wirksamkeit unter der Prämisse der Missbrauchsaufsicht nach § 18 GWB a.F./§ 16 GWB angedacht, die nur ganz ausnahmsweise der Nichtigkeitsfolge des § 1 GWB a.F./§ 1 GWB unterfallen sollte, so legt die Auslegung nach anzuerkennenden Interessen nahe, dass kein Raum mehr für eine Missbrauchsaufsicht bliebe, sobald ein gemeinsamer Zweck bejaht wurde[652]. Dies erklärt sich wie folgt: Werden den Beteiligten unter dem Strich mit Blick auf eine wettbewerbliche Vorteilhaftigkeit von Wettbewerbsbeschränkungen (im Rahmen der Vereinbarung von Ausschließlichkeitsbindungen wegen deren Ambivalenz) anzuerkennende Interessen zugebilligt, weil diese – möglicherweise sogar regelmäßig – wegen unwesentlicher Beeinträchtigung von Marktverhältnissen oder anderer Wettbewerbsparameter unterstellt werden können, dürfte im Anschluss daran eine etwaige Untersagungsverfügung von Kartellbehörden kaum mehr begründbar sein. Denn die Anhaltspunkte, die wegen weitreichender negativer Einflüsse auf den relevanten Markt eine Untersagung nach Missbrauchsgesichtspunkten ermöglichen würden[653], sind sozusagen durch die vorherige (gerichtliche) Bestätigung anzuerkennender Interessen bereits verbraucht. Solche Fälle, die eine Nichtigkeit nach § 1 GWB (a.F./n.F.) ausschließen, könnten dann theoretisch nicht mehr im Wege der Missbrauchsaufsicht untersagt werden[654]. Nur im Ausnahmefall eines ganzen Bündels von einzelnen unbedenklichen Vereinbarungen zwischen Hersteller und Absatzmittler, von denen nur ein abgrenzbarer Teil nach den Voraussetzungen des Kartellverbots zu prüfen wäre, und dieser Teil wegen anzuerkennender Interessen dem § 1 GWB gleichwohl nicht unterfiele, könnten die übrigen Bindungen ggf. später noch mit entsprechender Begründung untersagt werden. Soll es aber gerade dem erklärten Ziel des Gesetzgebers entsprechen, nach § 16 GWB wirksame Beschränkungen bei Überwiegen negativer Einflüsse auf die Marktverhältnisse stets untersagen zu können, verschließt die Annahme anzuerkennender Interessen diesen Weg regelmäßig von vornherein. Eine Untersagungsbegründung ist durch die Bestätigung anzuerkennender Interessen im Grunde verbraucht. Auch umgekehrt kann es im Ergebnis kaum richtig sein, dass bei Vorliegen der Voraussetzungen für eine Untersagungsverfügung der Kartellbehörden im Rahmen des § 16 GWB zugleich durch Auslegung des gemeinsamen Zwecks – bei Vorliegen aller übrigen Voraussetzungen – das Kartellverbot begründet werden könnte, weil für eine Rechtfertigung der Wettbewerbsbeschränkung keine anzuerkennenden Interessen mehr bestünden. Damit wäre dem gemeinsamen Zweck eine inhaltlich normative Bedeutung zugekommen, die nach Rechtsprechung und hL gerade

[652] Ähnlich: *Dörmer*, Das Verhältnis von § 1 GWB zu § 18 GWB, S. 86 f.
[653] Siehe § 18 Abs. 1 lit. a – c GWB a.F. bzw. nunmehr § 16 Nrn. 1-3 GWB.
[654] Vgl. *Dörmer*, Das Verhältnis von § 1 GWB zu § 18 GWB, S. 87

ausgeschlossen sein sollte[655]. Die in § 18 GWB a.F./§ 16 GWB ausgesprochenen Privilegierungsabsichten des Gesetzgebers liefen daher leer. Zu Recht weist *K. Schmidt* darauf hin, dass ein Vertrag, der § 1 GWB unterliege, laut Rechtsprechung nicht schon deshalb einer Prüfung nach § 16 GWB entzogen sei[656]. Genau dies wäre aber Folge eines Begründungsverbrauchs zumindest hinsichtlich einer späteren kartellbehördlichen Untersagung. Die ökonomischen Wertungen und marktbezogenen Ergebnisse des BGH, die bei der Prüfung anzuerkennender Interessen zum Tragen kommen, sind sicher begrüßenswert, waren gleichwohl dogmatisch kaum mit dem gemeinsamen Zweck des alten Kartellverbots zu vereinbaren.

5. Zwischenergebnis zum gemeinsamen Zweck

Für die Beurteilung wettbewerblichen Verhaltens hinsichtlich seiner Wettbewerbswidrigkeit oder aber notwendiger bzw. zumindest gesamtwirtschaftlich positiver Wirkung, kam es nach *Möschel*[657] im Bereich des § 1 GWB a.F. nicht auf eine Interpretation des „gemeinsamen Zwecks" an. Die schwierigen Abgrenzungsfragen zwischen § 1 und §§ 15 ff. GWB a.F. hätten dieses Tatbestandsmerkmal gar nicht betroffen, sondern vielmehr den Problembereich kartellfreier Wettbewerbsverbote und unzulässiger Wettbewerbsbeschränkungen. Erst hier habe sich die Notwendigkeit der in der Rechtsprechung praktizierten Gesamtvertragsbetrachtung ergeben. Materiell sei diese Abgrenzungsfrage beim Tatbestandsmerkmal der Wettbewerbsbeschränkung bzw. bei teleologisch restriktiv begründbaren Ausnahmetatbeständen anzusiedeln gewesen. Dem ist die Rechtsprechung nicht gefolgt, sondern hat die Abgrenzung traditionell im Tatbestandsmerkmal des gemeinsamen Zwecks vollzogen.

Die zuletzt zum Abgrenzungskriterium „gemeinsamer Zweck" ergangenen höchstrichterlichen Entscheidungen haben zutage gefördert, dass eine tendenziell ökonomischen Aspekten gewidmete Betrachtungsweise bei der richterlichen Beurteilung in den Vordergrund getreten ist. Die anzuerkennenden Interessen, von denen der BGH nunmehr spricht, verkörpern nichts anderes, als dass wirtschaftspolitische Zielvorstellungen[658] und wirtschaftswissenschaftlich anerkannte Aktionsparameter, wie etwa Risikoverteilung, image- und verkaufsfördernde Maßnahmen, Umsatzpotenzial im Vertragsgebiet[659], Produ-

---

[655] Vgl. nur *Immenga*, in: I/M, 2. Aufl., § 1 Rn. 159 m.w.N.

[656] *K. Schmidt*, AG 1998, 551, 558.

[657] *Möschel*, Recht der Wettbewerbsbeschränkungen, S. 111, Rz. 175.

[658] Vgl. BGH WuW/E BGH 3115, 3119 – „Druckgussteile".

[659] So der BGH in WuW/E BGH 3121, 3126 – „Bedside-Testkarten".

zentenrente und optimale Faktorallokation oder Vergleichbares Berücksichtigung finden. Damit stellt der BGH gerade bei nach bisherigem Schema nicht eindeutig zuzuordnenden Fällen im Ergebnis in erster Linie auf die objektive Wirkung und Notwendigkeit von Wettbewerbsbeschränkungen – oder auf nach dem Vertragszweck im Übrigen zu verwirklichende, anvisierte Ziele – ab, die nach seinem Dafürhalten unter Berücksichtigung von Sinn und Zweck des Kartellgesetzes wirtschaftlich Anerkennung verdienen. Allein auf die durch den Inhalt des Vertrags begründete Wettbewerbsbeschränkung und ihre Wirkung auf den relevanten Markt sei abzustellen[660].

An dieser Stelle scheint der Hinweis angebracht, dass die prinzipiell begrüßenswerten rein wettbewerblichen Analysen, die der BGH durch die Interpretation anzuerkennender Interessen letztlich umgesetzt hat, den tatsächlichen Gegebenheiten für einen angemessenen Austausch von Wirtschaftsgütern entsprechen und diesem Austausch somit zuträglich sind. Die Auslegung selbst stimmte allerdings in Bezug auf den ehemaligen gemeinsamen Zweck augenscheinlich nicht mehr mit der Teleologie eines auf horizontaler und vertikaler Differenzierung beruhenden Gesetzes gegen Wettbewerbsbeschränkung überein. Es hebt die Grenzen des Eingriffsmusters auf, indem es – tatsächlichen wettbewerblichen Anforderungen gerecht werdend – eine Anwendung des Kartellverbots zu Gunsten der im Sinne des § 16 GWB gewünschten Wirksamkeit wettbewerbsbeschränkender Bindungen aussetzt. Das Kriterium anzuerkennender Interessen wird so dem eigentlichen Abgrenzungsproblem des § 1 GWB (a.F.) und § 18 GWB a.F./§ 16 GWB schlichtweg nicht gerecht. Der Ansatz ist damit gesetzessystematisch abzulehnen, seine Wertungen sind indes für eine Neuregelung de lege ferenda, die ohne die Eingriffsmerkmale horizontal und vertikal auskommen soll, nutzbar zu machen.

6. Auswirkungen der Änderung des Abgrenzungsmerkmals – Perpetuierung in gemischten Verträgen zwischen miteinander in Wettbewerb stehenden Unternehmen

In diesem Zusammenhang gilt es anschließend zu klären, welche Auswirkungen das durch die 6. GWB Novelle eingeführte Merkmal des „Miteinander-in-Wettbewerb-Stehens“ von Unternehmen auf die Abgrenzungsfunktion und im Anschluss an die Rechtsprechung anzuerkennender Interessen zum gemeinsamen Zweck hat. Die neuerliche Diskussion zeigt, dass nach wie vor keine einheitliche

[660] *Wellenhofer-Klein*, WuW 1999, 557, 561.

Auffassung zur Abgrenzungsproblematik gewonnen werden konnte[661]. Es wird bereits bezweifelt, ob die Ersetzung des Merkmals „zu einem gemeinsamen Zweck“ durch das Merkmal „zwischen miteinander im Wettbewerb stehenden Unternehmen“ überhaupt eine Vereinfachung der Abgrenzungsproblematik mit sich gebracht habe, da eben schon § 1 GWB a.F. nicht ausschließlich horizontale und die §§ 15 ff. GWB a.F. nicht ausschließlich vertikale Wettbewerbsbeschränkungen betroffen hätten[662]. Dem dürfte insoweit zuzustimmen sein, als sich am Grundmodell hinsichtlich der spezifischen Beurteilungsmaßstäbe nichts geändert hat. In der Tat schließt das Konzept Überschneidungen nach wie vor nicht aus. Es stellt noch immer nur den empirischen Regelfall dar, dass die nach §§ 1 ff. GWB zu beurteilenden Wettbewerbsbeschränkungen im Horizontalverhältnis und die nach §§ 14 ff. GWB zu würdigenden Wettbewerbsbeschränkungen im Vertikalverhältnis begründet werden, obwohl Verträge beider Prägungen sowohl horizontale als auch vertikale Bindungen zum Gegenstand haben können[663]. Folglich hat die Kritik an der Gleichsetzung von §§ 1 ff. GWB mit horizontalen Wettbewerbsbeschränkungen und §§ 14 ff. GWB mit vertikalen Wettbewerbsbeschränkung nichts an Aktualität eingebüßt. Im Gegenteil hätte das erklärte Ziel der letzten Novelle, das deutsche dem europäischen Kartellrecht anzunähern[664], auch in diesem zentralen Punkt eine Systemannäherung nahe gelegt. Allerdings scheint der europäische Neuansatz insoweit fast schon eine Umkehrung und Annäherung an das deutsche System zu belegen, wenn die Ausführungsverordnungen so umgesetzt werden, wie es derzeit den Eindruck hat. Denn das EG-Kartellrecht hat, basierend auf dem Grünbuch von 1997, die Unterscheidung von Kartellverbot und Vereinbarungen in Vertikalverträgen erkannt und Vertikalvereinbarungen durch die Ratsverordnung von 1999 quasi aus dem Kartellverbotstatbestand des Art. 81 Abs. 1 EG gelöst sowie durch die Gruppenfreistellungsverordnung aus dem gleichen Jahr eine differenzierte Regelung getroffen, die nur noch marktstarken Unternehmen vertikale Beschränkungen untersagt.

Aber zurück zu der Frage, ob die Rechtfertigung durch anzuerkennende Interessen zur Abwendung des Kartellverbots vom aktuellen Gesetzestatbestand gedeckt ist, und falls nicht, wie die wettbewerbliche Wertung möglicherweise doch Berücksichtigung finden kann. Folgt man der Auffassung, dass in dem neuen Merkmal nur eine Fortsetzung des gemeinsamen Zwecks zu sehen ist,

---

[661] Vgl. etwa die kontroversen Auffassungen über die Reichweite des alten und neuen Kartellverbots anlässlich des 4. Symposiums zu Fragen des Kartell- und Energierechts zu Ehren von Kurt Markert, abgedruckt in: AG 1998, 578, 580.

[662] *Baums*, ZIP 1998, 233, 234.

[663] So bereits *Müller-Henneberg*, WuW 1963, 877, 880; *Mestmäcker*, in: I/M, 2. Aufl., Einl. vor § 1 Rn. 10.

[664] Vgl. dazu *Bornkamm*, in: FS Geiß, S. 539, 542.

kann hinsichtlich der mangelnden Eignung einer Interpretation anzuerkennender Interessen auf den vorangegangenen Abschnitt verwiesen werden. Allein schon wegen des Wortlauts ergeben sich hier noch gravierendere Einwände. Hatte man bereits Schwierigkeiten, eine wettbewerbsrechtliche Immanenzprüfung argumentativ in den gemeinsamen Zweck zu verlegen, potenziert sich das Problem mit Blick auf die Wettbewerbereigenschaft. Die Prüfung der Wettbewerberstellung bildet die an einer horizontal stufenorientierten Eingriffsfunktion ausgerichtete Grundlage, um überhaupt ein Eingreifen des § 1 GWB im Zusammenhang mit Austauschverträgen oder auf einem Austauschverhältnis basierender Vereinbarungen zu eröffnen. Von daher würde es äußerst konstruiert erscheinen, an gleicher Stelle bereits Argumente prüfen zu wollen, die im konkreten Einzelfall wieder die Ausnahme vom tatbestandlichen Verbot zuließen. Es besteht, einmal unabhängig von faktischen Problemen bei der Analyse der Wettbewerbereigenschaft, offenbar kein Raum, um über die Feststellung eines wettbewerblich beschränkten Konkurrenzverhältnisses hinaus auch noch mögliche Rechtfertigungsmerkmale einzuflechten. Wie soll etwa das Miteinander-im-Wettbewerb, bezogen auf die Konkurrenzeigenschaft, Auskunft geben über die aus dem marktlichen Umfeld etwaig resultierenden positiven Effekte für den Herstellerwettbewerb oder gar den Verbraucherschutz? Es bedarf einiger Phantasie, dem Tatbestandsmerkmal des Wettbewerbs zwischen den beteiligten Unternehmen im Markt entsprechende allokativ-funktionale, vom Ergebnis her durchaus vertretbare Ambitionen der sich koordinierenden Partner zuordnen zu wollen, die als Ursache der Wettbewerbsbeschränkung feststellbar sind und zu einem tatbestandlichen Ausschluss des Kartellverbots führen sollen. Der Wortlaut des § 1 GWB gibt dies schlichtweg nicht her, selbst wenn man mit der hM davon ausgeht, dass der Gesetzgeber eine sachliche Kontinuität des Kartellverbotstatbestands im Sinn hatte und der Änderung möglichst nur einen deklaratorischen Wert zukommen lassen willen[665].

Teleologisch könnte dieses Ergebnis vielleicht erzielbar sein, wenn mit dem BGH ein tatbestandlicher Ausschluss zwischen §§ 1 und 16 GWB angenommen wird. Läge einmal eine entsprechend den Voraussetzungen des § 16 GWB wirksame, nicht zu untersagende Wettbewerbsbeschränkung vor und gäbe es auch wettbewerblich anzuerkennende Interessen, die die Anwendung des Kartellverbots ausschlössen, käme § 1 GWB von vornherein nicht in Betracht. Damit zöge man allerdings die Rechtfertigungsgründe noch vor die tatbestandliche Prüfung der Wettbewerbereigenschaft und stünde in Widerspruch zu den begrüßenswerten Wertungen aus den Entscheidungen von 1997/98. Eine an der Zielfunktion des GWB ausgerichtete teleologische Betrachtungsweise würde es zum Erhalt der Wertung anzuerkennender Interessen also zumindest

[665] Vgl. Begr. zum RegE., BT-Drucks. 13/9720, S. 30 f.

erforderlich machen, den Tatbestand des § 1 GWB einzuschränken, soweit es um Wettbewerbsbeschränkungen geht, die einen kartellrechtsneutralen vertraglichen Hauptzweck schützen sollen. Schon wegen ihrer diesbezüglichen Eindimensionalität aber ist die neue Abgrenzungsformel für sich alleine jedenfalls nicht geeignet, die Interessenabwägung zu beinhalten, die bei wertender Betrachtungsweise im Hinblick auf die Freiheit des Wettbewerbs zu einer Anerkennung führen würde[666].

Gesetzessystematisch könnten sich die neuen Inhalte der Rechtsprechung ansonsten prinzipiell durchaus besser integrieren lassen, als noch unter dem gemeinsamen Zweck. Der Kartellverbotstatbestand hat seine vertragsorientierten Wurzeln endgültig hinter sich gelassen[667] und konzeptionell eine wettbewerblich wertende Betrachtungsweise angenommen. Diese Abkehr von zivilrechtlichen Inhalten und die konzeptionelle Annäherung an wettbewerbliche Aspekte führt andererseits nicht automatisch dazu, die unter dem Stichwort anzuerkennender Interessen denkbaren Rechtfertigungsgründe beliebig in den Tatbestand zu integrieren. Das Gegenteil ist der Fall: Schon die Rechtsprechung hat zutreffend klargestellt, „*dass begleitende wettbewerbsbeschränkende Abreden in Austauschverträgen, die ihrerseits auf einen kartellrechtlich erlaubten Zweck gerichtet sind, unabhängig davon beurteilt werden müssen, ob zwischen den Parteien ein Wettbewerbsverhältnis besteht oder ob sie potenzielle oder aktuelle Wettbewerber sind*“[668]. Die Prüfung kann folglich nur außerhalb des Merkmals des Miteinander-in-Wettbewerb-Stehens zwischen Unternehmen in Betracht gezogen werden. Es dürfte also mit Spannung abzuwarten bleiben, wie die Gerichte mit der neuen Situation umgehen werden.

Dass der Gesetzgeber sich von dem überlasteten Merkmal des gemeinsamen Zwecks gelöst hat, darf gewiss begrüßt werden. Auch eine Hervorhebung der Reduzierung des Kartellverbots auf Horizontalverhältnisse mag aus Sicht der Befürworter eines solchen Systems zu begrüßen sein[669]. Ihm kann aber darüber hinaus, wie gezeigt, keine Funktion unterstellt werden, um konstruktiv gesamt- oder einzelwirtschaftlich und wettbewerblich wünschenswerten Ergebnissen Tribut zu zollen. Die mangelnde Integrationsfähigkeit scheint dem BGH noch zu Zeiten des gemeinsamen Zwecks aufgefallen zu sein; zumindest hat er im Fall

---

666 Ähnlich *Huber*, in: FK, Kurzdarstellung zu § 1 n.F. Rn. 19, der deshalb zu Recht dem Merkmal der Wettbewerbseigenschaft zwischen Unternehmen alleine eine sachlich angemessene Lösungsfunktion des Abgrenzungsproblems zu Absatzbindungen abspricht.
667 *K. Schmidt*, in: FS Sandrock, S. 833, 847.
668 BGH WuW/E BGH 3137, 3138 – „Solelieferung“; vgl. auch *Huber*, Kurzdarstellung zu § 1 n.F. Rn. 16.
669 Siehe nur *K. Schmidt*, in: FS Sandrock, S. 833, 838, 842.

„Subunternehmervertrag“[670] seine Formel bereits unabhängig vom gemeinsamen Zweck verwandt und ist so von den Entscheidungen von 1997 abgewichen. Inhaltlich ging es nur noch um die Grenzziehung zwischen Wettbewerbsverboten in Austauschverträgen, die entweder als kartellfrei oder unter das Kartellverbot fallend anzusehen waren. Dementsprechend fokussiert sich die Prüfung ohne inhaltliche Präzisierung auf eine einzelfallbezogene Interessenabwägung[671]. Damit bleibt § 1 GWB um ein ungeschriebenes Tatbestandsmerkmal ergänzt[672], will man nicht in eine nachtatbestandliche Prüfung ausweichen müssen. Wird ohne nähere Begründung einmal unterstellt, dass quasi jede nach § 16 GWB tatbestandliche Ausschließlichkeitsbindung unter potenziellen Wettbewerbern zugleich einen Kartellverstoß darstellt, bedarf es – soll § 16 GWB nicht leer laufen – der nachträglichen Korrektur im Sinne wettbewerblicher Immanenz, die wegen ihres Ausnahmecharakters wohl die dann vertretbare Nichtanwendung des Kartellverbots herausstellen muss. Da die Prüfung anzuerkennender Interessen bereits abgelehnt wurde, ein Bedarf an Einzelfallabwägung insbesondere bei Nebenabreden in Austauschverträgen zweifelsohne aber besteht, kann hier zunächst Folgendes festgehalten werden: Innerhalb des Kartellverbots lässt sich die an sich erforderliche Beachtung kartellrechtsneutraler Interessen an einer Wettbewerbsbeschränkung dem Gesetzestext nach nicht festmachen. Daher müsste für die Zukunft ein dem Ansatz des BGH angenäherter Kriterienkatalog, der auf die entsprechenden Interessen der Beteiligten in hinreichendem Maße Rücksicht nimmt, in die Prüfung einbezogen werden. Man wird für das aktuelle Recht wohl mit *Huber*[673] davon sprechen können, dass die Abwägung individueller Interessen mit dem Ziel des Erhalts freien Wettbewerbs nun eher als Interessen-, denn Immanenztheorie verstanden werden muss. Es kommt nämlich zumindest dem BGH bei der Begutachtung beschränkender Absprachen nicht (mehr) darauf an, ob die begleitenden Umstände dem kartellrechtsneutralen Hauptzweck immanent sind, sondern ob eben ein anzuerkennendes Interesse im Hinblick auf die Freiheit des Wettbewerbs besteht, was über die Frage einer für den Hauptzweck bestehenden Notwendigkeit hinausgeht.

7. *Zusammenfassung*

Im Ergebnis verdienen die Kritiker des neuen Abgrenzungsmerkmals des Miteinander-in-Wettbewerb-Stehens von Unternehmen aus ihrer Perspektive Zustimmung. Das neue Merkmal erfasst, ebenso wie der ehemals gemeinsame Zweck, nur die Masse aller Fälle, die bisher bereits unter das Kartellverbot des §

[670] BGH WuW/E DE-R 131, 133 – „Subunternehmervertrag“.
[671] Ebenso *Zimmer*, in: I/M, 3. Aufl., § 1 Rn 172.
[672] *Huber*, in: FK, Kurzdarstellung zu § 1 n.F. Rnrn. 17 ff., 70.
[673] *Huber*, in: FK, Kurzdarstellung zu § 1 n.F. Rn. 18 am Ende.

1 GWB subsumiert wurden, kann aber gerade die besonders problematischen Grenzfälle wettbewerbsbeschränkender Vereinbarungen in Absatzverträgen, multivalenten Vertragssystemen, Sternverträgen sowie die Beeinträchtigung von Drittwettbewerb[674] nicht zufriedenstellend lösen. Mehr noch hat der BGH, wenn er weiterhin an der Prüfung anzuerkennender Interessen festhalten möchte und diese am Tatbestandsmerkmal des Wettbewerb zwischen beteiligten Unternehmen oder der Wettbewerbsbeschränkung ausrichtet, den Boden einer dogmatisch fundierten Auslegung verlassen. Die Frage, ob Beteiligte einer Wettbewerbsbeschränkung sich im betroffenen Markt als Wettbewerber gegenüberstehen, ist momentan nur für die tatbestandliche Subsumtion unter § 1 GWB entscheidend. Der Wortlaut eröffnet keinen Raum, hier zusätzlich die Diskussion um wettbewerblich anzuerkennende Interessen anzusiedeln. Wenn überhaupt, kann diese Frage de lege lata nur außerhalb des Kartellverbots, und daher in einer diesem nachgelagerten Interessenabwägung vorgenommen werden.

Die Wertungswidersprüche bei der Anwendung auf problematische Grenzfälle resultieren alleine aus dem horizontalen Ansatz des Kartellverbots. Um es also nochmals auf den Punkt zu bringen: Müsste die Prüfung anzuerkennender Interessen nicht auf das Horizontal-/Vertikalverhältnis der §§ 1 ff. und §§ 14 ff. GWB Rücksicht nehmen, könnten die wettbewerblichen Wertungen des BGH vom Ergebnis her fortgeführt werden, weil sie die Interessen der bindungswilligen Parteien für einen Ausschluss des produktinternen Wettbewerbs angemessen berücksichtigen können. Sie finden dogmatisch jedoch am falschen Ort statt. Um wegen der vorausgehenden Feststellung anzuerkennender Interessen nicht der Untersagungsmöglichkeit des § 16 GWB verlustig zu gehen, sollte die Interessenabwägung ausschließlich innerhalb der Tatbestände des zweiten Abschnitts stattfinden. Dann müsste beim Ausschluss produktinternen Wettbewerbs erst gar nicht das Kartellverbot bemüht werden. Dies würde nach geltendem Recht aber voraussetzen, dass in diesen Fällen auf die Prüfung des Miteinander-in-Wettbewerb-Stehens verzichtet werden könnte. Der Übergang zur Anwendung eines per se-Verbots könnte materiell indes dann notwendig werden, wenn durch die produktinterne Bindung überwiegend negative Folgen für den produktexternen Wettbewerb zu erwarten stünden, so dass ein Verbot ausschließlich wegen dieser Einflüsse angemessen schiene. Im Falle nachweislich überwiegender Nachteile für den Wettbewerb mit gleichartigen Produkten anderer Hersteller bedürfte es dann aber auch keiner Feststellung anzuerkennender Interessen mehr, die nur bis zu diesem Punkt geeignet wären,

---

[674] *Baums*, ZIP 1998, 233, 234 f.; *Bunte*, WuW 1997, 857, 863; *Kahlenberg*, BB 1998, 1593, 1594; *K. Schmidt*, AG 1998 558, 561; *ders.*, WuW 2001, 1199, 1201; *Zimmer*, in: I/M, 3. Aufl., § 1 Rn. 164.

rein produktinterne Beschränkungen bis zum Grad des Übergangs zu rechtfertigen.

III. Unabhängigkeit des neuen Rechts von den Begriffen „horizontal“ und „vertikal“

Abschließend zum ersten Teil der Arbeit sollen nunmehr insgesamt die Gründe für den Verzicht auf eine unterschiedliche Behandlung horizontaler und vertikaler Wettbewerbsbeschränkungen im GWB dargestellt werden, bei gleichzeitigem Ausblick auf eine mögliche Neuorientierung, deren Ansatz im zweiten Teil hinsichtlich seiner Grundlagen und Praktikabilität zu überprüfen ist.

Die Neuformulierung des Kartellverbots und der Regelungen des zweiten Abschnitts durch die 6. GWB-Novelle deuten evident auf die Absicht einer konkreten Beibehaltung und sogar Hervorhebung der Unterscheidung horizontaler und vertikaler Wettbewerbsbeschränkungen hin. Gleichwohl hat die Differenzierung nicht derart Einzug in den Gesetzeswortlaut gefunden, dass etwa in § 1 GWB zu lesen wäre „Horizontale Wettbewerbsbeschränkungen sind verboten“ oder in § 16 GWB „vertikale Wettbewerbsbeschränkungen sind wirksam und unterliegen lediglich der Missbrauchsaufsicht“ stünde. Es ist dennoch unverkennbar, dass der Gesetzgeber durch die von ihm gewählten Überschriften des ersten Abschnitts „Kartellvereinbarungen, Kartellbeschlüsse und abgestimmte Verhaltensweisen“ und des zweiten Abschnitts „*Vertikal*vereinbarungen[675]“, diese formale Unterscheidung letztlich hat betonen wollen. Das deutsche Kartellrecht hat sich trotz sonstiger Annäherungsbestrebungen insoweit nicht den Regelungen des EG-Vertrages oder des US-Antitrust Law angenähert, sondern steht wie bisher zu einer strikten Trennung anhand der angeführten Kriterien. Dies hat auch die Analyse der in der vorangegangenen Abschnitten betrachteten Regelungen des GWB ergeben.

1. Horizontales Wettbewerbsverhältnis

Die Schwierigkeiten einer definitorisch genauen Bestimmung von Wettbewerb wurden bereits angesprochen, mit dem Ergebnis, dass es sich bei der gesetzlichen Verwendung des Wortes um einen unbestimmten Rechtsbegriff handelt. Der Regierungsentwurf zur 6. Novelle hat zumindest insoweit versucht eine Konkretisierung herbeizuführen, als dass Wettbewerb unter Berücksichtigung der Zielsetzung des Gesetzes sowohl im Sinne von aktuellem als auch

[675] Hervorhebung nur hier.

potenziellem Wettbewerb verstanden werden soll[676]. Potenzieller Wettbewerb ist durchaus mit dem Wortlaut des neuen Kartellverbots vereinbar, auch wenn davon die Rede ist, dass die Unternehmen in Wettbewerb miteinander stehen müssen, was zunächst nur für aktiven Wettbewerb spräche. Die Präsensform ist gleichwohl erfüllt, weil Marktteilnehmer, auch wenn zwischen ihnen lediglich ein potenzielles Konkurrenzverhältnis besteht, ihre unternehmerische Planung darauf ausrichten oder die Gefahr von Verhaltenskoordination heraufbeschwören, so dass schon eine spürbar wettbewerbsbeschränkende Wirkung auf den relevanten Markt nicht ausgeschlossen ist[677]. Von aktuellem Wettbewerb kann daher gesprochen werden, wenn Unternehmen auf dem selben sachlich relevanten Markt agieren oder im Hinblick auf ein potenzielles Wettbewerbsverhältnis zumindest in Abhängigkeit ihrer wirtschaftlichen Leistungsfähigkeit die Bereitschaft erkennbar ist bzw. eine gewisse Wahrscheinlichkeit für den Eintritt unmittelbaren Wettbewerbs spricht[678].

Von besonderer Bedeutung sind Fälle, bei denen Hersteller und Absatzmittler sich auf dem Markt um den Produktvertrieb nicht in die Quere kommen, also Verhältnisse, die man im klassischen Sinne als Vertikalvereinbarungen zwischen Unternehmen ohne konkretes Wettbewerbsverhältnis bezeichnen würde. Aufgrund ihrer vertraglichen Absatzbeziehungen ohne Wettbewerbsverhältnis würden sie zunächst nicht unter § 1 GWB subsumierbar sein. Marktverhältnisse sind jedoch regelmäßig von der Dynamik ihrer Teilnehmer geprägt. Die Prozesse sind fließend. Jeder Hersteller wird im Rahmen seiner finanziellen Möglichkeiten dazu in der Lage sein, in Wettbewerb zu seinem vertraglich gebundenen Absatzmittler zu treten, am anschaulichsten im Wege des Direktvertriebs. Er wird folglich immer auch als potenzieller Wettbewerber in Betracht zu ziehen sein. Damit relativieren sich die einschränkenden Annahmen, mit denen in der Literatur versucht wurde, potenziellen Wettbewerb nur in bestimmten Fällen zulassen zu wollen, wenn eine gewisse Wahrscheinlichkeit für das konkrete Wettbewerbsverhältnis zu erwarten steht[679]. Dem steht nicht entgegen, dass der Hersteller mit seiner Produktfabrikation faktisch an erster Stelle des Vertriebs steht und der (Zwischen-)Händler auf der nachgelagerten Vertriebsebene folgt. Das Damoklesschwert der potenziellen oder latenten Wettbewerbsoption – je

---

676 Begr. zum RegE., BT-Drucks. 13/9720, S. 31.

677 *Huber*, in: FK, Kurzdarstellung zu § 1 n.F. Rn. 30; *Zimmer*, in: I/M, 3. Aufl., § 1 Rn. 174.

678 *Immenga*, DB 1984, 385, 387, spricht von „kaufmännisch sinnvoller" Möglichkeit, ebenso: *Bechtold*, Kartellgesetz, § 1 Rn. 21; *Zimmer*, in: I/M, 3. Aufl., § 1 Rn. 174. Dagegen hält *Huber*, in: FK, Kurzdarstellung zu § 1 n.F. Rn. 31 bereits die Befähigung zum Tätigsein im relevanten Markt für ausreichend.

679 Vgl. *Bechtold*, Kartellgesetz, § 1 Rn. 21; *Huber*, in: FK, Kurzdarstellung zu § 1 n.F. Rn. 34; *Zimmer*, in: I/M, 3. Aufl., § 1 Rn. 174. *Gent*, WRP 2000, 706, 708 spricht von der Gefahr einer Ausuferung des § 1 GWB, weil das Wettbewerbsverhältnis leicht durch potenziellen Wettbewerb oder Nachfragewettbewerb begründbar sei.

nach den Gegebenheiten und Marktlage – ist schlicht nicht wegzudiskutieren. Auch ein Transaktionskostenvorteil, der sich beim Hersteller durch den Einsatz von Händlern ergeben kann, weil diese den Absatz an den Endkunden organisieren, ist spätestens seit Existenz des Internets und der sich dort bietenden Plattformen nicht mehr automatisch zu Lasten des herstellereigenen Vertriebs ins Feld zu führen, wie nachfolgendes Beispiel belegt.

Im Schrifttum werden gelegentlich Vertriebshändlerverträge in der Automobilindustrie ins Feld geführt, bei denen es reine Fiktion sein soll, allein deshalb von einem potenziellen Wettbewerbsverhältnis zu sprechen, und § 1 GWB anzuwenden, weil es immerhin theoretisch denkbar sei, dass sich der Hersteller später noch entschließen könne, auch selbst auf der Vertriebsstufe tätig zu werden[680]. Genau dies ist aber namentlich in Zeiten des Internets nicht mehr von der Hand zu weisen[681]. So hat die General Motors Tochter Opel im Sommer 2000 angekündigt, dem Endverbraucher zukünftig zumindest einen Teil der produzierten Modelle im Direktvertrieb unmittelbar über eine Internetplattform zu offerieren, u.a. bei gleichzeitiger Einräumung eines nicht unerheblichen Rabatts[682]. Der Kunde bekommt die vier am meisten nachgefragten Fahrzeugmodelle und -farben über das Internet angeboten und kann unmittelbar bestellen sowie bezahlen. Bei der englischen Schwestermarke Vauxhall wird der Wagen gegen eine feste Pauschalgebühr zu Probefahrt oder Kauf nach Hause gebracht. Diese Entscheidung für einen Direktvertrieb über das Internet ist zum Teil auf verständlicherweise heftige Kritik der Opel-Vertriebshändler gestoßen, die, zumal in Anbetracht ihrer Investitionen in Verkaufsstätten, erhebliche Verluste befürchten. Auch wenn Opel die im Internet georderten Modelle freilich noch über seine Vertragshändler ausliefern lassen will, scheint dies seinen Grund in den durch das Händlernetz gegebenen idealen und flächendeckenden Vertriebsstrukturen zu haben. Dennoch geriert sich der Hersteller über das Internet bereits als unmittelbarer Konkurrent seiner Absatzmittler[683]. Die potenzielle „Wettbewerbsgefahr" hat sich also bereits durch eine konkrete Alternativvertriebsform in ein aktuelles Wettbewerbsverhältnis

---

680 *Wellenhofer-Klein*, WuW 1999, 557, 565/566.

681 Vgl. etwa die Stellungnahme der Kommission zum Internetvertrieb in den Tz. 51 der Leitlinien zur Verordnung (EG) Nr. 2790/1999 vom 22.12.1999 über die Anwendung von Art. 81 Abs. 3 des Vertrages auf Gruppen von vertikalen Vereinbarungen und aufeinander abgestimmten Verhaltensweisen (Schirm-GVO), ABl. EG 1999 Nr. L 336, S. 21 ff.

682 FAZ Nr. 150 vom 1.7.2000, Motormarkt, S. 70 – „Opel-Verkäufer kommt künftig ins Haus".

683 Die Kommission unterscheidet hier zwischen aktivem (hiesiges Bsp. Opel) und passivem Verkauf über das Internet. Letzterer umschreibt die Möglichkeit auch des Händlers über das Internet die Produkte des Herstellers zu bewerben und zu vertreiben; vgl. Leitlinien zur Schirm-GVO, Tz. 51: Allerdings darf sich der Hersteller den Internetvertrieb nur ausnahmsweise selbst vorbehalten.

gewandelt. Darin besteht aber auch eine Chance für die Händler. Ihnen eröffnet sich als Bindeglied zwischen Hersteller und Kunde ein zusätzliches Tätigkeitsfeld, bei dem sie Kosten für Beratung und Verkauf einsparen können und gleichzeitig mit einer gewissen Marge für Ihre Auslieferungsleistung rechnen dürfen. Im Frühjahr 2001 hat Opel sein Projekt umgesetzt und offeriert seitdem Neuwagen im Netz[684]. Auch andere Hersteller haben das Internet bereits als neue, stets verfügbare Vertriebsform mit vergleichsweise wenig kostenintensiver Struktur entdeckt, wägen jedoch die wettbewerblichen Folgen nach wie vor ab. Hier bewahrheitet sich einmal mehr *v. Hayeks* bekannte Formel des „Wettbewerbs als Entdeckungsverfahren"[685]. Es kann damit lediglich darauf ankommen, ob ein Hersteller die stets potenzielle Möglichkeit tatsächlich nutzen kann, um in Wettbewerb zu seinem Händler zu treten. Insoweit hält es auch der BGH nach der Fertigbeton II-Entscheidung[686], in der er die Veranlassung zweier Nichtwettbewerber zur Vereinbarung eines Wettbewerbsverbots als entscheidendes Kriterium betrachtete, als für die Annahme eines potenziellen Wettbewerbsverhältnisses hinreichend, dass ein Hersteller in der Lage ist, seine Produkte neben dem Händler selbst zu vertreiben[687].

Folgt man der zuletzt vertretenen Auffassung, so müssten Beschränkungen, die Absprachen von Wirtschaftsteilnehmern ohne Wettbewerbsverhältnis zu Lasten von Dritten beinhalten, wohl als unter § 1 GWB fallend angenommen werden. Dies ist jedoch, insbesondere wegen des eindeutigen Wortlauts der neuen Fassung sehr umstritten[688]. Die Rechtsprechung zu § 1 GWB a.F. hat es noch für ausreichend erachtet, dass eine solche Vereinbarung lediglich das horizontale Wettbewerbsverhältnis eines der Vertragspartner zu Dritten zum Gegenstand hat[689]. So wird auch in der Literatur verlangt, dass es sich bei den an der Vereinbarung Beteiligten um direkte Wettbewerber handeln muss, weil ansonsten das einschränkende Tatbestandsmerkmal praktisch gegenstandslos würde[690]. Aber auch dann, wenn kein unmittelbares Wettbewerbsverhältnis

---

684 www.opel.de, Webk@uf, vgl. FAZ Nr. 84 vom 9.4.2001, Deutschland und die Welt, Anzeige S. 9.

685 *v. Hayek*, Der Wettbewerb als Entdeckungsverfahren, S. 249 und passim; hier also ein praktisches Beispiel, das seine Theorie stützt, auch wenn er selbst i.Ü. zu Recht der Überzeugung ist, dass seine Theorie vom Wettbewerb als optimalem Entdeckungsverfahren empirisch nicht überprüfbar ist, *v. Hayek*, Die Theorie komplexer Phänomene, 1972.

686 BGH WuW/E BGH 1732, 1734 – „Fertigbeton II".

687 So auch *Seifert*, in: FS Lieberknecht, S. 583, 588.

688 Zustimmend *Bunte*, DB 1998, 1748, 1750; *ders.*, WuW 1997, 857, 864; a.A. *Baums*, ZIP 1998, 233, 235; zuletzt *Bornkamm*, in: FS Geiß 2001, 539, 556; *Baron*, Das neue Kartellgesetz, S. 20; zum alten Recht *Belke*, ZHR 143 (1979), 74, 81 und 93 f.; *Niederleithinger*, in: FS Benisch 1989, 277, 290.

689 BGH WuW/E BGH 3137, 3138 – „Solelieferung"; WuW/E BGH 2088 ff. – „Kornschrot".

690 *Huber*, in: FK, Kurzdarstellung zu § 1 n.F. Rn. 34, 48 f.

besteht, kann eine Absprache zwischen Unternehmen geeignet sein, Drittwettbewerb zu beschränken.

Gleichwohl sehen sich Rechtsprechung und Literatur veranlasst, nur noch direkten[691] Wettbewerb in den Anwendungsbereich einzubeziehen, indirekte Verhältnisse, etwa zu oder gegenüber Dritten, dagegen nicht ausreichen lassen zu wollen[692], um dem ausschließlichen Wirkungskreises des § 1 GWB auf horizontale Wettbewerbsverhältnisse zu entsprechen und dem Wortlaut des Kartellverbots gerecht zu werden. In der Tat spricht einiges dafür, dem Merkmal des „Miteinander-in-Wettbewerb-Stehens" eine solch einschränkende Folge anheim stellen zu wollen, um dem so ausgedrückten stringenten Anliegen des Gesetzgebers nicht zuwiderzuhandeln. Ein tatbestandlich potenzielles, horizontal geprägtes Wettbewerbsverhältnis wäre im Sinne des funktionalen Stufenmodells in den hier interessierenden Grenzfällen zu § 16 GWB danach gegeben, wenn bei Unternehmen verschiedener Wirtschaftsstufen für den vorgelagerten Hersteller ein Interesse bestünde, auf der nachgelagerten Marktstufe des Absatzmittlers tätig zu werden. Im Falle von Austauschverträgen kann ein horizontales Wettbewerbsverhältnissen betroffen sein, wenn darin aktueller und/oder potenzieller Wettbewerb zwischen den Beteiligten oder gegenüber Dritten ausgeschlossen wird, unabhängig von einer möglichen Rechtfertigung durch die Förderungsabsicht hinsichtlich eines erlaubten, kartellrechtsneutralen Hauptzwecks. Lag nach bisherigem Recht die Gleichsetzung des Kartelltatbestands mit horizontalen Wettbewerbsbeschränkungen nur nahe, so wurde mit dem neuen Kartellverbotstatbestand diese Linie weiter verfolgt und die im deutschen Recht bestehende Unterscheidung zu vertikalen Beschränkungen mehr denn je verdeutlicht.

2. Die Wettbewerbsformel im Marktkontext – keine Trennung von Beschränkung und Vertragsleistung

Die Konsequenz ausschließlicher Differenzierung ist die Verkomplizierung bei wesentlichen horizontal-vertikalen Überschneidungen. Insbesondere in Fällen verflochtener unternehmerischer Rechtsbeziehungen kann dieselbe Absprache zwischen manchen Beteiligten als vertikale und zwischen anderen Beteiligten als horizontale Wettbewerbsbeschränkung einzuordnen sein, etwa wenn die bereits mehrfach zitierte Bezugs- oder Vertriebsbindung zwischen Gemeinschaftsunternehmen und den beteiligten Unternehmen zugleich den Wettbewerb unter

[691] Etwa *Huber*, in: FK, Kurzdarstellung zu § 1 n.F. Rn. 34.
[692] So *Zimmer*, in: I/M, 3. Aufl., § 1 Rn. 174.

Letzteren beschränkt[693]. Noch offensichtlicher ist der Fall, bei dem der Hersteller nicht nur seinen Händler bindet, sondern zugleich selbst am Markt mit Händlern in Konkurrenz tritt bzw. nur eine entsprechende Wettbewerbsgefahr besteht[694]. Dann stehen sich beide zweifach gegenüber: zum einen im Vertikalverhältnis Hersteller/Händler, das regelmäßig seine Grundlage in einem Vertragsverhältnis über den Austausch von Leistungen findet; zum anderen im Horizontal- oder besser Diagonalverhältnis Konkurrent (Hersteller mit Direktvertrieb)/Händler. Es scheint kaum begründbar, warum Beschränkungen einerseits bei ggf. gleicher Wirkung für den Markt, nur wegen ihrer marktordnungsrechtlichen Klassifizierung in einem Fall zu einem Verbot führen, sofern sie unmittelbar das Wettbewerbsverhältnis der Parteien betreffen, andererseits, soweit das Austauschverhältnis betroffen ist, aber nur einer Missbrauchsaufsicht unterstellt sein sollen. Die Wegkreuzungen können in der Praxis so weit reichen, dass nach den Regelungsprogrammen der §§ 1, 14 ff. GWB (§§ 1, 15 ff. GWB a.F.) keine sinnvolle Abgrenzung mehr möglich erscheint[695].

Dies vernachlässigt *Schwarz*, wenn er annimmt, dass ein Unternehmen in ein und derselben Regelung über ein Wirtschaftsgut im Verhältnis zu seinem Vertragspartner nicht zugleich Wettbewerber und Austauschpartner sein könne[696] und sich deshalb horizontale und vertikale Absprachen nicht mischen ließen, sondern stets voneinander zu trennen seien. Freilich bestätigt auch *Schwarz*, dass horizontale Bindungen nicht notwendigerweise nur in Kartellverträgen, sondern auch in sonstigen wettbewerbsbeschränkenden Verträgen (entsprechend der Abschnittsüberschrift der §§ 15 ff. GWB a.F.) auftreten konnten; er spricht sich indes für eine Trennungstheorie aus, weil der Unterschied beider Arten wettbewerbsbeschränkender Verträge darin bestehe, dass sich in einem Kartellvertrag alle Unternehmen gerade als Wettbewerber in ihrem zweckfördernden Verhalten binden müssten[697]. Die Trennungstheorie basiert auf einem strikten Anerkenntnis des „gemeinsamen Zwecks“ in § 1 GWB a.F. als Merkmal, das es ermögliche, die wettbewerbsbeschränkende Abrede auf das Wettbewerbsverhältnis der Unternehmen zu reduzieren und zugleich von den übrigen Regelungen über das betreffende Wirtschaftsgut zu abstrahieren, die für sich genommen einen Vertikalvertrag darstellen könnten[698]. Dem kann nicht gefolgt

[693] Entsprechend *K. Schmidt*, Kartellverbot, S. 91; vgl. dazu *Dreher/v. Rintelen*, EWiR 2001, 1055 f.

[694] So geschehen im Fall Bedside-Testkarten, BGH WuW/E BGH 3121 ff.

[695] Bereits *Martinek*, Franchising, S. 532.

[696] *Schwarz*, Kartellverbot, S. 119 ff., 145. Anders dann allerdings S. 148: „Der Schutz des Parallelprozesses kann dem Schutz des Austauschprozesses zuwiderlaufen ... und die Unternehmen [können] im Hinblick auf das ausgetauschte Wirtschaftsgut zugleich Austauschpartner und Wettbewerber sein“.

[697] *Schwarz*, Kartellvertrag, S. 145.

[698] Vgl. *Schwarz*, Kartellvertrag, S. 145/146.

werden. Hier wird die Möglichkeit von Austauschverträgen zwischen Wettbewerbern mit rein funktionaler Unvereinbarkeit begründet, weil Wettbewerber als Konkurrenten eben nicht gleichzeitig Partner eines Austauschs von Wirtschaftgütern sein könnten. Dass dies de facto anders geschehen kann, bestärkt *Schwarz* gleichwohl in seiner These, wettbewerbsbeschränkende Verträge in austauschvertragliche und das Wettbewerbsverhältnis betreffende Bestandteile zu zergliedern, um nicht „vermeintlichen Austauschverträgen in Horizontalverhältnissen" begegnen zu müssen[699]. Zwingend ist dies jedoch keineswegs und verdeutlich einmal mehr die Schwierigkeiten, die sich aus der gesetzlich unterschiedlichen Behandlung horizontaler und vertikaler Wettbewerbsbeschränkungen ergeben. Eindeutig begrüßenswert ist dagegen die Zuhilfenahme von Wirtschaftsgütern, die die Trennungstheorie zu der ihr eigenen Unterscheidung nutzt. Im Gegensatz zur vorliegenden Arbeit dienen die wirtschaftlichen Zusammenhänge dort „nur" zu einer Vereinfachung der Subsumtion unter die vorhandenen Tatbestände des § 1 GWB a.F. oder der §§ 15 ff. GWB a.F. Das Kartellverbot wird im Ergebnis konsequent ausschließlich dann angewandt, wenn ein Wettbewerbsverbot nicht den Leistungsaustausch absichert, weil es nicht das ausgetauschte Wirtschaftsgut absichert[700]. Das ist aus der Sicht von *Schwarz* schlüssig. Dogmatisch zutreffend ist darüber hinaus die ausschließliche Geltendmachung wettbewerblicher Wertungen[701]. Allerdings kann dies nicht davon ablenken, dass mit der hypothetischen Trennung wettbewerblicher und austauschvertraglicher Strukturen eines einheitlichen Vertrages Ergebnisse heraufbeschworen werden, wonach der wettbewerbliche Teil des Vertrages, soweit nicht mit dem Leistungsaustausch in unmittelbarem Zusammenhang stehend, nach § 1 GWB a.F. verboten, der übrige Teil hingegen wegen der gesetzmäßigen Folgen der §§ 15 ff. GWB a.F. zunächst zulässig sein konnte. Soweit die Parteien eine solche Situation bedacht hatten, sollte der reale Parteiwille über den Bestand des restlichen Vertragswerkes entscheiden, ansonsten § 139 BGB[702]. Rechtsfolge des neuen Kartellverbots ist nicht mehr nur die Unwirksamkeit des koordinierten Verhaltens, sondern die Nichtigkeit mit der zivilrechtlichen Wirkung des § 134 BGB. Es richtet sich also die tatsächliche Rechtsfolge nach Sinn und Zweck des Gesetzes, in welchem sie ausgesprochen wurde[703]. Hier spricht das GWB mit seinem Verbot klare Worte. Es würde für § 139 BGB mithin darauf ankommen, ob sich die Nichtigkeit nur auf einen abtrennbaren Teil des Rechtsgeschäfts beziehen könnte. Einen entsprechenden Ansatz kann man indes dem § 1 GWB nicht entnehmen. Vielmehr sucht das Gesetz diese spezifischen Probleme wettbewerbsbeschränkungsbelasteter Aus-

---

[699] *Schwarz*, Kartellvertrag, S. 147.
[700] *Schwarz*, Kartellvertrag, S. 147.
[701] *Schwarz*, Kartellvertrag, S. 148 (Fn. 111 am Ende) sowie S. 149.
[702] Vgl. *Schwarz*, Kartellvertrag, S. 146, 154.
[703] *Heinrichs*, in: Palandt, § 134 Rn 7.

tauschverhältnisse in § 16 GWB zu behandeln. Die Trennungstheorie durchbricht daher ihrerseits das vorherrschende Abgrenzungssystem, indem sie die Behandlung eines Gesamtvertrages theoretisch teilt. Ist jedoch eine Wettbewerbsbeschränkung schon wegen § 1 GWB verboten, ist der übrige kartellrechtsneutrale Vertrag weder nach § 1 GWB noch § 16 GWB weiter relevant. Auf eine Fortbestandsmöglichkeit im Einzelfall kann es daher auch im neuen Recht nicht ankommen.

Ausfluss all jener konstruktiven Bemühungen ist in erster Linie die ordnungstheoretische und formalgesetzliche Trennung horizontaler und vertikaler Wettbewerbsbeschränkungen. Ohne sie kann aber eine einfachere Handhabung trotz notwendiger marktordnungsrechtlicher Aspekte, die ein Kartellrecht nicht verleugnen darf, durchaus in Betracht kommen. Zugleich kann damit auf die künstliche Trennung austauschvertraglicher Regelungen in zivil- und wettbewerbsrechtliche Einzelwerke verzichtet werden.

3. Annäherung des EG-Kartellrechts

Basierend auf dem Grünbuch von 1997[704] anerkennt das EG-Kartellrecht mittlerweile den Unterschied zwischen Verhaltenskoordination durch Kartellvereinbarungen und Wettbewerbsabsprachen in Vertikalverträgen. Die Tatbestände sind aus dem Kartellverbot gelöst und mit der Gruppenfreistellungsverordnung Ende 1999 einer differenzierteren Regelung zugeführt worden, die nur noch marktstarken Unternehmen solcherlei Absprachen untersagt[705]. Damit ist offenbar nicht nur das deutsche dem europäischen Recht näher gerückt, sondern scheint auch eine vorsichtige reziproke Assimilierung zu beobachten zu sein. Wenn auch der Tatbestand des Art. 81 EG, ebenso wie Art. 85 EGV, das Tatbestandmerkmal der miteinander in Wettbewerb stehenden Unternehmen nicht kennt, wird die prinzipiell einheitliche Struktur sozusagen aufgebrochen oder zumindest gelockert, wenn neben der ordnungspolitischen Nähe zum deutschen Kartellverbot ein zukünftiger Schwerpunkt nicht nur tatsächlich, sondern auch betont auf horizontale Wettbewerbsbeschränkungen gelegt wird[706]. Mit der langsamen Annäherung an das durch den EG-Vertrag vorgegebene Binnenmarktprinzip vermag die Kommission die integrativen Zwecke und eine damit konforme weite Auslegung des Art. 81 EG leicht zu revidieren. Die Kommission hat im Grünbuch die Vorzüge und Besonderheiten

---

[704] Grünbuch der Kommission zur EG-Wettbewerbspolitik gegenüber vertikalen Wettbewerbsbeschränkungen.

[705] Zu den Auswirkungen auf das deutsche Recht, vgl. *Rittner*, WuW 2000, 696, 697; kritisch *Schwintowski*, in: FS Sandrock, S. 901 ff.

[706] schon *Gleiss/Hirsch*, EG-Kartellrecht, Bd. I, Art 85 Rn. 138.

des gemeinschaftlichen Wettbewerbsschutzes im Bereich vertikaler Beschränkungen im Vergleich zu anderen Rechtssystemen dargestellt. Die ökonomische Analyse von Vertikalvereinbarungen nähert sich einer auf Marktstrukturen abstellenden Bewertung: Eine Konzentration auf Markteffekte werde befürwortet, weil einzelne Formen vertikaler Beschränkungen nicht per se als negative oder positive Faktoren für Wettbewerb und Integration angesehen werden könnten[707]. Insbesondere verzichtet die neue de-minimis-Bekanntmachung[708] zukünftig auf das Umsatzkriterium und richtet den Blick stattdessen auf Marktanteile in einem Konzept der widerrufbaren Annahme der Nichtanwendbarkeit des Art. 81 EG[709], wobei zwischen horizontalen (5% Anteil) und vertikalen Vereinbarungen (10% Anteil) differenziert wird[710]. Gleichwohl reformiert sich das europäische System damit nicht zu einem dualistischen mit Verbotsnorm einerseits und vergleichbaren Regelungen wie den §§ 14-18 GWB andererseits. Das Verbot des Art. 81 EG wird lediglich auf marktbeherrschende Unternehmen reduziert bzw. eröffnet Freistellungsmöglichkeiten nach Art. 81 Abs. 3 EG. Alle vertikalen Beschränkungen in Austauschverträgen mit Ausnahme von Preisbindung, Behinderung des Parallelimports oder Passivverkäufen fallen also weiterhin unter das grundsätzliche Verbot des Art. 81 Abs. 1 EG, es sei denn, der Marktanteil der beteiligten Unternehmen liegt unterhalb des anvisierten Schwellenwerts.

Die im deutschen Recht gesetzestechnisch umgesetzte Abgrenzungsfrage stellt sich damit nicht wirklich. Auch wenn konsequentermaßen liberaleres Gedankengut verstärkt Einzug in das europäische Kartellrecht hält, bleibt der grundlegende Unterschied, wonach Vertikalvereinbarungen hier zu Lande dem Anwendungsbereich des § 1 GWB grundsätzlich entzogen sein sollen. Indes sieht die Kommission für vertikale Beschränkungen nun erstmals auch eine Prüfung der materiellen Voraussetzungen des Art. 81 Abs. 1 EG vor[711]. Zwar entschlossen sich EuGH und Kommission ausgehend von der Grundig/Consten-Entscheidung[712] bereits Ende der sechziger Jahre, der Ambivalenz vertikaler Beschränkungen durch eine faktische Berücksichtigung schon im Tatbestand des Art. 85 Abs. 1 EGV Rechnung zu tragen. Mögliche Vorteile wurden allerdings erst im Rahmen des Absatz 3 berücksichtigt[713]. Auch wenn diese Vorteile heute

---

707 Grünbuch, Rz. 85.

708 Bekanntmachung über Vereinbarungen von geringer Bedeutung, ABl. EG 1986 C 231, S. 2.

709 Sog. Negativtestannahme (zum Verfahren auf Erteilung eines Negativattests durch die Kommission vgl. *Ritter*, in: I/M-EG, Bd. II, Art. 2 Rnrn. 2 ff.).

710 Entwurf, Rz. 9, so schon *Ackermann* EuZW 1997, 271, 273 Rn. 31 f.

711 Vgl. dazu *Ackermann*, EuZW 1997, 271, 273 f.

712 EuGH, Slg. 1966, 321 ff. – „Grundig/Consten".

713 Vgl. die diesbezüglichen Darstellung im Zusammenhang mit Fragen des selektiven Vertriebs bei *Bach*, WuW 1995, 5, 6.

bereits innerhalb des Art. 81 Abs. 1 EG die Nichtannahme der Verbotsfolge nahe legen sollten, kann eine Marktanalyse mit dem Ergebnis wettbewerbsschädlicher Wirkungen gleichwohl ein Verbot bedingen. Eine Vorgehensweise, die scheinbar der Qualität einer Missbrauchsaufsicht im Tatbestand des Art. 81 EG nahe kommt[714]. Man kann damit konstatieren, dass zumindest im Rahmen der Auslegung des Art. 81 EG fortan teilweise mit vergleichbaren Elementen des Kartellverbots nach § 1 GWB bzw. der Missbrauchsaufsichts-Regeln des § 16 GWB zu rechnen ist, ohne dass im Ergebnis die grundsätzlich unterschiedliche Behandlung horizontaler und vertikaler Wettbewerbsbeschränkung nach deutschem Recht wirklich nachvollzogen würde.

4. Ablösung des Differenzierungsmusters

a) Verzicht auf die Merkmale „horizontal“ und „vertikal“

Auf die Unterscheidungsmerkmale „horizontal“ und „vertikal“ sollte zukünftig von vornherein gänzlich verzichtet werden. Ob damit ein Rückgriff auf den Kartellbegriff selbst nötig wird, kann wohl offen bleiben. Wenn auch *Sandrock* meint, Kartelle umfassten nur horizontale Wettbewerbsbeschränkungen[715], und als Gegenargument § 103 Abs. 1 Nr. 4 GWB a.F. nicht mehr herangezogen werden kann[716], weil die Regelung im Zuge der 6. Novelle ersatzlos gestrichen wurde, verdeutlicht bereits die Präsenz nur schwer lösbarer Konfliktsituationen, die ein Abstellen auf unterschiedliche Wirtschaftsstufen zur Folge hat, die Mängel des bisherigen Systems. Es ist zutreffend, dass die horizontal-vertikale Entscheidungsanalyse der Lösung kartellrechtlicher Fälle nicht zuträglich ist und entsprechend nicht von entscheidender Bedeutung sein kann[717]. Kartellverträge und Vertikalvereinbarungen können jeweils sowohl horizontale als auch vertikale Bindungen zum Gegenstand haben[718]. Solange also die Eingriffskriterien nicht anderweitig ansetzen, wird um die Bewertung von Wettbewerbsbeschränkungen, die sowohl horizontale als auch vertikale Bindungen aufweisen, auch in Zukunft stets Streit herrschen, weil sie weder eindeutig dem Kartellverbot noch den Regelungen über Vertikalvereinbarungen zugeordnet werden können.

---

[714] A.A. *Nolte*, BB 1998, 2429, 2429: Das strenge Kartellverbot des Art. 85 EGV lasse keine Missbrauchsaufsicht nach deutschem Recht zu.

[715] *Sandrock*, Grundbegriffe des GWB, S. 248.

[716] So noch: *Fikentscher*, Wirtschaftsrecht Bd. 2, S. 252, dies aus damaliger Sicht zu Recht aufgreifend: *Martinek*, Franchising, S. 531; vgl. zur Streichung dieser Tatbestände im neuen Recht *Gent*, WRP 2000, 706, 707; zur Ausnahmefunktion: *Immenga*, WuW 1985, 453, 455 ff.

[717] Zu Recht *Fikentscher*, Wirtschaftsrecht Bd. 2, S. 252.

[718] *Rittner*, DB 1957, 1097, 1098; *Mestmäcker*, in: I/M, 2. Aufl., Einl. vor § 1 GWB, Rn. 10.

b) Mangelnde Wettbewerbsorientierung

De lege lata kann zwar bereits kritisiert werden, dass das Gesetz zu Unrecht auf rein marktstufenbezogene unterschiedliche Erscheinungsformen von Wettbewerbsbeschränkungen oder Verträgen, aus denen die Beschränkungen hervorgehen, abstellt. Die Kriterien, die das GWB in seiner momentanen Fassung vorhält, erlauben es aber nicht, ohne legislative Änderung auf andere Eingriffskriterien auszuweichen. Die vorangehend angerissene und nachfolgend zu präzisierende Betrachtung der jüngeren Rechtsprechung[719] zu besagtem Themenkomplex wird zeigen, dass der Kartellsenat mit seiner zunehmend wettbewerblichen Betrachtungsweise und Interessenanalyse Offenheit für einen theoretischen Neuansatz signalisiert hat. Einzelne Marktumstände haben in diesen Grenzfällen bereits mehr Beachtung gefunden als zuvor. Trotz alledem konnten dabei gerade die gesetzmäßigen Schranken nicht überwunden werden, sondern es wurde die Auslegung bis an die Grenze der Zulässigkeit bemüht. Die tiefe Verwurzelung mit der herkömmlichen Unterscheidungsformel hat zu dieser letztlich nicht mehr haltbaren Situation geführt.

c) Gesetzliche Schutzorientierung

Für die Zukunft ist eine organisationsrechtlich bedeutsame, gesetzliche Trennung – mit Ausnahme der horizontal-/vertikalen Einteilung und den Bezug nehmenden Abschnittsüberschriften – in §§ 1, 14 ff. GWB keineswegs obsolet. Im Gegenteil: es muss unter dem Gesichtpunkt wirtschaftlicher Effizienz bei Abwägung von verbraucherschutz- und herstellerorientierten Einzelinteressen, bei gleichzeitig möglichst umfassender Berücksichtigung des wettbewerblichen Freiheitspostulats untersucht werden, welche Auswirkungen eine Wettbewerbsbeschränkung mit sich bringt, um zu rechtfertigen, ob sie per se verboten oder lediglich untersagbar sein soll. Soweit dies wegen der Komplexität wirtschaftlicher Vorgänge und außergesetzlicher Rahmenbedingungen nicht möglich scheint, bedarf es einer strukturellen Umgewichtung der Relevanz wettbewerblichen Verhaltens. De lege ferenda müssen also die Vorteile, die manch wettbewerbsbeschränkender Bindung anheim gestellt werden können, mehr noch als früher in den Vordergrund treten. Den Grundstein hierfür hat die Rechtsprechung selbst gelegt. Nunmehr ist es am Gesetzgeber, die Fesseln der vorherrschenden Kategorisierung nach und nach zu lösen. Dies selbst dann, wenn damit in Richtung einer *rule of reason* im deutschen Recht tendiert

---

[719] Siehe unten 2. Teil, C. II.

würde[720]. Ein Abstellen auf die Wirkungen der Beschränkung, ihrer Folgen, unabhängig von der Kartellform, könnte durch eine besondere Beachtung ökonomisch wünschenswerter Ergebnisse, eingebettet in ein neues Marktordnungsrecht eine erfolgreiche Abkehr begründen.

d) Ausblick auf eine produktfaktorenabhängige Bewertung

Einen juristisch greifbaren Ansatzpunkt könnte die Analyse von Beschränkungen des interbrand- bzw. intrabrand-Wettbewerbs bieten[721], soweit die danach relevanten Kriterien sich aus wirtschaftspolitischer Sicht als wirksame und zuverlässige „Wettbewerbshüter" gleichsam unter dem Postulat freien Wettbewerbs erwiesen und eine Übertragung in den Prüfungskatalog rechtssystematisch nicht ausgeschlossen wäre. Der Ansatz inter- und intrabrandbezogener Betrachtung von Wettbewerbsbeschränkungen, der im kommenden zweiten Teil einer eingehenden Prüfung unterzogen werden soll, nimmt im Wesentlichen Bezug auf das wettbewerbstheoretische Anliegen der *Chicago School* und das dort vertretene *consumer-welfare*-Modell[722], in dessen Zentrum die globale Effizienz allen wirtschaftlichen Handelns steht. Tendenziell wettbewerbsbeschränkende Maßnahmen werden danach nicht als schädlich angesehen, solange sie zu einer Steigerung des *outputs*, also der Produzentenrente führen oder – möglichst zugleich – der Konsumentenrente dienlich sind. Im Hinblick auf den Konsumenten sollen sie zu bestmöglicher allokativer Effizienz führen, also mit nur geringfügigem finanziellen Einsatz eine ordentliche Bedürfnisbefriedigung erzielen[723]. In seinen wesentlichen Zügen könnte damit im übertragenen Sinne für ein kartellrechtliches System gelten: Produktinterne (intrabrand oder markeninterne) Beschränkungen, wie z.B. durch Ausschließlichkeitsbindungen, können helfen, ein Produkt mit dem bestmöglichen und für den Kunden wünschenswerten Service zu vermarkten – bei gleichzeitigem Ausschluss des sog. *free rider*-Problems. Auch wenn Kunden freilich v.a. daran gelegen sein wird, selbst entscheiden zu können, ob sie zu Gunsten des besseren Preises auf entsprechenden Service verzichten wollen, könnten produktinterne Beschränkungen gleichwohl grundsätzlich erlaubt sein, insbesondere, wenn sie sich durch eine Förderung produktexternen Wettbewerbs (interbrand oder markenextern) auszeichneten. Dies liegt nicht außerhalb

---

720 So spricht sich etwa *Schmitz*, WuW 2002, 6, 15 f., für eine deutsche Rule of Reason aus und möchte durch Ergänzung eines neuen Merkmals der „Verhältnismäßigkeit" Vor- und Nachteile von Wettbewerbsbeschränkungen im Tatbestand des § 1 GWB abwägen.

721 So für das US-Antitrustrecht bereits *Liebeler*, UCLA L. Rev. 1 ff. (1982); *ders.*, UCLA L. Rev. 889 ff. (1989).

722 *Liebeler*, UCLA L. Rev., 1, 13 ff. (1982).

723 Vgl. *Liebeler*, UCLA L. Rev. 1, 15/16 (1982).

wirtschaftlicher Realität, weil Konkurrenten sich wettbewerblich gefordert sehen können[724], einen entsprechenden Service für ihr Produkt anzubieten, um es für den Kunden interessant zu machen, oder ein vermeintlich schlechteres, aber vergleichbares Produkt über den Preiswettbewerb günstiger zu platzieren.

Produktexterne Beschränkungen dürften dagegen als regelmäßig effizienzmindernd per se zu verbieten sein, da sie zwar die Produzentenrente zu verbessern in der Lage sein können, gleichzeitig aber die Auswahl des Konsumenten auf der Marktgegenseite minimieren, den Markt also einseitig zu Ungunsten des Konsumenten beschränken. Dass nach diesem Modell Überschneidungen mit der bekannten Horizontal-/Vertikalunterscheidung auftreten können[725], ist nicht von der Hand zu weisen. Allerdings setzt der Vorschlag dort an, wo es Not tut. Nicht an der gesetzlich systembedingten Differenzierung selbst, sondern am güterbezogenen Grund oder Bedarf der Beschränkung und ihrer Wirkung auf den jeweiligen Markt. Dadurch könnte die Behandlung anerkannter Problemfälle des bestehenden Systems einer konsequenten Lösung zugeführt werden. Auf die die aktuelle gesetzliche Basis überdehnende Begründungsnot der Rechtsprechung könnte in substanziellen Grenzfällen so verzichtet und gleichzeitig den notwendigen künstlichen, dogmatisch kaum mehr vertretbaren Konstruktionen eine passende gesetzliche Grundlage geschaffen werden.

e) Ordnungsrechtliche Sanktionsmechanismen

Kartellrecht ist als „Recht der Wettbewerbsbeschränkungen" ein Recht der wettbewerbschützenden Verbote und Verbotssanktionen[726]. An diesem Grundprinzip wird auch in einem von produktinternen wie -externen Kriterien abhängigen Katalog und verstandenen Rahmen festgehalten werden müssen. Hierzu sei ein kurzer Blick auf die Erfahrungen des ältesten Antimonopolrechts der Welt[727], jenem der USA, gerichtet.

---

[724] Bei Händlern oftmals freilich nur aufgrund der Direktiven des Herstellers.

[725] *Liebeler*, UCLA L. Rev. 1, 6 (1982), sieht sich gar veranlasst, interbrand mit horizontal und intrabrand mit vertikal gleichzusetzen, was er jedoch nur tut, um die Notwendigkeit einer vergleichbaren (Verbots-)Behandlung für interbrand-Kartelle vorzuschlagen, so, wie sie für horizontale Wettbewerbsbeschränkungen besteht.

[726] *K. Schmidt*, in: FS Sandrock, 833, 836.

[727] Das erste staatliche Antitrust Law der USA datiert aus den sechziger und siebziger Jahren des 19. Jhd. und mündete schließlich in den Sherman Act von 1890 (15 U.S.C. Sec. 1). Vgl. zur historischen Entwicklung des US-Antitrust Law: *Thorelli*, The Federal Antitrust Policy, 1954.

aa) Per se Verbot und rule of reason im US-amerikanischen Recht

Das Verbotsprinzip, auf dem auch § 1 GWB beruht, ist aus dem amerikanischen Recht bekannt, wenn auch nicht unmittelbar assimilationsfähig. Insbesondere die Generalnorm nach Sherman Act, Sec. 1 lässt dies erkennen. Sie erfasst alle Wettbewerbsbeschränkungen, egal ob sie horizontalen oder vertikalen Ursprungs sind. Simplifiziert werden alle Maßnahmen und Handlungen für rechtswidrig erklärt, deren Folge eine Beschränkung des Handels oder Wettbewerbs ist[728]. Da sozusagen ein jeder Vertrag als Beschränkung des Wettbewerbs angesehen werden kann, weil er Marktteilnehmer außerhalb des Vertrags stets in irgendeiner Weise beschränkt, hat der US-Supreme Court schon früh klargestellt, dass der Gesetzestext nicht wörtlich verstanden werden könne, sondern nur solche Vereinbarungen verboten seien, die den Wettbewerb unbillig beschränken[729]. Dadurch sollte der amerikanische Rechtsanwender angehalten werden, wettbewerbliche Vorteile und Kosten einzelner Vereinbarungen abzuwägen und ihre Rechtswidrigkeit dann festzustellen, wenn sie unbillig waren[730]. Um zu ermitteln, welche Wettbewerbsbeschränkungen danach Sherman Act, Sec. 1 unterfallen sollen, wurden zwei wesentliche Beurteilungsmaßstäbe entwickelt: Zum einen die *rule of per se illegality* (sog. *per se rule*)[731], wonach ein wettbewerbsbeschränkendes Verhalten unmittelbar als rechtswidrig angesehen wird. Die Regelung wurde vom Supreme Court ursprünglich in der *Northern Pacific Railway Corp. vs. United States*[732] Entscheidung manifestiert. Danach kommt die *per se rule* immer dann zur Anwendung, wenn eine Maßnahme wegen ihrer schädlichen Wirkung auf den Wettbewerb und wegen des Fehlens jeglicher ausgleichender Vorteile als unwiderlegbar unangemessen beurteilt werden kann[733]. Sobald eine Vereinbarung als *per se* verboten eingestuft wird, erfolgt also grundsätzlich keine weitere Analyse im Hinblick auf eine

---

[728] Auszug aus dem Gesetzteswortlaut: ...*Every contract, combination in the form of trust or otherwise, or conspiracy, in restraint of trade or commerce among several States, or with foreign nations, is declared to be illegal.* [15 U.S.C. Sec. 1].

[729] *Standard Oil Corp. vs. United States* 221 U.S. 1, 58 (1911): "*Rather, Section 1 has been interpreted by the Court as forbidding those agreements which restrain trade «unreasonably»*" – that is "*which [are] unreasonable restrictive of competitive conditions*".

[730] *Pittman*, DAJV-NL 2002, 18, 18.

[731] Näher dazu: *Hawk*, United States Common Market and International Antitrust, 2nd Edition, Vol. II, S. 86; ausführlich: *Ackermann*, Art. 85 Abs. 1 EGV, S. 11 ff.

[732] 356 U.S. 1 (1958).

[733] 356 U.S. 1, 5 (1958). Der Supreme Court führte dort im Original aus: "*There are certain agreements or practices which because of their pernicious effect on competition and lack of any redeeming virtue are conclusively presumed to be unreasonable and therefore illegal without elaborate inquiry as to the precise harm they have caused or the business excuse for their use.*"

etwaige Freistellungsmöglichkeit[734]. Der Feststellung geht immer ein einstufiges System voraus, das Wettbewerbsbeschränkungen von vornherein dem *per se*-Verbot zuordnet oder wegen ambivalenter Wirkungen eine *rule of reason*-Behandlung zulässt. Dabei handelt es sich um eine *reasonableness*-Prüfung nach Sherman Act, Sec. 1, die wegen der Dynamik von Märkten variabel ist und so fließende Übergänge zwischen *per se*-Verbot und *rule of reason* zulässt[735]. Nach der *rule of reason*, die letztlich auf die engere[736] *ancillary restraint*-Lehre aus der Entscheidung *U.S. vs. Addyston Pipe & Steel Co.*[737] zurückgeht, sind Beschränkungen, die im Übrigen einem legitimen Hauptzweck dienen und deshalb als erforderlich angesehen werden können[738], nicht unmittelbar verboten. Im Rahmen der *rule of reason* müssen Gerichte hier die tatsächlichen und wahrscheinlichen Wirkungen, die angeblichen Nachteile und die zu deren Beseitigung gewählten Mittel der Beschränkung sowie den diesen zu Grunde liegenden wettbewerblichen Zweck prüfen[739]. Die Gerichte wenden die *rule of reason* vielfach bei Konditionenbindungen, Exklusivbelieferung, Exklusivvertrieb oder Gebietsaufteilungen[740] an, die früher, wie insbesondere auch die Preisbindungen des Handels (*resale price maintenance*) auch als per se verboten angesehen wurden[741]. *Per se rule* und *rule of reason* dürfen nicht mit horizontalen und vertikalen Wettbewerbsbeschränkungen gleichgesetzt werden[742]. Sie müssen im Prinzip nicht einmal scharf voneinander getrennt werden, weil per se-Verboten bestimmter Vereinbarungen verallgemeinerte *rule*

---

[734] Eine Ausnahme stellen etwa Joint Ventures dar, bei denen die Vereinbarung des Wettbewerbsausschlusses ähnlich §§ 3, 5 GWB trotz per se-Illegalität als ancillarisch freigestellt sind, vgl. *Pittman*, DAJV-NL 2002, 18, 19.

[735] Ebenso *Ackermann*, Art. 85 Abs. 1 EGV, S. 24.

[736] Die *ancillary restraint doctrine* betrachtet nur bestimmte kartellrechtlich billigenswerte Zwecke zum Schutze der Vertragsparteien, vgl. *U.S. vs. Addyston Pipe & Steel Co.* 85 F. 271, 282 (6th Cir. 1898).

[737] 175 U.S. 211 (1899); Die *rule of reason* selbst wurde allerdings erst in der *Standard-Oil*-Entscheidung (221 U.S. 1 (1911)) aus grundsätzlichen Erwägungen über die Schädlichkeit von Monopolen für das Allgemeinwohl entwickelt, vgl. *Sangmeister*, rule of reason, S. 10 ff., 15; *Ackermann*, Art. 85 Abs. 1 EGV, S. 12.

[738] Vgl. *Sangmeister*, rule of reason, S. 10 ff.

[739] Vgl. *Chicago Board of Trade vs. U.S.*, 246 U.S. 231, 238 (1918). Das besondere an dieser Entscheidung war, dass neben einer wettbewerblichen Zweckprüfung auch wirtschafts-, sozial- und allgemeinpolitische Wertungen in die *rule of reason*-Analyse einbezogen wurden, was nur noch einmal in *Appachian Coals Inc. vs. U.S.* 288 U.S. 344 (1933) geschah.

[740] Vgl. *Pittman*, DAJV-NL 2002, 18, 19; *Ackermann*, Art. 85 Abs. 1 EGV, S. 25 ff.

[741] Zur Entscheidungspraxis siehe unten, 2. Teil, C. I.

[742] Nicht glücklich scheint in diesem Zusammenhang die Darstellung von *Pittman* unter Bezugnahme auf die *Standard-Oil*-Entscheidung, wo er horizontale Kartelle überwiegend mit dem per se-Verbot und vertikale Vereinbarungen überwiegend als nach der *rule of reason* freigestellt beschreibt und so eine Gleichsetzung suggeriert; *Pittman*, DAJV-NL 2002, 18, 18 u. 19; vgl. auch *Schmidt/Binder*, Wettbewerbspolitik im internationalen Vergleich, S. 134 f.

of reason-Bewertungen zu Grunde liegen[743]. Selbst horizontale Preisabsprachen sind nicht grundsätzlich per se verboten, sondern wurden in Einzelfällen schon nach dem *rule of reason*-Standard beurteilt, wobei allerdings bei horizontalen Beschränkungen ein geringerer Nachweis von wettbewerblicher Schädlichkeit (*competitive harms*) genügt, um letztlich zu einem Verbot zu gelangen[744]. Begrüßenswert ist die Abwägung wettbewerblicher Interessen bei Anwendung der *rule of reason*. So können in Fällen geringer Wettbewerbsschädlichkeit Effizienzvorteile hinreichend sein, um zu einer Freistellung der Beschränkung von Sherman Act, Sec. 1 zu gelangen. Andererseits wurden produktbezogene (horizontale) Vereinbarungen bspw. nur in dem Maße als gerechtfertigt angesehen, wie sie vernünftigerweise nach objektiven Kriterien erforderlich sind (*reasonably necessary*), um etwa durch Bündelung von Ressourcen ein neues Produkt zu schaffen und anzubieten (*redeeming virtues*)[745], und so in interbrand-Wettbewerb zu bereits am Markt platzierten Konkurrenten treten zu können. Im Bereich von Absatzvereinbarungen werden überwiegend *free rider-* und Qualitätssicherungsargumente anerkannt. Diese wettbewerblichen Wertungen geben neben jenen des BGH im Zusammenhang mit der Prüfung anzuerkennender Interessen wertvolle Hinweise. Auf sie wird zurückzukommen sein.

Wegen der einheitlichen Behandlung sämtlicher Wettbewerbsbeschränkungen unter Sec. 1 ist im US-Antitrustrecht im Allgemeinen nicht immer vorhersehbar, welche Beschränkungen *per se* verboten oder aber unter Anwendung der *rule of reason* vom Verbot freistellbar sein können. Wegen dieses möglichen Mangels an Rechtssicherheit scheint die Beibehaltung einer Trennung nach Verbotsnorm und Missbrauchsaufsicht, wie sie das deutsche GWB vorsieht, zunächst sinnvoll. Bei Verzicht auf die Unterscheidung horizontaler und vertikaler Wettbewerbsbeschränkungen wird es also nur darauf ankommen, insoweit neue Eingriffsmerkmale zu begründen.

bb) Vertical restraints of trade

Das Antitrustrecht hält eine weitere wichtige Erkenntnis für die angemessene ordnungsrechtliche Behandlung von Problemfällen bereit. Die US-Guidelines zur behördeninternen Behandlung vertikaler Wettbewerbsbeschränkungen[746]

---

[743] So zu Recht *Ackermann*, Art. 85 Abs. 1 EGV, S. 51

[744] Vgl. etwa *National Society of Professional Engineers vs. U.S.*, 435 U.S. 679, 693 (1978); *Ackermann*, Art. 85 Abs. 1 EGV, S. 36 ff.

[745] *Broadcast Music, Inc. vs. Columbia Broadcasting System, Inc.*, 441 U.S. 1, 20 f. (1979).

[746] Vertical Restraints Guidelines, 48 Antitrust & Trade Regulation Report Nr. 1139 v. 24.1.1985, Special Supplement; vgl. auch *Burns*, 62 Fordh. L. Rev. 597, 694 (1993); kritisch *Kartte/Kulka*, in: FS Stiefel, S. 381 ff.; *Schwintowski*, Alleinvertriebsverträge, S. 31 ff.

haben es bereits 1985 auf den Punkt gebracht. Sie beruhen unter anderem auf dem Grundgedanken, dass Beschränkungen in Austauschverträgen zwischen Herstellern und Händlern in aller Regel (nur) den intrabrand-Wettbewerb zwischen Händler und bindendem Hersteller beschränken, jedoch den interbrand-Wettbewerb der Hersteller untereinander fördern. Die Annahme geht ihrem wirtschaftlichen Ansatz nach davon aus, dass Hersteller ihre Händler vom Druck des Wettbewerbs um das eigene Produkt befreien und diese dadurch in die Lage versetzen, freigewordenes Potenzial fortan im Wettbewerb mit Händlern anderer Hersteller einzusetzen. Dies kann insbesondere von Bedeutung sein, wenn neue und innovative Produkte auf den Markt gebracht werden sollen. Dazu im Vorfeld geleistete Pionierarbeit ist bereits Indikator funktionierenden Wettbewerbs im Bereich von Produktentwicklung. Die beschränkte Vertriebsgestaltung ist hier vielmals marktkonsequente Folge. Erst durch sie kann etwaig der Marktzutritt eröffnet oder gleichzeitig sichergestellt werden, dass Händler zum Schutz der Produktqualität bzw. der Reputation einer Marke beitragen. Darüber hinaus ist eine Senkung der Distributionskosten erzielbar. Ob diese Gedanken zu einem gesetzlichen Postulat geformt werden können, wird sich herausstellen müssen[747].

f) Gesamtwirtschaftlich marktbezogene Wirkungsanalyse

Das wohlfahrtsökonomische Gedankengut wird sich indes nicht einfach in das deutsche Recht gegen Wettbewerbsbeschränkungen übertragen lassen. Zunächst steht dem das wettbewerbspolitische Grundkonzept entgegen[748]. Das GWB dient in erster Linie dem Schutz der wettbewerblichen Handlungsfreiheit. Dass daneben auch eine Tendenz zur Leistungssteigerung und bestmöglichen Versorgung von Verbrauchern erwünscht ist, darf nicht bei der tatbestandlichen Prüfung des Kartellverbots herangezogen werden, weil entsprechende Ansätze nicht dort, sondern im Wesentlichen in den §§ 14 ff. GWB verbrieft sind. Die Anwendung der Vorschriften ist davon unabhängig, ob im konkreten Fall ein gesamtwirtschaftlicher Wohlfahrtsverlust bewirkt wird, es sei denn, ein Tatbestand enthält entsprechende Anhaltspunkte, wie etwa § 38a Abs. 3 S. 2 Nr. 1 GWB a.F. dies tat[749]. Im Übrigen hat der Gesetzgeber jedoch offensichtlich unterstellt, dass den Beschränkungen der Handlungsfreiheit die Tendenz innewohnt, gesamtwirtschaftlich negative Wirkungen hervorzubringen, und deshalb die Beschränkung wettbewerblicher Handlungsfreiheit zum Anknüpfungspunkt gemacht. Argumente für das positive Resultat vertikaler Wettbewerbsbeschränkungen lassen sich dennoch, soweit ökonomisch rational, von Seiten eines

---

[747] Dazu unten, 2. Teil, B. VII.
[748] Vgl. oben, 1. Teil, C., zu den wettbewerbspolitischen Grundlagen des GWB.
[749] So zutreffend *Kartte/Kulka*, FS Stiefel, S. 381, 384.

Herstellers gut vertreten und im Rahmen einer gesetzlichen Interessenabwägung stets geltend machen.

Dies muss freilich an der richtigen Stelle geschehen. Allzu leicht ist eine Bewertung von Unternehmensinteressen anhand der Zielsetzung des GWB, also der Freiheit des Wettbewerbs, mit einer Würdigung des Bindungssystems unter wohlfahrtsökonomischen Gesichtspunkten im Sinne vollständiger Konkurrenz zu verwechseln. Letzteres ist nach dem Willen des Gesetzgebers gerade nicht gestattet[750]. Dies beachtend konstatieren *Kartte/Kulka* völlig zu Recht, dass eine nach § 18 GWB a.F. (§ 16 GWB) als vertikal zu bezeichnende Beschränkung im Sinne der Zielsetzung durchaus unbillig sein kann, selbst wenn sie modelltheoretisch Wohlfahrtsgewinne brächte[751]. Gerade dieses Ergebnis bedarf jedoch im Lichte der angesprochenen Rechtsprechung einer Überprüfung. Die Vorteile, die von Absatzbindungen für den Wettbewerb ausgehen können, und die das amerikanische Recht überwiegend berücksichtigt, haben etwa auch in den Fällen Druckgussteile, Bedside-Testkarten oder Subunternehmervertrag zu einer Nichtanwendung des Kartellverbots geführt.

In diesem Zusammenhang weist der ansonsten so lehrreiche Aufsatz von *Kartte/Kulka* eine strukturbedingte, wenn auch aus Sicht der Autoren folgerichtige Unzulänglichkeit auf: Sie bleiben dem ordnungspolitisch und - gesetzlichen Denken des deutschen Rechts verhaftet, setzen daher im Grunde intrabrand mit vertikal und interbrand mit horizontal gleich, obschon sehr wohl erkannt wird, dass es auch horizontal geprägte intrabrand-Beschränkungen geben kann[752]. Die Schnittpunkte werden genannt, so einmal in Fällen zwischenhändlerischer Wettbewerbsbeschränkungen, bei denen es ausschließlich um den Vertrieb von Waren nur eines Herstellers geht, zum anderen in Situationen von Beschränkungen zwischen Hersteller und Händler, bei denen der Hersteller zugleich Lieferant der Ware an den Kunden und damit Wettbewerber seines Handelspartners ist.

Sicherlich werden die Beschränkungen im intrabrand-Bereich nicht stets durch Gewinne ausgeglichen werden können, die aus der Belebung des interbrand-Wettbewerbs resultieren. Diese Behauptung soll hier auch nicht aufgestellt werden. Dass Hersteller, die im Falle des gleichzeitigen Direktvertriebs daraus den größten Umsatz erzielen, dann kaum zu ihren Lasten eine Gewinnmaximierung bei dem vertraglich verbundenen Händler anstreben werden, leuchtet ein. Insoweit kann es in der Tat an einem interbrand-Ausgleich

---

[750] Vgl. Bericht des Ausschusses für Wirtschaftspolitik, C. II.; abgedruckt bei *Baron*, Das neue Kartellgesetz, S. 175 ff.

[751] *Kartte/Kluka*, in: FS Stiefel, S. 381, 386.

[752] *Kartte/Kulka*, in: FS Stiefel, S. 387 und passim.

gegenüber der intrabrand-Beschränkung fehlen. Solche Fälle können durchaus die Notwendigkeit eines gesetzlichen Eingreifens begründen. Dies könnte z.B. dadurch geschehen, dass in einem entsprechenden Passus die Wettbewerbswidrigkeit jener Situationen festgeschrieben wird, mit dem erklärten Ziel der Nichtigkeit bei Vorliegen der tatbestandlichen Voraussetzungen. In allen übrigen Fällen wird wegen der wirtschaftlichen Vorteilhaftigkeit für den interbrand-Wettbewerb auch bei Berücksichtigung der ureigensten Ziele des GWB die intrabrand-Wettbewerbsbeschränkung als hinnehmbar qualifiziert werden dürfen.

Dass die angesprochenen brisanten Fallkonstellationen nicht eben selten sind, wird man vielleicht mit beispielhafter Ausnahme des Franchisingvertriebs[753], bei dem der Franchisegeber mit Eigenfilialen kaum in den räumlichen Wirkungsbereich seiner Franchisenehmer drängen wird, nicht annehmen können. Auch hier sind wieder die Entscheidungen des BGH aus der jüngeren Vergangenheit ins Feld zu führen, die sich gerade über die schwierige Frage der Abgrenzung §§ 1/18 GWB a.F. – wenn auch mit Ausnahme der Carpartner-Entscheidung[754] nicht im Rechtskreis des Franchising – verhielten. Sind die Vertragsparteien nämlich keine aktuellen oder potenziellen Wettbewerber und beschränken sie auch nicht den Wettbewerb zwischen Dritten, bedarf es ohnehin keines kartellrechtlichen per se-Verbots.

Der Nachweis prokompetitiver Wirkungen einer intrabrand-Wettbewerbsbeschränkung kann mithin nicht pauschal geführt werden. Eine generelle Aussage würde weder der Vielfalt der möglichen Sachverhalte noch der Komplexität ihrer wettbewerblichen Wirkung gerecht. Es stellt sich daher die Frage, ob ein Nachweis unter Zuhilfenahme eines gewissen allgemein gültigen Schemas erbracht werden kann. *Kartte/Kulka* haben dazu den Vorschlag unterbreitet[755], intrabrand-Beschränkungen erstens darauf zu prüfen, ob sie zur Verwirklichung des verfolgten Zwecks geeignet, zweitens im Sinne eines mildesten Mittels erforderlich und drittens per saldo deshalb angemessen seien, weil festzustellende Vorteile der Förderung des interbrand-Wettbewerbs überwiegen. Nach diesem aus dem Verwaltungsrecht abzuleitenden Kriterienkatalog wird die Maßnahme in ein wettbewerbliches Licht gerückt und muss sowohl geeignet sein als auch das mildeste Mittel bedeuten, um der durch das GWB vorgegebenen Zielsetzung zu genügen. Mit einem vergleichbaren Ansatz können möglicherweise die Entscheidungen „Druckgussteile“, „Bedside-Testkarten“, „Solelieferung“ und „Subunternehmervertrag“ auf einer hypothetischen Grundlage neu bewertet werden.

---

[753] *Niederleithinger/Ritter*, Liefer-, Vertriebs- und Franchiseverträge, S. 161.
[754] Vgl. BGH WuW/E DE-R 115 ff. – „Carpartner“; dazu *Volmer*, NZG 2000, 78 ff.
[755] *Kartte/Kulka*, in: FS Stiefel, S. 381, 395.

Die Beweislast für Rechtfertigungen aller übrigen – erlaubten – Vertriebsbeschränkungen, also der Nachweis eines sachlichen Grundes, oblag seit jeher bindenden Unternehmen im Geschäftsverkehr[756]. Bei Einzelfallentscheidungen zu § 26 Abs. 2 GWB a.F., um den es insoweit ging, ist auffällig, dass der BGH z.T. eine gewisse Willkür walten ließ, ob in einem Fall die Rechtfertigungsvoraussetzungen gegeben waren oder nicht. Ist es konsequent, den durch qualifiziertes Personal im Wege der Marktbeschränkung zu erzielenden ausreichenden Beratungsservice von technischen Produktvoraussetzungen abhängig zu machen[757]? Im Ergebnis wurde hier dem Argument des Trittbrettfahrens Geltung verschafft. Der Wettbewerb um den Produktservice bedeutet regelmäßig hohe Kosten für den Hersteller. Diese können zwar bei einem technisch hochwertigen Produkt entsprechend höher sein. Eine Rechtfertigung, damit eine Beschränkung beim Wettbewerb um das höherwertige Produkt zuzulassen, sind sie freilich nicht. Sicher sollten einzelne Merkmale spezifischer Märkte Berücksichtigung finden. Aber auch bei einem preiswerten, technisch einfachen Gegenstand kann sich der Hersteller der gleichen Problematik ausgesetzt sehen, wie der Produzent der vermeintlich höherwertigen Ware. Hier wie dort gilt es im Einzelfall eine umfassende Interessenabwägung durchzuführen, bei der technischen Gegebenheiten neben den Besonderheiten des jeweiligen Marktes keine Sonderstellung zukommen sollte.

Insgesamt lässt sich konstatieren, dass sich das bisherige systematische Differenzierungsmuster des deutschen Kartellrechts nach horizontalen und vertikalen Wettbewerbsbeschränkungen als tatbestandliche Voraussetzung einer Zuordnung zum Kartellverbot oder den §§ 14 ff. GWB überlebt hat. Wegen des formalen Ansatzes können insbesondere in Absatzbindungsfällen wettbewerbliche Effizienzen nicht hinreichend berücksichtigt werden. Soweit dies gleichwohl versucht wird, um nicht wünschenswerten Ergebnissen zuwiderzulaufen, sind dogmatisch schwierige Konstruktionen notwendig, da nahezu jede Absatzbindung auch horizontale Wirkungen mitbringt.

F. Ergebnis

I. Zusammenfassung zum ersten Teil

Die Untersuchungen des ersten Teils lassen sich damit wie folgt zusammenfassen: Nach den Ergebnissen zu (A.)[758] ist wegen der wettbewerbliche Hand-

---

[756] Vgl. WuW/E BGH 1671, 1675 –„robbe-Modellsport".
[757] So geschehen in WuW/E BGH 1995, 1997 f. – „Modellbauartikel III"; a.A. KG WuW/E OLG 3501, 3505 – „Märklin".
[758] Und auch zu E. III. 4. e)

lungsfreiheiten situativ angemessen schützenden Rechtsfolgen an dem historisch gewachsenen Dualismus von Verbots- und Missbrauchsprinzip festzuhalten. Dabei wird es zukünftig nicht mehr auf die Frage horizontaler oder vertikaler Wettbewerbsverhältnisse ankommen. Die Ausführungen zu (B.) haben gezeigt, dass weder makro- und mikroökonomische Faktoren noch Marktformenanalysen das horizontal-vertikale Beurteilungssystem stützen, sondern lediglich Anhaltspunkte einer Bewertung von Wettbewerbsbeschränkungen liefern. Im Anschluss hieran hat (C.) ergeben, dass aus wettbewerbstheoretischen Ansätzen kein durchgängiges Beurteilungssystem herausgelesen werden kann, und das formale Raster des GWB eine effizienzschonende Behandlung von Kooperationen im Hinblick auf die Vielschichtigkeit dynamischer Märkte kaum liefern kann. Unter (D.) sind die Wertungswidersprüche des horizontal-vertikalen Systems anhand der Normen des GWB aufgezeigt, unter (E.) die praktische Undurchführbarkeit und mangelnde Stringenz sowie mögliche Alternativen angesprochen worden. Weder das frühere Merkmal des gemeinsamen Zwecks noch das jetzige Merkmal des Miteinander-in-Wettbewerb-Stehens sind geeignet, den Interessen ökonomisch vorteilhafter Absatzbindungen oder produktinterner Wettbewerbsbeschränkungen hinreichend gerecht zu werden. Die jahrzehntelange Diskussion um ihre Auslegung ist das Ergebnis der strikt unterschiedlichen Behandlung horizontaler und vertikaler Beschränkungen. Das übrig gebliebene Merkmal des Miteinander-in-Wettbewerb-Stehens wird damit de lege ferenda ebenso abzulösen sein, wie das gesamte dogmatische Beurteilungssystem, soweit es auf dem Differenzierungsmuster horizontal/vertikal beruht.

Horizontal- und Vertikalverhältnis sind als Kriterien zu ungenau, weil nur im empirischen Regelfall wettbewerbsbeschränkende Verträge nach §§ 1 ff. GWB zwischen Angehörigen der gleichen und solche nach §§ 14 ff. GWB zwischen Angehörigen unterschiedlicher Wirtschaftsstufen zu Stande kommen. Kartellverträge können auch zwischen Angehörigen unterschiedlicher Wirtschaftsstufen und Vereinbarungen nach §§ 14 ff. GWB unter Angehörigen der gleichen Wirtschaftsstufe geschlossen werden. Darüber hinaus können die Wirkungen von Wettbewerbsbeschränkungen bei Beschränkungen innerhalb verschiedener als auch gleicher Marktstufen identisch sein. Dies gilt insbesondere für produktinterne Beschränkungen, die in ihrer Wirkung sehr komplex (Eignung zur Beschränkung des intrabrand-Wettbewerbs bei gleichzeitig möglicher Anregung des interbrand-Wettbewerbs) und ambivalent sein können.

II. Thesen

1. Erkenntnisse aus der Empirie wirtschaftlicher Unternehmensinteraktion verdeutlichen, dass es eines Gesetzes gegen Wettbewerbsbeschränkungen bedarf, das faire institutionelle Rahmenbedingungen schafft, innerhalb derer sich sowohl Produzenten- wie auch Konsumentenrenten möglichst zur Zufriedenheit aller Marktteilnehmer erzielen lassen. Dazu bedarf es eines umfassenden Regelwerks, dem eine weitgehende Flexibilität hinsichtlich der zu erfassenden Lebenssachverhalte zu Eigen ist. Zugleich muss das Gesetz in einem derart gesteckten Rahmen zu vernünftigen und insbesondere gerechten Ergebnissen führen. Dies kann die Unterscheidung zwischen horizontalen und vertikalen Wettbewerbsbeschränkungen nur im Regelfall leisten.

2. Das GWB hat sich als effektiv wettbewerbsschützendes Gesetz erwiesen. Nach wettbewerbstheoretischer, wettbewerbspolitischer als auch wirtschaftswissenschaftlicher Erkenntnis gibt es jedoch keine überzeugenden Gründe, an der gesetzlich manifestierten Differenzierung in horizontale und vertikale Wettbewerbsbeschränkungen festzuhalten.

3. Im Ergebnis überwiegen die systembedingten Nachteile und Wertungswidersprüche des Differenzierungsmusters. Das Kriterium sollte folglich durch andere, marktnahe und produktbezogene Elemente ersetzt werden, die zu einer Vereinfachung in Umsetzung und stringenter Handhabung kartellrechtlicher Normen führen.

4. Dabei gilt es zu beachten, dass die gesetzestechnisch und nicht wettbewerbspolitisch bestimmte Antwort auf die Frage, ob die erforderliche wettbewerbliche und wettbewerbsfaktorbezogene Würdigung im Rahmen einer einheitlich anzuwendenden Verbotsnorm, einer allgemein umfassenden Missbrauchsaufsicht oder eines einzelfallorientierten Freistellungstatbestandes vorzunehmen ist, dahingehend auszufallen hat, dass das etablierte System wegen seiner vernünftigen Rechtsfolgen nur evolutorisch anzupassen ist. Ein marktfunktionaler Ansatz wird mit dem Dualismus von Verbotsnorm und Missbrauchsaufsicht zu vernünftigen Ergebnissen gelangen. Die Missbrauchsaufsicht nimmt hinreichend Rücksicht auf mögliche Vorteile produktinterner Wettbewerbsbeschränkungen. Wegen der besonderen Gefährlichkeit von Absprachen zwischen Marktteilnehmern gleichartiger Produkte ist es zudem geboten, insoweit am Verbotsprinzip festzuhalten.

5. Die Beschreibung der Wettbewerbsfreiheit als Ziel des GWB schützt im Prinzip nur als politisch wünschenswert anerkannte Markt- und Wettbewerbsformen, und ist damit nicht mehr als ein Ordnungsprinzip. Wünschens-

werte Wohlfahrtsökonomie oder wettbewerbsverträglich-privatautonome Marktregulierung, die Bezug nimmt auf die gesetzgeberischen Vorgaben, ist im gegebenen System nicht realisierbar. Insoweit ist eine behutsame Fortentwicklung notwendig, die verbraucherschützende aber auch unternehmens- und wettbewerbsadäquate Interessen berücksichtigen kann.

6. Es sollte einem an geeigneten Effizienzkriterien innerhalb konsensfähiger Institutionen ausgerichteten Ansatz gefolgt werden, der kartellrechtliche Eingriffe davon abhängig macht, ob sie produktinterner oder produktexterner Natur sind, mit entsprechend korrektivem Moment im Einzelfall.

7. Die Bewertung wettbewerblicher Verhaltenskoordination ist ausschließlich anhand einer Würdigung einzelfallbezogener wettbewerblicher Wirkungen der Vereinbarungen und abgestimmten Verhaltensweisen im jeweiligen Markt auszurichten. Dies unter Beachtung ihrer Notwendigkeit zum Erhalt oder zur Begründung von Wettbewerbsfähigkeit bei gleichzeitiger Berücksichtigung kartellneutraler Ursächlichkeit, nicht aber danach, ob sie in einem horizontalen oder vertikalen Verhältnis der Marktteilnehmer zu Stande kommt.

8. Die Ablösung der formalen Konzeption eröffnet Gerichten und Behörden die Möglichkeit, innerhalb des institutionell vorgegebenen Rahmens ohne teleologische Reduktion des Kartellverbots auch wünschenswerte produktinterne Beschränkungen mit horizontalen Wirkungen (etwa im Verhältnis direktvertreibender Hersteller/Absatzmittler) zunächst als wirksam anzusehen und erst bei unverhältnismäßigen Nachteilen für den produktexternen Wettbewerb zu untersagen.

2. Teil: Die interbrand/intrabrand-Analyse

A. Produktexterner und produktinterner Wettbewerb als maßgebliche Beurteilungskriterien von Wettbewerbsbeschränkungen

«*interbrand competition is the primary concern of antitrust law*»[1]: Wettbewerb, verstanden als so genannter produktexterner oder interbrand-Wettbewerb, ist, im Gegensatz zum intrabrand-Wettbewerb, Hauptschutzzweck des Antitrustrechts. Diese wichtige Aussage traf der U.S. Supreme Court 1977 in der berühmten *Sylvania*-Entscheidung, wo er interbrand-Wettbewerb als solchen zwischen Produzenten vergleichbarer Gattungswaren umschrieb[2]. Diese Linie setzte das Gericht 1988 in der Entscheidung *Business Electronics Corp vs. Sharp Electronic Corp.*[3] fort. Eine derartige Fokussierung ist jedoch zu eng, wie nachfolgend zu zeigen sein wird. In diesem zweiten Teil gilt es zu klären, welcher wettbewerbliche Denkansatz sich hinter dem Begriffspaar interbrand/intrabrand verbirgt, und inwiefern er eine taugliche Basis für die nach den Ergebnissen des erstens Teils dieser Arbeit angezeigte Neubestimmung des Verhältnisses der Vorschriften des ersten und zweiten Abschnitts des GWB bieten kann.

I. Begriffliche Präzisierung

Sollte eine Analyse produktbezogener Wettbewerbsfaktoren bei der Einordnung von Wettbewerbsbeschränkungen schon einmal in deutschen Kartellgesetzen ihren Niederschlag gefunden haben, so könnte vielleicht der Rückgriff auf diese Vorläufer zur Klärung eines interbrand/intrabrand-Ansatzes beitragen. Ein Blick in die Gesetzeshistorie zeigt jedoch, dass dem deutschen Kartellrecht produktbezogene Eingriffsvoraussetzungen im hier verwandten Sinne bislang eher fremd waren. Zwar hat bereits die Kartellverordnung von 1923 gewisse Anhaltspunkte bei der Bewertung wettbewerblicher Verhaltensmaßnahmen in Produktgruppen, Branchen und Märkten gesucht: es wurde insbesondere das Merkmal der Branchengleichheit oder -ähnlichkeit in Abhängigkeit von Wirtschaftszweigen[4] herangezogen, um Märkte zu bestimmen und so Wettbewerbsbeschränkungen habhaft zu werden. Dass der Branchennähe eine Indizwirkung zukommen

---

[1] *Continental TV Inc. vs. GTE Sylvania Inc.*, 433 U.S. 36 (1977), Fn. 19; *Business Electronic Corp. vs. Sharp Electronics Corp.*, 485 U.S. 717 (1988).

[2] 433 U.S. 36, 51 (1977): "*Interbrand competition is the competition among the manufacturers of the same generic product*".

[3] Eine Besprechung dieser Entscheidung findet sich bei *Toepke*, WuW 1989, 40 ff.

[4] Vgl. *Callmann*, Das deutsche Kartellrecht, S. 84 ff., insb. 87.

konnte, brachte die Analyse jedoch nicht wirklich in die Nähe einer produktabhängigen Vorgehensweise. Denn obwohl auch Gruppen von Produktgattungen Anhaltspunkte liefern sollten, verdeutlicht ein Blick auf § 1 Abs. 3 KartVO, der in diesem Zusammenhang von Wirtschaftsstufen spricht, dass lediglich versucht wurde, eine entsprechende Stufenzuordnung zu erreichen. Die Kartellverordnung barg somit eher einen möglichen Vorläufer des funktionalen Ansatzes, als eine „*brand*“-abhängige wirtschaftsnahe Analyse, für die die Zuordnung der Wettbewerber zu Produktions- oder Vertriebsstufen nur von untergeordneter Bedeutung ist. Im Übrigen erwähnt die Kartellverordnung aber an keiner Stelle entsprechende Eingriffsmerkmale. Ihr lässt sich daher nicht mehr entnehmen als der Hinweis auf eine weitläufige Beobachtung von Märkten und dort vorhandener Produkte. Dies hilft für eine marken- oder brandorientierte Verwendung von Wettbewerbsfaktoren zur Bestimmung von Wettbewerbsbeschränkungen nicht weiter. Ein Rückgriff auf wettbewerbliche Definitionen außerhalb der deutschen Kartellhistorie scheint daher unausweichlich.

1. Interbrand-Wettbewerb

Nachfolgend sollen die Zusammenhänge des interbrand-Wettbewerbs in Bezug von Marktteilnehmern zu Wirtschaftsgütern dargestellt und die Unabhängigkeit vom Wettbewerbsverhältnis im klassischen Sinne herausgestellt werden.

a) Gleichartige Erzeugnisse verschiedener Hersteller

Zur inhaltlichen Veranschaulichung des Begriffs interbrand kann nur eine wettbewerbliche, produktgegenständliche Definition taugen. Um Wettbewerbsbeschränkungen in Märkten feststellen zu können, ist wie bei der sachlichen Marktabgrenzung das jeweilige Wirtschaftsgut der zentrale Ansatzpunkt. Das Wirtschaftsgut dient als sachliches Unterscheidungsmerkmal, das Erzeugnisse von Unternehmen, also Dienstleistungen und Waren, umfasst[5]. Als produktexterner[6] oder interbrand-Wettbewerb wird daher im Allgemeinen der Wirtschaftskampf zwischen Waren oder Dienstleistungen unterschiedlicher Anbieter in deren jeweils relevantem Markt verstanden. Dem entspricht die Übersetzung des aus dem Amerikanischen stammenden, zusammengesetzten Begriffspaars „*inter*“ (zwischen, wechselseitig) und „*brand*“ (Marke, Markenbezeichnung,

---

[5] *Woll*, Allgemeine Volkswirtschaftslehre, S. 49.

[6] Als produktextern bezeichnen etwa *Belke*, ZHR 138 (1974), 227, 243 und *Martinek*, Franchising, S. 448 den interbrand-Wettbewerb.

Ware, Klasse, Sorte)[7]. Die Betonung auf Marken zu legen scheint gerechtfertigt, weil Konsumenten bei der Auswahl von ihnen nachgefragter Produkte die Zuordnung zu bestimmten Herstellern regelmäßig anhand der Markenidentität feststellen können[8]. Die markenabhängige Zuordnung von Erzeugnissen erfolgt nachfragerorientiert anhand komplementärer, substituierbarer und freier Gütereigenschaften[9]. Diese Zuordnung alleine kann aber noch nicht die interbrand-Eigenschaft klären. Denn die Nachfragerperspektive lässt nur erkennen, welche Produkte für Verbraucher austauschbar sind, nicht aber welche Beziehungen tatsächlich zwischen Unternehmen und Produkten bestehen. Dies soll an einem Beispiel aus der Automobilindustrie veranschaulicht werden. Modelle der VW-Konzerntöchter Audi und Seat etwa können von Nachfragern den jeweiligen Gesellschaften Audi oder Seat zugeordnet werden. Insoweit sind aus Nachfragersicht interbrand-Fahrzeuge gegeben. Da die Marken selbst aber unter dem Dach der Konzernmutter VW (intrabrand oder besser intrafirm) vereint sind, stehen sie im Absatzmarkt tatsächlich nicht in einem interbrand-Wettbewerbsverhältnis. Deshalb kommt es für die kartellrechtliche Bewertung von Verhaltenskoordination insbesondere auch auf die realen Beziehungen der Unternehmen zum jeweiligen Produkt im Markt an. Es sind folglich zur interbrand-Analyse begriffsnotwendig nicht ausschließlich Marken, sondern vielmehr auch spezifische Produktmerkmale heranzuziehen.

In Jurisprudenz und Praxis tauchte der Begriff des interbrand-Wettbewerbs erstmals in den sechziger Jahren des 20. Jahrhunderts infolge US-amerikanischer Gerichtsentscheidungen auf[10], dort stets im Zusammenhang mit dem Korrelat produktinterner oder intrabrand-Wettbewerb[11]. Als frühe Protagonisten einer begrifflichen Übertragung ins deutsche Kartellrecht sind namentlich *Belke* und v.a. *Ulmer* zu nennen[12]. Ihnen zufolge ist produktexterner Wettbewerb als Wettbewerb zwischen gleichartigen Erzeugnissen verschiedener Hersteller auf der

---

[7] *Dietl/Lorenz*, Wörterbuch für Recht, Wirtschaft und Politik, Bd. I, 6. Aufl., 2000; *Köbler*, Rechtsenglisch, 1996, S. 143; *Messinger/Rüdenberg*, Das Große Wörterbuch Englisch, 1977, S. 85.

[8] Dazu umfassend *Kirchhoff*, Vertikale Vertriebsverträge, S. 8 ff.; teilweise wird auch von „Zwischenmarken-Wettbewerb" gesprochen, *Gleiss*, WRP 1967, 163, 170.

[9] Damit sind alle Maßnahmen und Eigenschaften gemeint, die Produkte im Markt individualisierbar machen, indem sie spezifisch ergänzende Eigenschaften aufweisen oder in bestimmter Weise austauschbar und frei wählbar sind.

[10] *Continetal TV Inc. vs. GTE Sylvania Inc.*, 433 U.S. 36 (1977), Fn. 19; *Business Electronic Corp. vs. Sharp Electronics Corp.*, 485 U.S. 717 (1988).

[11] Dieser wird im Gegensatz zum interbrand-Wettbewerb als Wettbewerb zwischen Absatzmittlern verstanden, die dieselben Produkte eines bestimmten Herstellers (ggf. neben diesem) vertreiben; *Rey/Caballero-Sanz*, Policy Implications, S. 11.

[12] *Belke*, Geschäftsverweigerung, 1966, *ders.*, ZHR 138 (1974), 227 ff.; *Ulmer*, ZHR 130 (1968), 164 ff., *ders.*, Der Vertragshändler, 1969.

Produzentenebene *und* jeder nachfolgenden Marktstufe zu verstehen. Die Definition sollte nicht dahingehend missverstanden werden, zwischen diversen Marktstufen werde, ganz im Sinne *Otto Sandrocks*[13] und getreu der Horizontal-/Vertikalunterscheidung streng abgegrenzt, separierbarer Wettbewerb beurteilt. Stattdessen ist ein stringenter Wettbewerbsprozess gemeint, der mit der Güterherstellung verbrauchsreifer Produkte aus ursprünglichen Produktionsmitteln beginnt und sich bis zum Absatz an den Endverbraucher fortsetzt[14]. Wettbewerb auf Produzentenebene und jeder nachfolgenden Ebene ist dabei kumulativ zu interpretieren. Denn auch wenn marktmäßig unterschiedliche Akteure Wettbewerbshandlungen bezüglich eines Produkts vollziehen, ändert dies nach dem Ansatz der interbrand-Analyse nichts an der globalen Wettbewerbsposition um das jeweilige Produkt, mit Ausnahme der Quantität der Akteure, soweit kein Exklusivvertrieb in Rede steht. Der so verstandene produktexterne Wettbewerb bringt zutreffend zum Ausdruck, dass Wettbewerb zwischen Waren und Dienstleistungen verschiedener Hersteller nicht als rein marktstufenabhängiger Prozess verstanden werden darf, sondern sich vielmehr von Beginn der Produktion über den Vertrieb kontinuierlich fortsetzt und abspielt. Es findet damit quasi ein als einheitlich zu bezeichnender Absatzkampf um die betroffene Ware statt, beginnend mit ihrer marktgerechten Fertigstellung. Produktexterner Wettbewerb ist nach alledem vor allem als einheitlicher Konkurrenzkampf zwischen gleichartigen Erzeugnissen verschiedener Hersteller zu verstehen, beginnend mit der Produktion und endend beim Absatz an den Verbraucher.

b) Unabhängigkeit vom Horizontal- oder Vertikalverhältnis

Damit erschließt sich sogleich, dass ein anhand produktexterner Kriterien beurteilter Wettbewerb nicht von den Wettbewerbern selbst oder etwaigen Stufen abhängig sein kann, auf denen sie zufällig agieren. Produktexterner Wettbewerb verfolgt als maßgeblichen Wettbewerbsfaktor einen rein güterorientierten Ansatz. Es geht im Rahmen der Analyse also einzig darum, ob Wettbewerb zwischen konkurrierenden *Produkten* unterschiedlicher Hersteller in Frage steht. Dessen Beschränkung ist sowohl auf horizontaler als auch auf vertikaler oder diagonaler Ebene möglich. Teilen beispielsweise verschiedene Hersteller, die gleichartige Ware produzieren, den Markt ihrer Absatzmittler oder direkt den Endverbrauchermarkt gebiets- oder produktabhängig untereinander auf, so wird man darin eine klassische horizontale Wettbewerbsbeschränkung sehen müssen[15], die § 1 GWB entsprechend sanktioniert. Eine Beschränkung des

---

[13] *Sandrock*, Grundbegriffe des GWB, S. 207 ff., 395 ff.
[14] Dazu näher sogleich, 2. Teil, A. II.
[15] Vgl. nur *Bunte*, in: L/B, § 1 Rn. 70.

zwischen diesen bestehenden produktexternen Wettbewerbs ist aber mit gleicher Wirkung erreichbar, wenn die Hersteller ihren Absatzmittlern jeweils nur im Vertikalverhältnis bestimmte exklusive Alleinbezugsbindungen auferlegen und so verhindern, dass (kreuzweise) Konkurrenzware bezogen werden kann. Dies entspricht einem Händlerkartell[16]. Die Wirkung für Dritte und ihre fehlende Ausweichoption im entsprechenden Marktsegment sind im einen wie dem anderen Fall mit dem gleichen Ergebnis feststellbar. § 1 GWB a.F. erfasste parallele Vertikalverträge nur dann, wenn ihnen als Sternvertrag eine horizontale Abstimmung zu Grunde lag und die Interessierten den Vertrag mit einem identischen Partner schlossen[17]. Der aktuelle § 1 GWB verlangt, dass die an der Vereinbarung Beteiligten miteinander in Wettbewerb stehen und die Vereinbarung sich auf dieses Wettbewerbsverhältnis bezieht, was regelmäßig gerade nicht für die Vertikalvereinbarungen zutreffen wird; Letztere wären nur erfasst, wenn den Herstellern eine koordinierte Verhaltensabstimmung im Hinblick auf die Modalitäten der Vertikalverträge nachgewiesen werden könnte[18]. Dieser dogmatisch die Reichweite des § 1 GWB ausdehnenden konstruktiven Bemühungen bedarf es bei einem Abstellen auf die interbrand-Analyse nicht. Eine interbrand-Beschränkung kann sowohl Folge horizontaler Koordination zwischen Herstellern als auch vertikaler Koordinationen zwischen Herstellern und Händlern sein, weil jeweils nur die Wirkung im Verhältnis auf das Produkt zu bewerten ist, nicht aber deren horizontale oder vertikale Ursächlichkeit[19]. Mit diesen Zusammenhängen hat sich *Wesley Liebeler*[20] umfassend auseinandergesetzt. Völlig zu Recht stellt er die ökonomischen Effekte von Wettbewerbsbeschränkungen in den Vordergrund. In einem Plädoyer für die interbrand-/intrabrand-Analyse[21] betont er die unzureichenden ökonomischen Hinweise horizontaler Wettbewerbsverhältnisse. Er kritisiert die Übernahme einer formalistischen Definition von horizontal und vertikal im *Sylvania*-Fall und stellt heraus, dass eine Ersetzung von vertikal durch intrabrand und horizontal durch interbrand eine Loslösung von diesem Problem bedeutet hätte, um ökonomische Effekte von Wettbewerbsbeschränkungen zutreffend beurteilen zu können[22]: „*The anomaly results from the fact that the* Sylvania

---

[16] *Tirole*, Industrieökonomik, S. 403.
[17] Insb. *K. Schmidt*, Kartellverbot, S. 134 ff., 136; BGH WuW/E BGH 1337, 1339 – „ZVN"; OLG Stuttgart, WuW/E OLG 1083, 1087 – „Fahrschulverkauf".
[18] So zutreffend *Zimmer*, in: I/M, 3. Aufl., § 1 Rn. 186.
[19] Das gilt auch bei intrabrand-Beschränkungen (dazu unten A. II.). Sie können durch horizontale Absprachen zwischen Händlern eines Anbieters in gleicher Weise begründet werden wie durch vertikale Gebietsbindungen des einzelnen Herstellers.
[20] *Liebeler*, 30 UCLA L. Rev. 1 (1982); *ders.*, 32 UCLA L. Rev. 1019 (1984); *ders.*, 36 UCLA L. Rev. 889 (1989).
[21] *Liebeler*, 30 UCLA L. Rev. 1 (1982), zugleich eine Besprechung des Falls *Continental TV Inc. vs. GTE Sylvania Inc.*, 433 U.S. 36 (1977).
[22] *Liebeler*, 30 UCLA L. Rev. 1, 7 f. (1982).

Court moved back and forth between the economic concepts of intrabrand and interbrand competition on the one hand and the formal or legal concepts of vertical and horizontal on the other, without focusing on the fact that there can be a real difference between these categories depending on how the terms vertical and horizontal are defined. It made the problem worse by adopting a purely formal definition [...] *There is no doubt an agreement* [...] *is a horizontal agreement in the purely formal sense that is an agreement among firms operating on the same level of competition. That, however, does not answer the economic question of whether a difference in the origin of the agreement will produce a difference in demonstrable economic effect*".

Liebeler versteht die Begriffe horizontal und vertikal also durchaus in dem dem GWB bekannten funktionalen Sinn[23]. Wenn er an anderer Stelle fordert, die Begriffe jeweils synonym zu interbrand bzw. intrabrand zu verwenden[24], darf *Liebeler* nicht missverstanden werden[25]. Er verfolgt lediglich das Ziel, interbrand-Beschränkungen gesetzlich in gleicher Weise wie horizontale Beschränkungen und intrabrand-Beschränkungen regelmäßig entsprechend vertikalen Beschränkungen zu sanktionieren. Zutreffend hat dies schon *Glasow*[26] unter Bezugnahme auf die Marktanalyse von *Liebeler*[27] herausgestellt. Später hat *Liebeler* im Übrigen dann auch zu Recht davon gesprochen, dass unter Bevorzugung nachweisbarer ökonomischer Effekte ganz auf vertikale und horizontale Kategorien verzichtet werden sollte[28]: „*At very least* [...] *define* [...] *the vertical/horizontal categories in economic rather than formal terms. The best solution would be to recognize that* [...] *it is no*[t] [...] *necessary or useful to make those distinctions at all.*"

Wie schon angedeutet, lässt sich im Ergebnis insoweit festhalten, dass die vertikale oder horizontale Qualität einer Absprache für sich keine Rückschlüsse auf ihren interbrand- oder intrabrand-Charakter zulässt[29]. Damit steht zunächst fest, dass produktexterner Wettbewerb nicht mit dem in § 1 GWB als Voraus-

---

[23] Vgl. auch *Liebeler*, 36 UCLA L. Rev. 889, 906 f. (1989); *ders.*, 30 UCLA L. Rev. 1, 8 (1982), insb. in Fn. 24, jeweils unter Bezugnahme auf *Topco Assocs., Inc.* 405 U.S. 596, 608 (1972).

[24] *Liebeler*, 30 UCLA L. Rev. 1, 6 und 29 (1982).

[25] So aber *Kirchhoff*, Vertikale Vertriebsverträge, S. 12 unter Bezugnahme auf *Liebeler*, 30 UCLA L. Rev., 1, 29 (1982).

[26] *Glasow*, Vertikale Preisbindung, S. 102.

[27] Vgl. *Liebeler*, UCLA L. Rev. 1, 31 (1982): "*If the restrictions are intrabrand they would be «vertical» for purposes of analysis ... Since the restrictions in General Motors* [384 U.S. 127 (1966)] *were purely intrabrand, the restrictions in that case should be treated as vertical.*"

[28] *Liebeler*, 36 UCLA L. Rev. 889, 912 (1989).

[29] *Rey/Caballero-Sanz*, Policy Implications, S. 14, 16; *Kirchhoff*, Vertikale Vertriebsverträge, S. 12.

setzung verlangten horizontalen Wettbewerbsverhältnis der Verhaltenskoordinierer gleichgesetzt werden kann, auch wenn in vielen Fällen der Wettbewerb gleichartiger Produkte gerade zwischen Marktteilnehmern auf der gleichen Wirtschaftsstufe stattfindet.

2. Interfirm-Wettbewerb

Produktexterner Wettbewerb wird teilweise auch als interfirm-Wettbewerb bezeichnet. Dabei wird der Begriff interfirm bisweilen unterschiedlich gebraucht. *Liebeler* etwa geht von interfirm-Wettbewerb aus, wenn ein Hersteller mit mehreren Markten in dieser Gesamtheit mit anderen Herstellern konkurriert[30]. Als Beispiel wäre hier nochmals der VW-Konzern mit seinen Marken VW, Audi, Seat, Škoda, Lamborghini und Bentley zu nennen, der mit diesen insgesamt im Wettbewerb zu den BMW-Marken BMW, Rolls-Royce, Mini oder den Ford-Marken Ford, Lincoln, Range Rover/Land Rover, Volvo, Aston Martin und Mazda steht. Ein weiterer Fall liegt vor, wenn etwa Blaupunkt unter seinem Dach nicht nur Radios aus eigener Produktion mit seinem Label versieht, sondern darüber hinaus den gleichen Gerätetypus auch mit einem Yamaha-Gehäuse anbietet und mit beiden Marken in Konkurrenz zu weiteren Anbietern tritt. Dieses Beispiel zeigt auch gut, wie nahe produktinterner und -externer Wettbewerb beieinander liegen können. Alle Beschränkungen der Blaupunkt-Marke beim Vertrieb sind intrabrand, weil jeweils nur Parameter betroffen sind, die sich auf dieses Gerät fokussieren. Sobald jedoch das völlig baugleiche Gerät mit Yamaha-Gehäuse dazu in Konkurrenz tritt, findet zwischen dem gleichen Produkt in nur unterschiedlicher Hülle wegen der Markendifferenzierung fortan intrafirm-Wettbewerb und zugleich interbrand-Wettbewerb statt. Ähnliches geschah unter dem Dach der Ford Motor Company, wo in den neunziger Jahren der Fiesta äußerlich völlig baugleich und nur mit einigen Kunststoffapplikationen versehen auch als Mazda 121 auf dem Markt angeboten wurde. Hier hat das Bemühen um die Schaffung von Synergieeffekten dazu geführt, dass im Kleinwagensegment konzernintern kaum eine Produktdifferenzierung stattfand. Interbrand-Wettbewerb zwischen baugleichem Ford Fiesta und Mazda 121 spielte sich nur noch im Bereich Qualität, Ausstattung und Motorisierung ab. Dieses zuletzt beschriebene Markenverhältnis erweitert den vergleichbaren *Liebelerschen* Anwendungsbereich[31] um zugekaufte Unternehmen. Aus dem

---

[30] *Liebeler*, UCLA L. Rev. 1, 29 (1982).

[31] *Liebeler*, 30 UCLA L. Rev. 1, 29 (1982), Fn. 84: *„In some situations* [...] *it is more appropriate to refer to interfirm or intrafirm competition. For example, restrictions on dealers selling Buicks, Cheverolets, Oldmobiles* [...] *would not increase generic market share beyond that held by General Motors.*" (GM ist der amerikanische Mutterkonzern, der die

ehemaligen interfirm-Verhältnis der vormaligen Wettbewerber Ford/USA und Mazda/Japan wurden unter dem Kooperationsdach von Ford intrafirm-Konkurrenten. Gerade Kooperationen und Zusammenschlüsse auf globalen Märkten verdeutlichen folglich, dass eine Differenzierung anhand produkt-, nicht hingegen marktstufen- oder wettbewerberbezogener Faktoren besonders sinnvoll erscheint. Sie zeigen zugleich, dass intrabrand-Wettbewerb dann schützenswert sein könnte[32], wenn sich ein ehemaliges interfirm-Wettbewerbsverhältnis zu einem intrafirm-Verhältnis gewandelt hat. Dagegen spricht jedoch, dass Konzerne im Kartellrecht regelmäßig zusammengefasst[33] und insoweit privilegiert werden. Dies eröffnet Konzernen einen erweiterten Verhaltensspielraum, denn so kann bspw. der VW-Konzern als Nachfrager von Zulieferern Produkte zentral – und damit im Regelfall wegen höherer Stückzahlen günstiger – einkaufen. Interfirm-Wettbewerb muss darüber hinaus nicht weiter hervorgehoben werden, da er nur den Sonderfall des interbrand-Wettbewerbs von Gesamt-Mehrmarken beschreibt, der kartellrechtlich eine quantitative Komponente aufweist, die eine juristisch differenzierte Behandlung nicht erfordert. Aus dem gleichen Grunde kann auch der eine Sondersituation beschreibende intrafirm-Wettbewerb vernachlässigt werden. Zwar weist er Komponenten des interbrand-Wettbewerbs auf, weil die einzelnen Marken trotz eines Konzerndachs im Endkundengeschäft miteinander konkurrieren. Das Konzernprivileg rechtfertig aber hier intrabrand-Maßstäbe anzusetzen. Im Übrigen hält das Kartellrecht mit der Aufsicht über marktbeherrschende Unternehmen ein ausreichendes wettbewerbsschützendes Instrument vor.

Daneben wird interfirm auch als alleiniges Synonym für produktexternen- oder interbrand-Wettbewerb verstanden[34] bzw. zur Bezeichnung vertikaler Vereinbarungen zwischen verschiedenen selbstständigen Unternehmen herangezogen[35]. Weder die Gleichstellung noch die Fokussierung auf vertikale Vereinbarungen verschiedener Unternehmen bringen dogmatisch nützliche Neuerungen, da sie keine über typische interbrand-Vereinbarungen hinausgehenden neuen Aspekte einer produktbezogenen Betrachtung eröffnen. Von größerer Bedeutung bleibt damit nur die zuvor beschriebene Ansicht von

---

angesprochenen Markenfabrikate selbst produziert und – mit Ausnahme der mittlerweile eingestellten Marke Oldsmobile – auf den Markt bringt.)

[32] A.A. *Liebeler*, ebenda, der sich tendenziell für eine per se-Freistellung ausspricht: „*those arrangements* [intrafirm] *should* [...] *be analyzed under the rule of reason* (das wäre für das deutsche Recht im Sinne einer Missbrauchsaufsicht nach § 16 GWB d.l.f. zu befürworten) *or be held per se legal* [...]."

[33] Vgl. §§ 19 Abs. 2, 36 Abs. 2 GWB.

[34] *Scherer*, 52 Ant. L. J., 687, 703 (1983); *Comanor*, 81 Harv. L. Rev., 1419, 1420 (1968); vgl. zum Begriff *intrafirm organisation* im Sinne einer wettbewerbsbeschränkenden Organisationsform *Kantzenbach*, JbNSt Bd. 181 (1967), 193, 225 ff.

[35] Vgl. *Williamson*, 127 UPLR 953, 985 (1979).

Liebeler, wonach interfirm bzw. intrafirm mit eigenem Leben erfüllt werden und das Verhältnis bei konzerninterner Markenvielfalt im Verhältnis zu Wettbewerbern umschreiben. Das über ein reines interbrand/intrabrand-Verhältnis hinausgehende Moment ist indes ausschließlich für Unternehmen von Bedeutung, die mehrere Produkte unterschiedlicher Marken unter einem Dach vereinen. Für die Betrachtungen der Arbeit kommt den Begrifflichkeiten daneben, wie angedeutet, keine weitere Bedeutung zu. Sie können insoweit vernachlässigt werden.

3. Intertype-Wettbewerb

Vor Einzug des interbrand/intrabrand-Begriffspaares in den kartellrechtlichen Sprachgebrauch war bereits die Bezeichnung intertype/intratype geläufig[36]. Im Gegensatz zu produktbezogenen Wettbewerbsfaktoren meint der intertype-Wettbewerb die unterschiedlichen, konkurrierenden Absatzmittlersysteme des Handels. Differenziert wird insoweit etwa nach fachhändlerischen Vertriebsformen, denen Großhändler und Warenhäuser mit erheblicher Produktvielfalt gegenüberstehen. Hinzu kommt aus heutiger Sicht der v.a. durch im Vordringen befindliche Internetportale beflügelte Versandhandel. Intertype beschreibt folglich den Wettlauf verschiedener Vertriebsschienen im Bemühen um möglichst effektiven Absatz an den Verbraucher. Dies kann mögliche Überschneidungen zum produktexternen Wettbewerb mit sich bringen. Solange mit der Konkurrenz gleichartiger Waren verschiedener Hersteller parallel unterschiedliche Formen des Handels einhergehen, besteht neben dem interbrand-Wettbewerb auch ein intertype-Konkurrenzverhältnis. Solch ein Nebeneinander verdeutlicht, dass damit kein Automatismus verbunden werden kann, sondern die Begriffe unabhängig voneinander fungieren und nicht verwechselt werden dürfen. Denn produktbezogene Faktoren des interbrand-Wettbewerbs können mit intertype- (oder auch intratype) Absatzformen korrelieren, stehen aber nicht in einem Kausalitätsverhältnis. Die Handelsformen sind nur vom Willen des jeweiligen Herstellers abhängig. Zusammenfassend lässt sich mithin sagen, dass Überschneidungen produktexterner Wettbewerbsbeziehungen mit solchen im intertype-Verständnis bestehen, wenn Produkte der gleichen Branche von verschiedenen Herstellern sowohl über Warenhäuser als auch den Fachhandel vertrieben werden; produktexterne Wettbewerbsbeziehungen sind ebenso intratype, wenn die gleichartigen Produkte verschiedener Hersteller nur über den Fachhandel vertrieben werden, wobei es keinen Unterschied macht, ob innerhalb des (selben) Fachhandels

---

[36] Etwa: *Hoppmann*, Vertikale Preisbindung und Handel, S. 49; *Bach*, WuW 1995, 5, 10, der die Auffassung vertritt, Markenexklusivität führe zu fehlendem Wettbewerb verschiedener Vertriebstypen.

unterschiedliche Geschäfte am Markt operieren. Denn intratype bezeichnet nur die gleiche Vertriebsform, die systemimmanente Differenzen zulässt. Verwendung finden intertype- und intratype-Bezeichnungen überwiegend im Bereich des Marketingresearch und beleuchten dort betriebsformenorientiert die Wettbewerbsbeziehungen des Handels[37]. Sie können in dieser Arbeit ähnlich in den Hintergrund treten, wie die interfirm-/intrafirm-Betrachtung. Ihr empirischer Gehalt beeinflusst die hiesigen Ergebnisse nicht weiter.

II. Produktexterner (interbrand) Wettbewerb

Nachdem nun der Fokus auf den eigentlichen interbrand-Wettbewerb gerichtet wurde, bleibt zu prüfen, welche Formen im Einzelnen hierunter zu verstehen sind. Damit wird auf das allgemeine Umfeld, also den tatsächlichen wettbewerblichen Wirkungskreis (1.), sowie im Anschluss hieran auf spezielle Unterarten des Hersteller- (2.) und Händlerwettbewerbs (3.) einzugehen sein.

1. Wirkungskreis produktexternen Wettbewerbs

a) Nachfragewettbewerb

Zunächst ist zu untersuchen, wo produktexterner Wettbewerb überhaupt stattfindet. Bei genauer Betrachtung beginnt Wettbewerb bereits bei der Beschaffung natürlicher Ressourcen, den ursprünglichen Produktionsmitteln, die, unabhängig von Herkunft und Beschaffenheit, die Grundlagen zur Entwicklung von Waren und Dienstleistungen bilden. Die Anforderungen richten sich nach den spezifischen Interessen der Hersteller, die aus Rohstoffen marktfähige Produkte entwickeln. Insoweit wird man von „natürlicher Ressourcenkonkurrenz" sprechen können, die das Spektrum der erstmaligen Herstellernachfrage umfasst. Es kann also je nach Menge, Verfügbarkeit und spezifischer Nachfrage bereits mehr oder minder intensiver Wettbewerb im klassischen Sinne um den Rohstoff bestehen. Beschaffungsmarktkonkurrenz gibt es insoweit freilich nur, wenn die betroffenen Parteien nicht bloß austauschbare Produkte herstellen, sondern diese in Qualität und Material auch vergleichbar sind. Daneben kann ein Konkurrenzverhältnis ausschließlich beim Warenbezug bestehen, wenn die aus Rohstoffen entwickelten Produkte für unterschiedliche Märkte bestimmt sind und so kein nachfolgender Absatzwettbewerb existiert. In diesem Sinne können etwa die englische Sportwagenmanufaktur Morgan und Hersteller von Möbeln um bestimmte Holzrohstoffe buhlen. Morgan fertigt

---

[37] Vgl. die Nachweise bei *Kirchhoff*, Vertikale Vertriebsverträge, S. 10, Fn. 38.

daraus in Handarbeit exklusive Fahrzeugrahmen für den offenen Klassiker Plus8, die natürlich in keinerlei Absatzwettbewerb zu Produkten der Möbelindustrie stehen. Insoweit kann man von einmaligem Bezugs- oder Nachfragewettbewerb sprechen[38]. Dieser hat aber wegen der Verschiedenheit der produzierten Waren nur eine intrabrand-Komponente, denn das verwandte Produkt Holz ist identisch, es sei denn es gäbe verschiedene Eigentümer unterschiedlicher Schlagregionen. Dann aber stünden nur diese Holzfällerunternehmen in interbrand-Wettbewerb, nach wie vor aber nicht die Hersteller als weiterverarbeitende Industrie. Kartellrechtlich interessant ist dieser Nachfragewettbewerb folglich nur dann, wenn der Eigentümer, also die hinter der Ressource stehende Person oder Firma, als Monopolist am Markt auftritt und damit Produktherstellern Geschäftsbedingungen vorgeben kann und die Marktgegenseite ohne Ausweichoptionen auskommen muss. Produktinterner Nachfragewettbewerb besteht dann zwischen mindestens zwei oder mehreren Nachfragern, wobei der einzelne Nachfrager jeweils durch die Existenz von Mitnachfragern daran gehindert wird, für sich günstigere Bedingungen durchzusetzen, weil der Anbieter auf diese Mitnachfrager ausweichen kann[39]. Dies wird bei natürlichen Ressourcen auf globalen Weltmärkten zu relativieren sein, es sei denn, es handelt sich um solche, die – wie bspw. Öl oder Erdgas – per se nur regional begrenzt vorkommen. Abgesehen davon sind enge Oligopole relevant. Man denke insoweit an die OPEC[40] und das damit bestehende Preiskartell der so koordinierten Rohöl exportierenden Staaten. In ihren Marktauswirkungen vergleichbar sind daneben sämtliche Fälle klassischen Kartellverhaltens der betroffenen Ressourceninhaber wie Absprachen über Menge, Qualität, Quantität oder ähnliche Faktoren. Insoweit ist der Ressourcenwettbewerb freilich nichts anderes als der übliche Herstellerwettbewerb, lediglich mit dem Unterschied, dass der Ressourcenwettbewerb ganz besonders von Faktoren abhängig ist, die dem jeweiligen Produkt unmittelbar anhaften, und dass der Hersteller hier selbst als Nachfrager auftritt. Wettbewerb ist in homogenen Rohstoffmärkten lediglich über Aktionsparameter außerhalb der Ware möglich, wie etwa im Preis- oder Konditionensegment. Solch produktexterner Wettbewerb ist durch eine sehr geringe Substitution gekennzeichnet, weil Nachfrager v.a. bei natürlichen Ressourcen regelmäßig kaum Ausweichoptionen haben, es sei denn, Rohstoffe lassen sich auch synthetisch herstellen. Der produktexterne Wettbewerb ist aber auch hier auf die Ressourcenanbieter beschränkt. Die Beschaffungsmarktkonkurrenz bleibt insoweit eine interne.

---

[38] Vgl. *Köhler*, ZHR Beiheft 49 (1979), S. 35

[39] *Köhler*, Wettbewerbsbeschränkungen durch Nachfrager, S. 30 ff., 41 ff.; *ders.*, ZHR Beiheft 49 (1979), S. 10.

[40] *Organization of the Petroleum Exporting Countries*, Sitz: Wien, deren Ziel die Koordination und Vereinheitlichung der Erdölpolitik der Mitgliedsländer ist. Die angeschlossenen Staaten haben einen Weltmarktanteil von ca. 30% (Quelle: FAZ).

Stellen sich die Rohstofflieferanten als stufenübergreifend tätige Unternehmen heraus, liefern sie Rohstoffe also unmittelbar an Erstabnehmer und generieren gleichzeitig Eigenprodukte, so treten sie auch in interbrand-Wettbewerb zu den Erstabnehmern[41]. Obwohl sich Nachfrager im Sinne der Theorie des Stufenwettbewerbs[42] untereinander auf der gleichen Wettbewerbsstufe begegnen, ist der empirische Regelfall nach wie vor nicht der eines zwischen diesen bestehenden interbrand-Wettbewerbs. Vorstellbar ist Letzterer zwar faktisch nur dann, wenn Hersteller oder solche Händler, die auch Fremdware produzieren, mit dem gleichen Rohstoff operieren und mit den dann entstandenen möglicherweise gleichartigen verbrauchsreifen Gütern als Konkurrenten auf dem Absatzmarkt auftreten. Als Mitnachfrager gegenüber nur einem Anbieter bleiben auch sie ausnahmslos intrabrand-Wettbewerber. Der Bezugswettbewerb selbst hat daher normalerweise keine unmittelbare produktexterne Marktwirkung, es sei denn, die Güter sind derart diversifizierbar, dass tatsächlich nur noch von schon gleichartigen Produkten gesprochen werden kann. Produktexterne Effekte treten also regelmäßig erst durch individuelle Arbeitsleistungen der Produzenten auf, die Anhaltspunkte einer Unterscheidbarkeit bieten.

Nachfragewettbewerb kann bei der Allokation von Ressourcen nur dann noch ein interbrand-Wettbewerbsphänomen bedeuten, wenn von den Güternachfragern eine gewisse Machtposition ausgeht. Dadurch werden interbrand-Folgen für den kommenden Absatzmarkt prognostizierbar. Nachfragemacht kann günstige Einkaufskonditionen bewirken, was wiederum einen höheren Absatz durch günstigere Angebote zur Folge haben kann. Aus Verbrauchersicht dürfte dies zunächst positiv zu bewerten sein, wenn vorteilhaft niedrige Preise durch zurückhaltende Margen an den Konsumenten weitergereicht werden – ein somit möglicher Wettbewerbsvorsprung für den Nachfragemächtigen. Selbst wenn der Nachfragemächtige aber den Preisvorteil aus der besseren Marge nicht weitergibt, eröffnen sich ihm zusätzliche Agitationsspielräume, etwa im Bereich Produktentwicklung. Solche Nachfragemacht kann freilich bis zum Missbrauch gegenüber Lieferanten führen[43]. Die wesentliche und nach dem GWB erstrebenswerte Funktion des Nachfragewettbewerbs besteht daher in der wechselseitigen Begrenzung von Marktmacht[44]. Nachfragemacht kann zwar preisgünstige Güterversorgung ermöglichen, andererseits den Verlust von Fachhandelsservice bedeuten, bis hin zur Konzentration im Sinne einer Monopolisierung oder Oligopolisierung des Absatzes und folglich auch höhere

---

[41] Vgl. *Wolter*, in: FK, § 18 Rn. 13.

[42] Vgl. dazu: *Sölter* WuW 1968, 317 ff.; *Benisch*, WuW 1960, 842 ff.; dagegen *Belke*, Geschäftsverweigerung, S. 297.

[43] Vgl. zum Missbrauch von Nachfragemacht *Köhler*, ZHR Beiheft 49 (1979), S. 34 ff., 50 ff.

[44] Eingehend: *Köhler*, Wettbewerbsbeschränkung durch Nachfrager, S. 47 ff.

Preise für Verbraucher bedeuten[45]. Der Bezugswettbewerb hat somit keine unwesentlichen Folgen für den kommenden Produktabsatz im interbrand-Wettbewerb.

b) Stufenwettbewerb auf Angebotsmärkten

Im GWB hat sich eine stufenabhängige Markt- wie Wettbewerbsanalyse durchgesetzt[46]. Bei der Feststellung eines sachlich relevanten Marktes erfolgt regelmäßig die Unterteilung in Hersteller- und Handelsmärkte. Erstere werden als Absatzmärkte der Industrie deklariert, mit dem Handel als Marktgegenseite; sie bedeuten aus Sicht des Handels den Nachfrage-, aus Sicht des Herstellers den Angebots- oder Absatzmarkt[47]. Handelsmärkte dagegen beschreiben Märkte der Absatzmittler mit Verbrauchern und Endabnehmern auf Seiten der Nachfrager, aber auch Wettbewerb mit eigenem Absatz der Hersteller. Die Aufgabenverteilung im Gesamtwirtschaftsprozess von Warenproduktion bis Verteilung an den Endkunden ist zwar nicht notwendig in die Positionen Herstellung, Handel und Verbraucher gegliedert, sondern historisch gewachsen[48]. Diese Aufgabenverteilung wird jedoch trotz im Vordringen befindlicher neuer Bezugsquellen, wie etwa des herstellereigenen Internetvertriebs, den empirischen Regelfall widerspiegeln. Sie kann freilich für die betroffenen Märkte schon wegen ständig ablaufender Entwicklungsprozesse allein nicht abschließend sein. Vielmehr birgt das tatsächliche Marktgeschehen erhebliche Überschneidungen, die sich dadurch äußern können, dass Hersteller selbst die Direktbelieferung von Verbrauchern übernehmen und so auf die ein oder andere Weise zu ihren Absatzmittlern in Konkurrenz treten. In der amerikanischen Terminologie hat sich hierfür der Begriff *dual distribution* etabliert[49], der sich auf EU-Ebene gleichfalls durchgesetzt hat. Die Kommission pflegt insofern von typischer oder atypischer Dualdistribution[50] zu sprechen. Im deutschen Kartellrecht wird

---

[45] Vgl. *Arndt*, WuW 1972, 84 ff.

[46] Dazu nur *Möschel*, in: I/M, 3. Aufl., § 19 Rn. 40.

[47] Vgl. *Köhler*, ZHR Beiheft 49 (1979), S. 9 und passim, insb. S. 35 f.

[48] *Köhler*, Nachfragewettbewerb und Marktbeherrschung, S. 14.

[49] der sich dort allerdings auch als Bezeichnung für den Vertrieb des gleichen Produkts als namenloses und Markenware (etwa: Schogetten/Aldi-Schokolade) durchgesetzt hat; vgl. *Kirchhoff*, Vertikale Vertriebsverträge, S. 9; ***Rosenbloom***, Marketing Channels, S. 91.

[50] Als Fälle *typischer* Dualdistribution werden Vereinbarungen zwischen Herstellern und Händlern angesehen, in denen der Hersteller im intrabrand-Wettbewerb auch auf der Handelsstufe tätig ist. Vgl. hierzu *Veelken*, in: I/M-EG, 2. Eb., GFVO Rnrn. 121 – 123, der zu Recht darauf hinweist, dass im europäischen Recht nach Art. 2 Abs. 4 lit. b Schirm-GVO nur diese als vertikale Beschränkungen zulässig sind, wohingegen Vereinbarungen zwischen Konkurrenten im interbrand-Wettbewerb nicht gestattet sind.

teilweise von zweigleisigem oder parallelem Vertrieb[51] gesprochen. Hier interessieren zunächst Fälle der atypischen Dualdistribution, also solche, bei denen Absatzmittler oder Hersteller (auch) produktexterne Konkurrenzerzeugnisse vertreiben oder wenigstens hierzu in der Lage sind[52]. Sie bilden die Schnittmenge und zeigen zugleich die Vermischung der Marktstufengrenzen, innerhalb derer interbrand-Wettbewerb durch austauschvertragliche Vereinbarungen beschränkt wird. Es sind Fälle, in denen der Hersteller seinen Vertrieb teilintegriert. Er weicht so ein vormals horizontal geprägtes Überordnungsverhältnis auf und diagonalisiert es sozusagen. Dadurch wird dem Verbraucher die Möglichkeit geboten, bereits vom dort ansässigen Händler feilgebotene Ware unmittelbar vom Hersteller zu erhalten. Beim atypischen zweigleisigen Vertrieb kommt es also zu einer Verschmelzung von Hersteller- und Absatzmarktebene. Der – ggf. auch fremd produzierende – Händler wie der direktvertreibende Hersteller erfüllen ihre begriffliche Funktion reduziert auf die Hauptaufgabe, begegnen sich teilweise in der jeweils dem anderen originär zugewiesenen Funktion. In solchen Fällen besteht zumindest auch ein interbrand-Wettbewerbsverhältnis.

Aufgrund der – wie dargelegt – fortschreitenden wechselseitigen Durchdringung der Marktstufen scheint es konsequent, produktexternen Wettbewerb generell marktstufenunabhängig zu definieren. Eine Differenzierung nach Herstellerwettbewerb einerseits und interbrand-Wettbewerb andererseits mag der Übersichtlichkeit halber gut vertretbar sein[53]. Indes zwingen schon die zuvor angestrengten Überlegungen zum Wettbewerb um Ressourcen und die mit dem Moment der Verbrauchsreife eines Produktes noch in der Sphäre des Herstellers beginnende Konkurrenzsituation zur Abkehr von stufenbezogenen Ansichten; dem tatsächlich umfassenden Marktgeschehen im Wettbewerb um ein Produkt oder eine Dienstleistung wird am ehesten gerecht, wer einen von Beginn bis Ende stringenten Wettbewerbsprozess begutachtet. Dabei darf eben keine mögliche vor- oder nachgelagerte Marktstufe vernachlässigt werden[54]. Denn produktexterner Wettbewerb beginnt originär zwischen Anbietern von Erzeugnissen verschiedener Hersteller, entfaltet sich über den Absatzmittler und setzt

---

[51] Hier wird die rein kartellrechtliche Begriffjurisprudenz zu Grunde gelegt. Die insoweit auch aus dem Wettbewerbsrecht geläufige Umschreibung für den Produktvertrieb ein und derselben Ware eines Herstellers unter verschiedenen Namen oder Marken ist vorliegend ohne Bedeutung.

[52] Vgl. zu diesen Fallgestaltungen *Veelken*, in: I/M-EG, 2. Eb., GFVO Rnrn. 114 u. 118. Für diese weniger häufigen Fälle des Konkurrenzproduktabsatzes fehlt im europäischen Recht mittlerweile die Möglichkeit einer Freistellung (dies war bisher nach der VO 83/1983/EWG gewährleistet, wenn die Konkurrenten nicht zu hohe jährliche Gesamtumsätze auswiesen).

[53] So *Martinek*, Franchising, S. 448.

[54] Vgl. *Belke*, ZHR 138 (1974), 227, 243.

sich bis zum Endkunden fort[55]. Zu Recht hat *Ulmer* daher eine ausschließliche Gleichsetzung von Hersteller- und interbrand-Wettbewerb als missverständlich bezeichnet[56]. Ebenso wie bereits eine Gleichsetzung horizontalen Wettbewerbs mit interbrand-Wettbewerb abgelehnt wurde, ist auch das Abstellen auf ein klassisches Marktstufenmodell nicht opportun.

c) Außen- und Innengrenzen des produktexternen Wettbewerbs

Um zur Allgemeingültigkeit einer wettbewerblichen Analyse zu gelangen, müssen deren Grenzen feststellbar sein. Es gilt also zu klären, welche Produkte bei der angezeigten Marktstufen übergreifenden Betrachtungsweise erfasst werden. Hiermit sind die Außengrenzen des produktexternen Wettbewerbs angesprochen. Dabei geht es nicht um eine sprachliche Bestimmung des Wortteils „extern", sondern um eine inhaltliche Auskleidung und etwaig quantitative Bestimmung. Was fällt in concreto darunter, von wessen Standpunkt ist dabei auszugehen? Bei der Beantwortung der gleichen Fragen im Zusammenhang mit der Konkretisierung des sachlich relevanten Marktes wird auf europäischer Ebene[57] wie auch im GWB[58] nach dem Bedarfsmarktkonzept grundsätzlich auf die Austauschbarkeit von Angeboten aus der Sicht des Abnehmers abgestellt, soweit damit vernünftige Ergebnisse erzielbar sind. Die Grenze der Produktanalyse stimmt dann mit jener des sachlich relevanten Marktes überein. Es hängt insoweit von den spezifischen Eigenschaften der Güter ab, inwieweit sie selbstständige Märkte bilden[59].

aa) Produktspezifität und Kundenpräferenz

Die produktbezogene Abwägung steht im engen Zusammenhang mit der Gleichartigkeit und Austauschbarkeit von Gütern. Eine produktexterne Wettbewerbssituation kann erst entstehen, wenn Konsumenten in gewissem Umfang Ausweichoptionen zur Verfügung stehen. Sie werden langfristig geneigt

---

[55] So bereits *Ulmer*, ZHR 130 (1968), 164, 181; *Belke*, ZHR 138 (1974), 227, 243, *ders.*, Die Geschäftsverweigerung, S. 222 bzw. 370 und passim, jedoch noch nicht in der Deutlichkeit wie in ZHR 138.

[56] *Ulmer*, ZHR 130 (1968), 164, 180.

[57] EuGH, Slg. 1974, 223, 249 – „ICI"; Slg. 1980, 3775, 3793 – „L'Òreal"; *Grundmann/Eichert*, ZIP 1995, 1965, 1971.

[58] *Bechtold*, NJW 2001, 3159, 3160 meint, wegen der Spürbarkeitsprüfung sei bei § 1 GWB eine Marktabgrenzung nötig; vgl. zur sachlich gegenständlichen Marktabgrenzung zur Feststellung von Marktbeherrschung: BGH WuW/E BGH 1435, 1440 – „Vitamin B 12"; WuW/E BGH 2150, 2153 – „Edelstahlbestecke".

[59] Vgl. *Möschel*, in: I/M, 2. Aufl., § 22 Rn. 25.

sein, möglichst günstige Vergleichserzeugnisse zu beziehen. Deshalb wird ein relevanter Markt insbesondere durch Angebote wie Preis- oder Produktvariationen weiter oder enger zu bestimmen sein, wobei hohe Preise ein Anreiz für Neuanbieter sein können, weil aus Abnehmersicht ein wünschenswert höherer Wettbewerbsgrad erzielbar scheint[60]. Je mehr Güter im Markt als ersetzbar erkannt werden, desto weniger wahrscheinlich sind größere Preisdifferenzen. Es gilt daher deren Austauschbarkeit zu klären, ab wann von gleichartigen Produkten gesprochen werden kann und so Märkte abgrenzbar werden. Auch hierbei spielen die spezifischen Eigenschaften der Ware eine entscheidende Rolle, weil sie dadurch identifizier- und individualisierbar ist.

α) Substitutionswettbewerb

Ein Markt kann als die Gesamtheit der wirtschaftlichen Beziehungen zwischen Anbietern und Nachfragern in Bezug auf ein bestimmtes Gut, einschließlich der Substitutionsgüter, verstanden werden[61]. Zunächst soll aber das Verhältnis von Außengrenze und Substitution geklärt werden. Denn Substitutionswettbewerb wird in der Regel gerade als Wettbewerb mit nicht zu einem relevanten Markt gehörenden Produkten verstanden, der nur von Waren oder Dienstleistungen ausgehen könne, die aus der Sicht von Nachfragern[62] zumindest in eingeschränktem Umfang oder unter bestimmten Bedingungen trotz der Unterschiede die zunächst gewünschten Waren oder Dienstleistungen ersetzen können[63]. Diese Annahme versteht sich im Zusammenhang mit der Feststellung von Marktmacht im Sinne des § 19 GWB für ein bestimmtes Produkt. Eine diesbezügliche Marktrelevanz ist hier jedoch nicht zu fordern. Es geht bei der Ermittlung der Außengrenzen des produktexternen Wettbewerbs in erster Linie – und daher liegt kein Widerspruch zu dieser Definition von Substitutionswettbewerb vor – um die Erfassung von interbrand-Produkten, die aus Abnehmersicht gerade als austauschbare Güter in Betracht kommen und deshalb eine wettbewerbliche Koordination als sanktionswürdig erscheinen lassen, nicht aber um Marktanteilsbestimmungen, die in der Fusionskontrolle relevant sind. Substitutionswettbewerb wird in der Literatur teilweise mit interbrand-Wettbewerb beim

---

[60] Vgl. *I. Schmidt*, Wettbewerbspolitik und Kartellrecht, S. 66.

[61] So *Baumbach/Hefermehl*, Wettbewerbsrecht, Einl., Allg. Grundl., Rn. 8.

[62] Nach *Sandrock* sind Substitutionsbeziehungen zwischen bestimmten Gütern oder Umfang des relevanten Marktes zwei objektive Kriterien zur Bestimmung von Wettbewerb, die wegen Problemidentität nicht ohne eine subjektive Betrachtung zwischenunternehmerischer Beziehungen (Marktverhalten im Sinne von Strategien und Absatzerfolg) auskomme, weshalb v.a. auf die Beweglichkeit der Nachfrage zwischen zwei Unternehmen abgestellt werden müsse, in: Grundbegriffe des GWB, S. 126 f.

[63] *Bunte*, in: L/B, Einführung zum GWB, Rz. 53.

Absatz gleichgesetzt[64]. Nach anderer Auffassung kann interbrand gerade nicht mit Substitution gleichgesetzt werden, weil es beim Substitutionswettbewerb nicht um die Ersetzung eines Gutes durch ein anderes Gut mit gleichem oder ähnlich einschätzbarem Nutzen gehe, sondern Substitutionswettbewerb nur vorliege, wenn Veränderungen im Angebot an Preis-Leistungs-Kombinationen eines Gutes die Absatzmenge eines anderen Gutes im relevanten Markt beeinflussten, die jeweiligen Nachfrager also in einem Verhältnis der Kreuzelastizität (Variation von Leistungskomponenten) zueinander stünden[65]. Es stellt sich hier die Frage, ob die divergierenden Auffassungen für die Bestimmung des interbrand-Wettbewerbs wesentlich sind. Substitution bedeutet zwar zutreffend insbesondere die Verlagerung einer Nachfragepräferenz auf ein alternatives Produkt, das aus Sicht des Abnehmers für diesen den gleichen oder zumindest einen vergleichbaren Zweck erfüllt (Bus oder Bahn zum Arbeitsplatz). Ebenso dürfte aber von Substitution im Sinne eines Austauschs gesprochen werden können, wenn nur die Nachfrage innerhalb von gleichartigen, nicht notwendig alternativen Produkten des einen zum anderen Hersteller verlagert wird (Stadtwerke-Bus gegen Bus eines Privatunternehmers). Sowohl im Falle der durch Kreuzelastizität hervorgerufenen Wechselambitionen eines Nachfragers zu Alternativprodukten[66] wie auch im Falle eines Wechsels zwischen Anbietern des selben Gattungsprodukts[67] (auch dieser kann durch Kreuzelastizität hervorgerufen sein) liegen interbrand-Beziehungen vor. Denn aus Sicht des Marktes sind bei beiden Varianten Produkte unterschiedlicher Hersteller gegeben, die über ihre Austauschbarkeit im relevanten Markt oder durch Substitution mit Alternativprodukten des Gesamtmarktes produktexterne Wettbewerbssituationen darstellen. Deshalb werden im europäischen Wettbewerbsrecht zu *antitrust product markets*, basierend auf Artt. 81, 82 EG und der Verordnung 4064/89, alle Produkte und/oder Dienstleistungen gezählt, die vom Verbraucher wegen charakteristischer Produkteigenschaften, Preis und Gebrauchsvorstellungen als austauschbar oder substituierbar angesehen werden[68]. Verhaltenskoordinationen zwischen Herstellern unterschiedlicher Gattungswaren sind wettbewerblich im gleichen Maße sanktionswürdig wie solche zwischen Herstellern gleichartiger Produkte. Soweit Abnehmer Alternativprodukte in Betracht ziehen, macht es für diese Marktgegenseite vom kartellrechtlichen Unwertgehalt dann nämlich keinen Unterschied, ob Lieferanten unterschiedlicher, aber austauschbarer Produkte etwa Preise gleichschalten oder nur

---

[64] *Martinek*, Franchising, S. 448, der „interbrand-Wettbewerb (oder: Substitutionswettbewerb)" als den Wirtschaftskampf von Händlern ansieht, die Waren verschiedener Hersteller absetzen, um den Absatz auf den Endverbrauchermärkten.

[65] *Kirchhoff*, Vertikale Vertriebsverträge, S. 7; *Sandrock*, Grundbegriffe des GWB, S. 127.

[66] Substitution im engeren Sinne.

[67] Über die klassische Substitution hinausgehender, diese einbeziehender Warenaustausch.

[68] Vgl. *Metha*, in: Faull/Nikpay, The EC Law of Competition, S. 45.

verschiedene Lieferanten eines generisch gleichen Produkts sich absprechen. In diesem Sinne dürfte auch die von *Martinek*[69] vollzogene Gleichsetzung mit Substitutionswettbewerb zu verstehen sein. Sie käme insoweit dem funktionalen Austauschbarkeitsansatz der Rechtsprechung nahe, wonach sämtliche Erzeugnisse, die sich nach ihren Eigenschaften, ihrem wirtschaftlichen Verwendungszweck und ihrer Preislage so nahe stehen, dass der verständige Verbraucher sie als für die Deckung eines bestimmten Bedarfs geeignet und berechtigterweise abwägend miteinander vergleicht und als gegeneinander austauschbar ansieht[70]. Wenn der Austausch gleichartiger Güter eingeschlossen wird, geht diese Auffassung also über die wirtschaftswissenschaftliche Definition der Substitution hinaus. Soll der produktexterne Wettbewerb zukünftig als Eingriffstatbestand für das Kartellverbot dienen, so müssen sämtliche Märkte einbezogen werden, und nicht nur relevante Märkte mit gleichartigen Produkten[71]. Damit bleibt zunächst festzuhalten, dass die Außengrenzen des interbrand-Wettbewerbs nicht durch einen den relevanten Markt ausschließenden engen Substitutionsbegriff bestimmt werden, sondern produktexterner Wettbewerb alle Fälle von Austauschbarkeit (Alternativität und Gleichartigkeit) erfasst[72].

β) Modell einer wettbewerblichen Surrogation

Ist der Substitutionsbegriff nicht einheitlich auslegbar, so dass auch ein generischer Produktaustausch hierzu gezählt werden könnte, stellt sich die Frage, ob nicht eine andere Begriffsbestimmung besser geeignet wäre, unter Ausklammerung der Diskrepanz die Relation zum produktexternen Wettbewerb greifbar zu machen. Hierzu könnte der Begriff der Surrogation in einen neuen Kontext gestellt werden. Dieses, z.B. aus dem Pfandrecht (§§ 1219 Abs. 2, 1247 BGB) bekannte Rechtsinstitut meint den Austausch eines Vermögensgegenstandes gegen einen anderen, der dem gleichen Rechtsverhältnis unterliegt, also einen Gegenstand, bei dem begriffsnotwendig von einem Alternativitäts-

---

[69] *Martinek*, Franchising, S. 448.

[70] Vgl. nur KG WuW/E OLG 995, 996 – „Handpreisauszeichner".

[71] *Metha*, in: Faull/Nikpay, The EC Law of Competition, sieht im Wunsch nach Substitution den größten wettbewerblichen Druck: "*One of the most immediate constraints upon the terms on which a firm supplies a product is the competitive pressure* [...] *The Costumer would readily shift to such products* [...], *which are considered as perfect substitutes.*" (S.46); "*The customary economic approach* [...] *does not lead to a relevant antitrust market that is unique.* [...] *hence a wider market incuding the next best substitute could also be deemed to be the relevant market* (S. 51; Hervorhebung nur hier).

[72] Nach Art. 9 Abs. 1 Schirm-GVO hat eine Marktabgrenzung aus Sicht von Käufern oder Händlern zu erfolgen. Daraus folgert *Bechtold*, EWS 2001, 49, 51 zu Recht, dass ein einheitlicher Markt durchaus verschiedene Waren und Dienstleistungen umfassen kann.

verhältnis auszugehen ist. Ein Surrogat dient zwar stets einem zugehörigen Sicherungszweck, indem es an die Stelle des Gegenstandes mit Fortbestand ursprünglich bestehender Rechte tritt[73]. Gleichwohl soll überprüft werden, ob die Surrogation nicht durch einen konkret wettbewerblichen Bezug assimiliert werden kann. Sollte sich zeigen, dass auf diesem Wege die nachfragebedingte Präferenz verschiedener, aber vergleichbarer Güter in das Modell des produktexternen Wettbewerbs integriert werden kann, stünde dem nichts im Wege. Dass ein Bedarf an marktübergreifenden Alternativen situativ bestehen kann, soll zuvor nochmals an einem Beispiel aufgezeigt werden. Entsprechend des Angebots und der individuellen Gebrauchsvorstellung, kann etwa nicht nur der Ersatz von Sonnenblumenöl des Herstellers A_1 durch Sonnenblumenöl des Herstellers A_2 ein mögliches Nachfragebedürfnis befriedigen, sondern auch der Ersatz von Sonnenblumenöl (Produktgruppe A) durch Olivenöl (Produktgruppe B), insbesondere wenn beide aus Kundensicht die gleichen Qualitätsanforderungen erfüllen. Im Hinblick auf die ursprüngliche Präferenz kann sich also je nach Marktlage das Interesse sowohl an dem gleichartigen als auch dem alternativen Produkt fortsetzen. Wird diese Präferenz hervorgehoben, könnte vielleicht von einer als „wettbewerbliche Surrogation" bezeichneten marktkomplementären Ersetzung gesprochen werden, wenn es dem jeweiligen Abnehmer gerade darum geht, dass sein Konsuminteresse auch von dem vergleichbaren Produkt gedeckt wird. Diese Perpetuierung des Verbraucherinteresses kann sich an gleichartiger Ware eines relevanten Marktes ebenso einstellen, wie an alternativer Ware in einem erweiterten relevanten Markt, insbesondere wenn der Abnehmer bestimmte Hersteller oder Marken präferiert und jeweils nur ein gleichartiges oder alternatives Erzeugnis von diesem Wettbewerber im Angebot ist. Die interessenspezifische Konkretisierung hinsichtlich Marke und Produktidentität trägt wesentlich dazu bei, interbrand-Märkte zu bestimmen. Konsumentenbedürfnisse richten sich in der Regel eben nicht ausschließlich nach Ver- oder Gebrauchsmerkmalen von Waren im substanziellen Sinne, sondern auch nach den spezifischen Umständen und Bedingungen, unter denen die Waren erworben und verwandt werden können[74]. Die Auswahl unter den für die Bedürfnisbefriedigung des Verbrauchers in Frage kommenden Preis-Leistungs-Kombinationen ist ein Entscheidungsprozess, bei dem situative Faktoren eine wichtige Rolle spielen. Der komplexe Wahlprozess wird neben Parametern wie Kaufzeitpunkt und Menge auch von Markenimage, also der momentanen Einstellung des Konsumenten zum Produkt, oder Image der jeweiligen Einkaufsstätte bestimmt[75]. Das „Sicherungsinteresse", das sich bei Surrogation am neuen Sicherungsgut fortsetzen muss, könnte daher wettbewerblich in dem Erfolg der Bedürfnisbefriedigung selbst gesehen werden.

---

[73] Vgl. *Bassenge*, in: Palandt, Einl. v. § 854 Rn. 20.
[74] *Ahlert*, WRP 1987, 215, 221.
[75] *Ahlert*, WRP 1987, 215, 221.

Die kartellrechtliche Dimension, die eine Bezeichnung als „wettbewerbliche Surrogation" vertretbar macht, dürfte darüber hinaus in dem mit der Bedürfnisbefriedigung konformen Interesse an freiem Wettbewerb im Sinne der Konsumentenwohlfahrt liegen. Hängt das Eingreifen eines interbrand-Verbots von der Voraussetzung ab, dass Produkte eines jeweils näher zu bestimmenden Präferenzmarktes betroffen sind und von den Marktteilnehmern beschränkt werden, so bezieht sich das Verbot im Ergebnis auf die so umgrenzten Güter. Die gedankliche und durch die Rechtsfolge der Nichtigkeit jeweiliger Verhaltenskoordination entstehende Verknüpfung versinnbildlicht die Surrogationsannahme idealer Bedürfnisbefriedigung. Ein rechtlicher „Sicherungszweck" kann also nur wettbewerblich präzisiert werden. Nachfrager haben zwar keine spezifischen Rechte hinsichtlich des eigentlichen Wettbewerbs um Waren, der ein reiner Marktprozess ist. Ihnen bleibt insoweit lediglich die Auswahloption, verbunden mit der Hoffnung auf möglichst gute Konditionen. Das GWB schützt den dieser Konsumentenwohlfahrt entgegenkommenden freien Wettbewerb individuell und institutionell[76]. Das begründete Verbraucherinteresse an kartellfreiem, weil für die Konsumentenrente vorteilhaften Produktabsatz, gewährleistet das Kartellrecht somit über den Schutz der Handlungsfreiheit von Unternehmen indirekt. Abnehmer können Angebotsleistungen möglichst umfangreich subjektiv bewerten. Dabei spielen nicht nur funktionale Eigenschaften der Produkte eine Rolle, sondern auch ästhetische und symbolische Attribute oder ergänzend gewährte Leistungen[77]. Die Verlagerung der Kundenpräferenz von einem auf ein anderes, austauschbares, im Ergebnis gleichwertiges Produkt kann dann regelmäßig den Wechsel des Herstellers oder gleich der Produktgattung zur Folge haben.

Dies ist zwar nicht zwingend, etwa dann nicht, wenn ein und derselbe Hersteller das gleiche Produkt lediglich unter verschiedenen Marken zu unterschiedlichen Preisniveaus offeriert (einmal für gängige Verbrauchermärkte, zum anderen als sog. *no name*-Produkt etwa für die Aldi-Gruppe). Auch dies stellt aber einen Fall dar, bei dem sich der Verbraucher durch die Markendiversifikation einer interbrand-Auswahl gegenüber sieht. Eine ähnlich anmutende, gleichwohl davon zu unterscheidende Situation ist bei herstellereigenem, quasi internem interbrand-Wettbewerb gegeben, bei dem ein Austausch von Produkten innerhalb eines Konzerns erfolgen kann. So kann der Verbraucher bspw. bei den Konzernmarken Audi und VW beim Kauf eine interbrand-Wahl treffen. Die nachfragerorientierte Surrogationsmöglichkeit zwischen einem Audi A3 TDI und einen plattformgleichen VW Golf IV TDI ist durch die Konzernstruktur bedingt intrafirm. Gerade wegen der Konzernzugehörigkeit können beide Modelle mit

---

[76] Vgl. nur *Zimmer*, in: I/M, 3. Aufl., § 1 Rn. 7 ff.
[77] Vgl. *Ahlert*, WRP 1987, 215, 221.

den selben Motoren aber nur aufgrund Ausstattungs-, Qualitäts-, Preis- und Imagenähe austauschbar sein und aufzeigen, wie sich das Interesse des Verbrauchers von einem Produkt auf das andere fortsetzen kann, wenn etwa eines längere Lieferzeiten hat als das andere. Wettbewerblich relevante Herstellermaßnahmen über Konzernprodukte sind als unternehmensinterne Entscheidungen kartellrechtlich regelmäßig nicht erfasst, nach hM zumindest aber privilegiert, je nach Gestaltung des Unternehmens oder Konzerns[78]. Auch dieses Beispiel zeigt indes die Vielfalt an Möglichkeiten, wie sich aus Verbrauchersicht Märkte entwickeln, an deren Produkten sich die Nachfrageinteressen von dem einen zu dem anderen übertragen können.

Die produktexterne wettbewerbliche Surrogation bietet de facto die Möglichkeit einen Herstellerwechsel gattungs- oder warenalternativ einzubeziehen. Es ist folglich in diesem Zusammenhang dann nicht mehr notwendig, eine wirtschaftswissenschaftliche Begriffsauslegung der Substitution argumentativ auf den Austausch von Gattungsware auszudehnen. Die wettbewerbliche Surrogation kann darüber hinaus zur Feststellung der Innengrenzen des interbrand-Wettbewerbs herangezogen werden. Denn sobald sich die Interessen des Verbrauchers an einem gegenüber dem ursprünglich gewünschten alternativen Produkt fortsetzen, spielen intrabrand-Parameter wie Preis- oder Verkaufsstätte des ursprünglichen Produkts keine Rolle mehr. Der Vergleich konzentriert sich dann auf die Aktionsparameter im Wettbewerb zwischen ursprünglich und neu ins Auge gefasstem Produkt. Als einzige Ausnahme wäre auch hier der Austausch gleichartiger Produkte im angeführten Fall des konzerninternen Mehrmarkenvertriebs zu nennen, weil die Auswahlinteressen des Verbrauchers sich zwar auf interbrand-Produkte richten, diese aber durch die Konzerngestaltung tatsächlich im intrabrand-Wettbewerb zueinander stehen.

Die Bestimmung von Märkten lässt sich insgesamt also idealerweise an den Präferenzen der Nachfrager ausrichten. Die Abgrenzung gegenüber nicht mehr zu produktexternen Märkten gehörenden Waren ist dann erreicht, wenn diese aus Verbrauchersicht nicht mehr wettbewerblich surrogationsfähig sind. Von relevanten produktexternen Märkten kann folglich immer dann gesprochen werden, wenn wegen der wettbewerblichen Surrogationsfähigkeit gleichartige oder alternative Produkte hierzu zu zählen sind. Dort stattfindende Absprachen zwischen Wettbewerbern sind verbotswürdig, weil sie den interbrand-Wettbewerb beschränken.

---

[78] Vgl. *Immenga*, in: I/M, 2. Aufl., § 1 Rn. 198 m.w.N.; *Hootz*, in: GK, § 1 Rn. 124; *Bechtold*, Kartellgesetz, § 1 Rn. 28; *Ulmer*, WuW 1960, 163, 165; weil es bei Konzernzugehörigkeit am Wettbewerbsverhältnis fehle: OLG Stuttgart WuW/E OLG 2352, 2355 (*ohne Stichwort*); a.A. (MM) *Zeitler*, WuW 1959, 621, 628; *Haberkorn*, WRP 1967, 41, die sich für eine grundsätzliche Anwendung des Kartellverbots aussprechen.

bb) Wettbewerberposition

Nach den vorangegangenen Ausführungen zur Produktabhängigkeit und deren Verhältnis zu den Marktteilnehmern kann es nur noch in bestimmten Fällen auf die Position der Wettbewerber selbst ankommen. Das Wettbewerbsverhältnis der Beteiligten zueinander ist als Teilaspekt zur Beurteilung produktexternen Wettbewerbs ggf. mitentscheidend. Ein Wettbewerbsverhältnis zwischen Marktteilnehmern wird von deren Beziehungen zum Produkt und dem Absatzgefüge bestimmt. Sind sie Anbieter im gleichen Markt und sind ihre Produkte aus Abnehmersicht austauschbar, sind sie Wettbewerber in diesem Markt. Kommt es dort zu Kartellabsprachen, kann eine Einschränkung produktexternen Wettbewerbs festgestellt werden. Dies kann mit einem Horizontalverhältnis zusammenfallen. Daher wird vertreten, dass Wettbewerb im Grunde nur Verhaltensweisen von Wirtschaftssubjekten (Anbietern und Nachfragern) beschreibe, und sonach die Verhältnislage von Gütern nicht entscheidend sein könne[79]. In erster Linie wird das Wettbewerbsverhältnis aber gerade durch solche spezifische, produktexterne Faktoren begründet. Der Markt und die dortigen Nachfragepräferenzen bestimmen, ob Güter gleichartig oder marktalternativ sind. Insoweit kann Wettbewerb zwischen (produktexternen) Erzeugnissen auch als Wettbewerb zwischen Anbietern verstanden werden[80]. Die Anbieterposition ist ohne Zweifel aber immer mit dem Produkt selbst verknüpft und macht den Wettbewerber erst durch seine Beziehung zum Produkt zu dem, was er ist. Es kann also nicht entscheidend sein, wo sich das anbietende Unternehmen im Markt platziert oder ob es sich als Hersteller und/oder Händler geriert. In Wettbewerb stehen die Güter selbst. Ihre Anbieter folgen der Marktfunktion des Gutes. Die Positionierung ist damit Reflexion des Nachfrageverhaltens und bestimmt sich originär nach diesem. Das wettbewerbliche Verhalten ist insofern Folge der Verhältnislage von Gütern, nicht umgekehrt. Begründet das Verhalten von Unternehmen erstmalig eine Verhältnislage von Gütern im Zusammenhang mit einer prognostizierten Nachfrage, können antizipiertes Güterverhältnis und Wettbewerberposition zusammenfallen. Gleichwohl begründet tatsächlich erst die wettbewerbliche Surrogationsfähigkeit der Güter letztlich die Beziehungen der Teilnehmer in Märkten. Für die Marktgegenseite ist dabei nur entscheidend, ob auf ein Güterverhältnis wettbewerbsbeschränkend eingewirkt wird. Es spielt dagegen keine Rolle, ob zwischen den sich koordinierenden Parteien ein Wettbewerbsverhältnis besteht, welches von ihrer Position im Markt begründet würde. Nur die Auswirkungen um und auf das Gut sind entscheidend, unabhängig davon, von wem die

---

[79] *Kirschstein*, WuW 1966, 777, 785 f.

[80] So *Ulmer*, ZHR 130 (1968), 164, 180 in Fußnote 38; a.A. *Gleiss*, WRP 1967, 163, 171: Es komme entscheidend auf den Wettbewerb von Erzeugnissen, nicht aber der Hersteller an.

künstliche Beeinflussung ausgeht bzw. ob ein Wettbewerbsverhältnis zwischen den Koordinationsparteien besteht.

2. Herstellerwettbewerb in der Marktanalyse

Wettbewerb ist nicht immer auch Herstellerwettbewerb. Dies verdeutlicht sich schon mit Blick auf den (intrabrand-)Nachfragewettbewerb, den das Gesetz etwa in den §§ 4 Abs. 2, 19 Abs. 2 GWB berücksichtigt. Für den Beginn des interbrand-Wettbewerbs kann der Herstellerwettbewerb aber durchaus als Oberbegriff herangezogen werden. Die Marktanalyse muss mit der Produktion von Gütern beginnen, die die Grundlage eines um diese Güter aufblühenden Wettbewerbs bildet. Herstellerwettbewerb kann als Ausgangslage eines aufblühenden Wettbewerbs um das geschaffene Produkt betrachtet werden. Hier wird erstmalig über die Vertriebsauswahl und eine möglichst ideale Endkundenversorgung über den Handel oder unmittelbar entschieden[81]. In der Sphäre des Herstellers werden also die Weichen für den interbrand-Wettbewerb gestellt. Diese Entscheidungen sind allerdings nur für die jeweiligen Absatzwege wesentlich und haben mit den Produkteigenschaften nichts zu tun. Sie bestimmen das Korsett der Verbraucherversorgung. Diese Auswahl hat insbesondere Einfluss auf den späteren intrabrand-Wettbewerb innerhalb des gewählten Vertriebssystems, weil hier Maß und Zahl der Anbieter vorgegeben werden. Dies ist von der produktbezogenen Eigenschaftsbewertung zu trennen. Denn der Hersteller kann bei der Produktion nur spätere Unterscheidungsmerkmale begründen und so neben der Zugehörigkeit zur Marke Anhaltspunkte für die Endkundenauswahl liefern. Für die Marktanalyse kann daher Folgendes festgehalten werden: Der Hersteller legt mit seiner Produktion den Grundstein einer Güterdifferenzierung mit Wettbewerbswaren. Die Wahl der Warenausstattung und spezifische Eigenschaften sind Ausgangspunkt einer Surrogationsfähigkeit im dadurch beeinflussten Marktsegment. Diese produktspezifischen Merkmale sind ursächlich für späteren Wettbewerb mit Konkurrenzprodukten. Der Kampf um Händler und Vertrieb ist davon zu abstrahieren, weil beides das Produkt nur begleitet und für die Produzentenrente wesentlich ist. Für die Frage, ob interbrand-Wettbewerb besteht oder zukünftig bestehen kann, sind sie nur insofern von Bedeutung, als damit festgelegt wird, ab wann sie auf mögliche gleichartige Güter oder Alternativgüter im Markt treffen (Großhandel, Fachhandel, diversifizierte Verbrauchermärkte). Die Marktanalyse erhält mit der Absatzwahlentscheidung also zunächst einen zeitlichen Faktor, der den Markteintritt bestimmt. Daneben hat diese Entscheidung Einfluss auf Werbung, Marketing, Service, mithin die Qualität mit der die Produkteigenschaften

---

[81] *Ahlert*, WRP 1987, 215, 215, sowie Übersicht S. 218, zu den Gründen der Vertriebsgestaltung in der Sphäre des Herstellers S. 226; auch *Martinek*, Franchising, S. 447.

hervorgehoben werden können, die die Auswahlsituation für den Endkunden beeinflussen. Herstellerwettbewerb ist damit allgemeine Entscheidungsgrundlage für nachfolgenden interbrand-Wettbewerb. Interbrand-Wettbewerb findet auf der Herstellerstufe statt; er setzt sich in erster Linie über die Absatzmittler fort, weshalb er nicht nur mit Herstellerwettbewerb gleichgesetzt werden darf[82]. In diesem Sinne haben auch amerikanische Gerichte festgestellt, dass interbrand-Wettbewerb den Wettbewerb zwischen gleichartigen Erzeugnissen verschiedener Hersteller nicht nur auf Händler-, sondern auch auf Produzentenebene einschließe[83].

3. Händlerwettbewerb in der Marktanalyse

Dass interbrand-Wettbewerb insbesondere zwischen Händlern stattfindet, ist unstreitig[84]. Nach *Martinek*[85] ist erst den Absatzmittlungsverhältnissen erhöhte Aufmerksamkeit zu widmen, weil tatsächlicher Wettbewerb um das Herstellererzeugnis erst auf der Händlerstufe beginne. Vorher finde der klassische Kampf um den Abnehmer nicht statt. Dem ist zuzustimmen, falls auch der Hersteller mit Direktvertrieb unmittelbar zur Händlerstufe gezählt wird, weil er so in eine handelsäquivalente Situation eintritt. Interbrand-Wettbewerb besteht danach im Zusammenhang mit Produktabsatz zwischen konkurrierenden Händlern bei Waren, die sie jeweils von unterschiedlichen Herstellern beziehen oder daneben selbst herstellen und vertreiben. Fußt Herstellerwettbewerb noch weitestgehend auf einer ausgeprägten Händlerakquise im Sinne bestmöglicher Versorgung von Endabnehmern, bekommt beim Absatzmittlerwettbewerb die Bezugsvariable einen höheren Stellenwert. Als Beispiel seien zwei Händler genannt, die austauschbare Waren unterschiedlicher Hersteller vertreiben. Ist entsprechend ihrer Absatzinteressen eine wettbewerbliche Surrogation der produktexternen Ware des anderen Herstellers denkbar (und vielleicht auch rentabel), sind sie zumindest potenzielle Mitbewerber. Sie können damit aus Hersteller- oder Großhändlersicht eine mögliche Alternative darstellen, den eigenen Warenabsatz zu intensivieren. Bezugsabsprachen zwischen den Händlern würden sich dann als Beschränkung der Absatzmöglichkeiten der Hersteller entpuppen. Gehen wir davon aus, dass der potenzielle Händler unter Beibehaltung der Erstware die Ware des zweiten Herstellers führen könnte, wird auch der Verbraucher so einer Auswahloption beraubt. Ein klassisches Kartell also, das eine gesetzliche Verbotsbehandlung angemessen erscheinen lässt. Bleibt ein koordinatives

---

[82] So *Ulmer*, ZHR 130 (1968) 164, 180.

[83] *Continental T.V., Inc. vs. GTE Sylvania, Inc.*, 433 U.S. 36, 51 (1977) in Fn. 19.

[84] *Ulmer*, ZHR 130 (1968), 164, 180; *Kirchhoff*, Vertikale Vertriebsverträge, S. 7; *Ackermann*, Art. 85 Abs. 1 EGV, S. 231 (Fn. 111).

[85] *Martinek*, Franchising, S. 448; *Schmitt*, Selektiver Vertrieb, S. 7.

Verhalten der Händler indes aus, so können die Kontrahenten auf günstige Konditionen im Vertrieb des Konkurrenzproduktes ihrerseits nur mit wettbewerblichem Nachstoßen reagieren. Ein Vorteil für den Verbraucher, dem seine Auswahlentscheidung durch günstige Bedingungen erleichtert wird. Sucht der Händler in diesem Wettbewerbskampf vom eigenen Hersteller Bezugsvergünstigungen zu erreichen, kann der Hersteller in Ansehung einer Verminderung seiner Produzentenrente ein Ausweichinteresse zum Konkurrenzhändler haben. Besteht seitens des Konkurrenzhändlers kein Bezugsinteresse, weil er sich dadurch zusätzlich in ein intrabrand-Verhältnis manövrieren würde, gleichwohl aber die Hoffnung, günstigere Bedingungen für seinen interbrand-Wettbewerber zu verhindern, kann er höchstens mit der stumpfen Waffe der Verweigerung zukünftiger Geschäftsbeziehung aufwarten, speziell, wenn es sich bei ihm um einen mächtigen Händler handelt. Bezugs- und Absatzpositionen produktexterner Händler sind daher für die betroffenen Märkte von besonderer Bedeutung. Der interbrand-Absatzwettbewerb intensiviert so durch den davon zwischen den beteiligten Unternehmen ausgehenden Rationalisierungsdruck[86] den interbrand-Bezugswettbewerb.

Im Wesentlichen spielt sich der interbrand-Absatzmittlerwettbewerb aber im Bereich der Endkundenversorgung ab. Hier kommen verschärft wettbewerbliche Aktionsparameter zum Einsatz, die beim eigentlichen Herstellerwettbewerb noch eine untergeordnete Rolle spielten. Die Händler können sich insoweit zwei Situationen gegenübersehen: Ist der Verbraucher unentschlossen und stehen mindestens zwei oder mehrere Produkte zur Wahl, wird Preis- und/oder Konditionenwettbewerb produktextern wichtig. Ist der Verbraucher aber bereits auf ein bestimmtes, exklusives Produkt fixiert und versucht seinerseits nur noch die günstigste Bezugquelle auszumachen, hofft er auf möglichst regen, preisdrückenden produktinternen Wettbewerb. Im Kampf um Marktanteile wird dann Qualitäts- und Servicebestrebungen erheblich höhere Aufmerksamkeit zuteil. Der Parameter Preis rückt in den Vordergrund. Entsprechende Werbe- und Serviceleistungen der Vertriebshändler im Qualitätswettbewerb sind beim Absatz der Markenerzeugnisse im Interesse der Hersteller. Deshalb werden Hersteller bestrebt sein, die Umsetzung ihrer Anliegen produktintern durch den engagierten Fachhandel zu schützen, um nicht leistungsorientierte Discounter, die lediglich über den Preis operieren, zu Gunsten konsequenten Qualitätsangebots in Schach zu halten. Solche vertriebsinternen Bemühungen haben in der Regel Auswirkungen auf den interbrand-Wettbewerb. Sie können dazu führen, dass Händler produktexterner Anbieter versuchen, konkurrierenden Händlern durch Einsatz eigener Aktionsparameter nachzueifern und vergleichbare Leistungen anzubieten. Ein interbrand-beschränkendes Moment

---

[86] *Köhler*, Nachfragewettbewerb und Marktbeherrschung, S. 46.

bekommen vertriebsorganisatorische, absatzbegleitende Maßnahmen v.a. dann, wenn sie mit Bindungen zum Bezug von Konkurrenzerzeugnissen gekoppelt werden[87].

III. Produktinterner (intrabrand) Wettbewerb

Intrabrand-Wettbewerb, die Konkurrenzsituation, in der Unternehmen mit ein und derselben Ware im Absatz um Abnehmer buhlen, kann erstmals bereits in der Sphäre des Herstellers entstehen. Die herstellereigene Entscheidung über den Produktvertrieb begründet die Ausgangslage der Wettbewerbssituation im Absatz. Ob Direktvertrieb oder Absatzmittlungsverhältnis: in jedem Fall beginnt in diesem zweiten Schritt das konkrete Ringen um Konditionen für den Bezug der Ware auf demselben relevanten Markt. Jede Individualverbesserung von Einkaufskonditionen eines produktinternen Wettbewerbers schwächt gleichzeitig die Marktposition eines vergleichbaren Konkurrenten. Hier spielen erstmals Marktlage und Vergleichbarkeit der Wettbewerber eine Rolle, weil Spürbarkeit oder Wesentlichkeit der Vorteilsbeschaffung erst bei räumlicher Nähe – besser: bei Bedienung desselben Kundennachfragekreises – unmittelbare Wirkung zeigen. Konditionenwettbewerb ist regelmäßig ein Beweis für funktionierenden intrabrand-Wettbewerb. Werden etwa Discounter und Fachhandel gleichermaßen beliefert, werden sie versuchen, immer dieselben Vorzüge zu erzielen, die dem Konkurrenten gerade bewilligt werden. Deshalb werden die Beteiligten stets um aktuelle Informationen bemüht sein. Großhändler oder direkt beliefernder Hersteller müssen daher gut überlegen, ob und welche Vorzüge sie erteilen. Denn gleichstarker Fachhandel und Discounter werden auf gleichberechtigte Behandlung drängen. Je mehr produktinterne Absatzwettbewerber also am Markt agieren, desto geringer kann die Produzentenrente ausfallen und desto intensiver der intrabrand-Wettbewerb werden, bei vermuteten Gewinnen für die Konsumenten. Die Effizienz des Absatzes kann aber leiden, mit der Folge, dass Hersteller bemüht sein werden, auf die Zahl und Bedingungen der intrabrand-Wettbewerber beschränkend einzuwirken. Sind sie dabei erfolgreich, hängt es von der produktexternen Marktlage ab, ob ein möglicherweise höherer Preis nur auf den ersten Blick für den Verbraucher von Nachteil ist. Mangelnde Bewegung auf intrabrand-Märkten kann produktexterne Wettbewerber auf den Plan und so Alternativen hervorrufen. Es muss sich folglich zeigen, ob die anhand von Konditionen beispielhaft angesprochenen Umstände des intrabrand-Wettbewerbs sich verallgemeinern lassen und per saldo eine regelmäßig dem Markt zu

---

[87] Daneben gibt es Bezugsbindungen, die sich auf die Vertragsware des Herstellers beziehen. Sie sind intrabrand-Beschränkungen, bei denen dem Händler vorgeschrieben wird, wo er die Produkte des Herstellers zu beziehen hat; vgl. *Kirchhoff*, Vertikale Vertriebsverträge, S. 28. Sie haben keine weitergehenden interbrand-Auswirkungen.

überlassende Regulierung bei gleichzeitiger behördlicher Beobachtung rechtfertigen. Insoweit sollen zunächst unter (1.) die Innen- und Außengrenzen im Wirkungskreis des intrabrand-Wettbewerbs angesprochen und unter (2.) das Hersteller-Händlerverhältnis bei einem Vergleich mit dem US- und EG-Recht in Relation zum intrabrand-Wettbewerb dargestellt werden.

1. Wirkungskreis produktinternen Wettbewerbs

Sämtliche Wettbewerbsparameter, die sich beim Warenabsatz auf das Produkt nur eines Herstellers konzentrieren, wirken sich zunächst ausschließlich im intrabrand-Wettbewerb aus. Dazu gehört speziell die Selektion eingeschalteter Händler[88]. Dies kann im Wege des selektiven Vertriebs geschehen, bei dem der Absatz nach bestimmten Kriterien auf ausgewählte Absatzmittler verteilt wird[89]. Die intrabrand-Beschränkung liegt dann im Ausschluss all jener potenziellen Absatzmittler, die die Selektionskriterien nicht erfüllen[90]. Beim exklusiven Vertrieb werden Absatzgebiete und Kundenkreise systematisch aufgeteilt und einzelnen als geeignet empfundenen Absatzmittlern räumlich und sachlich zugewiesen[91]. Da sie oft mit Bezugsbindungen gekoppelt werden, wird nicht lediglich der intrabrand-Wettbewerb separiert, sondern auch der interbrand-Wettbewerb durch Bezugsverbot gleichartiger oder alternativer Produkte Dritter beschränkt. Absatzsysteme können auch durch intrabrand-Vertragshändlersysteme aufgebaut werden. Die Besonderheit dieser Systeme liegt darin, dass das Unternehmen des Absatzmittlers in die Organisation des Herstellers eingebunden wird und der Absatzmittler sich vertraglich verpflichtet, die Herstellerware auf eigene Rechnung im Vertragsgebiet unter besonderer Förderung abzusetzen[92]. Durch die Eingliederung kommt es zu einer produktinternen Sortimentsbeschränkung auf die Herstellerware, die in aller Regel auf Dauer angelegt ist[93]. Auf diese Weise kann der Hersteller eine besondere – auch wirtschaftliche – Abhängigkeit des Händlers erzielen und zugleich gute Beratung an den Verbraucher sicherstellen. Darüber hinaus bleiben produktexterne Wettbewerbserzeugnisse regelmäßig ausgeschlossen, weil der Vertragshändler nicht bereit ist, auch interbrand-Waren anzubieten, die die Förderung der Vertragsware behindern könnten. Durch die Vertragsbindung und die herstellerseitigen

---

[88] Zu allen Formen ausführlich v.a. *Kirchhoff*, Vertikale Vertriebsverträge, S. 15 ff.

[89] *Ahlert*, WRP 1987, 215, 216 f.; *Sölter*, Kooperative Absatzwirtschaft, S. 47.

[90] *Kirchhoff*, Vertikale Vertriebsbindung, S. 15.

[91] Vgl. dazu *Ahlert*, in: ders., Vertragliche Vertriebssysteme, S. 81 ff.

[92] *Ulmer*, Der Vertragshändler, S. 206; *Ahlert*, in: ders., Vertragliche Vertriebssysteme, S. 85, der wie *Martinek*, Franchising, S. 204, von Eigenhändlern spricht, soweit diese im eigenen Namen und auf eigene Rechnung handeln; *Schwintowski*, Alleinvertriebssysteme, S. 17.

[93] Deshalb hebt *Ulmer* den Vertragshändler als neue Absatzform hervor, in: Der Vertragshändler, S. 205.

Vorgaben kommt es daneben zu typisch gleichförmigen intrabrand-Verhaltensweisen der Vertragshändler[94]. Von Vertragshändlersystemen ist der Sprung zu Franchisesystemen nicht mehr weit. Sie beschreiben besondere intrabrand-Absatzmittlungsverhältnisse[95], die sich insbesondere durch Uniformität bei der Ausstattung von Franchisenehmern, das Herausstellen der jeweiligen Marke und die gleichförmige Kanalisierung des Absatzes auszeichnen. Je nach Art der Waren- oder Individualvertragslastigkeit von Franchiseverträgen, können die enthaltenen Absatz- und Vertriebsbestimmungen unterschiedlich hohe Intensität an intrabrand-Integration aufweisen[96]. Wegen regelmäßig enthaltener Bezugsbindungen, Kunden- und Gebietsaufteilungen weisen Franchise-Vertriebssysteme auch eine starke interbrand-Wettbewerb ausschließende Komponente auf[97]. Allerdings ist das Franchising durchaus multivalent, denn es kann insbesondere bei der Händlerfranchise dazu führen, dass verschiedene produktexterne Hersteller Waren für den Franchisegeber produzieren. Die Nachfrage kann so lebhaften interbrand-Wettbewerb hervorrufen. Die Besonderheit beim Franchising ist aber in jedem Fall die intensive Eingliederung in das System des Franchisegebers, die zu sehr starker Systemkooperation führt und wegen der organisatorischen Vorgaben den intrabrand-Wettbewerb sehr limitiert.

Insgesamt weisen v.a. typische vertikale Vertriebs- oder Absatzbindungen Beschränkungen des Zugangs zum produktinternen Wettbewerb auf. Sie werden ökonomisch aus Sicht der Hersteller zumeist damit rechtfertigt, dass die Selektion von Absatzmittlern hinsichtlich spezifischer Gütereigenschaften wegen Service, Werbung und Beratung zweckmäßig oder notwendig sei, bzw. dass ein möglichst effektiver Absatz nur durch den systematischen Ausschluss anderer Absatzmittler erzielt werden könne, um die kostenintensive Vermarktung für die gebundenen Händler zu amortisieren[98]. Ihre Wirkung besteht regelmäßig in einer Beschränkung des intrabrand-Wettbewerbs auf bzw. unter den gebundenen Absatzmittlern, deren Außengrenze beim Bezugs- oder Absatzverbot produktexterner Waren zu sehen ist, dem Moment, in dem auch eine interbrand-Beschränkung in Rede steht.

---

[94] Intrabrand-Beschränkungen können daneben v.a. für potenzielle Absatzmittlungsinteressenten wegen der Marktaufteilung der Vertraghändler nachteilig sein; vgl. *Kirchhoff*, Vertikale Vertriebssysteme, S. 19 Fn. 73.

[95] Zu den verschiedenen Formen des Franchising, wie etwa Vertriebs-, Produktions-, Subordinations-, Föderations-, und Konföderationsfranchising, auf die hier nicht näher eingegangen werden kann, vgl. insb. *Martinek*, Franchising, S. 146 ff., 255 ff. und passim bzw. zur kartellrechtlichen Beurteilung: S. 468 ff., 527 ff.

[96] *Martinek*, Franchising, S. 196; *Martinek/Semler*, Hbd. des Vertriebsrechts, § 2 Rn. 14 ff.

[97] Vgl. zu den positiven und negativen Auswirkungen des Franchising für den interbrand- und intrabrand-Wettbewerb: *Rey/Caballero-Sanz*, Policy Implications, S. 38 f.

[98] Vgl. *Grossekettler*, in: Ahlert, Vertragliche Vertriebssysteme, S. 286 ff.; *Ahlert*, in: ders., Vertragliche Vertriebssysteme, S. 80.

2. *Intrabrand-Wettbewerb im Hersteller-Händler-Verhältnis*

a) Intrabrand-Bewertungshinweise für das deutsche Recht

Kann eine intrabrand-orientierte Auslegung vielleicht deshalb unbrauchbar sein, weil sie in bestimmten Fällen möglicherweise gerade zur Förderung horizontaler Wettbewerbsbeschränkungen führt? Diese Frage hängt von den marktwirtschaftlichen Gegebenheiten ab. Mit Blick hierauf hat insbesondere die amerikanische Literatur und Rechtsprechung seit der berühmten *Sylvania*-Entscheidung[99] einen solchen Zusammenhang hergestellt[100]. Anlass war insoweit, dass Hersteller auf klassisch horizontal geprägte Kartelle ihrer Großhändler reagierten. Hierzu nutzten sie ihre Einflussmöglichkeiten über den unmittelbaren Produktabsatzweg. Dieses Vorhaben sollte als mittelbare Gegenwirkung auf die Kooperation der Absatzmittler dienen. Ein Zusammenhang war also argumentativ zumindest herstellbar. Infolgedessen wurden intrabrand-Beschränkungen, die ein Hersteller als Antwort auf die Verhaltenskoordination seiner Absatzmittler einsetzte, als horizontale Bindungen und deshalb per se verboten angesehen[101]. Dem *Sylvania*-Verfahren lag folgender Sachverhalt zu Grunde: Die Klägerin, Continental T.V., vertrieb als Einzelhändlerin Fernseher in San Francisco. Die Beklagte, GTE Sylvania, stellte Fernseher her und versuchte ihren Marktanteil von knapp 2% durch Umstellung des Vertriebssystems unter Ausschaltung des koordinierten Großhandels zu erhöhen. Die Beklagte verkaufte ihre Geräte fortan unmittelbar an autorisierte Einzelhändler, denen sie eine nicht preisbezogene Gebiets- und Kundenbindung auferlegte. Die Händler sollten nur von den durch die Beklagte ausgewiesenen Verkaufsstellen aus tätig werden. Mit dem Absatzerfolg der Klägerin unzufrieden, belieferte die Beklagte eine weitere Händlerin in unmittelbarer Nachbarschaft der Klägerin. Daraufhin wollte die Klägerin auch außerhalb San Franciscos verkaufen, wo sie in intrabrand-Wettbewerb zu anderen gebietsgebundenen Absatzmittlerinnen getreten wäre. Dies nahm die Beklagte zum Anlass, den Franchisevertrag mit der Klägerin zu kündigen. Die Beklagte hatte mit ihrem Direktvertrieb das Nachfragekartell der Großhändler umgehen können. In deren Sortiment erschienen die Sylvania-Fernseher nicht mehr, so dass insoweit eine Reduzierung des interbrand-Wettbewerbs auf der Großhandelsstufe eintrat. Insgesamt konnte die Beklagte aber durch die intrabrand-Vertriebsbündelung und Aufteilung ihres Absatzgeschäfts auf bestimmte Einzelhändler

[99] *Continental T.V., Inc. vs. GTE Sylvania, Inc.*, 433 U.S. 36 (1977).
[100] *Posner*, U. Chi. L. Rev. 6 (1981); *Bork*, 75 Yale L.J. 373 (1966).
[101] 433 U.S. 36, 58 (1977) insb. Fn. 28, in der festgehalten wurde, dass zwar „gelegentlich Probleme bei der Unterscheidung vertikaler von horizontalen Wettbewerbsbeschränkung bei der Beurteilung von Vereinbarungen zwischen Händlern auftreten können. [Es gebe aber] keinen Zweifel, dass Beschränkungen in der letzteren Kategorie per se verboten wären ...“.

ihren Marktanteil nachweislich erhöhen. Die intrabrand-Bindung hatte hier also insgesamt einen positiven Effekt für den interbrand-Wettbewerb. Wegen der Komplexität der Marktwirkungen und dieses potenziell wettbewerbsfördernden Hintergrunds bewertete der Supreme Court das Bindungssystem nach der *rule of reason* als wirksam[102]. Die horizontale Beschränkung im intrabrand-Wettbewerb kann also durch Förderung des interbrand-Wettbewerbs zwischen Herstellern im Horizontalverhältnis ausgeglichen werden. Die Einwirkungen des produktinternen Wettbewerbs auf den produktexternen Wettbewerb sind jedoch ambivalent und müssen den jeweiligen Einzelfallumständen entsprechend beurteilt werden. Eine pauschale Formel ist deshalb kaum möglich. Insbesondere geht ein pauschaler Vorwurf der Beschränkung von Wettbewerb im Horizontalverhältnis ins Leere. Die faktische Möglichkeit besteht zwar, ist indes nicht verallgemeinerbar. Produktinterne Händlervereinbarungen können im Übrigen ebenso geeignet sein, vertikale Wettbewerbsverhältnisse zu beeinflussen. Intrabrand-Wettbewerb ist von beiden marktordnungsrechtlichen Kategorisierungen unabhängig, auf die insgesamt für die Bewertung von Kartellverfahren verzichtet werden sollte.

Es stellt sich nunmehr die Frage, ob reine intrabrand-Beschränkungen beim Warenabsatz von einem kartellrechtlichen Verbot oder einer entsprechenden Verhaltensaufsicht weitgehend ausgenommen werden können. Vom kartellrechtlichen Zugriff könnte eher abgesehen werden, wenn produktinterne Vereinbarungen überwiegend zu einer angemessenen Erhöhung der Herstellermarktanteile führten, also regelmäßig Vorteile für den interbrand-Wettbewerb mitbrächten und so die Auswahloptionen von Nachfragern erhöhten. Zunächst liegt der Zweck von intrabrand-Vereinbarungen darin, dass Hersteller oder Händler den Absatz ihrer Produkte effizienter und möglichst Gewinn bringend gestalten können. Vertriebskosten und Nutzengesichtspunkte können also aus Effizienzgründen dafür sprechen, solche Handlungen zuzulassen[103], wie es auch im *Sylvania*-Fall beschrieben wurde. Grundlage für die Voraussetzung einer Erlaubnis wäre aber, dass das GWB im Hinblick auf den produktinternen Hersteller- und insbesondere Händlerwettbewerb keinen ausschließlichen und vollständigen Schutz vorsieht[104], und dieser Schutz mit Rücksicht auf wirtschaftliche Interessen im Einzelfall zu Gunsten einer Intensivierung des interbrand-Wettbewerbs eingeschränkt werden kann.

[102] So die Begründung von Justice *Powel*, 433 U.S. 36, 51 ff. (1977).
[103] Vgl. *Liebeler*, UCLA L. Rev. 1019, 1034 f. (1984) zur Effizienz von Preisbindungen; *Schwintowski*, Alleinvertriebssysteme, S. 27 f.; kritisch *Kartte/Kulka*, in: FS Stiefel, 381, 386, da trotz ökonomischer Effizienz eine Bindung unbillig sein könne. (zum Unbilligkeitskriterium unten 2. Teil, B. VI. 2. und 3.)
[104] *Belke*, Geschäftsverweigerung, S. 188 ff., *Ulmer*, ZHR 130 (1968), 164, 177.

b) Intrabrand-Bewertung im US-Recht

Zur Feststellung dieser Zusammenhänge lohnt erneut ein Blick auf das US-amerikanische Kartellrecht. Die Richtlinien des US Department of Justice zu vertikalen Wettbewerbsbeschränkungen aus dem Jahre 1985 nehmen Bezug auf die Unterscheidung zwischen vertikalen und horizontalen Beschränkungen[105]. Danach soll der Schwerpunkt der Antitrust-Gesetze auf den Auswirkungen von Beschränkungen auf den Wettbewerb zwischen Herstellern konkurrierender Produkte (interbrand-Wettbewerb) und nicht so sehr auf ihren Einflüssen auf den Wettbewerb zwischen Händlern der Produkte eines einzelnen Herstellers (intrabrand-Wettbewerb) liegen. Begründet wird diese Auffassung in den darauf folgenden Sätzen damit, dass die wettbewerblichen Folgen von Beschränkungen, die den interbrand-Wettbewerb beträfen, andere als die sich nur auf intrabrand-Wettbewerb auswirkenden seien. Beschränkungen des interbrand-Wettbewerbs könnten erhebliche negative Auswirkungen auf den wirtschaftlichen Wohlstand haben. In dieser Formulierung sind die in den achtziger Jahren starken Einflüsse der *Chicago School* wieder zu finden. Ihr zufolge bergen Beschränkungen des interbrand-Wettbewerbs besondere Gefahren für die Konsumentenwohlfahrt, weil damit zumeist eine Verminderung der Konkurrentenzahl einhergeht bzw. Kostensteigerungseffekte auftreten.

Im Gegensatz dazu stellten vertikale Beschränkungen, die nur den intrabrand-Wettbewerb berührten, im Allgemeinen nur eine geringfügige wettbewerbswidrige Bedrohung dar und beinhalteten in irgendeiner Form eine wirtschaftliche Integration unterschiedlicher Ebenen der Produktion und Distribution, die eine Tendenz aufwiesen, Effizienzsteigerungen hervorzurufen[106]. Auch diese Feststellung dürfte Ausfluss des Umdenkens in der amerikanischen Wettbewerbspolitik, Widerspiegelung des Vertrauens der *Chicagonians* auf die Selbstheilungskräfte des Marktes und vordergründiges Abstellen auf Effizienzkriterien sein. Insoweit wird angenommen, dass es eines kartellrechtlichen Einschreitens im Rahmen von intrabrand-Beschränkungen nicht bedürfe, weil auf die Vorteile für Verbraucher geschlossen werden könne[107].

Zutreffend wird klargestellt, dass intrabrand-Beschränkungen ebenso als horizontale Vereinbarungen charakterisiert werden können, etwa wenn miteinander in Wettbewerb stehende Händler des gleichen Produkts ihre Aktionen koordinieren. Dennoch wird erkannt, dass eine Gleichsetzung oder

---

[105] 2.1 der Vertical Restraints Guidelines, U.S. Department of Justice, Trade Reg.Rep. §50.473 (1985); deutsche Übersetzung in: GRUR Int. 1985, 566 ff.
[106] Guidelines, vgl. GRUR Int. 1985, 566, 567.
[107] Guidelines, vgl. GRUR Int. 1985, 566, 567.

Gleichbehandlung in solchen Fällen nicht angebracht ist. Solche horizontalen Beschränkungen könnten keine Auswirkungen haben, die nicht auch durch einseitige Maßnahmen des Herstellers des bestimmten in Frage stehenden Produkts zu erreichen seien[108]. Die US-amerikanische Wettbewerbspolitik distanziert sich in diesem Punkt entscheidend vom deutschen Trennungssystem. Mit Blick auf die wettbewerblichen Wirkungen wird zutreffend erkannt, dass es für Nachfrager keinen Unterschied mache, von wem eine wettbewerbsbeschränkende Maßnahme in die Wege geleitet wird. Ob nun der Hersteller einseitig auf seine Absatzmittler einwirkt und so eine Gleichschaltung der intrabrand-Verhaltensweisen herbeiführt, oder ob die Absatzmittler selbst ohne Einflussnahme durch den Hersteller das entsprechende Koorperationsergebnis herbeiführen, macht für den betroffenen Markt keinen Unterschied. Die Vorgaben der Guidelines verlangen in dieser Situation, dass es nur von einer effizienzbegründeten Marktanalyse abhängen könne, ob eine Sanktionierung durch amerikanisches Kartellrecht in Betracht komme. Nach geltendem GWB wäre hingegen die Maßnahme gleicher Wirkung als horizontale Absprache unter Händlern verboten, wohingegen die Vertikaleinwirkung durch den Hersteller nach § 16 GWB nur der Verhaltensaufsicht unterläge, soweit sie innerhalb von Ausschließlichkeitsbindungen vonstatten ginge, und nicht etwa als Konditionenbindung unter § 14 GWB fiele und daher verboten wäre. Es scheint unter diesen Gesichtspunkten sinnvoller, das Augenmerk auf wohlfahrtssteigernde Effekte und die Interessenlage der Beteiligten zu richten. Eine gesamtwirtschaftliche Vorteilhaftigkeit entspricht demokratisch legitimierbaren, überwiegenden volkswirtschaftlichen Interessen. Sie schränkt die Vertragsfreiheit von Wenigen zu Gunsten des Kollektivs der Wettbewerber in wegen des vorteilhaften Ergebnisses hinnehmbarer Weise ein. Selbst wenn ein horizontales Absatzkartell durch die Händler in Betracht kommt, wird keineswegs die Gefahr einer starken Nachfragemacht der beschränkenden Händler gegenüber dem Hersteller übersehen, die durchaus vorliegen kann. Dem stehe entgegen, dass die Handelspartner des Herstellers in einer weitaus günstigeren Position sein können als der Hersteller selbst, um Unzulänglichkeiten der angewandten Distributionsmethode zu erkennen, die die Wettbewerbsfähigkeit der Produkte des Herstellers mit anderen Produkten beeinträchtigen[109]. Jedenfalls war diese Annahme für das U.S. Department of Justice ausreichend, eine Beschränkung nicht allein deshalb als eine horizontale zu behandeln, weil eine Verständigung zwischen den

[108] Guidelines, vgl. GRUR Int. 1985, 566, 567.

[109] *S. Monsanto Co. vs. Spray-Rite Service Corp.*, 104 S.Ct. 1464, 1470 (1984) = GRUR Int. 1985, 599, 600 – „Spray-Rite"; dazu *Möschel*, BB 1985, 1477, 1477; seit *GTE Sylvania* sieht der Supreme Court solche Probleme, die bei der Unterscheidung vertikaler Beschränkungen von horizontalen, welche auf Vereinbarungen zwischen Händlern zurückgehen, nicht als so schwerwiegend an, dass sie als Rechtfertigung für eine per se-Regel gegen vertikale nicht preisliche Beschränkungen herangezogen werden könnten, 433 U.S. 36, 58, Fn. 28.

Händlern des Produkts eines Herstellers stattgefunden hat[110]. Eine marktstufenabhängige Analyse wird mithin auch von Regierungsseite in den USA zutreffend abgelehnt.

Aber auch die in der Richtlinie angewandten Effizienzsteigerungskriterien finden ihre Grenze dann, wenn es um Beschränkungen des interbrand-Wettbewerbs geht. Denn bei vertikalen Beschränkungen, die als Ergebnis einer Vereinbarung zwischen Unternehmen, die im interbrand-Wettbewerb zueinander stehen, eingeführt werden, sei es erheblich eher wahrscheinlich, dass sie den Wettbewerb beeinträchtigten, als bei solchen, die einseitig eingeführt worden seien; sie bedürften deshalb einer eingehenden Überprüfung; [...] solche Vereinbarungen könnten dazu benutzt werden, Wettbewerber auszuschließen, und dürften nicht durch Effizienzsteigerungen zu rechtfertigen sein[111]. Die Kritiker[112] der Guidelines bemängeln darüber hinaus, dass die Effizienz steigernde Wirkung des intrabrand-Wettbewerbs vernachlässig werde[113]. Handelsunternehmen verfügten selbst über effizienzsteigerndes Potenzial, das der dynamische Wettbewerb auf der Handelsebene beim Vertrieb an den Endkunden aktiviere; interbrand-Wettbewerb werde zudem nur dort die Hersteller zu einer effizienten Vertriebsform anhalten, wo wesentlicher produktexterner Wettbewerb bestehe, ansonsten sei nur der intrabrand-Wettbewerb in der Lage, den Bedürfnissen der Nachfrager entsprechende Effizienzen herbeizuführen[114]. In der Tat werden auf Herstellermärkten, die einen hohen Grad an Konzentration aufweisen, die Hersteller den größten Teil der Produzentenrente auf sich vereinigen und den Zutritt zu diesem Markt erschweren[115]. Deshalb spricht nur im Regelfall eine widerlegbare Vermutung dafür, dass intrabrand-Beschränkungen Effizienzvorteile mitbringen, so dass bei einer Übertragung in das deutsche Recht vieles für die Beibehaltung der Missbrauchsaufsicht im Sinne des § 16 GWB spricht[116]. Auf diese Weise würde bei konzentrierten Märkten ohne Vorteile für den

---

[110] Vgl. GRUR Int. 1985, 566, 568.

[111] Guidelines, vgl. GRUR Int. 1985, 566, 568.

[112] *Sullivan*, 16 Antitr. L. & Econ. Rev. 11, 19 (1984), *Kartte/Kulka*, in: FS Steifel, 381, 383 f.; *Schwintowski*, Alleinvertriebssysteme, S. 31 f.

[113] *Sullivan*, 16 Antitr. L. & Econ. Rev. 11, 19 (1984).

[114] *Kartte/Kulka*, in: FS Stiefel, 381, 383 m.w.N.

[115] *Dreher*, DB 1986, 93, 98; zum selektiven Vertrieb: *Ahlert* WRP 1987, 215, 223 f.; *Schwintowski*, Alleinvertriebssysteme, S. 32.

[116] Insoweit wollen *Kartte/Kulka*, in: FS Stiefel, 381, 384 schon einen Vergleich zum alten § 18 GWB a.F. sehen. Wie *Schwintowski* zutreffend feststellt, dient die Missbrauchsaufsicht dagegen bisher in erster Linie dem Schutz wettbewerblicher Handlungsfreiheiten, nicht aber vorrangig wohlfahrtsökonomischen Richtigkeitsvorstellungen, in: Alleinvertriebssysteme, S. 32. Das Argument der Unbilligkeit steht der Anerkennung von Wohlfahrtsgewinnen nicht mehr entgegen (so zu Recht noch unter § 18 GWB a.F. *Kartte/Kulka*, in: FS Stiefel, 381, 385). Es wurde aus § 16 GWB eliminiert. Vgl. dazu auch unten, 2. Teil, B. IV. 2. und 3.

interbrand-Wettbewerb die intrabrand-Beschränkung untersagbar sein. Die Erkenntnisse der *Guidelines* lassen sich auf heutige, nach deutschem Recht problematische Fälle übertragen. Sie öffnen unter den zuletzt genannten Voraussetzungen den Blick für eine Bevorzugung inter- und intrabrand-abhängiger Eingriffskriterien gegenüber marktstufenabhängigen, ohne den Boden eines notwendigen Marktordnungsrechts zu verlassen.

c) Intrabrand-Bewertung auf EU-Ebene

Das Gemeinschaftsrecht hat sich auf dem Gebiet vertikaler Wettbewerbsbeschränkungen vielfach weiterentwickelt[117]. Im Ausgangspunkt erfordert die wettbewerbsrechtliche Beurteilung der darunter bspw. fallenden selektiven Vertriebssysteme eine Lösung des Konflikts zwischen der wirtschaftlichen Handlungsfreiheit des Herstellers einerseits und der Handlungsfreiheit des Händlers[118] andererseits. Die Entscheidung, welchen Interessen konkret der Vorrang gebührt, ist kaum abstrakt zu beantworten als vielmehr nach typisch wettbewerblichen Kriterien zu ermitteln.

Intrabrand-Wettbewerbs wird in Europa mit Blick auf Vertriebssysteme instrumentalisiert, um möglichst einheitliche Wettbewerbsbedingungen im Binnenmarkt zu schaffen[119]. Noch im Rahmen der Grundig/Consten-Entscheidung[120] hatte der EuGH die Signifikanz des intrabrand-Wettbewerbs hervorgehoben, indem er ausführte, dass „der Grundsatz der Wettbewerbsfreiheit [...] für alle Wirtschaftsstufen und für alle Erscheinungsformen des Wettbewerbs [gelte]“[121]. Der Wettbewerb zwischen den Herstellern möge zwar im Allgemeinen augenfälliger in Erscheinung treten als zwischen den Verteilern von Erzeugnissen ein und der selben Marke [intrabrand]. Dies bedeute aber nicht, dass eine Vereinbarung, die den Wettbewerb zwischen solchen Verteilern beschränke, schon deswegen nicht unter das Verbot des Art. 85 Abs. 1 EGV fiele, weil sie den Wettbewerb unter den Herstellern [interbrand-Wettbewerb] möglicherweise verstärke[122]. Auch aus der vormaligen Kfz-Gruppenfrei-

[117] Vgl. dazu *Veelken*, ZvglRWiss 97 (1998), 241 ff. mit wettbewerbstheoretischen Anmerkungen über die Grenze der Übertragungsmöglichkeit amerikanischer Vorstellungen in das Europäische Recht.

[118] Vgl. zum Verhältnis von intrabrand-Wettbewerb und Händlerfreiheit *Joerges*, GRUR Int. 1984, 279, 279 ff.

[119] *Bach*, WuW 1995, 5, 6.

[120] EuGH Slg. 1966, 321 = GRUR Int. 1966, 580 ff. – „Grundig/Consten“.

[121] Sich kritisch mit dieser Entscheidung auseinandersetzend *Gleiss*, WRP 1967, 163, 170 ff.

[122] EuGH GRUR Int. 1966, 580, 582 – „Grundig/Consten“; *Gleiss*, WRP 1967, 163, 172 sieht überhaupt nur Raum zur Erfassung von intrabrand-Beschränkungen in Art. 85 EGV, wenn

stellungsverordnung[123] konnte durch das Verbot von Kartellen zu Lasten von Mittlern die Erhaltungsabsicht eines gewissen intrabrand-Wettbewerbs gelesen werden[124]. Es darf also nicht verwundern, dass ebenso der Schutz gleichstufigen intrabrand-Wettbewerbs bei noch nicht in Verkehr gebrachten Waren hervorgehoben wurde, der schon durch zusätzliche Zwischenschaltung von Handelsstufen vermindert und so unter Art. 85 Abs. 1 EGV ohne Freistellungsmöglichkeit gefallen sei[125]. Ähnlich also wie die amerikanische Rechtsprechung vor der *Sylvania*-Entscheidung, tendierte der EuGH in den sechziger Jahren scheinbar dazu, auch vertikale Beschränkungen einem per se-Verbot zu unterstellen. Diese den Bedürfnissen von Wirtschaft und Wettbewerb nicht unbedingt zuträgliche Auffassung[126] wurde nachfolgend modifiziert. Man hatte erkannt, dass eine unbegrenzte Zulassung von Händlern dazu führen kann, dass Dienstleistungen, die ein Hersteller dem Verbraucher zugute kommen lassen möchte, bei Eingreifen eines generellen Verbots nicht mehr im gleichen Maße erbracht werden können. In deren Folge konnte es somit zu Verschlechterungen der Wettbewerbssituation im Hinblick auf Serviceleistungen kommen.

Besonders in der „Metro/SABA“-Entscheidung[127] erfuhr die Rechtsprechung aus dem „Grundig/Consten“-Urteil eine Kehrtwende. Der EuGH anerkannte das verfolgungswürdige Ziel, den Vertrieb über qualifizierten Fachhandel zu sichern. Selektiver Vertrieb sei neben anderen ein mit Art. 85 EGV vereinbarer Bestandteil des Wettbewerbs, sofern die Auswahl der Wiederverkäufer aufgrund objektiver Gesichtspunkte qualitativer Art erfolge[128]. Wie *Möschel/Bach*[129] zutreffend feststellen, sah der EuGH mit dieser Leitentscheidung zur

---

ermittelt ist, ob und inwieweit interbrand-Wettbewerb betroffen sein könnte, was der EuGH aber unterlassen habe.

[123] VO 123/85/EWG der Kommission über die Anwendung von Art. 85 Abs. 3 auf Gruppen von Vertriebs- und Kundendienstvereinbarungen über Kraftfahrzeuge. Sie ist seit 1.10.2002 durch die neue Verordnung (EG) Nr. 1400/2002 der Kommission vom 31.07.2002 über die Anwendung von Art. 81 Abs. 3 des Vertrags auf Gruppen von vertikalen Vereinbarungen und aufeinander abgestimmte Verhaltensweisen im Kraftfahrzeugsektor („Kfz-GVO“), ABl. EG 2002 Nr. L 203, S. 30 überholt.

[124] Vgl. dazu *Grundmann/Eichert*, ZIP 1995, 1965, 1970; Art. 5 Abs. 1b und 1c der neuen Kfz-GVO bezwecken dagegen vielmehr eine Stärkung des interbrand-Wettbewerbs, da Händlern nun auch der Verkauf und die Raparatur von Fremdfabrikaten ausdrücklich gestattet ist.

[125] *Van der Esch*, WuW 1988, 564, 570.

[126] *Gleiss*, WRP 1967, 163, 171 kritisiert, dass der EuGH die (positiven) Auswirkungen der intrabrand-Beschränkung auf den interbrand-Wettbewerb erst gar nicht geprüft habe.

[127] EuGH Slg. 1977, 1875 = GRUR Int. 1978, 254 – „SABA II“.

[128] EuGH GRUR Int. 1978, 254, 256 – „SABA II“.

[129] Vgl. *Möschel/Bach*, GRUR Int. 1990, 505, 508; zustimmend *Kirchhoff*, Vertikale Vertriebsverträge, S. 244 f.; differenzierend: *Ackermann*, Art. 85 Abs. 1 EGV, S. 171 f.

wettbewerblichen Beurteilung selektiver Vertriebssysteme nunmehr qualitative Selektionskriterien als im Wesentlichen unbedenklich, quantitative dagegen nur auf der Grundlage des Art. 85 Abs. 3 EGV als mit dem Wettbewerbsrecht der Gemeinschaft vereinbar und damit freistellungsfähig an. Qualitätswettbewerb und Produktdifferenzierung erlangten vorrangig Bedeutung bei der Beurteilung von Vertriebssystemen. Als schutzwürdig wurden nach und nach Anforderungen erkannt, die den Vertrieb eines Produkts unter marktwirtschaftlichen Bedingungen optimierten, wie bspw. Hochwertigkeit, technische Komplexität oder Wartung. Ein gesteigertes Bedürfnis an Serviceleistung rund um Verkauf und nachvertragliche Betreuung bedarf wirtschaftlicher und effizienter Planung, die auf hohem Qualitätsniveau, das der Verbraucher in bestimmten Produktsegmenten erwartet, nur im Wege quantitativer Begrenzung erzielt werden kann. Von daher wird in der Literatur die Notwendigkeit von Beschränkungen für eine normale Beweglichkeit von Produktionsfaktoren gesehen, die aber weit entfernt sei von einer auf Marktanalysen gestützten Abwägung von Vor- und Nachteilen im Sinne der *rule of reason* als Negativvoraussetzung des Art. 85 Abs. 1 EGV[130]. Dagegen dürfte richtig sein, dass die einschränkende Restriktion des Tatbestands bei einer auf intrabrand-Aspekten reduzierten Prüfung von Vertriebsvereinbarungen der *rule of reason* zumindest nahe kommt[131]. Dabei stellt sich die Frage, ob der EuGH tatsächlich nur intrabrand-Aspekte berücksichtigte, ohne den interbrand-Wettbewerb einzubeziehen. Zweifelsohne wurden die qualitativen Selektionskriterien hervorgehoben, die durch Vertriebsbeschränkungen sichergestellt werden können. Schon die „Metro I"-Rechtsprechung hat aber gezeigt, dass nur die Anerkennung vorteilhafter Auswirkungen auf den interbrand-Wettbewerb eine tatsächliche Rechtfertigung auch qualitativer Selektionskriterien begründen kann[132], indem der EuGH auf die Eigenheiten der verschiedene Hersteller- und verschiedene Verbraucherbedürfnisse angepassten Vertriebsstrukturen auf Märkten für gleichartige Produkte hinwies[133].

Darüber hinaus spielte das Integrationsargument auf EU-Ebene seit jeher eine entscheidende Rolle. Die integrationspolitische Zielsetzung ist als Aufgabe der Gemeinschaft in Art. 2 EG verankert und soll nicht zuletzt unter Einsatz der Wettbewerbspolitik[134] der Errichtung des gemeinsamen Marktes dienen. Dies ist für die Frage des grenzüberschreitenden Warenverkehrs von nicht zu unterschätzender Bedeutung. Die regionale, also auch grenzabhängige Absatzbeschränkung verstößt gegen das Gebot der Binnenintegration. Demzufolge wird

---

[130] *Van der Esch*, WuW 1988, 564, 570 f.
[131] *Kirchhoff*, Vertikale Vertriebsverträge, S. 245.
[132] *Ulmer*, RIW 1985, 517, 522; *Joerges* GRUR Int. 1984, 279, 287; *Ackermann*, Art. 85 Abs. 1 EGV, S. 176.
[133] Vgl. EuGH Slg. 1977, 1875, 1905 – „SABA II" (Tz. 20).
[134] Vgl. insoweit Art. 3 lit. f. EG.

von Seiten der Kommission ein ausgeprägter intrabrand-Wettbewerb gefordert. Dem Verbraucher soll der grenzüberschreitende Handel zugute kommen. Im Hinblick auf die Möglichkeit, innerhalb des Produktsegments eines Herstellers den aus länderspezifischen Marktkriterien resultierenden Wettbewerbsbedingungen gegenüberzustehen, ist der Verbraucher regelmäßig unterschiedlichen Preisniveaus ausgesetzt. Ziel der EU-Wettbewerbspolitik war folglich, mit Hilfe funktionierenden intrabrand-Wettbewerbs Preisdifferenzen zu nivellieren, die sich auf einem verbraucherfreundlich niedrigen Niveau einpegeln sollten[135].

Es lassen sich mithin auch auf europäischer Ebene Argumente finden, die eine intrabrand-abhängige Wettbewerbspolitik befürworten. Unter Ausklammerung des Binnenmarktziels lassen sich die diesbezüglichen Erfahrungen aus dem europäischen Recht marktanalytisch übertragen, wobei die gesetzliche Umsetzung auf europäischer Ebene einen Schritt voraus scheint. Art. 81 Abs. 3 Nr. 1 EG sieht bereits eine ökonomische Bilanzierung der gesamtwirtschaftlichen Wirkungen von Wettbewerbsbeschränkungen für eine Freistellungsentscheidung vor, wie sie etwa die zuvor angesprochenen Guidelines zu *vertical restraints* fordern. Neben die gesamtwirtschaftliche Bilanzierung tritt die Relevanz von Verbraucherinteressen, um ein möglicherweise positives Freistellungsergebnis rechtfertigen zu können[136]. Das Gemeinschaftsrecht legt so von Beginn an einen Schwerpunkt auf gesamtwirtschaftliche Aspekte, denen gegenüber Individualinteressen zunächst vernachlässigt werden. Durch die Schirm-GVO werden bestimmte Bereiche von intrabrand-Wettbewerbsbeschränkungen – nach wie vor anders als im deutschen Recht – branchenbezogen freigestellt[137]. Sind sie von der Gruppenfreistellungsverordnung erfasst, unterliegen sie nur noch der Missbrauchsaufsicht. Verboten sollen sie zudem nur ausnahmsweise bei Vorliegen des Nachweises wettbewerblicher Schädlichkeit sein[138].

Dagegen dürfte auch die neue Kfz-Freistellungsverordnung eine Stärkung des intrabrand-Wettbewerbs zwischen Kraftfahrzeughändlern mit sich bringen[139]. Die damit einhergehenden Gefahren sind nicht von der Hand zu weisen: Es kann zu einer Verdrängung von Händlern kommen, die keinen Gebietsschutz mehr gegenüber ihren grenzüberschreitenden Kollegen haben, denen aber ein

---

[135] So *Möschel*, GRUR Int. 1990, 237, 237 f.

[136] Art. 81 Abs. 3 Nr. 2 EG: Die Ausnahme erfordert, dass „die Verbraucher angemessen am entstehenden Gewinn beteiligt“ werden.

[137] Die dazu durchzuführende Prüfung der Marktanteile erfolgt produktabhängig, vgl. *Semler/Bauer*, DB 2000, 193, 195; die Marktabgrenzung selbst ist maßgeblich aus Sicht der Käufer bzw. Händler zu treffen (Art. 9 Abs. 1 GVO), vgl. *Bechtold*, EWS 2001, 49, 51.

[138] Näher dazu unten 2. Teil, B. VII.

[139] So im Vorfeld der GVO schon: *Bach*, WuW 1995, 5, 21.

günstigerer Steuersatz zur Seite steht. Die Selbstregulierungskräfte des Wettbewerbs schlagen wegen dieser exogenen Wirkung fehl, denn sie kommen nur zu einem gerechten Ergebnis, wenn die Beteiligten gleiche Marktbedingungen vorfinden. Wenn im Ergebnis auch einiges für eine Marktöffnung für intrabrand-Händler eines Herstellers aus anderen Ländern der EU spricht, können dem stets vertriebsbezogene Schutzfunktionen entgegengehalten werden. Mehr noch, kann es zu einem Rückgang im interbrand-Bereich kommen, wenn die Verbraucher durch günstige Preise eines intrabrand-Händlers den Blick für Konkurrenzerzeugnisse verlieren, weil sie ausschließlich dem günstigsten Angebot eines bestimmten Markenerzeugnisses nacheifern.

IV. Interdependenz zwischen produktexternen und -internen Wettbewerbsfaktoren

Die praktische Handhabung der Kriterien muss stets die Interdependenzen produktexternen und -internen Wettbewerbs berücksichtigen. Dies betrifft einmal die Fehlerhaftigkeit isolierter Betrachtung, wonach Absatzbindungen eines intrabrand-Produkts nur schwer ohne deren Auswirkungen auf den interbrand-Wettbewerb bewertet werden können. Zum anderen die Wechselwirkungen beider Wettbewerbsanalysen, die einander ergänzend das tatsächliche Wettbewerbsgeschehen widerspiegeln.

1. Fehlerhaftigkeit isolierter Betrachtung

Die hier vollzogene Unterteilung in einmal interbrand-Wettbewerb und zum anderen intrabrand-Wettbewerb ist wissenschaftlich geboten, tatsächlich im globalen Wirtschaftsgeschehen aber nur schwer durchzuhalten. Vielmehr bestehen diverse Beziehungsgeflechte zwischen den multiplen Wettbewerbsformen, die nur im Einzelfall anhand des jeweiligen Produkts sachgerecht zu beurteilen sind. Besonders kommt dies durch vielfache Zusammenhänge im Wirkungskreis beeinflusster Wettbewerbsparameter individueller Marktsegmente zum Ausdruck. *Ulmer* meint daher, „intrabrand-Wettbewerb, interbrand-Wettbewerb und Wettbewerb bei spezifischen Handelsleistungen [...] seien Faktoren, die in ihrem Zusammenwirken das Ausmaß des Händlerwettbewerbs und die Marktlage auf den Absatzstufen bestimmen“[140]. Für die Beurteilung von Wettbewerbsbeschränkungen hat nicht zuletzt diese Erkenntnis dazu geführt, dass in Literatur und Rechtsprechung allenthalben die Auffassung vorgefunden wird, intrabrand-Beschränkungen seien dann als hinnehmbar zu akzeptieren,

[140] *Ulmer*, ZHR 130 (1968), 164, 181.

wenn von ihnen eine (spürbar) positive Wirkung auf den interbrand-Wettbewerb ausgeht[141]. Dies kann pauschal weder bejaht noch verneint werden. Denn die Vielzahl möglicher Wettbewerbsbeschränkungen, Produktvielfalt und Marktsituationen machen eine generelle Prognose kaum möglich. Zudem trifft die Feststellung *Ulmers* in gleicher Weise für den Herstellerwettbewerb zu, nach dessen Vorgaben intrabrand- und interbrand-Maßnahmen beim Absatz von Gütern stattfinden.

2. *Wechselwirkungen*

Zunächst einmal können intrabrand-Bindungen nur dann Auswirkungen auf interbrand-Märkte zur Folge haben, wenn von ihnen tatsächlich eine tendenziell wettbewerbsbeschränkende Wirkung ausgeht[142]. Ohne zumindest potenzielle Dritt- oder Außenwirkung, wie sie etwa bei einer monopolistischen Vertragssituation fehlt, weil dort Konkurrenten auf der Angebotsseite nicht vorkommen, besteht keine oder höchstens eine abstrakte Wettbewerbsgefahr. Nur wenn sich also die Beziehungen zwischen den Marktbeteiligten derart verdichtet haben, dass aktuelle oder potenzielle Konkurrenten des beteiligten Herstellers oder Händlers im Absatz- bzw. Bezugswettbewerb eingeschränkt werden[143], hat sich eine interbrand-Wettbewerbsbeschränkung verwirklicht. Gleichwohl kann diese Beschränkung im Ergebnis zu einer Belebung und Intensivierung hinsichtlich des Wettbewerbs produktexterner Güter im Absatzgebiet einer intrabrand-Beschränkung führen. Was zunächst als Verlust potenzieller Lieferanten auf Herstellerseite für den gebundenen Absatzmittler und folglich als interbrand-Beschränkung begann, legt andererseits nahe, dass Absatzmittler ihrerseits größte Bemühungen anstellen werden, ihre Ware im Leistungswettbewerb mit anderen abzusetzen. Je nach Art und Umfang des produktexternen Wettbewerbs auf den Absatzmärkten, kann damit per saldo Folge der intrabrand-Bindung eine Belebung des dortigen interbrand-Wettbewerbs sein[144].

---

[141] Vgl. etwa *Bach*, WuW 1995, 5, 7; *Grundmann/Eichert*, ZIP 1995, 1965, 1969; *Martinek*, Franchising, S. 453; aus der amerikanischen Literatur: *Bork*, 75 Yale L.J. 373, 378 ff. (1966); *Posner*, 127 U. Penn. L. Rev. 925, 930 (1979); *Liebeler*, UCLA L. Rev. 1, 9 (1982).

[142] *Rey/Caballero-Sanz*, Policy Implications, S. 22 f. und 25 f.

[143] *Martinek*, Franchising, S. 451.

[144] *Bork*, 75 Yale L.J. 373, 378 ff. (1966); *Posner*, 127 U. Penn. L. Rev. 925, 930 (1979); *Liebeler*, UCLA L. Rev. 1, 9 (1982); *Kirchhoff*, Vertikale Vertriebsverträge, S. 364; *Martinek*, Franchising, S. 453, 457, 460 f., 463 f., 467, der im Zusammenhang mit Koalitions- bzw. Konföderations-Franchising zu Recht bereits die fehlende Feinfühligkeit einer Wettbewerbsordnung anmahnt, die sich nur an einer horizontalen und vertikalen Unterscheidung orientiert (S. 464, 466, ausführlich sodann S. 517).

Dass die Verbesserung der produktexternen Wettbewerbsposition mancher Hersteller Ergebnis von intrabrand-Beschränkungen sein kann, bestätigt nochmals ein Blick auf die Analysen des EuGH. Selbst wenn der produktinterne Preiswettbewerb durch das Hinwirken des Herstellers auf die Bündelung von Merkmalen des Qualitätswettbewerbs wie Service, Beratung, Werbung etc. abnimmt, hält der EuGH dies für hinnehmbar, solange Preiswettbewerb nicht vollständig beseitigt werde[145]. Allerdings berücksichtigt der EuGH insoweit zunächst nur den produktinternen Wettbewerb. Wettbewerbsbeschränkende Maßnahmen ergreift der Hersteller aber nicht zuletzt, um sich gegenüber seinen Widersachern einen Vorsprung am Markt zu verschaffen, den er durch die händlerseitige Leistung zu erzielen hofft. Der Konkurrent wird seinerseits versuchen über den Preisparameter zu reagieren, womit eine positive Wirkung auf den interbrand-Wettbewerb möglich ist. In diesem Sinne hält der EuGH die Förderung des produktexternen Wettbewerbs als Rechtfertigung für anerkennenswert, wenn mit Blick auf die Eigenheiten der Hersteller und die Bedürfnisse der Verbraucher, die jeweils kumulativ als Ermittlungsgrundlage des qualitativen Kriteriums dienen, keine Diskriminierung erfolgt[146]. Die Grenze der Zulässigkeit sei dagegen erreicht, sobald der interne Preiswettbewerb völlig zum Erliegen komme oder produktexterner Wettbewerb erstarre[147]. Darüber hinaus anerkennt der EuGH im Bereich vertikaler Beschränkungen bei der Prüfung von Vertriebsbindungen den selbstständigen Schutz des intrabrand-Wettbewerbs. Zunächst wird die aus dem jeweiligen Absatzsystem stets hervorgehende Beeinträchtigung des intrabrand-Wettbewerbs durch Hersteller als nachteilig für den Gesamtwettbewerb angesehen. Beispielhaft sei auf Alleinbezugsbindungen hingewiesen, die u.a. auf ihre Abhängigkeit von parallel bestehenden Bindungssystemen überprüft werden, um anhand etwaiger Bündelwirkungen zu untersuchen, ob damit die Errichtung von Marktzutrittsschranken für potenzielle interbrand-Systeme einhergeht[148]. Indes wurde auch bezweifelt, dass die „Metro I"-Entscheidung als Indiz für die Anerkennung einer Vernünftigkeitsregel habe aufgefasst werden können, der zufolge bestimmte Elemente eines selektiven Vertriebs nicht unter Art. 85 Abs. 1 EGV fielen[149].

Es kann damit zunächst festgehalten werden, dass Auswirkungen auf produktexternen Wettbewerb in jedem Fall von dem jeweils relevanten Markt abhängig bleiben, der von Produktart (Substituierbarkeit/wettbewerbliche Surrogation) und Maß (Zahl der Wettbewerber) bestimmt ist. Denn es gibt

---

[145] EuGH Slg. 1977, 1875, 1906 – „Metro I" (Rz. 21); Slg. 1983, 3151, 3194 u. 3196 – „Telefunken" (Rz. 33, 42).
[146] EuGH Slg. 1977, 1875, 1906 f. – „Metro I".
[147] Vgl. insb. EuGH Slg. 1986, 3021 – „Metro II".
[148] *Ackermann*, Art. 85 Abs. 1 EGV, S. 216.
[149] *Van der Esch*, WuW 1988, 564, 569 am Ende.

tatsächlich nur wenige Verhaltensweisen, die unabhängig von der Marktstruktur im Ganzen, bestimmt von der Art der betroffenen Produkte oder Dienstleistungen und weiterer Besonderheiten des Einzelfalls eindeutig negativ beurteilt werden können[150]. Dies vor Augen lässt sich feststellen, dass intrabrand-Beschränkungen keine wesentlichen oder überwiegenden Nachteile für Konkurrenten mit sich bringen können, solange überhaupt wirksamer interbrand-Wettbewerb besteht. Denn wettbewerbsschädliche Folgen bleiben zumindest aus Verbrauchersicht weitgehend aus, solange für Abnehmer eine hinreichende Zahl von externen, austauschbaren Produkten zur Wahl steht. Zudem müssen die dahinter stehenden Hersteller und Absatzmittler unter Einsatz von Wettbewerbsparametern, wie namentlich Preis und Vorzugskonditionen, auf die Beschränkung zu reagieren wissen und so zu einer wünschenswerten Belebung des interbrand-Wettbewerbs beitragen. Wegen der unendlichen Interdependenzen wettbewerblicher Verhaltenskoordination gibt es allerdings, vielleicht mit Ausnahme der angesprochenen Monopolsituationen, keinerlei einheitliche Regel, wann eine Wettbewerbsbeschränkung pro- oder kontrakompetitive Wirkung entfalten kann; dies schon deshalb nicht, weil keine optimale Marktstruktur existiert, die eine pauschale, wissenschaftlich fundierte Regelmäßigkeit sowie empirische Richtigkeit zur Beantwortung der Wirkungsfrage eröffnet[151]. Als Fazit lässt sich daher konstatieren, dass von intrabrand-Beschränkungen hervorgerufene Nachteile für den Wettbewerb zwar mittels positiver Auswirkungen auf den interbrand-Wettbewerb kompensiert werden können, keineswegs aber müssen. Die Beurteilung pro- oder antikompetitiver Folgen kann stets nur Resultat jeweiliger Einzelfallanalyse sein. Aus den gleichen Gründen verbietet sich im Übrigen die pauschale[152] Bewertung und Abwägung ökonomischer Effizienzkriterien und Wohlstandsmaximierungsbedürfnisse im Vergleich zu Nachteilen durch Verlust von Handelsfreiheiten und Markt(zutritts)beschränkungen.

V. Zusammenfassung

Als Ergebnis lässt sich für die Feststellung von interbrand-Märkten festhalten, dass eine Marktabgrenzung nach gleichartigen und auch substituierbaren Produkten stattfinden sollte, die sich entsprechend aus Nachfragersicht ermitteln lässt. Dazu bietet sich der hier als wettbewerbliche Surrogation bezeichnete

---

[150] *Schmidtchen*, ORDO 39 (1988), 111, 139.

[151] Daher sieht bspw. *van der Esch*, WuW 1988, 564, 568, nur in der jeweils situativen Ermittlung anhand präziser Analysen wettbewerblicher Wirklichkeit die Möglichkeit, das Bewirken bzw. die Spürbarkeit von Wettbewerbsbeschränkungen feststellen zu können.

[152] Anders insoweit hinsichtlich der Einzelfallanalyse von intrabrand-Wettbewerbsbeschränkungen.

Ansatz an, wonach sowohl die Ersetzung generisch gleichartiger wie auch alternativer Produkte in die Betrachtung einbezogen ist. Interbrand-Wettbewerb beschreibt im Übrigen den gesamten Wettbewerb gleichartiger oder alternativer Produkte unterschiedlicher Hersteller, der in der Sphäre des Herstellers beginnt und sich über den Handel fortsetzt bis hin zum Absatz an den Endkunden. Intrabrand-Wettbewerb ist dagegen der Wettbewerb um das Produkt nur eines Herstellers, der sich im Wesentlichen erst mit Beginn des Absatzes entfaltet.

Beschränkungen des interbrand- und intrabrand-Wettbewerbs sind unabhängig von horizontalen und vertikalen Wettbewerbsbeschränkungen. Wie schon im ersten Teil festgestellt, sollte auf das Wettbewerbsstufenmodell auch in diesem Zusammenhang zu Gunsten einer gesamtmarktanalytischen Bewertung von produktinternen und -externen Beschränkungen verzichtet werden. Das Ergebnis einer intrabrand- und interbrand-angelehnten Betrachtung sollte lauten, dass zunächst sämtliche vertraglichen oder außervertraglichen Beschränkungen über ein bestimmtes Produkt keiner Verbotsnorm bedürfen, sondern dass im Rahmen der Missbrauchsaufsicht eine umfassende Gesamtmarktanalyse von Bindungen und ihren Wirkungen auf intrabrand- sowie interbrand-Märkte zu erfolgen hat. So hebt *Martinek*[153] im Rahmen der Behandlung von Kooperationssystemen hervor, dass man Abwägungsprobleme nicht einfach auf eine Einheitsformel reduzieren könne, nämlich die Frage, ob der Ausfall von Distributions- oder intrabrand-Wettbewerb durch eine Steigerung des produktexternen oder interbrand-Wettbewerbs kompensiert werden könne. Die Eigenständigkeit des produktinternen Wettbewerbs als Schutzgut sei im Lichte der individualwettbewerblichen Zielformel unzweifelhaft. Damit stünde zugleich außer Frage, dass ausgehend vom Gesichtspunkt der Wettbewerbsfreiheit der Wettbewerb auf allen Wirtschaftsstufen ex aequo schutzwürdig sei. Das Recht der vertikalen Vereinbarungen des intrabrand-Wettbewerbs im GWB scheint ein differenziertes Bild zu bieten. § 14 GWB garantiert mit seinem strikten per se-Verbot die Gestaltungsfreiheit der Händler hinsichtlich der Verträge, die sie mit ihren Abnehmern schließen[154]. Das Verbot könnte also einen absoluten Schutz des intrabrand-Wettbewerbs bewirken, ohne indes die Wirkungen vertikaler Beschränkungen im Einzelfall zu berücksichtigen, v.a. nicht unter Einbeziehung des interbrand-Wettbewerbs[155]. Daneben tritt § 16 GWB, der im Grunde auf die Bedürfnisse der Beschränkung von intrabrand-Wettbewerb Rücksicht nimmt, indem Bindungen grundsätzlich als wirksam anerkannt werden und nur bei wesentlichen Beschränkungen des Wettbewerbs untersagt werden können[156]. Ohne ein Ergebnis vorwegnehmen zu wollen, scheint das GWB hier im Rahmen

---

[153] *Martinek*, Franchising, S. 506.
[154] Dazu unten, 2. Teil, B. III.
[155] So zu § 15 GWB a.F., *Kirchhoff*, Vertikale Vertriebssysteme, S. 322
[156] Dazu im Einzelnen unten, 2. Teil, B. V.

einer Gesamtmarktbetrachtung die Prüfung der Auswirkungen von Absatzbindungsbeschränkungen auf den intrabrand und interbrand-Wettbewerb möglicherweise zuzulassen. Dies können im Einzelnen jedoch erst die nachfolgenden Prüfungen ergeben.

B. Vereinbarkeit des Ansatzes mit dem GWB insgesamt

Um für die zukünftige Beurteilung kartellrechtlicher Verhaltenskoordination ausschließlich nach produktinternen und produktexternen Wettbewerbsfaktoren eine Allgemeingültigkeit beanspruchen zu können, müsste für die Umsetzung neben einer grundsätzlich wettbewerbspolitischen Akzeptanz des Ansatzes insbesondere das Normengefüge und dessen Auslegung hierfür offen sein. Sollte dieses Ergebnis entsprechend der momentanen Struktur nicht problemlos als stringent durchführbar erweisen, wäre ggf. zu prüfen, ob die Möglichkeit zu einer entsprechenden Änderung des Gesetzes besteht. Das Wettbewerbsgeschehen, so wie es sich real aus dem Ineinandergreifen von interbrand- und intrabrand-Wettbewerbsformen ergibt, wird derzeit in keiner Norm als Gesamtheit zum Schutzobjekt erhoben. Nicht zuletzt deshalb wird mit Vorsicht zu prüfen sein, ob sich nicht um einer rechtspolitisch wünschenswerten Lösung willen über Wortlaut und Systematik des Gesetzes hinwegsetzt[157], wer mittels Auslegung ein Ziel verfolgt, das nach der Methodik der Jurisprudenz möglicherweise nur de lege ferenda erreichbar ist.

Im Folgenden soll daher geprüft werden, welche möglicherweise besondere Auslegung kartellrechtliche Normen beanspruchen (I.), und ob sich das System von intrabrand- und interbrand-Analyse für eine Umsetzung im GWB (II. – VII.) eignet.

I. Auslegung kartellrechtlicher Vorschriften

1. Wirtschaftsnahe Auslegung des Gesetzes

Um sich zur Stützung des hier vertretenen Ansatzes einer weitgehend ökonomischen Interpretation des Kartellgesetzes anzunähern, bedarf es zunächst der Klärung, wie die einschlägigen Vorschriften des Kartellrechts auszulegen sind. Sollte diese Analyse zu dem Ergebnis führen, dass über die derzeitige Auslegung ein Schwerpunkt an Berücksichtigung ökonomischer Faktoren nicht vertretbar erscheint, wäre im Weiteren zu untersuchen, ob und ggf. welche Inhalte einen

---

[157] *Rittner*, Wettbewerbs- und Kartellrecht, S. 144 f., Rz. 86, 90, 91; *Schwarz*, Kartellvertrag, [illegible]. 2; *Martinek*, Franchising, S. 533.

Neuansatz im GWB voraussetzen. Die Auslegung des Kartellrechts stellt seit jeher eine besondere Herausforderung dar. Neben der klassischen Auslegungslehre, also der wörtlichen, grammatikalischen, historischen und systematischen Auslegung[158], waren und sind Interpretationsansätze immer auch von unterschiedlichen wettbewerbspolitischen Wertungen der Kartellrechtswissenschaft geprägt. Daher wird es in Bezug auf das aktuelle Recht nur schwer möglich sein, über das Stadium einer vorherrschenden Theorienvielfalt hinauszukommen. Andererseits soll hier nicht schon ausgeschlossen werden, dass der Versuch einer Neuorientierung zu Gunsten einer einheitlich abschließenden Theorie nicht doch Erfolg versprechend sein könnte. Das Kartellrecht hat seit jeher seine Basis im Wirtschaftlichen. So ist folgerichtig bereits der klassischen Kartellrechtslehre eine wirtschaftliche Betrachtungsweise[159] ein allgegenwärtiger Auslegungsgesichtspunkt gewesen. Sie stellt auf den Zweck der jeweiligen Norm ab und kann in Anlehnung an den Wortlaut zu engerer oder weiterer Auslegung führen[160]. Eine wirtschaftliche Betrachtungsweise erklärt aber nicht von sich aus, wie Sinn und Zweck unter wirtschaftlichen Gesichtspunkten zu ermitteln sind. Deshalb wird zutreffend angenommen, dass sich auch die wirtschaftliche Betrachtungsweise letztlich an eine systematische und auch historische Auslegung anlehnt[161], weshalb unter Heranziehung der Gesetzesmaterialien konstatiert werden darf, dass es sich um eine Art traditioneller teleologischer Auslegung handelt, die so auf überprüfbare Argumente zurückgreift[162]. Bei den Verboten der §§ 1, 14 GWB und der Untersagungsmöglichkeit der Missbrauchsaufsicht nach § 16 GWB handelt es sich um wettbewerbsrechtliche Eingriffstatbestände, deren Funktion der Schutz wettbewerblicher Handlungsfreiheit ist[163], so dass wohl von einer eigenen Teleologik gesprochen werden kann, dernach die rechtspolitische Schutzfunktion verwirklicht werden soll, ohne zugleich eine umfassende privatautonome Leistungsfähigkeit unnötig einzuschränken[164]. Daher verlangt die Recht-

---

[158] Vgl. insb. *Larenz*, Methodenlehre, S. 312 ff., 320, 324, 328, 333.

[159] Vgl. BGHZ 18, 325, 329; *Callmann*, Das Deutsche Kartellrecht, §§ 1-3 Rnrn. 1, 19 und passim (zur KartVO).

[160] Ausführlich *Rittner*, Wirtschaftliche Betrachtungsweise, S. 16 und passim; *Ulmer*, WuW 1971, 878, 882; *Lukes*, in: FS Böhm, S. 200, 206 ff.

[161] *Maasch*, ZHR 150 (1986) 354, 356; *Rittner*, Wettbewerbs- und Kartellrecht, S. 148 Rz. 99.

[162] So *Säcker* zur „wirtschaflichen Betrachtungsweise" im Steuer- und Wirtschaftsrecht, in: MüKo, Einl. Rn. 128 am Ende.

[163] BGH WuW/E BGH 1458, 1461 – „Fertigbeton"; WuW/E BGH 2285, 2287 – „Spielkarten".

[164] Vgl. Rittner, Wettbewerbs- und Kartellrecht, S. 145 Rn. 89 ff., S. 129 Rn. 42, S. 133 Rn. 50.

sprechung, das Kartellrecht eigenständig[165] und an der Zielsetzung orientiert funktional[166] auszulegen.

Vorzugswürdig ist es mithin, im Hinblick auf die wirtschaftliche Betrachtungsweise von einer „Teleologik des Wettbewerbsrechts“ zu sprechen. Dabei sollten kartellrechtliche Normen nicht auf ein rein wirtschaftspolitisches Instrumentarium reduziert werden. Die Vielzahl unbestimmter Rechtsbegriffe[167] zwingen den Rechtsanwender als Interpreten des GWB aber zur Fortbildung dieser Wirtschaftsordnung[168]. Dabei darf eine möglichst weitreichende Rechtssicherheit nicht in Vergessenheit geraten, soweit sie nicht aus gewichtigen Gründen wegen überwiegender Interessen an einem liberalen Marktverhalten zurücktreten muss. Hierfür spricht, dass ein Gesetz zunächst als Reaktion auf bestimmte Umstände und als regelungsnotwendig erkannte Situation verabschiedet wird. Immer eröffnet erst ein Gesetz die Option, in das durch die Privatautonomie geprägte (Markt-)Geschehen einzugreifen, sei es hoheitlich oder sei es zivilrechtlich. Dabei sollten zugleich möglichst die Interessen der unmittelbar und mittelbar Betroffenen beachtet und weitestgehend berücksichtigt werden können. Die Vertragsfreiheit findet dann ihre Grenze regelmäßig in rechtspolitisch als unerwünscht anerkannten Ergebnissen. Dennoch kann eine zielorientierte Interpretation das Augenmerk auf außenstehende, marktsituative Umstände richten helfen, die eine wettbewerbliche Freiheitsmaxime anerkennende Entscheidung als vertretbar erscheinen lassen. Insoweit kann ein Höchstmaß an freiheitlicher Interpretation immer die Einschränkung von Rechtssicherheit bedeuten, die es in einem Abwägungsprozess zu qualifizieren gilt. Wird eine eigenständige zielsetzungsorientierte Interpretation[169] des Gesetzes befürwortet, so darf der oben angesprochene funktionale Zusammenhang zwischen Kartell- und Zivilrecht nicht in Vergessenheit geraten. Schließlich ist dem GWB durch die Sicherung von Handlungsfreiheiten auch der Erhalt zivilrechtlich anerkannter Verhaltensstrukturen und Rechtsinstitute ein Anliegen.

Das Gesetz ist gleichwohl für eine weiterführende Differenzierung offen. Was dabei im Einzelnen mit der Zielfunktion, dem Topos der „eigenständig unter Berücksichtigung der auf die Freiheit des Wettbewerbs gerichteten Zielsetzung

[165] BGH WuW/E BGH 1458, 1461 – „Fertigbeton“.
[166] BGH WuW/E BGH 3137, 3138 – „Solelieferung“.
[167] Wie etwa „Beschränkung des Wettbewerbs“ in § 1 GWB oder „wesentliche Beeinträchtigung“ in § 16 GWB; die hermeneutische Rechtswissenschaft sollte zur Ermittlung des Sinns einer Norm auf wirtschaftliche Materien zurückgreifen, *Kirchner*, Ökonomische Theorie des Rechts, S. 29 f.
[168] So *Günther*, in: FS Hartmann, S. 123, 124; *Lukes*, in: FS Böhm, S. 200, 215.
[169] Vgl. BGH WuW/E BGH 1458, 1461 – „Fertigbeton“.

des GWB" gemeint ist, ist seinerseits einer Interpretation zugänglich. Unterstützend können wirtschaftswissenschaftliche Begriffe herangezogen werden, bei denen fraglich ist, ob sie einfach übernommen werden können[170], oder dem Bedeutungsgehalt einer jeweiligen Norm entsprechend auszulegen sind[171]. Die funktionale Interpretation schließt die Einbeziehung von Erkenntnissen der Ökonomik jedenfalls nicht aus[172]. Zur Übertragung wirtschaftswissenschaftlicher Begrifflichkeiten werden im Wesentlichen zwei Theorien vertreten: Der heterogene Ansatz, wonach es sich bei der Übertragung um einen mehrfach gebrochenen Prozess handelt, in dessen Verlauf sich die zunächst wirtschaftswissenschaftlichen Bedeutungen in angemessener Zeit stetig präziser zu einer Konkretisierung verdichten[173]. Soweit ersichtlich ist dagegen nach herrschender Auffassung zu ermitteln, welchen Zweck die Vorschriften im jeweiligen Normenkontext erfüllen[174]. Die Instanz-Rechtsprechung hat zu diesem Themenkomplex teilweise nicht eindeutig Stellung bezogen. Zunächst habe einer befürwortenden Stellungnahme ein nicht überzeugendes nationalökonomisches Denken entgegengestanden, dem keine rechtsverbindliche Wirkung habe beigemessen werden können, weil sich widersprechende Lehren gegenübergestanden hätten[175]. Der BGH, und ihm folgend ein Teil der Literatur, hat sich bei seiner Rechtsprechung vielfach an einer Interpretation der gesetzgeberischen Entwicklung des GWB orientiert. Deren Bedeutung für das Gesetz hat er zunehmend anerkannt[176].

Mit dem Bild aus der Odyssee Homers versteht es *Maasch*[177] treffend darzustellen, in welcher Situation sich der auslegungswillige Kartellrechtler befindet: „Über die vorhandenen Neuorientierungsversuche, die zum Teil auch den herkömmlichen Interpretationskanones durchaus noch einen Stellenwert einräumen, bestehe [... noch] kein allgemeiner Konsens, und solange es nicht gelungen sei, diese sehr unterschiedlichen Denkansätze zu einer geschlossenen Theorie zu verbinden, ende ein Abgehen vom herkömmlichen Verfahren entweder in der Scylla eines Dezisionismus oder in der Charybdis einer einseitigen Festlegung auf ein bestimmtes Programm – das der Hermeneutik, der

---

170 Für den wirtschaftswissenschaftlichen Kartellbegriff zu Auslegung des § 1 GWB a.F. schon *Müller-Henneberg*, WuW 1963, 877, 878.

171 So zutreffend *Günther*, in: FS Hartmann, S. 123, 125.

172 *Immenga/Mestmäcker*, in: I/M, 2. Aufl., Einleitung B II. Rn. 29.

173 *Pfeiffer*, Schwerpunkte des Kartellrechts 1978/79, 1980, S. 1, 9; vgl. auch *Lukes*, in: FS Böhm, S. 200, 208.

174 *Immenga*, in: I/M, 2. Aufl., Einf. Rn. 29; so auch *Lukes*, in: FS Böhm, S. 200, 201, 215; *Raisch* JZ 1965, 625, 629.

175 Vgl. OLG KG WuW/E OLG, 813, 818 – „Fernglas V".

176 Schon früh: BGH WuW/E BGH 359, 364 – „Gasglühkörper"; WuW/E BGH 251, 253 – „4711".

177 *Maasch*, ZHR 150 (1986) 354, 360.

(formalen) Logik, der Topik etc.“ In einem Punkt ist jedoch Widerspruch angebracht. *Maasch* schlägt vor, dass „in dem Maße, wie dem Gesetzgeber eine konkrete Umsetzung seiner Absichten in erkennbarer Weise gelungen ist, [...] Anlass [bestehe], diesen Maßstab auch für die gegenwärtige Interpretation heranzuziehen“. Die Begründung sieht sie darin, dass der Gefahr begegnet werden solle, dass „die politischen Kontroversen des Gesetzgebungsverfahrens nicht anschließend unter dem Deckmantel einer angeblich am Sinn und Zweck orientierten Normeninterpretation weitergeführt würden, wie dies bisher beim GWB geschah.“[178]. Die ökonomische Würdigung von Sachverhalten bei der Gesetzesanwendung fordert aber doch gerade, die vom Gesetzgeber dem Rechtsanwender inhaltlich unbestimmten Entscheidungsnormen fortzuentwickeln[179] und im Zusammenhang mit der Schutzfunktion des Gesetzes den Anforderungen an die Bedürfnisse des Marktes anzupassen. Schließlich hat sich der Gesetzgeber wegen der hohen Anzahl widerstreitender Überzeugungen gerade nicht auf eine bestimmte Aussage festgelegt, so dass es einer Ausfüllung des vom positiven Recht gesteckten Rahmens bedarf[180]. Freilich kommt auch ein neuer Ansatz dann nicht ohne einen Blick auf die Gesetzeshistorie und ihre Auslegungsspielarten aus. Erst wenn die Ziele und Motivationen des Gesetzgebers klar sind, kann in einem zweiten Schritt gefragt werden, wie diese eventuell geeigneter umgesetzt werden könnten. Dabei verschließt sich das Gesetz einer ökonomischen Neubewertung nach alledem jedenfalls nicht von vornherein.

2. Materielle Auslegungskriterien

a) Mängel des funktionalen Ansatzes

Das formen- und formalorientierte deutsche Kartellgesetz unterscheidet bekanntlich streng zwischen Verträgen „miteinander in Wettbewerb stehender Unternehmen“ (§§ 1 ff. GWB) und Vertikalvereinbarungen (§§ 14 ff. GWB). Die Begründung der 6. GWB-Novelle[181] und die Entwicklung der Rechtsprechung lassen kaum Zweifel daran aufkommen, dass diese Unterscheidungsmerkmale letztlich jene zwischen Verträgen „zu einem gemeinsamen Zweck“ (§§ 1 GWB a.F.) und sonstigen Verträgen (§§ 15 ff. GWB a.F.) ersetzt haben, zu Unrecht, wie sich gezeigt hat. Zum gemeinsamen Zweck, bei dessen Vorliegen die Rechtsprechung eine Beurteilung ausschließlich im Wege des § 1 GWB

[178] *Maasch*, ZHR 150 (1986) 354, 363.
[179] *Günther*, in: FS Hartmann, S. 123, 132.
[180] *Günther*, in: FS Hartmann, S. 123, 124.
[181] Begr. zum RegE, BT-Drucks. 13/9720, Grundzüge des Entwurfs, 3. a)

vornahm[182], hat sich im Laufe der Zeit der funktionale Ansatz als herrschende Auffassung durchgesetzt. Danach war von einem gemeinsamen Zweck auszugehen, wenn aktuelle oder potenzielle Wettbewerber den Wettbewerb untereinander beschränkten. Dass das neue Recht den Ansatz übernommen hat, ist bereits mit Blick auf die Wortwahl im Verbotstatbestand des § 1 GWB n.F. unverkennbar. Dies ist bereits im ersten Teil der Arbeit kritisiert worden. Die Fortführung der Idee des funktionalen Ansatzes hat ihre Berechtigung insoweit verloren, als sie einer an institutionenökonomischen und teilweise an Effizienzkriterien orientierten wirtschaftsnäheren Betrachtung zuwiderläuft. Damit dürfte eine teilweise Abkehr von der wettbewerbspolitischen Zielsetzung des freien Wettbewerbs zu Gunsten einer überwiegenden Orientierung an ökonomisch vorteilhaften Gesichtspunkten einhergehen. Insofern kann eine Rechtsfortbildung des funktionalen Ansatzes für die Übernahme der interbrand-/intrabrand-Analyse offenbar nicht weiterhelfen.

b) Wettbewerbsfreiheit versus Wirtschaftsfreiheit

Die Ablehnung der Wettbewerbsfreiheit als Ziel der Wettbewerbspolitik zu Gunsten einer ausschließlich ökonomischen Gesichtspunkten folgenden Orientierung hat *Kantzenbach* bereits Mitte der sechziger Jahre befürwortet[183]. Diesen Weg hat der Gesetzgeber, zumindest im Hinblick auf vertikale Wettbewerbsbeschränkungen, in der 2. GWB-Novelle von 1973 hingegen noch abgelehnt. Gleichwohl nahm er die Einschränkung der Vertragsfreiheit von Lieferanten hin, wenn damit die Wettbewerbsfreiheit auf der nachgeordneten Handelsstufe begünstigt wurde[184]. Im Grunde ist damit ein Argumentationsmuster der *efficiency*-Politik zitiert, das auch der hier vertretenen These nahe kommt, nämlich insoweit verallgemeinernd, als dass eine intrabrand-Beschränkung hinnehmbar sein soll, solange zugleich Vorteile für den interbrand-Wettbewerb damit einhergehen. Auch insoweit ist die Frage nach der Berechtigung des funktionalen Ansatzes bereits entschieden.

Probate Mittel zum Schutze des intrabrand-Wettbewerbs in Abhängigkeit vom interbrand-Wettbewerb kannte auch das alte Recht. Nach § 18 lit. a GWB a.F.

---

[182] BGH WuW/E BGH 3115 – „Druckgussteile“; WuW/E BGH 3121 – „Bedside-Testkarten“; WuW/E BGH 3137 – „Solelieferung“, WuW/E DE-R 131 – „Subunternehmervertrag“; vgl. hierzu *Bornkamm*, in: FS Geiß, S. 539 ff.

[183] *Kantzenbach*, JbNSt. Bd. 181 (1967), 193, 195 hinsichtlich ökonomischer Maßstäbe und der Funktionsfähigkeit des Wettbewerbs als ökonomisches Ziel der Wettbewerbspolitik. Zur Faktorallokation (siehe S. 196) und Intensität des Wettbewerbs in Abhängigkeit der Marktformen S. 206 ff.

[184] *Belke*, ZHR 138 (1974), 227, 242.

konnten Vertriebsklauseln in Verträgen zwischen Herstellern und Absatzmittlern verboten werden, wenn dadurch eine erhebliche Zahl von Unternehmen auf dem relevanten Markt gleichzeitig gebunden wurden und *zugleich* deren Wettbewerbsfreiheit unbillig eingeschränkt wurde. Der Schutz der interbrand-Wettbewerbsfreiheit ist also als zusätzliches Kriterium zur Erfüllung des Tatbestandes hinzugetreten, ohne den die intrabrand-Beschränkung ohne Weiteres als zulässig angesehen werden konnte. Zum Eingriff der Missbrauchsaufsicht musste mithin auch eine Wettbewerbsbeschränkung im interbrand-Bereich nachgewiesen werden. Diese Erkenntnis darf jedoch nicht darüber hinwegtäuschen, dass eine tatsächlich begriffliche Berücksichtigung der Merkmale weder aus den wettbewerbspolitischen Leitkonzepten des GWB noch aus den Gesetzesbegründungen zu Regelungen über vertikale Wettbewerbsbeschränkungen entnommen werden kann. Sie blieben schlichtweg unberücksichtigt.

II. Neuinterpretation des § 1 GWB anhand produktexterner Merkmale

Es soll nunmehr geprüft werden, ob eine Neuinterpretation des Kartellverbots durch Anwendung produktexterner Merkmale möglich ist. Dabei ist zunächst zu prüfen, wie sich eine damit in Zusammenhang stehende Gesamtmarktanalyse zum Vertrag oder zu der Vereinbarung verhält, in dem oder durch die eine Wettbewerbsbeschränkung koordiniert wird (1.), um dann darzustellen, wie die Gesamtmarktanalyse aussehen kann (2.) und welche Tatbestandsmerkmale diese de lege lata bzw. erst de lege ferenda stützen (3.) sowie welche Beweislastprobleme entstehen können (4.).

1. Loslösung vom Vertragsinhalt

Das GWB stellt, soweit es nicht lediglich um singuläre, isolierbare Beschränkungen geht, mit seinen Eingriffskriterien in erster Linie auf Vertragsbindungen ab, also eine Zusammenfassung mehrerer Inhalte, die unterschiedlichsten Zielen der vertragschließenden gerecht werden sollen, sei es zivil-, gesellschafts-, oder wettbewerbsrechtlicher Art. In der Literatur und Rechtsprechung wurden solche Häufungen von Inhalten teils im Wege einer Gesamtvertragsbetrachtung der kartellrechtlichen Beurteilung zugeführt, wobei in erster Linie zivilrechtliche und wettbewerbsrechtliche Ausrichtungen vertreten wurden[185]. In Mischverträgen können die Vertragspartner vielfach zugleich Wettbewerber als auch Partner eines Waren- oder Leistungsaustausches sein[186], womit nach dem im ersten Teil

[185] Dazu oben, 1. Teil, E. II.
[186] A.A. *Schwarz*, Kartellverbot, S. 87 ff., 119 ff., 145 f. und passim.

der Arbeit abgelehnten Verständnis sowohl horizontale als auch vertikale Elemente vereint sein können. Nach geltendem Recht ist für die Annahme eines Kartellvertrages – und damit seiner Abgrenzung zu den Vertikalverträgen – notwendig, dass die Parteien zumindest potenzielle Wettbewerber sind und sich in ihrem wettbewerblichen Verhalten zu koordinieren suchen. Danach ist es gegenwärtig logisch folgerbar, dass ausschließlich die dem Vertragswerk extrahierbare wettbewerbsbeschränkende Abrede, die das Wettbewerbsverhältnis der Unternehmen angeht, geeignet sein soll, einen Verstoß nach § 1 GWB zu begründen. Wenn hier aber von Wettbewerbern oder ihrem Verhältnis zueinander gesprochen wird, ist in Bezug auf den Vertrag selbstredend das diesem jeweils zu Grunde liegende wirtschaftliche Gut gemeint. Anders wäre dies nur dann, wenn die Unternehmen den substanziellen Vertragsgegenstand bildeten. Es ist folglich mit Ausnahme des erwähnten Sonderfalls immer nur das Produkt entscheidend, dessentwegen eine vertragliche Regelung getroffen wurde. Die Warenbezogenheit ist daher durchweg von entscheidender Bedeutung, sowohl produktextern wie -intern. Völlig Recht zu geben ist daher *Schwarz*, wenn er feststellt, „dass die Aufteilung wettbewerbsbeschränkender Abreden nach Wirtschaftsgütern [...] zur Bestimmung des wettbewerbsbeschränkenden Vertragstypus und damit zu der Vorschrift [führt], an der die Abrede auf ihre kartellrechtliche Wirksamkeit zu untersuchen ist“[187]. Nicht gefolgt werden kann ihm indes mit dem daraus gezogenen Schluss einer geschlossenen, selbstständigen und separaten Erfassung der einzelnen Regelungen (§ 1 GWB oder §§ 14 ff. GWB). Nicht nur der kartellrechtlich nachrangige Parteiwille bedingt einen wirtschaftlichen Zusammenhang der jeweiligen vertraglichen Maßnahmen; bereits die faktische Abhängigkeit des Vertrages von der darin betroffenen Ware, ihre vordergründige Produktbezogenheit, widerspricht einer Aufteilung oder Trennung. Anders wäre dies nur, wenn das jeweilige Produkt im Rahmen der Vertragsfolgen getrennt behandelt werden könnte, und zwar so, dass die diversen Einzelregelungen, die kartellrechtlich unterschiedliche Folgen bedingen, jeweils unberührt blieben. Zivilrechtlich wäre dies möglicherweise ein Fall des § 140 BGB, soweit der Parteiwille einer Teilnichtigkeit nicht entgegenstünde. Die Anwendung bürgerlich-rechtlicher Rechtsinstitute kann aber nur zur Bestimmung der Rechtsfolgen von Wettbewerbsverstößen eine eigenständige Bedeutung erlangen. Denn die tatbestandlichen Voraussetzungen liefert das Kartellgesetz mit seinen Verbotsnormen originär.

Die zivilrechtliche Gesamtvertragsbetrachtung ist daher abzulehnen, insbesondere wegen ihrer Schwerpunktbildung anhand von Vertragsinhalten, ohne den notwendigen Bezug zu den konkret betroffenen Produkten herzustellen. Sie

---

[187] *Schwarz*, Kartellverbot, S. 146.

basierte gedanklich auf dem Grundsatz der Vertragsfreiheit der Parteien. Wegen der Vielzahl vertraglicher Gestaltungsoptionen, die Mischformen zwischen Kartell- und Austauschverträgen hervorbringen, konnte nur eine wertende Betrachtung der Gesamtumstände vorgenommen werden[188], weil keine praktikable Abgrenzungsformel zur Verfügung stand. Die Beteiligten haben es schließlich in der Hand, den Leistungsaustausch im Rahmen eines Vertrags produktbezogen unter Wettbewerbern oder aber im Wege eines Austauschvertrages zu organisieren. Das GWB steht der wirtschaftlichen Vertragsfreiheit zwar nicht prima facie entgegen. Jedoch erfährt die Vertragsfreiheit maßgebliche Einschränkungen, wenn die gewünschten und vereinbarten Ergebnisse nur dadurch erzielbar sind, dass zugleich eine Einschränkung der Wettbewerbsfreiheit Dritter damit einhergeht. Die begrüßenswerte Zielfunktion wäre nach dem Willen der Parteien aber möglicherweise aushebelbar, wenn die Beteiligten dem Vertrag etwa durch diverse Klauseln einen überwiegenden Austauschcharakter geben und so ihre Verhaltenskoordination dem Verbot nach § 1 GWB entziehen sowie nur einer Beurteilung nach §§ 14 ff. GWB zugänglich machen könnten. Aus den genannten Gründen hat auch die Rechtsprechung nach und nach die zivilrechtliche Gesamtvertragsbetrachtung abgelehnt[189]. Zwar hat der Parteiwille nur bedingt Einfluss auf die Rechtsnatur des Vertragswerkes. Das Zustandekommen ist aber vom Willen der Parteien getragen. Die rechtliche Klassifikation hingegen ist allein Sache ordnungsgemäßer Gesetzesanwendung, die nicht im Belieben der Beteiligten steht. Daneben wurde konsequenterweise frühzeitig klargestellt, dass die umständehalber Verpackung von Wettbewerbsverstößen in Austauschverträgen einer Beurteilung derselben nach § 1 GWB (a.F.) eben nie von vornherein entgegengestanden habe[190]. Die zivilrechtliche Gesamtvertragsbetrachtung ist aus heutiger Sicht aber auch deshalb abzulehnen, weil sich in Rechtsprechung und Literatur zu Recht eine zielfunktionale, wettbewerbliche Anschauung hat durchsetzen können, die zugleich die Probleme einer Vertragstypenmischung[191] auszublenden in der Lage ist.

Der – bisweilen multiple – vertragliche Hintergrund einer Wettbewerbsbeschränkung kann gleichwohl nie gänzlich außen vor bleiben. Für seine kartellrechtliche Bewertung müssen die vertraglichen Ziele in die Bewertung einfließen, allerdings mit der Prämisse, die wettbewerbliche Schädlichkeit zunächst produktfaktorenbezogen in Abhängigkeit von den betroffenen Wirtschaftsgüter zu eruieren, um in einem zweiten Schritt die Abwägung der Vor- und Nachteile aus dem Vertragskontext mit einfließen zu lassen.

---

[188] Vgl. BGH WuW/E BGH 1915, 1916 – „Verankerungsteil".
[189] OLG Hamburg WuW/E OLG 1785, 1786 – „Textilspitzen"; weiterführend hierzu *Schwarz*, Kartellvertrag, S. 132.
[190] Std. Rspr. seit BGH WuW/E BGH 1353, 1355 – „Schnittblumentransport".
[191] Vgl. dazu *Schwarz*, Kartellvertrag, S. 131, 145 f.

2. *Gesamtmarktbetrachtung*

a) *Wettbewerbsrechtliche Gesamtvertragsbetrachtung*

Die Erkenntnis der Mängel einer zivilrechtlichen Analyse riefen eine wettbewerbsrechtliche Gesamtvertragsbetrachtung[192] auf den Plan. Sie führte in der Rechtsprechung dazu, dass der BGH zivilrechtliche Regelungen von solchen unterschied, die wettbewerbsbeschränkende Abreden enthielten, zumindest soweit es nicht um Gesellschaftsverträge ging. Man kann also feststellen, dass die Anwendung des § 1 GWB a.F. quasi eine Ausdehnung erfuhr, indem auch Austauschverträge je nach den Umständen des Einzelfalls an den Maßstäben des Kartellverbots gemessen wurden[193] – allerdings mit der entscheidenden Einschränkung, wettbewerblich irrelevante Bestandteile, die ausschließlich dem Leistungsaustausch dienten, zu extrahieren. Freilich darf dabei nicht übersehen werden, dass insgesamt die §§ 15 ff. GWB a.F. zur Anwendung kamen, wenn die wettbewerbsbeschränkende Abrede äquivalenter Bestandteil des Leistungsaustausches war, ohne darüber hinaus einem weiter gehenden (wettbewerblichen) Zweck zu dienen[194]. Die wettbewerbsrechtliche Gesamtvertragsbetrachtung kann also synonym zur Frage der Erforderlichkeit wettbewerbsbeschränkender Abreden in Austausch- und Gesellschaftsverträgen gesehen werden, bei der es um die kartellrechtliche Einordnung beschränkender Abreden geht, die zur Durchsetzung eines im Übrigen anerkannten Vertragszwecks erforderlich scheinen. Sie hat indes nicht den Weg zu einer produktbezogenen Manifestation geebnet. Ging es ihr noch um die Handhabung einer Beurteilung wettbewerblicher Verhaltenskoordination nach Kriterien des Kartellverbots oder der einer Missbrauchsaufsicht unterliegenden kartellrechtlichen Wirksamkeit, wird eine wettbewerbliche Gesamt*markt*betrachtung unter Zuhilfenahme produktbezogener Wettbewerbsfaktoren zu einer „wirtschaftsnäheren" Analyse führen. Wirtschaftsnäher bedeutet in diesem Zusammenhang eine am betroffenen Gut ausgerichtete Hervorhebung von Hersteller-, Händler- und Verbraucherinteressen[195], die marktbezogenen Begleitumstände wettbewerbsbeschränkender Verhaltensweisen von Unternehmen. Allein sie vermögen auch die Schutzinteressen Dritter zu berücksichtigen, die infolge der Beschränkung in ihrer wirtschaftlichen Handlungsfreiheit eingegrenzt werden. Die wettbewerbsrechtliche Gesamtvertragsbetrachtung ließ bereits

---

[192] *Schwarz*, Kartellvertrag, S. 133 ff.

[193] Vgl. BGH WuW/E BGH 1458, 1460 – „Fertigbeton".

[194] Std. Rspr., vgl. BGH WuW/E BGH 1353, 1355 – „Schnittblumentransport"; WuW/E BGH 1458, 1461 – „Fertigbeton"; WuW/E BGH 1597, 1599 – „Erbauseinandersetzung"; WuW/E BGH 1889, 1899 – „Holzpaneele".

[195] Zum Verbraucherinteresse am Fortbestand von Fachhandel, Beratung und Service, vgl. *Henssler*, ZHR 154 (1990) 545, 553.

deutliche Entwicklungstendenzen in diese Richtung erkennen. Sie konzentrierte sich aber in erster Linie darauf, sämtliche wettbewerbsbeschränkenden Abreden eines Vertrags auf einen gemeinsamen Zweck (i.S. des § 1 GWB a.F.) hin zu untersuchen. Sie war damit zuallererst den Äquivalenzinteressen der Vertragsparteien verhaftet und setzte diese in Relation zum Vertragszweck sowie den Vertragszweck begleitenden Wettbewerbsbeschränkungen, indem sie Horizontal- und Vertikalabsprachen zusammenfassend auf ihre wirtschaftliche Funktion in Abhängigkeit des Willens der Beteiligten prüfte[196]. Die diesbezügliche Einschränkung macht sie daher für ein neues System von interbrand- und intrabrand-Merkmalen unbrauchbar.

b) Institutionenökonomische Gesamtmarktanalyse

Im Zusammenhang mit der Lehre der neuen Institutionenökonomik wird man eine Gesamtmarktbetrachtung derart auszugestalten haben, dass im Rahmen einer für alle Marktteilnehmer möglichst weit greifenden verträglichen Konsensregelung produktexterne Merkmale zu bestimmenden Kriterien einer Prüfung des interbrand-Kartellverbots erhoben werden, soweit dadurch nicht die Wirksamkeit der Verbotsnorm aushebelbar wird. Es soll danach zunächst eine Wirtschaftsgüterbestimmung (aa.) hervorgearbeitet werden, um dann die Beziehungen der Beteiligten zum Wirtschaftsgut zu bewerten (bb.), und festzustellen, ob beides sich objektiv und gesetzeskonform zu einem Konsens zusammenfassen lässt (cc.).

aa) Wirtschaftsgüterbestimmung

Soll die kartellrechtliche Relevanz einer Wettbewerbsbeschränkung insbesondere warenbezogen erfolgen, so müssen die zuständigen rechtsanwendenden Organe, seien es Behörden oder Gerichte, Anhaltspunkte ausmachen können, die ihnen eine stringente Subsumtion erlauben. Eine Beziehung zum Produkt herzustellen heißt folglich, seine spezifischen Merkmale hervorzuheben. Dabei einen wettbewerbsrechtlichen Zusammenhang begründen zu wollen, bedeutet erneut die Konkretisierung relevanter Märkte. Zu den grundlegenden Faktoren dürften also die unmittelbar charakteristischen Eigenschaften von Erzeugnissen, wie etwa Material, Verarbeitungsqualität, Quantität, Anmutung, aber auch Produktionsabläufe, Herstellungsmaschinen oder Warengruppen- und Branchenbezug gehören. Als Sekundäreigenschaften seien allokative Annexe

---

[196] Vgl. BGH WuW/E BGH 1367, 1369 – „ZVN"; KG WuW/E OLG 1487, 1490 – „ZVN"; BKartA WuW/E BKartA 1870, 1871 – „ZVN II"; allg. *Immenga*, in: I/M, 2. Aufl., § 1 Rn. 172 ff.

angeführt, die mit Gütern unmittelbar in Zusammenhang stehen, also Preise, Vertriebsart, u.U. Bewerbung und Präsentation. Die beispielhaft genannten Faktoren können vielfach in Beziehung zueinander treten und jeweils allein oder gemeinsam zu einer Vergleichbarkeit von Erzeugnissen führen. Zum Beispiel können in der Automobilindustrie Stahlbleche und Panzerkunststoffe vergleichbar sein, wenn sie ähnliche Eigenschaften aufweisen und je nach Bedarf etwa als Kotflügel zum Einsatz kommen (Materialsubstitution). Andererseits können sie in Herstellungskosten, Verarbeitungsmaßnahmen und Maschineneinsatz sehr differenzieren. Die mittelbare Vergleichbarkeit kann ganz einfach durch Preisnähe oder sogar nur durch räumliche Nähe gleichartiger Waren gegeben sein. Eine objektiv güterbestimmende Gleichartigkeit kann mithin schon von sich aus durch eine gattungsmäßige Entsprechung[197] oder Ersetzbarkeit einen ersten Anhaltspunkt zur Bestimmung von interbrand-Wettbewerb und damit der Eingriffsfunktion geben. Für sich allein blendet die Gattungseinordnung allerdings noch die hinter den mittelbaren Eigenschaften stehenden Unternehmen als Preisgeber, Gestalter von Vertriebswegen und Produktpräsentation aus. Es werden daher in einem zweiten Schritt die produktbegleitenden Verhältnisse zu klären sein.

bb) Beziehungen der Beteiligten zum Wirtschaftsgut

Die Anwendung des Kartellverbots soll des Weiteren vom Beziehungsgeflecht der betroffenen Unternehmen zum jeweiligen Erzeugnis abhängig gemacht werden. Dies sind neben den tatsächlichen Verhältnissen wie Eigentum und Besitz insbesondere ein Interesse, die Güter möglichst effektiv und wirtschaftlich an Kunden abzusetzen[198]. Diese Herstellerinteressen werden durch mannigfache exogene Faktoren bestimmt. Wirtschaftliche und finanzielle Rahmenbedingungen bilden das Korsett, in dem die Eigenschaften von Waren, das Verhalten von Verbrauchern, die eigene Unternehmensstruktur bzw. -kultur und schließlich das Wettbewerbsverhalten von Konkurrenten eine Rolle spielen[199]. Je nach Kapazität und Marktstellung des Herstellers sowie Image von Produkten, die unternehmensinterne Bestimmungsfaktoren darstellen[200] und die Rückschlüsse auf die Marktposition eines Herstellers zulassen, lässt sich der Umfang relevanten interbrand-Wettbewerbs ermitteln. Die Kenntnis all jener Faktoren würde voraussetzen, dass möglichst ideale Marktinformationen zur Verfügung

[197] Die amerikanische Judikatur spricht insoweit von „*the same generic product*": *Continental TV Inc. vs. GTE Sylvania Inc.*, 433 U.S. 36, 51 (1977) in Rn. 19.
[198] Das Herstellerinteresse an kostengünstigem und risikofreiem Absatz über Vertriebsmittler hebt *Martinek*, in: Aktuelle Rechtsfragen der vertriebsvertraglichen Praxis, S. 11 hervor.
[199] Umfassend: *Ahlert*, Distributionspolitik, S. 34 ff.
[200] *Kirchhoff*, Vertikale Vertriebsverträge, S. 34, *Ahlert*, Distributionspolitik, S. 53 ff.

stünden. Diese würden aber, sollten sie für den Moment des Eingreifens des Kartellverbots verlangt werden, nicht stets und unmittelbar vorliegen[201]. Von daher sollten die produktbezogenen Eigenschaften dann herangezogen werden, wenn im Einzelnen zu klären wäre, ob eine interbrand-Beschränkung mögliche positive Auswirkungen auf den Wettbewerb hat und entsprechend freigestellt werden könnte. Dabei würden die bisherigen Bereichsausnahmen der §§ 2-8 GWB nicht stören, sondern könnten nach wie vor als per se erlaubte interbrand-Beschränkungen bei (wirtschaftspolitisch) unterstellter Vorteilhaftigkeit bestehen bleiben[202]. Die technischen Eigenschaften und deren Bedeutung für den Markt oder die Positionen der Marktteilnehmer als kleine und mittlere Unternehmen stellen die innere Beziehung zum jeweiligen Produkt heraus und können positive Effekte hervorrufen, die ihrerseits erst die tatsächliche Marktfähigkeit begründen und so den Wettbewerb forcieren.

Neben den wirtschaftlichen Eigenschaften von Erzeugnissen sind gleichsam die Verhaltensmuster aktueller und potenzieller Wettbewerber von Interesse. Hier spielt das Verhältnis von Unternehmen auf dem Markt zu einem bestimmten Wirtschaftsgut erneut eine herausragende Rolle[203]. Gleichartige Produkte begründen die Wahlmöglichkeit nach unterschiedlichen Herstellerkonzepten im interbrand-Wettbewerb. Spezifische Leistungsangebote stellen daher ein gewichtiges Element des interbrand-Wettbewerbs dar. Als Leistungswettbewerb sind sie Inbegriff der Wettbewerbsfreiheit. Dagegen bedeuten Preis-, Gebiets- oder Quotenabsprachen über gleichartige Produkte klassische Kartelle[204]. Ob sich dahinter interbrand-Beschränkungen verbergen, hängt vom Verhältnis der Unternehmen zum Produkt ab. Ein Wettbewerbsverhältnis kann dafür Indiz sein, ist aber schon heute nicht unbedingt Voraussetzung für die Anwendung des Kartellverbots[205]. Entscheidend ist vielmehr, ob durch die Verhaltenskoordination der produktexterne, rein güterbezogene Wettbewerb zwischen den Beteiligten, unabhängig von ihrer jeweiligen Marktlage, beschränkt wird. Dies hängt wiederum davon ab, ob die betroffenen Produkte gleichartig und insoweit austauschbar sind, also tatsächlich oder potenziell im interbrand-Wettbewerb stehen.

---

201 Vgl. zu wettbewerbsfördernden und -beschränkenden Wirkungen von Marktinformationsverfahren BKartA, TB 1999/2000, S. 46 f.

202 *Säcker*, BB 1967, 681, 684, bezeichnet die Ausnahmevorschriften der §§ 2-8 GWB als wettbewerbspolitische rule of reason, die Marktstruktur und -verhalten einbeziehen.

203 Dies für die Abgrenzung der §§ 1/15 GWB a.F. bereits betonend: *Schwarz*, Kartellvertrag, S. 145.

204 *Bechtold*, Kartellgesetz, § 1 Rn. 1.

205 BGH ZIP 1998, 1160, 1161 – „Subunternehmervertrag"; *Huber*, in: FK, Kurzdarstellung zu § 1 n.F. Rn. 16 f.

cc) Objektiv gesetzeskonforme Konsensfähigkeit

Kann ein produktexternes Wettbewerbsverhältnis im Hinblick auf die betroffene Ware(!) festgestellt werden, so muss in einem zweiten Schritt geprüft werden, ob im Verhältnis zur Marktsituation (auch Dritter) die Wettbewerbsbeschränkung möglicherweise konsensfähig und somit freistellbar ist. Das hängt von den Interessen aller Betroffenen ab. In erster Linie sind die Interessen der Hersteller zu beleuchten. Für eine generelle Anwendung der Grundsatznorm eines interbrand-Kartellverbots spricht zunächst die Tatsache, dass Unternehmen mittels Wettbewerbsabsprachen den Absatzkampf um interbrand-Erzeugnisse zu beschränken suchen. Nach dem vorherrschenden wirtschaftspolitischen Unwerturteil geht dies mit den empirischen Erfahrungen aus fast fünfzig Jahren Anwendungspraxis des Kartellgesetzes konform. Bisher konnte, abgesehen von den Erlaubnisvorbehalten der §§ 2 ff. GWB, lediglich für außerökonomische Maßgaben die Nichtanwendung des § 1 GWB im Wege einer Güterabwägung in Legalisierungsverfahren erzielt werden[206]. Eine interessensabhängige Güterabwägung wird sich also nur dann durchsetzen können, wenn sie dem bisherigen Schutzobjekt des Kartellrechts, dem Wettbewerb als Institution, gerecht wird, womit man sich inmitten der Kontroverse um Institutionen- und Individualschutz wieder findet[207]. Freilich bedeuten nach hM beide Schutzrichtungen keinen Widerspruch[208]. Insofern sollte die Basis konsensualer Schutzoptimierung marktbeteiligter Unternehmen, insbesondere wenn sie in Einklang mit den übrigen Handlungsfreiheiten schützenden Gütern des Kartellrechts steht, ohne Weiteres ihre Berechtigung finden können. Den institutionell-gesetzlichen Rahmen hierfür bietet das Kartellverbot selbst. Zutreffend prüft der Ansatz der neuen Institutionenökonomik nach Maßgabe eines Werturteils, ob eine Wettbewerbsbeschränkung die Handlungsfreiheiten von Marktbeteiligten noch akzeptabel einschränkt[209]. Die Akzeptanz der Wettbewerbsbeschränkung kann also nur in einer Abwägung der Einflüsse auf Dritte am Markt und den Koordinationsinteressen der Hersteller ermittelt werden. Im Zweifel sollten für die Frage einer Sozialverträglichkeit der Beschränkung auch Verbraucher-

[206] Wegen Wahrnehmung höherwertiger Interessen als sachlich gerechtfertigt wurden etwa die hier nicht gemeinten überwiegenden Gründe für Sicherheit und Gesundheit anerkannt, vgl. BKartA WuW/E BKartA 145 ff. – „Doppelstecker“, siehe auch bereits BKartA, TB 1966, S. 58; TB 1976, S. 9 u. 79; allg.: *Sandrock*, Grundbegriffe des GWB, S. 327 ff.

[207] Dazu ausführlich: *K. Schmidt*, Kartellverfahrensrecht, S. 63 ff.; *Benisch*, WuW 1961, 764, 765, 767.

[208] Vgl. *Hoppmann*, in: Wettbewerb als Aufgabe, S. 61 ff.; *Mestmäcker*, DB 1968, 787, 790; *Immenga*, in: I/M, 2. Aufl., § 1 Rn. 11 m.w.N.; zur ökonomischen Zielsetzung, der das GWB nach Auffassung des BKartA diene, vgl. *Benisch*, WuW 1961, 764, 766.

[209] *Kirchner*, in: FS Ingo Schmitt, S. 33, 43; zur neuen Institutionenökonomik unten, 1. Teil, C. V.

interessen eine zusätzliche Rolle spielen, die bisher als nicht unmittelbar dem Schutzgut Wettbewerb inhärent kaum privilegiert wurden[210].

Zwischen den verhaltenskoordinierenden Parteien selbst wird sich schnell ein Konsens feststellen lassen, da ihnen aus wirtschaftlichen Gründen gerade an einer Beschränkung des Wettbewerbs gelegen sein wird. Dieses Konsensinteresse haben wir bereits als regelmäßig schädlich für den Wettbewerb erkannt, so dass eine Kollektivgrundlage nur dann erzielbar scheint, wenn die Beschränkung im Einzelfall allgemein verträglich wäre und auch (oder gerade noch) die von ihr ausgehenden negativen Effekte für Dritte oder Verbraucher hinnehmbar sein könnten[211]. Dies wird immer dann der Fall sein, wenn die Beschränkung der Vertragsfreiheit für ein bestimmtes Erzeugnis zur Gewährleistung der Wettbewerbsfreiheit beitragen kann[212] oder zu einer Ausbalancierung der Interessen der verschiedenen Personengruppen führt. Es sollte also z.B. eine günstige Preise für Verbraucher hervorrufende Absprache zwischen Herstellern gleichartiger Produkte legalisierbar sein, auch wenn dadurch der interbrand-Wettbewerb zwischen ihnen eingeschränkt wird, solange nicht der damit einhergehende erschwerte Marktzutritt Dritter zu einer gesamtwirtschaftlich spürbaren Verschlechterung der Marktsituation führt. Die wettbewerbliche Interessen abwägende Prüfung kann dann dazu führen, dass zwischen den negativen externen Folgen für die übrigen konsensfähigen Marktteilnehmer und den Herstellerinteressen sowie möglichen Verbraucherinteressen eine Schnittmenge gefunden wird. Diese Schnittmenge kann letztlich nur durch eine objektive Instanz ermittelt werden, die den getroffenen Konsens mit der bestehenden Gesetzeslage in Einklang bringen kann.

Damit bleibt im Ergebnis festzuhalten: Interbrand-Wettbewerbsbeschränkung sind generell wettbewerbsschädlich, es sei denn, sie lassen sich im Konsens der Marktbeteiligten und einer wettbewerbliche Interessen berücksichtigenden Einzellfallabwägung legalisieren. Ob dieses System mit dem aktuellen § 1 GWB insoweit in Einklang gebracht werden kann, soll nunmehr geklärt werden. Dabei muss sich herausstellen, wie und auch wo der Ansatz sich bestenfalls in die Tatbestandsmerkmale integrieren lässt.

---

210 *Bechtold*, Kartellgesetz, § 1 Rn. 48.

211 *Günther*, WuW 1972, 427, 428: Da Unternehmen nach Gewinn strebten, könnten Einzelinteressen nur dann mit Gesamtinteressen übereinstimmen, wenn der Wettbewerbsprozess von vorgegebenen Rahmenbedingungen bestimmt werde.

212 Vgl. *Kirchner*, in: FS Ingo Schmitt, S. 33, 43.

3. Auswirkung des neuen Ansatzes auf Inhalt und Anwendung der Tatbestandsmerkmale

Welche der bisherigen Tatbestandsvoraussetzungen im System der interbrand- und intrabrand-Analyse den wesentlichen Anforderungen an eine ökonomische Gesamtmarktbetrachtung gerecht werden, soll nunmehr geprüft werden. Zunächst wird das bereits im ersten Teil abgelehnte Merkmal des „Miteinander-in-Wettbewerb-Stehens" von Unternehmen einer Anpassung zu unterziehen sein, die eine Ausrichtung des Kartellverbots an produktexternen Wettbewerbsfaktoren zulässt (a.). Im Anschluss daran soll geprüft werden, ob das Maß wettbewerblicher Verhaltenskoordination eine Verhinderung, Einschränkung oder Verfälschung des Wettbewerbs zur Folge haben muss (b.).

a) „Vereinbarungen von Unternehmen über produktexterne Wettbewerbsfaktoren"

Die Prüfung der Beziehungen der Teilnehmer zu ihrem Produkt im Rahmen der Gesamtmarktanalyse wird durch ein neues Kriterium zu erfolgen haben, das nicht an das funktionale System des bisherigen Rechts gebunden ist. Insoweit könnte das „Miteinander-in-Wettbewerb-Stehen" von Unternehmen durch „Vereinbarungen von Unternehmen über produktexterne Wettbewerbsfaktoren"[213] zu ersetzen sein, wenn das Tatbestandsmerkmal nicht selbst noch so ausgelegt werden kann, dass damit den Anforderungen an die produktexterne Analyse genügt würde. Ausschlaggebendes Kriterium einer Bewertung kartellrechtlicher Verhaltenskoordination ist seit Abschaffung des gemeinsamen Zwecks in § 1 GWB a.F. die Prüfung, ob eine Vereinbarungen zwischen miteinander in Wettbewerb stehenden Unternehmen stattgefunden hat oder nicht. Für Absatzbindungen zwischen potenziellen Wettbewerbern bedeutet dies im Zusammenhang mit § 16 GWB, dass ein Verbot nach § 1 GWB möglich ist. Die Probleme, die durch die horizontale Ausrichtung des Merkmals auftreten, sind behandelt worden[214] und haben zur Ablehnung einer an dieser Tatbestandsvoraussetzung orientierten Kartellverbotsprüfung geführt. Es gilt nun deren

---

[213] Alternativ: „Vereinbarungen von Unternehmen über interbrand-Waren oder Dienstleistungen".

[214] Vgl. zur Problematik, dass durch das aktuelle Kartellverbot „nur die Masse der Fälle erfasst ist, die bisher unter das Kartellverbot einzuordnen seien, nicht jedoch die gerade problematischen Grenzfälle wie namentlich wettbewerbsbeschränkende Abreden in Austauschverträgen, Vertragssystemen und Sternverträgen sowie vertragliche Eingriffe in den schutzwürdigen Drittwettbewerb" (*Emmerich*, Kartellrecht, S. 33) auch: *Bornkamm*, in: FS Geiß, S. 539, 556; *Seifert*, in: FS Lieberknecht, S. 583 ff., 588; *Baums*, ZIP 1998, 233, 234; *Bunte*, WuW 1997, 857, 863; *Kahlenberg*, BB 1998, 1593, 1594; Monopolkommission, 11. Hauptgutachten, Rz. 397 f.

materielle Bewertung und jene eines dieses ersetzenden Merkmals „Vereinbarungen von Unternehmen über produktexterne Wettbewerbsfaktoren" zu klären sowie die Tauglichkeit als Abgrenzungskriterium darzustellen.

aa) Wörtlich-formales Verständnis

Nach einem Teil der Literatur ist das aktuelle Merkmal des „Miteinander-in-Wettbewerb-Stehens" von Unternehmen rein formal nach seinem Wortlaut auszulegen[215]. Danach kommt § 1 GWB immer dann zur Anwendung, wenn tatsächlich oder potenziell Wettbewerb zwischen den Parteien einer Vereinbarung besteht[216]. Völlig zu Recht stellt *Bornkamm* daher infrage, „ob die Absicht des Gesetzgebers, nur den Wortlaut der Bestimmung, nicht dagegen ihren sachlichen Gehalt [gegenüber dem ehemaligen gemeinsamen Zweck] zu ändern, ausreicht, um die gesetzliche Bestimmung in diesem Punkte gegen ihren Wortlaut auszulegen"[217]. Denn ihrem Wortlaut nach erfasst die neue Formulierung des Kartellverbots gerade diejenigen Sachverhalte vollständig, in denen das Problem der Abgrenzung zu § 16 GWB virulent wird[218]. Ist es aber schon nach dem Wortlaut nicht geeignet, die aktuellen Abgrenzungsfragen des GWB zufriedenstellend zu lösen, kann daran erst recht keine Gesamtmarktanalyse festgemacht werden. Eine de lege ferenda vorzunehmende Änderung des Wortlauts in „Vereinbarungen von Unternehmen über produktexterne Wettbewerbsfaktoren" könnte schon aus diesem Grunde Erleichterung bringen. Vereinbarungen von Unternehmen (Plural) würde zunächst bedeuten, dass wie bisher zumindest zwei Marktteilnehmer ihr Verhalten koordinieren müssten. Dem Wörtchen „über" käme die Bedeutung zu, dass ausgehend von der Vereinbarung, sei sie durch einfache Verhaltenskoordination oder vertragliche Manifestation begründet, ähnlich der eingeschränkten Folgetheorie zum gemeinsamen Zweck hinsichtlich Wettbewerbsbeschränkungen, ein Bezug zu interbrand-Gütern herstellbar ist. Zur Vermeidung eines neuen Streits über

---

215 So scheinbar auch *K. Schmidt* AG 1998, 558, 561; *ders.*, in: FS Sandrock, S. 833, 845; in diese Richtung auch *Bornkamm*, „Neuere Rspr. zu § 1 GWB", Vortragsveranstaltung, GRUR-Frankfurt, 11.7.2000, der meint, aufgrund des Wortlauts falle die Beschränkung von Drittwettbewerb nicht mehr unter § 1 GWB; gegen ein wörtlich-formales Verständnis wohl *Rittner*, WuW 2000, 696, 697, der statt dessen von Funktionsklausel spricht, und so eine dem Wortlaut nach auf horizontale Kartelle einschränkende Anwendung des Kartellverbots begründet.

216 In der Rechtsprechung zum gemeinsamen Zweck war das Vorhandensein aktuellen oder potenziellen Wettbewerbs freilich nicht immer Voraussetzung für die Anwendung des § 1 GWB, auch wenn dies in Urteilen nicht ausgesprochen wurde; vgl. die eindeutige Stellungsnahme von *Bornkamm*, in: FS Geiß, S. 539, 553 am Ende.

217 *Bornkamm*, in: FS Geiß, 539, 557.

218 So zutreffend *Zimmer*, in: I/M, 3. Aufl., § 1 Rn. 164.

Gegenstands-, Zweck- oder Folgetheorie sollte offen bleiben, wie die Beeinflussung der Wettbewerbsfaktoren durch das Verhalten der Beteiligten festgestellt werden kann. Da sich die Beschränkung auf produktexterne Wettbewerbsfaktoren beziehen muss, käme es schon nach dem Wortlaut nicht darauf an, ob ein potenzielles Wettbewerbsverhältnis zwischen den Beteiligten bestünde, sondern ob die Vereinbarungen eine solche über marktfähige Produkte unterschiedlicher Hersteller bedeutet, die wettbewerblich surrogationsfähig sind und sich insoweit wettbewerbsbeschränkend auswirken. Durch ersatzlosen Verzicht auf die den Unternehmensbegriff im jetzigen Wortlaut begleitende Präposition „zwischen" in § 1 GWB wäre schon von daher nicht mehr Voraussetzung, dass ein Wettbewerbsverhältnis der Beteiligten der Form betroffen wäre, dass sich die Beschränkung auf einen zwischen diesen stattfindenden Wettbewerb beziehen müsste. „Vereinbarungen von Unternehmen" wäre vom Wortlaut her offen. Es bezöge Absprachen über marktfähige Güter Dritter oder Beschränkungen auf Drittmärkten ein, unabhängig davon, in welchem Verhältnis die an der Absprache Beteiligten zu den Gütern etwaiger Dritter stünden, solange nur ein Bezug zum Produkt (des/der Dritten) herstellbar wäre, und in deren relevantem Markt eine, etwaig spürbare, Wettbewerbsbeschränkung zur Folge hätte. „Vereinbarungen von Unternehmen über produktexterne Wettbewerbsfaktoren" wäre aber auch für eine Erfassung aller gängigen Horizontalverhältnisse offen, denn es soll wie bisher – schon dem Wortlaut nach – alle klassischen Vereinbarungen zwischen Unternehmen der gleichen Wirtschaftsstufe erfassen und darüber hinaus die Handhabung aller problematischen Grenzfälle, auch von Drittwettbewerb, erleichtern helfen. *Bunte* hat zur Erfassung der Beschränkung des Marktzutritts Dritter[219] vorgeschlagen, das Kartellverbot durch den Passus: „[...] Beschränkung des zwischen Unternehmen oder im Verhältnis zu einem dritten Unternehmen aktuell oder potentiell bestehenden Wettbewerbs"[220] zu ergänzen. Mit dieser Auslegung wäre möglicherweise die Diskussion um die Frage der Spezialität von § 16 GWB gegenüber § 1 GWB wieder eröffnet[221], weil Ausschließlichkeitsbindungen regelmäßig Drittwettbewerb beschränken und so im Prinzip immer auch der Tatbestand des Kartellverbots durchweg eröffnet wäre. Der Wortlaut des hier getätigten Vorschlags würde diese Folge nicht nach sich ziehen. § 1 GWB wäre im Hinblick auf die Beschränkung des Marktzutritts Dritter seinem Wortlaut nach nur erfüllt, wenn im Einzelfall einer intrabrand-Beschränkung durch Ausschließlichkeitsbindung, die nur der Missbrauchsaufsicht des § 16 GWB unterfiele, eine so wesentliche Beschränkung produktexternen Wettbewerbs nachgewiesen werden könnte, dass im Rahmen der einzelfallbezogenen

---

[219] Vom BGH als Fall des gemeinsamen Zwecks nach § 1 GWB a.F. beurteilt, vgl. BGH WuW/E BGH 3137, 3138 f. – „Solelieferung"; WuW/E BGH 2088, 2090 – „Korkschrot".
[220] *Bunte*, WuW 1997, 857, 863.
[221] Vgl. *K. Schmidt*, AG 1998, 551, 560.

Marktanalyse nur noch ein Verbot in Frage käme. Der Vorschlag wäre mithin vom Wortlaut her offen, das Problem des Zugangs von Drittwettbewerbern oder Beschränkungen des Drittwettbewerbs zu erfassen, ohne einer erneuten Abgrenzungsproblematik gegenüber § 16 GWB das Wort zu reden.

bb) Wettbewerbsfunktionales Verständnis

Nach überwiegender Meinung ist das Merkmal „Miteinander-in-Wettbewerb-Stehen“ von Unternehmen in § 1 GWB rein wettbewerbsfunktional zu verstehen und auszulegen[222]. Hierfür spreche schon die Funktionsklausel des Kartellverbots, die die nötige Klarheit gegenüber § 1 GWB a.F. geschaffen habe[223]. Der Gesetzgeber habe sich eindeutig dafür entschieden, dass unter die Vorschriften §§ 1 bis 13 GWB über Kartelle nur Vereinbarungen zwischen miteinander in Wettbewerb stehenden Unternehmen fallen sollten, während sonstige Vereinbarungen als Vertikalvereinbarungen von den §§ 14 bis 18 GWB erfasst würden[224]. Die rechtswissenschaftliche Methodenlehre unterstreiche eine kartellrechtlich spezifisch funktionsbestimmte Auslegung[225], weil der Rechtsanwender durchweg auf Prinzipien oder Richtigkeitsgedanken zurückgreifen können müsse, die ihn erst in die richtige Richtung wiesen, was im Kartellrecht für Tatbestände oder Tatbestandselemente im Einzelfall die Aufgabe stelle, aus der kartellrechtlichen Wertung heraus die nötigen Abgrenzungen zu finden[226]. In einem Recht gegen Wettbewerbsbeschränkungen, dass nach hiesigem Verständnis die Differenzierung nach horizontalen und vertikalen Ebenen aufgeben muss, bekommt die wettbewerbliche Funktionalität ein neues Attribut. Es liegt nahe, die Funktion des hypothetischen Merkmals „Vereinbarungen von Unternehmen über produktexterne Wettbewerbsfaktoren“ im Kartellverbot marktfunktional zu verstehen. Ein marktordnungsrechtlich geprägtes Unwerturteil nimmt Gestalt an, wenn Beschränkungen des Wettbewerbs marktfähiger Produkte sanktioniert werden, die bei Abwägung wettbewerblicher Interessen aller Beteiligten – also auch der Marktgegenseite und Dritter – im Einzelfall als nicht hinnehmbare Verschlechterung zu bewerten sind. Der theoretische Ansatz hätte dann im Hinblick auf § 1 GWB gegenüber seiner bisherigen nunmehr auch die Funktion, wettbewerbliche Handlungsfreiheiten dann restriktiv zu behandeln,

---

[222] *Bornkamm*, in: FS Geiß, S. 539, 542; *Rittner*, WuW 2000, 696, 697 ff.; nunmehr wohl ebenso *K. Schmidt*, in: FS Sandrock, S. 833, 843 dort Rn. 43.

[223] *Rittner*, Wettbewerbs- und Kartellrecht, S. 193 Rn. 12, S. 198 Rnrn. 23 ff.; *ders.*, WuW 2000, 696, 697 und passim; *Bornkamm*, in: FS Geiß, S. 539, 554 ff.; *v. Gamm*, NJW 1988, 1245, 1246, der bereits den Ausdruck funktionale Betrachtungsweise gebrauchte.

[224] So *Emmerich*, Kartellverbot, S. 33.

[225] Vgl. dazu *Larenz*, Methodenlehre, S. 482 ff. m.w.N.

[226] *Rittner*, WuW 2000, 696, 703.

wenn kein objektiver, an Marktverhältnissen ausgerichteter Konsens erzielt werden kann, demzufolge überwiegende Interessen der Beteiligten eine freistellungswürdige Rechtfertigung für die jeweilige Wettbewerbsbeschränkung gegenüber den berechtigten Interessen der übrigen Marktteilnehmer bedeuten könnten.

cc) Keine Entsprechung mit dem gemeinsamen Zweck

§ 1 GWB verbietet alle Wettbewerbsbeschränkungen im Horizontalverhältnis. Eine Ausnahme bilden nur die Freistellungstatbestände der §§ 2-8 GWB, die im Prinzip keine weiteren Freistellungen mehr zulassen. Dies entspricht der Systematik des Gesetzes, die das Verbot voranstellt und eine abschließende Reihe von wettbewerbspolitisch anerkannten Ausnahmen nachreicht. Dass darüber hinaus kein Raum für weitere Ausnahmen in § 1 GWB gegeben sein könnte, wird in der Literatur teilweise aus der ersatzlosen Streichung des gemeinsamen Zwecks gelesen[227], zumal der BGH dort bisher die dem Gesetzgeber bekannte Problematik des weiten Anwendungsbereichs, die Diskussionen über mögliche Tatbestandsrestriktionen oder die Immanenztheorie auch noch in der den Gesetzgebungsprozess begleitenden letzten Rechtsprechung zu diesem Themenkomplex angesiedelt hatte. Wie *Schmitz*[228] zutreffend bemerkt, würde aber „das voran genannte Auslegungsergebnis (...) nicht nur die Rechtsprechung in den Fällen Bedside-Testkarten, Druckgussteile und Sole, die bestimmte Vereinbarungen vom Kartellverbot ausgenommen haben, obsolet werden lassen, und dem erklärten Ziel des BGH, den Anwendungsbereich des § 1 GWB zu beschränken, widersprechen[(229)]“; entscheidend sei, dass es auch und vor allem nicht mit dem Sinn und Zweck der Norm vereinbar sei. Zum aktuellen Merkmal des „Miteinander-im-Wettbewerb-Stehens“ von Unternehmen herrscht deshalb die überwiegende Auffassung vor, dass im Wesentlichen Übereinstimmung mit dem vorherigen Merkmal des gemeinsamen Zwecks in § 1 GWB a.F. bestehe[230]. Vielfach wird dies mit einer rein sprachlichen Klarstellung durch den Gesetzgeber begründet: Ausweislich der Begründung zum Regierungsentwurf[231], wonach die höchstrichterliche Rechtsprechung bei Auslegung des bisherigen Tatbestandselements Berücksichtigung gefunden habe und zur

---

[227] *Schmitz*, WuW 2002, 6, 13.
[228] *Schmitz*, WuW 2002, 6, 13.
[(229)] Im Text zitiert: *Bunte*, DB 1998, 1748, 1750.
[230] *Rittner* WuW 2000, 696 ff. und 1204, 1205; *Bechtold*, Kartellgesetz, § 1 GWB Rn. 19 f.; *Nelle*, ZIP 2000, 1232, 1237; a.A. *Baums*, ZIP 1998, 233, 234, *K. Schmidt*, AG 1998, 551, 559 f., *ders.*, WuW 2000, 1199, 1201 hinsichtlich des systematischen Konzept von § 1 GWB.
[231] Begr. zum RegE., BT-Drucks. 13/9720, I. 3.a) aa); abgedruckt in WuW Sonderheft 1998, S.65 bzw. bei *Baron*, Das neue Kartellgesetz, S. 121.

Formulierung in Art. 85 Abs. 1 EGV kein wesentlicher Unterschied bestehe, bedürfe es keiner neuen Interpretation. Zur Divergenz des geänderten Wortlauts hat sich der BGH mittlerweile geäußert und festgestellt, dass § 1 GWB „insoweit trotz des unterschiedlichen Wortlauts eine sachlich andere Regelung nicht enthält“[232]. Gleichwohl hat sich die Systematik des Gesetzes präzisiert, indem nicht mehr Kartellverträge zu einem gemeinsamen Zweck von sonstigen Verträgen unterschieden werden, sondern wettbewerbsfunktional zu prüfen ist, ob Wettbewerbsbeschränkungen im Horizontal- oder Vertikalverhältnis vorliegen. Die von *Rittner*[233] schließlich herausgearbeitete Konklusion, die Abgrenzung des § 1 GWB gegenüber Vertikalvereinbarungen falle heute leichter als je zuvor, weil sich das Kartellverbot durch diesen wettbewerbsfunktionalen Tatbestand von der traditionellen Kartellformenlehre und dem Vertragstypendenken gelöst habe, ist aus seiner Sicht schlüssig. Nach der Funktionsklausel setzten die §§ 1 ff. GWB und §§ 14 ff. GWB unterschiedlich an, die einen bei den „Kartellen“, die anderen bei bestimmten Klauseln, die sich in privatrechtlichen Verträgen über Waren oder gewerbliche Leistungen sowie Lizenzverträgen, also in Austauschverträgen fänden[234]. Damit liegt er im Wesentlichen auch auf der Linie des BGH, der nur noch horizontale Wettbewerbsbeschränkungen unter § 1 GWB subsumiert wissen möchte, es sei denn, vertikale Beziehungen wiesen ein potenzielles Wettbewerbsverhältnis auf, so dass die Anwendung des Kartellverbots begründet sei, soweit anzuerkennende Interessen für diese Bindung nicht bestünden[235]. Indes kann entgegen *Rittner* – und unabhängig von der abgelehnten Unterscheidung horizontaler und vertikaler Beschränkung – schon deshalb nicht unverändert an der Rechtsprechung des BGH festgehalten werden, weil die Abgrenzungsformel der anzuerkennenden Interessen nicht hinreichend geeignet scheint[236], problematische Grenzfälle, auf die das Kartellverbot grundsätzlich Anwendung finden kann, bei denen aber das Vorliegen der Voraussetzungen des § 1 GWB tatbestandsrestriktiv ausgeschlossen ist, zufriedenstellend zu lösen. In diesem Zusammenhang hilft auch die von *K. Schmidt* vertretene Doppelkontrolle für Ausschließlichkeitsbindungen nach § 16 GWB und § 1 GWB[237] nicht weiter. Sie positioniert mit eindrucksvoller dogmatischer Begründung ein tatbestandsrestriktives, die Rechtsfolge des Kartellverbots ausschließendes, wettbewerblich rechtfertigendes Interesse an Ausschließlichkeitsbindungen durch Anwendung der Immanenz-

---

232 BGH WuW/E DE-R 289, 294 – „Lottospielgemeinschaft“.

233 *Rittner*, WuW 2000, 696, 698 f.

234 *Rittner*, WuW 2000, 696, 699.

235 Allerdings sieht der BGH das Vorhandensein eines Wettbewerbsverhältnisses seit WuW/E BGH 3137, 3138 – „Solelieferung“ nicht mehr als notwendige Voraussetzung zur Anwendung des Kartellverbots auf Austauschverhältnisse an!

236 Vgl. dazu unten, 1. Teil, E. II. 4.

237 *K. Schmidt*, in: FS Sandrock, S. 833 ff.; *ders.*, WuW 2000, 1199 ff.; a.A. *Rittner*, WuW 2000, 696 ff., *ders.*, WuW 2000, 1204 f.

theorie außerhalb des Tatbestandes, „weil das Kriterium «gemeinsamer Zweck» aus dem § 1 GWB eliminiert und damit die Fortsetzung des systematischen Konzepts in diesem Punkt ausgeschlossen ist“[238]. Wie *K. Schmidt* anmerkt[239], habe dies allerdings nichts mit der Richtigkeit oder Unrichtigkeit der vom Kartellsenat getroffenen Entscheidungen zu tun, dessen sachliche Kriterien zur Feststellung, ob horizontale Bindungen in vertikalen Verträgen kartellverbotswidrig oder kartellrechtsneutral seien, für die künftige Betrachtung bedeutsam blieben. Die gegensätzlichen Auffassungen zeigen zweierlei: erstens, dass das Vorliegen eines gemeinsamen Zwecks seit der Novelle von 1998 nicht mehr Voraussetzung für die Anwendung des Kartellverbots sein kann, und zweitens, dass das Kriterium des Wettbewerbsverhältnisses nicht geeignet ist, „für sich allein genommen das Abgrenzungsproblem in sachlich angemessener Weise zu lösen“[240]. Deshalb wird hier entgegen *K. Schmidt*[241], der durch die Doppelkontrolle letztlich in Anlehnung an das funktionale Wettbewerbsverständnis bereits de lege lata sämtliche Vertikalvereinbarungen unter § 1 GWB subsumiert wissen will soweit potenzieller Wettbewerb herrscht, ein Vorschlag de lege ferenda unterbreitet. Nach dessen Kriterien kann ein ähnliches Ergebnis im alten Verständnis möglich sein, jedoch nicht mehr unter dem Kriterium des „Miteinander-in-Wettbewerb-Stehens“ von Unternehmen oder außerhalb des Tatbestands. Vielmehr ermöglichen die herausgearbeiteten Kriterien von intrabrand- bzw. interbrand-Wettbewerbsfaktoren, die im Kartellverbot als „Vereinbarungen von Unternehmen über produktexterne Wettbewerbsfaktoren“ und im zweiten Abschnitt des GWB als „Produktinterne Wettbewerbsfaktoren“ ihren Niederschlag finden können, so eine möglichst nach ökonomischem Verständnis liberalere Betrachtung.

b) Verhinderung, Einschränkung oder Verfälschung des Wettbewerbs

Das aktuelle Kartellverbot hat auf den Begriff der Wettbewerbsbeschränkung verzichtet. Gleichwohl ist – soweit ersichtlich – unbestritten, dass mit „Einschränkung“, „Verhinderung“ oder „Verfälschung“ des Wettbewerbs entsprechende Wettbewerbsstörungen verboten sein sollen. Diese Merkmale sind

---

[238] *K. Schmidt*, WuW 2000, 1199, 1202.

[239] *K. Schmidt*, ebenda.

[240] *Huber*, in: FK Kurzdarstellung zu § 1 n.F. Rn. 19 am Ende; ebenso *Zimmer*, in: I/M, 3. Aufl., § 1 Rn. 164.

[241] Die wettbewerblichen Wertungen *K. Schmidts* können im interbrand/intrabrand-Ansatz fruchtbar gemacht werden. Da er jedoch ein Vertreter des funktionalen Ansatzes ist, müssen seine Konklusionen in diesem Punkt einschränkend bewertet werden. Vgl. *K. Schmidt*, Kartellverbot, S. 51 ff.; *ders.*, ZHR 149 (1985), 1 ff. zum funktionalen Ansatz; zur Bewertung des aktuellen Tatbestandsmerkmals *ders.*, in: FS Sandrock, S. 833 ff.; *ders.*, WuW 2000, 1199 ff.

aus dem europäischen Recht bekannt. In Art. 81 Abs. 1 EG ist ein Schutz des Wettbewerbssystems vor Verfälschung als Zielbestimmung angelegt. Insoweit wird vertreten, dass eine teilweise wie auch völlige Einschränkung im Sinne einer Verhinderung des Wettbewerbs ein Anwendungsbeispiel des umfassenden Oberbegriffs der Wettbewerbsverfälschung sei[242]. Dies hilft zunächst nicht weiter, weil der Begriff der Wettbewerbsverfälschung dem GWB bisher nicht bekannt war. Insgesamt liegt es aber nahe, die erfasste Möglichkeit einer Wettbewerbsverhinderung als eine klassische Wettbewerbsbeschränkung dann unter den Tatbestand des § 1 GWB zu subsumieren, wenn eine schwerwiegende Form der Einschränkung von Wettbewerb, dessen Ausschluss, in Rede steht[243]. Schließlich soll die Koordination wettbewerblichen Verhaltens durch Marktteilnehmer im Wege des Ausschlusses desselben mittels Wettbewerbsverhinderung aus Gründen des Institutionenschutzes im wahrsten Sinne des Wortes verhindert werden[244]. Problematischer scheint der Begriff der Verfälschung selbst zu sein. Eine eigenständige Bedeutung kann zumindest dem EG-Wettbewerbsrecht im Sinne einer Erfassung von Drittwettbewerb entnommen werden, bei der die wettbewerblichen Handlungsfreiheiten der beteiligten Unternehmen selbst nicht betroffen sind und dies auch weder bezweckt noch bewirkt werden sollte[245]. Im Sinne einer gesetzgeberisch gewünschten Anpassung des § 1 GWB an das europäische Kartellrecht kann davon ausgegangen werden, dass auch das Kartellverbot unter dem Stichwort der Verfälschung des Wettbewerbs Fälle erfassen soll, bei denen die künstliche Veränderung der Wettbewerbsbedingungen zum Nachteil Dritter durch die Maßnahme in Frage steht[246]. Auch wenn der Gesetzgeber durch das Merkmal miteinander in Wettbewerb stehender Unternehmen Maßnahmen zum Nachteil Dritter scheinbar gerade nicht mehr unter das Kartellverbot subsumiert wissen will[247], hält die Übernahme des Begriffs des Verfälschens von Wettbewerb diese Option nach hiesigem Dafürhalten gerade offen. Es wird zwar überwiegend vertreten, dass Vereinbarungen zwischen Nichtwettbewerbern nicht mehr unter § 1 GWB fallen[248] und auch Drittwettbewerb nicht mehr erfasst sei. Die begriffliche Einbeziehung der Verfälschung macht aber nur im entgegengesetzten Fall Sinn, soll sie nicht zum inhaltsleeren Beiwerk der Vorschrift reduziert werden. Insoweit lässt das Verfälschen von Wettbewerb eine interbrand-bezogene Beschränkung von

---

242 *Bunte*, in: L/B, Art. 85 Rn. 55, zum Bewecken und Bewirken einer Wettbewerbsverfälschung; *Hootz*, BB 1986, 2010, 2011 stellt fest, dass der BGH schon in der Spielkartenentscheidung an eine bewirkte Wettbewerbsbeschränkung auf dem relevanten Markt anknüpft.
243 *Emmerich*, Kartellrecht, S. 41.
244 *Zimmer*, in: I/M, 3. Aufl., § 1 Rn. 8. Vgl. zu den Zielkonflikten auch *I. Schmidt*, Wettbewerbspolitik und Kartellrecht, S. 81 f.
245 *Bunte*, in: L/B, Art. 85 Rn. 55.
246 So *Emmerich*, Kartellrecht, S. 43.
247 Vgl. dazu *Bornkamm*, in: FS Geiß, 539, 542 ff.
248 Vgl. nur *Huber*, in: FK, Kurzdarstellung zu § 1 n.F. Rnrn. 12 und v.a. 15 m.w.N.

Drittwettbewerb zumindest zu, ruft aber einen Konflikt mit der verlangten Wettbewerbereigenschaft hervor, der dahingehend gelöst werden sollte, auf das Merkmal Wettbewerb zwischen Unternehmen auch aus diesem Grunde gänzlich zu verzichten und nicht nur weil es seinen Fokus auf Horizontalverhältnisse richtet, die für sich genommen keine hinreichende Auskunft über die Wettbewerbsschädlichkeit von Verhaltenskoordination liefern. Zum besseren Verständnis ist nachfolgend auf die Frage einzugehen, wann im Zusammenhang mit dem Gesetzeszweck von einer Wettbewerbsbeschränkung gesprochen werden kann, deren Ausgangspunkt die Verhaltenskoordination produktexterner Wettbewerbsfaktoren ist.

aa) Handlungsfreiheit versus Ausweichoption für Dritte

Kernfunktion des § 1 GWB ist der Schutz wettbewerblicher Handlungsfreiheit der Vertragsbeteiligten, deren Gebrauch zu Wettbewerb führt und so die Auswahlmöglichkeiten von Wirtschaftsteilnehmern im Bezugs- und Absatzwettbewerb sichert. Auch der EuGH hält den Schutz solch wirtschaftlicher Entfaltungsfreiheit von Unternehmen im Markt ausdrücklich für erforderlich und weist Marktteilnehmern das Bestimmungsrecht zur Wahl ihrer Vertragspartner durch das sog. Selbstständigkeitspostulat zu[249]. Die Interessen Dritter geraten durch den Schutz der Marktteilnehmer im Bezugs- und Absatzwettbewerb also ebenfalls unmittelbar in den Schutzbereich des deutschen Kartellverbots[250]. Die Ausweichoption für Dritte ist infolgedessen kein Gegensatz zum Schutz der Handlungsfreiheit, sondern Ausfluss derselben, indem Wettbewerb aus unbeschränktem Marktverhalten entstehen kann und gleichzeitig die Handlungsmöglichkeiten Dritter bewahrt. Im Zusammenhang mit der Außenwirkung von Wettbewerbsbeschränkungen hat der BGH entsprechend der hM[251] festgestellt, dass der Schutz wettbewerblicher Handlungsfreiheiten in erster Linie wegen der Wirkung beschränkender Verhaltenskoordination auf Märkte in das Kartellverbot zu lesen ist[252]. Werden wettbewerbliche Handlungsfreiheiten der Beteiligten aber umfassend geschützt, fallen sämtliche Absprachen über Erzeugnisse produktexterner Wettbewerber unter das Kartellverbot, und auch solche über außerhalb dieses Verhältnisses liegende Drittmärkte, also interbrand-Produkte, mit denen die Beteiligten unmittelbar nichts zu tun haben. Weder

249 EuGH, Slg. 1975, 1663, 1965 f., - „Suiker Unie"; Slg. 1981, 2021, 2031 – „Züchner"; *Bahr*, WuW 2000, 954, 957.

250 Ebenso: *Zimmer*, in: I/M, 3. Aufl., § 1 Rn 8.

251 Vgl. *Immenga*, in: I/M, 2. Aufl., § 1 Rn. 230 m.w.N.; *ders.*, ZHR 148 (1984), 268, 269; *Huber/Baums*, in: F/K, § 1 Rn. 18.

252 BGH WuW/E BGH 1337, 1342 – „Aluminium-Halbzeug"; WuW/E BGH 1458, 1461 – „Fertigbeton"; WuW/E BGH 3115, 3119 –„Druckgussteile".

Institutionen- noch Individualschutzaspekte stehen folglich einer produktfaktorenbezogenen Analyse etwa unter das Kartellverbot subsumierbarer interbrand-Beschränkungen entgegen.

bb) Beeinträchtigung wettbewerblicher Freiheit

Es stellt sich in diesem Zusammenhang die Frage, ob der Schutz wettbewerblicher Freiheit durch eine interbrand-Analyse konterkariert würde. Nach europäischem Recht liegt eine Wettbewerbsbeschränkung i.S. des Art. 81 EG nur vor, wenn der Vereinbarung der Beteiligten die Eignung innewohnt, die auf dem Markt bestehenden Verhältnisse zu verändern[253]. Daher vertritt der EuGH in ständiger Rechtsprechung, dass Art. 81 EG den Wettbewerb lediglich in jener Ausgestaltung schütze, in der ihn die Marktteilnehmer ohne die verbotene Wettbewerbsbeschränkung vorgefunden hätten[254]. Ganz ähnlich wird der Wettbewerb als realer Regelungszusammenhang vom Recht der Wettbewerbsbeschränkungen wahrgenommen. § 1 GWB schützt den Wettbewerb ebenfalls nur so wie ihn die Marktteilnehmer jeweils vorfinden und einer Beschränkung unterstellen[255]. Die wettbewerbliche Freiheit, auf Märkten zu agieren, ist von den Produkten abhängig, die die Märkte ausmachen. Produkt- und Marktnähe sind folglich Faktoren, die eine Bestimmung von Märkten zulassen, deren Freiheit das Kartellverbot schützen soll. So hat auch der BGH bereits in der Vergangenheit besonders die Produktion von Unternehmen und deren produktmäßige Marktnähe analysiert[256], um festzustellen, ob Absprachen zwischen diesen und weiteren Beteiligten unter § 1 GWB fallen können, weil sie die Freiheit des Wettbewerbs zu beeinträchtigen in der Lage sind. Damit ist auch aus dem Gesichtspunkt der Freiheit des Wettbewerbs das Kartellverbot in seiner jetzigen Form für eine interbrand-/ intrabrand-Bewertung zugänglich. Wenn Teilnehmer von Wettbewerbsbeschränkungen produktfaktorenspezifische Abreden treffen, kann allerdings das Problem negativer Wirkungen für die Wettbewerbsfreiheit auftreten. Sollen etwa gesamtwirtschaftliche Effizienzvorteile Berücksichtigung finden, können sie im Einzelfall die Wettbewerbsfreiheit beeinträchtigen. Da aber das Gesetz selbst in seinen Ausnahmevorschriften und auch die Rechtsprechung Bereichsausnahmen anerkannt haben, die ihrerseits stets die Einschränkungen individueller Wettbewerbsfreiheit bedeuten, steht das Ziel des Erhalts von Wettbewerbsfreiheit für sich alleine

---

[253] *Schröter*, in: v.d.Groeben/Thiesing/Ehlermann, Kommentar, Art. 85 Rn. 77.

[254] EuGH, Sgl. 1980, 2511, 2536 – „Lancôme"; Slg. 1980, 3775, 3792 – „L'Oréal"; Slg. 1985, 2545, 2571 – „Remia"; Slg. 1985, 3939, 3943 – „ETA/DK Investment".

[255] *Zimmer*, in: I/M, 3. Aufl., § 1 Rn. 138 unter Bezugnahme auf die Rechtsprechung des EuGH.

[256] BGH WuW/E BGH 732, 734 – „Klinker"; auch WuW/E BGH 1458, 1460 – „Fertigbeton".

einem interbrand-System nicht entgegen. Dies umso mehr, als produktexterne Beschränkungen nach bisherigem Rechts nur in wenigen Ausnahmefällen überhaupt vom Kartellverbot ausgenommen werden sollen.

cc) Beeinträchtigung Dritter und mögliche Drittwirkung

Dass prinzipiell die Beeinträchtigung Dritter vom Kartellverbot umfasst ist, wurde angesprochen. Allerdings ist die Beachtung reiner Drittwirkung von Wettbewerbsbeschränkungen schon vor der Neufassung in Rechtsprechung und Literatur nicht einheitlich behandelt worden. Nach überwiegender Auffassung war die Koordination wettbewerblicher Verhaltensparameter der Beteiligten im Merkmal der Wettbewerbsbeschränkung anzusiedeln[257], wohingegen die Außenwirkung auf ihre Eignung zur Beeinflussung der Marktverhältnisse zu prüfen war[258]. Im Fall Carpartner[259] lag dem BGH 1998 noch unter Geltung des § 1 GWB a.F. die Vereinbarung mehrerer Kraftfahrzeughaftpflichtversicherer, die sich zu einem Gemeinschaftsunternehmen zusammengeschlossen hatten, zur Entscheidung vor. Zweck der Vereinbarung war die kurzzeitige Vermietung von Kraftfahrzeugen, die als Ersatz für in Reparatur befindliche Unfallfahrzeuge dienen sollten. Damit sollte eine preiswerte Alternative zu den nach Auffassung der Vertragschließenden überteuerten Autovermietern geschaffen werden. Entsprechend sollte sich dabei die Schadensregulierung der Versicherer an den günstigeren Alternativen ausrichten, was zur Folge hatte, dass höhere Preise der Autovermieter gegenüber jenen im Carpartner-System sich wegen der Schadensminderungspflicht der Geschädigten kaum mehr durchsetzen ließen. Das Gericht zog in Abhängigkeit der betroffenen Produkte den Markt für Unfallfahrzeuge heran und prüfte wirtschaftliche Zusammenhänge sowie Auswirkungen der zu untersuchenden Vereinbarung im Hinblick auf diesen Unfallfahrzeugmarkt[260]. Hinsichtlich der Carpartner-Beteiligten im Geschäft der Bereitstellung von Fahrzeugen als Ersatz für Unfallwagen nahm der BGH im Zusammenhang mit der Eignungsklausel einen Fall von Drittwirkung an[261], obwohl keiner der Beteiligten vor Abschluss der Vereinbarung eine direkte Verbindung zum beeinflussten Markt hatte. Ein interbrand-Verhältnis über substituierbare Vermietobjekte, das Auswirkungen auf Dritte (hier: die Automobilvermieter und Unfallgegner) hat, konnte somit Gegenstand eines

[257] Vgl. *Zimmer*, in: I/M, 3. Aufl., § 1 Rn 164 ff., 180.
[258] Vgl. BGH WuW/E BGH 1337, 1342 – „Aluminium-Halbzeug".
[259] BGH, WuW/E DE-R 115 ff. – „Carpartner".
[260] Vgl. BGH WuW/E DE-R 115, 119 f. – „Carpartner"; vgl. auch die Darstellung des Unfallersatzwagengeschäfts in des Falls bei *Volmer*, NZG 2000, 78, 79 f.
[261] Ähnlich *Bunte*, NJW 1999, 93, 95; *Huber*, in: FK, Kurzdarstellung zu § 1 n.F. Rn. 51; *Polley*, WuW 1998, 939, 944.

Verbots nach § 1 GWB a.F. sein und stand mit dem Wortlaut der alten Regelung im Einklang, die zwischen Wettbewerbsbeschränkung und Eignung zur Beeinflussung der Marktverhältnisse unterschied. Für das neue Recht wird vertreten, dass die Vereinbarung der Beteiligten wegen des zwischen ihnen nur in Bezug auf Versicherungsleistungen bestehenden Wettbewerbs, und somit wegen Fehlens einer Anbieter- oder Nachfragerstellung auf dem Produktmarkt für Mietfahrzeuge im Unfallersatzgeschäft, nur schwerlich noch unter das Kartellverbot fallen könne[262]. Drittwirkungen beeinflussten den Wettbewerb schließlich nur als Marktzustand, wohingegen der Verhaltensprozess zwischen den Beteiligten der Absprache selbst regelmäßig unverändert bliebe[263]. Daher ist die Frage von Drittwirkung im neuen Recht tatsächlich problematisch, weil § 1 GWB bewusst auf das Wettbewerbsverhältnis der Koordinierer abstellt, auf das es nach hiesigem Dafürhalten freilich nicht ankommen kann. Dass aus Gründen des Drittschutzes ein Bedürfnis danach besteht, auch solche Kartellabsprachen unter die Verbotsnorm zu subsumieren, deren Beteiligte nicht Wettbewerber auf Märkten sind, auf die die Beschränkung tatsächlich Auswirkungen hat, liegt nahe. Für produktextern betroffene Wettbewerber von Drittmärkten macht es weder qualitativ noch quantitativ einen Unterschied, welche Handlung marktfremder Unternehmen für die Beschränkung ihrer unternehmerischen und wettbewerblichen Handlungsfreiheit verantwortlich ist. Insoweit brächte eine interbrand-Analyse aufgrund ihrer Produktbezogenheit den Vorteil der Unabhängigkeit vom Wettbewerbsverhältnis. Die diesbezügliche Prüfung marktlicher Auswirkungen auf produktexterne Wettbewerbsfaktoren würde eine schwerpunktmäßige Beachtung von Drittschutzinteressen erleichtern. Für die Carpartner-Entscheidung ergäbe das Abstellen auf interbrand-Märkte folgende Bewertung: Die Regulierungsbestrebungen der Carpartner-Teilnehmer haben zunächst einmal Auswirkungen auf die Unfallgegner, denen eine Ausweichoption zu Autovermietern genommen wird. Die Vereinbarungen sind also nach wie vor unabhängig vom Verhältnis zu den eigenen Kunden. Sie beziehen sich auf den Markt im Unfallersatzgeschäft und gleichzeitig einen Markt für entsprechende Regulierungsvereinbarungen. Einen Produktmarkt für Regulierungsabkommen hat der BGH offen gelassen[264]. Legt man diesen interbrand-Markt der Versicherungsleistungen zu Grunde, was wegen der Regulierungsvereinbarung nicht fern liegt[265], wäre schon nach aktuellem Recht ein Wettbewerbsverhältnis der Versicherer betroffen. Es genügt indes die Betrachtung des Marktes für Unfallwagenersatzvermietung, auf dessen Preisgestaltung die Versicherer mit den Vereinbarungen zu ihren Gunsten Einfluss

---

[262] Vor allem *Huber*, in: FK Kurzdarstellung zu § 1 n.F. Rn. 51.

[263] *Bahr*, WuW 2000, 954, 960.

[264] Vgl. BGH WuW/E DE-R 115, 119 f. – „Carpartner".

[265] Vgl. zu kartellrechtlichen Problemen von Regulierungsabkommen *Köhler*, NJW 1995, 2019 ff.

nahmen[266]. Obwohl sie selbst nicht Anbieter im unmittelbaren Vermietergeschäft mit den schadensminderungspflichtigen Parteien sind, haben die Vereinbarungen den Aktionsparameter Preis unterschiedlicher interbrand-Vermieter beeinflusst und so zu einer sanktionsfähigen Beschränkung im produktexternen Wettbewerb Dritter geführt. In Bezug auf die betroffenen Dienstleistungen macht es keinen Unterschied, ob die Beschränkung dieses Wettbewerbs von den Beteiligten selbst oder außenstehenden Versicherern veranlasst wurde. Die Betrachtung des interbrand-Wettbewerbs stellt diese Unabhängigkeit heraus, indem sie nur die jeweilige Marktwirkung analysiert und bewertet, ohne auf ein Wettbewerbsverhältnis der Verhaltenskoordinierer abstellen zu müssen. Damit nähert sich der Ansatz dem Ergebnis nach teilweise der alten Folgetheorie, die Drittwirkungen bereits ausreichen lässt[267], allerdings mit dem Unterschied, dass hier nicht auf die Beziehungen zwischen den Beteiligten abgestellt werden soll, sondern eher der Eignungsprüfung ähnlich, eine wettbewerbliche Interessenabwägung zu erfolgen hätte. Insoweit wäre ausgehend von der Drittwirkung Art und Schwere der Wettbewerbsbeschränkung zu prüfen und die Verhältnismäßigkeit hinsichtlich Verträglichkeit im betroffenen Markt und ökonomischer Sinn-Zweck-Analyse garantiert. Das aktuelle Recht bietet freilich in seiner jetzigen Fassung keine Möglichkeit, den Neuansatz hinsichtlich möglicher Drittwirkungen ohne gesetzgeberischen Eingriff dogmatisch sauber in § 1 GWB zu integrieren, solange aktueller oder potenzieller Wettbewerb zwischen den Beteiligten einer Absprache wesentliches Tatbestandsmerkmal des Kartellverbots ist. Dagegen wird im Rahmen der Gesamtmarktbetrachtung gerade das Problem der Beeinträchtigung auf Drittmärkten erfasst sein, weil die Beteiligten eine Vereinbarung über das jeweilige interbrand-Produkt getroffen haben oder sich ihre Verhaltenskoordination zumindest auf dieses Produkt auswirkt.

c) Bewirken von Wettbewerbsbeschränkung

Die neue Fassung des § 1 GWB verlangt ferner, dass Unternehmen mit ihrem Verhalten eine Wettbewerbsbeschränkung bezwecken oder bewirken. Bereits im Rahmen früherer Novellen ist diskutiert worden, ob das Bezwecken oder Bewirken von Wettbewerbsbeschränkungen, ohne dass selbige Gegenstand einer Vereinbarung geworden sind, zur Erfüllung des Tatbestandes von § 1 GWB a.F. ausreichend sein sollte[268]. Auch in der Literatur wurde verlangt, dass neben die Wettbewerbereigenschaft ein Bewirken der Wettbewerbsbeschränkung treten

---

[266] So auch noch der BGH, in: WuW/E DE-R 115, 117 – „Carpartner“.
[267] *Immenga*, in: I/M, 2. Aufl., § 1 Rn. 303 ff.
[268] Vgl. die Aufzeichnung der Arbeitsgruppe des BMWi vom 29.1.1968, Az. IB5-22027, Rz. 6, abgedruckt bei *Kartte*, Ein neues Leitbild für die Wettbewerbspolitik, S. 93-100.

müsse[269]. Mit der Einführung des Bewirkens als für § 1 GWB ausreichendes Tatbestandsmerkmal durch die 6. Novelle, hat der Gesetzgeber eine Harmonisierung mit dem EG-Recht angestrebt. Es scheint daher angebracht, zur Auslegung des Merkmals auf die Behandlung in Art. 81 EG zurückzugreifen[270] und so mögliche Kompatibilitätshinweise für den interbrand/ intrabrand-Ansatz zu beleuchten. Für die Anwendung des Art. 81 EG sehen es EuGH[271] und Schrifttum[272] als hinreichend an, wenn die Beteiligten mit ihrer Vereinbarung eine Wettbewerbsbeschränkung nur bezwecken oder bewirken wollen oder (nur) eine Verringerung der Ausweichmöglichkeiten Dritter bewirken. Das europäische Recht differenziert aber auch zwischen bezwecken und bewirken. So wird anhand eines nach hA objektiv zu bestimmenden Vertragszwecks untersucht, ob die Parteien die Beschränkung der wettbewerblichen Entschließungs- oder Handlungsfreiheit i.S. Art. 81 EG zur Veränderung der Marktverhältnisse bezwecken[273], ohne dass es auf tatsächliche Auswirkungen ankomme[274]. Dies galt in ähnlicher Weise für das deutsche Recht in Anlehnung an die Gegenstands- und Zwecktheorie. Heute bezwecken die Beteiligten eine Wettbewerbsbeschränkung, wenn sie durch ihr Verhalten auch ohne unmittelbare Bindung auf eine Koordination des Wettbewerbs abzielen[275]. Eher noch als im europäischen Recht[276] tritt hier eine subjektive Motivation in den Vordergrund. Für die interbrand-Analyse ist das Bezwecken einer Beschränkung nicht unwichtig. Die subjektive Komponente ist v.a. entscheidend, wenn die Hintergründe koordinativen Verhaltens ermittelt werden sollen, respektive die wettbewerblich tragenden Argumente der Beteiligten, die möglicherweise Hinweise auf eine Rechtfertigung liefern können. Soll indes zunächst objektiv festgestellt werden, ob Wettbewerb produktextern beschränkt wird, so kann dies mit Blick auf die möglichen tatsächlichen Folgen der Interessenkoordination nicht ohne eine Prognose[277] hinsichtlich der voraussichtlichen Wirkung geschehen. Treffen etwa Hersteller eine Vereinbarung über Verhaltenspflichten, wonach interbrand-Produkte in einem bestimmten Absatzgebiet nicht oder nur an

---

[269] *Steindorff*, BB 1977, 569, 570.

[270] Dies tut bspw. *Hootz*, in: GK, § 1 GWB Rn. 180 ff.; vgl. zum Merkmal des Bewirkens von Wettbewerbsbeschränkungen *Gleiss/Hirsch*, EG-Kartellrecht, Bd. I, Art. 85 Rnrn. 154 ff.

[271] EuGH Slg. 1966, 281, 303 – „Maschinenbau Ulm"; Slg. 1997, 4411, 4435 – „Ferriere Nord".

[272] *Schröter*, in: v.d.Groeben/Thiesing/Ehlermann, Kommentar, Art. 85 Rn. 111; *Weiß*, in: Callies/Ruffert, EUV/EGV, Art. 81 Rn. 105.

[273] *Schröter*, in: v.d.Groeben/Thiesing/Ehlermann, Kommentar, Art. 85 Rn. 113.

[274] Etwa EuGH Sgl. 1966, 321, 390 f. – „Grundig/Consten".

[275] *Huber*, in: FK Kurzdarstellung zu § 1 n.F. Rn. 8.

[276] Der Zweck wird im europäischen Recht nicht im Sinne subjektiver Motivation, sondern objektiv feststellbarer Tendenzen und Ziele festgestellt; *Emmerich*, Kartellrecht, S. 48.

[277] Für § 1 GWB a.F. im Zusammenhang mit der eingeschränkten Folgetheorie schon *Immenga*, in: I/M, 2. Aufl., § 1 Rn. 307.

bestimmte Abnehmer geliefert werden sollen, liegt darin eine klare Bestimmung von Wettbewerbsparametern. Eine Prognose ergibt, ob dieses Verhalten den Verzicht der Nutzung entsprechender Aktionsvariablen im Markt mit hoher Wahrscheinlichkeit zur Folge hat. Tritt die Absicht hinzu, wäre diese Beschränkung mittels Koordination nicht lediglich bewirkt, sondern eben auch bezweckt.

Von Bewirken kann aber nicht schon bei jedweder Wirkung gesprochen werden, die sich in irgendeiner Form auf die Absprache zurückführen lässt[278]. Insbesondere scheint dies Schwierigkeiten zu bereiten, wenn den Beteiligten keine gegenständliche Verbindung zwischen Absprache und Wirkung nachgewiesen werden kann. Der EuGH hat für die Tatbestandlichkeit des Art. 81 Abs. 1 EG bereits eine hinreichende Wahrscheinlichkeit genügen lassen[279]. Mit *Huber* und *Bahr* ist aber davon auszugehen, dass nach § 1 GWB objektiv nur eine überwiegende Wahrscheinlichkeit dafür sprechen kann, dass die Vereinbarung eine Wettbewerbsbeschränkung zur Folge hat[280]. Die Wahrscheinlichkeitsannahme mittels Prognose als Folge von Verhaltenskoordination bedarf einer soliden objektiven Basis, um zu empirisch verwertbaren Ergebnissen zu gelangen. Hierfür scheint eine produktfaktorenabhängige Bewertung prädestiniert. Indem sie auf die betroffenen Waren oder Dienstleistungen abstellt, hat die Möglichkeit des Eintritts der Beschränkung einen festen Bezugspunkt im jeweiligen Markt. Da diese Größe außer durch individuelle produktions- oder bspw. vertriebsrelevante Einflussnahme von Herstellern und Händlern exogen nur im Wege koordinierten Verhaltens verändert werden kann, lassen sich Zweck und Wirkung einer Vereinbarung mit hohem Wahrscheinlichkeitsgrad zu interbrand- oder intrabrand-Märkten ins Verhältnis setzen. Das neue Merkmal des Bewirkens oder des Bezwecken von Wettbewerbsbeschränkungen steht dem Neuansatz folglich nicht entgegen, sondern bietet sich geradezu an.

d) Marktrelevante Spürbarkeit

In § 1 GWB a.F. wurde schließlich das Merkmal der Spürbarkeit gelesen, ohne die eine Eignung zur Marktbeeinflussung nicht festgestellt werden konnte. Das Erfordernis der Spürbarkeit einer Wettbewerbsbeschränkung stellte insbesondere auf Veränderungen von Produktions- oder Marktfaktoren zum Nachteil anderer Marktteilnehmer ab[281]. Es kann damit als wesentlicher Hinweis dienen, dass der Gesetzgeber auch in der Vergangenheit bereits den besonderen Wert einer

---

[278] *Bahr*, WuW 2000, 954, 962.
[279] EuGH, Slg. 1980, 2511, 2536 – „Lancôme“.
[280] *Huber*, in: FK Kurzdarstellung zu § 1 n.F. Rn. 62; *Bahr*, WuW 2000, 954, 962.
[281] Vgl. *Emmerich*, Kartellrecht, S. 45.

produktfaktorabhängigen Marktanalyse erkannt hat. Das Merkmal könnte allerdings durch die Neufassung des Kartellverbots obsolet geworden sein[282]. Die Instanz-Rechtsprechung hat dies bereits vereinzelt zum Anlass genommen, auf eine Spürbarkeitsprüfung zu verzichten[283]. Dem kann nicht gefolgt werden. Der Gesetzgeber dürfte mit der Streichung tatsächlich keine sachlich abweichende Auslegung verbunden haben wissen wollen. In der Regierungsbegründung heißt es dazu, dass im Rahmen der Harmonisierung an dem Element der Eignung zur Marktbeeinflussung festgehalten werde[284]. Auch dogmatisch ist ein Festhalten am Spürbarkeitsmerkmal gut begründbar. Das Merkmal wurde nämlich schon in der Vergangenheit nicht aus dem Wortlaut, sondern dem bestimmungsgemäßen Zweck des Kartellverbots hergeleitet[285]. Der Erhalt von Markenvielfalt, und damit die Möglichkeit für Nachfrager auf Konkurrenzprodukte ausweichen zu können, ist Ausfluss der kartellrechtlich geschützten wettbewerblichen Handlungsfreiheit. Sie ist aber auch dann bereits gewährleistet, wenn nur tatsächlich spürbare Beschränkungen verboten sind, weil eine Verhaltenskoordination mit geringerer Wirkung ohnehin kaum Einfluss auf Marktpositionen der Gegenseite hat. Es gäbe im Übrigen auch keinen Anlass für staatliche Sanktionen, würde man die Wettbewerbsbeschränkung nur auf das Innenverhältnis der Beteiligten beziehen, ohne Außenwirkungen zu erfassen[286], die letztlich Einfluss auf die Freiheit des Wettbewerbs haben und dem Institutionenschutzzweck des GWB zuwiderlaufen. Zu Recht finden sich darüber hinaus in der Literatur[287] Hinweise auf die entsprechende Praxis der Gemeinschaftsorgane[288], wonach Art. 81 EG ebenfalls das Erfordernis der Spürbarkeit als ungeschriebenes Tatbestandsmerkmal enthält. Eine Hinwendung zu ökonomischen Anhaltspunkten bei der Bewertung von Wettbewerbsbeschränkungen macht im Übrigen nur dann Sinn, wenn nicht aus rein formalen Gründen ein Verbotstatbestand begründet wird, obwohl die adäquat kausale Vereinbarung lediglich vernachlässigenswerte Folgen für den relevanten Markt mich sich bringt[289]. Interbrand-Beschränkungen sollen schließlich nur dann verboten sein, wenn hierfür keine Akzeptanzbasis im Sinne eines Konsenses der Marktteilnehmer erzielbar ist. Umso mehr können solche Beschränkungen vernachlässigt werden, die nur unwesentlichen Einfluss auf die Marktlage

---

282 Dazu *Baums*, ZIP 1998, 233, 234; *K. Schmidt*, AG 1998, 551, 560.

283 Etwa LG Mannheim, WRP 1999, 695, 698 – „Stromversorgung“.

284 Begr. zum RegE., 13/9720, S. 31.

285 *Huber/Baums*, in: FK, § 1 Rnrn. 20, 393; BGH WuW/E BGH 1458, 1462 – „Fertigbeton“.

286 Ebenso *Bechtold*, Kartellgesetz, § 1 GWB Rn. 37.

287 *Emmerich*, Kartellrecht, S. 45; *Bahr*, WuW 2000, 954, 963; *Huber*, in: FK Kurzdarstellung zu § 1 n.F. Rn. 69.

288 *Bahr*, WuW 2000, 954, 963 m.w.N. in den Fußnoten 79-82.

289 Auch das BKartA scheint in diesem Sinne seine Bagatellbekanntmachungen zu § 1 GWB a.F. (BKartA Nr. 57/80 v. 8.7.1980; BAnz. Nr. 133) auf § 1 GWB n.F. übertragen zu wollen, vgl. TB 1999/2000, S. 18, 108.

ausüben und zudem spätestens im Rahmen der Verhältnismäßigkeit unter Abwägung von Hersteller- und Verbraucherinteressen sowie letztlich Interessen Dritter als vernachlässigenswert erscheinen. Beschließen etwa zwei Großhändler einen geringen Anteil aus einer Vielzahl sonstiger interbrand-Waren auch anderer Großhändler im Einkauf zu koordinieren und den Verkauf gebietsmäßig aufzuteilen, verringern sie ihr dementsprechendes Angebot für die Marktgegenseite. Damit beeinflussen sie zwar objektiv die Marktverhältnisse; indes wird es wegen geringer Einflussnahme der Koordination nur zweier Unternehmen neben vielen anderen an einer Spürbarkeit fehlen, so dass die wirtschaftstheoretisch feststellbare Beschränkung praktisch – und damit kartellrechtlich – ohne Relevanz bleibt[290]. Die Interessen der Verbraucher sind hier nur geringfügig betroffen. Der Einfluss auf Preise oder Konditionen der vereinzelten Produkte ist marginal. Den Verbrauchern bleibt zudem die Ausweichoption auf andere interbrand-Anbieter. Dem Interesse der Großhändler ist gedient, da sie wegen besserer Kostenstruktur eine höhere Vertriebsrente erwirtschaften können. Mangels Spürbarkeit ist dann ein Konsens antizipierbar.

Die Beziehung Hersteller-Produkt als Anknüpfungspunkt zur Bestimmung von interbrand- oder intrabrand-Märkten könnte also entsprechende Auskünfte über Marktteilnehmer und ihre Anteile im jeweils produktexternen oder -internen Wettbewerbsgefüge geben. Zur Feststellung der Spürbarkeit einer durch Parteivereinbarungen konkret bewirkten Veränderung von Produktions- oder Marktaktionsparametern wurde bisher auf Marktteilnehmer und die Anteile der Beteiligten am Markt abgestellt[291], wie auch das vorangegangene Beispiel gezeigt hat. Dazu gilt es zunächst den sachlich und räumlich relevanten Markt, die Marktverhältnisse im engeren Sinne, festzustellen, um sodann durch Betrachtung der Alternativen für die Marktgegenseite zu eruieren, ob konkrete Auswirkungen möglich sind. Zu differenzieren ist dabei zwischen empirisch mit hohem Gefährdungspotenzial in Erscheinung tretenden Kartellen[292], bei denen auch schon geringe Beeinträchtigungen für eine spürbare und somit verbotswirksame Beschränkung sprechen können, und solchen, für die vielleicht erst die Vermutungsgrenzen des § 19 Abs. 3 GWB als Anhaltspunkt dienen können[293]. Unabhängig davon, ob im Einzelfall eine geringe oder erhebliche Spürbarkeit das Verbot von Wettbewerbsbeschränkungen rechtfertigen kann, stellt das geltende Recht bei seiner Prüfung zunächst auf die jeweiligen Unternehmen und ihre Marktstufe selbst ab, bevor Art und Umfang der Beschränkung begutachtet

---

290 *Sandrock*, Grundbegriffe des GWB, S. 271.

291 BGH WuW/E BGH 1871, 1874 – „Transportbeton-Vertrieb I"; WuW/E BGH 1587, 1597 – „Modellbauartikel I".

292 Wie etwa Submissionskartelle, die wegen großer Verbreitung als besonders schädlich angesehen werden.

293 *Bechtold*, Kartellgesetz, § 19 Rn. 27.

werden. Der BGH hat sich nicht eindeutig dazu verhalten, ob daneben die Bestimmung von Marktanteilen auf relevanten Märkten auch in Abhängigkeit der Austauschbarkeit von Waren oder Dienstleistungen im Sinne von Substitution erfolgen kann. Zwar sei Substitutionswettbewerb als „Wettbewerb mit nicht zum relevanten Markt gehörenden Produkten“[294](!) bei der Beurteilung des Wettbewerbs voll zu berücksichtigen[295], bereite aber Probleme, wenn die Produkte nicht in dem Maße austauschbar seien, wie es die Definition des relevanten Marktes erfordere[296]. Für die Spürbarkeitsprüfung bedeutet dies, dass eine produktfaktorenbezogene Prüfung hinsichtlich der aus Verbraucher- oder Herstellersicht wettbewerblich surrogationsfähigen Waren und Dienstleistungen gerade für die Bestimmung der Marktverhältnisse dienlich sein kann; nur so ist ein relevanter Markt mit den dazugehörigen Produkten als Ausgangslage feststellbar. In einem zweiten Schritt können sodann die Beziehungen der Marktgegenseite dazu in Relation gesetzt werden. Gerade diejenigen Waren und Dienstleistungen, die Hersteller auf bestimmten Märkten anbieten, lassen somit eine genauere Feststellung der Marktverhältnisse zu. Es steht infolgedessen kein Widerspruch zur Rechtsprechung des BGH in Rede, wenn derart vorgegangen wird. Müssen Gerichte oder Behörden einen relevanten Markt festlegen, ziehen sie hierzu spezifische Warengruppen heran, und zwar auch und gerade mit Blick auf eine Austauschbarkeit seitens der Verbraucher. Die Indikation von Wettbewerbsbeschränkungen in relevanten Märkten, die Spürbarkeit als Wirkung vorausgegangener Verhaltenskoordination zur Beeinflussung der Marktverhältnisse, würde im Ergebnis also im Einklang mit einem neuen interbrand-Ansatz stehen. Die Spürbarkeit wäre damit insbesondere als Ort für eine umfassende Gesamtmarktbetrachtung geeignet.

4. Beweislast

Für das Kartellverbot ist eine Beweislastverteilung bisher nicht sehr problematisch. Den Kartellbehörden obliegt der Nachweis wettbewerbswidrigen Verhaltens[297], auch weil Abschluss und Praktizierung von Kartellen bußgeldbewährte Ordnungswidrigkeiten nach § 81 Abs. 1 Nr. 1 GWB bedeuten; die Unternehmen müssen ggf. das Vorliegen von Ausnahmevorschriften, lediglich (unbewusst[298]) gleichförmiges Verhalten oder tatbestandliche Ausschlussvoraus-

[294] BGH WuW/E BGH 2112, 2123 – „Gruner + Jahr I“.
[295] Anders dann aber in BGH WuW/E BGH 2433, 2441 – „Gruner + Jahr II“ bzw. offengelassen in BGH WuW/E BGH 2425, 2430 – „Niederrheinische Anzeigenblätter“.
[296] Vgl. dazu *Bechtold*, DB 1987, 2559 ff.
[297] Vgl. etwa BGH WuW/E BGH 2175, 2178 – „Preisbindungstreuhänder“.
[298] Vgl. *Immenga*, in: I/M, 2. Aufl., § 1 Rn. 104 f.

setzungen darlegen[299]. Insoweit dürfte das Abstellen auf interbrand-Voraussetzungen keine Änderungen mit sich bringen, wenn es um den Nachweis der Beziehungen verhaltenskoordinierender Parteien zu den betroffenen Produkten geht. Etwas anders sieht es aus, wenn die Vorteilhaftigkeit oder wettbewerbliche Notwendigkeit von Beschränkungen begründet werden sollen. So obliegt die Beweislast etwa demjenigen, der sich auf realmarktliche Vorgänge beruft, also z.B. die Rentabilität einzusetzenden Kapitals anfänglich als zu unsicher angibt, um in unbeschränkten Wettbewerb einzutreten oder eine zeitliche Beschränkung des intrabrand-Wettbewerbs benötigt, um Fuß in neuen Märkten zu fassen, wobei ein gesunder Markt fordere, dass sich alle Marktteilnehmer im Übrigen grundsätzlich ohne Protektionismus behaupten[300]. Da sich ein interbrand/intrabrand-Modell an wirtschaftlichen Folgen orientiert, um im Einzellfall positive Wirkungen herausstellen zu können, die die Notwendigkeit einer Wettbewerbsbeschränkung begründen können sollen, hilft ein Blick auf die Beweislastvorschriften der Zusammenschlusskontrolle weiter. Hier liefert das GWB in § 36 gesetzliche Anhaltspunkte. So müssen Unternehmen im Rahmen des § 36 Abs. 1, 2. alt. GWB entsprechend des Wortlauts formell und materiell Verbesserungen der Wettbewerbsbedingungen nachweisen[301], wollen sie die Untersagung eines Zusammenschlusses verhindern. Die Abwägungsklausel für Marktbeherrschungseffekte bewirkt, dass das BKartA auch bei Vorliegen einer marktbeherrschenden Stellung den Zusammenschluss nicht untersagen kann, wenn Verbesserungen der Wettbewerbsbedingungen eintreten und diese Verbesserungen die Nachteile der Marktbeherrschung überwiegen. So hat der BGH im Verfahren „Zeitungsmarkt München"[302] eine gesamtwirtschaftliche Abwägung vorgenommen und entschieden, dass sogar relativ geringe Verbesserungen auf gesamtwirtschaftlich wichtigen Märkten größere Beherrschungseffekte auf unbedeutenden Märkten überwiegen können. An eine analoge Anwendung des § 36 GWB auf das Kartellverbot war bisher nicht zu denken, weil die Ausnahmevorschriften der §§ 2 ff. GWB abschließend sind, eine gesetzestechnisch analogiefähige Lücke also fehlte. Hinzu kommt, dass eine Abwägung gesamtwirtschaftlicher Vor- und Nachteile in § 1 GWB bisher als nicht adäquat angesehen wurde[303]. Für den Neuansatz könnte die gesetzliche Wertung jedoch ein vernünftiger Ansatzpunkt sein, um den Nachweis wettbewerblicher Vorteilhaftigkeit von inter- oder intrabrand-Beschränkungen beweistechnisch zu regeln, weil bereits innerhalb des Tatbestands des Kartellverbots eine Gesamtmarkbetrachtung stattfinden soll und

---

[299] *Bechtold*, Kartellgesetz, § 1 Rn. 16.
[300] Vgl. *van der Esch*, WuW 1988, 564, 570.
[301] BGH WuW/E BGH 1533, 1539 – „Erdgas Schwaben".
[302] BGH WuW/E BGH 1854, 1861 – „Zeitungsmarkt München".
[303] Vgl. etwa *Immenga/Mestmäcker*, in: I/M, 2. Aufl., Einl. Rn. 29; *Zimmer*, in: I/M, 3. Aufl., § 1 Rn. 195.

die §§ 2 ff. GWB darüber hinaus dann nur noch wettbewerbspolitisch gerechtfertigte Sonderfälle bedeuteten.

5. Ergebnis

Um das Kartellverbot „interbrand-fähig" zu machen, bedarf es insbesondere der Ersetzung des Tatbestandsmerkmals „Miteinander-in-Wettbewerb-Stehen" von Unternehmen, welches Ergebnis des horizontal-vertikal-funktionalen Verständnisses ist. Es eignet sich nicht, die Beziehungen von Unternehmen zu interbrand-Produkten herauszustellen. Alle übrigen Tatbestandsmerkmale sind bereits de lege lata fähig, den Neuansatz zu tragen. Insbesondere die Prüfung der Spürbarkeit hat sich als vorzugswürdig herausgestellt, um die vorgeschlagene Gesamtmarktbetrachtung durchzuführen, anhand derer im Einzelfall festgestellt werden sollte, ob eine interbrand-Beschränkung im Konsensmodell der Neuen Institutionenökonomik hinnehmbar ist oder nicht. Im Wesentlichen wird die Abgrenzungsfrage als Pate der Missbrauchsaufsicht über intrabrand-Wettbewerbsbeschränkungen in den Tatbestand des § 16 GWB zu verlagern sein[304], um zu einer stringenten Innenabgrenzung gegenüber per se verbotswürdigen Beschränkungen von interbrand-Wettbewerb zu gelangen.

III. § 14 GWB – Preiswettbewerb im interbrand-/intrabrand-Modell

Preiswettbewerb ist im GWB durch das Kartellverbot geschützt, weil eine Absprache über Preise der Marktgegenseite eines ihrer wichtigsten Vergleichsparameter raubt. Die Wichtigkeit des Erhalts von Preiswettbewerb auch beim Warenabsatz hat den Gesetzgeber veranlasst, durch § 14 GWB zudem die Preisbindung zu verhindern, um Absatzmittlern ihre wettbewerbliche Beweglichkeit zu erhalten. Wegen dieser Bedeutung soll hier speziell die Vereinbarkeit des Preis- und Konditionenbindungsverbots, der ersten zentralen Norm des zweiten Abschnitts, mit interbrand- und intrabrand-Kriterien geprüft werden. Ausgehend von der Schutzfunktion der Regelung lassen sich möglicherweise Rückschlüsse auf die Behandlung von intrabrand-Beschränkungen ziehen und ihre Auswirkungen auf den interbrand-Wettbewerb feststellen. Die intrabrand-Preisbindung kann unter bestimmten Umständen eine interbrand-Kartellierung erleichtern[305]. Da dies nur in wenigen Fällen in Erscheinung tritt, etwa wenn interbrand-Händler koordiniert gegen Hersteller vorgehen, um einheitliche

---

[304] Siehe dazu unten, 2. Teil, B. V.

[305] *Liebeler*, UCLA L. Rev. 889, 898 (1989); ausführlich dazu *Glasow*, Vertikale Preisbindung, S. 108 ff.

Konditionen zu erreichen[306], oder durch Preisbindung bei geringer produktexterner Güterdiversifikation interbrand-Hersteller zur Verhaltensabstimmung animiert werden, soll die Prüfung vordergründig auf Fragen des intrabrand-Schutzes gerichtet werden (1.). Sodann sollen die interbrand-Wirkungen von Preis- und Konditionenbindungen herausgearbeitet werden (2.).

1. Schutz des intrabrand-Wettbewerbs

§ 14 GWB, der im Wesentlichen dem früheren § 15 GWB a.F. entspricht[307], soll die Beschränkung der Freiheit in der Gestaltung von Preisen und Geschäftsbedingungen in Folgeverträgen durch einen vorgeschalteten Erstvertrag verhindern. Umfassend wird die allgemeine wettbewerbliche Entschlussfreiheit der Partner des Austauschverhältnisses zum Schutzgut erhoben[308]. Das Preisbindungsverbot will so verhindern, dass Dritte und die Parteien eines Vertrages oder einer sonstigen Verhaltensabstimmung durch im Erstvertrag auferlegte Beschränkungen in der inhaltlichen Gestaltungsfreiheit weiterer Verträge behindert werden[309]. § 14 GWB greift seiner Zielsetzung nach nur dann ein, wenn ohne die im Erstvertrag vereinbarte Bindung eine solche Gestaltungsfreiheit gegeben wäre[310]. Schutzobjekt der Norm ist damit zum einen der freie Preiswettbewerb als besonders schutzwürdige Form des Wettbewerbs[311] bei allen dem Erstvertrag der Vertragspartner nachfolgenden Vertragsabschlüssen, zum anderen die diesbezügliche Wettbewerbs- und Handlungsfreiheit. Dies verdeutlicht sich bei einem Blick auf die Marktwirkung eines Ausschlusses von Preiswettbewerb. Sind die Absatzmittler ansonsten frei in ihrer Preisgestaltung, so wirkt die vertragliche Regulierung auf dem Absatzmarkt gleich einem Preiskartell zwischen diesen[312]. Eines argumentativen Belegs schädlicher Wettbewerbswirkungen bedarf es nicht, denn § 14 GWB greift bereits regulierend ein, wenn auf Teilaspekte dieses Gesamtgeschehens eingewirkt wird. Der Tatbestand ist wie gesagt schon erfüllt, sobald Preis- oder Konditionenwettbewerb auf Absatzmärkten beschränkt wird. Nach einer Meinung in der Literatur ist dies davon unabhängig, ob es sich nach klassischem Verständnis um horizontalen oder vertikalen Preiswettbewerb handelt[313]. Laut BGH ist § 1 GWB indes vorrangig, so dass für § 14 GWB bei Horizontal-

---

306 Vgl. *Bowman*, 22 U. Chi. L. Rev. 825, 830 (1955).
307 Vgl. Begr. zum RegE., BT-Drucks. 13/9720, S. 35 f und 50 f.
308 *Wessely*, BB 1999, 2569, 2573.
309 Zuletzt BGH WuW/E DE-R 692, 694 – „Kabel-Hausverteilanlagen"; schon *Emmerich*, in: I/M, 2. Aufl. 1992, § 15 Rnrn. 7, 9; *Meier*, BB 1979, 297. 298.
310 BGH WuW/E DE-R 692, 697 – „Kabel-Hausverteilanlagen"; *Meier*, BB 1979, 297. 299.
311 BKartA, TB 1991/92, S. 40.
312 Dies betont zu Recht *Emmerich*, Kartellrecht, S. 107.
313 Zu § 15 GWB a.F., *Belke*, ZHR 138 (1974), 227, 244 f.

verhältnissen kein Raum bleibt[314]. Dem ist für das alte System zuzustimmen, sonst würden freigestellte Konditionenkartelle stets ihres Nutzens beraubt. Die Frage dieses Verhältnisses ist eng mit der Frage verknüpft, ob der Gesetzgeber den intrabrand-Wettbewerb durch § 14 GWB als eigene Wettbewerbsform schützen will, unabhängig von den Marktstörungen im Hersteller- und Absatzmittlerwettbewerb.

Die Regelung steht nach der 6. GWB-Novelle 1999 als erste Norm des durch die Überschrift „Vertikalverträge" geprägten Abschnitts. Damit ist die gesetzgeberische, kartellordnungsrechtliche Positionierung evident. Gleichwohl ist das kartellrechtliche Verbot vertikaler Preis- und Inhaltsbindung unabhängig von seinem gesetzlichen Standort geeignet, zumindest tendenziell den produktinternen wie -externen Händlerwettbewerb zu fördern. Der sortimenteigene Wettbewerb verlagert sich nicht notwendigerweise vom gebundenen Preis auf so genannte Nichtpreisaktionsparameter wie Service, Ausstattung, Verkaufsraumgestaltung, Werbung o.ä. Bei freier Preisbindung, wie sie bis 1973 noch für Markenwaren galt, half lediglich das Diskriminierungsverbot diesen Restwettbewerb aufrechtzuerhalten[315]. Das strikte Verbot einer Preisbindung ermöglicht es Absatzmittlern, im interbrand-Wettbewerb vergleichbare Erzeugnisse anderer Hersteller nahezu beliebig zu unterbieten. Dies verdeutlicht einmal mehr, dass neben der Entschließungsfreiheit der Absatzmittler[316] auch der Preiswettbewerb als solcher zum Schutzgut erhoben ist[317].

a) Entschlussfreiheit von Absatzmittlern

Soweit § 14 GWB die Beeinflussung der Entschlussfreiheit von Absatzmittlern untersagt, wird mithin deren Wettbewerb beim Vertrieb der Ware produktintern geschützt. So herrschte bereits zum alten Recht die Auffassung vor, dass in der Tat nur Wettbewerbsbeschränkungen beim Vertrieb von Erzeugnissen eines Herstellers (intrabrand) betroffen sein konnten[318]. Allerdings wurden Bedenken gegen eine einseitige Betrachtungsweise, die nur auf § 15 GWB a.F. abstellte, angemeldet: Sie habe den inneren Zusammenhang der §§ 15-18 GWB a.F. missachtet; denn mit Einführung von Preis- und Vertriebsbindungen, die die §§ 16, 18 Nr. 3 GWB a.F. mit verschiedenen Verfahren berücksichtigten (Verbot

[314] BGH WuW/E DE-R 692, 694 –„Kabel-Hausverteilanlagen"; a.A. kein Vorrang des § 1 GWB a.F. gegenüber § 15 GWB a.F. schon KG WuW/E 5121, 5130 – „Treibstoffzuschlag".
[315] *Belke*, Die Geschäftsverweigerung, S. 308 ff; *Ulmer*, ZHR 130 (1968), 179, 188 ff.
[316] *Schwarz*, in: GK, 3. Aufl., § 15 Rn. 2.
[317] BGH WuW/E DE-R 264 – „Sixt"; BKartA, TB 1991/92, S. 40; *Emmerich*, Kartellrecht, S. 107.
[318] *Ulmer*, ZHR 130 (1968), 164, 186 f.; *Fikentscher*, in: FS Hueck, S. 553.

mit Erlaubnisvorbehalt und Missbrauchsaufsicht), habe die Zulässigkeit der Maßnahmen nach den gesetzlichen Regelungen u.a. davon abgehangen, ob die gebundenen Waren auf dem betroffenen Markt noch in interbrand-Wettbewerb zueinander standen[319]. Der Austauschvertrag kann schließlich zugleich Einfluss auf das produktexterne Konkurrenzverhältnis der diversifizierbare Waren offerierenden Händler haben. Der Nachfrager sieht sich auf einem Markt gebundener Absatzmittler einem starren Preisgefüge ausgesetzt. Bezüglich des Wettbewerbsparameters Preis findet dort beim Produktvertrieb kein Konkurrenzkampf statt. Verlangt man mit dem aktuellen Kartellrechtsverständnis konform das Verbot solcher Wettbewerbsbeschränkungen, wird § 14 GWB dem System dadurch gerecht, dass Austauschverträge, die eine horizontale Wirkung hinsichtlich Preisen und Konditionen entfalten können, eben verboten sind. Nicht minder sind nach ihrer wirtschaftlichen Zielsetzung vertriebsinterne Preisbindungen verboten, bei denen es nicht in erster Linie darum geht, ein einheitliches Preisgefüge aller Händler zu bewirken. Hersteller wünschen das Verhältnis zum Verbraucher zu beeinflussen, dem die Auswahl zwischen Absatzmittlern erspart werden soll und der das gewünschte Produkt zu bekannten, gleichen Preisen und Bedingungen erwerben können soll. Diese vertikal geprägte Analyse stellt jedoch nur die Rückseite ein und derselben Medaille dar. Eine vertikale Einheitlichkeit ist nicht ohne gleichzeitigen Einfluss auf den produktinternen, aber auch -externen Absatzmittlerwettbewerb im Horizontalverhältnis möglich, der stets mitbehindert wird. Insoweit erschließt sich, dass es auch für die Anwendung des § 14 GWB nicht auf eine horizontale oder vertikale Marktbeeinflussung ankommen kann, sondern nur darauf, ob restriktiv auf den Einsatz der vorgenannten Wettbewerbsparameter Einfluss genommen wird.

Gleichwohl lässt sich konstatieren, dass die Verbotsnorm zuallererst auf den Schutz des intrabrand-Wettbewerbs zielt. Der Gesetzgeber rechtfertigt das strikte Verbot von Beschränkungen der Inhaltsfreiheit seit Einführung des GWB damit, dass der Bindende in diesen Fällen, meist unter Ausnutzung von Marktmacht, in einen Bereich geschäftlicher Interessen seines jeweiligen Vertragspartners eindringe, der demjenigen Vertragszweck völlig fremd sei, den das Gesetz für den Vertragstypus[320] als Regelfall unterstelle und der allein dem Vertragspartner vorbehalten bleiben soll[321]. Durch das Verbot solle deshalb die geschäftliche Freiheit des Vertraggegners hinsichtlich des Abschlusses anderer Verträge gegen

---

[319] *Ulmer*, ZHR 130 (1968), 164, 187.

[320] Am Vertragstypus orientiert sich der BGH bei der teleologischen Reduktion des § 14 GWB allerdings zu Recht nicht mehr: BGH WuW/E DE-R 692, 697 – „Kabel-Hausverteilanlagen; WuW/E DE-R – „Sabet/Massa".

[321] BGH WuW/E DE-R 692, 694 ff. – „Kabel-Hausverteilanlagen"; WuW/E BGH DE-R 264, 266 – „Sixt".

jeden Missbrauch der Vertragsfreiheit geschützt werden[322]. So hat der BGH bspw. jüngst klargestellt, dass das Preisbindungsverbot des § 14 GWB auch im Verhältnis von Franchisegeber und Franchisenehmer gilt, jedenfalls dann, wenn der Franchisenehmer das wirtschaftliche Risiko seines Unternehmens selbst trägt[323]. In diesem Verfahren ging es um eine auf dem deutschen Markt führende Autovermietung, die im Wege eines gemischten Franchisesystems operierte. Das Franchisesystem bestand aus eigenen Filialen des Franchisegebers. Daneben wurden insbesondere in strukturbedingt schwächeren, ländlichen Regionen selbstständige Franchisenehmer eingesetzt. Zwar wurden erstvertraglich weder im Eigenfilialnetz noch gegenüber den Selbstständigen neben den übrigen Klauseln konkrete Preisbindungen festgesetzt. Die Franchisenehmer waren indes sämtlich in ein Reservierungssystem eingegliedert, das sie zwang, die vom Franchisegeber festgelegten Konditionen zu übernehmen oder aber einen Auftrag zurückzugeben. Durch die bundeseinheitliche Werbung des Franchisegebers mit bestimmten Preisen und Sonderkonditionen waren somit alle Franchisenehmer faktisch wirtschaftlich gebunden, den Kunden zu den beworbenen Preisen Angebote zu unterbreiten und die vorgegebenen Preise zu übernehmen. Nach Auffassung des BGH geht damit eine kartellrechtswidrige Umgehung des Preisbindungsverbots einher. Dem ist zuzustimmen.

b) Abgestimmte Verhaltensweisen und § 14 GWB

Hieran schließt sich die Frage, ob das Ergebnis des Schutzes von intrabrand-Wettbewerb auch dann zutrifft, wenn abgestimmte Verhaltensweisen in Rede stehen. *Bechtold* meint dazu, dass wegen der Novelle von 1999 nur noch horizontal abgestimmte Verhaltensweisen verboten seien. Vertikale dagegen verstießen nicht mehr gegen ein Verbot, da sie nunmehr unter der Abschnittsüberschrift Vertikalvereinbarungen stehen, auf die sich § 1 GWB nicht beziehe[324]. Eine solche Einengung ist aber selbst dem Gesetzeswortlaut trotz der eindeutigen Abschnittsüberschrift nicht zu entnehmen. Hier zeigt sich erneut eine Schwäche des gängigen Abgrenzungssystems. Abgestimmte Verhaltensweisen sind zwar für die überwiegende Zahl der Fälle zu Recht in den Tatbestand des § 1 GWB gerückt, weil sie regelmäßig zwischen miteinander in Wettbewerb stehenden Unternehmen an Stelle eines kartellrechtswidrigen Vertrages getroffen werden, bei im Übrigen gleicher Wirkung auf den betroffenen Markt. Mit der Verschiebung ist jedoch in erster Linie die seit jeher

---

[322] Begr. 1955, S. 26, 35; Bericht 1957, S. 20.
[323] BGH WuW/E DE-R 264, 266 ff. – „Sixt".
[324] *Bechtold*, Kartellgesetz, § 14 Rn. 4; *Emmerich*, Kartellrecht, S. 107, geht gar soweit, abgestimmte Verhaltensweisen überhaupt nicht mehr unter § 14 GWB subsumieren zu wollen, da sie nur noch bei Kartellen im Rahmen des § 1 GWB Anwendung fänden.

unstreitige Fehlplatzierung[325] in § 25 Abs. 1 GWB a.F. beseitigt worden. Dass *Emmerich* hiernach abgestimmte Verhaltensweisen im Gegensatz zum alten Recht überhaupt nicht mehr durch § 14 GWB erfasst wissen möchte[326], ist wohl kaum vertretbar. Die Argumentation beruht offensichtlich ausschließlich auf einer strengen Unterscheidung von Kartell- und Vertikalvereinbarungen. Die Eingliederung in § 1 GWB vermag diesen Ausschluss aber nur systematisch zu begründen. Der Wortlaut des § 14 GWB spricht, im Gegensatz zu § 15 GWB a.F., nun von Vereinbarungen, nicht mehr hingegen von Verträgen. Dies ist zunächst ein Indiz, dass nicht bloß Verträge im engeren Sinne, die selbstverständlich nach wie vor hierunter fallen, erfasst sein sollen, sondern auch Verhaltenskoordinationen außerhalb vertraglicher Manifestation. Der Begriff ist aus dem Europäischen Recht, Art. 85 Abs. 1 EGV, übernommen worden. Es liegt insoweit nahe, dass gerade die weiteren Auslegungsergebnisse ins deutsche Recht übertragen werden sollten[327]. Begrifflich ist unter Vereinbarung i.S. des Art. 85 Abs. 1 EGV (Art. 81 Abs. 1 EG) jede Verständigung von Unternehmen über eine wettbewerbsbeschränkende Praxis, also jede Willensübereinstimmung zwischen Unternehmen über ihr gemeinsames Auftreten am Markt zu verstehen[328]. Insoweit ist zwar streitig, ob Vereinbarungen im Europäischen Recht verbindlich sein müssen[329] oder auch unverbindliche Vereinbarungen wie namentlich *gentlemen's agreements* erfasst sind[330]. Auf diese Unterscheidung kann es für eine Auslegung des § 14 GWB aber nicht entscheidend ankommen. Sollte Preisbindern die Verbindlichkeit ihres Unterfangens nicht nachgewiesen werden können, käme § 14 GWB nämlich ohnehin nicht in Betracht, weil rein tatsächliche Bindungen nicht ausreichen, es sei denn, der Gebundene bliebe zwar rechtlich frei, müsste aber nach dem Inhalt des Erstvertrages mit wirtschaftlichen Nachteilen rechnen[331]. In diesem Sinne spricht freilich auch *Emmerich* davon, dass § 14 GWB im Sprachgebrauch an § 1 GWB angepasst worden, eine weiter gehende Änderung damit [aber] nicht bezweckt gewesen sei, so dass davon ausgegangen werden müsse, dass die Vorschrift auch weiterhin gleichermaßen rechtliche wie wirtschaftliche Bindungen einer Partei hinsichtlich des Inhalts der

---

[325] Vgl. nur *K. Schmidt*, AG 1998, 551, 552; *ders.*, Kartellverfahrensrecht, S. 32, der die ehemalige Fehlplatzierung damit begründet, dass das Verbot abgestimmten Verhaltens entgegen der hM den Grundtatbestand des GWB darstelle.

[326] *Emmerich*, Kartellrecht, S. 107.

[327] Zur Auslegung im Einzelnen, vgl. *Emmerich*, in: IM-EG, Bd. I, Art. 85 I Rnrn. A 62-89.

[328] EuGH Slg. II 1991, 1091, 1155 – „Petrofina"; Slg. 1991, 1118, 1244 –„Atochem"; Slg. 1992, 1274, 1377 – „Chemie Linz"; sich auf diese Auslegung beziehend auch *Emmerich*, Kartellrecht, S. 36.

[329] So *Koch*, in: *Grabitz/Hilf*, EWG-Vertrag, Art. 85 Rn. 21; *Schroeter*, in: v.d.Groeben/Thiesing/Ehlermann, Kommentar, Art. 85 Rnrn. 38, 42.

[330] EuGH Sgl. 1995, 791, 830 f. (insb. Tz. 96).

[331] BGH WuW/E BGH 2819,2821 ff. – "Zinssubvention"; KG WuW/E OLG 4766, 4768 – „Zinswerbung".

von ihr abzuschließenden Zweitvereinbarung erfasse[332]. Gerade die sprachliche Anpassung an § 1 GWB dürfte aber ihren Grund darin haben, dass sich abgestimmte Verhaltensweisen des alten § 25 Abs. 1 GWB nunmehr in zuvor genannter Regelung wieder finden. Hinsichtlich der Begrifflichkeit, die, wie bereits angemerkt, ihre Wurzeln im europäischen Recht hat, sollte zwar nicht unerwähnt bleiben, dass die EU-Kommission in der Gruppenfreistellungsverordnung für vertikale Vereinbarungen (sog. Schirm-GVO)[333] zwischen Vereinbarungen einerseits und abgestimmten Verhaltensweisen andererseits differenziert. Bei der Erklärung, was die Kommission in Art. 2 Abs. 1 Schirm-GVO unter vertikalen Vereinbarungen verstanden wissen will, ist insoweit von Vereinbarungen *oder* aufeinander abgestimmten Verhaltensweisen als Tatbestandsmerkmal die Rede. Die gleiche Umschreibung findet sich bei der Definition horizontaler Vereinbarungen in den Leitlinien über horizontale Zusammenarbeit[334]. Die Formulierung „oder" verdeutlicht indes nur, dass Vereinbarung und abgestimmte Verhaltensweisen ursächlich von unterschiedlichen Voraussetzungen ausgehen. Sie findet sich in beiden Regelwerken wieder, so dass diese Voraussetzung als ausschlaggebendes Kriterium gerade nicht die horizontal-vertikale Unterscheidung sein kann. Zudem sind beide Merkmale der Verhaltenskoordination jeweils unter dem Oberbegriff Vereinbarung sowohl in Verordnung als auch Leitlinien zusammengefasst. Die Verwendung des Begriffs Vereinbarung in § 14 GWB ist damit nach europäischem Verständnis, ausgehend vom Oberbegriff Vereinbarung, wozu sodann auch abgestimmte Verhaltensweisen gehören, durchaus so interpretierbar, dass auch aufeinander abgestimmte Verhaltensweisen von Preis- und Konditionenbindungen, unabhängig davon, ob sie zwischen Herstellern und Händlern oder innerhalb des jeweiligen Stufenwettbewerbs stattfinden, hierunter fallen sollen.

In der Sache gesetzessystematisch konsequent, wirtschaftlich hingegen kaum begründbar wäre es mithin, nach deutschem Verständnis ausschließlich aus Sicht des Stufenwettbewerbs zu argumentieren. Es ist für betroffene Händler nicht wesentlich und macht aus ihrer Sicht keinen Unterschied, welcher Wettbewerbsstufe der Preisbinder angehört. Entscheidend ist vielmehr die wirtschaftliche Bewegungsfreiheit, die § 14 GWB zum Schutzgut erhoben hat. Dies aufgrund systematischer Asymmetrien in den Hintergrund zu drängen, widerspricht der mit § 14 GWB verfolgten Zielsetzung. Für den hiesigen Neuansatz ist die Frage gleichwohl nicht irrelevant, da abgestimmte Verhaltensweisen weiterhin vom Tatbestand des § 1 GWB (de lege ferenda) erfasst sein sollen. Schützt § 14 GWB die Vertragspartner im intrabrand- oder

[332] *Emmerich*, Kartellrecht, S. 109.
[333] ABl. EG 1999, Nr. L 336, S. 21 ff., auch abgedruckt in WuW 2000, 151 ff.
[334] ABl. EG 2001 Nr. C 3, S. 2 ff., dort Tz. 9.

interbrand-Folgevertrag vor Preis- und Konditionenbindungen, müsste dies konsequent auch für abgestimmte Verhaltensweisen gelten.

Für § 14 GWB bleibt also zu prüfen, ob eine teleologische Auslegung zur Verfestigung der Ansicht einen Beitrag leisten kann. Dass abgestimmte Verhaltensweisen regelmäßig zwischen in Wettbewerb stehenden Unternehmen getroffen werden, führt nämlich nicht zwingend zum Ausschluss anderweitiger Koordination. Die angesprochene Regelmäßigkeit zeugt gerade von der Existenz von Ausnahmen, zu deren Bewältigung es der Auslegung des Gesetzes bedarf, wenn es sich hierzu nicht eindeutig verhält. Von einer ziel- und ergebnisorientierten Auslegung her gesehen sowie hinsichtlich einer Marktwirkungsanalyse, macht es keinen Unterschied, ob die Wettbewerbsbeschränkung per Vertrag oder mittels Abstimmung erreicht wird. Eine Umgehungsmöglichkeit für Kartellabsprachen durch abgestimmte Verhaltenskoordination sollte mit der Verschiebung in § 1 GWB gewiss nicht geschaffen werden. Nach § 25 Abs. 1 GWB a.F. waren vertikal abgestimmte Verhaltensweisen unzulässig[335], obwohl auch für diese Formulierung das EG-Recht ausschlaggebend war. Daher ist entgegen *Bechtold* davon auszugehen, dass auch vertikale Geschäftsbedingungs- bzw. Preisbindungsabstimmungen dem Verbot des § 14 GWB unterfallen. Hierfür spricht auch ein weiteres Argument: Wie bereits ausgeführt, bedarf es zur Anwendung des § 14 GWB einer wirtschaftlichen Bindung des Vertragspartners durch den Erstvertrag. Dies muss jedoch nicht expressis verbis aus dem Wortlaut des Erstvertrages resultieren. Vielmehr erfasst § 14 GWB Vereinbarungen auch dann, wenn dem Absatzmittler eine freie Gestaltung seiner Zweitverträge zwar ermöglicht wird, die Ausübung dieser Freiheit jedoch wirtschaftliche Nachteile zur Folge hat, die ohne die Bindungen des Erstvertrages nicht bestünden[336]. Dies ist etwa der Fall, wenn die Bedingungen aus dem Erstvertrag objektiv geeignet sind, den Absatzmittler wegen der dadurch für ihn zu erwartenden Nachteile davon abzuhalten, von der eingeräumten Vertragsgestaltungsfreiheit auch wirklich Gebrauch zu machen, und so ein wettbewerbsbeschränkendes Verhalten provozieren[337]. Wenn damit bereits eine faktische Wirkung des Erstvertrages ohne konkrete inhaltliche Bindung für die Anwendung des § 14 GWB ausreicht, muss dies erst recht gelten, wenn die Reaktion des Händlers im Wege abgestimmter Verhaltensweisen erzielt wird. Folglich dient § 14 GWB auch hier dem Schutz des produktinternen Wettbewerbs, soweit dessen Beschränkung im Wege abgestimmter Verhaltensweisen erreicht werden soll.

---

[335] Ebenso *Bechtold*, Kartellgesetz, § 14 Rn. 6.
[336] BGH WuW/E DE-R 264, 266 – „Sixt".
[337] BGH WuW/E BGH 1787, 1790 – „Garant"; WuW/E DE-R 264 – „Sixt".

c) Zwischenergebnis

Nimmt man im Ergebnis für sich in Anspruch, dass das Schutzziel der Regelung somit eigens der intrabrand-Wettbewerb ist, müsste nach hiesigem Verständnis eine produktinterne Preisbindung allerdings zulässig sein[338], zumindest dann, wenn ihr eine prokompetitive Wirkung nicht abgesprochen werden kann. Dies erscheint hinsichtlich des Sinns von § 14 GWB problematisch. Wie die Erfahrungen mit Preisbindungen im Allgemeinen und zuletzt mit der Preisbindungserlaubnis für Markenartikel[339] bis 1973 gezeigt haben, können die Nachteile für den Wettbewerb überwiegen. Ein Verbot von Maßnahmen, die auf die Abschlussfreiheit in Zweitverträgen hinsichtlich der nach § 14 GWB geschützten Wettbewerbsparameter wirken, scheint aber nur gerechtfertigt und wünschenswert, wenn eine Marktanalyse diese Nachteile ergibt. Für die Auslegung des § 15 GWB a.F. war im Übrigen die zum damaligen Zeitpunkt noch nach § 16 GWB a.F. zulässige Preisbindung für Markenwaren von Bedeutung. Gegenüber der für Preisbindungen vormals getroffenen Ausnahmeregelung kam dem Verbot der Beschränkung des Konditionenwettbewerbs in § 15 GWB a.F., von dem Befreiung nicht erteilt werden konnte, für die Aufrechterhaltung des restlichen intrabrand-Wettbewerbs praktisch nur geringe Bedeutung zu.

2. Interbrandwirkung von Preis- und Konditionenbindungen

Um die weitgehende Freistellungswürdigkeit von intrabrand-Bindungen verifizieren zu können, bleibt zu prüfen, welche Auswirkungen Preis- und Konditionenbindungen auf den produktexternen Wettbewerb im weiteren Sinne haben. Damit ist zugleich die Frage nach der Drittwirkung bzw. Schutzausstrahlung auf Wettbewerber angesprochen.

---

[338] Gegen das Verbot von Preisbindungen spricht sich namentlich *Glasow*, Vertikale Preisbindung, S. 96 ff., insb. S. 201 ff., 230, 231 aus.

[339] Für die Auslegung des § 15 GWB a.F. war die zum damaligen Zeitpunkt noch nach § 16 GWB a.F. zulässige Preisbindung für Markenwaren von Bedeutung. Gegenüber der für Preisbindungen vormals getroffenen Ausnahmeregelung kam dem Verbot der Beschränkung des Konditionenwettbewerbs in § 15 GWB a.F., von dem Befreiung nicht erteilt werden konnte, für die Aufrechterhaltung des restlichen intrabrand-Wettbewerbs praktisch keine Bedeutung zu.

a) Drittschützende Wirkung zu Gunsten von Wettbewerbern des Bindenden

Ob § 14 GWB (auch) den Schutz von Wettbewerbern des Bindenden umfasst, ist streitig. Teilweise wird dies befürwortet, wenn Dritte durch eine Bindung von Preisen und Geschäftsbedingungen der Vertragsbeteiligten in ihren wettbewerbsmäßigen Möglichkeiten beschnitten werden[340]. Nach anderer Meinung sind Wettbewerber selbst nicht geschützt[341], sondern lediglich der Wettbewerb, da das GWB insoweit keinen Individualschutz im eigentlichen Sinne biete. Nach dritter Meinung ist der institutionelle Schutz gerade Ausfluss des Individualschutzes (der Vertragspartner!) und von daher bereits kein Argumentationskriterium[342]. Zunächst ist hier die zweite Auffassung zu relativieren. Gerade § 14 GWB verbietet die Einflussnahme auf Zweitverträge. Absatzverträgen ist immer die Beteiligung mindestens zweier oder mehrerer Individuen eigen, die sich bei Vorliegen der Tatbestandvoraussetzungen auf die Verbotsnorm berufen können. Insoweit kann ein Individualschutz nicht wirklich in Frage gestellt werden. Daneben steht § 14 GWB wie alle übrigen Regelungen des GWB unter der Zielfunktion der Freihaltung des Wettbewerbs von Wettbewerbsbeschränkungen und damit des Schutzes des Wettbewerbs als Institution an sich. In diesem Sinne möchte auch die Rechtsprechung Sinn und Zweck des Verbots verstanden wissen. Neben der Verhinderung von Preisabsprachen bestehe der Zweck vor allem darin, die unternehmerische Gestaltungsfreiheit und damit die Freiheit des Wettbewerbs zu gewährleisten[343]. Die zweite Auffassung erscheint daher zu eng. Aber auch *Haase* stellt den Institutionenschutz nicht wirklich in Frage[344], sondern erkennt ihn insgesamt an. Dem Institutionenschutz lässt sich jedoch argumentativ nicht entnehmen, inwieweit auch Dritte geschützt sein sollen. Hier verdient die differenzierte Betrachtung von *Belke*[345] den Vorzug, die mit der Rechtsprechung des BGH im Einklang steht. Soweit es sich um Unternehmen handelt, sollen zunächst die Konkurrenten des Bindenden als nicht vertragsbeteiligte Dritte in den Schutzkreis der Norm aufgenommen werden. Soweit sie im Leistungswettbewerb gesetzeskonform auf eine Preisbindung für ihre Produkte verzichten, erwachsen dem Bindenden Gewinnspannenvorteile. Gegen den danach objektiv messbaren Wettbewerbsnachteil kann zwar bereits über §§ 1, 13 UWG Schutz erlangt werden. Dazu muss der Wettbewerber nur ein sittenwidriges Verhalten nachweisen[346]. Allerdings ist

---

340 BGH WuW/E BGH 251, 259 – „4711"; *Belke*, ZHR 138 (1974), 227, 246; insoweit auch *Emmerich*, in: I/M, 2. Aufl., § 15 Rn. 9.

341 *Emmerich*, Kartellrecht, S. 109; *Schwarz*, in: GK, § 15 Rn. 3.

342 *Haase*, Absatzmittlungsverträge, S. 161 zu § 15 GWB a.F.

343 BGHZ 140, 342, 354 – „Sixt" (Stichwort in BGHZ „Preisbindung durch Franchisegeber").

344 *Haase*, Absatzmittlungsverträge, S. 25.

345 *Belke*, ZHR 138 (1974), 227, 246 f.; ebenso: BGH WuW/E BGH 251, 259 – „4711".

346 Dies wurde vom BGH mehrfach wegen Vorsprungs durch Rechtsbruch bejaht. Vgl. dazu *Baumbach/ Hefermehl*, § 1 UWG Rnrn. 500-600 m.w.N.

unmittelbare Folge aus § 14 GWB das Verbot der Preisbindung. Aus Rechtsschutzgründen kann daher ein Vorgehen nach Kartellrecht effektiver und prozessökonomischer sein.

b) Folge für produktexternen Wettbewerb

Damit sind zugleich die Auswirkungen auf den produktexternen Wettbewerb verdeutlicht. Mit der festgestellten Erweiterung des Schutzkreises auf produktexterne Wettbewerber erfüllt § 14 GWB auch heute eine zumindest nachgeordnete Schutzfunktion für den interbrand-Wettbewerb. Wenn mithin Auswirkungen auf den interbrand-Wettbewerb im Einzelfall gegeben sind, bedarf es eines Verbots der Preis- und Konditionenbindung, aber auch nur dann. Eine entsprechende Einschränkung des § 14 GWB scheint aus den folgenden Gründen gerechtfertigt: Regelmäßig kann der produktexterne Wettbewerb dafür Sorge tragen, dass (Preis- und Konditionen-) Beschränkungen des produktinternen Wettbewerbs nicht zu überhöhten Preisen führen. Fällt der Parameter Preis als produktinterner Wettbewerbsfaktor weg, wird sich der Absatzmittler bemühen müssen, den Kunden im Wege anderer Maßnahmen an sich zu binden. Einer derart um das interne Produkt bemühten Leistung wird sich der produktexterne Wettbewerber kaum verschließen können. Ihm bleiben im Wesentlichen zwei Möglichkeiten. Er wird seinen Service anpassen, um Abnehmer zu halten oder hinzugewinnen zu können; oder aber, er senkt den Preis so weit, dass sein vergleichbares Produkt gerade noch ohne Imageverlust und mit möglichst zureichender Rendite abgesetzt werden kann. Solange der Nachfrager aus seiner Sicht eine hinreichende Auswahl substituierbarer Waren vorfindet, wird er seine Wahl am Service des Händlers, aber auch an den produktspezifischen Vor- und Nachteilen und nicht zuletzt dem Konkurrenzpreis ausrichten. Durch den Druck der Konkurrenzmarke kann der Preisbinder also nur so weit gehen, dass ihm die Kunden nicht zum Wettbewerber abwandern, da er ansonsten mit empfindlichen Einbußen zu rechnen hat. Aus betriebswirtschaftlicher Sicht macht ein zu hoher gebundener Preis mithin keinen Sinn.

Daher bleibt im Zusammenhang mit § 14 GWB festzustellen, dass bezüglich der Schutzrichtung des intrabrand-Wettbewerbs das Verbot der Preis- und Konditionenbindung eine Überreichweite aufweist, was für die Schutzrichtung ungebundener interbrand-Händler nicht gilt. Es sollte damit auch hier einer privatautonomen Marktregulierung der Vorzug gegeben werden und § 14 GWB nur dann eingreifen, wenn eine Marktanalyse überwiegende Nachteile für den produktexternen Wettbewerb erwarten lässt.

3. Wertung US-amerikanischer Erfahrungssätze

Mit entsprechender Begründung haben amerikanische Gerichte in Verfahren nach Sherman Act, Sec. 1 zum Teil geurteilt. So ging es in den Fällen *Monsanto*[347] und *Sharp*[348] mit verschiedenen Hintergründen jeweils darum, ob vertikale Preisbindungen zwischen den Parteien vorlagen und damit wegen Verstoßes gegen Sherman Act, Sec. 1 unzulässig waren. Der Supreme Court stellte u.a. darauf ab, dass Hersteller in ihrer Rechtsposition stark beschnitten würden, wenn sie anerkannte wettbewerbsfördernde Effekte nicht zu ihren Gunsten nutzen könnten. Zugleich hätten sie ein Interesse daran, ihre Händler vor *free riding* zu schützen[349]. Dennoch nahm das oberste amerikanische Gericht im ersteren der beiden Fälle aus Sicht des betroffenen Händlers das Vorliegen einer vertikalen Preisbindung an. Grund hierfür war, dass der Supreme Court dem Vortrag des Händlers folgte, aus dessen Sicht ihm wegen gegenüber Kunden eingeräumter Nachlässe keine Vertragsverlängerung mit dem Hersteller mehr gewährt worden war. Im *Sharp*-Fall beschwerte sich der Händler dagegen, dass neben ihm ein anderer Absatzmittler zu Discountpreisen beliefert wurde und verweigerte den weiteren Verkauf der Herstellerware in seinen Filialen. Der Supreme Court kam aufgrund der vorgetragenen Tatsachen in den Vorinstanzen zu dem Schluss, der Hersteller habe nicht in Abhängigkeit einer Preisabsprache mit dem sich beschwerenden Händler reagiert und deshalb den anderen Absatzmittler fortan nicht mehr beliefert. Unter diesen Voraussetzungen sei ein *per se*-Verbot nicht in Frage gekommen[350]. Diese Auffassung vertraten indes nicht alle beteiligten Richter. Als Gegenauffassung, sog. *dissenting opinion*, stand im Raum, dass der sich beschwerende marktstarke Händler versuche, intrabrand-Konkurrenten unter Zuhilfenahme des Herstellers fern zu halten[351]. Bemerkenswert sind erneut die anlässlich dieser Entscheidungen getätigten generellen Anmerkungen des Supreme Court zur Schutzfunktion des U.S.-Kartellrechts: Es diene zuvorderst dem Schutz des interbrand-Wettbewerbs. Anwendung finde das *per se*-Verbot folglich nur bei einer Beschränkung des interbrand-, nicht aber bei einer Beschränkung des intrabrand-Wettbewerbs[352]. Diese nachvollziehbaren Erkenntnisse aus dem U.S.-Recht verdeutlichen die wirtschaftlichen Zusammenhänge, die auf Deutschland übertragbar sind.

---

[347] *Monsanto Corp. vs. Spray-Rite Service Corp.*, 465 U.S. 752 (1984).

[348] *Business Electronics Corp. vs. Sharp Electronics Corp.*, 485 U.S. 717 (1988).

[349] 465 U.S. 752, 762/763 (1984).

[350] 485 U.S. 717, 722 (1988).

[351] 485 U.S. 717, 754 (1988) – Justice *Stevens* und Justice *White*.

[352] 485 U.S. 717, 726 ff. (1988), wo sich Justice *Scalia* insoweit auf die wettbewerbsfördernde Argumentation aus der *Sylvania*-Entscheidung bezog und feststellte, dass auch dort zur Förderung des Wettbewerbs die Anwendung der *per se rule* abgelehnt wurde (S.730).

Zugleich lassen sich Überschneidungen zu den oben genannten Zielfunktionen des § 14 GWB feststellen.

4. Immanente Restriktion des Schutzumfangs

Das Verbot von Vereinbarungen über Preisgestaltungen und Geschäftsbedingungen nimmt daneben entscheidend Rücksicht auf immanente Wettbewerbsbeschränkungen. Im Grunde geht es dabei um nichts anderes als einen Ausfluss der zu § 1 GWB a.F. entwickelten Immanenztheorie. Die Rechtsprechung hat die Immanenztheorie mit ihrer dem Tatbestand nachgelagerten Ausschlusswirkung nie anerkannt. Sie sieht in solchen Fällen den Tatbestand bereits als nicht erfüllt an bzw. hält die Verbotsnorm wegen teleologischer Reduktion für nicht anwendbar, wenn Rechtsform oder -gebilde, innerhalb derer oder dessen die betroffenen Unternehmen agieren, dies erforderlich machen. Hierfür hat sich der Begriff „institutionelle Gegebenheiten" etabliert[353]. Unabhängig von ihrer Wirkung auf inter- oder intrabrand-Märkten sind danach jene Absprachen nicht verboten, bei denen wegen von der Rechtsordnung anerkannter institutioneller Gegebenheiten des Erstvertrages oder wegen vorgegebener oder durch den Erstvertrag in zulässiger Weise begründeter Rechtsbeziehungen von vornherein keine Gestaltungsfreiheit des gebundenen Vertragspartners in Bezug auf die Preisgestaltung für Zweitverträge besteht[354]. Dann kommt nach herrschender Auffassung in der Rechtsprechung und einem Teil der Literatur § 14 GWB schon tatbestandlich, jedenfalls aber seiner Zielsetzung nach nicht zur Anwendung[355]. Allerdings hat sich der BGH bedauernswerterweise nach wie vor noch nicht dazu durchringen können, wirtschafts-, sozial-, oder wettbewerbsimmanente Beschränkungen für zulässig zu erklären, wenn von ihnen unbestreitbar positive Effekte ausgehen. Dies scheint umso erstaunlicher, als sich im Bereich der Abgrenzung §§ 1 ff. GWB/§§ 14 ff. GWB in jüngster Vergangenheit mehr und mehr eine wettbewerblichen Interessen Gehör schenkende Betrachtungsweise hat durchsetzen können. Gleichwohl hält die Rechtsprechung den Schutz des Vertragspartners des Bindenden für so bedeutend, dass das Verbot auch solchen Bindungen entgegenstehen soll, durch die im Grunde anerkennenswerte Ziele wie die Sicherung des Leistungswettbewerbs[356], der Zugang zu öffentlichen Ein-

---

[353] Vgl. zur Auslegung des Merkmals in der neueren Rspr. *Wessely*, BB 1999, 2569, 2570 f., 2572.

[354] BGH WuW/E DE-R 692, 694 – „Kabel-Hausverteilanlagen".

[355] BGH WuW/E BGH 1661, 1664 – „Berliner Musikschule"; WuW/E BGH 1851, 1852 – „Bundeswehrheime II"; WuW/E BGH 2647, 2649 – „Nora-Kunden-Rückvergütung"; *Wolter*, in: FK, § 15 Rn. 36; *Staub*, in: GK, § 15 Rn. 218 ff. m.w.N.

[356] BGHZ 80, 43, 53 – „Garant".

richtungen unter Wahrung der Grundsätze der Gleichbehandlung und der sozialen Gerechtigkeit[357] oder der Verbraucherschutz[358] gefördert werden sollen. Die Grenze wird nach wie vor im rechtsinstitutionellen Bereich gezogen. Den wettbewerbsrechtlichen Freiheitspostulaten begegnen in der hier befürworteten interbrand-Abwägung anderweitig schützenswerte, außerwettbewerbliche Rechtspositionen.

5. Sonderfall des intrabrand-Schutzes nach § 14 GWB bei monopolistischen Vertragspartnern

Reine Monopolisten, die im Hinblick auf ihr Produkt keinerlei Wettbewerbsdruck ausgesetzt sind, kommen selten in die Verlegenheit, wegen Verstößen gegen § 1 GWB belangt zu werden. Nur missbräuchliches Verhalten beim Fordern oder Anbieten von Preisen, bei der Gestaltung von Geschäftsbedingungen und beim Abschluss von Kopplungsverträgen sanktioniert das Gesetz wegen marktbeherrschender Stellung nach § 19 GWB – seit der 6. Novelle im Wege eines unmittelbaren Verbots. Mit § 19 Abs. 4 Nr. 2 GWB sucht der Gesetzgeber den Ausbeutungsmissbrauch der Marktgegenseite zu unterbinden, worunter insbesondere missbräuchlich überhöhte Preise fallen[359]. Insoweit hält das GWB den Schutz für die Marktgegenseite für wünschenswert. Darüber hinaus dem Betroffenen den Schutz des § 14 GWB zugute kommen zu lassen, geht im Hinblick auf intrabrand-Marktbedürfnisse zu weit. Dies umso mehr, als der Nachweis eines Missbrauchs hier nicht geführt werden muss. Zu Unrecht erfasst § 14 GWB also die Preisgestaltungsfreiheit von Monopolisten[360], weil mit der Verbotsnorm die unternehmerische Gestaltungsfreiheit von intrabrand-Absatzmittlern im Übermaß geschützt wird. Es ist hier ausreichend, wenn eine missbräuchliche Ausnutzung der Macht des Monopolisten sanktioniert wird. Auch könnte eine Einzelfallanalyse weiterhelfen, die die Bindung nur bei gesamtwirtschaftlich überwiegenden Nachteilen untersagbar machen würde.

Eine Preiskontrolle im Erstvertrag durch den Hersteller kann etwa erforderlich sein, um Missbräuchen auf Seiten nachfragemächtiger Händler entgegenzuwirken. Deren wettbewerbliche intrabrand-Gestaltungsfreiheit ist nur schützenswert, soweit sie nicht selbst missbräuchlich ihre Macht ausnutzen. Dann aber greift § 19 GWB wegen der marktbeherrschenden Stellung des Absatzmittlers. Daher muss § 14 GWB gegenüber Monopolisten keine gesonderte produkt-

---

357 BGH WuW/E BGH 1661, 1665 – „Berliner Musikschule“.
358 BGHZ 140, 342, 354 – „Sixt“ (Stichwort in BGHZ „Preisbindung durch Franchisegeber“).
359 Siehe nur *Schultz*, in: L/B, § 22 Rn. 75 ff.
360 A.A. *Wessely*, BB 1999, 2569 ff. bzw. jetzt BGH WuW/E DE-R 692, 694 f. – „Kabel-Hausverteilanlagen“.

interne Schutzwirkung entfalten. Hinsichtlich des gegenüber tatsächlichen Monopolisten ohnedies ausgeschlossenen interbrand-Wettbewerbs bleibt die Regelung letztlich ohne Relevanz[361].

6. Ergebnis

§ 14 GWB greift jeweils Teilaspekte des produktinternen wie -externen Wettbewerbs auf, ohne jedoch beide Wettbewerbsformen in ihrer Gesamtheit zu schützen. Die Regelung wahrt die Autonomie der vertragsbeteiligten Absatzmittler absolut und daher zu weitgehend. Sie sind in der Gestaltung ihrer Preise und Konditionenbedingungen ohne Ausnahme frei, selbst wenn es in der Sphäre des Herstellers Gründe gäbe, durch Bindungen auf interbrand-Marktsituationen zu reagieren, etwa um den eigenen Marktanteil zu steigern oder über den Preis die Qualität der Eigenware hervorzuheben. Der auf den produktinternen Wettbewerb zielende Schutzzweck der Norm erlaubt also nie eine Abwägung ökonomischer Interessen der Beteiligten. Dennoch sind auch hier Ansätze erkennbar, die de lege lata dazu führen können, zweitvertragliche Bindungen einer Marktverträglichkeitsanalyse zu unterziehen[362]. Das Ergebnis eines per se-Verbots scheint dann nur gerechtfertigt, wenn als Folge des Kontrakts überwiegend negative Auswirkungen auf den produktexternen Wettbewerb festgestellt werden können. Den umgekehrten Fall einer möglicherweise zulässigen intrabrand-Vereinbarung in Bezug auf Folgeverträge sieht § 14 GWB bis heute indes nicht vor. Vorteilhafte Wirkungen für den Markt lassen sich bislang nur über eine teleologisch zurückhaltende Behandlung des Tatbestandsmerkmals Konditionenbindung berücksichtigen[363]. Die tatbestandliche Reduktion müsste aber weiter reichen, da bisher noch jede Interessenabwägung zu Gunsten des Bindenden das Bindungsverbot im Sinne des Gebundenen nach sich zieht.

Ebenso darf der systematische Zusammenhang zu § 16 GWB nicht aus den Augen verloren werden. Dieser reagiert mit einer zurückhaltenden Missbrauchsaufsicht auf Absatzbindungen, wohingegen § 14 GWB ein eindeutiges per se-Verbot beinhaltet. Soweit jedoch Auswirkungen von intrabrand-Bindungen nach § 16 GWB mit jenen zweitvertraglicher Bindungen aus Sicht der Marktgegenseite gleiche Wirkung entfalten, besteht Anlass darüber nachzudenken, ob die Ungleichbehandlung nicht zu ungerechtfertigten Ergebnissen führt. § 14 GWB sieht einen überdimensionalen Schutz des produkt-

---

361 Anders bzgl. Wettbewerbern in poly- oder oligopolistischen Märkten, wie im Abschnitt zuvor erkannt.

362 Vgl. die Formel der institutionellen Gegebenheiten, oben, 2. Teil, A. III. 4.

363 So zu § 15 GWB a.F. bereits *Kirchhoff*, Vertikale Vertriebsverträge, S. 229.

internen Wettbewerbs vor. Er bezweckt durch das Verbot der inhaltlichen Bindung von Absatzmittlern deren größtmögliche Freiheit im Umgang mit Abnehmern und gewährleistet damit nur deren Einsatz von Wettbewerbsparametern zum bestmöglichen Absatz. § 14 GWB möchte mithin den stufenunabhängigen Wettbewerb garantieren. Das Produkt soll im Zuge des Absatzes, in Ansehung der Bindungsmöglichkeiten nach §§ 16 ff. GWB, im Übrigen jeglichem Wettbewerb ausgesetzt sein[364]. Hierzu würde aber ein Verbot im produktexternen Umfeld genügen.

IV. Die Buchpreisbindung als Sonderfall der produktinternen Wettbewerbsbeschränkung (§ 15 GWB)

Auf die Buchpreisbindung als Sonderfall kann hier nur am Rande eingegangen werden. Die damit in Zusammenhang stehenden wirtschaftlichen Fragen sind jedoch von Interesse. Mit dem Gesetz zur Sicherung der nationalen Buchpreisbindung[365], das seit dem 1. Juli 2000 in Kraft ist, wurden § 15 Abs. 3 GWB drei neue Sätze beigefügt, von denen einer angesprochen werden sollte: Neben die traditionelle Entscheidungspraxis des BKartA, wonach eine Buchpreisbindung bislang nur dann durchgesetzt werden konnte, wenn sie gedanklich und praktisch lückenlos war[366], ist nun in Satz 4 eine europarechtliche Komponente getreten. Danach sind Preisbindungen eines deutschen Verlages nicht bereits dann rechtsmissbräuchlich, wenn europarechtlich, also grenzüberschreitend, preisbindungsfreie Reimporte von in Deutschland preisgebundenen Titeln nicht ausgeschlossen werden können. Damit hat die Bundesregierung unter dem Druck des deutschen Börsenvereins einen Rettungsanker zur kulturpolitisch motivierten Preisbindungserlaubnis für Verlagserzeugnisse geworfen. Die Kommission hatte innerstaatliche Buchpreisbindungen ohne Auswirkungen jenseits der Landesgrenzen zwar bis dato hingenommen[367]. Die deutsch-österreichische Buchpreisbindung stieß aber auf Widerstand. Die Befürworter hielten der Kritik argumentativ u.a. entgegen, dass bei Kulturgütern keine Grenzüberschreitung nach EG-Kartellrecht vorliege, weil Sprach-, nicht aber Landesgrenzen entscheidend seien[368]. Der EuGH hat dies nicht anerkannt, sondern auch hier auf die Landesgrenzen verwiesen[369]. Die

[364] *Martinek*, Franchising, S. 506, 562.
[365] BGBl. I S. 1634.
[366] Vgl. BKartA, TB 1999/2000 S. 50.
[367] Dazu die illustrative Darstellung bei *Van Miert*, Markt, Macht, Wettbewerb, S. 147.
[368] Vgl. etwa *Rürup,* Die Buchpreisbindung im Lichte der ökonomischen Analyse, in: Everling/Rürup/Füssel, Die Buchpreisbindung aus rechtlicher, ökonomischer und kulturhistorischer Sicht, S. 61 ff.
[369] Vgl. *van Miert*, Markt, Macht, Wettbewerb, S. 146 ff.

Erfahrungen in anderen Ländern haben gezeigt, dass mit dem Gesetz zur Sicherung der nationalen Buchpreisbindung ein künstliches intrabrand-Preiskartell zu Gunsten von Verlagen und Verlegern aufrechterhalten bleibt. *Van Miert* führt dazu zutreffend aus: Die Aufhebung der Buchpreisbindung in Belgien, Finnland, Großbritannien und Schweden hatte „keinen Einfluss auf wichtige Indikatoren einer lebendigen Buchkultur, etwa die Zahl der Verleger oder Buchhandlungen, ihre Margen, die Zahl veröffentlichter Titel, die der Neuerscheinungen oder gar den Anteil neuer Autoren an Neuerscheinungen. [...] Hinsichtlich der behaupteten Vorteile der Preisbindung wie Förderung der Buchproduktion, Verhinderung der Konzentration im Verlagswesen, Wahrung der strukturellen Vielfalt im Einzelhandel, Gewährleistung eines flächendeckenden Netzes von Buchhandlungen sowie niedriger Preise für die Verbraucher, hatten die Länder mit Buchpreisbindung keine merklichen Vorteile [...] vorzuweisen. [...] Nach Freigabe der Preise kauften die Leute mehr Bücher [...] und gaben weniger Geld dafür aus“[370]. Im Rahmen dieser Arbeit kann nicht näher auf die kulturpolitischen Argumente für eine Buchpreisbindung eingegangen werden. Die exemplarischen Erfahrungen und empirischen Einsichten machen deutlich, dass der produktinterne Preiswettbewerb im Hinblick auf das Kulturgut Buch schützenswert scheint. Der interessierte Leser wird sich gerade im Bereich von Publikationen kaum Alternativen im produktexternen Wettbewerb suchen können und wollen, insbesondere wenn er Stil und Interpretation einzelner, spezieller Autoren favorisiert. Dies wettbewerbspolitisch zu unterstützen dürfte zwar ausnahmsweise das vorsichtige Verbot einer intrabrand-Buchpreisbindung rechtfertigen. Es böte sich aber auch hier an, im Einzelfall zu entscheiden, ob nicht die Interessen der Hersteller zur Reduzierung des intrabrand-Wettbewerbs vorrangig sein könnten. Das Gesetz zur Stabilisierung der nationalen Buchpreisbindung ist durch seine pauschale Bewertung ohne wettbewerblichen, aber freilich mit wettbewerbs- und kulturpolitischem Hintergrund zu einseitig.

§ 15 GWB ist aber noch aus einem weiteren Grunde von Interesse. Auch hier können durchaus horizontale und vertikale Absprachen zusammentreffen. Die so genannte heteronome Preisbindung stellt einen solchen Fall dar[371]. Die Absprache zwischen den Verlagen ist zunächst produktextern, da es sich um eine Koordination auf dem Markt unterschiedlicher, nicht näher spezifizierter Bücher handelt, hinter denen die jeweils unterschiedlichen Verlage stehen. Diese Verhaltenskoordination fiele nach klassischem Verständnis als Beschränkung des Wettbewerbs zwischen den Verlegern selbst unter § 1 GWB. Die

---

370 *van Miert*, Markt, Macht, Wettbewerb, S. 149.

371 Von heteronomer Preisbindung wird gesprochen, wenn mehrere Verlage sich untereinander absprechen, eine Preisbindung kollektiv einzuführen; für sie soll § 15 GWB nicht greifen, vgl. *Emmerich*, in: I/M, 2. Aufl., § 16 Rn. 35 f.

Rechtsprechung nahm dies in den frühen Tagen des GWB gelegentlich zum Anlass, auch die intrabrand-Absprachen, also die vertikalen Preisbindungsverträge, als ebenfalls unwirksam (jetzt: verboten) anzusehen[372]. Dies widerspricht jedoch Sinn und Zweck des § 15 GWB mit seinem kulturpolitischen Hintergrund. Obwohl das deutsche Recht zur Zeit der „Waldbaur"-Entscheidung die Abgrenzung horizontal/vertikal noch nicht zum Tatbestandsmerkmal erhoben hatte, führte alleine der Umstand, dass die Absprache zu Zwecken der Koordinierung des Wettbewerbs zwischen Konkurrenten getroffen wurde, dazu, auch die gesetzlich an sich nicht verbotene Preisbindung als unwirksam anzusehen. Ein Ergebnis der Systematik des § 1 GWB a.F. und dessen gesetzgeberischer Folge. Wollte man § 15 GWB in einem interbrand-/intrabrand-geprägten Gesetz beibehalten, so wäre nunmehr das folgende Ergebnis angezeigt: Die jeweils zwischen Verlegern und Buchhandel getroffene Absprache wäre als produktinterne Beschränkung des Preisparameters hinzunehmen, wie es auch der grundsätzlichen Intention des Gesetzgebers zum aktuellen § 15 GWB entspricht. Hieran würde die produktexterne Kollektivität und damit Vereinheitlichung zwischen den Buchverlegern nichts ändern. Denn die einzelnen Verlage, die sich nur zu einer Zustimmung generaliter entschlossen haben, verringern im Ergebnis nicht den effektiven Wettbewerb unterschiedlicher Titel der Verlagshäuser. Stünde indes die produktexterne Beschränkung im Vordergrund und führte zu einer Koordinierung des Verlegermarktes um Wettbewerbsprodukte, könnte ein interbrand-Verbot angemessen sein. Das Ergebnis ist damit jedenfalls unabhängig von der Marktstufe der Verleger und nur einer marktrelativen, warenabhängigen Beurteilung inhärent.

V. § 16 GWB (§ 18 GWB a.F.) in Relation zum produktexternen/produktinternen Wettbewerb

Von entscheidender Bedeutung für die Effektivität des hiesigen Ansatzes ist seine Vereinbarkeit mit § 16 GWB, der weiteren Zentralnorm des zweiten Abschnitts des GWB. Sie verhält sich über die Wirksamkeit von Ausschließlichkeits-, Verwendungs- und Vertriebsbindungen sowie Kopplungsgeschäften. Dabei geht es stets um die Beschränkung der Freiheit eines gebundenen Vertragspartners hinsichtlich des Abschlusses weiterer Verträge mit Dritten. Bis zur 6. Novelle noch stand der Vorgänger des § 16 GWB, § 18 GWB a.F., unter dem besonderen austauschvertraglichen Stern der Lieferung[373] von Waren oder gewerblichen Leistungen, deren vertragliche Bindungen Mittelpunkt

[372] BGH WuW/E BGH 205, 211 – „Waldbaur".

[373] Die hM verstand unter „Verträgen über Waren und gewerbliche Leistungen" insbesondere Verträge über deren Lieferung, vgl. *Schwarz*, in: GK, 3. Aufl., vor §§ 15-21, Rz. 2; *v. Gamm*, Kartellrecht, § 15 Rnrn. 1, 6; *K. Schmidt*, Kartellverbot, S. 89.

einer Prüfung sonstiger Verträge war. Schon früh wurde bezweifelt, dass sich der Regelungsbereich auf Austauschverträge habe beschränken müssen, weil die ehemalige Überschrift „sonstige Verträge" lediglich bedeutete, dass es sich nicht um Kartellverträge habe handeln dürfen und auch dies schon falsch sei, weil auch Kartellverträge regelmäßig Verträge über Waren und gewerbliche Leistungen seien[374]. Es geht aber insbesondere um Wettbewerbsbeschränkungen, die es Unternehmen untersagen, bestimmte Verträge mit Dritten abzuschließen, oder die Verpflichtung bedeuten, weitere Verträge mit Dritten oder dem bindenden Unternehmen zu schließen[375]. Entscheidend ist also, ob Unternehmen Abschlussbindungen verwehrt bleiben oder aufgetragen werden, wobei die Vereinbarung allerdings schon eine solche über Waren oder gewerbliche Leistungen zwischen Unternehmen sein muss. Bindungen nach § 16 GWB können erst untersagt werden, wenn sie sich auf Märkten so auswirken, dass dort die Funktionsfähigkeit des Wettbewerbs wesentlich beeinträchtigt wird[376]. Kann eine wesentliche Beeinträchtigung festgestellt werden, kommt es laut Rechtsprechung daneben nicht auf eine Interessenabwägung etwa des bindenden Unternehmens an[377]. Ansonsten könnte eine jede Bindung durch einzelwirtschaftlich legitime oder doch verständliche Interessen des bindenden Unternehmens gerechtfertigt werden[378]. Wenn es dann aber entscheidend insbesondere auf eine umfassende und sorgfältige Würdigung der Auswirkungen von Bindungen in Märkten und auf die Marktgegenseite im Wettbewerb ankommen soll[379], scheint § 16 GWB prädestiniert für eine produktbezogene Bewertung, die das Modell von intrabrand-Beschränkungen und möglicher Auswirkungen für den interbrand-Wettbewerb integrieren könnte. Dies soll nachfolgend verifiziert werden.

1. Intrabrand-Bindungen und produktexterne Wettbewerbsfaktoren

Um zu ermitteln, ob § 16 GWB bei der Behandlung von Alleinvertriebsvereinbarungen Merkmale des produktinternen oder -externen Wettbewerbs aufgreift, ist zunächst das Eingriffsmuster der Regelung zu beleuchten. Insoweit ist auf den Zusammenhang mit Austauschverträgen einzugehen. Bezieht sich § 16 GWB in erster Linie auf die von den Beteiligten verfolgte Bindung, die nur zufällig im Zusammenhang mit Austausch- oder Individualverträgen zu Stande gekommen ist, so scheint es einfach, sie in einen

---

[374] Vgl. *Schwarz*, Kartellvertrag, S. 111.
[375] *Bechtold*, Kartellgesetz, § 16 Rn. 4.
[376] Vgl. BGH WuW/E BGH 2668, 2674 – „Pauschalreisevermittlung I".
[377] Vgl. BGH WuW/E BGH 2668, 2682 – „Pauschalreisevermittlung I".
[378] *Emmerich*, in: I/M, 2. Aufl., § 18 Rn. 185.
[379] Vgl. *Emmerich*, in: I/M, 2. Aufl., § 18 Rn. 188.

betont wettbewerblichen Kontext zu stellen. Bindungen dienen dazu, den Vertragspartner in seiner wettbewerblichen Handlungsfreiheit einzuschränken, so dass sich eine Beurteilung auf die Bindungsvereinbarung selbst konzentrieren könnte, ohne Hervorhebung eines austauschvertraglichen Charakters. Käme es dagegen entscheidend auf den zivilrechtlichen Austauschvertrag an[380], wäre ein vertraglicher Hintergrund zunächst in Relation zum Bindungszweck zu setzen, um ihn anschließend bewerten zu können.

a) Wortlaut

Zunächst ist unklar, ob aus dem Wortlaut folgt, dass die Übernahme der fraglichen Ausschließlichkeitsbindung in einem inneren sachlichen und nicht rein zufälligen äußeren Zusammenhang mit einem Austauschvertrag stehen muss, der auf Waren oder gewerbliche Leistungen gerichtet ist[381]. Nach wohl überwiegender Auffassung ist Voraussetzung der Anwendung von § 16 GWB, dass sich die fragliche Vereinbarung gerade auf Waren oder gewerbliche Leistungen bezieht, d.h. die Bindung im Zusammenhang mit einer schon bestehenden oder geplanten Geschäftsbeziehung stehen muss, die auf die Lieferung von Waren oder die Erbringung von Leistungen gerichtet ist[382]. Für einen inneren Zusammenhang mit der Vereinbarung zwischen bindendem und gebundenem Unternehmen spricht der Wortlaut des § 16 GWB, wo es heißt, dass beschränkende Vereinbarungen über[383] Waren und gewerbliche Leistungen für unwirksam erklärt werden können. Wegen des vordefinierten Marktbezugs, den die Parteien durch ihre vertragliche Bindung herstellen, hält *Emmerich*[384] den Ansatz für verfehlt. Ihm ist zuzustimmen. Nicht ein innerer oder äußerer Zusammenhang mit dem vertraglichen Austausch von Leistungen kann entscheidend sein, sondern nur, ob sich die Bindung im Markt auf einen Austausch von Waren oder Leistungen bezieht und in diesem Markt auswirkt und deshalb eine Subsumtion unter § 16 GWB in Betracht kommt. In der Rechtsprechung ist eine entsprechend eindeutige und begrüßenswerte Tendenz zur Wirkungsanalyse zu erkennen. Danach komme es weder auf den Vertragstyp an noch sei zwischen rechtlichen und wirtschaftlichen Bindungen zu

---

380 Nach *Schwarz*, Kartellvertrag, S. 111 und S. 175 Nr. 7, setzten die §§ 15, 18 GWB a.F. gerade keinen Austauschvertrag voraus.
381 Zum Sachstand vgl. *Emmerich*, in: I/M, 3. Aufl., § 16 Rn. 27 f.
382 Schon BGH WuW/E BGH 712, 717 – „Bierbezug"; WuW/E BGH 900, 908 – „Getränkebezug"; *Koenigs*, in: FS Wettbewerb als Aufgabe, S. 301, 311 m.w.N.; *Emmerich*, Kartellrecht, S. 136.
383 Vgl. BGH WuW/E BGH 1745, 1746 – „Mallendarer Bürgerstube"; OLG Hamburg WuW/E OLG 1724, 1728 – „Miniaturgolfanlagen".
384 *Emmerich*, in: I/M, 2. Aufl., § 18 Rn. 46 am Ende.

unterscheiden, weil die Wirkungen auf den Markt allemal dieselben seien[385]. Vom Wortlaut her spricht also nichts dagegen, eine produktfaktorenabhängige Bewertung einzuführen, weil gerade marktfähige Güter den Markt von Waren oder gewerblichen Leistungen ausmachen, dessen Bezug § 16 GWB verlangt. Mehr noch: Schon der aktuelle § 16 GWB bietet sich de lege lata geradezu idealerweise für eine einzelfallbezogene Gesamtmarktbewertung des Neuansatzes an, weil er schon jetzt nur eine Untersagung bei wesentlichen Nachteilen für den Wettbewerb zulässt. Der Wortlaut „für diese oder andere Waren" legt bereits nahe, dass mit wesentlichem Wettbewerb nicht nur der intrabrand-Wettbewerb um das gebundene Produkt gemeint sein kann[386], sondern ein Vergleich mit ähnlichen intrabrand-Bindungen anderer interbrand-Produkte und deren Absatzmittlern durchzuführen ist. § 16 GWB spricht zudem davon, dass die Kartellbehörde bei wesentlichen Wettbewerbsbeschränkungen eine Vereinbarung untersagen „kann". Solange also keine Untersagungsverfügung ergangen ist, sind selbst wesentliche Wettbewerbsbeschränkungen noch wirksam[387].

b) Teleologische Schutzfunktion

§ 16 GWB gehört als Norm des zweiten Abschnitts des GWB zu den Vorschriften über Vertikalvereinbarungen. Die Regelung ist damit bisher nur anwendbar, wenn es sich nicht um eine Vereinbarung zwischen miteinander in Wettbewerb stehenden Unternehmen handelt. Gerade dies hat die Abgrenzung zwischen Kartellen und Ausschließlichkeitsbindungen vielfach sehr schwierig gemacht[388]. Ein Abstellen auf Wirtschaftsstufen scheint verfehlt. Dies verdeutlicht sich hier neuerlich bei einem Blick auf die Behandlung von Bindungen beim Vertrieb fremder, also interbrand-Waren durch einen Händler. § 16 Nr. 2 GWB erfasst nämlich nicht nur die intrabrand-Absatzverhältnisse, sondern darüber hinaus auch damit einhergehende Absatzverbote für produktexterne Waren, etwa in Lieferverträgen zwischen Konkurrenten[389]. Obwohl § 16 GWB Eingriffsnorm gegen Hersteller ist, die ihren Absatzmittlern unbillige Bindungen zumuten, wird der bindende Hersteller wegen der Wirksamkeitsvermutung quasi vor produktexternem Wettbewerb geschützt. Die Abgrenzung zum Kartellverbot fällt bisweilen schon wegen ihrer Einordnung unter Vertikalvereinbarungen schwer. Es kann aber für die Beurteilung nach § 16

---

[385] OLG Schleswig WuW/E OLG 3042, 3043; BGH WuW/E BGH 2668, 2669 – „Pauschalreisevermittlung I".
[386] So zutreffend *Bechtold*, Kartellgesetz, § 16 Rn. 13.
[387] BGH WuW/E BGH 2869, 2871 – „Pauschal Reisevermittlung II".
[388] Vgl. *Bechtold*, Kartellgesetz, § 16 Rn. 3; *Emmerich*, in: I/M, 3. Aufl., § 16 Rn. 19.
[389] So schon zum alten Recht: *Emmerich*, in: I/M, 2. Aufl., § 18 Rn. 121.

GWB offenbar nicht darauf ankommen, ob die Parteien auf verschiedenen oder derselben Wirtschaftsstufe tätig sind[390]. Das umstrittene Verhältnis von Vertikal- und Horizontalvereinbarungen wurde im ersten Teil ausgeführt[391]. Nach der Schutzfunktion des § 16 GWB kann somit nur entscheidend sein, ob durch die Vereinbarung der Parteien über Waren oder gewerbliche Leistungen ein Beteiligter darin beschränkt wird, Produkte von Dritten interbrand (Alleinbezugsverpflichtung) oder intrabrand (Bezug nur von einem bestimmten Lieferanten) zu beziehen oder intrabrand (Kundenschutzklausel) bzw. interbrand (Wettbewerbsverbot) an Dritte abzugeben[392]. Im Hinblick auf die Sanktionsfähigkeit von Bindungen nach § 16 GWB ist zudem entscheidend, dass die Missbrauchsaufsicht über Ausschließlichkeitsbindungen in erster Linie intrabrand-Schutzcharakter hat, weil dadurch produktinterne Bindungen untersagt werden können, sie aber automatisch interbrand-Märkte einbezieht, indem im Wege der Verhaltensaufsicht über die ökonomischen Wirkungen der Bindung bei wesentlichen Wettbewerbsbeschränkungen eine Untersagung erfolgen kann. Voraussetzung ist dabei, dass der Wettbewerb auf dem Markt für die von der Vereinbarung erfassten produktinternen oder andere produktexterne Waren oder gewerblichen Leistungen beeinträchtigt wird[393]. Mit dieser ersten Voraussetzung wollte der Gesetzgeber von Beginn an garantieren, dass positive Wirkungen von Bindungen Berücksichtigung finden und eine Öffnung von Märkten durch künstliche Beschränkungen gegenüber Dritten nur dann erfolgen kann, wenn sich die fraglichen Wettbewerbsbeschränkungen unmittelbar oder mittelbar entscheidend auswirken[394]. So sollen Unternehmen geschützt werden, die im Einflussbereich des Bindenden tätig sind. *Emmerich*[395] nennt drei Beispiele, bei denen Dritte im Wettbewerb theoretisch in den Genuss von § 16 GWB kommen: Einmal werden bei Ausschließlichkeitsbindungen zu Lasten der Lieferanten die Konkurrenten des bindenden Abnehmers (im intrabrand-Wettbewerb) geschützt, denen durch die Bindung die Versorgungsquellen verstopft sind. Als zweites erfahren bei Bezugsbindungen die Konkurrenten des bindenden Lieferanten Schutz, deren Absatzwege (für ihr interbrand-Produkt) blockiert werden. Und drittens fallen im Rahmen von Vertriebsbindungen potenzielle Abnehmer der gebundenen Unternehmen hierunter, wie etwa Discounter oder vergleichbare Handelsunternehmen bei Fachhandelsbindungen, die als intrabrand-Wettbewerber ausgeschlossen sind. § 16 GWB bürgt also neben seiner primären Schutzfunktion der produktintern Gebundenen für eine

[390] Zu Recht auch *Lohse*, Kartellverbot und Schirm-GVO, S. 134.
[391] Siehe oben, 1. Teil, E. I., II., III.
[392] Vgl. Emmerich, in: I/M, 3. Aufl., § 16 Rnrn. 4, 35, 90; *Wolter*, in: FK, § 18 Rn. 40 ff.
[393] Voraussetzung der sog. Wettbewerbsbeeinträchtigung; vgl. etwa *Bechtold*, Kartellgesetz, § 16 Rn. 13.
[394] Vgl. Begr. zum RegE., BT-Drucks. 13/9720, S. 50.
[395] *Emmerich*, Kartellrecht, S. 143.

Abwägung sämtlich relevanter intrabrand- und interbrand-Marktsituationen bzw. -teilnehmer.

Welchen Markt die Kartellbehörden bei der Prüfung berücksichtigen können, ist für eine Untersagungsverfügung entscheidend. In sachlicher Hinsicht scheint zunächst nur ein begrenzt relevanter Markt der gerade gebundenen Waren oder gewerblichen Leistungen ausschlaggebend sein zu können, weil § 16 GWB, ebenso wie früher § 18 GWB a.F.[396], im Prinzip ausschließlich den Markt der betroffenen Güter offen halten will. In § 16 Nrn. 1 und 2 GWB ist allerdings auch von anderen Waren oder gewerblichen Leistungen die Rede. Dadurch wird klargestellt, dass neben dem unmittelbar von der Bindung betroffenen Markt auch ein mittelbar betroffener für die Gesamtwürdigung, also neben dem ohnehin betroffenen Markt, in Frage kommt[397]. Das ist wettbewerbsrechtlich sinnvoll, weil eine Wettbewerbsbeschränkung eben nicht nur durch die intrabrand-Wirkung einer Bindung selbst begründet werden, sondern die intrabrand-Beschränkung gleichzeitig Auswirkungen auf den interbrand-Wettbewerb gleichartiger oder alternativer Güter anderer Hersteller (wettbewerbliche Surrogate) zur Folge haben kann[398]. Es kommt damit speziell etwa bei Bezugsbindungen darauf an, welchen interbrand-Anbietern gleichartiger Waren oder Leistungen die Absatzwege verstopft werden und ob diesen im Markt hinreichende Alternativoptionen verbleiben[399]. Es darf damit nicht nur der sachlich relevante intrabrand-Markt in Augenschein genommen werden, dessentwegen die Beschränkung Einzug in eine Vereinbarung gefunden hat, sondern auch alle interbrand-Märkte, auf die sich diese Beschränkung auswirkt[400]. Für die Wertungen einer behördlichen Untersagungsverfügung ist nicht nur das Modell einer umfassenden intrabrand-/interbrand-Analyse geeignet, sondern bereits jetzt hinsichtlich der Bewertung der von Bindungen ausgehenden Wettbewerbsbeschränkungen verwirklicht. Zur Untersagung kommt es allerdings nur, wenn diese Wettbewerbsbeschränkung auch wesentlich ist für den betroffenen Markt. Die Wesentlichkeit ist das zentrale Merkmal, das §

---

[396] Vgl. KG WuW/E OLG 3254, 3257 – „Ytong-Gasbeton"; WuW/E OLG 4267, 4274 – „Globalvertrag".

[397] Vgl. zum entsprechenden § 18 Abs. 1 lit. c GWB a.F., *Möschel,* Recht der Wettbewerbsbeschränkungen,
S. 248, Rz. 428; a.A. *Ulmer*, ZHR 130 (1968) 164, 187.

[398] *Kirchhoff*, Vertikale Vertriebsverträge, S. 189 unter Hinweis auf die Entscheidung BKartA WuW/E BKartA 761, 764 f. – „Elektro-Discount", in der das Amt eine wesentliche Wettbewerbsbeschränkung nach § 18 GWB auch mit den Rückwirkungen des intrabrand-Wettbewerbs auf den interbrand-Preiswettbewerb der anderen Hersteller begründete.

[399] Vgl. BKartA WuW/E BKartA 2010, 2020 – „Armaturen".

[400] So zu Recht *Bechtold*, Kartellgesetz, § 16 Rn. 13; ebenso *Kirchhoff*, Vertikale Vertriebsverträge, S. 190 f.; a.A. *Emmerich*, Kartellrecht, S. 144 oben; *ders.*, in: I/M, 3. Aufl., § 16 Rn. 108.

16 Halbs. 2 GWB aus dem alten § 18 Abs. 1 lit. c und Abs. 2 GWB a.F.[401] übernommen hat. Es kommt insoweit bei einem Vergleich mit ähnlichen Systemen[402] darauf an, dass die Wettbewerbsbeschränkung, wie bei § 1 GWB, spürbar ist. Wann dies im Einzelnen der Fall sein kann, soll hier nicht abschließend geklärt werden, da es sich dabei um „eine Grad- und Maßfrage [handelt], die umso eher zu bejahen sein wird, je schwerwiegender die Auswirkungen eines Bindungssystems [...] auf den Wettbewerb sind."[403] Gerade hierzu kann die intrabrand-/interbrand-Analyse einen Beitrag leisten. Denn wenn in Halbsatz 2 vom Ausmaß solcher Beschränkungen die Rede ist, werden sowohl produktinterne Bindungssysteme angesprochen, als auch produktexterne Parallelsysteme von Herstellern gleichartiger oder alternativer Güter, die umfassend zu bewerten sind[404]. Dies ist nicht zuletzt deshalb von Bedeutung, weil auch bisher bei der Marktabgrenzung im GWB kaum selbstständige intrabrand-Märkte angenommen wurden[405].

§ 16 GWB entspricht teleologisch mit seiner Marktwirkungen berücksichtigenden Einzelfallprüfung ansatzweise dem produktbezogenen Prüfungsmuster. Einzig das Abstellen auf Vertikalvereinbarungen hindert daran, die Regelung völlig unverändert beizubehalten. Die Norm vermag es, einzelbetriebliche Vorteile von Absatzbindungen auf ihre gesamtwirtschaftliche Verträglichkeit zu überprüfen[406]. Ob hierbei die Interessen der Beteiligten oder die Auswirkungen der Absatzbindung in den Vordergrund zu stellen sind, soll nunmehr unter (2.) und (3.) geprüft werden.

2. Das Kriterium der Unbilligkeit in § 18 GWB a.F.

Nach § 18 Abs. 1 lit. a, b und Abs. 2 GWB a.F. war das Unbilligkeitskriterium Ansatzpunkt der Bewertung vertikaler Bindungssysteme einer erheblichen Zahl gleichartig gebundener Unternehmen oder der Prüfung der Beschränkung des

---

[401] Dazu *Wolter*, in: FK, § 18 Rz. 135 ff.

[402] Wegen ihrer Wirkungen auf die Gesamtmarktverhältnisse ist nicht nur auf die einzelne Bindung abzustellen, sondern das gesamte System vergleichbarer Bindungen desselben Unternehmens oder anderer Unternehmen am Markt heranzuziehen (sog. Bündeltheorie), wie dies auch auf EU-Ebene seit jeher anerkannt ist, vgl. EuGH, Slg. 1991, 977, 983 – „Delimitis"; vgl. auch *Kirchhoff*, Vertikale Vertriebsverträge, S. 191 f.; *Emmerich*, in: I/M, 2. Aufl., § 18 Rn. 159 f.

[403] *Emmerich*, in: I/M, 3. Aufl., § 16 Rn. 117.

[404] Vgl. schon KG WuW/E OLG 4333, 4337 – „TUI".

[405] BKartA WuW/E BKartA 60, 64 f. – „Melitta"; WuW/E BKartA 2010, 2020 – „Armaturen", vgl. auch *Kirchhoff*, Vertikale Vertriebsverträge, S. 191.

[406] Vgl. zu Zweifeln an der gesamtwirtschaftlichen Vorteilhaftigkeit von Vertriebssystemen *Grossekettler*, in: Ahlert, Vertragliche Vertriebssysteme, S. 255, 283 ff.

Marktzutritts anderer Unternehmen. Dieses Kriterium war nicht wohlfahrtsökonomisch orientiert, sondern wägte Individualinteressen der beteiligten Unternehmen anhand der Freiheit des Wettbewerbs ab[407]. Deshalb meinen *Kartte/Kulka*, dass sich die Vorschrift durch hinreichende Flexibilität auszeichnete, wenn es darum ging, auf neue und wettbewerblich unbedenkliche oder sogar erwünschte Vertragsformen mit Beschränkungen der Abschlussfreiheit sachgerecht zu reagieren[408]. Tatsächlich eröffnete § 18 Abs. 1 lit. a GWB a.F. einen gewissen Spielraum, um im Rahmen der Interessenabwägung zur Bestimmung der Billigkeit wettbewerbsimmanenter Ansprüche gerecht zu werden. Unternehmen wurden insoweit nur allgemein hinsichtlich einer Sicherung des Wettbewerbs als Institution geschützt[409]. Das Kriterium des Marktschutzes belebte diese Eingriffsvoraussetzung der Unbilligkeit geradezu erst, weil § 18 Abs. 1 lit. a GWB a.F. nur dann kartellbehördlichen Schutz gewährte, wenn eine erhebliche Zahl gleichartig gebundener Unternehmen, entsprechend dem Marktspiegel, in ihrer Wettbewerbsfreiheit beschränkt wurden. § 18 GWB a.F. hatte daher auch den Schutz des produktexternen Wettbewerbs vorgesehen, indem er die unbillige Einschränkung unternehmerischer Wettbewerbsfreiheit expressis verbis als nicht wünschens- bzw. im Gegenteil gerade diese Freiheit schützenswert nannte. Wenn freilich § 18 Abs. 1 lit. a GWB a.F. in erster Linie im Dienste der Stärkung der produktinternen Wettbewerbsfähigkeit gebundener Unternehmen durch Befreiung von übermäßigen und benachteiligenden Bindungen stand, so schützte er letztlich auch den produktexternen Wettbewerb auf der Stufe der Gebundenen durch Abbau kollektiv oder branchenweit bestehender wirtschaftlicher Dependenzen[410]. Dadurch erfuhr die Unbilligkeitsprüfung eine markante interbrand-Komponente. Vertikale Beschränkungen konnten dem Wortlaut entsprechend nur dann untersagt werden, wenn sie geeignet waren, die Wettbewerbsverhältnisse im interbrand-Wettbewerb zu beeinflussen. Die Beschränkung der wettbewerblichen Freiheit musste freilich schon auf der Bindung selbst beruhen[411]. Zudem setzte die Unbilligkeitprüfung eine umfassende Abwägung der Vertriebsinteressen des bindenden Unternehmens mit den Freiheitsinteressen des Gebundenen voraus[412], so dass letztlich auch wettbewerblicher Individualschutz angemessen Berücksichtigung fand. Als unbillig wurden etwa Fachhandelsbindungen angesehen, wenn es aufgrund paralleler Bindungssysteme dreier führender Hersteller zu

---

[407] Begr. zum RegE., BT-Drucks. VI/2520, S. 21; *Deringer/Tessin*, WuW 1966, 132, 140; *Schwintowski*, Alleinvertriebssysteme, S. 32.
[408] *Kartte/Kulka*, in: FS Stiefel, S. 381, 396.
[409] Vgl. etwa KG WuW/E OLG 3254, 3257 – „Gasbeton".
[410] *Belke*, ZHR 138 (1974), 227, 249.
[411] *Emmerich*, in: I/M, 2. Aufl., § 18 Rn. 177 f.
[412] Vgl. *Belke*, ZHR 138 (1974), 227, 251.

einer Verstopfung der Versorgungsquellen anderer Einzelhändler kam[413]. Auch die Unbilligkeitsprüfung in § 18 Abs. 1 lit. b GWB a.F. stellte einen Bezug von intrabrand-Bindung und interbrand-Wettbewerb her. Denn eine Untersagung sollte nur erfolgen können, wenn es zu einer spürbaren Wettbewerbsbeschränkung kam[414].

Marktzugangsbeschränkungen bedeuten für potenzielle intrabrand-Absatzmittler generell, dass es ihnen aufgrund der Bindung verwehrt bleibt, das gebundene Herstellerprodukt ebenfalls in ihr Sortiment aufzunehmen; für interbrand-Hersteller ist der Marktzugang verwehrt, wenn sie nur auf exklusiv gebundene Absatzmittler treffen, denen es untersagt ist, die fremde Ware neben der gebundenen zu vertreiben[415]. Die Grenze zur Unbilligkeit einer Wettbewerbsbeschränkung war in lit. a und b nicht einheitlich. So genügte für die Marktzugangsbeschränkung nach lit. b bereits, dass der Ausschluss des Zugangs zum intrabrand-Markt unter Berücksichtigung der interbrand-Ausweichmöglichkeiten lediglich spürbar war, während eine Untersagung nach lit. a nur möglich sein sollte, wenn die Bindung branchenweite Wirkung zeigte[416]. Es stellt sich jedoch die Frage, ob diese Wertungen auch für § 16 GWB noch herangezogen werden können. Denn dort findet sich das Kriterium der Unbilligkeit nicht mehr.

3. § 16 GWB ohne Unbilligkeitsprüfung – Stärkung der produktexternen Prüfung

In § 16 Abs. 1 GWB, der nur noch den § 18 Abs. 1 lit. c GWB a.F. aufgreift, wurde auf die Voraussetzungen der lit. a und b verzichtet. Es muss jedoch bezweifelt werden, dass trotz der eindeutigen Abschnittsüberschrift „Vertikalvereinbarungen" nunmehr Elemente des produktexternen Wettbewerbs außen vor bleiben sollen. Die Ursache für den Verzicht von lit. a und b a.F. nach der 6. Novelle lag in der Vergleichbarkeit aller Eingriffsvoraussetzungen der lit. a-c[417]. Sie deckten sich im Wesentlichen, weshalb auch die Kartellbehörde regelmäßig ihre Entscheidungen auf alle drei Tatbestandsmerkmale stützte[418]. Daher kann das zuvor Gesagte auch für das aktuelle Recht angenommen werden. Einzig die den Gesamtmarkt anhand des Tatbestandsmerkmals der Unbilligkeit erfassende Analyse ist im neuen Recht nicht mehr möglich. Dies scheint aber nicht weiter

---

[413] BKartA WuW/E BKartA 2010 – „Armaturen".
[414] Vgl. KG WuW/E OLG 4267, 4278 – „Sportübertragungen".
[415] Vgl. *Emmerich*, in: I/M, 3. Aufl., § 16 Rn. 101 und die Beispiele in Rn. 104.
[416] Vgl. *Kirchhoff*, Vertikale Vertriebsverträge, S. 198.
[417] Vgl. Begr. zum RegE., BR-Drucks. 852/97, S. 51.
[418] Vgl. etwa BKartA WuW/E BKartA 1207, 1208 – „KfZ-Pflegemittel"; WuW/E BKartA 1781, 1789 f. – „Identteile"; WuW/E BKartA 2010, 2020 – „Armaturen".

zu stören, weil die Klauseln der § 18 Abs. 1 lit. a-c GWB a.F. vor allem dazu da waren, wettbewerbsbeschränkende Folgen als Voraussetzung für ein Eingreifen der Regelung zu dokumentieren, also Voraussetzung einer Sanktion, nicht aber den Tatbestand bestimmendes Merkmal[419] im Hinblick auf den vertikalen Charakter der Norm. Die Merkmale der Unbilligkeit, die vielleicht einen Vergleich mit der nach § 1 GWB geläufigen Eignungsklausel wecken, widerlegen dies nicht. Aus Sicht unbeteiligter Dritter ist deren Marktverhalten bereits betroffen, wenn ein potenzieller Vertragspartner unerreichbar scheint, weil er durch den Erstvertrag im Marktverhalten gegenüber der Marktgegenseite gebunden ist und daher Marktchancen der Dritten verringert werden. *Emmerich* vertritt daher die Auffassung, dass es nicht mehr auf eine Interessenabwägung der Beteiligten ankommen könne, deren Begründungen allzu oft einem allseitigen Wettbewerbsschutz vorgezogen worden seien[420]. Bereits zu § 18 Abs. 1 lit. c GWB a.F. – dem § 16 GWB nachempfunden wurde – war umstritten, ob die Feststellung der Wesentlichkeit einer Beschränkung eine Interessenabwägung zur Voraussetzung hatte[421]. In lit. c ging es insbesondere um die Erhaltung des funktionsfähigen Wettbewerbs. Im Rahmen der Beeinträchtigung desselben kam es nur darauf an, dass die Wesentlichkeit oder, wie oben angedeutet, die Spürbarkeit der Beschränkung festgestellt werden konnte. Gegen eine Interessenabwägung im Merkmal der Wesentlichkeit sprechen auch Gründe der Novelle von 1965, wonach § 18 GWB a.F. schon eingreifen können sollte, wenn der Wettbewerb wesentlich, aber nicht unbillig beeinträchtigt wurde[422]. Insoweit erfüllten Unbilligkeit und Wesentlichkeit der Beschränkung also nicht den gleichen Zweck. Gerade die Unbilligkeit verlangte aber die zuvor beschriebene Interessenabwägung. Damit ist *Kirchhoff* zuzustimmen, der u.a. daraus den Schluss zieht, dass eine wesentliche Beeinträchtigung im Sinne des § 18 Abs. 1 lit. c GWB a.F. keine Interessenabwägung erforderte, sondern vor allem eine umfassende Marktprüfung, die die Gesamtheit der Auswirkungen vertikaler Beschränkungen auf den intrabrand- und interbrand-Wettbewerb einbezieht[423]. Gegen eine echte Interessenabwägung dürfte auch sprechen, dass bisher – soweit ersichtlich – noch kein Verfahren entwickelt wurde, wonach die zahlreichen, sich vielfältig überschneidenden und widersprechenden, teilweise verborgenen und sich stetig je nach Marktlage verändernden Interessen erfassen

419 Ebenso: *Schwarz*, Kartellvertrag, S. 110.

420 *Emmerich*, Kartellrecht, S. 145; zu § 18 GWB a.F. wohl schon *ders.*, in: I/M, 2. Aufl., § 18 Rn. 226.

421 Dafür *Möschel*, Recht der Wettbewerbsbeschränkungen, S. 249, Rz. 429; *Westrick/Loewenheim*, GWB, § 18 Rnrn. 33 und 44; *Fikentscher/Staub*, in: GK, 2. Aufl., § 18 Rn. 327; a.A. *Belke*, ZHR 138 (1974), 227, 263; *Langen/Niederleithinger/Ritter/Schmidt*, Kartellgesetz, § 18 Rn. 168.

422 Vgl. Begr. zum RegE., BT-Drucks. IV/2564, S. 14.

423 *Kirchhoff*, Vertikale Vertriebsverträge, S. 200.

ließen[424]. Daher sind es auch Praktikabilitätsgründe, die eine gesamtmarktliche Wirkungsanalyse der spezifischen Interessenabwägung vorzugwürdig erscheinen lassen. Da die Regelungen des alten Rechts insoweit gegenüber § 16 GWB keinen Unterschied aufweisen, ist dieses Ergebnis übertragbar. Eine Modifizierung muss jedoch dahingehend erfolgen, dass zukünftig nicht vertikale Beschränkungen an sich die Ausgangslage der Gesamtmarktanalyse bilden dürfen, sondern produktinterne Vereinbarungen über Waren oder gewerbliche Leistungen. Diese sind dann umfassend auf ihre intrabrand-beschränkende Verträglichkeit sowie Auswirkungen und gleichermaßen hinsichtlich des interbrand-Wettbewerbs zu überprüfen.

4. Intrabrand- und interbrand Relation der Tatbestandsalternativen

Die einzelnen Tatbestände des neuen § 16 GWB wurden bereits im ersten Teil der Arbeit angesprochen[425]. Deshalb soll hier nur noch zusammenfassend herausgestellt werden, wie[426] sich Verwendungsbeschränkungen, Ausschließlichkeitsbindungen und Vertriebsbindungen als intrabrand-Wettbewerbsbeschränkungen speziell im Verhältnis zum interbrand-Wettbewerb erfassen lassen.

a) Verwendungsbeschränkungen des § 16 Nr. 1 GWB

Verwendungsbeschränkungen binden den Vertragspartner bei der Verwertung gelieferter (intrabrand) oder anderer (interbrand) Waren und gewerblicher Leistungen, wozu nicht Bezug oder Absatz der Güter zu zählen sind, die vorrangig den Nrn. 2 und 3 des § 16 GWB unterfallen[427]. Der Anwendungsbereich ist aber, da auch die Verwertungsbeschränkungen produktexterner Waren erfasst sind, sehr weit. Hierzu zählen etwa die Herstellung neuer Waren, die Um- oder Bearbeitung von Gütern bzw. die Erbringung gewisser Dienstleistungen unter Zuhilfenahme der gelieferten Güter[428]. Gerade die Verwendungsbeschränkung hat eine starke produktexterne Komponente, weil die Hersteller ihren Absatzmittlern hier insbesondere beim Gebrauch von interbrand-Produkten Direktiven aufgeben können. Für eine Gesamtmarktanalyse bedarf es daher keiner Änderungen de lege ferenda.

---

424 Vgl. *Emmerich*, in: I/M, 2.Aufl., § 18 Rn. 183.

425 Siehe oben, 1. Teil, D. II. 2.

426 Das „ob“ kann nach den vorangegangenen Ausführungen zu Gesamtmarktprüfung des § 16 GWB nicht mehr zweifelhaft sein.

427 Allg. Meinung, vgl. nur *Bechtold*, Kartellgesetz, § 16 Rn. 7; zu § 18 GWB a.F. schon *Fikentscher/Staub*, in: GK, 2. Aufl., § 18 Rn. 99 ff.

428 Vgl. *Emmerich*, in: I/M, 3. Aufl., § 16 Rn. 38.

b) Ausschließlichkeitsbindungen des § 16 Nr. 2 GWB

Zunächst einmal hat jede Ausschließlichkeitsbindung von intrabrand-Produkten zwangsläufig zur Folge, dass Dritte von der Warenbelieferung an das gebundene Unternehmen oder vom Warenbezug von diesen Unternehmen ausgeschlossen werden, was die Rechtsprechung als regelmäßige Wirkungen von Ausschließlichkeitsbindungen grundsätzlich anerkannt hat[429]. Sofern es um die Abwägung solcher regelmäßigen Wirkungen geht, findet nur § 16 GWB auf die Prüfung von Ausschließlichkeitsbindungen Anwendung[430]. Ob also etwa eine Fachhandelsbindung in ihrer konkreten Ausgestaltung ungerechtfertigt sein kann oder andere Unternehmen (intrabrand oder interbrand) wesentlich behindert, ist unter den Voraussetzungen des § 16 GWB zu prüfen. Durch Ausschließlichkeitsbindungen sind im Wesentlichen potenzielle intrabrand-Absatzmittler vom Bezug ausgeschlossen. Wegen dieser regelmäßigen Wirkungen, die das Gesetz anerkennt, vermag insbesondere § 16 Nr. 2 GWB in diesem Bereich die generelle Erlaubnis von intrabrand-Beschränkungen zu stützen, die erst bei überwiegenden Nachteilen für den interbrand-Wettbewerb anhand der Gesamtmarktanalyse untersagungsfähig werden. Auch hier ist es folglich nur Frage eines Maßstabs, wann diese Grenze erreicht ist und ab wann von einer wesentlichen Wettbewerbsbeschränkung gesprochen werden kann.

c) Vertriebsbindungen des § 16 Nr. 3 GWB

Vertriebsbindungen zeichnen sich durch systematische Beschränkungen des Warenabsatzes auf ganz bestimmte Absatzmittler aus. Durch die Auswahl ausgewählter Händler zum Vertrieb eines Produkts beschränkt ein Hersteller von vornherein den intrabrand-Wettbewerb beim Absatz an den Verbraucher, bis hin zum völligen Ausschluss, wenn er nur über einen einzigen Selektivhändler agiert. Insbesondere beim Exklusivvertrieb, der den intrabrand-Wettbewerb wegen nur eines gebundenen Absatzmittlers vollends ausschließt, bekommt die Vertriebsbindung zumeist eine produktexterne Komponente zur Seite gestellt: Der Händler wird – neben der Beschränkung nur an bestimmte Dritte zu liefern – verpflichtet, selbst keine interbrand-Waren anderer Hersteller geliefert zu bekommen, um sicherzustellen, dass der Händler wegen der Bezugsbindungen sämtliche Anstrengungen und Aktionsparameter beim Absatz auf das intrabrand-Herstellerprodukt konzentriert. In die ökonomische Analyse können auch hier

---

[429] Grundlegend etwa BGH WuW/E BGH 509, 513 – „Original-Ersatzteile".

[430] Std. Rspr. seit BGH WuW/E BGH 509, 513 – „Original-Ersatzteile"; zur Abgrenzung gegenüber dem Behinderungs- und Diskriminierungsverbot des § 20 Abs. 1 GWB (§ 26 Abs. 2 GWB a.F.) auch unter ökonomischen Gesichtspunkten, vgl. *Schwintowski*, Alleinvertriebssysteme, S. 37 ff., 45 ff. und passim.

die bisherigen Erfahrungen der Praxis einbezogen werden, da sich auch diese Abschlussbindungen nahtlos in die intrabrand/interbrand-Gesamtmarktanalyse einfügen lassen. Das Gesetz hat intrabrand-Vertriebsbindungen bisher als wirksam angesehen.

Für alle Varianten des § 16 Nrn. 1-3 GWB gilt es mithin bei der Gesamtmarktanalyse zunächst den sachlich und räumlich relevanten intrabrand-Markt der geschützten Unternehmen festzustellen, um dann zu vergleichen, auf welche aktuellen oder potenziellen produktexternen Hersteller sich diese Bindungen als Marktzutrittsschranke auswirken. Im Gegensatz zur gängigen Rechtsprechung sollte die Grenze bei der Bewertung dabei allerdings nicht wie bisher unter Ausschluss von Substitutionsprodukten oder -leistungen gezogen werden[431], sondern es sollten entsprechend aus Nachfragersicht alle wettbewerblich surrogationsfähigen Waren und Dienstleistungen einbezogen sein, insbesondere wenn die Gefahr besteht, dass die intrabrand-Beschränkung untersagt werden soll.

5. Handelsvertreter- und Kommissionsverträge

Ausschließlichkeitsbindungen in Handelsvertreter- und Kommissionsverträgen sollten von vornherein völlig aus dem Anwendungsbereich des § 16 GWB ausgeklammert bleiben, weil bei diesen eine gesetzliche Verpflichtung besteht, v.a. den Interessen des Geschäftsherrn zu dienen. Der BGH hat bestätigt, dass Handelsvertreter wegen § 86 Abs. 1 HGB verpflichtet sind, alles zu unterlassen, was eine Beschädigung der Interessen des Geschäftsherrn herbeizuführen geeignet wäre; gleichwohl könne ein damit verbundenes Wettbewerbsverbot vom Wortlaut her unter § 16 Nr. 2 GWB fallen[432]. Sie werden gleichwohl bisher dann nicht von § 16 GWB erfasst, wenn sie sich aus dem Wesen des entsprechenden Handelsvertreter- oder Kommissionsvertrages immanent ergeben[433]. Technisch sind sie im Prinzip kein Fall einer Bindung, da bei wirtschaftlicher Betrachtung der Bindende Partner des Zweitvertrages ist, so dass über die Aufgabe eines Immanenzvorbehalts zu Gunsten einer generellen Freistellung der interbrand-Wettbewerbsverbote im Zusammenhang mit intrabrand-Produktbindungen zum Geschäftsherrn nachgedacht werden sollte.

---

[431] Std. Rspr. seit BGH WuW/E BGH 2668, 2670 f. – „Pauschalreisevermittlung I"; einen weiteren Markt annehmend, wenn auch nur einmal, so doch zu Recht BKartA WuW/E BKartA 2010, 2020 – „Armaturen".

[432] BGH WuW/E BGH 2668, 2670 – „Pauschalreisevermittlung I." noch zu § 18 Abs. 1 Nr. 2 GWB.

[433] Vgl. BGH WuW/E BGH 2668, 2670 – „Pauschalreisevermittlung I."; ebenso *Bechtold*, Kartellgesetz, § 16 Rn. 10.

Die gesetzliche Immanenz bei Ausschließlichkeitsbindungen der vorgenannten Art betrifft im Übrigen jegliche Märkte, die von Handelsvertretern oder Kommissionären bedient werden. Damit fehlt es selbst bei einem Hineinziehen in den Tatbestand an den Eingriffsvoraussetzungen für ein behördliches Einschreiten. Handelsvertreter- und Kommissionsverträge sollen daher hier nicht weiter untersucht werden.

6. Zusammenfassung

§ 16 GWB erweist sich als ideale Norm, um in der Missbrauchsaufsichtsprüfung den Neuansatz umzusetzen. Durch Verzicht auf das Merkmal der Unbilligkeit sind die Interessen der einzelnen an einer Bindung beteiligten Unternehmen nur noch im Rahmen der Gesamtmarktanalyse zu berücksichtigen. Dabei können frühe Unbilligkeitswertungen fruchtbar gemacht werden, soweit die dort behandelten Einzelinteressen nicht einer objektiven Gesamtmarktbewertung entgegenwirken. Die Prüfung von intrabrand-Beschränkungen und ihrer Auswirkungen auf den interbrand-Wettbewerb lässt sich hier ansiedeln. Nur wenn bei einer Gesamtmarktanalyse im Einzelfall überwiegende Nachteile für den interbrand-Wettbewerb festgestellt werden können, etwa weil Absatzbindungen nicht nur die grundsätzlich hinnehmbare produktinterne Beschränkung zwischen Absatzmittlern bedingen, sondern darüber hinaus zu einer Schwächung des aktuellen oder potenziellen produktexternen Wettbewerbs führen, ist eine Untersagung durch die Kartellbehörden gerechtfertigt. Die grundsätzlich ökonomisch zu befürwortenden Wertungen des BGH bei der Prüfung anzuerkennender Interessen – freilich ohne ihren horizontal-vertikalen Hintergrund – verlagern sich so in den Tatbestand des § 16 GWB, wo sie dem Grunde nach hingehört. Dies gilt umso mehr, wenn, wie hier vorgeschlagen, intrabrand-Beschränkungen im Hinblick auf und über die *rule of reason*-Begründungen des BGH hinausgehend grundsätzlich freigestellt werden sollen – mit der einzigen Ausnahme überwiegender Nachteilhaftigkeit für den produktexternen Wettbewerb.

Von der bisherigen Voraussetzung, dass § 16 GWB bei vertikalen Vereinbarungen ansetzt, wird sich die Regelung allerdings trennen müssen. Sonst würden auch im Modell der interbrand-/ intrabrand-Abgrenzung nur die Regelfälle aller Absatzbindungen erfasst. Durch Eingliederung in einen zukünftigen Abschnitt „Produktinterne Vereinbarungen“ würde dieses Problem jedoch obsolet, da dann auch alle nach heutigem Verständnis verbotenen horizontalen Vereinbarungen zwischen Unternehmen, die sich auf intrabrand-Produkte beziehen, in den Genuss der Wirksamkeitsannahme bei gleichzeitiger Missbrauchsaufsicht kämen. Die Gesamtmarktanalyse wird tendenziell allerdings dann zu Ungunsten der Beteiligten auszufallen haben, wenn kein oder nur geringer interbrand-Wettbewerb im von wettbewerblich surrogationsfähigen Produkten bestimmten, relevanten Markt herrscht, so dass die intrabrand-Vereinbarung im Ergebnis ihrerseits schon überwiegende Nachteile für den Wettbewerb um die betroffenen Produkte bedeuten kann.

VI. Bedeutung des § 17 GWB für eine produktexterne/produktinterne Auslegung

Von Interesse ist auch der neu formulierte § 17 GWB, der die Behandlung von Lizenzverträgen regelt und diese für verboten – nicht mehr nur unwirksam wie § 20 Abs. 1 GWB a.F. – erklärt, „falls dem Erwerber oder Lizenznehmer Beschränkungen im Geschäftsverkehr auferlegt werden, die über den Inhalt des gewerblichen Schutzrechts hinausgehen". Auch wenn die praktische Bedeutung wegen zunehmender Internationalisierung und damit einhergehender vorrangiger Anwendung des europäischen Wettbewerbsrechts an Bedeutung verloren zu haben scheint[434], ist die wettbewerbstheoretische wie gesetzessystematische Betrachtung für eine Verifizierung der intrabrand-/interbrand-Analyse bedeutsam, zumal die Norm zum zweiten Abschnitt des GWB gehört, dessen Regelungsbereich mit „Produktinterne Vereinbarungen" neu überschrieben werden soll. Hinzu kommt, dass gerade die Lizenzierung von Produkten eng mit ihren spezifischen Eigenschaften verknüpft ist, die wiederum für die Gesamtmarktanalyse von Bedeutung sind.

1. Intrabrand-Regel und interbrand-Ausnahme

Ausgehend vom empirischen Regelfall sind Lizenzverträge – der bisherigen Gesetzespraxis folgend – in den Abschnitt „Vertikalvereinbarungen" eingegliedert, weil die betroffenen Vereinbarungen üblicherweise zwischen Unternehmen verschiedener Wirtschaftsstufen getroffen werden[435]. Es ist jedoch nicht zu übersehen, dass Lizenznehmerbeschränkungen durchaus auch zwischen miteinander in Wettbewerb stehenden Unternehmen getroffen werden können, etwa wenn der Vertragsinhalt mit dem Wettbewerbsverhältnis in Verbindung steht[436]. Schon früh war es Praxis des BKartA, Verfahren, bei denen es sich nach Art, Umfang und Gegenstand der vereinbarten Beschränkungen um einen Kartellvertrag nach § 1 GWB handelte, die §§ 20, 21 GWB a.F. nicht

[434] Vgl. BKartA, TB 1983/84, S. 39f.; TB 1985/86, S. 35 sowie TB 1995/96, S. 42.
[435] *Bechtold*, Kartellgesetz, § 17 Rn. 3.
[436] Exemplarisch BGH WuW/E BGH 2697, 2704 – „Golden Toast".

anzuwenden[437]. Wegen der strikten Unterscheidung zwischen §§ 1 ff. GWB und §§ 14 ff. GWB hat der Gesetzgeber eine Regelung getroffen (oder genauer: treffen müssen), die in kritischen Fällen die Anwendung des Kartellverbots ermöglicht: § 17 Abs. 4 GWB erklärt die §§ 1-12 GWB ausdrücklich für anwendbar. Diese Klarstellung dürfte, soweit ersichtlich, auf die Erfahrung der Rechtsprechung im Umgang mit Lizenzvergaben zwischen aktuellen oder potenziellen Konkurrenten zurückgehen[438]. So kann es bspw. zu Lizenzkartellen kommen, an denen Lizenznehmer über Mitwirkungsrechte beteiligt sind, oder Preise, Konditionen, Mengen bzw. Vertriebsgebiete absprechen, wodurch Wettbewerb auf den entsprechenden Märkten unterbunden wird[439]. Es können also nach klassischem Verständnis horizontal wirkende Wettbewerbsbeschränkungen auftreten, die Märkte für Lizenzen, aber auch die danach herzustellenden Produkte selbst betreffen.

2. Das Verhältnis zu § 1 GWB

Zur Bewältigung der Schwierigkeiten im Zusammenhang mit der Anwendungskonkurrenz zwischen § 1 GWB und §§ 17, 18 GWB, war auch hier nach hM bisher das Abgrenzungskriterium des gemeinsamen Zwecks ausschlaggebend[440]. In diesem Sinne räumt § 17 Abs. 4 GWB heute den §§ 1-13 Vorrang ein, soweit es sich um eine Vereinbarung zwischen miteinander in Wettbewerb stehenden Unternehmen handelt. Es ist also im Bereich des Lizenzverbots und seiner Abgrenzung zu § 1 GWB nur zu einer Übertragung des Tatbestandsmerkmals bei ansonsten gleicher Wertung gekommen. Die Abgrenzungsproblematik erlangte

---

[437] Vgl. *Lemhoefer*, GRUR 1964, 573, der insoweit die Verwaltungspraxis des Amtes in Fällen tatsächlicher Kartellverträge des § 1 GWB a.F. beschreibt, wonach dann keine Erlaubnis nach § 20 Abs. 3 GWB a.F. habe erfolgen können (S. 573).

[438] Vgl. BGH WuW/E BGH 1253 – „Nahtverlegung"; WuW/E BGH 1332 – „Bahnen aus Kunststoff"; WuW/E BGH 810, 815 – „Zimcofot", wo der BGH die Anwendung des § 1 GWB indes ablehnte, weil die Parteien nach seiner Auffassung mit Vertrieb und Produktion des lizenzierten Produkts jeweils andere Zwecke, also keinen gemeinsamen Zweck verfolgt hatten. Er sah darüber hinaus in der Benutzungsbeschränkung bei der Herstellung nur eine schutzzweckimmanente Maßnahme, die mit § 20 Abs. 1 GWB a.F. vereinbar sei (S. 580).

[439] BGH GRUR 1991, 782, 786 – „Verbandszeichen"; *Möschel*, Recht der Wettbewerbsbeschränkungen, S. 268 ff., Rz. 456-459.

[440] *Emmerich*, in: I/M § 20 Rn. 98 ff.; *Westrick-Loewenheim*, § 20 Rn. 2, 38 ff., aus der Rspr. vgl. BGH WuW/E BGH 1332, 1334 ff. – „Bahnen aus Kunststoff"; a.A. *K. Schmidt*, Kartellverbot, S. 115 ff., der meint, dass § 20 GWB a.F. dann Sperrwirkung gegenüber § 1 GWB a.F. hatte haben können.

insbesondere früher eine herausragende Bedeutung, weil für die Annahme eines gemeinsamen Zwecks vormals gleichgerichtete Interessen[441] ausreichten, die wegen der zumeist langfristig geschlossenen Lizenzverträge und Kooperation der Parteien oftmals ohne weiteres subsumierbar waren. Die Problematik verdeutlicht sich bei einem Blick auf den Gesetzeszweck.

a) Schutzzweck

Schutzobjekt des § 17 GWB ist neben der Funktionsfähigkeit des Wettbewerbs namentlich der von über den Inhalt der Lizenzschutzrechte reichenden und nicht unerlässlichen intrabrand-Beschränkungen freizuhaltende Geschäftsverkehr des Lizenznehmers, zu dessen Gunsten verhindert werden soll, dass Schutzrechte dazu benutzt werden, über ihren Schutzumfang und den notwendigen Wirkungsbereich hinaus in der schutzrechtsfreien Sphäre Beschränkungen zu Lasten der Lizenznehmer aufzuerlegen[442]. Der Schutzrechtsgeber ist aber gerade im Hinblick auf horizontale Wettbewerbsbeschränkungen den allgemeinen Regeln des § 1 GWB unterworfen, wie jeder Dritte auch. Daneben suchen die §§ 17, 18 GWB eine möglichst umfassende restliche Wettbewerbsfreiheit für den Lizenznehmer zu gewährleisten, da er bereits den Einschränkungen unterworfen ist, die sich aus den Schutzrechten selbst ergeben. Der Lizenzgeber soll also keine über den Inhalt hinausgehende, missbräuchliche Beschränkung erwirken können[443]. Dem Inhaber des Schutzrechts verbleibt die Verwertung des Ausschließlichkeitsrechts innerhalb seines Wirkungskreises, womit gewisse systembedingte Wettbewerbsbeschränkungen einhergehen. Ob § 1 GWB ggf. Anwendung findet, ist also aktuell nicht vom Inhalt des Schutzrechts selbst abhängig, sondern ausschließlich von der organisationsrechtlich vorgegebenen Qualifikation der Wettbewerbsbeschränkung anhand der Positionierung des Konkurrenten. Beinhaltet der Vertrag (auch lediglich versteckte) horizontale Beschränkungen, kann der Schutzrechtsinhaber das Privileg einer Erlaubnis des Vertrages, wie sie § 17 Abs. 3 GWB vorsieht, nicht mehr geltend machen, auch wenn dies möglicherweise aus schutzrechtlicher Sicht opportun wäre.

b) Verbotstatbestand

Wie § 1 GWB ist § 17 GWB heute als Verbotsnorm ausgestaltet, d.h. Verträge über Veräußerungen oder Lizenzierungen der betroffenen Schutzrechte sind nach § 134 BGB nichtig. Im Ergebnis ist damit die rechtliche Wirkung für die

---

[441] BGH WuW/E BGH 1458, 1461 – „Fertigbeton I".
[442] *Lemhoefer*, GRUR 1964, 573, 578 bzgl. des insoweit inhaltsgleichen § 20 GWB a.F.
[443] *Bechtold*, Kartellgesetz, § 17 Rn. 1

Vertragparteien die gleiche: Je nachdem, ob die Absprache § 1 GWB oder §§ 17 Abs. 1, 18 Satz 1 GWB unterfällt, hat der Schutzrechtsinhaber mit einem Verbot zu rechnen. Allein aus dieser Sicht ist die systembedingt vertrackte Abgrenzung eher hinsichtlich der Freistellungsmöglichkeiten relevant (§ 17 Abs. 3 GWB im Gegensatz zu §§ 2 ff. GWB[444]). Die §§ 17 und 18 GWB treffen Sonderregelungen für Wettbewerbsbeschränkungen in Lizenzverträgen über Patente, Gebrauchsmuster und Sortenschutzrechte, die Privilegierungen nur deswegen enthalten, weil rechtliche Monopole des Schutzrechtsgehalts der Ausschließlichkeitsrechte wegen notwendig sind, nicht aber darüber hinaus. Nach §§ 17, 18 GWB sind also nur Beschränkungen zulässig, die im inneren Zusammenhang mit dem Schutzrecht stehen[445]. Dies lässt sich wettbewerbspolitisch rechtfertigen, solange Unternehmen Renditen für geleistete Forschungs- und Entwicklungsarbeit auch unter Zuhilfenahme von Wettbewerbsbeschränkungen bis zum Ablauf des Schutzrechts erwirtschaften können, dessen inkorporiertes Wissen danach der Allgemeinheit zur freien Verfügung stehen soll[446]. Eine wettbewerbsrechtliche Rechtfertigung besteht infolgedessen nicht für rein wirtschaftliche Interessen, insbesondere nicht die Verhinderung von interbrand-Konkurrenzproduktion oder die Erzielung möglichst hoher Lizenzgebühren, die nicht schutzfähig sind[447]. Beruht die Beschränkung in erster Linie auf dem Vertrag, ist somit also nicht Ausfluss des Schutzrechts, kann sie nur im Rahmen der §§ 17, 18 GWB zulässig sein[448]. Das Erlaubnisverfahren dient angesichts des abschließenden Katalogs der – als Ausnahme – zugelassenen schuldrechtlichen, von der Wirkung des Lizenzschutzrechts nicht umfassten Beschränkungen in § 17 Abs. 2 GWB (dazu sogleich) im Wesentlichen als notwendiges Regulativ[449]. Dieser Option wird der Unternehmer, dessen Vertrag nach § 1 GWB zu beurteilen ist, rein gesetzessystematisch „beraubt“, ohne Rücksicht auf die etwaige kartellrechtlich produktinterne Rechtfertigung als Folge des Schutzrechts.

3. Immanente produktinterne Ausnahmen

a) Intrabrand-Beschränkung durch Rückgewährklausel

Wegen möglicher Rechtfertigungen sind indes einige über den Inhalt hinausgehende Beschränkungen bereits als Ausnahmen kraft Gesetzes nach § 17 Abs. 2

---

[444] Nach § 17 Abs.3 GWB wird eine Erlaubnis heute bereits bei fehlendem Widerspruch nach Antrag und Ablauf der Widerspruchsfrist fingiert.
[445] *Bechtold*, Kartellgesetz, § 17 Rn. 1.
[446] Näher dazu *Loewenheim*, GRUR 1982, 461 ff., insb. Vorbemerkung 461/462.
[447] BGH WuW/E BGH 823, 836 f. – „Schweißbolzen“.
[448] *Emmerich*, Kartellrecht, S. 157.
[449] *Lomhoefer*, GRUR 1964, 573, 578.

GWB statthaft, auf die in § 18 Satz 1 GWB Bezug genommen wird. Dies gilt trotz eines faktischen Verstoßes gegen § 17 Abs. 1 Satz 1 GWB. Die enumerativen Merkmale verdienen eine genauere Betrachtung. Zunächst hat der Katalog, der überwiegend auf den alten § 20 GWB zurückgeht, durch die Novelle von 1998 einige Änderungen erfahren. Pate stand hier die EU-Gruppenfreistellungsverordung für Technologietransfer-Vereinbarungen[450]. Hierdurch hat ein noch höherer Grad an technischem Verständnis Einzug in das Normengefüge gefunden. Vor allem § 17 Abs. 2 Nr. 1 GWB stellt die technisch einwandfreie Ausnutzung des lizenzierten Produkts heraus. Ebenso soll der vertragsinterne Austausch von Erfahrung im Sinne positiver Forschungs- und Entwicklungsergebnisse beschränkungsrechtlich nicht ausgeschlossen sein. Die Rückgewährklausel der Nr. 2 für nicht ausschließlich gewährte Lizenzen trägt dem Rechnung. Wettbewerbsrechtlicher Kritik sah sich diese Klausel seit jeher ausgesetzt, weil sich mit ihr durch den gegenseitigen internen Wissensaustausch eine künstliche Verlängerung des Monopols erzielen lässt, die es potenziellen Wettbewerbern als neuen Unternehmen besonders schwer machen kann, sich am Markt zu etablieren[451]. Unter den betroffenen Lizenznehmern, die in intrabrand-Wettbewerb zueinander stehen, wird dadurch zusätzlicher Konkurrenzdruck vermieden. Die Kritik lässt sich nach diesseitiger Auffassung durchaus nachvollziehen. Zunächst wird man die eigentliche Beschränkung im Rahmen der Lizenzierung als intrabrand-Beschränkung verstehen können, wenn und soweit sie nicht gerade der Abwehr von Wettbewerbern mit vergleichbaren Produkten dienen soll. Der reziproke Informationsaustausch kann im Einzelfall zur Marktabschottung und damit zur Behinderung des potenziellen interbrand-Wettbewerbs führen. Der Interessenkonflikt besteht hier zwischen dem aus Unternehmersicht im Gegenseitigkeitsverhältnis wünschenswerten Erfahrungsaustausch zur Förderung des Technologietransfers und dem allgemeinen Interesse an der Verhinderung zusätzlicher Marktabgrenzung. Ist Letztere nachweisbar, liegt eine kartellrechtsrelevante Beeinträchtigung des produktexternen Wettbewerbs vor. Zutreffend sind daher nur Rückgewährklauseln auf abhängige Erfindungen, nicht dagegen unabhängiger eigener Erfindungen verboten[452]. Im Bereich der Nr. 2 des Abs. 2 ist folglich der Abgrenzungsgedanke produktintern/produktextern bereits im aktuellen Recht nachvollziehbar. Eine produktinterne Rückgewährklausel ist relativ wettbewerbsneutral, es sei denn, sie hat die nach der zutreffenden Kritik zu verhindernden Auswirkungen auf interbrand-Konkurrenten. Es scheint insoweit vertretbar, bei deren Vorliegen keine Ausnahme mehr zuzulassen.

---

[450] Begr. zum RegE., BT-Drucks. 13/9720, S. 50 f.

[451] *Schulte*, Lizenzaustauschverträge und Patentgemeinschaften, S. 186 ff.; *Dreiss*, Lizenzvertragssysteme, S. 123 ff.

[452] Vgl. BKartA WuW/E BKartA 331, 333 „Erlaubniserteilung für Lizenzvertrag“ (WuW-Red.).

b) Intrabrand-Nichtangriffsklausel

Unterschiedliche Qualitäten produktinterner Wettbewerbsbeschränkung sind bei Nichtangriffsklauseln feststellbar, der weiteren Ausnahme nach § 17 Abs. 2 Nr. 3 GWB. Ihr intrabrand-Charakter dürfte in der vom lizenzierten Gegenstand ausgehenden Beschränkungswillen der Parteien sowie in der regelmäßig fehlenden Außenwirkung auf interbrand-Konkurrenten zu sehen sein. Der Vertragspartner verpflichtet sich hier, in Bezug auf das lizenzierte Schutzrecht weder Einspruch, Beschwerde oder gar Nichtigkeitsklage[453] gegen den Lizenzgeber zu erheben. Die Ausnahme lässt sich damit begründen, dass der Lizenznehmer gerade erst durch den Schutzrechtsvertrag die Möglichkeit bekommen haben kann, selbiges anzugreifen[454]. Die Wirkung findet damit in erster Linie inter partes statt. Nach anderer Auffassung geht von solchen Klauseln eine besondere Gefahr für die Wettbewerbsordnung aus, weil Lizenznehmer gerade diejenigen sind, die mit ihrem Kenntnisstand die größten Erfolgschancen hätten, gegen das Schutzrecht vorzugehen; die Klauseln bedingen indes, dass auch nichtige und wertlose Patente künstlich nicht angreifbar sind[455]. Ob daher im Gegensatz zur hM in der Rechtsprechung[456] gefordert werden muss, dass Nichtangriffsklauseln bereits dann als sittenwidrig i.S. des § 138 BGB behandelt werden sollten, wenn die Vertragsparteien von Beginn an erhebliche Zweifel an der Wirksamkeit des Schutzrechts hatten[457], kann hier offen bleiben. Meist wird es bereits an dem erforderlichen Vertrauensverhältnis fehlen, falls die Vertragsbeteiligten bei der Herstellung der mit den lizenzierten Schutzrechten versehenen Produkte in Wettbewerb zueinander stehen[458]. Als Ergebnis lässt sich gleichwohl festhalten, dass die produktinterne Beschränkung offensichtlich mit der faktischen Qualität des mit dem Schutzrecht ausgestatteten Gegenstandes verknüpft ist. Sie selbst hingegen verdient nach liberalem Verständnis keinen kartellrechtlichen Eingriff. Anders freilich sieht dies bisher die EU-Kommission, die Nichtangriffsklauseln nach ständiger Praxis ohne Freistellungsmöglichkeit unter Art. 85 EGV subsumierte (heute Art. 81 Abs. 1 EG)[459], wenn die Klauseln geeignet sein konnten, den Handel zwischen Mitgliedsstaaten spürbar zu beeinträchtigen[460]. Die diesseitige Wertung kann auch hier nur lauten, dass spätestens durch Gefährdung des Wettbewerbs

---

[453] Vgl. im Fall von Patenten: §§ 59, 73, 22 sowie 81 PatG.
[454] *Bechtold*, Kartellgesetz, § 17 Rn. 20.
[455] *Axster*, in: GK, § 20 Rn. 230.
[456] BGH WuW/E BGH 988 – „Metallrahmen“; GRUR 1989, 39, 40 – „Flächenentlüftung“ m.w.N.
[457] *Emmerich*, Kartellrecht, S. 162 m.w.N. aus der Lit., dort Fn. 58.
[458] BPatG, GRUR 1996, 480, 481 – „Nichtangriffsabrede“.
[459] Vgl. EV WuW/E 639, 644 – „Bayer/Gist-Brocades“.
[460] Vgl. BPatG, GRUR 1996, 480, 480 – „Nichtangriffsabrede“.

hinsichtlich vergleichbarer, produktexterner Märkte eine interbrand-Prüfung empfehlenswert scheint.

c) Intrabrand-Ausübungspflichten

§ 17 Abs. 2 Nr. 4 GWB erkennt nunmehr ausdrücklich Ausübungspflichten des Lizenznehmers an. Dies war mit Rücksicht auf das Interesse des Lizenzgebers an einer tatsächlichen Nutzung der lizenzierten Ware bisher schon früh als allgemein zulässig anerkannt[461]. Es handelt sich um eine rein produktbezogene Beschränkung der Wettbewerbsfreiheit des Lizenznehmers im Wege von Mindestumfang oder Mindestgebühr. Ihr sollte mithin nur in zurückhaltender Weise kartellrechtlich begegnet werden, außer die Parteien beabsichtigten die Umgehung von Wettbewerbsverboten[462]. Weitgehend erlaubt war bereits die Kennzeichnungspflicht der Nr. 5, die der Schutzrechtsinhaber vorgeben darf[463]. Die Auswirkungen sind mangels Einschränkung der wettbewerblichen Handlungsfreiheit des Lizenznehmers weitgehend kartellrechtsneutral[464].

Den legitimen Interessen des Rechteinhabers wird darüber hinaus die gesetzliche Möglichkeit gerecht, nach § 17 Abs. 3 GWB die Erlaubnis für Beschränkungen beantragen zu können, durch die die wirtschaftliche Bewegungsfreiheit des Lizenznehmers nicht unbillig eingeschränkt wird. Sie wird dem Verbotsprinzip zufolge nach Ablauf der Widerspruchsfrist wirksam (Satz 2). Hierunter fallen beispielhaft wirtschaftlich bedingte Bezugs- oder Vertriebsbindungen oder Gebühren für nicht geschützte Zusatzteile[465]. Der Gesetzgeber hat folglich die Notwendigkeit von das Schutzrecht begleitenden intrabrand-Beschränkungen erkannt. Die kartellbehördliche Zustimmung bzw. der Nichtwiderspruch sind nach dem Wortlaut an die Billigkeit der Beschränkung geknüpft. Das Unbilligkeitskriterium ist dabei anhand einer Interessenabwägung zu bestimmen, die alle Beteiligteninteressen einzubeziehen hat – unter Berücksichtigung der auf die Freiheit des Wettbewerb gerichteten Zielsetzung des GWB[466]. Ob auch Interessen der Verbraucher gesondert berücksichtigungsfähig sind, wird von der

---

461 BGH WuW/E BGH 1650, 1652 – „Fullplastverfahren".

462 Fachausschuss Kartellrecht der Deutschen Vereinigung für gewerblichen Rechtsschutz und Urheberrecht e.V., in: GRUR 1998, 551, 552, wo Bedenken erhoben werden, ob die Formulierung geeignet sei, eine Umgehung von Wettbewerbsverboten überhaupt zu verhindern.

463 Vgl. BKartA, TB 1972, S. 97.

464 Der RegE. 1998, BR-Drucks. 852/97, S. 52 wollte dennoch die Klarstellung, da die EU die Kennzeichnungspflicht als freistellungsbedürftige Wettbewerbsbeschränkung nach Art. 1 Abs. 1 Nr. 7 VO 240/96 behandelt.

465 Vgl. dazu *Emmerich*, in: I/M, 2. Aufl., § 20 Rn. 299 ff.

466 BGH WuW/E BGH 2479, 2482 – „Reparaturbetrieb"; WuW/E BGH 2683, 2686 – „Zuckerrübenanlieferungsrecht".

Rechtsprechung teilweise bejaht[467]. Insofern kann begrüßt werden, dass zumindest über das Kriterium der Unbilligkeit dem intrabrand-Wettbewerb zuzuschreibende Maßnahmen bei der Abwägung der wettbewerbsbeschränkenden Auswirkungen Beachtung finden.

4. Gemischte Vertragsverhältnisse

Nicht unerwähnt sollte die Situation bei gemischten Verträgen bleiben, also solchen, in denen neben der Übertragung des Schutzrechts zugleich Regelungen über Vertriebs-, Bezugs-, Urheber- oder Markenrechte erörtert sind. Es ist zunächst fraglich, ob die §§ 17, 18 GWB überhaupt Anwendung finden. Zum alten Recht, den §§ 20, 21 GWB a.F., herrschten unterschiedliche Auffassungen in Bezug auf konkrete Vertragsinhalte vor. Einer Literaturmeinung zu Folge waren die §§ 20, 21 GWB a.F. bei fehlender Trennbarkeit der Vertragskomponenten vorrangig anzuwenden[468]. Nach stärkerer Ansicht war überhaupt nur Platz dafür, wenn die lizenzrechtlichen Inhalte überwogen[469]. Oder aber das gewerbliche Schutzrecht war für die Wettbewerbsbeschränkung kausal bzw. mitkausal geworden[470]. Diese Betrachtungsweisen haben, soweit ersichtlich, an Aktualität nichts eingebüßt. Durch die Novelle 1998 wurde allerdings § 18 Nr. 3 GWB klarstellend eingeführt, wonach § 17 auch auf „Verträge über die Veräußerung und Lizenzierung [...] von anderen Schutzrechten [...] anwendbar ist, soweit [...] diese Verträge [...] mit gemischten Verträgen [...] in Verbindung stehen und zur Verwirklichung des mit dem primären Lizenzvertrag verfolgten Hauptzwecks beitragen". Dieser Wortlaut legt den Schluss nahe, dass nur notwendige Nebenabreden gemeint und anerkannt sein sollen. Bilden sie indessen den inhaltlichen Schwerpunkt des Vertrages, denen Lizenznehmerbeschränkungen lediglich beigefügt sind, gelten allein die allgemeinen Vorschriften. Mit anderen Worten: Bilden die Abreden den Hauptzweck, wird die kartellrechtliche Beurteilung wie eh und je nach der horizontalen oder vertikalen Ausrichtung erfolgen, also §§ 1 ff. GWB, soweit der Vertrag zwischen miteinander in Wettbewerb stehenden Unternehmen geschlossen wurde, sonst §§ 14 ff. GWB[471]. Die Abgrenzungsproblematik ist in diesen Fällen mithin auf die allgemeine ordnungsrechtliche Ebene verlagert, die im deutschen Kartellrecht vorherrscht. Sie prägt bei gemischten Verträgen nicht die vorrangige Diskussion lizenzspezifischer Regelungsdogmatik.

---

467 Vgl. BGH WuW/E BGH 2990, 2997 f. – „Importarzneimittel".

468 *Emmerich*, in: I/M, 2. Aufl., § 20 Rn. 97.

469 BKartA WuW/E BKartA 465, 468 – „Benutzung technischer Betriebsgeheimnisse" (WuW-Red.).

470 *Axster*, in: GK, §§ 20/21, Rn. 69 ff., insb. 70, 71.

471 BGH WuW/E BGH 2697, 2704 – „Golden Toast"; *Emmerich*, Kartellrecht, S. 155 u. 168.

All jene Beispiele erweisen sich letztlich als Ausfluss schutzrechtsimmanenter Bedürfnisse im Zusammenhang mit der Vergabe von Lizenzen. Ihnen ist eine marktbezogene Notwendigkeit gemein. Daher kann den Ausnahmen zu § 17 GWB durchaus eine außerordentlich produktbezogene Interpretation nachgesagt werden. Im Umkehrschluss, also hinsichtlich des Verbotstatbestandes in Abs. 1 Satz 1, steht die Norm der hier postulierten Interpretationsweise mithin nicht entgegen. Vielmehr lassen sich durchaus Ansätze feststellen, die eine intrabrand-/ interbrand-bezogene Analyse zulassen. Damit ließe sich das Abgrenzungsproblem zu § 1 GWB relativieren. Mit Lizenzvereinbarungen verknüpfte Beschränkungen unterfielen nur noch dann § 1 GWB, wenn sie Folgen für produktexterne Produzenten hätten. Wegen der Wettbewerbsschädlichkeit von interbrand-Beschränkungen, sollte der Blick auch hier auf die Wirkung der Wettbewerbsbeschränkung selbst gerichtet werden. Ein Verbot käme danach nur in Betracht, wenn tatsächlich der Wettbewerb zwischen produktexternen Erzeugnissen bzw. den dahinter stehenden Unternehmen gefährdet ist, unabhängig von der jeweiligen Wirtschaftsstufe.

5. Interbrand-Wettbewerb stärkende Tendenz in der EU

Auf das Verhältnis zwischen Kartellrecht und gewerblichen Schutzrechten kann im Rahmen dieser Arbeit nicht weiter vertieft eingegangen werden. Dennoch sollte die zunehmend prokompetitive Tendenz, die zu einer Stärkung allgemein wettbewerblicher Interessen gegenüber den starken individuellen Rechtspositionen der Schutzrechtsinhaber führt, kurz umrissen werden. Gewerbliche Schutzrechte sind Ausschließlichkeitsrechte. Demzufolge steht dem Inhaber regelmäßig die alleinige Verfügungsbefugnis darüber zu. Im Patent- und Gebrauchsmusterrecht sichert die Ausschließlichkeit bspw. zunächst die ungestörte Eigenverwertung der Erfindung durch den Erfinder; in Fällen, in denen dem Erfinder oder seinem Arbeitgeber eine eigene Verwertung nicht möglich ist oder er sie für zu risikoreich hält, sichert die Ausschließlichkeit den Übergang seiner Ausschließlichkeitsposition auf das Unternehmen, dem er das Schutzrecht zur Verwertung überträgt oder ausschließlich lizenziert[472]. Die damit einhergehende Entscheidungsfreiheit der Unternehmer in Bezug auf Eigen- und Fremdverwertung als Kern der ausschließlichen gewerblichen Schutzrechte hat der EuGH bereits früh als Schutzgut anerkannt und gleichsam gesetzlichen Lizenzen bzw. Zwangslizenzen, die nur einen Vergütungsanspruch gewähren, eine Absage erteilt und nur in besonderen Ausnahmefällen zugelassen[473]. Dem entspricht Art. 31 des TRIPS-Übereinkommens, wonach für die Gewährung von

[472] *Beier*, GRUR 1998, 185, 186.
[473] EuGH GRUR Int. 1974, 545 – „Cetrafarm/Sterling Drug“.

gesetzlichen oder Zwangslizenzen sehr strenge Voraussetzungen zu erfüllen sind[474].

Das Ausschließlichkeitsrecht im Urheberrecht dient in erster Linie dazu, dem Urheber, der das von ihm geschaffene Werke wegen des kaum überschaubaren Empfängerkreises selten selbst verwerten kann, die Möglichkeit zur ökonomischen Ausschöpfung im Wege der Übertragung von Nutzungsrechten zu gewähren. Es liegt daher in der Natur der Sache, dass die Gefahr einer Degradierung des Ausschließlichkeitsrechts zu einem reinen Vergütungsanspruch durch gesetzliche Lizenzierung bestehen kann. Die EU-Kommission hat nunmehr in einem Verfahren gegen ein marktbeherrschendes Unternehmen der Pharmaindustrie dessen Weigerung zur Erteilung einer Lizenz ihrer für den Markt bedeutenden, urheberrechtlich geschützten Liste als prima facie-Missbrauch der beherrschenden Stellung gewertet[475]. Der Erschwerung des Marktzutritts und damit kartellrechtlichen Aspekten wurde hier der Vorrang gegenüber dem geistigen Schutzrecht des Unternehmens eingeräumt. Das Abhalten potenzieller interbrand-Wettbewerber, denen ohne die für den Markt scheinbar entscheidende urheberrechtlich geschützte Liste nach Ansicht der Kommission der Marktzutritt kaum möglich ist, soll zu einer Lizenzeinräumung verpflichten. Ein Aspekt, der klar die aus europäischer Sicht entscheidende Wettbewerbsbeschränkung als nicht hinnehmbar erscheinen lässt. Begrüßenswerterweise war für die Entscheidung offensichtlich nicht die Positionierung des potenziellen Konkurrenten innerhalb oder außerhalb der Produktlinie ausschlaggebend. Einmal mehr trat jedoch die Bedeutung des produktexternen Wettbewerbs und seine Gewichtung insbesondere gegenüber marktbeherrschenden Unternehmen hervor, die bis hin zur Einschränkung gewerblicher Ausschließlichkeitsrechte führen kann.

6. Zusammenfassung

Anhand des § 17 GWB kann eine Abgrenzung nach produktinternen und produktexternen Wettbewerbsfaktoren vollzogen werden. Interbrand-Lizenzabsprachen kommen in der Praxis vor, weshalb § 17 Abs. 4 GWB auf die Vorschriften des ersten Teils des GWB verweist. Es sollte allerdings nicht der horizontale Charakter einer Lizenzvereinbarung entscheidend sein, als vielmehr die Frage, ob mit dieser interbrand-Wettbewerb verhindert wird oder ausschließlich legitime Interessen des Schutzrechtsinhabers verfolgt werden. Insbesondere Fälle von Lizenzkartellen, bei denen Lizenznehmer über

---

[474] Vgl. hierzu: *Straus*, GRUR Int. 1996, 179 ff., insbesondere S. 200.
[475] Vgl. FAZ Nr. 155 v. 7.7.2001, S. 22, „Wettbewerbsrecht kann Urheberrecht Grenzen ziehen“.

Beteiligungen oder Mitbestimmungsrechte eingebunden sind, sollten nur dann nach § 1 GWB verboten sein, wenn von ihnen interbrand-Wirkungen ausgehen und nicht lediglich im Sinne des Schutzrechts der intrabrand-Wettbewerb beschränkt wird. Die Verbotsfrage stellt sich auch hier, wenn die intrabrand-Beschränkung keine Leistungssteigerung für Produkte Dritter hervorbringt, oder zumindest dann, wenn wegen des verlängerten Schutzrechts gesamtwirtschaftlich erhebliche Nachteile für den interbrand-Wettbewerb zu erwarten stehen.

Der Anwendungsbereich des § 17 GWB muss sich allerdings von der Wettbewerberposition als der Frage eines Horizontal- oder Vertikalverhältnisses lösen, dies schon deshalb, weil nur dann die Privilegierung des § 17 Abs. 3 GWB produkt- und schutzrechtsbezogen seitens des Schutzrechtsinhabers wahrgenommen werden kann. Soweit jedoch auch hier eine gesamtmarktbezogene Abwägung das Ergebnis nahe legen sollte, dass die Lizenzvergabe Dritte unbillig beschränkt und lediglich die Verhinderung produktexternen Wettbewerbs bezweckt wird, also auch wirtschaftliche Interessen ausscheiden, sollte ein Verbot wegen unzulässiger Ausnutzung geschützter Rechtspositionen erwogen werden. Soweit das Gesetz in § 17 Abs. 2 GWB qua legem Ausnahmen der Beschränkung produktexternen Wettbewerbs vorsieht, müssen diese in eine Gesamtmarktanalyse einbezogen werden. Die gesetzgeberische Wertung ist hinzunehmen, soweit eine über den Schutzzweck hinausgehende Monopolisierung des Lizenzwissens wettbewerbspolitisch befürwortet wird. Insoweit ist ein Abwägungsergebnis hinsichtlich des interbrand-Wettbewerbs präjudiziert. Dient die Lizenzierung bei gemischten Verträgen dem Hauptzweck und ist sie zu dessen Durchführung notwendig, so kommt dies der BGH-Wertung anzuerkennender Interessen nahe. Auch hier sollte gelten, dass die Ansätze der Rechtsprechung fruchtbar zu machen sind, soweit nicht mehr nur eine intrabrand-Beschränkung von Lizenzen aus dem Vertragsverhältnis resultiert. Letztlich können auch die neuerlichen Tendenzen der EU-Kommission Beachtung finden, wonach spätestens Marktbeherrscher sich nicht mehr auf ihr Schutzrecht berufen können, wenn eine Abwägung der Beteiligteninteressen eine überwiegende Benachteiligung Dritter ergibt.

VII. More economic approach - Einflüsse des Paradigmenwechsels der EU-Wettbewerbspolitik

Die EU-Kommission hat begleitend zum Versuch ihrer Entlastungsbestrebungen und Rechtsangleichung in den vergangenen Jahren die Anpassung des europäischen Wettbewerbssystems an die veränderten Rahmenbedingungen des Austausches von Wirtschaftsgütern, wie namentlich zunehmende Dynamik von

Märkten, erhöhter Wettbewerbsdruck, Globalisierung und rascher technischer Wandel verfolgt[476]. Durch einen *more economic approach* sollen horizontale Kooperationen verstärkt im ökonomischen Kontext betrachtet werden[477]. Zur Feststellung wettbewerbsbeschränkender Wirkungen von Vereinbarungen wird das Augenmerk auf strukturelle Gegebenheiten wie Art der Zusammenarbeit, Marktstärke, -macht und -konzentration gerichtet. Die Prüfung der Erfüllung des grundsätzlichen Verbotstatbestands nach Art. 81 Abs. 1 EG erhält hinsichtlich der dort genannten Tatbestände folglich eine neue Note. Vereinbarungen, die nach dem bisherigen Zweistufensystem erst infolge der mit vier Bedingungen versehenen Generalklausel des Art. 81 Abs. 3 EG möglicherweise freistellbar waren, können nach Ermittlung der genannten Strukturkriterien bereits zu einer Nichtanwendbarkeit des Verbots in Absatz 1 führen. Hiervon ausgenommen sollen nur Absprachen über Preise, Produktion und Märkte sein, es sei denn, sie sind für die Durchführung der Zusammenarbeit der Beteiligten zwingend notwendig[478]. Die Kommission lässt damit im Einzelfall interbrand-Beschränkungen trotz Spürbarkeit ihrer wettbewerbsbeschränkenden Wirkungen zu. Der *more economic approach* rückt so in die Nähe einer *per se*-Verbots- oder *rule of reason*-Entscheidung[479], wie sie das amerikanische Antitrustrecht vorsieht. Hierbei tritt für das EU-Recht folgendes materiellrechtliche Problem in Erscheinung, auf das das BKartA zu Recht hinweist[480], und das hier kurz angesprochen werden soll: Gilt eine Vereinbarung im US-Kartellrecht als per se verboten, kann sie nicht mehr freigestellt werden, weshalb ihr Anwendungsbereich relativ eng umgrenzt ist. Dagegen eröffnet die *rule of reason*-Prüfung einen entsprechend großen Beurteilungsmaßstab, wonach sämtliche positiven Wirkungen von Wettbewerbsbeschränkungen deren Wettbewerbsschädlichkeit egalisieren können. Für das europäische Recht würde die Übertragung des Ansatzes bedeuten, dass Art. 81 Abs. 3 EG nahezu leer laufen könnte, wenn bereits nur noch einige wenige Vereinbarungen überhaupt unter das Verbot des Art. 81 Abs. 1 EG fielen. Die Berücksichtigung wettbewerblich notwendiger oder anerkannter Beschränkungen (*ancillary restraints*) innerhalb der Verbotsnorm kann den prinzipiellen Verbotstatbestand konterkarieren und wandelt ihn

---

476 Vgl. Leitlinien über horizontale Zusammenarbeit, Tz. 2.

477 *Geiger*, EuZW 2000, 325, 328; *Emmerich*, WRP 2000, 858, 860; zutreffend stellt *Bien*, DB 2000, 2309, 2311 fest, dass die zukünftige Konzentration der Kommission auf schwerwiegende Fälle eine verstärkte Untersuchung von Märkten und einzelnen Wirtschaftszwecken bedeuten wird, weil es an der Flut bisher durch Freistellungsanträge bekannter Marktdaten fehlen wird.

478 Leitlinien, Tz. 25, 84.

479 Vgl. zu Art. 85 EGV schon *Emmerich*, in: I/M-EG, Bd. I, Art. 85 Rn. 150; zur Rezeption amerikanischer Rechtssätze durch die Kommission, *Fleischer/Körber*, WuW 2001, 6, 13, 17.

480 BKartA, Diskussionspapier des Arbeitskreises Kartellrecht, S. 24 f.

letztlich zur Legalausnahme[481]. Unabhängig aber von der Frage, wo die Prüfung marktimmanenter Freistellungsinteressen im EG-Recht am systemverträglichsten geschehen sollte, birgt der *more economic approach* der EU-Kommission eine begrüßenswerte Tendenz, Herstellerinteressen innerhalb bestimmter Marktstrukturen gerecht zu werden, wenn sie sich in einem wirtschaftlich verträglichen Konsens mit Marktzutrittswilligen bewegen und im Übrigen die wettbewerbliche Handlungsfreiheit der Beteiligten nicht über die Maßen einschränken. Es soll nun geklärt werden, welchen Einfluss die Bestrebungen der Kommission im Kontext der interbrand-/intrabrand-Analyse für eine Bewertung von Wettbewerbsbeschränkungen im GWB haben können.

1. Behandlung von Ausschließlichkeitsbindungen im Umfeld des Kartellverbots

Zunächst ist kurz auf das Verhältnis des deutschen Kartellverbots zu ambivalenten Ausschließlichkeitsbindungen einzugehen, um im Anschluss daran die möglichen Einflüsse der europäischen Wettbewerbspolitik abschätzen zu können. Der BGH sieht durchaus Fälle, in denen insbesondere Ausschließlichkeitsbindungen zwischen Produzent und Absatzmittler, die vom Wortlaut des § 16 GWB erfasst sind, dann als Vereinbarung zwischen miteinander in Wettbewerb stehenden Unternehmen an, wenn die Parteien auf der Wirtschaftsstufe des Händlers als potenzielle Wettbewerber anzusehen sind, also (weiterhin) unabhängig davon, ob die einzelne Ausschließlichkeitsbindung als rein das Vertikalverhältnis zwischen den Beteiligten betreffend oder auch horizontal wirkend einzustufen ist[482]. In der Lehre scheint sich die Auffassung durchzusetzen, dass die mit dem Wortlaut des § 16 GWB erfassten Ausschließlichkeitsbindungen in Vertriebsverträgen zwischen Herstellern und Händlern und in Lieferverträgen zwischen Produzenten und weiterverarbeitendem Gewerbe nur dann als Vereinbarung zwischen miteinander in Wettbewerb stehenden Unternehmen in den Anwendungsbereich des § 1 GWB fallen, wenn die einzelne Ausschließlichkeitsbindung nach der Zielsetzung der Beteiligten einen zwischen ihnen bestehenden Wettbewerb beschränkt und in diesem Sinne horizontalen Charakter hat[483]. Vielfach hat die Literatur aber gerade eine Abkehr vom Wettbewerbsverhältnis selbst als Eingriffstatbestand

---

[481] Vgl. *Emmerich*, WRP 2000, 858, 860, der von einer unglücklichen Aufgabe des horizontalen Freistellungsmonopols zu Gunsten einer Legalausnahme spricht; ähnlich *Schütz*, WuW 2000, 686, 688; *Bien*, DB 2000, 2309, 2309.

[482] Vgl. BGH WuW/E BGH 3115, 3118 – „Druckgussteile"; *Lohse*, Kartellverbot und Schirm-GVO, S. 35 f., die aus den Urteilsgründen zitiert.

[483] *K. Schmidt*, WuW 2000, 1199, 1201, 1203 f.; *ders.*, AG 1998, 551, 559; *ders.*, FS Sandrock, S. 833, 844 f.; *Bornkamm*, FS Geiß, S. 539, 555, 556; *Köhler*, WuW 1999, 445, 448 f.; *Huber*, in: FK § 1 Rn. 17, 19, 33, 48 f., 70 ff., 86 ff.

vorgenommen und stellt entgegen dem Wortlaut für die Frage des Miteinander-in-Wettbewerb-Stehens auf die Wirkung der Wettbewerbsbeschränkung ab[484].

a) Rolle des Konkurrenzverhältnisses

Bei der Auslegung des Tatbestandsmerkmals kann nicht ernsthaft vertreten werden, dass die Parteien in irgendeiner Weise bzw. auf im Einzelfall nicht betroffenen Märkten Konkurrenten sind. Miteinander-in-Wettbewerb-Stehen meint schon das konkrete Wettbewerbsverhältnis auf dem für das betroffene Gut existenten Markt. Die Anwendung der Norm kann somit billigerweise nicht von der Beliebigkeit oder Zufälligkeit eines auf weit entfernten Märkten bestehenden Wettbewerbsverhältnisses der Beteiligten abhängen. Eine Konkretisierung dahingehend, wann eine Beschränkung ausschließlich (wechselseitiger Ausschluss) den §§ 1 ff. GWB oder §§ 16 ff. GWB unterfiele ist daher nicht möglich. Das GWB ist damit in seiner Abhängigkeit von horizontalen und vertikalen Eingriffskriterien auch nicht dafür offen, die Prüfung von *ancillary restraints* innerhalb des Tatbestands durchzuführen, so wie es die Kommission propagiert. Durch eine Prüfung von *ancillary restraints* innerhalb des Kartellverbots träte die Problematik des eigentlichen Konkurrenzverhältnisses in den Hintergrund. Ökonomisch wichtige und wettbewerblich relevante Verhaltensmuster, die zu produktinternen Beschränkungen führen und so bestimmten potenziellen intrabrand-Wettbewerb ausschließen, sollten auch de lege ferenda nicht in die Prüfung des Kartellverbotstatbestands einfließen, wie dies das Reformprogramm für Art. 81 Abs. 1 EG quasi vorsieht. Die Prüfung hat, wie oben festgestellt, im Tatbestand des § 16 GWB ihren Platz. Für das deutsche Recht bedeutet dies einmal mehr die notwendige tatbestandliche Loslösung vom Wettbewerbsverhältnis der Parteien. Der EU-Ansatz kommt der immanenten intrabrand-Freistellung innerhalb der Verbotsnorm durch seine Berücksichtigung anerkannter Beschränkungen zupass, bei gleichzeitiger Beseitigung des Problems horizontaler Fokussierung von Wettbewerbsbeschränkungen, das Konstruktionen über potenzielle Wettbewerbsverhältnisse erforderlich macht, um zu ökonomisch sinnvollen Ergebnissen zu gelangen.

b) Einfluss der Schutzzwecküberschneidung von §§ 1 und 14 ff. GWB

Hinsichtlich einer Übertragbarkeit des pragmatischen Ansatzes der Kommission ist entscheidend auf Sinn und Zweck der §§ 1 und 14 ff. GWB abzustellen, in deren Abgrenzungsproblematik das ökonomische Bedürfnis nach bestimmten

---

[484] So, wenn auch nicht eindeutig, *Bunte*, in: L/B, § 1 Rn. 88, 105, 193 ff.; umschwenkend auf das Wettbewerbsverhältnis *ders.*, WuW 1997, 857, 861 ff.; *Hootz*, in: GK § 1 Rn. 64 ff.

Wettbewerbsbeschränkungen vielfach zum Erliegen kommt. Das Kartellverbot soll die Beeinträchtigung der Auswahlmöglichkeiten der Angehörigen der Marktgegenseite auf direkt betroffenen Märkten schützen; die Missbrauchsaufsicht über Ausschließlichkeitsbindungen soll entsprechend die Beschränkungen des Marktzutritts für Wettbewerber des bindenden Unternehmens auf den unmittelbar betroffenen Märkten erfassen, wo ihnen durch die Bindung Absatzoptionen vorenthalten werden[485]. Dadurch schützen beide Normen auf ihre Weise auch vor Auswirkungen der Beschränkung auf mittelbar betroffene Märkte. Zu § 1 GWB wird zwar die Auffassung vertreten, dass allein der unmittelbare Marktbezug ausschlaggebend sein könne, um zu beurteilen, ob ein Verhalten wettbewerbsrelevant ist[486]. Dem kann jedoch nicht beigepflichtet werden, denn auch die mittelbare Beeinflussung von Wettbewerbsparametern kann die gleichen negativen Effekte mit sich bringen[487]. Sie sind auf den ersten Blick vom Wettbewerbsgeschehen entfernt. Als Faktoren, die jedoch letztlich zu einer Beeinflussung desselben führen können, besteht kein Anlass, mittelbar wettbewerbssteuerungsfähige Maßnahmen nicht in den Schutzkreis einzubeziehen. So wirken Bezugsbindungen zwischen Hersteller und Händler sich zunächst primär auf den Absatzmarkt aus, dies im Interesse des Absatzmittlers. Sie beeinträchtigen aber zugleich das zwischen Händler und Hersteller auf dem Absatzmarkt bestehende (potenzielle) Wettbewerbsverhältnis, weshalb der Bezugsbindung ein die Merkmale des § 1 GWB erfüllendes Moment zuzurechnen ist, wodurch die systematisch angelegte Trennung zwischen horizontalen und vertikalen Wettbewerbsbeschränkungen aufgehoben wird. Die weiten Aktionsspielräume von Absatzmittlern und Herstellern führen dazu, dass Beschränkungen sowohl unmittelbar als auch mittelbar Märkte beeinflussen. Ihre wettbewerbliche Relevanz hängt stets von den Produkten ab, die allein die Marktverhältnisse bestimmen und so den Einflussrahmen abgrenzen. Ein *more economic approach*, wie er in der EU umgesetzt werden soll, kann hier helfen, negative Effekte auf unmittelbar wettbewerblich surrogationsfähige Produkte oder mittelbare Effekte auf Substitutionsgüter naher Märkte zu den positiven und wettbewerbspolitisch anerkennenswerten Effekten gewisser Beschränkungen ins Verhältnis zu setzen.

2. Produktions- und Vertriebsstufenorientierung der Kommission

Die Kommission hat sich allerdings auch der in der Bundesrepublik derzeit vorherrschenden Auffassung vertikaler Wettbewerbsbeschränkung angenähert.

---

[485] *Immenga*, in: I/M, 2. Aufl., § 1 Rn. 328 ff.; *Huber*, in: FK Kurzdarstellung zu § 1 n.F. Rn. 49, 50.

[486] *Müller-Henneberg*, in: GK, § 1 Rn. 47; auch *Benisch*, Kooperationsfibel des BMWi, S. 82.

[487] *Immenga*, in: I/M, 2. Aufl., § 1 Rn. 237.

Unter einer vertikalen Beschränkung versteht sie Vereinbarungen oder aufeinander abgestimmte Verhaltensweisen zwischen zwei oder mehreren Unternehmen, von denen jedes zwecks Durchführung der Vereinbarung auf einer unterschiedlichen Produktions- oder Vertriebsstufe tätig ist, und welche die Bedingungen betreffen, zu denen die Parteien bestimmte Waren oder Dienstleistungen beziehen, verkaufen oder weiterverkaufen können[488]. Im Zusammenhang mit dieser Arbeit ist von Bedeutung, dass die Kommission eine Sonderregelung für problematische Fälle von Überschneidungen im Grenzbereich horizontaler und vertikaler Beschränkung vorgesehen hat. Sie führt dann ggf. eine Art Zweistufenanalyse durch, die sich zunächst an den Leitlinien über horizontale Zusammenarbeit ausrichtet und – soweit notwendig – ergänzend auf die Überprüfung der vertikalen Komponenten anhand der Leitlinien über vertikale Beschränkungen zurückgreift[489]. Im ersten Schritt der Prüfung führt die Kommission völlig zu Recht eine Art Wirkungsanalyse durch. Insoweit wird verglichen, ob die vertikale Beschränkung geeignet und in der Lage ist, Wirkungen auf dem relevanten Markt hervorzurufen, die mit solchen von horizontalen Vereinbarungen vergleichbar sind[490]. Sollten diese Wirkungen mit Art. 81 Abs. 1 EG harmonieren oder möglicherweise erst gar nicht eintreten, folgt in Schritt zwei die Analyse nach den Freistellungsvoraussetzungen des Art. 81 Abs. 3 EG[491]. Die Kommission verfolgt damit ihre vormals von der Verordnung 1983/83 geprägte Behandlung von Alleinvertriebsvereinbarungen weiter. Im Sinne positiver Wirkungen auf den produktexternen Wettbewerb anerkennt sie insbesondere produktinterne Alleinvertriebsvereinbarungen nicht marktmächtiger Unternehmen als prokompetitiv[492]. Vorwiegend positive Effekte auf die Warenverteilung werden darin gesehen, dass Händler ansonsten möglicherweise nicht in befriedigendem Umfang in der Lage seien, den interbrand-Absatz eines bestimmten Produkts zu fördern, wenn sie selbst Konkurrenzware herstellten, deren Marktchancen dadurch geschwächt werden könnten[493]. Als regelmäßige Folge von Alleinvertriebsvereinbarungen wird die Eventualität der Förderung produktexternen Wettbewerbs zwischen verschiedenen Erzeugnissen angesehen. Nach neuem Recht geht die Kommission mittlerweile sogar so weit, dass sie bei Annahme gesamt-

---

488 Art. 2 Abs. 1 GVO 2790/1999, ABl. EG 1999 Nr. L 336, S. 23; Leitlinien über vertikale Beschränkungen, Tz. 23.

489 Leitlinien über horizontale Zusammenarbeit, Tz. 11. Vgl. auch Tz. 140 (über Vertriebsvereinbarungen) und 117 (über Einkaufskooperationen) zur Zweistufenanalyse.

490 Leitlinien über horizontale Zusammenarbeit, Tz. 11; Leitlinien über vertikale Beschränkungen, Tz. 112 ff.

491 Leitlinien über vertikale Beschränkungen, Tz. 127-129.

492 Vgl. dazu insgesamt Leitlinien über vertikale Beschränkungen, Tz. 150 ff.; anders bei Allein*bezugs*vereinbarungen, vgl. Tz. 111 Nr. 4.

493 Leitlinien über vertikale Beschränkungen, Tz. 153; Art. 3 lit. a/b VO Nr. 1983/83; *Bunte/Sauter*, VO Nr. 1983/83 Rn. 32; ebenso *Veelken*, in: I/M-EG, 2. Eb., GFVO Rn. 60.

wirtschaftlicher Vorteile durch Alleinvertriebsvereinbarungen gegenüber der Gefahr von Marktaufteilung den Tatbestand des Art. 81 Abs. 1 EG als nicht erfüllt ansieht, wohingegen früher lediglich die Freistellungsvoraussetzungen nach Abs. 3 als gegeben angenommen wurden[494]. Im Gegensatz hierzu bleiben all jene Fälle einer Freistellungskontrolle unterworfen, bei denen unmittelbar der produktexterne Wettbewerb zum Hersteller beeinflusst werden kann, insbesondere also dann, wenn im Grunde vertikale Beschränkungen Wirkungen vergleichbarer horizontaler Vereinbarungen entfalten, für die die Kommission die Zweistufenkontrolle entwickelt hat.

Das System versucht die Horizontal-/Vertikal-Problematik im europäischen Rechtssystem zu lösen, dessen Art. 81 EG nur einen einheitlichen Sanktionsmaßstab kennt. Insoweit kann also nur ein Ausschnitt aus dem Analysesystem übertragen werden, dass den Ansprüchen des GWB mit seiner Zweiteilung gerecht wird, wobei die Merkmale „horizontal“ und „vertikal“ jeweils durch „interbrand“ und/oder „intrabrand“ zu ersetzen sind, bei gleichzeitiger Loslösung vom Stufensystem, aber unter Beibehaltung einer Trennung von Verbotsnorm und Normen, die nur Raum für eine Missbrauchsaufsicht lassen. Zu den Gründen, die eine Übernahme rechtfertigen könnten, dürfte etwa die gesonderte Beachtung gesamtwirtschaftlicher Vorteile zu zählen sein. Dazu im Zusammenhang mit dem *more economic approach* nachfolgend.

3. Integration gesamtwirtschaftlicher Vorteile bei der Anwendung des Art. 81 EG

a) Tatbestandsrestriktion innerhalb des Art. 81 Abs. 1 EG

Dass die Kommission bei Vorliegen gesamtwirtschaftlicher Vorteile von Alleinvertriebsvereinbarungen bereits von einem Fehlen der Tatbestandsvoraussetzungen ausgeht, ist eine interessante Neuerung[495]. Art 81 Abs. 1 EG verbietet die unmittelbare oder mittelbare Festsetzung von Preisen und Geschäftsbedingungen. Von seinem Wortlaut her ist die Regelung so weit gefasst, dass jeder Austauschvertrag über Waren und Dienstleistungen darunter subsumiert werden kann. Solche Verträge enthalten schließlich stets Bestimmungen über Konditionen und Geschäftsbedingungen. Eine restriktive Auslegung ist folglich seit jeher geboten und wird üblicherweise daran festgemacht, dass die vertragliche Konstitution von Geschäftsbedingungen sich

---

[494] Vgl. dazu Leitlinien über horizontale Zusammenarbeit, Tz. 140; je nach Marktanteil/Zahl der Händler kann gleichwohl auch Art. 81 Abs. 3 EG in Betracht kommen, Leitlinien über vertikale Beschränkungen, Tz. 155 f.

[495] Kritisch, wenn auch das analytische System hervorhebend *Geiger*, EuZW 2000, 325, 328.

auf Vereinbarungen der beteiligten Unternehmen mit Dritten beziehen muss[496]. Dies lässt eine gewisse Parallelität zum deutschen Recht nach § 14 GWB erkennen. Das EG-Recht erfasst hier nicht bloß horizontale Konditionenkartelle, sondern ebenso vertikale Beschränkungen[497]. Nach Art. 81 Abs. 1 lit. b EG sind daneben Vereinbarungen über die Aufteilung von Märkten im Wege vertikaler Beschränkungen – wie etwa selektive Vertriebssysteme[498] – per se verboten, was wegen der Weite des Wortlauts zunächst für eine zurückhaltende Interpretation des Grundtatbestandes spricht, wie es die Kommission nunmehr zu tun scheint. Dies muss in Relation zum Freistellungstatbestand nach Art. 81 Abs. 3 EG gesetzt werden. Der Freistellungstatbestand ist der Verbotsnorm des Art. 81 Abs. 1 EG nachgeschaltet. Er setzt mithin das Vorliegen einer Wettbewerbsbeschränkung bereits voraus. In diesem Lichte erscheint das Vorgehen der Kommission zunächst als systemwidrig, wenn positive Effekte einer formalen Wettbewerbsbeschränkung durch Alleinvertriebsvereinbarungen als ausreichend angesehen werden sollen, um vom Fehlen der Tatbestandsvoraussetzungen des Kartellverbots nach Abs. 1 auszugehen. Es war schließlich a maiore ad minus bereits umstritten, ob nach dem Wortlaut des Freistellungstatbestandes nach Art. 85 Abs. 3 EGV Verbesserungen bei der Warenerzeugung oder beim Warenabsatz bzw. dem technischen Fortschritt, die eine wettbewerbspolitisch nicht billigenswerte Vereinbarung leistet, überhaupt eine Freistellung hat erfolgen können[499]. Andererseits ist unterdessen schon vor dem nunmehr bezweckten Paradigmenwechsel der Kommission diskutiert und bejaht worden, ob nicht bereits bei der Prüfung des Verbotstatbestandes nach wettbewerblichen Gesichtspunkten abgewogen werden könne, ohne dass zugleich der Freistellungstatbestand des Art. 85 Abs. 3 EGV leer liefe[500]. Der Erfassung eines Effizienzgedankens, der sich im vorgezogenen Tatbestandsausschluss ansatzweise wieder findet, steht das vormals gegen-läufige Ziel der gemeinsamen Binnenmarkt-Schaffung nicht mehr grundsätzlich entgegen, da diese mittlerweile nahezu vollzogen ist. Dennoch können Beeinträchtigungen des Binnenmarktprinzips zur Folge haben, dass eine wettbewerbliche Würdigung in den Hintergrund zu treten hat, etwa bei völliger Marktabschottung oder marktabgrenzender Wirkung bzw. exklusiver Rechteeinräumung[501]. Wettbewerbliche Aspekte sollen also Hand in Hand mit dem Integrationsziel gehen, eine

---

[496] *Bunte*, in: L/B, Art. 85 Rn. 57.
[497] *Gleiss/Hirsch*, EG-Kartellrecht, Bd. I, Art. 85 Rn. 296 ff.; *Bunte*, in: L/B, Art. 85 Rn. 59; differenzierend, im Ergebnis aber wohl zustimmend *Ackermann*, Art. 85 Abs. 1 EGV, S. 56 f.
[498] Selektive Vertriebssysteme sind indes bis zu einem Marktanteil von 30% freigestellt, vgl. Leitlinien über vertikale Beschränkungen, Tz. 184; zu den Wettbewerbswirkungen Tz. 185 f.
[499] Vgl. hierzu *Ackermann*, Art. 85 Abs. 1 EGV, S. 58 f.
[500] *Ackermann*, Art 85 Abs. 1 EGV, S. 95 ff. und passim; *Emmerich*, in: I/M-EG, Bd. I, Art. 85 Rn. 150.
[501] EuGH Slg. 1986, 353, 376 – „Pronuptia", Rz. 6; Slg. 1892, 2015, 2068 – „Meissaatgut", Rz. 53.

Abwägung unter gegenseitiger Rücksichtnahme erfolgen. Dass die Kommission das Integrationsziel nicht aus den Augen verlieren wird oder verloren hat, darf wohl unterstellt werden. Bei der Prüfung, ob Unternehmen mit Alleinvertriebsvereinbarungen gegen Art. 81 Abs. 1 EG verstoßen, bleibt die Frage nach dem legitimen wettbewerblichen Zweck. Effizienzgedanken spielen auch dann (bisher) regelmäßig nur eine Rolle, wenn es um kleine und mittlere Unternehmen geht[502] und die positiven Effekte für die Warendistribution tatsächlich die Gefahr einer produkt- oder gebietsbezogenen Marktaufteilung überwiegen. Es ist jedenfalls begrüßenswert, wenn die wettbewerblichen Wirkungen einer Beschränkung anhand von empirisch gesicherten Mustervorhersagen beurteilt werden, bei Zugrundelegung der Situation auf dem jeweils relevanten Markt. In Bezug auf die Beurteilung von Alleinvertriebsvereinbarungen oder auch Alleinbezugsvereinbarungen[503] handelt es sich im Übrigen um vorsorgliche Freistellungen von Beschränkungen, womit klargestellt ist, dass diese möglicherweise unter das Verbot des Art. 81 Abs. 1 EG fallen können[504]. Es hat mithin nach wie vor eine Prüfung der Freistellung zu erfolgen[505].

b) Gesamtwürdigung im Freistellungstatbestand des Art. 81 Abs. 3 EG

Einer Kontrolle zu unterziehen ist weiter, in welchem Rahmen die Prüfung von Verträgen nunmehr erfolgen sollte. Insoweit könnte eine Gesamtbetrachtung von Alleinvertriebsvereinbarungen angebracht sein. Eine solche ist nach deutschem Recht üblich, wenn einem Vertrag eine Kartellabsprache zu Grunde liegt, deren Ergebnis die Koordination von Wettbewerbsverhalten der Beteiligten untereinander ist[506]. So hat der BGH Urteile zu § 1 GWB von Umständen des Einzelfalls abhängig gemacht[507], was die Gesamtwürdigung komplexer Sachverhalte bedingt. Dies hat *Steindorff*[508] zu Recht bereits frühzeitig gefordert. Der Tatbestand des § 1 GWB dürfe nicht teleologisch eingeschränkt, sondern es müsse von vornherein bestimmt werden, was zur Gesamtwürdigung eines Sachverhalts führe, so dass man sich nicht an einzelnen Vertragsklauseln

---

[502] *Bunte/Sauter*, VO Nr. 1983/83 Rn. 32; ebenso *Veelken*, in: I/M-EG, 2. Eb., GFVO Rn. 60; Leitlinien über vertikale Beschränkungen, Tz. 10.

[503] Leitlinien über vertikale Beschränkungen, Tz. 111 Nr. 4; VO 1983/83, ABl. L 173, S. 5 (abgedruckt in L/B, S. 2229).

[504] Vgl. auch 3. Erwägungsgrund zur VO 1983/83, ABl. L 173, S. 1.

[505] Zum Verfahren bei der Freistellung vgl. *Ackermann*, Art. 85 Abs. 1 EGV, S. 117 ff., 122 f.

[506] *Baur*, in: FS Sandrock, S. 35, 37; vgl. auch *Zimmer*, in: I/M, 3. Aufl., § 1 Rn. 186 ff.

[507] BGH WuW/E BGH 1458, 1461 – „Fertigbeton".

[508] *Steindorff*, in: FS Larenz, S. 217 ff., der die Gesamtwürdigung im Rahmen des Tatbestandsmerkmals „Wettbewerbsbeschränkung" sehen will, um neuen Entwicklungen von Wettbewerb und dessen Beschränkungen gerecht zu werden.

aufhalten dürfe, sondern den Saldo wettbewerbsschädlicher und wettbewerbsförderlicher Effekte zu erfassen habe[509]. In Anbetracht der in den Leitlinien für horizontale Zusammenarbeit vorzufindenden Formulierungen liegt es nahe, dass auch die Kommission einen solchen Gesamtbetrachtungsmaßstab anzulegen gewillt ist. Dort wird zunächst von zu prüfenden „Wirkungen" gesprochen, die „mit solchen von horizontalen Vereinbarungen vergleichbar sind", zu deren Begründung geprüft werden müsse, „ob nicht gegenseitige Vereinbarungen die Grundlage für das beiderseitige Einvernehmen bilden, nicht in den jeweils anderen Markt einzutreten"[510]. Im Gegensatz zur singulären Analyse bestimmter typischer Bindungsklauseln erfolgt mithin eine Gesamtwürdigung der Vereinbarung oder mehrerer Vereinbarungen, die zwischen den Beteiligten getroffen wurden. Dies dürfte sich im Ergebnis als geeignet erweisen, objektive Feststellungen zur Beschränkung des Absatzwettbewerbs um den Verbraucher zwischen dem direkt vertreibenden Hersteller und seinem gleichfalls bemühten Absatzmittler zu treffen. Eine durch die Gesamtwürdigung erstrebte Sachverhaltsbeurteilung kann nicht an hervorstehende Einzelkriterien anknüpfen, sondern muss die Gesamtheit aller einen Sachverhalt konstituierenden Umstände berücksichtigen, mit dem Ziel, deren Auswirkungen auf den Wettbewerb im Markt zu ermitteln[511].

Nach der sich anbahnenden neuen Rechtsauffassung der Kommission sind interbrand- oder produktexterne Fälle des Parallelvertriebs (atypische Dualdistributionsfälle) wie folgt kartellrechtlich relevant: Werden Alleinvertriebsvereinbarungen zwischen produktexternen Herstellern getroffen bzw. begegnen sich Hersteller und Händler in einem Konkurrenzverhältnis, weil Letzterer auch interbrand-Ware offeriert oder zumindest potenzieller intrabrand-Wettbewerber ist, stehen zunächst austauschvertragliche Vereinbarungen in Rede. Die Kommission bezeichnet diese nach Art. 2 Abs. 1 Schirm-GVO als vertikale Wettbewerbsbeschränkungen. Sie merkt zugleich an, dass solche Alleinvertriebsvereinbarungen auch horizontale Wirkung entfalten können und sodann nach dem eben dargestellten Schema einer weiteren Prüfung zu unterziehen sind. Sind sie unter Art. 2 Abs. 4 lit. a Schirm-GVO subsumierbar, besteht die Möglichkeit der Freistellung nach Art. 81 Abs. 3 EG. Ansonsten findet die Zweistufenanalyse Anwendung (horizontale Wirkung mit Art. 81 Abs. 1 EG vereinbar ? – falls nein, Prüfung ob vertikale Beschränkung mit Freistellung nach Abs. 3).

Etwas anders stellt sich die Situation des produktinternen Vertriebs dar. Intrabrand-Vertriebsvereinbarungen, bei denen neben dem Absatzmittler auch der Hersteller als Direktdistributor am Markt auftritt, sind über Art. 2 Abs. 2

[509] Zuletzt: *Steindorff*, in: FS Benisch, S. 255, 257, insb. 264.
[510] Vgl. Leitlinien über horizontale Zusammenarbeit, Rn. 11 und 147.
[511] *Steindorff*, in: FS Benisch, S. 255, 268.

lit. b Schirm-GVO zulässig[512]. Die Kommission versteht diese, ebenso wie interbrand-Vereinbarungen, als vertikale Vereinbarungen zwischen Wettbewerbern, mit dem Unterschied, dass zuletzt genannte wegen ihrer Eignung zur Beschränkung produktexternen Wettbewerbs – zu Recht – nicht in den Genuss des lit. b kommen[513]. Nicht grundsätzlich gefolgt werden kann *Veelken* allerdings darin, dass es nach seinem Dafürhalten nicht darauf ankommen kann, ob Absatzmittler als Händler für mehrere konkurrierende Hersteller tätig sind oder nicht. Von entscheidendem Einfluss dürfte dies nicht nur aus Nachfragersicht sein. Der Einzelhändler oder Verbraucher wird als Abnehmer schließlich eine größere Produktvielfalt vorfinden, was seine Auswahloption verbessert und den Händler animiert, die offerierte Ware unter Zuhilfenahme diverser Wettbewerbsparameter abzusetzen. Auch sind Reaktionen der den Händler ebenfalls beliefernden Konkurrenzunternehmen zu erwarten, die der Vereinbarung mit dem bindenden Hersteller über Einflussnahme auf die ihnen zur Verfügung stehenden wettbewerblichen Mittel verkaufsfördernd erwidern werden. Das von einer Alleinvertriebsvereinbarung denkbar ausgehende wettbewerbsreduzierende Gefahrenpotenzial ist umso geringer, je eher produktexterner Wettbewerb dadurch vorteilhaft beeinflusst wird. Wo kann dies früher einsetzen, als bei einem Händler, der über das vertriebsgebundene Produkt hinaus Konkurrenzware führt. Eine Freistellung sollte in solchen Fällen also noch unproblematischer erfolgen, als dies beim reinen produktinternen Wettbewerb bereits der Fall ist. *Veelken* ist mit Blick auf das Freistellungsresultat im Ergebnis mithin Recht zu geben. Die Tatsache der vorteilhaften Auswirkungen auf den produktexternen Markt rechtfertigt dagegen eine Ungleichbehandlung im positiven Sinne: die beschleunigte Freistellung einer im Übrigen gebietsaufteilenden intrabrand-Beschränkung[514]. Dass die Kommission produktinterne Beschränkungen in der Regel auch bei Beeinflussung des potenziellen Wettbewerbsverhältnisses zwischen Herstellern und Händlern nicht zusätzlich nach horizontalen Maßstäben überprüfen will, verdient Zustimmung. Diese Annahme scheint gerechtfertigt, da jene Art des Parallelabsatzes in den Leitlinien über horizontale Zusammenarbeit keine Erwähnung findet. Es unterstützt die These der nur geringen Wettbewerbsschädlichkeit und vertriebsintern begründbaren Synergieeffekte.

---

[512] zustimmend *Veelken*, in: I/M-EG, 2. Eb., GFVO Rn. 121 ff.

[513] *Veelken*, in: I/M-EG, 2. Eb., GFVO Rn. 121 ff.

[514] Alleinvertriebsvereinbarungen mit dem Ziel eines gebietsausschließenden Warenabsatzes sind im Übrigen bereits nach Art. 2 Abs. 1 VO Nr. 1983/83 zulässig gewesen.

4. Weitergehende Interpretation des § 1 GWB im Lichte der Neuorientierung der Kommission

In seiner aktuellen Fassung geht § 1 GWB als Eingriffsnorm mit seinem Kartellverbotstatbestand weiter als Art. 81 EG. Erfasst werden potenzielle Wettbewerbsverhältnisse bei Gefahr abstrakter Wettbewerbsbeschränkungen erheblich früher als die Regelungen auf europäischer Ebene dies tun. Allerdings sind auf EU-Ebene auch Vereinbarungen zwischen Nicht-Wettbewerbern auf vor- und nachgelagerten Vertriebsstufen sanktionsfähig, soweit von ihnen Wettbewerbsbeschränkungen ausgehen[515]. Daher sollte kurz auf das Verhältnis beider Normen eingegangen werden.

a) Vorrang von Art. 81 EG

Die Anwendung des EG-Wettbewerbsrechts ist eng an das Binnenmarktziel geknüpft. Dementsprechend kommt es immer dann zur Geltung, wenn Unternehmen grenzüberschreitend operieren oder innerstaatliche Wettbewerbsbeschränkungen spürbare Auswirkung auf Märkte in anderen Staaten der Europäischen Union haben[516]. Ziel ist die Schaffung eines möglichst einheitlichen Ordnungsrahmens, der es Wettbewerbern wie Absatzmittlern und letztlich auch Verbrauchern erlaubt, europaweit grenzenlos wirtschaftlich zu agieren. Soweit also grenzüberschreitende Verhaltenskoordinationen in Rede stehen, geht Art. 81 EG dem deutschen Kartellverbot vor[517].

b) Wettbewerblicher Beurteilungsmaßstab des Art. 81 EG

Die Kommission hat sich bereits eine produktbezogene Orientierung zu Eigen gemacht, indem sie die negativen Wirkungen einer von ihr als vertikal bezeichneten Beschränkung in erster Linie in einer Verringerung des markeninternen Wettbewerbs[518] zwischen Händlern und des Markenwettbewerbs zwischen Unternehmen, die in diesem Markt tätig sind, sowie im Ausschluss anderer Lieferanten vom Markt durch Errichtung von Marktzutrittsschranken

---

[515] Vgl. *Bechtold*, Kartellgesetz, § 1 Rn. 70.
[516] Vgl. *Wolf*, Das Verhältnis des nationalen zum europäischen Recht, www.bundeskartellamt.de/verh.htm (02/1998).
[517] Mehr noch soll nach dem Entwurf bei einschlägigem Art. 81 EG das Recht des Mitgliedsstaates möglicherweise gar ausgeschlossen sein. Vgl. *Bechtold*, NJW 2001, 3159, 3159.
[518] Also des intrabrand- oder produktinternen Wettbewerbs.

sieht[519]. Indem sie diese Wirkungen erst bei spürbarer Reduzierung des funktionsfähigen Wettbewerbs als schädlich einstuft, bleibt sie dem auch das deutsche Recht prägenden Ansatz des schützenswerten funktionsfähigen Wettbewerbs treu. Im Übrigen erfolgt eine begrüßenswerte Abwägung anhand von Effizienzkriterien[520], allerdings auf Basis des Stufenwettbewerbs, da als vertikal nur solche Vereinbarungen und aufeinander abgestimmte Verhaltensweisen über Bezugs-, Kaufs- oder Absatzbedingungen von Waren und Dienstleistungen angesehen werden, bei denen sich die beteiligten Unternehmen auf unterschiedlichen Produktions- und Vertriebsstufen begegnen. Basierend auf dem Grünbuch von 1997 anerkennt das EG-Kartellrecht mittlerweile den Unterschied zwischen Verhaltenskoordination durch Kartellvereinbarungen und Wettbewerbsabsprachen in Vertikalverträgen. Durch die Ratsverordnung im Juni 1999 sind die Tatbestände aus dem Kartellverbot gelöst und mit der Gruppenfreistellungsverordnung Ende 1999 einer differenzierteren Regelung zugeführt worden, die nur noch marktstarken Unternehmen solcherlei Absprachen untersagt[521].

5. Ergebnis

Zusammenfassend lässt sich hinsichtlich des § 1 GWB feststellen, dass die gesamtwirtschaftliche Vorteile berücksichtigende Auslegung im Tatbestand des Art. 81 EG auch für den neuen § 1 GWB fruchtbar gemacht werden kann. Insbesondere bei der Frage, ob eine Wettbewerbsbeschränkungen den interbrand-Wettbewerb spürbar beeinträchtigt, kann dies hilfreich sein. Der *more economic appraoch* vermag die Bedürfnisse von Herstellern angemessen zu berücksichtigen und notwendige bzw. anerkannte Beschränkungen (*ancillary restraints*) in die Gesamtmarktbetrachtung einzubeziehen. Im Übrigen birgt die Anerkennung des neuen europäischen Ansatzes wegen seiner strengen Unterscheidung horizontaler und vertikaler Beschränkungen Wertungsprobleme, die schon für das deutsche Recht ein Absehen von der Differenzierungssystematik ausgemacht haben[522]. Die Annerkennung von intrabrand-Beschränkungen bis zu einem bestimmten Marktanteil scheint willkürlich. Sie

---

519 Vgl. *Lohse*, Kartellverbot und Schirm-GVO, S. 123.

520 Leitlinien für vertikale Beschränkungen, Rz. 120 ff., wo zunächst alle gängigen positiven Effekte von Vertriebsbindungen aufgezählt werden und für die Freistellung nach Art. 81 Abs. 3 EG entscheidend darauf abgestellt wird, dass als positive Wirkung beschriebene Effizienzgewinne nachgewiesen würden und per Saldo positive Wirkung aufweisen.

521 *Rittner*, WuW 2000, 696, 697.

522 Freilich prüft der EuGH wettbewerblich relevante Vereinbarungen ohne auf einen (gemeinsamen) Zweck abzustellen stets anhand des Kartellverbots. Die Abwägung des Kartellschutztes gegenüber der unternehmerischen Freiheit bemisst sich nach der Schwere des Eingriffs, vgl. *Beater*, WuW 2000, 584, 589, 592.

gibt zwar einen Anhaltspunkt, um aus Unternehmenssicht relative Rechtssicherheit zu erlangen. Im Ergebnis scheint hier die vorgeschlagene Gesamtmarktanalyse zur Herbeiführung von Einzelfallentscheidungen vorzugswürdig, die nur bei der Feststellung überwiegend wettbewerblicher Nachteile eine Untersagung rechtfertigen kann.

C. Produktexterne und -interne Wettbewerbsfaktoren in der Rechtsprechung

Die Bedeutung einer kartellrechtlichen Bewertung wettbewerblichen Handelns nach Faktoren des interbrand- und intrabrand-Wettbewerbs lässt sich für die Rechtsprechung auch in diesem letzten Kapitel zu allererst im Zusammenhang austauschvertraglicher Verhaltenskoordination nach § 16 GWB gegenüber reinen Kartellen nach § 1 GWB darstellen. In diesem Bereich liegen die auffälligsten Probleme bei der Anwendung des vorherrschenden Rechts, wodurch die Vorteilhaftigkeit des hypothetischen Systems für die Praxis nachgewiesen werden soll.

In der Vergangenheit urteilten die Gerichte bei der Abgrenzung des § 1 GWB gegenüber § 18 GWB a.F. im Wege einer Auslegung des im 1.Teil behandelten[523] Merkmals „zu einem gemeinsamen Zweck" und heute gegenüber § 16 GWB nach jenem des „Miteinander-in-Wettbewerb-Stehens" von Unternehmen. Dabei ging es stets um die Frage, unter welchen Umständen Wettbewerbsbeschränkungen in Vereinbarungen über den Austausch gegenseitiger Leistungen als Nebenabreden unter das Kartellverbot fallen konnten. Die Entscheidungen unter interbrand- und intrabrand-Bedingungen einer neuen Bewertung zuzuführen heißt somit zunächst, die Weite des Tatbestandes von § 1 GWB auszuloten, dessen Horizontalmerkmale durch die Feststellung produktexterner Wettbewerbsfaktoren ersetzt werden sollen. Die Gesamtmarktprüfung muss dann allerdings in § 16 GWB erfolgen, der hierfür die nötigen Voraussetzungen bietet.

I. Relevante amerikanische Entscheidungspraxis

Zum Verständnis wettbewerbsrechtlicher Relevanz sei nochmals ein Blick auf die Entscheidungspraxis in den USA gerichtet. Ausschließlichkeits- und Kopplungsbindungen sind dort nach Clayton Act, Sec. 3 verboten, wenn der Vertrag zu einer wesentlichen Beeinträchtigung des Wettbewerbs oder zur

---

[523] Siehe oben, 1. Teil, E. II.

Schaffung eines Monopols zu führen droht. Die Beurteilung der Wesentlichkeit macht das amerikanische Recht von der Marktstellung der Unternehmen, der Verbreitung der Bindungen auf dem relevanten Markt (*quantitative substantiality rule*) sowie dem dadurch dritten Unternehmen verschlossenen Marktanteil (*actual foreclosure test*) abhängig. Im Gegensatz zu Kopplungsbindungen werden Ausschließlichkeitsbindungen nach Maßgabe der *rule of reason* beurteilt. Wie im deutschen Recht ist Schutzobjekt des Clayton Act insoweit der Wettbewerb als Institution wie auch der Individualschutz der Marktgegenseite und Dritter[524].

Auch in der amerikanischen Literatur und Rechtsprechung war die Behandlung von Alleinvertriebs- oder Gebietsaufteilungsverträgen keineswegs eindeutig. In *The White Motor Co. vs. United States*[525] befasste sich der Supreme Court erstmals mit der antitrustrechtlichen Zulässigkeit von Gebietsaufteilungen. Sie war von einigem Einfluss für die zukünftige Behandlung von Alleinvertriebsverträgen. In den richterlichen Stellungnahmen findet sich bereits eine Auseinandersetzung mit den bis zu diesem Zeitpunkt ein Schattendasein führenden Begriffen interbrand- und intrabrand-Wettbewerb. Hintergrund der diesbezüglichen begrifflichen Auseinandersetzung war die zu klärende Frage einer Anwendung der *rule of reason* oder des *per se*-Verbots bei Vorliegen von Verträgen mit vertriebsbindenen Klauseln.

In der *White Motor*-Entscheidung wandte sich der Supreme Court nun gegen die durch die *per se*-Doktrin beeinflusste Beurteilung seitens des Department of Justice und des District Court, die noch auf der vorgefassten Meinung einer wettbewerbsschädlichen Wirkung jeder Gebietsabsprache beruhte[526]. Damit ebnete der Supreme Court den Weg für eine vernünftige, auf die wirtschaftlichen Verhältnisse des Einzelfalls abstellende Beurteilung im Rahmen der *rule of reason*. Von besonderem Interesse scheint *White Motor* aber nicht nur deshalb, weil drei Richter sich in einer Minderheitsmeinung eindeutig noch für ein *per se*-Verbot ausgesprochen hatten, sondern weil die dazu gelieferte Begründung bemerkenswert ist: Unter Bezugnahme auf *Timken Roller Bearing Co. vs. U.S.*[527] beriefen sich die Richter darauf, dass sachlich kein Unterschied zwischen vertikalen und horizontalen Gebietsaufteilungen gemacht werden könne, die dort noch als eindeutige *per se*-Verstöße beurteilt worden waren. Diese Meinung kann auch heute noch insoweit Unterstützung finden, als die Richter zutreffend erkannten, dass horizontale und vertikale Wettbewerbsbeschränkungen, wenn überhaupt, nur von ihrer Wirkung her betrachtet werden können. Zutreffend ist

[524] Vgl. *I. Schmidt*, Wettbewerbspolitik und Kartellrecht, S. 251.
[525] 372 U.S. 253 (1963).
[526] Vgl. *Beier*, GRUR Int. 1964, 84, 89.
[527] 341 U.S. 593 (1951).

auf das empirisch feststellbare Ergebnis, nicht aber die systematisch-materielle Einordnung der Beschränkung selbst abzustellen. Andererseits zog die Minderheit daraus leider den Schluss, dass auch alle Alleinvertriebsverträge als *per se* verboten nach Sherman Act, Sec. 1 zu beurteilen gewesen seien[528]. Freilich ließen sich die Argumente dafür durchaus hören: Sie wiesen den Versuch, die Alleinvertriebsklausel in Anwendung der *rule of reason* wirtschaftlich zu rechtfertigen, als rechtlich unerheblich zurück, da es sich um Vereinbarungen gehandelt hatte, die den alleinigen Zweck verfolgen sollten, in dem betreffenden Alleinvertriebsgebiet jeden Wettbewerb für die zu beurteilenden Erzeugnisse auszuschalten. Das Verbot habe zur Folge gehabt, dass jeder Abnehmer auf einen einzigen Verkäufer angewiesen war, der alleine die Macht gehabt habe, den Endabnehmern gegenüber die Preise und Geschäftsbedingungen festzusetzen und möglicherweise die Lieferung zu verweigern. Die Richter argumentierten darüber hinaus[529], *White* habe nicht glaubhaft gemacht, dass sein Vertriebssystem nur in geringerem Maße die Tendenz hatte, den Wettbewerb zwischen seinen Distributoren und Händlern derart zu beschränken, wie eine horizontale Absprache zwischen beiden selbst; scheinbar habe *White* seine Vereinbarung mit einem gewissen Glorienschein umgeben wollen, nur weil sie vertikaler Natur gewesen sei. Die beabsichtigte und tatsächliche Wirkung sei aber die gleiche gewesen, wenn nicht noch schädlicher als eine Preisabsprache oder irgendeines ihrer *per se*-Gegenstücke. Preisabsprachen könnten leichter verletzt und müssten deshalb fortlaufend von den an der Absprache beteiligten kontrolliert werden, während Marktaufteilungsabsprachen, deren Verletzung leicht entdeckt werden könnten, sich praktisch von selbst ausführten.

Hieran schloss sich konsequent, aber zuletzt in der *Sylvania*-Entscheidung widerlegt, die Auffassung an, dass das Bestehen von Wettbewerb zwischen verschiedenen Markenerzeugnissen (interbrand) nie als Rechtfertigung für eine ausdrückliche Absprache zur Ausschaltung beim Vertrieb derselben Markenerzeugnisse (intrabrand) anerkannt worden sei[530]. Die zuvor genannten dogmatisch durchaus nachvollziehbaren Argumente widersprechen jedoch den tatsächlichen Anforderungen der Wirtschaftsrealität. Sie lassen all jene prowettbewerblichen Argumente außer Acht, denen zufolge heute Anerkennung und positive Auswirkung auf den Wettbewerb begründet werden, allen voran das *free rider*-Problem.

---

[528] Justice *Clark* begründete diese Auffassung einleitend mit den Worten: „*one of the most brazen violations of the Sherman Act that I have experienced in a quater of a century*". (Vgl. *Beier*, GRUR Int. 1964, 84, 90).
[529] 372 U.S. 253, 279 f. (1963).
[530] So wohl noch *U.S. vs. McKesson and Robins, Inc.*, 351 U.S. 305 (1956).

II. Hypothetische Neubewertung der Entscheidungen zur Abgrenzung §§ 1/16 GWB

Zur Klärung der Abgrenzung des Kartellverbots zu Ausschließlichkeitsbindungen sollen die Auswirkungen auf den intrabrand- bzw. interbrand-Wettbewerb in den Vordergrund gestellt werden. Unser bisheriges Recht lässt die damit in Zusammenhang stehende gesamtwirtschaftliche und Effizienzkriterien berücksichtigende Abwägung produktbezogener Wettbewerbsbeschränkungen in seiner aktuellen Fassung nur bedingt zu. So hat schon *Beier* zutreffend angemerkt, dass „bedauerlicherweise ... [dem] rule of reason-approach im deutschen Kartellrecht durch das System des GWB mit seiner Unterscheidung zwischen horizontalen und vertikalen Beschränkungen, dem starren Verbotsprinzip des § 15 GWB a.F. und dessen an einzelnen Klauseln orientierten Ausnahmekatalog in § 18 GWB a.F. engere Grenzen gezogen [sind] als im amerikanischen Antitrustrecht.“[531] Freilich nimmt die produktexterne und -interne Wettbewerbsfaktoren aufgreifende Neubewertung nur geringfügig Anklang am amerikanischen Bewertungssystem. Dem vergleichbar soll nur eine ökonomische Analyse wettbewerblicher Wirkungen der betroffenen Märkte herausgestellt werden[532]. Die Beschränkung freien Wettbewerbs wird der gesetzlichen Institution des Kartellverbots zu unterliegen haben, wenn produktexterne Beschränkungen festzustellen sind und keine wettbewerblich begründeten Ausnahmevoraussetzungen vorliegen. Kommt es zwischen den Beteiligten durch Verhaltenskoordination zu produktinternen Beschränkungen, die für sich genommen nur einer Missbrauchsaufsicht unterliegen sollen, muss eine marktbezogene Verträglichkeitsprüfung für den Fall produktexterner Wirkungen innerhalb des § 16 GWB ergeben, ob im Einzelfall die Wirksamkeit der intrabrand-Vereinbarung wegen überwiegender Nachteile für den Wettbewerb untersagt werden kann. Wie dies im Einzelnen geschehen kann, wird die Regulierung anhand des Abgrenzungspaares interbrand/intrabrand nachfolgend ergeben. Die Anwendung der interbrand- und intrabrand-Kriterien soll nunmehr also durch Anwendung auf prominente Entscheidungen, v.a. jener aus den Jahren 1997/98 verifiziert werden, die sich sämtlich über wettbewerbsbeschränkende Vereinbarungen verhielten, die in ihrer Art jeweils Bestandteil von Leistungsaustauschverpflichtungen waren.

---

[531] *Beier*, GRUR Int. 1987, 131, 134.
[532] Vgl. *Posner*, in: Assmann/Kirchner/Schanze, S. 79, 86 ff., 94 ff.

1. Spielkarten-Entscheidung

Von Interesse ist zunächst die Spielkarten-Entscheidung[533] des BGH aus dem Jahr 1986. Schon zuvor hatte es der Kartellsenat für möglich gehalten, Wettbewerbsbeschränkungen in Austauschverträgen als zu einem gemeinsamen Zweck vereinbart anzusehen[534]. Seit der Spielkarten-Entscheidung verzichtete das Gericht jedoch gänzlich auf die Feststellung gemeinsamer Interessenverfolgung[535]. Die Subsumtion unter das Kartellverbot wurde fortan davon abhängig gemacht, ob die Parteien in aktuellem oder potenziellem Wettbewerb zueinander standen, so wie es letztlich durch die 6. Novelle Einzug in § 1 GWB gefunden hat. Im Fall trennte der BGH den gemeinsamen Zweck bemerkenswerterweise von der Frage, ob die vertragliche Wettbewerbsbeschränkung Bestandteil des Leistungsaustauschs war[536]. Dem Verfahren lag ein Kooperationsvertrag zwischen einer Herstellerin (Klägerin) von Spielkarten, Quartetten und anderen Spielen auf Kartenbasis und einem Vertriebsunternehmen (Beklagte) zu Grunde, durch welchen neben Produktions- und Bezugsvereinbarungen bestimmte Kunden im Wege von Ausschließlichkeitsbindungen zwischen den Vertragsbeteiligten aufgeteilt wurden. Die Klägerin verpflichtete sich darin, andere als die Vertragswaren nicht herzustellen und zu vertreiben und auch die von ihr zulässigerweise hergestellten Vertragswaren über ihre Zweigniederlassung nur beschränkt an zwei bestimmte Kundenkreise (bei ihnen handelte es sich um Buchclubs und Werbemittelkunden) abzusetzen. Im Gegenzug sollte die Beklagte die Vertragswaren bei keinem anderen Lieferanten beziehen und zudem nur an Kunden außerhalb der beiden Klägerkundenkreise absetzen dürfen. Obwohl es sich bei den betroffenen Ausschließlichkeitsbindungen um typische Vertikalvereinbarung im Sinne des § 18 GWB a.F. handelte, qualifizierte der BGH die Produktions-, Bezugs- und Vertriebsbindungen und das damit verbundene Wettbewerbsverbot in Form einer Marktaufteilung der in Frage kommenden Kundenkreise als zu einem gemeinsamen Zweck geschlossen, weil die wettbewerbsrelevante Handlungsfreiheit von aktuellen oder potenziellen Wettbewerbern untereinander beschränkt worden seien und somit zu horizontalen Wettbewerbsbeschränkungen geführt hätten[537]. Mit dieser Entscheidung stellte der BGH also gezielt auf die

---

[533] BGH WuW/E BGH 2285 ff. – „Spielkarten".

[534] BGH WuW/E BGH 1353, 1355 – „Schnittblumen"; WuW/E BGH 1458, 1460 – „Fertigbeton"; zum gemeinsamen Zweck in der Rechtsprechung des Bundesgerichtshofs, vgl. *Niederleithinger*, in: FS Benisch, S. 277 ff.

[535] Weil sie sich als kaum tauglich zur Erfassung einseitiger Wettbewerbsverbote erwies, vgl. *Niederleithinger*, in: FS Benisch, 277, 282.

[536] Entsprechend prüfte der BGH unter (a.) den gemeinsamen Zweck und unter (b.) die Wettbewerbsbeschränkung als Bestandteil des Leistungsaustausch; vgl. BGH WuW/E BGH 2285, 2288 – „Spielkarten".

[537] Vgl. BGH WuW/E BGH 2285, 2287 – „Spielkarten".

(horizontalen) Wirkungen der Wettbewerbsbeschränkungen im relevanten Markt ab. Er berief sich dabei auf die Fertigbeton-Entscheidung[538], nach der das Merkmal des gemeinsamen Zwecks eigenständig im Sinne eines wettbewerbsfunktionalen Verständnisses auszulegen war. Das Gericht stellte damit schon unter § 1 GWB a.F. auf ein aktuelles oder zumindest potenzielles Wettbewerbsverhältnis der Parteien ab. Das beschränkende Moment sah der BGH in dem durch den Kooperationsvertrag begründeten gegenseitigen Ausschluss des Spielkartenabsatzes zu den bezeichneten Endkunden. Durch das Bezugsverbot schlossen die Parteien darüber hinaus konkurrierende Hersteller als potenzielle Lieferanten der Beklagten aus[539].

Die Fallgestaltung zeigt, welche Schwierigkeiten sich beim reinen Abstellen auf Horizontal- und Vertikalverhältnisse ergeben, und dass diese Vorgehensweise nur schwerlich zu einem rechtlich stringenten Ergebnis führt. Die Klägerin war als Produzentin der in Rede stehenden Spielkarten auf einer der Beklagten als Vertriebsunternehmen vorgelagerten Stufe tätig. Insoweit bestand ein traditionelles Vertikalverhältnis. Durch die kooperationsvertragliche Gestaltung teilten die Beteiligten den horizontalen Absatzmarkt so untereinander auf, dass die direkt vertreibende Klägerin und die Absatz mittelnde Beklagte sich auf dem relevanten Markt nicht in die Quere kamen. Auf dem hiernach umfassten Absatzmarkt schloss das vertragliche Wettbewerbsverbot zwischen Herstellerin und Vertriebsunternehmen jeglichen Einsatz von Wettbewerbsparametern um das Produkt Spielkarten aus. Die Klägerin konnte im Verhältnis zu den Kunden ihrer Absatzmittlerin, ebenso wie die Absatzmittlerin im Verhältnis zu den von der Klägerin direkt belieferten Buchclubs und Werbemittlern, kein günstigeres Angebot unterbreiten, was diesem Verbraucherkreis nur hätte recht sein können, der Beklagten hingegen kaum billig gewesen wäre, die eine Rente für ihre Akquiseleistung einfahren wollte und sich diese Marge über den Kooperationsvertrag sicherte. Die Vertriebshändlerin hätte ihre u.U. mit Aufwand umworbenen Kunden mit der Zeit an die Herstellerin verlieren können, die im unmittelbaren Verhältnis mit besseren Konditionen hätte aufwarten können. Das Verhältnis der Parteien war gekennzeichnet durch eine Vielzahl horizontaler und vertikaler Beziehungen, deren kartellrechtliche Behandlung aber unterschiedliche Rechtsfolgen bedungen. Deshalb betonte der Senat entsprechend der ständigen Rechtsprechung[540] erneut, dass eine Kontrolle nach § 1 GWB a.F. dann ausgeschieden sei, wenn die vereinbarten Wettbewerbs-

---

[538] BGH WuW/E BGH 1458, 1460 – „Fertigbeton".

[539] Eine Ausnahme war nur für den Fall vorgesehen, dass die Klägerin produktionsbedingt nicht hätte liefern können (§ 3 Nr. 2 d.V.), vgl. BGH WuW/E BGH 2285 – „Spielkarten".

[540] Vgl. etwa BGH WuW/E BGH 519, 520 – „Bonbonnière-Kino"; WuW/E BGH 1517, 1518 – „Gabelstapler"; WuW/E BGH 1597, 1598 f. – „Erbauseinandersetzung"; WuW/E BGH 1898, 1899 – „Holzpaneele".

beschränkungen Bestandteil eines Leistungsaustausches waren und aus dem im Übrigen kartellrechtsneutralen Rechtsverhältnis notwendigerweise folgten[541]. Kartellrechtsneutrale Vereinbarungen eines Leistungsaustauschs (oder einer Gesellschaft) erfüllten als solche nicht den Tatbestand des § 1 GWB [a.F.][542] und brauchten deswegen auch nicht vom Kartellverbot freigestellt zu werden. Diesen Weg musste der BGH beschreiten, damit wettbewerblich erforderliche Maßnahmen zur Durchführung von Austauschverträgen nicht am Kartellverbot scheiterten, obwohl gerechtfertigte Interessen bestimmte Beschränkungen zu legitimieren in der Lage waren.

Den Umweg über die von der Rechtsprechung übliche Vorgehensweise bedarf es jedoch nicht, wenn eine Beurteilung anhand des hypothetischen Neuansatzes erfolgt. Nach § 1 GWB wären nur solche Vereinbarungen untersagt, die eine Wettbewerbsbeschränkung interbrand bezweckten oder bewirkten. Dagegen werden die produktexternen Vereinbarungen als Folgen von intrabrand-Beschränkungen nur im Rahmen der Gesamtmarktanalyse des § 16 GWB zu prüfen sein. Auf den hiesigen Fall angewandt, stünde nachfolgendes Ergebnis zu erwarten.

a) Intrabrand-Vereinbarung

Der überwiegende Teil der Kooperationsvereinbarung der Beteiligten wäre ohne Weiteres als intrabrand-Beschränkung unter § 16 GWB zu subsumieren. Bei den Spielkarten handelt sich nicht nur um ein homogenes, sondern haargenau jenes Produkt, das ausschließlich aus dem Hause der an dem Kooperationsvertrag beteiligten Herstellerin stammt. Bei dem hinsichtlich der Bedarfsdeckung bestimmter Kunden vereinbarten Wettbewerbsverbot herrscht völlige Brand- und Branchen-, weil Produktidentität. Der einzige Unterschied betrifft die Warendistribution an den Verbraucher, mithin den Vertriebsweg. Es stehen Direkt- und Händlervertrieb auf dem gleichen Markt unmittelbar nebeneinander – ein zweifelsfreies intrabrand-Verhältnis. Die Alleinvertriebsvereinbarung, die der Herstellerin die exklusive Direktbelieferung von Buchclubs und Werbemittlern garantierte, schloss die Händlerin im Vertragsgebiet wettbewerblich aus. Die Vertriebsvereinbarung verbesserte in diesem Zusammenhang die Absatzmöglichkeiten an die bezogene Verbrauchergruppe. Sie rationalisierte die Verteilung im Wege des hauseigenen Niederlassungsvertriebs. Für die Herstellerin bedeutete dies die wirtschaftlich nicht unwesentliche Möglichkeit, wirksam und rentabel die unmittelbare Versorgung ihrer Kunden zu gewährleisten. Die Vereinbarung ist folglich ökonomisch vertretbar, zumal sie

---

541 BGH WuW/E BGH 2285, 2288 – „Spielkarten".

542 Vgl. BGH WuW 1986, 999, 1002 – „Spielkarten".

nur die beklagte Händlerin von der Belieferung ausschloss. Sie schützte aber auch die Händlerin vor einem intrabrand-Wettbewerb ihrer Lieferantin. Die Händlerin konnte sich durch diesen Schutz animiert sehen, Investitionen zum Absatz der Spielkarten an ihre Kunden zu tätigen. Darüber hinaus veranlasste die Alleinvertriebsvereinbarung des Kooperationsvertrags aber keine interbrand-Beschränkungen, sondern stellte im Gegenteil eine mögliche Perspektive des Markteintritts für produktexterne Unternehmen dar, weil sie mit einem Angebot wettbewerblich surrogationsfähiger Spielkartenprodukte nur die Herstellerin als Konkurrentin vorgefunden hätten, ohne etwaige Angebote von intrabrand-Händlern der Herstellerin befürchten zu müssen. Die Produktionsbindung der klagenden Herstellerin, wonach sie die Vertragswaren nicht auch für andere Absatzmittler herstellen durfte, bewahrte die Händlerin vor weiterem intrabrand-Wettbewerb, neben dem bereits bestehenden Direktvertrieb durch die Herstellerin selbst. Die Herstellerin wäre also nicht an einer Diversifikation ihrer Produktpalette in einem außerhalb des relevanten Spielkartenmarkts stattfindenden interbrand-Wettbewerb gehindert gewesen, so dass die Produktionsbindung keinen Einfluss auf produktexterne Wettbewerbsfaktoren hatte. Der BGH sah in der Verpflichtung der Beklagten, ausschließlich bei der Klägerin fertigen lassen zu müssen, freilich eine Vereinbarung, durch die sie untereinander den Wettbewerb i.S. des § 1 GWB a.F. beschränkten[543]. Nach diesseitigem Verständnis wären Produktionsbindung und Alleinvertriebsvereinbarung indes trotz Beschränkung eines Horizontalverhältnisses zwischen Herstellerin und Absatzmittlerin gar nicht erst nach § 1 GWB zu beurteilen, weil sie lediglich intrabrand-Beschränkungen darstellen, mit im Übrigen etwaigen positiven Effekten für den konkurrierenden interbrand-Wettbewerb.

Nach damaligem Recht waren beide Bindungen als Fall des § 18 Abs. 1 lit. 2 und 3 GWB a.F. (das Kartellverbot außen vor) wirksam. Solche Vereinbarung hätten insoweit nur dann für unwirksam erklärt werden können, wenn nach genauer Überprüfung der Marktverhältnisse festgestellt worden wäre, dass sowohl eine unbillige Beschränkung der wirtschaftlichen Bewegungsfreiheit der Vertragsparteien oder anderer Unternehmen als auch eine wesentliche Beeinträchtigung auf dem relevanten Markt vorgelegen hätte[544]. Die Konzeption des GWB legte es aber nahe, darin eine Beschränkung des zumindest potenziellen Wettbewerbs zwischen Klägerin und Beklagter sowie weiterer möglicherweise vertriebsinteressierter Absatzmittler i.S. des § 1 GWB a.F. zu sehen. Es wäre daher tatbestandsrestriktiv zu klären gewesen, ob Tatsachen vorgelegen haben, wonach die Erforderlichkeit der Wettbewerbsbeschränkung zur Durchführung des

[543] BGH WuW/E BGH 2285, 2287 – „Spielkarten“.
[544] Vgl. *Beier*, GRUR Int. 1964, 84, 85.

ansonsten kartellrechtsneutralen Austauschvertrags sachlich geboten war[545]. Der gesetzgeberischen Wertung, dass solche Alleinvertriebsvereinbarungen nach § 18 GWB a.F. grundsätzlich wirksam sein sollten, lief das alte Recht im Grunde also zuwider. Werden intrabrand-Beschränkungen indes von vornherein nur der Missbrauchsaufsicht unterstellt, die nur bei überwiegend wettbewerblichen Nachteilen für den relevanten Markt oder bei Feststellung negativer Wirkungen für den interbrand-Wettbewerb eine Unwirksamkeitserklärung bedingen können, hätte die Spielkarten-Entscheidung insoweit ohne die Probleme, hervorgerufen durch die horizontalen Merkmale des Kartellverbots, entschieden werden können.

b) Interbrand-Wettbewerbsbeschränkung

Der Kooperationsvertrag der Spielkarten-Entscheidung weist aber auch produktexterne Variablen auf. Die Alleinbezugsvereinbarung als Korrelat der Alleinvertriebsvereinbarung schloss interbrand-Hersteller gleichartiger Karten als potenzielle Lieferanten der Beklagten aus. Ohne wettbewerbsfunktionale oder ökonomisch gerechtfertigte Interessen wäre die Vereinbarung diesbezüglich theoretisch als solche von Unternehmen über produktexterne Wettbewerbsfaktoren subsumierbar, also durch Verbot sanktionsfähig. Es handelt sich hier jedoch um eine typische Vertragsgestaltung, bei der ein Hersteller sich gegenüber seinem Händler verpflichtet, Waren ausschließlich an ihn zu liefern und der Händler sich im Gegenzug verpflichtet, keine gleichartigen Waren von Dritten zu beziehen oder die gelieferte Ware nur an andere als die vorbehaltenen Abnehmer weiterzuverkaufen[546]. Die Alleinbezugsverpflichtung beschränkte die Händlerin mithin in ihrer Handlungsfreiheit, Verträge mit produktexternen Lieferanten zu schließen. Bei funktionsfähigem Wettbewerb haben Alleinbezugsvereinbarungen aber eine Reihe wettbewerblicher Vorteile. So können die Beteiligten durch präzise und langfristige Planung von Herstellung und Vertrieb die Risiken von Marktschwankungen begrenzen und gleichzeitig dazu beitragen, Kosten der Herstellung, Lagerung oder Vermarktung zu senken[547]. Nicht zuletzt aus diesen Gründen waren und sind auch Kombinationen solcher Ausschließlichkeitsverträge nach § 18 GWB a.F. bzw. § 16 GWB wirksam. Die produktexternen Wirkungen der Alleinbezugsvereinbarung betreffen schließlich nicht das Verhältnis der Vertragsparteien, die nach wie vor nur im intrabrand-Wettbewerb zueinander stehen. Nach geltendem Recht sind Bezug ausschließende Vereinbarungen aber grundsätzlich wegen des erschwerten

---

[545] Der BGH verwies die Sache daher zur weiteren Aufklärung an das Berufungsgericht (OLG Celle) zurück, BGH WuW/E BGH 2285, 2288 – „Spielkarten".

[546] *Beier*, ebenda.

[547] Vgl. *Schwintowski*, in: FS Sandrock, 901, 912.

Marktzutritts für Dritte als potenzielle Wettbewerber im Hinblick auf die Zielsetzung des GWB wegen Verstoßes gegen § 1 GWB als verboten bewertet worden[548]. Sie konnten gleichwohl zulässig sein, wenn sie „trotz weitreichender Folgen für Dritte zur Durchsetzung eines auch unter Berücksichtigung der auf die Freiheit des Wettbewerbs gerichteten Zielsetzung des Kartellrechts schutzwürdigen Interesses geboten erscheinen"[549]. Bei Ausschluss oder Schwierigkeiten eines Marktzutritts Dritter sind die Probleme der produktexternen Wettbewerbsfaktorenbetrachtung also mit jenen des aktuellen Rechts vergleichbar. Sie sind allerdings offen für eine Anwendung wirtschaftswissenschaftlicher Ansätze, die das Vorhandensein tatsächlicher Marktzutrittsschranken nach einer Wahrscheinlichkeitsprognose abwägen können, etwa anhand von *economies of scale*, insbesondere der Produktdifferenzierung oder absoluter Kostenvorteile als Eintrittshindernisse[550]. Es müssten also konkrete Anhaltspunkte vorhanden sein, die im Einzelfall gerade eine Ausschließlichkeitsbindung als Auslöser eines erschwerten Marktzutritts identifizieren würden. Ein Verbot von Beschränkungen, die im Zusammenhang mit intrabrand-Vereinbarungen zu Tage treten, scheint danach nur dann gerechtfertigt, wenn eine Analyse des Einzelfalls ergäbe, dass es auf dem relevanten Markt durch die Ausschließlichkeitsbindung tatsächlich zu einer Steigerung der Marktzutrittsprobleme für produktexterne Wettbewerber kommen kann. Dies gilt besonders, wenn aus Gründen der Effizienz ein nachweisbares Interesse der Beteiligten zur Durchführung der intrabrand-Vereinbarungen besteht, die ohne ein Bezugsverbot von Dritten nicht möglich wäre. Für die Bewertung des Spielkartenfalls würde dies bedeuten, dass unter Anwendung des hypothetischen Rechts eine Untersagung des Kooperationsvertrags wegen der Bezugsvereinbarung als solche von Unternehmen über produktexterne Wettbewerbsfaktoren aufgrund ihres Zusammenhangs mit intrabrand-Beschränkungen nicht schon wegen einer möglichen Eignung zur Beschränkung von interbrand-Drittwettbewerb in Betracht gekommen wäre. Darüber hinaus können die wettbewerblichen Erwägungen, die der BGH im Rahmen anzuerkennender Interessen angestellt hat, nunmehr für das interbrand-/intrabrand-Verhältnis im Rahmen des § 16 GWB fruchtbar gemacht werden, soweit es bei der Gesamtmarktbetrachtung daneben auf die ökonomischen Interessen der Beteiligten im Einzelfall ankommt. Der Prüfung eines Konsenses der Marktteilnehmer nach institutionenökonomischen Gesichtspunkten bedarf es nach dem getroffenen Feststellungen bei der Spielkarten-Entscheidung insoweit nicht mehr.

---

548 Vgl. BGH WuW/E BGH 2088, 2090 – „Korkschrot".
549 BGH WuW/E BGH 3137, 3139 – „Solelieferung".
550 Vgl. dazu etwa *Freitag*, WuW 1971, 299, 300; *Jickeli*, Marktzutrittsschranken im Recht der Wettbewerbsbeschränkungen, S. 91.; *Zimmer*, in: I/M, 3. Aufl., § 1 Rn 142.

2. *Druckgussteile-Entscheidung*

In der Entscheidung „Druckgussteile"[551], die bereits im 1. Teil behandelt wurde[552], befasste sich der BGH mit einer zeitlich unbegrenzten Kundenschutzvereinbarung in einem Liefervertrag. Die Klägerin vertrieb als Händlerin spezielle Druckgussteile an ihren Abnehmer ARRI, die sie nicht selbst fertigte, sondern bei den Beklagten zuvor in Auftrag gab und bezog. Die Geschäftsbeziehungen zwischen Klägerin und Beklagten waren durch eine vertragliche Vereinbarung gesichert, die sich über eine Kundenschutzvereinbarung verhielt, wonach es den Beklagten nicht gestattet sein sollte, Vertragspartner der Klägerin zu beliefern oder abzuwerben. Darüber hinaus untersagten konkrete Klauseln einer weiteren Vereinbarung den Beklagten die unmittelbare Belieferung des Kunden ARRI, soweit dies ohne eine Zustimmung oder Zwischenschaltung der Klägerin erfolgen sollte. Im Gegenzug sicherte die Klägerin zu, alle eingehenden Aufträge von ARRI an die Beklagten zu vergeben.

a) Intrabrand-Vereinbarung

Das Berufungsgericht sah in der vertraglichen Verpflichtung der produzierenden Beklagten, gegenüber der Händlerin der Druckgussteile nicht unmittelbar an den belieferten Abnehmer leisten zu dürfen (Belieferungsverbot), eine horizontale Wettbewerbsbeschränkung, weil den Beklagten dadurch untersagt worden sei, in Konkurrenz zur Händlerin zu treten[553]. Entsprechend der bis dahin ständigen Rechtsprechung, unterstellte die Vorinstanz den Parteien insoweit die Verfolgung gleichgerichteter Interessen im Sinne eines gemeinsamen Zwecks: „Die Ausschließung der Beklagten als Wettbewerber sei darauf gerichtet [gewesen, sowohl die] Marktposition der Klägerin [zu] stärken, die als «reine» Händlerin den Wettbewerb der Beklagten als produzierende Händlerin habe fürchten [müssen, als auch diejenige] der Beklagten [zu] stärken, indem sie ihr die Produktion des gesamten [bei der Klägerin bestellten] Bedarfs [...] zusicherte"; beide hätten zudem in Gewinnerzielungsabsicht gehandelt[554]. Im Absatz um die Ware Druckgussteile vereinbarten die Parteien demnach den völligen Ausschluss eines zwischen ihnen sonst möglichen produktinternen Wettbewerbs um den Kunden ARRI, welchen die Klägerin zuvor akquiriert hatte. Dass die Beklagten in der Lage gewesen wären, den Vertrieb an ARRI

---

[551] WuW/E BGH 3115 = GRUR 1997, 675 = WRP 1997, 768 = NJW 1997, 2324 = WuW 1997, 611 – „Druckgussteile".

[552] Dort im Zusammenhang mit der Ablehnung der Abgrenzung anzuerkennender Interessen unter § 1 GWB a.F., siehe oben, 1. Teil, E. II. 4.

[553] OLG München WuW/E OLG 5520 – „Druckgussteile".

[554] OLG München WuW/E OLG 5520, 5522 f. – „Druckgussteile".

auch selbst durchzuführen, zeigte sich, als aufgrund der Abwicklungsschwierigkeiten über die Absatz mittelnde Klägerin fortan die direkte Belieferung selbst organisiert wurde. Die Beschränkung des intrabrand-Wettbewerbs beim Absatz der Druckgussteile erfüllte also scheinbar keine vertrieblichen Rationalisierungsbestrebungen, wie die technischen Abwicklungsprobleme letztlich vermuten lassen. Das vereinbarte Belieferungsverbot galt zuvor jedoch berechtigten Amortisationsinteressen der Klägerin im Absatzverhältnis[555]. Unter besonderer Berücksichtigung der Vereinbarung als Teil eines vertraglichen Leistungsaustausches war denn auch der BGH der Auffassung, dass ein Verbot des gesamten Kundenschutzabkommens nach § 1 GWB a.F. rechtlichen Bedenken begegne. Der Senat unterschied sie zwar von den anderen vertikalen Ausschließlichkeitsbindungen, weil sich die Parteien hinsichtlich des Handels mit Druckgussteilen auf demselben Markt als potenzielle Wettbewerber gegenübergestanden und die Absprachen insoweit unbeschadet unterschiedlicher Marktstufen auch horizontale Wirkungen gehabt hätten[556]. Er begründete aber durch Abwägung wettbewerblicher Interessen die Erforderlichkeit der horizontalen Wettbewerbsbeschränkung im Sinne anzuerkennender Interessen. Dies tat er allerdings nicht im Wege einer Einzelfallprüfung, die nahe gelegen hätte. Vielmehr beschränkte sich der BGH auf allgemeine Wertungen über Ausschließlichkeitsbindungen, die positive Wirkungen auf das Wettbewerbsgeschehen mit sich gebracht hätten. Sie seien erforderlich gewesen, um zusätzliche Leistungen im Absatzmittlungsverhältnis zu ermöglichen und hätten in der Regel eine Belebung des Wettbewerbs zur Folge, indem die Absatzmittler besondere Anstrengungen unternähmen, um die Marktchancen des Herstellers zu erhöhen[557]. Diese Erforderlichkeit sah das OLG München als Vorinstanz nicht[558], das freilich noch nach dem Maßstab gleichgerichteter Interessen entschieden hatte. Als reine intrabrand-Vereinbarung über produktinterne Wettbewerbsfaktoren fiele das Belieferungsverbot nach hiesigem Ansatz schon tatbestandlich nicht unter ein Kartellverbot. Es bliebe nur Raum für eine Verhaltenskontrolle im Wege der Missbrauchsaufsicht nach § 16 GWB. Zur dortigen Überprüfung der intrabrand-Beschränkung wären die Wertungen des BGH im Einzelfall heranziehbar. Insbesondere im Hinblick auf eine mögliche Belebung des produktexternen Wettbewerbs durch die intrabrand-Beschränkung wäre zu prüfen, ob die unbefristete Kundenschutzzusage als kartellrechtlich unbedenklich anzusehen wäre. Stünden dagegen gesamt-

---

[555] Für ein überwiegendes Amortisationsinteresse sprechen sich neben dem BGH aus: *Fritzsche*, ZHR 160 (1996), 31, 39; *Peters*, Ausschließlichkeitsbindungen und Kartellverbot, S. 53.

[556] BGH WuW/E BGH 3115, 3118 – „Druckgussteile".

[557] BGH WuW/E BGH 3115, 3119 – „Druckgussteile" unter Bezugnahme auf *Baums*, JuS 1990, 608, 610.

[558] OLG München WuW/E OLG 5220, 5523 f. – „Druckgussteile".

wirtschaftlich überwiegende – verbotswürdige – Nachteile für den Wettbewerb im Raum, weil durch die intrabrand-Vereinbarung eine spürbare[559] interbrand-Wettbewerbsbeschränkung bewirkt oder bezweckt wurde, käme ein Verbot wegen Vereinbarung von Unternehmen über produktexterne Wettbewerbsfaktoren in Betracht. Überwiegende Nachteile für den interbrand-Wettbewerb könnten hier aber nicht schon darin gesehen werden, dass rein technische Probleme bei der Abwicklung des Vertriebs über die Absatzmittlerin möglicherweise zu einer Schwächung der Herstellerin im produktexternen Wettbewerb führten. Über entsprechende Folgen wird im Druckgussteile-Fall nichts gesagt. Auch einen Imageschaden scheint es nicht gegeben zu haben, da die Kunden der Händlerin dem Herstellerprodukt über den alternativen Direktbezug von der Herstellerin treu blieben. Die Vereinbarung wäre daher auch nach hiesigem Gesichtspunkt wirksam.

Im Übrigen dürften die Umstände des Falls im Rahmen einer institutionenökonomischen Konsensprüfung innerhalb der Gesamtmarktanalyse zu einem sozial- und wettbewerbsverträglichen Ergebnis geführt haben. Fraglich scheint insoweit, ob wegen Wirksamkeit der intrabrand-Beschränkungen mit dem BGH davon ausgegangen werden sollte, dass die Herstellerin sich durch die Direktbelieferung schadenersatzpflichtig gemacht hat. Das händlerseitige Amortisationsinteresse hinsichtlich Investitionen für den Endkundenvertrieb[560] dürfte spätestens dann hinter ein wirtschaftliches Interesse der Herstellerin an reibungsloser Versorgung zu treten haben, sobald in der Sphäre der Händlerin gravierende Vertriebsprobleme entstehen, insbesondere wenn der Absatzmittler – wie hier – ein exklusives Alleinvertriebsrecht hat. Schließlich hält der BGH sogar ein Bezugsverbot von interbrand-Waren durch den Absatzmittler als Ausgleich für die ständige Lieferbereitschaft des Herstellers für angemessen[561]. Diese Lieferbereitschaft des Herstellers ist aber gerade Ausfluss einer angestrebten effektiven Verbraucherversorgung mit dem intrabrand-Produkt durch den Absatzmittler. Kann Letzterer den Wiederverkauf nicht mehr gewährleisten, stellt sich der Direktvertrieb als Äquivalent einer früheren Lieferbereitschaft dar. Welche Interessen jeweils überwiegen können, sollte gleichwohl einer Abwägung des Einzellfalls vorbehalten bleiben. Denn die Ablehnung von Schadensersatzansprüchen wegen Direktbelieferung würde

---

[559] Das Erfordernis der Spürbarkeit hat auch der BGH hervorgehoben, WuW/E BGH 3115, 3120 – „Druckgussteile". Das OLG sah eine spürbare Beeinflussung von ARRI als gegeben, weil für diese eine faktische Unmöglichkeit zum Ausweichen auf Dritte bestanden hätte, und zitiert an dieser Stelle *Emmerich*, der meint, dass Parteien eines Vertrags diesen nicht schlössen, würden sie sich davon nicht eine spürbare Beeinflussung erhoffen; OLG München WuW/E OLG 5220, 5523 – „Druckgussteile".

[560] Vgl. dazu *Peters*, Ausschließlichkeitsbindungen und Kartellverbot, S. 52 f.

[561] BGH WuW/E BGH 3115, 3119 – „Druckgussteile".

letztlich die Wirksamkeit einer intrabrand-Beschränkung konterkarieren. Insofern wird man dem Hersteller nicht weniger das wirtschaftliche Risiko aufbürden können, den Absatzmittler so sorgsam auszuwählen, dass technische Probleme möglichst ausgeschlossen sind. Ein Absatzmittler hat schließlich auch ein berechtigtes Interesse an seinem rechtmäßigen, weil wirksamen Alleinvertriebsrecht festhalten zu dürfen, insbesondere wenn er offensichtlich kein Bestreben zeigt, auf interbrand-Anbieter ausweichen zu wollen, weil dies erneute Investitions- und Akquisekosten verursachen würde. Wird die Auffassung des BGH hinsichtlich einer Schadensersatzpflicht wegen der Direktbelieferung deshalb geteilt, wäre der Herstellerin hier zumindest zu raten gewesen, auf eine entsprechende Belieferungserlaubnisklausel für den Fall unzureichender oder uneffektiver Leistungsmöglichkeit ihrer Absatzmittlerin zu bestehen. Im Umkehrschluss wäre der Händlerin dann eine Bezugsverbot von Waren produktexterner Wettbewerber nicht mehr zumutbar.

b) Interbrand-Wettbewerbsbeschränkung

Als ausschließlich nach § 18 Abs. 1 Nr. 2 GWB a.F. überprüfbare, wirksame vertikale Bezugsbindung wertete der BGH die vertragliche Untersagung, wonach die Klägerin nur von den Beklagten Druckgussteile beziehen dürfen sollte[562]. Die Bezugsbindung für die Händlerin führte zum Ausschluss einer Ausweichoption auf interbrand-Waren möglicher anderer Hersteller. Sie würde damit – ähnlich dem Fall Spielkarten – als Vereinbarung von Unternehmen über produktexterne Wettbewerbsfaktoren theoretisch unter das neu zu formulierende Kartellverbot fallen können. Damit wäre jedoch eine Entscheidung über die Sanktionierbarkeit des ausschließlichen Bezugs gefällt, die die Abgrenzungsprobleme des alten Rechts wieder heraufbeschwören würde. Zutreffend hat der BGH die Bezugsbindung als Äquivalent für die ständige Leistungsbereitschaft der Beklagten gewertet, die keinem über den Leistungsaustausch hinausgehenden Zweck gedient hätte. Die Klausel war also nur zur Sicherung zukünftiger Belieferung mit intrabrand-Druckgussteilen der Beklagten vereinbart worden. Auf die Frage der Erforderlichkeit solcher Bezugsbindungen geht der Senat in dieser Entscheidung nicht weiter ein. Sie wäre mit allgemeinen Erwägungen auch nur schwerlich zu begründen. Den Auswirkungen auf den jeweils relevanten Produktmarkt wird damit unzureichend Beachtung geschenkt[563]. Das Bezugsverbot bezog sich auf interbrand-Druckgussteile produktexterner Wettbewerber, also den relevanten Absatzmarkt für Druckgussteile. Im Hinblick

---

[562] Ebenso das OLG München WuW/E OLG 5520, 5522 – „Druckgussteile", das von einer vertikalen Bindung der Klägerin an die Beklagten als Herstellerinnen nach § 18 Abs. 1 Nr. 2 GWB a.F. ausging.

[563] Dazu mehr in der nachfolgenden Beurteilung des Bediside-Testkarten-Falls.

auf diesen Absatzmarkt hatte sich die Beklagte zur ausschließlichen Produktion für die Klägerin verpflichtet. Ihr war es daher in der Tat nicht anders als über die korrespondierende Bezugsverpflichtung möglich, selbst als interbrand-Marktteilnehmerin aufzutreten. Die Tatbestandsmäßigkeit als interbrand-Beschränkung wäre also nach hiesigem Ansatz im Rahmen der Gesamtmarktprüfung des § 16 GWB zu verneinen, weil die Beschränkung zur Durchführung dieser Verträge auch im Sinne des institutionenökonomischen Konsensmodells erforderlich war und so die wettbewerbsbeschränkenden produktexternen Folgen durch eine Belebung des Wettbewerbs gesamtwirtschaftlich ausgeglichen werden konnten.

3. Bedside-Testkarten-Entscheidung

Auch im Bedside-Testkarten-Fall[564] musste der Senat über einen Alleinvertriebs- und Vertragshändlervertrag entscheiden, den die Vorinstanz unter § 1 GWB a.F. subsumiert hatte. Die Klägerin, Produzentin der von ihr entwickelten Blutgruppen-Testkarten, betraute die Rechtsvorgängerin der Beklagten mit dem alleinigen Vertrieb und verpflichtete sich im Gegenzug, in dem näher bezeichneten Gebiet keine anderen Händler zum Absatz der Testkarten einzusetzen. Entsprechend der vertraglichen Option wurde der Beklagten das alleinige Vertriebsrecht übertragen. Die Klägerin versuchte die Beklagte im Rahmen vertraglicher Nachverhandlungen zu verpflichten, nur von ihr stammende Karten weiterzuverkaufen. Hierüber kam es zwischen den Parteien zum Streit, in dessen Folge die Beklagte begann, auch aufgrund einer (später zurückgenommenen) Kündigung des Vertragsverhältnisses durch die Klägerin, gleichartige Testkarten anderer Hersteller zu vertreiben. Der BGH hielt den Vertrag – zutreffend – für kartellrechtlich wirksam und sah im Verhalten der Beklagten, produktexterne Waren abzusetzen, einen schadensersatzpflichtigen Verstoß[565].

a) Intrabrand-Vereinbarung

Hinsichtlich der Vertriebsvereinbarung bestand zwischen den Beteiligten ein aktuelles intrabrand-Wettbewerbsverhältnis. Die Klägerin war an einer Direktbelieferung der Kunden der Beklagten gehindert und darüber hinaus verpflichtet, keine weiteren produktinternen Absatzmittler einzusetzen (Gebietsschutz). Im Gegenzug war es der Beklagten verwehrt, an Kunden der Klägerin zu

---

[564] BGH WuW/E BGH 3121 = WuW 1997, 617 = NJW-WettbR 1997, 211 – „Bedside-Testkarten".

[565] BGH WuW/E BGH 3121, 3126 f. – „Bedside-Testkarten".

liefern, die bei Vertragsschluss bereits zu deren Kundenkreis gehörten. Beide Vereinbarungen wären bei Anwendung des hypothetischen Rechts als solche über produktinterne Wettbewerbsfaktoren nur der Verhaltenskontrolle nach § 16 GWB unterworfen. Die damit einhergehenden Wirkungen für den produktexternen Wettbewerb könnten also erst dann etwaig zu einem Verbot führen, wenn überwiegende wettbewerbliche Interessen feststellbar wären, die zu nicht hinnehmbaren Nachteilen für den interbrand-Wettbewerb führen würden. Dies ist im vorliegenden Fall zu verneinen. Denn auf dem relevanten Markt der Bedside-Testkarten konnte die Klägerin mit Ausnahme der wenigen ihr verbliebenen Direktkunden nur noch über die Beklagte wirksamen produktexternen Wettbewerb gegenüber anderen Herstellern betreiben. Die intrabrand-Vereinbarung trug insoweit also durch die Kundenaufteilungs- und Gebietsschutzklausel zur Belebung des interbrand-Wettbewerbs im Blutgruppen-Schnelltestmarkt bei.

b) Interbrand-Wettbewerbsbeschränkung

Von größerer Bedeutung war in diesem Fall die im Übrigen unmittelbar aus dem Vertrag resultierende Wettbewerbsbeschränkung für potenziell gleichartige produktexterne Waren Dritter. Durch die streitbegründende, vertragsmodifizierende[566] Bezugsbindung sollte es der Händlerin verwehrt sein, marktfähige Produkte anderer interbrand-Hersteller zu erwerben und mit diesen in produktexternen Wettbewerb zur Herstellerin zu treten. Das OLG Karlsruhe sah darin eine spürbare Wettbewerbsbeschränkung im Sinne des § 1 GWB a.F., weil keine zur Durchführung des Absatzvertrages notwendige Beschränkung indiziert gewesen sei und der Markt durch den Vertrieb der Testkarten eine maßgebliche Einschränkung erfahren habe, da die Erzeugnisse der Klägerin (Marktanteil 10-20%) und ihrer sechs Mitbewerber nicht durch andere Produkte hätten ersetzt werden können[567]. Diese Aussage dürfte so zu verstehen sein, dass die Vorinstanz auf dem relevanten Markt eine mangelnde Substituierbarkeit mit vergleichbaren Erzeugnissen Dritter aus anderen als Blutgruppen-Testkarten-Märkten feststellte, die sie trotz möglichen Ansporns für interbrand-Wettbewerber gleichartiger Bluttestsysteme[568] gesamtwirtschaftlich nicht für ausgeglichen hielt. Das OLG stellte lediglich fest, die Klägerin sei als nicht nur vorgelagerte Lieferantin [intrabrand-]Wettbewerberin gewesen, die an

[566] So der BGH WuW/E BGH 3121, 3126 – „Bedside-Testkarten".
[567] OLG Karlsruhe WuW/E OLG 5478, 5483/84 – „Bedside-Testkarten".
[568] Also nicht Substitutionsprodukte Dritter, sondern den Anforderungen der Kunden entsprechende produktexterne Systeme, die aus deren Sicht wettbewerbliche Surrogate darstellen (vgl. dazu oben, 2. Teil, A. II. 1. c), aa)).

verfügbare Abnehmer lieferte[569]. Der BGH wies dagegen darauf hin, dass der wechselseitige Ausschluss, von Dritten Waren zu beziehen oder an diese abzugeben, stets ein typischer Fall des § 18 Abs. 1 Nr. 2 GWB a.F. und die Vereinbarung damit zunächst wirksam gewesen sei[570]. Ein Verbot sei trotz horizontaler Dimension der Beschränkung nach § 1 GWB a.F. deshalb nicht in Betracht gekommen, weil – wie im Falle Druckgussteile – die Verpflichtung des Händlers, Vertragswaren ausschließlich bei der Klägerin zu beziehen und keine [interbrand-] Konkurrenzwaren zu führen, als Korrelat zur ständigen Lieferbereitschaft der Herstellerin und somit zur Erreichung des kartellrechtlich neutralen Hauptzwecks des Vertrags erforderlich gewesen sei[571]. In der Tat wird dem BGH zuzustimmen sein, dass auf Seiten eines Herstellers grundsätzlich Interesse besteht, den exklusiven Absatzmittler, dem er den Vertrieb ausschließlich in die Hand gegeben hat, auf seine intrabrand-Erzeugnisse zu fokussieren und dies als wettbewerblich schützenswert durch ein Bezugsverbot produktexterner Waren zu sichern. Allerdings sind die Einwände der Vorinstanz nicht per se obsolet. Das OLG hat erfreulicherweise insbesondere auf die Geschehnisse des relevanten Markts abgestellt. Es hat damit zutreffend einen Schwerpunkt auf die Prüfung der Marktwirkungen hinsichtlich gleichartiger Produkte im Parallelprozess gelegt. Dies hebt die Notwendigkeit einer produktbezogenen Einzellfallprüfung hervor. Es entspricht dem diesseitigen Neuansatz, im Kollisionsfall von Parallel- und Austauschprozessen im Wege einer konkreten Güterabwägung zu prüfen, inwieweit produktexterner Wettbewerb zu Gunsten eines durch intrabrand-Beschränkungen geschützten funktionierenden Warenaustauschs einzuschränken ist[572]. Die bisher allgemeine Prüfung des BGH, ob das Wettbewerbsverbot zur Durchführung des Austauschvertrages erforderlich sei, wird diesem Anspruch nicht hinreichend gerecht, weil nicht eindeutig hervorgeht, ob sich das jeweilige Verbot nur auf das ausgetauschte intrabrand- oder auch auf gleichartige interbrand-Wirtschaftsgüter bezieht. Die Vereinbarung der Beteiligten hat nach Auffassung des OLG Karlsruhe im hiesigen Fall den Markt spürbar beschränkt, weil es gar keine substitutionsfähigen Produkte anderer Hersteller neben den interbrand-Anbietern gegeben habe, die ebenso zur kurzfristigen Bestimmung von Patienten-Blutgruppen getaugt hätten und die Klägerin bis 20% der interbrand-Marktnachfrage Blutgruppen-Testkarten abgedeckt habe. Damit ist nicht zuletzt der fehlende Anreiz für Dritte angesprochen, mit der Entwicklung substituierbarer Produkte auf den Markt zu kommen. Solche Bestrebungen wurden indes durch die Vereinbarung der Beteiligten nicht mehr eingeschränkt, als der

---

[569] OLG Karlsruhe WuW/E OLG 5478, 5483 – „Bedside-Testkarten".

[570] BGH WuW/E BGH 3121, 3124 – „Bedside-Testkarten".

[571] BGH WuW/E BGH 3121, 3125 – „Bedside-Testkarten" (am Ende).

[572] So zur Immanenztheorie und im Zusammenhang mit § 1 GWB a.F. schon *Schwarz*, Kartellverbot, S. 148.

eigentliche interbrand-Wettbewerb für Blutgruppen-Testkarten selbst. Insofern scheint die produktbezogene Argumentation des OLG etwas schief. Es kann im Ergebnis nur darauf ankommen, ob eine Abwägung im Einzelfall den Schluss zugelassen hätte, ob die intrabrand-Bindung zwischen Klägerin und Beklagter ohne die Bezugsbindung durchsetzbar gewesen wäre und deshalb die händlerbezogene Beschränkung des produktexternen Wettbewerbs etwaig positive Effekte für den interbrand-Wettbewerb insgesamt mit sich gebracht hätte. Der Vertriebsvertrag der Parteien verhielt sich über den weitgehend exklusiven Absatz der Bedside-Testkarten (intrabrand-Ware) der Klägerin im Blutgruppen-Schnelltest-Markt von Krankenhäusern. Das streitgegenständliche Bezugsverbot bezog sich ebenfalls auf den Vertrieb der intrabrand-Testkarten und schloss in diesem Markt interbrand-Produkte vom Vertrieb durch die Beklagte aus. Neben ihrem spärlichen Direktkundenvertrieb konnte die Klägerin so sicherstellen, dass ihre Bluttestkarten einen darüber hinausgehenden Kundenstamm erreichen konnten. Wie der BGH ausführt, „muss der Produzent daher erwarten [können], dass der Händler bei der Vertragsware seine Bemühungen auf die Erzeugnisse des Herstellers konzentriert."[573] Ohne es näher auszuführen hält der BGH – im Ergebnis zutreffend – die Förderung des Vertriebs der herstellereigenen Testkarten im Wettbewerb mit interbrand-Produkten für erstrebenswert und insoweit den Ausschluss einer Rückgriffsmöglichkeit produktexterner Hersteller auf die Absatzdienstleistung der Beklagten demgegenüber für vernachlässigenswert. Eine produktorientierte Einzelfallanalyse kommt folglich entgegen der Annahme des OLG Karlsruhe im Rahmen des § 16 GWB zu dem Ergebnis, dass das Interesse an produktinterner Vertriebsbeschränkung durch Steigerung des herstellereigenen Absatzes gesamtwirtschaftlich die Nachteile und das Wettbewerbsinteresse für Dritte überwogen hätte und somit institutionenökonomisch konsensfähig gewesen wäre.

4. Solelieferung-Entscheidung

Im Gegensatz zu den Entscheidungen „Druckgussteile" und „Bedside-Testkarten" bekommt die Frage produktorientierter Wettbewerbsbegutachtung einen nochmals erweiterten Stellenwert. Bei der Solelieferung-Entscheidung[574] ging es im Wesentlichen um das ausschließliche Bezugsrecht von Badehaussole in einem Grundstückstauschvertrag. Die beklagte Gemeinde räumte dem Kläger bzw. dessen Rechtsvorgänger unentgeltlich den ausschließlichen Bezug von Sole

---

[573] BGH WuW/E BGH 3121, 3126 – „Bedside-Testkarten".

[574] WuW/E BGH 3137 = GRUR 1997, 937 – WRP 1997, 1192 – „Solelieferung". WuW im Titel und Teile der Literatur sprechen vereinfacht auch von „Sole"-Entscheidung. Da die Lieferbeziehung im Vordergrund steht, wird der Begriff Solelieferung verwandt.

aus der gemeindeeigenen Schwefel- und Solequelle für medizinische Anwendungen im Badehaus des Klägers auf dem Nachbargrundstück ein. Die Gemeinde hatte sich verpflichtet, die Badesole nicht an Konkurrenzunternehmen des Klägers zu liefern. Den Vorinstanzen, die den Vertrag als Kartellvertrag titulierten, folgte der BGH nicht, sondern verwies zur weiteren Aufklärung zurück[575].

a) Intrabrand-Vereinbarung

Aus Sicht des hier vertretenen Ansatzes ist der Solelieferung-Fall speziell wegen des fehlenden Einflusses der Bezugsbindung auf produktexterne Wettbewerbsfaktoren von besonderem Interesse. Die Sole ist im relevanten lokalen Markt ein monopolistisch-homogenes Gut. Anbieter gleichartiger interbrand-Sole außerhalb der liefernden Gemeinde waren nicht vorhanden. Im Gegensatz zu den voran besprochenen Fällen hat das ausschließliche Bezugsrecht damit reine intrabrand-Qualität. Alle auf diese Weise ausgeschlossenen Konkurrenzunternehmen im Badehaus-Markt mit medizinischen Anwendungsmöglichkeiten, die als Abnehmer von Sole des Gemeindegrundstücks neben dem Kläger in Betracht gekommen wären, hätten in einem intrabrand-Wettbewerbsverhältnis zum Kläger gestanden. Als Vereinbarung über produktinterne Wettbewerbsfaktoren unterfiel die Bindung nach hiesigem Verständnis erneut nur der Missbrauchsaufsicht eines neu formulierten § 16 GWB. Nach GWB in der Fassung von 1999 wäre überhaupt nur noch eine Missbrauchsaufsicht begründet, weil die Vertragsparteien selbst auf absehbare Zeit in keinerlei Wettbewerbsverhältnis zueinander standen. Es würde bereits an dem Merkmal eines zwischen den Parteien beschränkten Wettbewerbs gefehlt haben, weil die Gemeinde selbst kein Badehaus betrieb und auch keine diesbezüglichen Absichten hegte. Darüber hinaus ist die potenziellen Drittwettbewerb im intrabrand-Verhältnis ausschließende Beschränkung nach überwiegender Auffassung nicht mehr erfasst[576]. Das OLG Celle und der BGH hatten sich in der Solelieferung-Entscheidung dagegen noch mit dem gemeinsamen Zweck auseinander zu setzen. Der BGH prüfte die die Ausschließlichkeitsbindung begleitende Belieferungspflicht des Klägers als möglichen Fall des Kartellverbots[577] sowie wegen des Ausschlusses potenzieller

---

[575] Vgl. näher zum Tatbestand die folgenden Ausführungen als auch oben, 1. Teil, II. 4 a) bb).

[576] HM, vgl. *Baums*, ZIP 1998, 233, 235; *K. Schmidt*, AG 1998, 551, 560; *Bunte*, DB 1998, 1748, 1749 (mit alternativem Auslegungsvorschlag); *Huber*, in: FK Kurzdarstellung zu § 1 n.F. Rnrn. 15, 47 ff.; *Zimmer*, in: I/M, 3. Aufl., § 1 Rn. 181; *Bechtold*, Kartellgesetz, § 1 Rn. 22; a.A. *Kahlenberg*, BB 1998, 1593, 1594.

[577] BGH WuW/E BGH 3137, 3137 f. – „Solelieferung".

Drittwettbewerber im Horizontalverhältnis[578]. Auf die Belieferungspflicht des Klägers braucht in Anbetracht des neuen Rechts und der diesbezüglich fallimmanenten Übereinstimmung mit dem hiesigen intrabrand-Ansatz nicht weiter eingegangen zu werden.

b) Monopolistischer intrabrand-Wettbewerber-Ausschluss

Indes kann die Beschränkung von Drittwettbewerb nicht außen vor bleiben[579]. Aus Gründen des Drittschutzes hat der BGH unter § 1 GWB a.F. vom Ergebnis her zu Recht auch Wettbewerbsbeschränkungen geprüft, bei denen ohne Wettbewerbsverhältnis der Beteiligten durch Ausschließlichkeitsbindungen zumindest Konkurrenten eines der Beteiligten betroffen waren und die Parteien dies bezweckten, bzw. die Erschwerung des Marktzutritts für Dritte als potenzielle Wettbewerber erschwert wurde[580]. Bei Gütern, die wie im vorliegenden Fall gebietsmonopolistisch nur von einem Lieferanten abgenommen werden können, muss in einem Prozess der Abwägung wirtschaftlicher Interessen entschieden werden, ob die produktinterne Alleinbezugsbeschränkung zur Erfüllung des damit verfolgten wettbewerblichen Zwecks gerechtfertigt scheint. Für den Kläger könnte der ausschließliche Bezug der gemeindlichen Sole ein Angebot entsprechender medizinischer Badeleistungen überhaupt erst wirtschaftlich erstrebenswert gemacht haben[581]. Insoweit dürfte die exklusive Lieferung erforderlich gewesen sein, um die Wiedereröffnung des Badehauses auf dem Grundstück des Klägers zu ermöglichen. Da intrabrand-Konkurrenten dadurch die einzig verfügbare Quelle sozusagen versiegt war, sind die wettbewerblichen Interessen des Klägers tatsächlich nur solange berechtigt, wie nicht überwiegende Interessen wettbewerblicher Handlungsfreiheiten Dritter diesen entgegenstünden. Als institutionenökonomisches Konsensparadigma könnte hier die Grenze bei Erreichen der Kostenamortisation des Bezugsrechtsinhabers dienen. Insoweit wäre ein umgekehrter Maßstab anzusetzen, als jener des BGH zu § 1 GWB a.F. Die Rechtsprechung hielt die Erschwerung des Marktzutritts Dritter allenfalls unter besonderen Umständen für zulässig, wenn sie trotz der weit reichenden Folgen für Dritte zur Durchsetzung eines auch unter Berücksichtigung der auf die Freiheit des Wettbewerbs gerichteten Zielsetzung des Kartellrechts

---

[578] BGH WuW/E BGH 3137, 3139 – „Solelieferung".

[579] Vgl. dazu oben, 2. Teil, B. II. 3. a) cc).

[580] Vgl. BGH WuW/E BGH 1332 ff. – „Bahnen aus Kunststoff", WuW/E BGH 2088 ff. – „Korkschrot"; zuletzt WuW/E DE-R 115 ff. – „Carpartner".

[581] Dies prüfte auch der BGH, konnte aber ohne weitere Aufklärung durch das Berufungsgericht nicht entscheiden; WuW/E BGH 3137, 3138 f. – „Solelieferung".

schutzwürdigen Interesses geboten erschien[582]. Nach diesseitiger Auffassung sollte eine intrabrand-Beschränkung stets zulässig sein, solange nicht überwiegende gesamtwirtschaftliche Erwägungen oder kartellrechtliche Freiheitsinteressen im Einzelfall ökonomisch gegen ein Festhalten an der Ausschließlichkeitsbindung sprechen. Dies wäre etwa anzunehmen, wenn bei monopolistischen Wirtschaftsgütern eine zeitliche Begrenzung des ausschließlichen Bezugs ausgeschlossen ist und ein Konsens der Marktteilnehmer damit zu Recht ausgeschlossen wäre.

5. Subunternehmervertrag-Entscheidung

Wesentlicher Inhalt der Subunternehmervertrag-Entscheidung[583] aus dem Jahre 1998 war ebenfalls eine Kundenschutzklausel im Zusammenhang mit einem Wettbewerbsverbot. Die Parteien waren interbrand-Wettbewerber eines lokalen Markts für Gebäudereinigung. Sie schlossen einen Rahmenvertrag, wonach der Kläger für den Beklagten als Subunternehmer tätig werden sollte. Dem Kläger war es untersagt, Arbeitskräfte abzuwerben oder zukünftig noch als Konkurrent aufzutreten. Auch verpflichtete er sich gegenüber dem Beklagten, seine Subunternehmertätigkeit informatorisch nicht an Kunden weiterzutragen oder diese gar abzuwerben. Für die Zeit nach Beendigung des Rahmenvertrages war weiterhin ein einjähriges Wettbewerbsverbot vereinbart. Wegen zweier Kunden des Beklagten, die den Kläger später unmittelbar beauftragten, kam es zwischen den Beteiligten zum Streit.

a) Intrabrand-Vereinbarung

Durch die vereinbarte Kooperation der Parteien gab der Beklagte seine Gebäudereinigungstätigkeit auf. Der produktexterne Wettbewerb hinsichtlich des eigentlichen Reinigungsbetriebs kam so zum Erliegen und wandelte sich zum intrabrand-Verhältnis, indem der Beklagte zum reinen Akquisiteur avancierte. Als Generalunternehmer war er fortan quasi Händler der gewerblichen Leistung des Klägers, an den er 80% der Einkünfte von den Kunden abführte. Das dafür verlangte Wettbewerbsverbot war im Prinzip ein produktinterner „Direktleistungsverzicht" des Klägers, vergleichbar mit einem Hersteller, der seinen Vertrieb ausschließlich über den Absatzmittler organisiert. Insofern sind die Feststellungen aus den vorangegangenen Entscheidungen teilweise übertragbar.

---

[582] Vgl. BGH WuW/E BGH 3137, 3139 – „Solelieferung".

[583] BGH WuW/E DE-R 131 ff. = NJW-RR 1508 = ZIP 1998, 1159 ff. – „Subunternehmervertrag" (auch als „Eintritt in Gebäudereinigungsvertrag" tituliert, WuW/E DE-R 131 ff.); vgl. schon oben, 1. Teil, E. II. 4 b).

Die exklusive Bindung an den Beklagten durch den Rahmenvertrag kann als Vereinbarung über produktinterne Wettbewerbsfaktoren charakterisiert werden, womit die Maßstäbe über die Beurteilung von intrabrand-Vereinbarungen Anwendung finden. Die Bindung an das Generalunternehmen des Beklagten unterliegt somit lediglich der Missbrauchsaufsicht des § 16 GWB, ist also kartellrechtlich wirksam, es sei denn, es lägen Untersagungsgründe vor. Nur über die intrabrand-Wettbewerbsbeschränkung konnte der Beklagte hier sichergehen, seine Kosten für die Kundenakquise zu erwirtschaften, ohne befürchten zu müssen, dass der Kläger eigeninitiativ handelt[584]. Dementsprechend hat schon der BGH angenommen, dass ein ausgewogener Leistungsaustausch zwischen den Beteiligten empfindlich gestört worden wäre, hätte der Subunternehmer, der bei der Vertragsabwicklung zwangsläufig mit den Kunden in Kontakt trat, an Stelle desselben unmittelbare Vertragsbeziehungen knüpfen dürfen[585]. Einmal mehr verstieß eine Schutzklausel nicht gegen § 1 GWB a.F., weil sie als Nebenabrede in einem Austauschvertrag vereinbart worden war und eine entsprechende Notwendigkeit zur Realisierung des an sich kartellrechtsneutralen Hauptzwecks des Austauschvertrages (Subunternehmervertrag) bestanden habe[586]. Der Senat wandte seine Formel anzuerkennender Interessen hier an, ohne im Schatten der 6. Novelle des GWB nochmals auf den gemeinsamen Zweck zu rekurrieren. In der Entscheidung Subunternehmervertrag divergieren die Ergebnisse des BGH zu § 1 GWB a.F. und dem Neuansatz im Ergebnis nicht. Die intrabrand-Analyse würde es allerdings erst gar nicht nötig gemacht haben, im Hinblick auf die Kundenschutzklausel als Teil des Wettbewerbsverbots während der Laufzeit des Leistungsaustauschverhältnisses in eine Prüfung des Kartellverbots einzusteigen.

b) Interbrand-Wettbewerbsbeschränkung

Etwas anderes könnte jedoch für das nachvertragliche Wettbewerbsverbot gelten. Dieses dient wiederum der Verhinderung produktexternen Leistungswettbewerbs zwischen dem Kläger und dem Beklagten nach Beendigung der austauschvertraglichen Beziehungen. Es hat zwei Dimensionen: Zum einen schützt es den Beklagten, der durch seine reine Vermittlerrolle nicht mehr das erforderliche

---

584 Dies sah die Vorinstanz anders. Sie hielt die strafbewehrte Konkurrenzschutzklausel nach § 1 GWB a.F. für nichtig, da sie objektiv geeignet gewesen sei, die Marktverhältnisse zu beeinflussen. Auch die Immanenztheorie sei hier wegen der Einbeziehung von Kunden, die der Beklagte nicht akquiriert hatte mangels Notwendigkeit zum Ausgleich des Äquivalenzverhältnisses nicht anwendbar gewesen; OLG Stuttgart WuW/E OLG 5903, 5904 f. – „Eintritt in Gebäudereinigungsvertrag".

585 Vgl. BGH ZIP 1998, 1159, 1161 – „Subunternehmervertrag".

586 Kundenschutzklauseln sind unproblematisch, solange ein zeitlich begrenztes Maß enthalten ist, *Emmerich*, JuS 1998, 272, 273.

Personal, Material und die übrige Ausstattung gehabt haben wird, um Gebäudereinigungsverträge selbstständig erfüllen zu können, die zuletzt nur der Kläger erbrachte. Dem Beklagten wird so die Chance eröffnet, nach der Kündigung neue Verträge mit produktexternen Wettbewerbern des Klägers als neuen Subunternehmern zu schließen. Dies bringt einen positiven Effekt für den übrigen interbrand-Wettbewerb mit sich. Zum anderen behindert es aber den Kläger, den vormals vom Beklagten gewonnenen Kunden seine gewerblichen Leistungen nunmehr selbst als produktexterner Wettbewerber des Beklagten anzubieten. Als Annex für die Akquiseleistung aus dem Subunternehmervertragsverhältnis dürfte dies gleichwohl hinnehmbar sein, so dass keine Veranlassung besteht, die Einjahresfrist als Vereinbarung von Unternehmen über produktexterne Wettbewerbsfaktoren mit einem kartellrechtlichen Verbot zu sanktionieren. Diese Frage erscheint hier nur noch als Sachverhaltswertung, die dogmatisch kaum von überragendem Erkenntniswert für eine zukünftig generelle Analyse anhand von interbrand- und intrabrand-Kriterien sein dürfte. Sie verdeutlicht indes, wie groß der Bedarf an Einzelfallanalyse im Grenzbereich von interbrand-Verbot und intrabrand-Vereinbarungen ist. Die analytischen Maßstäbe der Rechtsprechung sind hierfür durchaus wertvoll und stimmen im vorliegenden Fall mit der Ergebnisanalyse überein. Der BGH hat in der Subunternehmervertrags-Entscheidung letztlich andeutungsweise offen gelegt, dass es sich bei der Frage, ob gewisse Wettbewerbsverbote kartellfrei sind, tatsächlich um Einzellfallabwägungen handelt[587], dies insbesondere, weil er seine Entscheidung ohne Ausführungen zum gemeinsamen Zweck traf. Nach Wiederholung der allgemeinen Ausführungen zur wertenden Betrachtungsweise anzuerkennender Interessen in den Entscheidungen Druckgussteile, Bedside-Testkarten und Solelieferung, evaluierte der Senat Aufgaben und Risikoaufteilung der Parteien im konkreten Fall. Er kam zu dem Schluss, dass der Leistungsaustausch gestört gewesen sei und der Kläger sich hinsichtlich der Ausnutzung einer erfolgreichen Kundenwerbung durch den Beklagten illoyal verhalten habe. Allerdings hielt er die Gefahr der illoyalen Ausnutzung durch unmittelbare vertragliche Beziehungen zu ehemaligen Kunden des Beklagten ab dem Moment nicht mehr für gegeben, als sie nach Ablauf des Zeitraums begründet worden waren, in welchem sich die durch die Leistung des Hauptunternehmers aufgebauten Beziehungen zu Kunden typischerweise gelockert hatten[588]. Das Gericht hielt die einjährige nachvertragliche Kundenschutzklausel insoweit für angemessen, um den Illoyalitätsvorwurf ausschließen zu können.

---

[587] *Zimmer*, in: I/M, 3. Aufl., § 1 Rn. 172, sieht dies schon durch Aufgabe der Formel von den gemeinsamen Interessen und die nunmehr wertende Betrachtungsweise anzuerkennender Interessen verwirklicht.

[588] BGH ZIP 1998, 1159, 1161 – „Subunternehmervertrag" (ganz am Ende).

Insgesamt kommt die Saldierung wettbewerbsschädlicher und -förderlicher Effekte anhand produktexterner und produktinterner Wettbewerbsfaktoren hier über die wesentlich einfachere Gesamtmarktanalyse zum gleichen Ergebnis wie der BGH, nämlich dass der Rahmenvertrag mit seinen Einzelklauseln kartellrechtlich unbedenklich ist. Die Feststellung von interbrand-Wirkungen durch die Kundenschutzklausel würde im hypothetischen Neuansatz nicht zu einer Prüfung des § 1 GWB geführt haben. Denn eine einzelne Vertragsklausel kann lediglich in einer wertenden Gesamtbetrachtung helfen, die objektive Wettbewerbsschädlichkeit eines Vertrages festzustellen.

6. Zusammenfassung

Betrachtet man diese und die Argumentationen der Rechtsprechung in den vorangegangenen Entscheidungen, so fällt auf, dass der Kartellsenat bei der Frage, ob eine Wettbewerbsbeschränkung kartellrechtswidrig ist, bisher zielsicher einem wettbewerblichen Argumentationsmuster folgt. Er differenziert in derartigen Fällen zwischen Wettbewerbsverboten, die als Wettbewerbsbeschränkung zu werten sind, und solchen, die lediglich als kartellrechtsneutrale Nebenabreden in einem Nicht-Kartellvertrag stehen[589]. Nicht nur scheinbar nähert sich die Charakteristik der BGH-Rechtsprechung so einer *rule of reason*-Betrachtung. Rein ergebnisorientiert sind es Wettbewerbswirkungen, auf die erfreulicherweise abgestellt wird. Ist eine Wettbewerbsbeschränkung notwendig (*ancillary restraint*), als kartelllastig aber zur neutralen Vertragsdurchführung unentbehrlich, so ist sie zulässig, denn förderlich. Erfüllt sie einen solch positiven Zweck nicht, wird sie als verboten abgelehnt.

Ein System der Analyse von interbrand- und intrabrand-Wettbewerbsfaktoren führt mit seiner teleologischen Bestimmung dagegen von vornherein zur Gesamtwürdigung eines Sachverhalts, die, ohne sich an einzelnen Klauseln eines Vertrages aufzuhalten, gleichwohl deren Einzelaspekte aufgreift und auf diesem Wege den Saldo wettbewerbsschädlicher und -fördernder Effekte erfassen kann[590]. Eine an dieser Gesamtwürdigung ausgerichtete Urteilsfindung knüpft ihrerseits nicht an Einzelkriterien an, sondern berücksichtigt die Gesamtheit aller konstituierenden Umstände mit dem Ziel, deren produktinterne wie -externe Wirkungen auf den Wettbewerb zu ermitteln. Die Akzeptanz der Notwendigkeit von Kooperation inklusive gewisser Ausschließlichkeitsbindungen hat sich über § 16 GWB hinaus bis in den Tatbestand des § 1 GWB allmählich durchgesetzt.

---

[589] So *Rittner*, WuW 2000, 696, 703.

[590] Dies hat *Steindorff* in ähnlicher Weise bereits für das alte Kartellverbot verlangt, weil Bindungen den Wettbewerb in bestimmten Märkten fördern, in anderen dagegen behindern können, *Steindorff*, in: FS Benisch, 255, 263 f.

Durch die Bewertung anzuerkennender Interessen hat die Rechtsprechung bereits von der grundlegenden Vorstellung des Gesetzgebers Abstand genommen, jede die Freiheit von Parteien oder die Marktgegenseite einschränkende Bindung könne zunächst als Wettbewerbsbeschränkung verboten werden. Die Urteile der nahen Vergangenheit verdeutlichen, dass eine Abwägung im Hinblick auf die Erfordernisse des Wettbewerbs zu erfolgen hat. Hierfür bietet die Gesamtwürdigung der Sachverhalte unter Beachtung der Beziehungen der Marktteilnehmer zu ihren Produkten den entsprechenden Nährboden, die zarten Pflanzen ohne ein Abstellen auf horizontale oder vertikale Merkmale zu einem kräftigen Gewächs heranwachsen zu lassen. Eine vernünftige Zuordnung wettbewerblichen Verhaltens bei gleichzeitiger Beachtung eines möglichst umfassenden Konsenses der betroffenen Marktteilnehmer liefert die Analyse produktinterner und -externer Wettbewerbsfaktoren. Sie wird den Steuerungsprozesse begründenden Wettbewerbsparametern gerecht[591], die möglicherweise erst durch die Vereinbarung bestimmter rechtsgeschäftlicher Bindungen und ihrer Nebenabreden funktionsfähig gemacht werden. Dazu gehört, intrabrand-Vereinbarungen weitestgehend einer privatautonomen Marktregulierung zu überlassen, es sei denn, das daraus resultierende Unwerturteil überwiegt wettbewerbliche Interessen der Marktgegenseite oder Verbraucher derart, dass eine Untersagung angemessen erscheint. Regelmäßig wird die Grenze erreicht sein, wenn Beschränkungen oder erhebliche Reduzierungen des interbrand-Wettbewerbs Folge produktinterner Verhaltenskoordination sind. Dabei dürften nicht wohlfahrtsökonomische Zielvorstellungen allein bestimmend sein, um zu bewerten, ob Wettbewerbsbeschränkungen im Einzelfall wettbewerblich sinnvolle (*reasonable*) Marktergebnisse hervorrufen. Effiziente Produktion, hohe Qualität oder etwa niedrige Güterpreise sind für sich genommen nur Einzelaspekte, die als Teil wettbewerblicher Gesamtbewertung in die Entscheidungsfindung einfließen können. Ist man versucht, dynamischen Wettbewerb als evolutorische Entwicklung eines dauerhaft antreibenden Wettbewerbsprozesses institutionenökonomisch mit den dafür teils erforderlichen Beschränkungen in einem vernünftigen Rahmen ins Verhältnis zu setzen, spricht einiges für die Sanktionierung von interbrand-Beschränkungen. Sind diese Folge von intrabrand-Vereinbarungen, muss eine einzelfallorientierte Gesamtmarktbetrachtung (und ggf. -vertragsbetrachtung) bei gleichzeitiger Berücksichtigung betroffener Individualinteressen ergeben, ob sie ein Verbot der Beschränkung rechtfertigen. Im Ergebnis bleibt damit festzuhalten, dass mit Ausnahme der horizontalen und vertikalen Eingriffskriterien keine grundlegende Umgestaltung des GWB nötig ist, um ein marktkonform und marktkomplementär angemessenes Kartellrecht vorzufinden, dessen methodologisch-dogmatisch-

[591] Wie etwa die Entstehung oder Forcierung von interbrand-Wettbewerb.

marktfunktionaler Ansatz auch bei der Urteilsfindung in Grenzfällen zu wettbewerblich angemessenen Lösungen führt.

D. Ergebnis

I. Zusammenfassung zum zweiten Teil

Die Analyse im ersten Teil der Arbeit hat ergeben, dass eine strikte gesetzliche Differenzierung nach horizontalen und vertikalen Wettbewerbsbeschränkungen nicht hinreichend geeignet ist, den Interessen von Marktteilnehmern und Verbrauchern sowie wettbewerbspolitischen und rechtlichen Zielvorstellungen des Gesetzgebers über den Regelfall hinaus gerecht zu werden. Dies gilt insbesondere, wenn es zu Überschneidungen von Wettbewewerbsbeschränkungen im Horizontal- und Vertikalverhältnis kommt. Komplemetär ist im zweiten Teil herausgearbeitet worden, dass nur ein Abstellen auf Waren- oder Produktfaktoren bzw. die dazu in Verhältnis zu setzenden Beziehungen im produktexternen wie -internen Wettbewerb es ermöglichen, modelltheoretisch exakte und stringente gesetzliche Bewertungsmaßstäbe zu etablieren.

Die interbrand-/intrabrand-Analyse beleuchtet die Wirkungen von Wettbewerbshandlungen in Relation zu betroffenen Produkten umfassend, nicht aber deren horizontale oder vertikale Ursächlichkeit. Sie ist unabhängig von dem Wettbewerbsverhältnis der hinter den Produkten stehenden Marktteilnehmer. Entsprechend lässt die horizontale oder vertikale Qualität einer Verhaltenskoordination keine Rückschlüsse auf interbrand- oder intrabrand-Charakteristika zu. Das hier vorgeschlagene Modell einer tatbestandlichen Implantierung produktexterner wie -interner Eingriffsmerkmale in das GWB basiert auf einer marktstufenübergreifenden Gesamtmarktbetrachtung in einem einheitlichen Wettbewerbsprozess. Es geht hinsichtlich der bezogenen Produkte auch um die Analyse der realen Beziehungen derselben zu Herstellern, Händlern und auch Verbrauchern. Dabei ist nicht entscheidend, wo sich das anbietende Unternehmen im Markt platziert respektive, ob es sich als Hersteller oder Händler geriert. Im Wettbewerb stehen die Güter selbst, deren Marktfunktion die Anbieter folgen. Die Produktpositionierung ist dabei Reflexion des Nachfragerverhaltens. Aus Sicht von Nachfragern ist die Austauschbarkeit – Kreuzpreiselastizität – entscheidend, ob also generisch gleiche und/oder alternative Produkte einem Markt zugerechnet werden können, was hier als wettbewerbliche Surrogation (Substitution im weiteren Sinne) bezeichnet wird. Dazu sind Daten über die tatsächlichen Beziehungen der Beteiligten zu den Produkten ins Verhältnis zu setzen, um interbrand- und intrabrand-Märkte präzise darstellen zu können. Denn bspw. wegen Konzernzugehörigkeit können produktexterne Güter realiter in einem intrabrand-Verhältnis zueinander stehen, obwohl sie von Nachfragern als interbrand-Produkte angesehen werden. Für die wettbewerbliche Gesamtmarktanalyse ist daneben bedeutend, dass sich Wettbewerbsparameter feststellen und zuordnen lassen, um eine Bewertung für interbrand- oder intrabrand-Verhältnisse gewinnen zu können.

Nach einer marktsituativen Qualifizierung des Wettbewerb zwischen Gütern als produktextern oder produktintern, kann anhand vordefinierter Maßnahmen die Schädlichkeit beschränkter Verhaltensmaßnahmen der Marktteilnehmer rechtlich bewertet werden. Beziehungsgeflechte und Wechselwirkungen von interbrand- und intrabrand-Beschränkungen sind zwar sehr komplex. Gleichwohl bieten grundsätzliche Wertungen, insbesondere unter Berücksichtigung des institutionenökonomischen Konsensmodells ein Anforderungsprofil, das es erlaubt, rein produktexterne Merkmale für eine Neuinterpretation des Kartellverbots heranzuziehen sowie die überwiegende Gewichtung und tendenziell positive Bewertung von produktinternen Wettbewerbsbeschränkungen in die Verhaltensaufsicht des § 16 GWB zu verlagern. Die Feststellung von interbrand-Beschränkungen nach § 1 GWB sollte davon abhängen, ob durch die Verhaltenskonzertierung der produktexterne, rein güterbezogene Wettbewerb zwischen den Beteiligten – unabhängig von deren Marktlage – beschränkt wird.

Insoweit können produktexterne Wettbewerbsfaktoren als Basis einer Ersetzung des Merkmals des Miteinander-in-Wettbewerb-Stehens nach § 1 GWB dienen, das Ergebnis des hier abgelehneten horizontal-vertikal-funktionalen Ansatzes ist. Indem die produktfaktorenabhängige Bewertung unmittelbar auf die betroffenen Waren und Dienstleistungen abstellt, liefert sie einen festen Bezugspunkt zur Bestimmung von Wettbewerbsbeschränkungen. Die Frage ihrer Sanktionierung sollte dagegen das Ergebnis einer interessenlastigen Güterabwägung sein, aus der hervorgehen muss, ob die von der interbrand-Beschränkung ausgehenden Wirkungen für Dritte außerhalb des Kartells oder für Verbraucher hinnehmbar sind. Eine gesamtwirtschaftliche, wettbewerbliche Interessenabwägung kann hier ergeben, dass im Einzelfall ausnahmsweise negative Folgen für konsensfähige Marktteilnehmer gegenüber Herstellerinteressen zurückzutreten haben, bei gleichzeitig hinnehmbaren Ergebnissen für Verbraucher. Allerdings sollte diese Interessenabwägung nur bei reinen interbrand-Wettbewerbsbeziehungen in § 1 GWB stattfinden. Denn die Herausarbeitung stringenter Innengrenzen des per se Verbots gegenüber der Missbrauchsaufsicht des § 16 GWB legt v.a. bei Abgrenzungsfragen und Überschneidungen produktexterner und -interner Beschränkungen eine Verlagerung in dessen Tatbestand nahe.

Von entscheidender Bedeutung ist damit die Vereinbarkeit des Ansatzes mit § 16 GWB als Zentralnorm des zweiten Abschnitts des GWB. Die Regelung scheint prädestiniert für eine produktfaktorenbezogene Bewertung von Wettbewerbsbeschränkungen, weil wettbewerbliche Bindungen nach dieser Vorschrift erst untersagt werden können, wenn sie sich auf Märkten so auswirken, dass dort die Funktionsfähigkeit des Wettbewerbs wesentlich beeinträchtigt wird. Die eingehende Prüfung wettbewerblicher Wirkungen bezieht darüber hinaus einen Vergleich produktinterner Bindungen mit produktexternen Waren oder Dienstleistungen ein. Sinn und Zweck dieser Abwägungen ist bereits de lege lata, dass der Gesetzgeber positive Wirkungen von Bezugs- oder Absatzbindungen berücksichtigt wissen wollte und eine Öffnung von Märkten durch künstliche Beschränkungen gegenüber Dritten nur erfolgen können soll, wenn sich die fragliche Wettbewerbsbeschränkung unmittelbar oder mittelbar entscheidend auswirkt. Gemeint ist hier keine echte Interessenabwägung, wie das Fehlen des Merkmals der Unbilligkeit in § 16 GWB verdeutlicht. Es geht vielmehr um eine umfassende Marktprüfung, die die Gesamtheit der Auswirkungen auf den intrabrand- und interbrand-Wettbewerb einbezieht. Die danach erforderliche Gesamtmarktanalyse wird als Ausgangspunkt zukünftig freilich nicht mehr auf vertikale Beschränkungen abstellen können. An ihre Stelle soll de lege ferenda die Prüfung produktinterner Vereinbarungen über Waren und gewerbliche Leistungen treten. Dies ist schon deshalb notwendig, weil ansonsten erneut nur die Regelfälle von Absatzbindungen erfasst würden und gerade nicht jene problematischen Fälle von Überschneidungen, die das Modell der Abgrenzung interbrand-/intrabrand umfassend bewerten können soll.

Die vorgesehene Wandlung des europäischen Kartellrechts zu einer Verbotsnorm mit Legalitätsprinzip unterstützt die Bewertung von Wettbewerbsbeschränkungen nach der hier vorgeschlagenen interbrand-/intrabrand-Analyse weitgehend. Die Kommission vertritt bereits heute eine gewisse produktbezogene Orientierung. So sieht sie etwa die negativen Wirkungen der von ihr als vertikal beschriebenen Wettbewerbsbeschränkungen in erster Linie in einer Verringerung produktinternen Wettbewerbs zwischen Händlern und des produktexternen Wettbewerbs zwischen Unternehmen, die in dem betroffenen Markt tätig sind, bzw. dem verstärkten Ausschluss von interbrand-Lieferanten durch die Errichtung von Marktzutrittsschranken. Der *more economic approach* bezieht die Bedürfnisse von interbrand-Herstellern in die nach Art. 81 EG durchzuführende Marktanalyse ein, birgt indes wegen seiner Unterscheidung horizontaler und vertikaler Beschränkungen ebenfalls die aus dem deutschen Recht geläufigen Wertungsprobleme. Insbesondere wirft die eigenständig durchzuführende Prüfung der Legalität einer Verhaltenskoordinierung zwischen Marktteilnehmern nach dem vorgesehenen neuen europäischen Recht Probleme der Rechtssicherheit auf, weil es fortan an einer behördlichen Entscheidung fehlen wird. Von daher scheint die in dieser Arbeit nach produktexternen und -internen Wettbewerbsfaktoren vorgeschlagene Gesamtmarktanalyse prädestiniert: Der Ansatz rechtfertigt eine Untersagung von intrabrand-Vereinbarungen grundsätzlich nur noch bei der Feststellung überwiegender wettbewerblicher Nachteile. Eine intrabrand-Beschränkung kann einer weitgehend autonomen Marktregulierung überlassen bleiben, so dass das Risiko des Neuansatzes der EU insoweit minimiert scheint. Selbst bei interbrand-Beschränkungen kann eine Gesamtwürdigung aller konstituierenden Umstände die Notwendigkeit einer Koordination des Wettbewerbsverhaltens ggf. schon rechtfertigen. Dies gilt insbesondere, wenn die interbrand-Beschränkung Ergebnis einer intrabrand-Vereinbarung ist. Das Modell einer an die Institutionenökonomik angelehnten Gesamtmarktbetrachtung im Hinblick auf das betroffene Gut weiß Konsens- und Individualinteressen sinnvoll gegeneinander abzuwägen.

Die Saldierung wettbewerbsschädlicher und -förderlicher Effekte anhand produktexterner und -interner Wettbewerbsfaktoren ermöglicht die Ermittlung der objektiven Wettbewerbsschädlichkeit von Verhaltenskoordinationen. Eine produktorientierte Einzelfallanalyse kann regelmäßig bereits im Tatbestand des § 16 GWB ergeben, dass das Interesse an einer intrabrand-Beschränkung gesamtwirtschaftlich die Nachteile für die Wettbewerbsfreiheit und die Marktinteressen Dritter überwiegen. Einer Prüfung der institutionenökonomischen Konsensfähigkeit bedarf es daneben nur dann noch, wenn die Vereinbarung überwiegende wettbewerbliche Nachteile für den interbrand-Wettbewerb bedeutet. Nach § 1 GWB wären fortan nur noch solche Vereinbarungen untersagt, die eine produktexterne Wettbewerbsbeschränkung bezwecken oder bewirken. Ein marktkonformes und marktkomplementär angemessenes Kartellrecht kommt de lege ferenda dogmatisch, funktional und methodologisch ohne die Unterscheidung horizontaler und vertikaler Eingriffsmerkmale aus. Das Gesetz ist nicht mehr von der Marktposition der Wettbewerber selbst abhängig, sondern stellt die Beziehungen von Unternehmen zum jeweils betroffenen Produkt im Wettbewerb heraus.

Die Schwierigkeiten, die die strikte Differenzierung zwischen horizontalen und vertikalen Wettbewerbsbeschränkungen insbesondere in Grenzfällen der §§ 1 und 16 ff. GWB hervorruft, wird es gesamtmarktanalytisch mit einem produktexternen Kartellverbot und einer produktinternen Missbrauchsaufsicht nicht mehr geben.

II. Thesen

1. Die gängige Unterteilung des Wettbewerbsgeschehens in Stufenmärkte, differenziert nach Hersteller- und Wiederverkäufermärkten, umfasst lediglich Standardfälle. Sie erweist sich wegen mannigfacher Überschneidungen beim Warenvertrieb als zu starr und bereitet spätestens dann Schwierigkeiten, sobald eines der betroffenen Wirtschaftssubjekte die ihm typischerweise zugewiesene Marktstufe verlässt.

2. Das Kartellrecht darf auch bei Anwendung neuer Merkmale zur Beurteilung relevanter Absprachen und Verträge nicht in begriffsjuristischen Kategorien gefangen bleiben, sondern muss sich an seinem wettbewerblichen Freiheitspostulat wie auch in gewissem Umfang an seiner wohlstandsmehrenden Funktion orientieren.

3. Sachgerechte materielle Kriterien scheinen einer formalen Abgrenzung vorzugswürdig. Insoweit sind sowohl Produktkonzeption und -vielfalt verschiedener Hersteller (interbrand) als auch unterschiedliche Preisleistungskombinationen für Waren eines Herstellers mit unterschiedlichen Händlerstrategien (intrabrand) entscheidende Kriterien.

4. Bei der Bestimmung des relevanten Marktes zur Feststellung von interbrand-Wettbewerbsbeschränkungen sollte zukünftig der Begriff der Substitution nur noch in einem weiten Sinne gebraucht werden. Das deutsche Kartellrecht gebraucht ihn regelmäßig nur, um die Alternativität von Produkten zu umschreiben, nicht aber generisch gleichartige Waren einzubeziehen, so dass Substitutionsprodukte regelmäßig gerade nicht zum relevanten Markt gezählt werden. Die aus Sicht von Verbrauchern mögliche Ersetzung mit anderen als gattungsgleichen Produkten erweitert den relevanten Markt jedoch auf solche Alternativprodukte (*customary economic approach*). Um Fragen eines weiten (auch generische Produkte) oder engen (nur Alternativprodukte) Substitutionsbegriffs zukünftig zu entgehen, sollte der Begriff der „wettbewerblichen Surrogation“ eingeführt werden. Dieser spiegelt die Interessen der Verbraucher wider, die sich von der zunächst gewünschten Ware auch auf alternative und nicht nur generisch gleichartige Waren fortsetzen können. Auf diese Weise kann eine umfassende Marktabgrenzung vorgenommen werden, die den interbrand-Markt auch auf Substitutionsprodukte (im engeren Sinne) ausdehnt.

5. Neben dem interbrand- muss auch der intrabrand-Wettbewerb in Maßen geschützt werden. Intrabrand-Beschränkungen sollten aber keinesfalls von vornherein verboten sein. Es besteht die Notwendigkeit der Beachtung wettbewerbsrelevanter Vorteile, zumindest soweit diese die Nachteile überwiegen.

Intrabrand-Beschränkungen können weder generell als einheitlich vorteilhaft oder nachteilig qualifiziert werden, sondern verlangen differenzierte Lösungen innerhalb der vom Gesetzgeber umgrenzten Vorgaben. Zunächst sollten sie aber alle zulässig sein und nur einer Missbrauchsaufsicht unterstellt sein, die ambivalente Marktwirkungen zu bewerten in der Lage ist.

6. In Anlehnung an amerikanische Entwicklungen sollte der Bedeutung ökonomischer Analysen von Wettbewerbsbeschränkungen durch eine Gesamtbeurteilung anhand ihrer Wirkungen auf den produktexternen bzw. produktinternen Wettbewerb Rechnung getragen werden.

7. Generell lässt sich feststellen, dass eine produktabhängige Marktanalyse, die ihren Ansatz von interbrand-Wettbewerb einerseits und intrabrand-Wettbewerb andererseits abhängig macht, geeignet ist, gerade auch die Grenzfälle einer zufrieden stellenden Lösung zuzuführen.

8. Wettbewerbstheoretisch lässt sich diese Auffassung gut begründen. Sie lehnt sich stückweise an die Erfahrungen der *Chicago School* an. Das GWB und sein deutscher Gesetzgeber haben sich diesem theoretischen Ansatz nur sehr zurückhaltend angenähert. Er wurde nie zum wirtschaftspolitischen Leitbild erhoben. Dennoch lässt eine Vielzahl der relevanten Vorschriften eine Betrachtung im Lichte des produktinternen wie -externen Wettbewerbs zu. De lege lata verhindert allerdings die gesetzessystematische Ausrichtung am Stufenmodell eine unmittelbare Übernahme. Hier kann die Integration des wirtschaftstheoretischen Ansatzes der Neuen Institutionenökonomik helfen.

9. Für Einschränkungen der Vertragsfreiheit, die Absprachen von Wettbewerb in Bezug auf Preis- und Mengenbeschränkungen sowie Gebietsaufteilungen betreffen, also klassische Kartellformen, lässt sich ein Kooperationsvorteil, wie ihn auch die Institutionenökonomik verlangt, nur dann erwarten, wenn den einzelwirtschaftlichen intrabrand-Vorteilen für die Kartellmitglieder nicht größere Nachteile für andere interbrand-Marktteilnehmer gegenüberstehen.

10. Obwohl Art. 81 EG dies gesetzlich nicht verlangt, ist auch auf europäischer Ebene nach wie vor eine starke Orientierung am Stufenmodell festzustellen. Das wird deutlich mit Blick auf das Grünbuch von 1997, die Loslösung vertikaler Vertragsbeschränkungs-Tatbestände vom Kartellverbot durch die Ratsverordnung von 1999 bzw. die differenzierte Regelung der Gruppenfreistellungsverordnung aus dem gleichen Jahr. Auch in den Leitlinien über vertikale Beschränkungen sowie über die horizontale Zusammenarbeit ist dies feststellbar. Dennoch differenziert die Kommission immerhin innerhalb vertikal geprägter

Vertriebsbindungen nach interbrand- und intrabrand-Kriterien. Letztere Wertungen können durchaus fruchtbar gemacht werden.

11. Das europäische Recht ist interpretativ einer produktbezogenen Auslegung gleichwohl nur scheinbar näher als das deutsche GWB. Wettbewerbsbeschränkungen zwischen produktinternen Wettbewerbern werden von der Kommission gar nicht und solche zwischen produktexternen Wettbewerbern nur dann auch nach horizontalen Aspekten überprüft, wenn sie den Tatbestand des Art. 81 Abs. 1 EG erfüllen und von ihnen eine negative wettbewerbliche Wirkung ausgeht. Das GWB beurteilt vertikale Beschränkungen wegen ihrer Ambivalenz dagegen grundsätzlich als wirksam und unterwirft produktinterne Wettbewerbsbeschränkung nur einer Missbrauchsaufsicht (solange sie nicht horizontale Wirkungen mit sich bringen), weil diese zwar regelmäßig zur Errichtung von Marktzutrittsschranken führen, aber auch den produktexternen Wettbewerb stärken können.

12. Das Kartellverbot wird sich zukünftig an einem produktexternen Maßstab auszurichten haben, um sich von seinem horizontale Ansatz lösen und gleichzeitig Hardcore-Kartelle verbieten zu können. Insoweit sollte das Merkmal des „Miteinander-in-Wettbewerb-Stehens" von Unternehmen durch die Formulierung „Vereinbarungen von Unternehmen über produktexterne Wettbewerbsfaktoren" oder alternativ „Vereinbarungen von Unternehmen über interbrand-Waren oder Dienstleistungen" ersetzt werden. Auf diese Weise werden klassisch horizontale Kartelle über gleichartige oder alternative (wettbewerbliche Surrogation) Produkte erfasst, wohingegen horizontale Koordinationen des intrabrand-Wettbewerbs nur der Missbrauchsaufsicht des § 16 GWB unterfielen.

13. Der zweite Abschnitt des GWB sollte zukünftig die Überschrift „Produktinterne Vereinbarungen" oder alternativ „Intrabrand-Vereinbarungen" tragen. Damit werden die dort vorhandenen Normen von ihrer Vertikalvoraussetzung gelöst. Die Tatbestände der §§ 14 ff. GWB öffnen sich erst dann tatsächlich einer intrabrand-/interbrand-Analyse.

14. Die ungleiche Behandlung von Inhalts- und Absatzbindungen in den §§ 14 und 16 GWB ist in diesem Neuansatz ökonomisch nicht mehr legitimiert. Das Verbot des § 14 GWB weist eine Effizienzen nicht hinreichend berücksichtigende Überreichweite auf und sollte nur dann noch Anwendung finden, wenn auch hier eine Gesamtmarktabwägung zu dem Ergebnis gelangt, dass Preis- und Konditionenbindungen überwiegende Nachteile für den interbrand-Wettbewerb mitbringen.

15. Die Prüfung von intrabrand-Wettbewerbsbeschränkungen durch Vertriebs- oder sonstige Absatzbindungen wird im Rahmen des § 16 GWB anhand einer Gesamtmarktanalyse zu erfolgen haben. Diese Prüfung wird sich nicht lediglich an Effizienzkriterien der jeweiligen Systeme ausrichten können, sondern die Vor- und Nachteile, die die Beschränkung des produktinternen Wettbewerbs im Einzelfall mitbringt, abzuwägen haben. Intrabrand-Beschränkungen sollten mithin zunächst einmal sämtlich als wirksam angesehen werden. Die Missbrauchsaufsicht kann aber bei Feststellung von wesentlichen Beschränkungen eine Untersagung ergeben, wenn unter Berücksichtigung aller Besonderheiten des Einzelfalls die wettbewerblichen Nachteile einer Maßnahme ihre Vorteile aufheben. Als Wertungsmaßstab bietet sich hier eine an gesamtwirtschaftlichen Wettbewerbswirkungen von Bindungen orientierte ökonomische Analyse an. Auch bei positiven Einflüssen auf den interbrand-Wettbewerb kann eine Untersagung dann opportun sein, wenn die wettbewerbsbeschränkende Wirkung im intrabrand-Wettbewerb selbst signifikant ist, so dass von einer wesentlichen Wettbewerbsbeschränkung ausgegangen werden muss.

Literaturverzeichnis

Aberle, Gerd Wettbewerbstheorie und Wettbewerbspolitik, 2. Aufl., Stuttgart, Berlin, Köln 1992

Ackermann, Thomas Art. 85 Abs. 1 EGV und die rule of reason, Köln, Berlin, Bonn, München 1997 (zit.: Art. 85 Abs. 1 EGV)

ders. Die Zukunft vertikaler Vertriebssysteme im EG-Kartellrecht, EuZW 1997, 271 ff.

Ahlert, Dieter Distributionspolitik, Das Management des Absatzkanals, Stuttgart 1985

ders. (Hrsg.) Vertragliche Vertriebssysteme zwischen Industrie und Handel, Grundzüge einer betriebswirtschaftlichen, rechtlichen und volkswirtschaftlichen Beurteilung, Wiesbaden 1981 (zit.: Vertragliche Vertriebssysteme)

ders. Probleme der wechselseitigen Abhängigkeit eine betriebswirtschaftlichen und volkswirtschaftlichen Beurteilung Vertikaler Vertriebssysteme, in: *ders.*, Vertragliche Vertriebssysteme.

ders. Die Bedeutung des vertraglichen Selektivvertriebs für den freien Wettbewerb und die Funktionsfähigkeit von Märkten, WRP 1987, 215 ff.

Arndt, Helmut Schöpferischer Wettbewerb und klassenlose Gesellschaft, Berlin, München 1952

ders. Mikroökonomische Theorie, Tübingen 1966

ders. Marktmacht auf der Nachfragerseite, WuW 1972, 84 ff.

Assmann, Heinz-Dieter / Kirchner, Christian / Schanze, Erich (Hrsg.) Ökonomische Analyse des Rechts, Tübingen 1993

Axster, Oliver — Das Verbot des „aufeinander abgestimmten Verhaltens“ in § 25 Abs. 1 der Zweiten Novelle des GWB, WuW 1973, 605 ff.

Bach, Albrecht — Die Zukunft des selektiven Vertriebs in der EG, WuW 1995, 5 ff.

Bahr, Christian — Die Verhinderung, Einschränkung oder Verfälschung des Wettbewerbs in § 1 GWB, WuW 2000, 954 ff.

Ballerstedt, Kurt — Der gemeinsame Zweck als Grundbegriff des Rechts der Personengesellschaften, JuS 1963, 253 ff.

Baron, Michael — Das neue Kartellgesetz, Einführung in die 6. GWB Novelle und das Vergaberecht – Materialien – Texte, Köln 1999

Baron, Michael / Kretschmer, Friedrich — Meinungen zur 6. GWB-Novelle, WuW 1998, 651 ff.

Bartling, Hartwig — Leitbilder der Wettbewerbspolitik, München 1980

ders. — Von der Wettbewerbstheorie zur Theorie der Wettbewerbspolitik, in: FS für Ingo Schmidt, Baden-Baden 1997, S. 17 ff.

Baumbach, Adolf / Hefermehl, Wolfgang — Wettbewerbsrecht, Gesetz gegen den unlauteren Wettbewerb, Zugabeverordnung, Rabattgesetz und Nebengesetze, 22. Aufl., München 2001

Baums, Theodor — Kartellverbot und gemeinsamer Zweck, JuS 1990, 608 ff.

ders. — GWB-Novelle und Kartellverbot, ZIP 1998, 233 ff.

Baur, Jürgen F. — Das Tatbestandsmerkmal „Wettbewerb“, ZHR 134 (1970), 97 ff.

ders. — Wettbewerbsregeln und Außenseiter, ZHR 141 (1977), 293 ff.

ders. — Langfristige Gaslieferungsverträge, in: FS Otto Sandrock, Heidelberg 2000, S. 35 ff.

Beater, Axel Kartellverbot und Vergleichsvereinbarung, WuW 2000, 584 ff.

Bechtold, Rainer Kartellgesetz, Gesetz gegen Wettbewerbsbeschränkungen, 2. Aufl., München 1999

ders. Anmerkungen zu BGH, KVR 5/86 (=WuW/E 2433 = AG 1988, 47 = DB 1987, 2556 – „Gruner + Jahr II"), DB 1987, 2558 f.

ders. Die Entwicklung des deutschen Kartellrechts 1995 – 1997, NJW 1997, 1959 ff.

ders. Zum Referenten-Entwurf der 6. GWB-Novelle, BB 1997, 1853 ff.

ders. EG-Gruppenfreistellungsverordnungen – eine Zwischenbilanz, EWS 2001, 49 ff.

ders. Die Entwicklung des deutschen Kartellrechts 1999 bis 2001, NJW 2001, 3159 ff.

Beier, Karl-Friedrich Die kartellrechtliche Beurteilung von Alleinvertriebsverträgen im Gemeinsamen Markt und den USA, GRUR Int. 1964, 84 ff.

ders. Der Schutz selektiver Vertriebsbindungen gegenüber Außenseitern – Die Lückenlosigkeit in Theorie und Praxis, GRUR 1987, 131 ff.

Belke, Rolf Die Geschäftsverweigerung im Recht der Wettbewerbsbeschränkungen, Tübingen, 1966
(zit.: Geschäftsverweigerung)

ders. Das Verbot der Verhaltensabstimmung in § 25 Abs. 1 GWB, ZHR 139 (1975), 51 ff.

ders. Relevanter Markt und vertikale Wettbewerbsbeschränkung im EWG-Kartellrecht am Beispiel der Alleinvertriebs- und Gebietsbindung, ZHR 130 (1968), 239 ff.

ders. Die vertikalen Wettbewerbsverbote nach der Kartellgesetznovelle 1973, Teil I., ZHR 138 (1974), 227 ff.

ders. Grundfragen des Kartellverbots, ZHR 143 (1979), 74 ff.

Benisch, Werner Kartellrechtliche Beurteilung von Wettbewerbsklauseln in handelsrechtlichen Verträgen, WuW 1953, 219 ff.

ders. Beschränkungen des Nachfragewettbewerbs, WuW 1960, 842

ders. Kartellrecht und Schutz der individuellen Freiheit, WuW 1961, 764 ff.

ders. Kooperationsfibel des Bundesministeriums für Wirtschaft: Zwischenbetriebliche Zusammenarbeit im Rahmen des Gesetzes gegen Wettbewerbsbeschränkungen, Bergisch Gladbach, 1964

Beuthien, Volker Einkaufsgenossenschaften und Kartellverbot, DB 1977, Beilage Nr. 5

ders. Kartellverbot und abgestimmtes Verhalten, in: Mestmäcker (Hrsg.), Wettbewerbsordnung im Spannungsfeld von Wirtschafts- und Rechtswissenschaften, FS für Gunther Hartmann, FIW Heft 75, Köln 1976, S. 51 ff.

Bien, Florian Systemwechsel im Europäischen Kartellrecht, DB 2000, 2309 ff.

Binder, Paul Kritik der traditionellen Wirtschaftstheorie und der herkömmlichen Wirtschaftspolitik, Berlin 1975 (zit. Wirtschaftstheorie)

Böge, Ulf Das deutsche Kartellrecht in der europäischen Wettbewerbsordnung, in: Zukunft der Wettbewerbsordnung und des Kartellrechts, Köln, Berlin, Bonn, München 2001, S. 15 ff.

Böhm, Franz Die Idee des Ordo im Denken Walter Euckens, ORDO, Bd. 3 (1950), Prolog, S. XV *ders.* Die Kampfansage an die Ordnungstheorie und Ordnungspolitik, ORDO, Bd. 24 (1973), S. 11 ff.

ders. Die Bedeutung der Wirtschaftsordnung in der politischen Verfassung, in: Reden und Schriften, Karlsruhe 1960, S. 65 ff.

Borchardt, Knut / Fikentscher, Wolfgang Wettbewerb, Wettbewerbsbeschränkung, Marktbeherrschung, Stuttgart 1957

Borchardt, Knut / Grossekettler, Heinz Preis- und Wettbewerbstheorie. Marktprozesse als analytisches Problem und ordnungspolitische Gestaltungsaufgabe, Stuttgart, Berlin, Köln, Mainz 1985.

Bornkamm, Joachim Das Kartellverbot in der neueren Rechtsprechung des BGH, in: FS für Karlmann Geiß, Köln, Berlin, Bonn, München, 2000, S. 539 ff.

Bork, Robert H. Antitrust Paradox: A Policy at War with Itself, New York 1978

ders. The Rule of Reason and the Per Se Concept: Price Fixing and Market Division, 75 Yale L.J. 373 (1966)

Bowman, Ward S. The Prerequisits and Effects of Resale Price Maintenance, 22 U. Chi. L. Rev. 825 ff. (1955)

Bracht, Margret Förderung und Hemmung des Wettbewerbs durch Verhaltenskoordination, Frankfurt 1979

Brühl, Raimund Das kartellrechtliche Preis- und Konditionenbindungsverbot, Berlin 1982

Büdenbender, Ulrich Die kartellrechtliche Zulässigkeit von Gesamtbedarfsdeckungsklauseln, ET 2000, 359 ff.

Bunte, Hermann-Josef Die 6. GWB-Novelle – Das neue Gesetz gegen Wettbewerbsbeschränkungen, DB 1998, 1748 ff.

ders. „carpartner“ und die Folgen, NJW 1999, 93 ff.

ders. Abschied vom „gemeinsamen Zweck" und den „gleichgerichteten Interessen"?, WuW 1997, 857 ff.

Bunte, Hermann-Josef / Sauter, Herbert EG-Gruppenfreistellungsverordnung, Kommentar, München 1988

Burns, Jean Wegman Vertical Restraints, Efficiency, and the Real World, 62 Fordh. L. Rev. 597, 649 ff. (1993)

Busche, Jan Preisbindungsverbot und Markenwarenvertrieb, Kiel 1989

Callmann, Rudolf Das Deutsche Kartellrecht, Kommentar, Berlin 1934

Callies, Christian / Ruffert, Matthias Kommentar des Vertrages über die Europäische Union und des Vertrages zur Gründung der Europäischen Gemeinschaft, Neuwied, Kiftel 1999

Clark, John Maurice Toward a Concept of Workable Competition, The American Economic Review, Vol. 30 (1940), 241 ff.

Coase, Ronald H. The Nature of the Firm, Economica 4, 1937, S. 368 ff.

ders. The Problem of Social Costs, Journal of Law and Economics 3 (1960), S. 1 ff. (zit.: J. L. & Econ. 3)

Comanor, William S. Vertical Territorial Customer Restrictions: White Motor and its Aftermath, 81 Harv. L. Rev., 1419 ff. (1968)

Cox, Helmut /Jens, Uwe / Markert, Kurt (Hrsg.) Handbuch des Wettbewerbsrechts, Wettbewerbstheorie, Wettbewerbspolitik, Wettbewerbsrecht, Duisburg, Bonn, Berlin, München 1981

Deringer, Arved / Tessin, Claus Zur Auslegung der Neufassung des § 18 GWB, WuW 1966, 132 ff.

Dörmer, Thomas Das Verhältnis von § 1 GWB zu § 18 GWB exemplifiziert an den Entscheidungen „Druckgussteile" (BGH vom 14.1.1997, KZR 41/95) und „Bedside-Testkarten" (BGH vom 14.1.1997 KZR 35/95) [www.fu-berlin.de/iww]

Dreher, Meinrad — Vertikale Wettbewerbsbeschränkungen im US-Kartellrecht nach den Vertical Restraint Guidelines des US-Justizministeriums, DB 1986, 93 ff.

Dreher, Meinrad / Rintelen, Gregor von — Gemeinschaftsunternehmen, Kartellverbot, Doppelkontrolle, Teilbeschluss, EWiR § 1 GWB 1/01, Kurzkommentar zu BGH KVR 12/99, EWiR 2001, 1055 f.

Dreiss, Uwe — Die kartellrechtliche Beurteilung von Lizenzvertragssystemen im amerikanischen und deutschen Recht, Köln, Berlin, Bonn, München 1972 (zit.: Lizenzvertragssysteme)

Ebel, Hans-Rudolf — Kartellrecht, GWB und EG-Vertrag, Kommentar, Neuwied, Kriftel, (Loseblatt) Stand Dezember 2001 (zit.: Kartellrecht)

ders. — Der gemeinsame Zweck in § 1 GWB und Austauschverträge, WuW 1979, 792 ff.

Emmerich, Volker — Kartellrecht, 8. Aufl., München 1999

ders. — Funktionale Auslegung des Tatbestandsmerkmals des gemeinsamen Zwecks in § 1 GWB („Druckguss-Urteil"), JuS 1998, 272 f.

ders. — Wettbewerbswidrigkeit der Entfernung von Kontrollnummern, JuS 2000, 194 f.

ders. — Anmerkungen zu der „neuen" Wettbewerbspolitik der Europäischen Kommission, WRP 2000, 858 ff.

Erdmann, Willi — Zeitliche Begrenzung des ergänzenden wettbewerbsrechtlichen Leistungsschutzes, in: FS für Ralf Vieregge, 1995, S. 197

Esch van der, Bastiaan — Der Stellenwert des unverfälschten Wettbewerbs in der Rechtsprechung des Europäischen Gerichtshofs und der Verwaltungspraxis der Kommission, WuW 1988, 563 ff.

Eucken, Walter — Die Grundlagen der Nationalökonomie, 9. Aufl., Berlin, Göttingen, Heidelberg, New York 1989

Everling, Ulrich — Buchpreisbindung im deutschen Sprachraum und Europäisches Gemeinschaftsrecht, Baden-Baden 1997

Everling, Ulrich / Rürup, Bert / Füssel, Stephan — Die Buchpreisbindung aus rechtlicher, ökonomischer und kulturhistorischer Sicht, Frankfurt a.M. 1999

Faul, Jonathan / Nikpay, Ali (Hrsg.) — The EC Law of Competition, Oxford u.a. 1999

Fehl, Ulrich — Freiheit, Wettbewerb, Politik und die Rolle des Wirtschaftswissenschaftlers, ORDO, Bd. 39 (1988) 163 ff.

Fehl, Ulrich /Oberender, Peter — Grundlagen der Mikroökonomie, Eine Einführung in die Produktions-, Nachfrage- und Markttheorie, 7. Aufl., München 1999

Feldmann, Horst — Ordnungstheoretische Aspekte der Institutionenökonomik, Volkswirtschaftliche Schriften, Heft 499, Berlin 1999

Fezer, Karl-Heinz — Vertriebsbindungssysteme als Unternehmensleistung, GRUR 1990, 551 ff.

ders. — Verantwortete Marktwirtschaft, JZ 1990, 657 ff.

Fikentscher, Wolfgang — Das Verhältnis von Kartellrecht und Recht des unlauteren Wettbewerbs, GRUR Int. 1966, 181 ff.

ders. — „Sonstige Verträge“ im Gesetz gegen Wettbewerbsbeschränkungen, in: FS für Alfred Hueck, München, Berlin 1959, S. 543 ff.

ders. — Wettbewerb und gewerblicher Rechtsschutz, München, Berlin 1958

ders. — Zu Begriff und Funktion des gemeinsamen Zwecks im Gesellschafts- und Kartellrecht, in: FS für Harry Westermann, Karlsruhe 1974, S. 87 ff.

ders. — Wirtschaftsrecht, Band 2, München 1983

ders. Das Unrecht einer Wettbewerbsbeschränkung: Kritik an Weißbuch und VO-Entwurf zu Art. 81, 82 EG-Vertrag, WuW 2001, 446 ff.

Fleischer, Holger / Körber, Torsten Der Einfluss des US-amerikanischen Antitrustrechts auf das Europäische Wettbewerbsrecht, WuW 2001, 6 ff.

Frankfurter Kommentar Kommentar zum Gesetz gegen Wettbewerbsbeschränkungen mit einer Darstellung ausländischer Kartellrechtsverordnungen, 4. Aufl., Köln, (Loseblatt) Stand: November 2001

Freitag, D. Wirksamer Wettbewerb und potenzielle Konkurrenz, WuW 1971, 299 ff.

Frey, Bruno S. Die ökonomische Theorie der Politik und die neue politische Ökonomie, ZgesStW 126 (1970), 3 ff.

Fritzsche, Jörg „Notwendige“ Wettbewerbsbeschränkungen im Spannungsfeld von Verbot und Freistellung nach Art. 85 EGV, ZHR 160 (1996), 31 ff.

Furubotn, Eirik G. / Richter, Rudolf The New Institutional Economics, New Views on Antitrust, Editorial Preface, ZgS 1991, 1 ff.

Gamm, Otto-Friedrich Freiherr von Kartellrecht, Kommentar zum Gesetz gegen Wettbewerbsbeschränkungen und zu Art. 85, 86 EWGV, Köln, Berlin, Bonn, München 1990 (zit.: Kartellrecht)

ders. Neue Rechtsprechung zum Kartellverbot und zur Abgrenzung der zu einem gemeinsamen Zweck geschlossenen Verträge, NJW 1988, 1245 ff.

Gemeinschaftskommentar Kommentar, Gesetz gegen Wettbewerbsbeschränkungen und Europäisches Kartellrecht, hrsg. von Hans Müller-Henneberg und Gustav Schwarz, 4. Aufl., Köln, Berlin, Bonn, München1985

Geiger, Andreas Die neuen Leitlinien der EG-Kommission zur Anwendbarkeit von Art. 81 EG auf Vereinbarungen über horizontale Zusammenarbeit, EuZW 2000, 325 ff.

Gent, Kai Die Rechtmäßigkeit typischer Nebenabreden in Stromlieferverträgen mit Gewerbekunden, WRP 2000, 706 ff.

Glasow, Bernhard Vertikale Preisbindung, Wettbewerbstheorie und Wettbewerbsrecht in den USA, Deutschland und Europa (zit.: Vertikale Preisbindung)

Gleiss, Alfred Zwei bedeutsame Urteile des Europäischen Gerichtshofs, WRP 1967, 163 ff. (LTM./.MAU; Grundig./.Consten)

Gleiss, Alfred / Hirsch, Martin Kommentar zum EG-Kartellrecht, Bd. I, Heidelberg 1993

Gleiss, Alfred /Bechtold, Rainer Das neue deutsche Kartellgesetz. Insbesondere abgestimmtes Verhalten, Marktbeherrschung und Fusionskontrolle, BB 1973, 1142 ff.

Gotthold, Jürgen Kritische Anmerkungen zum heutigen neoliberalen Konzept von Wettbewerbsfreiheit und Fusionsverbot, WRP 1974, 602 ff.

Grabitz, Eberhard / Hilf, Meinhard Das Recht der Europäischen Union, Kommentar, München (Loseblatt), Stand Mai 2001

Griesbach, Bernhard Grundlagen für die Anwendung und Auslegung der Gesetzes gegen Wettbewerbsbeschränkungen, BB 1962, 1011 ff.

Greoben, Hans v.d. / Thiesing Jochen / Ehlermann, Claus-Dieter (Hrsg.) Kommentar zum EU-/EG-Vertrag, 5. Aufl., Baden-Baden 1999 (zit.: Bearbeiter, in: Kommentar)

Grossekettler, Heinz Die volkswirtschaftliche Problematik von Vertriebskooperationen, ZfgG, Bd. 28 (1978), S. 325 ff.

ders. Die Wirtschaftsordnung als Gestaltungsaufgabe, Ökonomische Theorie der Institutionen, Münster 1997 (zit.: Theorie der Institutionen) *ders.* Die gesamtwirtschaftliche Problematik vertraglicher Vertriebssysteme, in: Ahlert, Vertragliche Vertriebssysteme, Wiesbaden 1981, S. 255 ff.

Grundmann, Stefan / Eichert, Marion Kfz-Leasing und die Gruppenfreistellungsverordnung, ZIP 1995, 1965 ff.

Günther, Eberhard Das Gesetz gegen Wettbewerbsbeschränkungen im Rahmen der deutschen Wirtschaftspolitik, WuW 1960, 747 ff.

ders. Der Verbraucher und die Wettbewerbspolitik, WuW 1972, 427 ff.

ders. Ansprache anlässlich der Feier zum 60. Geburtstag des Präsidenten des Bundeskartellamts am 27.01.1972 in Bonn, WuW 1973, 440 ff.

ders. Die geistigen Grundlagen des sogenannten Jostenentwurfs, in: FS Franz Böhm, Tübingen 1975, S. 183 ff.

ders. Die Auslegung unbestimmter Rechtsbegriffe im GWB, in: Mestmäcker (Hrsg.), Wettbewerbsordnung im Spannungsfeld von Wirtschafts- und Rechtswissenschaften, FS für Gunther Hartmann, FIW Heft 75, Köln 1976, S. 123 ff.

Gutenberg, Erich Grundlagen der Betriebswirtschaftslehre, Der Absatz, Bd. II, 3. Aufl., Berlin, Göttingen, Heidelberg 1959

Haase, Jörg Absatzmittlungsverträge zwischen Warenproduzenten und Eigenhändlern: Eine Untersuchung aus kartell- und wettbewerbsrechtlicher Sicht, Köln, Berlin, Bonn, München 1996 (zit.: Abatzmittlungsverträge)

Haberkorn, Kurt Können konzernmäßige Zusammenschlüsse unter § 1 GWB fallen?, WRP 1967, 39 ff.

Hawk, Barry E. United States Common Market and International Antitrust, Second Edition Vol. II., Englewood Cliffs, Losebl., Std. 1990

Hayek, Friedrich August von — Der Sinn des Wettbewerbs; in: Individualismus und wirtschaftliche Ordnung, Salzburg 1976, S. 122 ff.

ders. — Die Theorie komplexer Phänomene, Tübingen 1976

Heine, Klaus — Die Entwicklung des neuklassischen Wettbewerbskonzepts: Hintergrund, Gegenstand und Entwicklung des Ansatzes Erich Hoppmanns im Spiegel des Wandels den Wettbewerbstheorie und -politik, Bd. 4 der Reihe Beiträge zur Ökonomie, Bayreuth, 1996 (zit.: Ansatz Hoppmanns)

Henssler, Martin — Selektive Vertriebssysteme und Preisbindungsverbot, Die kartellrechtliche Problematik der „herstellergestützten Mittelstandskreise“, ZHR 154 (1990), 545 ff.

Herberg, Horst — Preistheorie, Eine Einführung, 3. Aufl., Stuttgart, Berlin, Köln 1994

Herdzina, Klaus — Bemerkungen zur wettbewerbspolitischen Konzeption des GWB, in: FS für Werner Benisch, Köln, Berlin, Bonn, München 1989, S. 3 ff.

ders. — Möglichkeiten und Grenzen einer wettbewerbstheoretischen Fundierung der Wettbewerbspolitik, Tübingen 1988

ders. — Einführung in die Mikroökonomik, München 1995

ders. — Wettbewerbspolitik, 5. Aufl. 1999

Hoppmann, Erich — Zum Problem einer wirtschaftspolitisch praktikablen Definition des Wettbewerbs, in: Schneider, Hans K. (Hrsg.), Grundlagen der Wettbewerbspolitik, Schriften des Vereins für Socialpolitik, N.F. Bd. 48, Berlin 1968, 9 ff.

ders. — Vertikale Preisbindung und Handel, Berlin 1957

ders. — Wettbewerb als Norm der Wettbewerbspolitik, ORDO, Bd. 18 (1967), 77 ff.

ders.	Workable Competition als wettbewerbspolitisches Konzept, in: *ders.* (Hrsg.), Wirtschaftsordnung und Wettbewerb, 1. Aufl., Baden-Baden 1988 (zit.: Workable Competition)
ders.	Zum Schutzobjekt des Gesetzes gegen Wettbewerbsbeschränkungen, in: Mestmäcker, Ernst-Joachim (Hrsg.) in Verbindung mit Kurt Biedenkopf und Erich Hoppmann, Wettbewerb als Aufgabe, Bad Homburg 1968, S. 61 ff.
Hoppmann, Erich / Mestmäcker, Ernst-Joachim	Normzwecke und Systemfunktionen im Recht der Wettbewerbsbeschränkungen, Tübingen 1974 (zit.: Normzwecke)
Hootz, Christian	Anmerkungen zu BGH KZR 32/84 (=WuW/E 2285 = WRP 1986, 666 = BB 1986, 2010 – „Spielkarten"), BB 1986, 2010 f.
Hossenfelder, Silke / Müller, Martina / Parlasca, Susanne	Das Kartellverbot und seine Ausnahmen, ZHR 160 (1996), 1 ff.
Immenga, Ulrich	Bietergemeinschaften im Kartellrecht – ein Problem potentiellen Wettbewerbs, DB 1984, 385 ff.
ders.	Die kartellrechtliche Zuordnung von Konzessionsverträgen, WuW 1985, 453 ff.
ders.	Begriffliches zur Wettbewerbsbeschränkung, ZHR 148 (1984), 268 ff.
Immenga, Ulrich / Mestmäcker, Ernst-Joachim	Gesetz gegen Wettbewerbsbeschränkungen, Kommentar, 2. Aufl. München 1992 (zit.: *Bearbeiter*, in: I/M, 2. Aufl.)
dies.	Gesetz gegen Wettbewerbsbeschränkungen, Kommentar, 3. Aufl. München 2001 (zit.: *Bearbeiter*, in: I/M, 3. Aufl.)
dies.	EG-Wettbewerbsrecht, Band I, 2. Aufl., München 1997; Band II, 3. Aufl., München 1998 (zit.: *Bearbeiter*, in: I/M-EG, Bd. I bzw. Bd. II)

dies. EG-Wettbewerbsrecht, GFVO, 2. Ergänzungsband (Lose Blatt), München 2001 (zit.: *Bearbeiter*, in: I/M-EG, 2. Eb., GFVO)

Ivens, Michael Das Konkurrenzverbot der GmbH-Gesellschafter und § 1 GWB, DB 1988, 215 ff.

Jickeli, Joachim Marktzutrittsschranken im Recht der Wettbewerbsbeschränkungen, Baden-Baden 1990

Joerges, Christian Amerikanische und deutsche Tradition der soziologischen Jurisprudenz, EU Working Paper Nr. 88/354.

ders. Selektiver Vertrieb und Wettbewerbspolitik: Eine konzeptionelle Analyse der Entscheidungspraxis von Kommission und Gerichtshof, (Teil 2) GRUR Int. 1984, 279 ff.

Kahlenberg, Harald Novelliertes deutsches Kartellrecht, BB 1998, 1593 ff.

Kantzenbach, Erhard Die Funktionsfähigkeit des Wettbewerbs, 2. Aufl., Göttingen 1967

ders. Das Konzept der optimalen Wettbewerbsintensität, JbNSt. Bd. 181 (1967), S. 193 ff.

Kantzenbach, Erhard / Kallfass, Hermann H. Das Konzept des funktionsfähigen Wettbewerbs – workable competition, in: Cox/Jens/Markert, Handbuch des Wettbewerbsrechts, Duisburg u.a. 1981, S. 103 ff.

Kapp, Thomas Wettbewerbsbeschränkungen durch vertikale Vertriebsbindungen? Eine Studie zu § 18 GWB unter Berücksichtigung der neuen Entwicklung im US-Antitrustrecht, Baden-Baden 1984 (zit.: Vertikale Vertriebsbindungen)

Kartte, Wolfgang Ein neues Leitbild für die Wettbewerbspolitik, FIW-Schriftenreihe, Heft 49, Köln, Berlin, Bonn, München, 1969

Kartte, Wolfgang / Holtschneider, Rainer Konzeptionelle Ansätze und Anwendungsprinzipien im Gesetz gegen Wettbewerbsbeschränkungen – Zur Geschichte des GWB, in: Cox/Jens/Markert, Handbuch des Wettbewerbsrechts, Duisburg u.a. 1981, S. 200 ff.

Kartte, Wolfgang / Kulka, Michael Vertikale Wettbewerbsbeschränkungen im deutschen und US-amerikanischen Kartellrecht, in: FS für Ernst Stiefel, München 1987, 381 ff.

Kaufer, Erich Industrieökonomik, Eine Einführung in die Wettbewerbsökonomik, München 1980

Keul, Thomas Kartellverbot und Lieferverträge, Regensburg 2000

Kirchhoff, Wolfgang Die kartellrechtliche Beurteilung vertikaler Vertriebsverträge: Intrabrand und Interbrand-Wettbewerb als Kriterien in den USA, Deutschland und der EG, Köln, Berlin, Bonn, München 1990 (zit.: Vertikale Vertriebsverträge)

Kirchner, Christian „Ökonomische Analyse des Rechts“ und Recht der Wettbewerbsbeschränkungen (antitrust law and economics): Die amerikanische Diskussion und Folgerungen für das deutsche Recht, ZHR 144 (1980), 563 ff.

ders. Wettbewerbstheoretische Ansätze bei Ronald Coase, WuW 1992, 584 ff.

ders. Ökonomische Analyse des Rechts: Interdisziplinäre Zusammenarbeit zwischen Ökonomie und Rechtswissenschaft, in: Assmann, Heinz-Dieter/Kirchner, Christian/ Schanze, Erich, Ökonomische Analyse des Rechts, Tübingen 1993, S. 62 ff.

ders. Ökonomische Theorie des Rechts, Schriftenreihe der Juristen- Gesellschaft zu Berlin, Heft 151, 1997

ders. Kartellrecht und Neue Institutionenökonomik: Interdisziplinäre Überlegungen., in: FS für Ingo Schmidt, Baden-Baden 1997, S. 33 ff.

Kirschstein, Friedrich Beurteilung von Alleinvertriebsverträgen nach EWG-Kartellrecht, WuW 1966, 777 ff.

Klaue, Siegfried Zum gemeinsamen Zweck in § 1 des Gesetzes gegen Wettbewerbsbeschränkungen, BB 1964, 538 ff.

Knöpfle, Robert Anwendung des § 1 GWB auf einseitige Wettbewerbsverbote, DB 1986, Beilage Nr. 11

ders. Anmerkung zu KVR 6/86 (= WuW/E BGH 2247 – „Wegenutzungsrecht"), WuW/E BGH 2252 ff.

Köhler, Helmut Individualwettbewerb und Gruppenwettbewerb, ZHR 146 (1982), 580 ff.

ders. Nachfragewettbewerb und Marktbeherrschung, Tübingen 1986

ders. Wettbewerbsverbote bei Veräußerung und Stillegung von Unternehmen aus kartellrechtlicher Sicht, ZHR 148 (1984), 487 ff.

ders. Wettbewerbs- und kartellrechtliche Kontrolle der Nachfragemacht, ZHR Beiheft 49, Heidelberg 1979

ders. Die Regulierungsabkommen zwischen Versicherern und Autovermietern auf dem Prüfstand des Kartellrechts, NJW 1995, 2019 ff.

ders. Zulässigkeit von Wettbewerbsbeschränkungen beim Energievertrieb, WuW 1999, 445 ff.

Koenigs, Folkmar Das Gesetz gegen Wettbewerbsbeschränkungen und das Recht des unlauteren Wettbewerbs unter besonderer Berücksichtigung der Wettbewerbsregeln, GRUR 1958, 589 ff.

ders. Einige Probleme des § 18 GWB, in: Mestmäcker, Ernst-Joachim (Hrsg.), in Verbindung mit Kurt Biedenkopf und Erich Hoppmann, Wettbewerb als Aufgabe, Bad Homburg 1968, S. 301 ff.

Kretzer, Martin Immanenztheorien im Kartellrecht, Methodische Fehlentwicklungen im Wirtschaftsrecht, Kehl am Rhein, Straßburg, Arlington 1992

Krüsselberg, Utz — Theorie der Unternehmung und Institutionenökonomik, Studies in Contemporary Economics, Köln 1991, (zit: Theorie der Institutionenökonomik)

Kruse, Jörn — Vertikale Integration als Wettbewerbsproblem, in: FS für Ingo Schmidt, Baden-Baden, 1997, S. 247 ff.

Kruse Jörn / Stockmann Kurt / Vollmer Lothar (Hrsg.) — Wettbewerbspolitik im Spannungsfeld nationaler und internationaler Kartellrechtsordnungen, FS für Ingo Schmidt, Baden-Baden 1997.

Lande, Robert H. — Chicago's False Foundations: Wealth Transfers (Not Just Efficiency) Should Guide Antitrust, 58 Antitrust Law Journal, 631 ff. (1989).

Langen, Eugen / Niederleithinger, Ernst / Ritter, Lennart / Schmidt, Ulrich — Kommentar zu Kartellgesetz, 6. Aufl., Neuwied, Darmstadt 1982

Langen, Eugen / Bunte, Hermann Josef — Kommentar zum deutschen und europäischen Kartellrecht, 8. Aufl., Neuwied, Kriftel, Berlin 1998 (zit.: *Bearbeiter*, in: L/B)

Larenz, Karl — Methodenlehre der Rechtswissenschaft, 6. Aufl., Berlin u.a. 1991 (zit.: Methodenlehre)

Lemhoefer, (o. Vorname) — Die Verwaltungspraxis des Bundeskartellamts bei Erlaubnisbeschlüssen nach § 20 Abs. 3 (§ 21 Abs. 1) GWB, GRUR 1964, 573 ff.

Liebeler, Wesley J. — Intrabrand "Cartels" under GTE Sylvania 30 UCLA Law Rev. 1 ff. (1982).

ders. — 1984 Economic Review of Antitrust Developments: Horizontal Restrictions, Efficiency, and The *Per Se* Rule 32 UCLA L. Rev. 1019 ff. (1984)

ders. — Resale Price Maintenance and Consumer Welfare: *Business Electronic Corp. vs. Sharp Electronic Corp.*, 36 UCLA L. Rev. 889 ff. (1989)

Lieberknecht, Otfried / Gnauk, Herbert — Zur kartellrechtlichen Beurteilung von Wettbewerbsverboten in Personengesellschaften, BB 1963, 1067 ff.

Loewenheim, Ulrich — Gewerbliche Schutzrechte, freier Warenverkehr und Lizenzverträge, GRUR 1982, 461 ff.

Lohse, Andrea — Diskussionsbericht zum 4. Symposium zu Fragen des Kartell- und Energierechts zu Ehren von Prof. Dr. Kurt Markert, AG 1998, 578 ff.

dies. — Kartellverbot und Schirm-GVO. Eine restriktive Interpretation des § 1 GWB im Lichte der neuen Verwaltungspraxis der Kommission, Schriften des Betriebs-Beraters, Bd. 118, Heidelberg 2001

Loos, Gerold — Preisbindung und horizontale Wettbewerbsbeschränkung im Handel, BB 1958, 1217 ff.

Lorenz, Hans-Walter / Meyer, Bernd (Hrsg.) — Evolutorische Makroökonomik, Nachhaltigkeit und Institutionenökonomik; Studien zur Evolutorischen Ökonomik IV, Schriften des Vereins für Wirtschafts- und Socialwissenschaften, N.F., Bd. 195/IV, Berlin 2001 (zit.: Evolutorische Ökonomik)

Lukes, Rudolf — Der Kartellvertrag – das Kartell als Vertrag mit Außenwirkungen, München, Berlin 1959 (zit.: Kartellvertrag)

ders. — Zum Verständnis des Wettbewerbs und des Marktes in der Denkkategorie des Rechts, in: FS für Franz Böhm, Karlsruhe, S. 199 ff.

Maasch, Beate — Auslegung von Normen – ein spezifisches Problem im Kartellrecht, ZHR 150 (1986), 354 ff.

Mack, Elke — Ökonomische Rationalität, Grundlagen einer interdisziplinären Wirtschaftsethik, Berlin 1994

Martinek, Michael — Aktuelle Rechtsfragen der vertriebsvertraglichen Praxis, RWS-Skript 189, Köln 1988

ders. — Franchising, Heidelberg 1987

ders. Kommentar zu BGH, KZR 43/95 – Solelieferung, EWiR 1997, 1141 f.

Martinek, Michael / Habermeier, Stefan Das Chaos der Gruppenfreistellungsverordnung, ZHR 158 (1994) 107 ff.

Martinek, Michael / Semler, Franz-Jörg Handbuch des Vertriebsrechts, München 1996

Meier, Gert Zum Begriff der „Geschäftsbedingungen“ in § 15 GWB, BB 1979, 297 ff.

Mestmäcker, Ernst-Joachim Das Verhältnis des Rechts der Wettbewerbsbeschränkung zum Privatrecht, DB 1968, 787 ff.

ders. (Hrsg.), in Verbindung mit Kurt Biedenkopf und Erich Hoppmann Wettbewerb als Aufgabe, Bad Homburg 1968

ders. Das Prinzip der rule of reason und ähnliche Ausnahmemechanismen im Recht der Wettbewerbsbeschränkungen, in: Hoppmann, Erich/Mestmäcker, Ernst-Joachim (Hrsg.), Normzwecke und Systemfunktionen im Recht der Wettbewerbsbeschränkungen, Tübingen 1974

Miert, Karel van Markt, Macht, Wettbewerb – Meine Erfahrungen als Kommissar in Brüssel, Stuttgart, München 2000

Minas-von Savigny, Jutta Negative Tatbestandsmerkmale. Ein Beitrag zur Rechtssatz- und Konkurrenzlehre, Köln, Berlin, Bonn, München 1972

Monopolkommission Wettbewerbspolitik in Zeiten des Umbruchs, 11. Hauptgutachten 1994/1995

Möschel, Wernhard Antitrust and Economic Analysis of Law, ZgS 1984, 156 ff.

ders. Absatzmittler und vertikale Preisbindung, BB 1985, 1477 ff.

ders.	Effizienz und Wettbewerbspolitik, WiSt 1986, 341 ff.
ders.	Wettbewerbspolitik aus ordoliberaler Sicht, v. Gamm u.a. (Hrsg.), Strafrecht, Unternehmensrecht, Anwaltsrecht, FS für Gerd Pfeiffer, Köln 1988, S. 707 ff.
ders.	Recht der Wettbewerbsbeschränkungen, Köln, Berlin, Bonn, München 1983
Möschel, Wernhard / Bach, Albrecht	Selektive Vertriebssysteme im EG-Recht – Zum Automobilvertrieb in Europa, GRUR Int. 1990, 505 ff.
Müller-Henneberg, Hans	Zu den Begriffen „Kartell“ und „Wettbewerbsbeschränkung“, WuW 1963, 877 ff.
Müller-Henneberg, Hans / Schwarz, Gustav; fortgeführt von Benisch, Werner (Hrsg.)	Gemeinschaftskommentar; Gesetz gegen Wettbewerbsbeschränkungen und Europäisches Kartellrecht, 4. Aufl., Köln, Berlin, Bonn, München 1985. (zit.: *Bearbeiter*, in: GK)
Müller, Heinz / Giessler, Peter / Scholz, Ulrich	Wirtschaftskommentar, Kommentar zum Gesetz gegen Wettbewerbsbeschränkungen, Kartellgesetz, 4. Aufl., Frankfurt a.M. 1981
Münchner Kommentar	Kommentar zum Bürgerlichen Recht, Band 1, (§§ 1- 240 BGB) 4. Aufl., München 2001 (zit.: *Bearbeiter*, in: MüKo)
Nelle, Andreas	Exklusivbindungen bei Bieterkonsortien und ihre Durchsetzung, ZIP 2000, 1232 ff.
Neumann, Carl W.	Historische Entwicklung und heutiger Stand der Wettbewerbstheorie, Königstein/TS., 1982
Niederleithinger, Ernst	Der „gemeinsame Zweck“ des § 1 GWB in der Rechtsprechung des Bundesgerichtshofes, in: FS für Werner Benisch, Köln, Berlin, Bonn, München 1989, 277 ff.
Niederleithinger, Ernst / Ritter Lennart	Die kartellrechtliche Entscheidungspraxis zu Liefer-, Vertriebs- und Franchiseverträgen, Köln 1989

Nolte, Stefan Reform des EG-Kartellrechts für Vertriebs- und Zulieferverträge, BB 1998, 2429 ff.

o. Verfasser Kooperation zwischen Wettbewerbern – Ist eine Neubewertung erforderlich?, Diskussionspapier des Bundeskartellamts, www.bundeskartellamt/de

Palandt Bürgerliches Gesetzbuch, Kommentar, 61. Aufl., München 2002 (zit.: Bearbeiter, in: Palandt)

Pfeiffer, Gerd Grundfragen der Rechtskontrolle in Kartellverfahren (Auslegung – unbestimmte Rechtsbegriffe – Verfahrensrecht), in: Schwerpunkte des Kartellrechts 1978/79, 1980, FIW-Heft, Köln, Berlin, Bonn, München 1980, S. 1 ff.

Peters, Joachim Ausschließlichkeitsbindungen und Kartellverbot, Köln, Berlin, Bonn, München 1990

Peto, Rudolf Grundlagen der Makroökonomik, 12. Aufl., München, Wien 2001

Picot, Arnold Transaktionskosten im Handel. Zur Notwenigkeit einer flexiblen Strukturentwicklung in der Distribution, BB 1986, Sonderbeilage 13/86

Pittman, Russell Competition Law and Policy in the United States, DAJV-NL 2002, 18 ff.

Pleßke, Andreas Der „gemeinsame Zweck" im Sinne des Kartellrechts. Die Auslegung des Tatbestandsmerkmals des § 1 des Gesetzes gegen Wettbewerbsbeschränkungen „zu einem gemeinsamen Zweck", Frankfurt a.M., Berlin, Bern, New York, Paris, Wien 1993 (zit.: Gemeinsamer Zweck)

Poeche, Jürgen Workable Competition als wettbewerbspolitisches Leitbild; in: Das Konzept der „Workable Competition" in der angelsächsischen Literatur, Köln 1970, S. 9 ff.

Polley, Romina Preisdämpfende Maßnahmen im Rahmen eines Gemeinschaftsunternehmens als Verstoß gegen § 1 GWB; WuW 1998, 939 ff.

Posner, Richard A. The Chicago School of Antitrust Analysis; University of Pennsylvania Law Review, 925 (1979)

ders. The Next Step in the Antitrust Treatment of Restricted Distribution: Per se Legality; 48 U. Chi. L. Rev. 6 (1981)

ders. Recht und Ökonomie, Eine Einführung, in: Assmann Heinz-Dieter/Kirchner, Christian/Schanze, Erich, Ökonomische Analyse des Rechts, Tübingen 1993, S. 79 ff.

Raisch, Peter Methodische Bedenken gegen Generalklauseln im Kartellrecht am Beispiel der Missbrauchsaufsicht über marktbeherrschende Unternehmen, JZ 1965, 625 ff.

Rettig, Rolf / Böckmann, Ludwig / Voggenreiter, Dieter Makroökonomische Theorie, 7. Aufl., Düsseldorf 1998

Rey, Patrick / Caballero-Sanz, Francisco The Policy Implications of the Economic Analysis of Vertical Restraints, Economic Papers, No. 119, 1996 II/625/96/EN, www.europa.eu.int/comm/economy_finance/ publications/economicpapers_en.htm; bestellbar bei der Europäischen Kommission, DG Economic and Financial Affairs (zit: Policy Implications)

Richter, Rudolf / Furubotn, Eirik G. Neue Institutionenökonomik, Eine Einführung und kritische Würdigung, 2. Aufl., Tübingen 1999

Rittner, Fritz Wirtschaftsrecht, 2. Aufl., Heidelberg 1987

ders. Die Ausschließlichkeitsbindungen nach dem Gesetz gegen Wettbewerbsbeschränkungen, DB 1957, 1097 ff.

ders. Über das Verhältnis von Vertrag und Wettbewerb, AcP 188 (1988), 101 ff.

ders. Die sog. wirtschaftliche Betrachtungsweise in der Rechtsprechung des BGH, 1968 (zit.: Wirtschaftliche Betrachtungsweise)

ders. Wettbewerbs- und Kartellrecht, 6. Aufl., Heidelberg 1999 *ders.* Keine Doppelkontrolle für Vertikalvereinbarungen!, WuW 2000, 696 ff.

ders. Schlusswort: Keine Doppelkontrolle für Vertikalvereinbarungen, WuW 2000, 1204 f.

Rosenbloom, Bert Marketing Channels, A Management View, 3. Aufl. Chicago 1987

Säcker, Franz-Jürgen Zur Berücksichtigung der Marktposition des Unternehmens im Recht der Wettbewerbsbeschränkungen, BB 1967, S. 681 ff.

Sandrock, Otto Grundbegriffe des Gesetzes gegen Wettbewerbsbeschränkungen, München, 1968 (zit.: Grundbegriffe des GWB)

ders. Kritische Bemerkungen zum Entwurf für die zweite Kartellgesetz-Novelle, WuW 1969, 205 ff.

Sangmeister, Bernd Die rule of reason und das per se-Konzept in der Rechtsprechung des Supreme Court der USA zu Sec. 1 Sherman Act, FIW Schriftenreihe, Heft 72, Köln, Berlin, Bonn, München 1972 (zit.: rule of reason)

Semler, Franz-Jörg / Bauer, Michael Die neue EU-Gruppenfreistellungsverordnung für vertikale Wettbewerbsbeschränkungen – Folgen für die Rechtspraxis, DB 2000, 193 ff.

Schaub, Alexander / Dohms, Rüdiger Das Weißbuch der Europäischen Kommission über die Modernisierung der Vorschriften zur Anwendung der Art. 81 und 82 EG-Vertrag – Die Reform der Verordnung Nr. 17, WuW 1999, 1055 ff.

Scherer, F. M. The Economics Of Vertical Restraints, 52 Antitr. L. J., 687 ff. (1983)

Schmidt, Ingo Wettbewerbspolitik und Kartellrecht, 6. Aufl., Stuttgart 1999

Schmidt, Ingo / Binder, Steffen Wettbewerbspolitik im internationalen Vergleich, Heidelberg 1996

Schmidt, Ingo / Rittaler, Jan B. Die Chicago School of Antitrust Analysis, Baden-Baden 1986

Schmidt, Karsten Wettbewerbsverbot und Kartellverbot, BB 1979, 1173

ders. Vertragliche Wettbewerbsverbote im deutschen Kartellrecht, ZHR 149 (1985), 1 ff.

ders. „Altes" und „neues" Kartellverbot, AG 1998, 551 ff.

ders. Ausschließlichkeitsbindung, Kartellverbot und Immanenztheorie zwischen § 16 GWB und § 1 GWB, in: FS für Otto Sandrock, Heidelberg 2000, 833 ff.

ders. Doppelkontrolle für Vertikalvereinbarungen nach dem GWB, WuW 2000, 1199 ff.

ders. Kartellverfahrensrecht – Kartellverwaltungsrecht – Bürgerliches Recht. Kartellrechtspflege nach deutschem Recht gegen Wettbewerbsbeschränkungen, Köln, Berlin, Bonn, München 1977 (zit.: Kartellverfahrensrecht)

ders. Kartellverbot und „sonstige Wettbewerbsbeschränkungen" – Begriff und Funktion des „gemeinsamen Zwecks" im GWB, Köln, Berlin, Bonn, München 1978, (zit.: Kartellverbot)

Schmidtchen, Dieter Wettbewerbspolitik als Aufgabe, Baden-Baden, 1978

ders. Property Rights, Freiheit und Wettbewerbspolitik, Tübingen 1983

ders. Wettbewerbsfreiheit in Abgrenzung zu rechtlicher Freiheit, Fehlurteile über das Konzept der Wettbewerbsfreiheit, ORDO Bd. 39 (1988), 111 ff.

Smith, Adam Der Wohlstand der Nationen, übersetzt aus dem Englischen nach der 5. Aufl. von Horst Claus Recktenwald, München 1974

Schmitt, Jost J. Selektiver Vertrieb und Kartellrecht, Stuttgart 1975

Schmitz, Stefan — Doch eine rule of reason im deutschen Kartellrecht, WuW 2002, 6 ff.

Schoppe, Siegfried G. (Hrsg.) — Die Moderne Theorie der Unternehmung, München 1995

Schulte, Hans Jürgen — Lizenzaustauschverträge und Patentgemeinschaften im amerikanischen und deutschen Recht, Frankfurt 1971 (zit.: Lizenzaustauschverträge)

Schumpeter, Josef A. — Theorie der wirtschaftlichen Entwicklung, 6. Aufl., 1964

Schütz, Jörg — Zur Änderung des Kartellverfahrens gemäß Artikel 81 EGV, WuW 2000, 686 ff.

Schwarz, Günter Christian — Kartellvertrag und sonstige wettbewerbsbeschränkende Verträge, FIW Schriftenreihe, Heft 107, Köln, Berlin, Bonn, München 1984

ders. — Anmerkung zu BGH KZR 11/83 (= WuW/E BGH 2085 = BB 1984, 1826 – „Strohgäu-Wochenjournal“), BB 1984, 1828 f.

Schwintowski, Hans-Peter — Alleinvertriebssysteme, Ökonomische Funktionen – Wettbewerbsrechtliche Grenzen, 1. Aufl., Baden-Baden 1992 (zit.: Alleinvertriebssysteme)

ders. — Wettbewerb und Ordnung auf Energiemärkten nach Wegfall der §§ 103, 103a GWB, WuW 1997, 769 ff.

ders. — Ökonomische Theorie des Rechts, JZ 1998, 581 ff.

ders. — Vertikale Beschränkungen im europäischen Wettbewerbsrecht – juristisch-ökonomische Kritik des neuen Konzepts der Kommission, in: FS für Otto Sandrock, Heidelberg 2000, 901 ff.

Seifert, Dorothea — Die kartellrechtliche Beurteilung von Wettbewerbsverboten in Lieferverträgen, in: FS für Otfried Lieberknecht, 1997, 583 ff.

Sölter, Arno Kooperative Absatzwirtschaft, Grundlage, Erfordernisse und Möglichkeiten der Zusammenarbeit zwischen Industrie und Handel, Köln, Berlin, Bonn, München 1971 (zit.: Kooperative Absatzwirtschaft)

ders. Ungleichgewichte zwischen Angebot und Nachfrage, WuW 1968, 317 ff.

ders. Bezugsbindungen in vertikalen Kooperationssystemen, Düsseldorf, Frankfurt a.M. 1980

Steindorff, Ernst Auslegung nach der Politik des § 1 GWB, in: FS für Karl Larenz 1973, S. 217 ff.

ders. Die Wettbewerbsbeschränkung in § 1 GWB als offener Tatbestand, in: FS für Werner Benisch, 1989, S. 255 ff.

ders. Gesetzeszweck und gemeinsamer Zweck des § 1 GWB, BB 1977, 569 ff.

ders. Bezugsbindungen und Konzentrationsrabatte im Bereiche der Handelsgenossenschaften, BB 1979, Beilage 3 zu Heft 8

ders. Bezugsbindungen und gemeinsamer Zweck in § 1 GWB, BB 1981, 377 ff.

Straus, Josef Die Bedeutung des TRIPS für das Patentrecht, GRUR Int. 1996, 179 ff.

Sullivan, Lawrence Anthony The Justice Department Guidelines on Mergers and Vertical Restraints: A Critique, 16 Antitr. L. & Econ. Rev. 11 ff. (1984)

Tirole, Jean Industrieökonomik, 2. Aufl., München, Wien, Oldenburg 1999

Tietz, Bruno Der Gruppenwettbewerb, als Element der Wettbewerbspolitik. Das Beispiel der Automobilwirtschaft, Köln, Berlin, Bonn, München 1981
(zit.: Der Gruppenwettbewerb)

Toepke, Utz U.S. Supreme Court: Preisbrecher sind kündigungsfähig, WuW 1989, 40 ff.

Tolksdorf, Michael Stand und Entwicklung der Wettbewerbstheorie, WuW 1980, 785 ff.

ders. Hoppmanns neoklassische Wettbewerbstheorie als Grundlage der Wettbewerbspolitik, in: Jahrbuch für Nationalökonomie und Statistik, Bd. 183 (1969/70), S. 63 ff.

Thorelli, Hans B. The Federal Antitrust Policy, London 1954

Ulmer, Peter „Wettbewerbsbeschränkende Absprachen" im Rahmen von Unternehmenszusammenschlüssen, WuW 1960, 163 ff.

ders. Der Vertragshändler, München 1967

ders. Zur Problematik vertikaler Wettbewerbsbeschränkungen und zum Schutz des intrabrand-Wettbewerbs im GWB, ZHR 130 (1968), 164 ff.

ders. Überlegungen zur wirtschaftlichen Betrachtungsweise im Kartellrecht, WuW 1971, 878 ff.

ders. Wettbewerbsverbote in Unternehmensveräußerungsverträgen, NJW 1979, 1585

ders. Die kartellrechtliche Beurteilung von Wettbewerbsverboten bei Unternehmensveräußerung, NJW 1982, 1975 ff.

ders. Rule of Reason im Rahmen von Artikel 85 EWG, RIW 1985, 517 ff.

Veelken, Winfried Anmerkungen zum Grünbuch der Kommission zur EG-Wettbewerbspolitik gegenüber vertikalen Wettbewerbsbeschränkungen, ZVglR Wiss 97 (1998), 241 ff.

Volmer, Michael Nachlese zu Car-Partner, Entscheidungsbesprechung, NZG 2000, 78 ff.

Walz, Karl — Systemfragen im Europäischen Kartellrecht. Zur Behandlung der vertikalen und individuellen Verträge im Recht der Mitgliedsstaaten der Europäischen Wirtschaftsgemeinschaft; Heidelberg 1972 (zit.: Systemfragen)

Weber, Max — Die Objektivität sozialwissenschaftlicher und sozialpolitischer Erkenntnis, in: Weber (Hrsg.), Gesammelte Aufsätze zur Wissenschaftslehre, 7. Aufl., Tübingen 1988

Wellenhofer-Klein, Marina — Das neue Kartellrecht und seine Abgrenzung zu den Vertikalvereinbarungen, WuW 1999, 557 ff.

Wessely, Thomas W. — Stützt das Preisbindungsverbot des § 14 GWB auch die Preisgestaltungsfreiheit des Monopolisten?, BB 1999, 2569 ff.

Westrick, Klaus / Loewenheim, Ulrich — Gesetz gegen Wettbewerbsbeschränkungen, Kommentar, 4. Aufl. 1977, (Loseblatt) Stand: März 1993

Wiedemann, Gerhard (Hrsg.) — Handbuch des Kartellrechts, München 1999 (zit.: Bearbeiter, in:)

Wilhelm, Jan — Der gemeinsame Zweck als Merkmal des Kartellverbots wie der daran anknüpfenden Verbote, ZHR 150 (1986), 320 ff.

Williamson, Oliver E. — Assessing Vertical Market Restrictions: Antitrust Ramification Of The Transaction Coast Approach 127 UPLR 953 ff. (1979)

ders. — The Economic Institutions of Capitalism, Firms, Markets, Relational Contracting, London 1985 (zit.: The Economic Institution)

Wolf, Dieter — Das Verhältnis des nationalen zum europäischen Kartellrecht, www.bundeskartellamt.de/verh.htm, Vortrag im Rahmen der zweiten Euroforum-Konferenz zum Wettbewerbs- und Kartellrecht am 22.4.1997 in Düsseldorf

Woll, Artur — Allgemeine Volkswirtschaftslehre, 13. Aufl., München 2000

Zeitler, Gottfried — Der Konzernrabatt, WuW 1959, 621 ff.

US-amerikanische Entscheidungen

Supreme Court	**U.S.**
United States vs. Addyston Pipe & Steel Co.	85 F. 6th Cir. 271 (1898)
Standard Oil Corp. vs. United States	221 U.S. 1 (1911)
Chicago Board of Trade vs. United States	246 U.S. 231, 238 (1918)
Timken Roller Bearing Co. vs. United States	341 U.S. 593 (1951)
United States vs. McKesson and Robins, Inc.	351 U.S. 305 (1956)
Northern Pacific Railway Corp. vs. United States	356 U.S. (1958)
The White Motor Co. vs. United States	372 U.S. 253 (1963)
Continental TV Inc. vs. GTE Sylvania Inc.	433 U.S. 36 (1977)
National Society of Professional Engineers vs. United States	435 U.S. 679 (1978)
Broadcast Music, Inc. vs. Columbia Broadcasting System, Inc.	441 U.S. 1 (1979)
Arizona vs. Maricopa County Medical Society	331 U.S. (1982)
S. Monsanto Co. vs. Spray Rite Service Corp.	104 S. Ct. 1464 (1984)
Business Electronics Corp vs. Sharp Electronic Corp.	485 U.S. 717 (1988)

Saarbrücker Studien zum Privat- und Wirtschaftsrecht

Herausgeber:
Johann Paul Bauer, Michael Martinek und Helmut Rüßmann

Band 1 Susanne Jaschinski: Die Haftung von Schwestergesellschaften im GmbH-Unterordnungskonzern. Ein Beitrag zum Konzernverfassungsrecht. 1997.

Band 2 Roman Sascha Ahnert: Die *actio individualis*. Ein Beitrag zur verfassungsrechtlichen Fundierung der Aktionärsklage bei sogenannten Aktien-Interessenverbänden. 1997.

Band 3 Torsten Peters: Der Cateringvertrag. Rechtstatsachen, Rechtsnatur und Rechtsprobleme eines modernen Dienstleistungsvertrags. 1998.

Band 4 Michael Meissner: Persönlichkeitsschutz juristischer Personen im deutschen und US-amerikanischen Recht. Eine rechtsvergleichende Untersuchung des allgemeinen Persönlichkeitsrechts juristischer Personen. 1998.

Band 5 Thomas Tegen: Joint Venture-Vertrag und Projektträgergesellschaft im amerikanischen und deutschen Recht. 1998.

Band 6 Gerhard Wolter: Treuhandrecht im Umbruch? Ein Blick nach Frankreich, Luxemburg, in die Schweiz und in den Libanon sowie auf das Haager Trust-Übereinkommen. 1999.

Band 7 Thomas Dehlfing: Das Recht der irreführenden Werbung in Deutschland, Großbritannien und Frankreich. 1999.

Band 8 Hanno Dornseifer: Börsentermingeschäfte und Börsentermingeschäftsfähigkeit. Zur börsengesetzlichen Behandlung von finanzwirtschaftlichen Festgeschäften, Options- und Optionsscheingeschäften. 1999.

Band 9 Patrick Lenz: Absatzförderung durch *zinssubventionierte* Darlehen. Eine wettbewerbs- und kartellrechtliche Studie zur Zulässigkeit von Niedrigzins-Kreditangeboten unter besonderer Berücksichtigung des Automobilmarktes. 1999.

Band 10 Mansur Pour Rafsendjani: Der Goodwill-Ausgleichsanspruch des Franchisenehmers. Ein Vergleich des deutschen, französischen und US-amerikanischen Franchiserechts. 1999.

Band 11 Jörg Hartmann: Juristische und ökonomische Regelungsprobleme des Insiderhandels. Eine rechtsvergleichende Darstellung USA – Deutschland. 1999.

Band 12 David Altmeier: Rückstellungsbilanzierung in Deutschland und Frankreich. Eine vergleichende Untersuchung der französischen Rückstellungsbilanzierung aus der Perspektive des deutschen Bilanzrechts. 1999.

Band 13 Barbara Günther: Aktivische Bilanzierungshilfen im deutschen und französischen Bilanzrecht. 1999.

Band 14 Bernhard Glasow: Vertikale Preisbindung, Wettbewerbstheorie und Wettbewerbsrecht in den USA, Deutschland und Europa. Bestandsaufnahmen, Kritik und Zukunftsperspektiven. 2000.

Band 15 Dorota Nowak-James: Der Börsenzugang für Anleger in Deutschland und Polen. Eine rechtsvergleichende Untersuchung zum deutschen Finanzkommissionsgeschäft und zum polnischen Brokerauftragsvertrag. 2000.

Band 16 Mathias Queck: Der Nießbrauch am Anteil einer offenen Handelsgesellschaft. Eine Form der (un-)mittelbaren Unternehmensbeteiligung. 2000.

Band 17 Ina Roth: Umweltbezogene Unternehmenskommunikation im deutschen und europäischen Wettbewerbsrecht. 2000.

Band 18 Jörg Preiss: Die Anwendung des markenrechtlichen Erschöpfungsgrundsatzes auf Dienstleistungsmarken. 2000.

Band 19 Kevin M. McDonald: Der Begriff der Dienstleistung im europäischen Binnemarkt und WTO-System (GATS). 2001.

Band 20 Carolin Opgenhoff: Die europäische Fusionskontrolle zwischen Wettbewerbsrecht und Industriepolitik. 2001.

Band 21 Susanne Schäfer: Die Deliktsfähigkeit juristischer Personen. Eine rechtsvergleichende Untersuchung zur Übertragbarkeit des englischen Modells. 2001.

Band 22 Kay Diedrich: Die Interventionswirkung – Ausprägung eines einheitlichen Konzepts zivilprozessualer Bindungswirkung. 2001.

Band 23 Michael Fröhlich: Zentrale Institutionen des deutschen Urheberrechts und des französischen Droit d'auteur auf dem Prüfstand der elektronischen Netzwerke. 2001.

Band 24 Joël Benjamin Münch: Abtretungsverbote im deutschen und französischen Recht. Rechtsvergleichende Untersuchung der Übertragungshindernisse im deutschen und französischen Forderungsverkehr als Beitrag zu einer weiteren Schuldrechtsvereinheitlichung in Europa. 2001.

Band 25 Monika Prieß: Der Begriff des Sachmangels im deutschen und englischen Kaufrecht. Reformbedarf aufgrund der Verbrauchsgüterkauf-Richtlinie 1999/44/EG. 2001.

Band 26 Katharina Siegel: Produkthaftung im polnischen, tschechischen und slowenischen Recht. 2001.

Band 27 Carolin Kühne: Die gesetzliche Form der Rechtsgeschäfte im deutschen und italienischen Recht. Eine rechtsvergleichende Untersuchung. 2002.

Band 28 Nina Scherf: Die Nachschußpflicht im Gesellschaftsrecht. Eine rechtsformübergreifende Bestandsaufnahme, Analyse und Kritik. 2002.

Band 29 Marc Laukemann: Fernsehwerbung im Programm. Die zunehmende Kommerzialisierung des Fernsehprogramms im Zeitalter einer Ökonomisierung der Aufmerksamkeit als verfassungs-, wettbewerbs- und rundfunkrechtliches Problem. 2002.

Band 30 Michael Bo Jaspers: Nachträgliche Rechtswahl im internationalen Schuldvertragsrecht. Unter besonderer Berücksichtigung der Rechtspraxis in England, Frankreich, Dänemark und Deutschland. 2002.

Band 31 Christina Pernice: Die Insolvenzverschleppung durch das Geschäftsführungsorgan der kleinen Kapitalgesellschaft im deutschen, französischen und englischen Recht. Eine rechtsvergleichende Untersuchung zur Entwicklung eines europäischen Lösungsansatzes. 2002.

Band 32 Anne Christine Janert: Der sachliche und persönliche Anwendgunsbereich des deutschen Verbraucherkeditrechts und des britischen Consumer Credit Act 1974. Ein Beitrag zu den Möglichkeiten und Grenzen verbraucherrechtlicher Harmonisierung in Europa. 2002.

Band 33 Annette Trost: Faktische Sitzverlegung unter Sitz- und Gründungstheorie im Vergleich. Unter besonderer Berücksichtigung ihrer gesellschafts- und zivilrechtlichen Folgewirkungen. 2003.

Band 34 Esther Cordula Hilpert: Die Gründerhaftung in der Gesellschaft mit beschränkter Haftung in Deutschland, Frankreich und England. 2003.

Band 36 Stefan Stork: Sitzverlegung von Kapitalgesellschaften in der Europäischen Union. Zur Reichweite der Niederlassungsfreiheit unter Berücksichtigung der positiven und der negativen Integration. 2003.

Band 37 Marc Pfeffer: Interbrand-Kartellverbot und Intrabrand-Vereinbarungen. Die Ablösung horizontaler und vertikaler Eingriffsmerkmale im GWB zu Gunsten einer Betrachtung produktexterner und -interner Wettbewerbsfaktoren. 2003.

Peter Lang · Europäischer Verlag der Wissenschaften

Esther Cordula Hilpert

Die Gründerhaftung in der Gesellschaft mit beschränkter Haftung in Deutschland, Frankreich und England

Frankfurt/M., Berlin, Bern, Bruxelles, New York, Oxford, Wien, 2003. 336 S.
Saarbrücker Studien zum Privat- und Wirtschaftsrecht.
Herausgegeben von Johann Paul Bauer, Michael Martinek und Helmut Rüßmann. Bd. 34
ISBN 3-631-50280-X · br. € 50.10*

Die Arbeit behandelt die Frage der Haftungsverhältnisse zwischen Errichtung und Entstehung einer Gesellschaft mit beschränkter Haftung in Deutschland, Frankreich und England. Hierzu wird zunächst in einer Art Länderbericht die Rechtslage in den untersuchten Ländern dargestellt, um u.a. die Vereinbarkeit der gefundenen Lösungen in den Ländern mit dem europäischen Gemeinschaftsrecht zu prüfen. Es folgt eine rechtsvergleichende Untersuchung und Bewertung der Lösungen in den untersuchten Ländern sowie ein neuer Lösungsansatz für das deutsche Recht der Gründerhaftung.

Aus dem Inhalt: Überblick über die Gründung einer GmbH in Deutschland, Frankreich und England · Problematik der Gründungsgeschäfte · Haftung der Gründer einer GmbH, der Han- delnden, der zu gründenden oder der gegründeten Gesellschaft mit beschränkter Haftung für Gründungsgeschäfte in Deutschland, Frankreich und England · Vereinbarkeit der in Deutschland, Frankreich und England gefundenen Regelungen mit dem europäischen Gemeinschaftsrecht · Rechtsvergleichende Aspekte · Neuer Lösungsansatz für das deutsche Recht

Frankfurt/M · Berlin · Bern · Bruxelles · New York · Oxford · Wien
Auslieferung: Verlag Peter Lang AG
Moosstr. 1, CH-2542 Pieterlen
Telefax 00 41 (0) 32 / 376 17 27

*inklusive der in Deutschland gültigen Mehrwertsteuer
Preisänderungen vorbehalten

Homepage http://www.peterlang.de

FSC
www.fsc.org
MIX
Papier | Fördert gute Waldnutzung
FSC® C083411

Kolibri 360 GmbH
Ferdinand-Jühlke-Straße 7
99095 Erfurt, Deutschland
produktsicherheit@kolibri360.de

Druck:
CPI Druckdienstleistungen GmbH
im Auftrag der
Kolibri 360 GmbH
Ferdinand-Jühlke-Str. 7
99095 Erfurt